자폐 아동 · 청소년을 위한 놀이 기반 심리치료

다학문 접근과 혁신적 시도

Loretta Gallo-Lopez, Lawrence C. Rubin 엮음
박랑규, 윤진영, 정은주, 이은주, 김나영, 박은선, 정나영 옮김

Σ 시그마프레스

자폐 아동 · 청소년을 위한 놀이 기반 심리치료

다학문 접근과 혁신적 시도

발행일 | 2017년 6월 30일 1쇄 발행

편저자 | Loretta Gallo-Lopez, Lawrence C. Rubin
역　자 | 박랑규, 윤진영, 정은주, 이은주, 김나영, 박은선, 정나영
발행인 | 강학경
발행처 | (주)시그마프레스
디자인 | 김은경
편　집 | 이지선

등록번호 | 제10-2642호
주소 | 서울특별시 영등포구 양평로 22길 21 선유도코오롱디지털타워 A401~403호
전자우편 | sigma@spress.co.kr
홈페이지 | http://www.sigmapress.co.kr
전화 | (02)323-4845, (02)2062-5184~8
팩스 | (02)323-4197

ISBN | 978-89-6866-939-2

Play-Based Interventions for Children and Adolescents with Autism Spectrum Disorders

Authorized translation from English language edition published by Routledge, an imprint of Taylor & Francis Group LLC
Copyright ⓒ 2012 by Taylor & Francis Group, LLC
All Rights Reserved.
Korean language edition ⓒ 2017 by Sigma Press, Inc. published by arrangement with Taylor & Francis Group LLC

＊ 책값은 책 뒤표지에 있습니다.

이 도서의 국립중앙도서관 출판예정도서목록(CIP)은 서지정보유통지원시스템 홈페이지(http://seoji.nl.go.kr)와 국가자료공동목록시스템(http://www.nl.go.kr/kolisnet)에서 이용하실 수 있습니다.(CIP제어번호 : CIP2017014267)

Leo Kanner가 1943년에 소아자폐증 사례를 발표함으로써 세상에 자폐장애를 소개하였고 그동안 수많은 연구와 치료법이 변화되고 발전되어 왔다. 우리나라에도 1980년대에 자폐장애가 소개되었으며 다학제 간 협력적 자폐연구회가 발족되었고, 이후 소아정신의학, 발달임상심리학, 특수교육학 분야의 통합된 전문 한국자폐학회로 발전되었다.

심리치료 분야에서 꾸준한 연구가 이루어져 왔으며 2000년대 이후 미국놀이치료학회(APT)에서 자폐스펙트럼장애의 놀이치료 연구와 프로그램이 발표되었고 관련 저서들이 발간되었다. 이와 더불어 자폐스펙트럼장애의 가장 기본 증상인 관계 개선 및 상호작용 발달을 목표로 하는 다양하고 효과적인 심리치료접근이 소개되었다.

이 책은 각 학문 분야의 임상경험이 풍부한 전문가들이 자폐스펙트럼장애 아동과 청소년에 대한 최신의 다학문적 심리치료 방법에 대해 각 장을 맡아 집필하여 신뢰할 수 있는 내용을 담고 있다.

이 책에 소개되는 내용은 최근 신경심리학적 기초연구와 더불어 다양한 놀이 기반 중재 방법, 표현예술치료 접근을 소개함으로써 자폐스펙트럼장애에 대한 심리치료의 새로운 지평을 열고 있어 많은 관심과 기대를 갖게 한다. 우리나라에 자폐스펙트럼장애에 대한 수많은 치료 방법들이 소개되고 있는 현 시점에 통합된 심리치료 방법을 소개함으로써 통찰적 관점을 갖게 되기를 기대한다.

이 책을 번역함에 있어서도 우리나라 자폐장애치료의 최고 전문가들이 각 전문 분야를 담당하여 이 번역 작업에 참여하였다. 바쁘신 일정에도 불구하고 적극적 관심을 갖고 번역작업을 함께 하신 교수님들께 깊은 감사를 드린다. 제1장은 이은주 교수, 제4장, 제7장, 제11~12장은 박랑규 교수, 제3장, 제6장, 제8~10장, 제13장은 윤진영 교수, 제5장, 제14장, 제16장은 정은주 교수, 제15장은 박은선 교수, 제17장은 김나영 교수가 담당하였다. 또한 제2장과 서문, 차례, 저자소개 등 세세한 번역은 정나영 선생님께서 담당하였다.

  끝으로 국내에서 최초로 자폐장애를 위한 프로그램을 이화여대에 설립하고, 아이코리아에 자폐학교인 한국육영학교와 아동발달교육연구원을 설립하여 국내에 자폐장애치료와 교육의 태동과 기반을 마련하신 아이코리아 김태련 회장님께 이 자리를 빌려 깊은 감사의 말씀을 드린다. 그리고 이 책이 출판되도록 도움을 주신 (주)시그마프레스 강학경 사장님과 편집부에 감사드린다.

역자 대표 박랑규, 윤진영

놀이의 중요성을 알고 자폐스펙트럼장애 및 특별한 도움을 필요로 하는 아동에게 놀이를 경험하도록 해주고 싶다면 이 책에 주목할 수밖에 없을 것이다. 저자들은 다양한 형태의 놀이, 놀이치료, 놀이의 즐거움에 대해 설명한다. 이 모두는 아동이 보다 성공적으로 학습하고 성장하며 사회적으로 상호작용하는 것을 가능하게 한다. 이 책은 다양한 감각운동적·상징적 접근과 창의적 표현예술의 근간을 이루는 이론적·생물학적 토대뿐 아니라 여러 개입 방법을 통해 아동의 삶에서 놀이가 얼마나 중요한지에 대해 설명하고 있다. 각 장에서는 다양한 개입 방법에서 공통으로 다루는 치료적 요소, 즉 아동의 관심 따라가기, 주도성 촉진하기, 관계를 형성하고 유지하기, 아동이 자신의 느낌과 생각, 소망과 바람을 표현하기 위해 스스로 선택한 방식으로 상호작용하고 의사소통하기 등에 대해 설명한다. 또한 이 책은 흥미롭고 풍부한 사례를 포함하고 있기 때문에 독자들에게 더욱 생생하게 다가갈 수 있다. 이 사례들은 임상가에게 새로운 아이디어를 불러일으키고 임상적 통찰을 심화시키며 기존의 치료에 새롭게 배운 것을 통합할 수 있는 기회를 주는 방식으로 놀이를 묘사하고 있다.

'발달적 관점'에서 이 책을 읽는 것이 중요하다. 각 장은 매우 다양한 개입법과 이론, 놀이하는 방법에 대해 설명하고 있기 때문이다. 독자의 궁극적인 목표는 발달의 단계를 오르는 것이고 이는 내담자에게도 다르지 않을 것이다. 이때 시간이 얼마나 걸릴지는 그다지 중요하지 않다. 모든 아동이 그렇듯 자폐스펙트럼상의 아동도 자신의 개별적인 프로파일에 맞춰진 상호작용의 경험을 통해 발달하며, 이것이 결국 회복을 가져오기 때문이다. 발달적 관점을 통해 아동의 발달적 토대의 기본 요소를 평가하고 보다 높은 수준의 공감적 관계와 추상적 사고에 이를 수 있는 능력을 강화하는 데 필요한 경험을 명확히 할 수 있을 것이다. 결함의 관점과는 대조적인 이러한 접근을 통해 발달을 촉진하고 전 생애를 걸쳐 앞을 향해 나아가게 할 수 있다.

이 책에서는 저자가 고 Stanley Greenspan과 함께 개발한 발달적·개인차·관계 기반(DIR®)

모델이 자주 언급된다. 이 모델은 다양한 접근 및 이러한 접근들이 어떤 방식으로 발달을 촉진하는지에 대해 통합적이면서 독특한 견해를 제공한다. 우선 임상가는 공유된 주의(shared attention), 다양한 정서에 대한 참여, 양방향 의사소통, 사회적 문제해결, 표상의 형성 및 추상적/반영적 사고를 포함하는 발달적 능력 중에서 무엇을 중점적으로 다뤄야 할지를 평가한다. 그다음 아동의 관심과 흥미를 통해 아동의 세계로 들어가 아동이 의도하는 것을 할 수 있도록 돕는다. 이러한 과정은 지속적인 상호작용의 흐름을 형성하고 연결시켜 '이야기를 심화하며' 문제해결과 표상의 기회를 증가시킨다.

다음으로 임상가는 어떻게 하면 아동이 선호하는 것이 보다 성공적인 해결 방법의 일부가 될 수 있는가에 대해 고민한다. 여기에서 해결 방법은 아동이 자신의 흥미와 느낌, 생각을 표현해온 방식에 있다. 만약 그 방법을 이해할 수 있다면 문제, 즉 아동의 상대적 강점과 약점에 다다를 수 있을 것이다. 아동이 자동차를 계속해서 앞뒤로 밀고, 조립식 장난감을 분해하지 않으려 하며, 인형을 가지고 놀기보다 옷을 입히는 것을 선호하는 데는 이유가 있을 것이다. 이러한 선호는 아동의 청각적·시공간적 순차 처리 능력, 운동계획 능력 등과 관련된다. 아동의 감각운동 처리 및 조절 방식 프로파일을 통해 아동이 세상을 어떻게 '받아들이고', 이해하며 반응하는지를 알 수 있으며, 이는 아동을 보다 잘 이해하고 개별 아동에게 맞춰진 개입법을 고안하는 데 도움이 될 것이다. 이제 "원하는 목적지를 향해 이동하거나 물체를 옮기기 위해 현재 자신의 위치를 활용할 수 있는가?", "놀잇감을 앞뒤 혹은 위아래로 굴리는 것처럼 단순 인과적 혹은 단일 행동적 방식으로 사용하고 있는가, 아니면 생각을 전달하기 위해 놀잇감을 순차적으로 조작하고 있는가?"와 같은 질문이 떠오르게 될 것이다.

더욱 중요한 것은 이 책의 모든 저자들은 아동이 사람들과의 관계에 참여하고 강화시키는 데 필요한 상호작용을 지원하고 촉진하는 고유의 방식을 강조하고 있다는 점이다. 관계는 애착과 안전감뿐 아니라 공감과 신뢰에 이르는 상호적 존중을 포함하는 개념이다. 이러한 관계 속에서 아동은 의존성에서 자율성, 공격성과 두려움, 분노와 질투, 경쟁심, 상실감, 슬픔, 동정심, 마침내는 정의와 도덕성에 이르기까지 모든 범위와 위계의 정서를 견뎌내고 상징화하는 방법을 배운다.

상징화 능력의 촉진을 위해 놀이를 활용하는 것 또한 이 책 전반에서 다루고 있는 중요한 주제 가운데 하나이다. 상징의 개념은 다양한 임상적 접근을 통합하며, 그렇기 때문에 자세히 다룰 필요가 있다. 보고 들으며 감각을 통한 인식 능력이 감각적 경험의 이해와 해석으로 발전해가면서 상징화 능력 또한 발달해간다. 아동이 보고 듣고 행동화한 것이 마음속에 시각화되고, 이러한 정신적 심상들은 그 의미를 전달하는 정서를 통해 상징으로 변형된다. 따라서 상징은 조작 가능하며, 이를 통해 아동이 느낌, 의도, 생각을 이해하게 할 수 있다. 지각은 행동으로부터 분리되어 상징을 통해 경험을 표상하게 된다. 이제 아동은 생각을 탐색하고 사고하며 경험을 다루기 위해 '실제'를 필요로 하지 않게 된다. 아동은 정서적인 상호작용을 통해 의미를 갖게 된 상징을 통해 마음속에서 생각을 조작할 수 있게 된 것이다.

무엇을 의미하는지, 어떤 기분인지, 다른 사람에게 어떤 영향을 미치는지를 이해하기 위해 행동을 직접 봐야 할 필요가 없어지면서 예측, 사회적 판단, 공감의 발달이 가능해진다. 정서와 상징의 발달은 상호작용을 더욱 확장시키며, 얼굴 표정과 제스처를 통해 전달되는 정서적 단서와 움직임과 관련되는 상호작용은 더 많은 의미와 느낌을 전달하게 된다. 놀이는 모든 아동에게 상징화 능력을 발달시킬 수 있는 기회를 제공하지만, 상징의 형태로 경험을 이해하고 내면화하는 능력이 제한된 자폐스펙트럼상의 아동에게는 더욱 중요한 의미를 갖는다. 자폐스펙트럼상의 아동은 단순히 행동을 모방하고 기억과 일상 및 의식적 행동에 의존한다. 또한 현실검증력이 일화적 수준에 불과하기 때문에, 다른 사람의 입장이 되어 보거나 동전의 양면을 보는 것, 옳고 그른 것을 추론하는 데 어려움을 갖는다.

상징화 능력은 또한 정서 발달과 어떤 관련성을 갖는가의 관점에서 살펴볼 필요가 있다. 영아기 때부터 부모는 영아에게 상징을 제공하며 동시에 애정과 안전감의 상징으로 존재한다. 늘 덮고 자는 이불이나 테디베어와 같은 동물 인형은 부모의 미소와 밀접하게 연결되어 있으며, 이는 아동의 웃음이나 안전하다는 느낌과 관련된다. 이러한 정서는 부모가 부재할 때의 애착 대상으로 연합된다. 발달하면서 정서는 보다 높은 수준의 인지 기능 발달에 중요한 역할을 하며, 이는 창작이나 상징의 활용에서 잘 드러난다. 인형에게 음식을 주거나 전화를 받는 것과 같은 한 살 영아의 최초 상징놀이는 부모가 자신에게 음식을 먹여주거나 하던 일을 멈추고 전화를 받았던 부모를 관찰했던 경험에서 비롯된 것이다. 놀잇감을 상징적 물건으로 사용하는 것을 반복하면서 영아는 가장한다는 것이 어떤 의미인지 알게 되고 상징화의 세계로 진입하게 되며, 이 안에서 '실제'인 것과 같은 진정한 즐거움을 경험하게 된다. 이제 영아는 실제로 움직이지 않고도 공간을 시각적으로 탐색할 수 있다. 또한 직접 사용해보지 않아도 장난감 전화기가 실제 전화기가 아니라는 것을 이해할 수 있게 된다. 무엇이 실제이고 실제가 아닌지를 분별하는 과정이 발달해가면서, 지각이 행위와 독립적으로 될수록 아동은 더 빨리 실제 세계로부터 상징의 세계로 이행할 수 있으며, 감정 및 인지적 영역에서 상징의 단계를 오르게 된다. 감정이 지각을 지배하고 상징적 사고가 충분히 발달하지 않은 아동에게 무서운 소리나 생각(괴물, 유령, 마녀 등)이 실제가 아니라는 것을 알려주는 것은 도움이 되지 않는다.

아동의 놀이에서 상징은 실제를 대체한다. 언어가 발달하고 제스처를 사용하여 사물과 행동을 표상하며, 이야기를 묘사하는 그림을 이해하고, 단어와 제스처, 놀잇감을 활용하여 자신의 이야기를 만들어낸다. 먼저, 아동이 보고 듣고 행동하며 느꼈던 것을 마음속에서 시각화하면서 실생활 경험이 실연된다. 이러한 경험이 어떻게 실연되는지를 통해 아동의 정서적·인지적 이해를 알 수 있다. 아동이 놀이에서 수행하는 다양한 역할은 여러 인물들에 대한 아동의 내면화된 경험을 보여준다. 아동이 상상 속에서 어느 정도로 모험을 하고 있는지, 무엇을 발견할 수 있고, 어느 정도로 조심스러우며 통제적이고 충동적인지, 그리고 이 모험을 통해 어디까지 다다를 수 있는지를 관찰할 수 있다.

아동이 선택하는 상징은 정서적 경험을 반영하며, 이러한 경험은 아동이 의존성에서 자율성을 향해 나아가고 자신의 신체 및 환경과 사고에 대한 숙달감을 발달시키면서 보다 발전한다. 아동의 상징 선택은 정서적 발달 수준을 반영하며, 내적 경험을 들여다볼 수 있는 창을 제공한다. 상징은 놀잇감, 언어, 연극놀이, 창의적인 동작이나 예술 활동을 통해 표현될 수 있고, 어떤 형태로 표현되든 아동의 긍정적 감정, 열망, 사랑과 보살핌, 안전감에 대한 바람뿐 아니라 질투, 복수심, 공포, 공격성 등의 부정적인 감정을 반영한다. 상징은 불쾌함, 두려움, 적대성, 힘과 같이 아동의 확장되어가는 정서적 주제를 반영하며, 아동의 정서적·심리적 발달과 관련된 예측 가능한 위계를 따른다. 아동이 발달하면서 옳고 그름을 추론할 수 있게 되고, 모호한 영역뿐 아니라 경험의 다양한 원인을 이해하며, 타인이 자신을 어떻게 바라보는지를 통해 형성되는 반영적 자기감이 발달한다. 감각에 기초한 지식, 인지, 상호적 관계의 모든 측면을 결합하면서 아동은 자신과 타인에 대해 알게 된다.

발달은 개인적 회복, 대인관계, 상징 능력의 강화와 같은 요인의 역동적인 맥락 속에서 일어난다. 이 책에서는 이러한 과정이 어떻게 진행되고 촉진되어야 하는지를 다양한 관점에서 설명하고 있으며, 내담자와 상호작용하고 관계를 맺으며 내담자를 도울 수 있는 즐겁고 창의적이며 효과적인 방법들을 찾아낼 수 있는 기회를 제시하고 있다. 이 책을 통해 내담자가 새로운 지식을 얻고 상호작용을 할 수 있도록 도울 수 있으며, 내담자는 이러한 경험을 통해 발달적 토대를 형성하고 견고히 할 뿐 아니라 인지적·정서적·사회적인 향상과 진전을 향해 나아갈 수 있을 것이다.

프로펙텀(Profectum) 재단 임상디렉터
Serena Wieder, PhD

지난 20년간 자폐스펙트럼장애(ASD)로 진단받은 아동과 청소년의 수는 급증해왔다. 이 장애는 통계에 의하면 110명당 1명꼴로 나타나고 가정, 학교, 지역사회를 포함한 다양한 장면에서의 사회적·정서적·행동적 기능에 영향을 미치며, 그 영향은 광범위한 것으로 알려져 있다. 부모, 교사, 임상가들은 아스퍼거 증후군과 자폐를 가진 아동·청소년이 세상과 관계를 맺고 만족을 느끼며 생산적인 삶을 사는 데 필요한 도구를 마련해주기 위해 고심해왔다. 현재까지의 치료적 개입은 의학이나 행동주의를 중심으로 이루어져왔으며, 후자의 경우 응용행동분석을 기반으로 한 개입에 초점을 두고 있다.

최근 '스펙트럼상'의 아동 및 청소년의 사회적·인지적·행동적 기능 향상에 효과적으로 개입하기 위한 놀이 기반 개입에 관심이 증가하고 있다. 학술지 논문이나 저서의 일부로서 경험적·질적 연구가 등장하기 시작했지만, 현재까지 이 집단군을 대상으로 놀이와 놀이 기반 개입을 성공적으로 적용한 연구자나 임상가의 목소리를 하나로 모아 놓은 단행본은 발간된 바가 없다.

이 책은 상담 및 심리치료 수련생뿐 아니라 다양한 수준의 경험을 갖고 있는 현장의 임상가들에게 자폐스펙트럼장애로 진단된 아동·청소년을 대상으로 놀이 및 놀이 기반 개입을 적용하는 것에 대한 이론과 실제를 통합하는 정보와 자료를 제공하고자 한다. 각 장에서는 이론과 실제 임상 사례에 대한 적용을 통합하고, 정신건강 상담가, 부부 및 가족 치료사, 학교 상담가, 심리학자, 소아정신과 의사, 사회복지사, 표현예술 치료사(무용/동작, 음악, 미술, 연극, 놀이), 가정방문 상담가, 아동복지 서비스 제공자 등이 종사하고 있는 다양한 장면에서의 적용 가능성에 대해 논의한다.

이 책은 총 네 부분으로 나뉘어 있다. 제1부에서는 '기본 전제'라는 제목으로, 놀이의 신경생물학적 측면, 특히 자폐스펙트럼장애로 진단받은 어린 내담자들에게 이 장애가 어떻게 나타나는지에 대해 논의하며(Bonnie Badenoch와 Nicole Bogden), '전형적'이고 '비전형적'

인 발달에서 놀이의 역할과 본질에 대해 설명한다(Lawrence Rubin). 제2부는 '놀이 기반 개입'에 관한 것이다. 놀이치료와 놀이 기반 개입이 자폐스펙트럼장애 치료에 얼마나 성공적으로 적용되어 왔는지에 대해 경험적으로 지지되는 치료(EST)와 근거 기반 치료(EBP)에 적용된 사례에 초점을 두고 설명한다. 이 부분은 임상 현장에 있는 임상가와 연구자들이 저술했다. 개 매개 놀이치료(Risë VanFleet과 Cosmin Colţea), 가족 테라플레이(Susan Bundy-Myrow), 연극 놀이치료(Loretta Gallo-Lopez), 레고치료(Daniel LeGoff, G.W. Krauss와 Sarah Allen), 발달적 놀이치료(Janet Courtney), 아동중심 놀이치료(Dee Ray, Jeffrey Sullivan, Sarah Carlson), 융학파 놀이치료(Eric Green), 부모놀이치료(Risë VanFleet), 모래상자중심 놀이치료(Jane Ferris Richardson) 등이 포함되었다. 제3부는 '놀이 기반 개입의 실제'로, 보다 광범위하고, 근거에 기반을 둔 놀이중심 개입에 대해 설명한다. 여기에는 발달적·개인차·관계 기반(DIR®) 플로어타임(Esther Hess), PLAY 프로젝트(Richard Solomon), 연극치료를 기반으로 한 ACT 프로젝트(Lisa Powers-Tricomi, Loretta Gallo-Lopez)가 있다. 마지막 제4장은 '표현적·창조적 개입'에 관한 것으로, 놀이는 아니지만 상당히 재미있고, 창의적이며, 표현적인 치료의 효과적인 적용 방법을 소개한다. 미술치료(Cathy Goucher), 음악치료(Darcy Walworth), 무용/동작치료(Christina Devereaux)가 포함되어 있다.

이 책을 통해 우리에게 지식과 경험을 나누어준 임상가들은 사고와 실제의 유연성, 창의성, 연결감에 대한 욕구, 그리고 무엇보다 즐거움이 자폐스펙트럼장애로 진단받은 아동 및 청소년에게 무거운 짐이 되는 고립과 경직성, 불확실성이라는 어두운 그림자에 얼마나 밝은 빛을 비춰주는지를 몸소 보여주고 있다는 것을 깨달을 수 있을 것이다.

Loretta Gallo-Lopez

Lawrence C. Rubin

차례

제1부 기본 전제

제1장 안전과 연결 : 놀이의 신경생물학 3

Bonnie Badenoch와 함께 뇌 그려보기 3 | Nicole Bogdan과 놀이치료실에서 12
결론 17 | 참고문헌 19

제2장 자폐 아동과 놀이하기 21

서론 21 | 놀이의 다양한 측면 22 | 인지적 · 사회적 발달에 대해 자세히 살펴보기 26
자폐 아동에게 놀이 가르치기 30 | 놀이치료 32 | 이 장을 마치며 : 놀이하며 나아가
기 34 | 참고문헌 35

제2부 놀이 기반 개입

제3장 자폐 아동을 위한 개 매개 놀이치료 41

개 매개 놀이치료 소개 41 | 자폐 아동 · 청소년에 대한 CAPT 적용의 이론적 · 경험적
근거 50 | 사례 연구 64 | 내담자 기능 수준에 따른 가이드라인 71 | 참고문헌 74

제4장 가족 테라플레이 : 자폐 아동과 관계 맺기 77

테라플레이 : 기원 및 이론 78 | 자폐 아동에게 왜 가족 테라플레이가 필요한가 84
스펙트럼에 따라 가족 테라플레이를 실시할 때의 가이드라인 95 | 요약 99
참고문헌 100

제5장 독백에서 대화로 : 자폐 아동을 위한 놀이와 연극치료 103

자폐스펙트럼장애 104 | 연극치료 106 | 결론 117 | 참고문헌 118

제6장 자폐 아동·청소년의 사회적 유능성 향상을 위한 레고 기반 놀이치료 121

서론 121 | 이론적 근거와 경험적 근거 123 | 사례 연구 138 | 결론 143
참고문헌 143

제7장 발달적 놀이치료를 통해 자폐와 접촉하기 145

서론 145 | 자폐스펙트럼장애 148 | 사례 소개 150 | 논의 163 | 참고문헌 163

제8장 관계적 개입 : 자폐 아동에 대한 아동중심 놀이치료 167

아동중심 놀이치료 소개 168 | 자폐 아동에 대한 CCPT 173 | 사례 연구 177
자폐 아동에 CCPT를 적용할 때의 가이드라인 181 | 결론 183 | 참고문헌 184

제9장 나르키소스 신화, 물에 비친 아름다운 모습, 그리고 자기 치유 : 융학파 관점에서의 아스퍼거 증후군 아동 상담 185

융학파 놀이치료 소개 185 | 이론적 지지와 경험적 지지 190 | 사례 연구 192
아스퍼거 증후군 아동에 융학파 놀이를 적용할 때의 가이드라인 200 | 참고문헌 200

제10장 의사소통과 연결 : 자폐 아동 가족에 대한 부모놀이치료 203

부모놀이치료 소개 203 | 자폐 아동 가족에 대한 부모놀이치료 207 | 사례 연구 211
가이드라인과 안내 216 | 참고문헌 218

제11장 모래상자세계와 자폐 아동 221

모래상자 세계놀이 222 | 아동과 함께 모래상자 세계놀이의 단계 밟아가기 223
모래 안의 세계 230 | 부모와 모래상자를 공유하고 세계 돌아보기 236
참고문헌 239

제3부   놀이 기반 개입의 실제

제12장 DIR 플로어타임 : 자폐 아동 치료를 위한 발달적/관계적 놀이치료 접근법 243

DIR 플로어타임 모델 244 | 아동의 주도를 따라가 성취를 이끌어내기 247 | DIR® 플로어타임™ 접근법 기반의 근거 254 | 결론 : DIR의 통합과 적용 257 | 참고문헌 258

제13장 PLAY 프로젝트 : 자폐 아동의 조기 개입을 위한 훈련-훈련자 모델 261

서론 261 | PLAY 프로젝트 모델 개관 262 | 이론적 근거 및 경험적 근거 270
사례 연구 274 | 접근을 적용할 때의 가이드라인 278 | 결론 및 미래의 방향 280
부록 1. PLAY 프로젝트 평가 도구 281 | 참고문헌 281

제14장 ACT 프로젝트 : 연극치료와 ACT 공연을 통한 사회성 역량 증진 285

연극치료 286 | 연극치료와 자폐스펙트럼장애 288 | ACT 프로젝트 291
다이애나의 사례 295 | 엠마의 사례 297 | 집단 경험의 중요성 298 | 새미의
사례 298 | 즉흥 활동 300 | 결론 302 | 후기 303 | 참고문헌 303

제4부　표현적 · 창조적 개입

제15장 미술치료 : 연결과 소통 307

미술치료 : 개관 308 | 미술치료와 자폐스펙트럼장애 310 | 인지적 강점에 대한
주장 311 | 사례 연구 316 | 집단의 범위 321 | 참고문헌 325

제16장 자폐 아동 · 청소년의 사회성, 의사소통, 정서 발달을 위한 음악치료 329

서론 329 | 음악 사용의 치료적 근거 330 | 음악치료 목적 설정 331 | 음악치료
시행 332 | 음악치료 적용 연구 334 | 음악치료 가이드라인 339 | 참고문헌 341

제17장 관계로 향하는 움직임 : 자폐 아동의 무용/동작치료 343

무용/동작치료 : 가정과 원리 344 | 무용/동작치료와 자폐스펙트럼장애 345 | 이론
적 토대 : 조율, 공동적 조절, 확장하는 내성의 범위 346 | 집단치료에서의 무용/동작치
료 352 | 결론 358 | 참고문헌 358

찾아보기 362

제1부

기본 전제

제1장

안전과 연결
놀이의 신경생물학

Bonnie Badenoch, Nicole Bogdan

Bonnie Badenoch와 함께 뇌 그려보기

교사가 소년을 매트로 데리고 간다. 소년은 신발을 벗는다. 그리고 양말을 벗는다. 소년은 매트 가장자리 전체를 원을 그리며 걷기 시작한다. 나는 소년을 가까이에서 조용히 관찰한다. 소년은 팔꿈치를 올리고 엄지손가락으로 리드미컬하게 양쪽 귀를 누른다. 일련의 모음과 약한 자음 소리를 낸다. 나는 내 몸 안에서 그 소년이 내는 소리의 울림을 듣고 느낀다. 그리고 내 목과 숨소리로 소년과 같은 소리를 탐색하면서 소년과 함께한다. 그러다 매트 가운데에 똑바로 눕자, 소년은 내 주변을 걸으면서 가끔 곁눈질로 나를 내려다본다. 나도 내가 왜 이런 방식으로 누웠는지 모른다. 나는 잠시 그것에 대해 의문을 갖지만, 왠지 이것이 맞다고 느낀다. 소년은 천천히 점점 더 작은 원을 그리며 내 주변에서 돈다. 나는 부드럽게 손을 뻗어 소년이 도는 경로를 쫓는다. 소년은 자신의 손가락으로 내 손가락을 가볍게 감싸고 계속 원을 그리며 돌지만 이제는 그 속도가 조금 느려졌다. 소년은 다가와서 내 손을 잡고 나를 내려다보면서 내 가슴 위에 선다. 내가 숨을 쉬자 그는 위로 올라갔다 내려온다. 나는 숨을 쉬면서 하, 호, 우 소리를 내기 시작했다. 갑자기 내 안에서 웃음이 터져 나왔다. 소년의 발과 무릎의 힘이 약해지며, 소년의 발가락이 내 가슴을 잡았다. 소년은 내가 숨을 쉬고 웃는 것에 맞춰 뛰어오르기 시작했다. 소년은 나를 더 가까이에서 쳐다본다. 그리고 나서 여전히 살짝 내 손을 잡고서 다시 원을 그리며 걷는다. 그리고 내 가슴으로 돌아와 가볍게 뛰며 자신의 소리를 만들어낸다. 우리 둘은 소년의 발을 통해 소리를 주고받는다. 얼마 후 소년은 내 무릎 쪽으로 몸을 웅크린다. 나는 앉아서 가까이에서 소년을 감싼다. 소년은 자신의 머리를 내 팔꿈치 안쪽으로 들이민다. 나는 소년이 몸을 웅크리고 머리를 미는 강도에 따라 접촉의 강도와 압력을 맞춘다. 여러 차례 코를 비비고 웅크리고 미는 과정을 거친 후에, 소년은 긴장을 풀고 나를 똑바로 쳐다본다. 그리고 나서 우리는 몸을 꼼지락거리고, 접근하고, 부드럽게 장난치고, 매트 주변으로 움직이고, 서로 위아래로 가까이에서 빙빙 돌기 시작한다. 이제 소년은 내 몸에 기대앉아 부드럽게 내 팔, 얼굴, 뒤통수를 만진다. 그다음 종소리처럼 정확하게 우리는 놀이를 끝낸다. 소년은 일어나서 양말을 신고 신발을 신고 교사와 함께 교실로 돌아간다. 평소 같으면 소년은 놀이 매트를 떠나고 싶지 않아 기어다니는 뱀처럼 바닥에 주저앉아 움직이지 않았을 것이다. 그러나 오늘은 쉽게 조용히 간다. 후에 교사는 나에게 이 소년이 힘든 오전 시간을 보냈다고 말했다. 불안해했으며 공격적이었다고 한다. 놀이치료실에 걸어오면서 소년은 반복적으로 교사를 꼬집고 할퀴려고 접근했다. 놀이치료 후에 그 교사는 소년이 조용히 교실로 돌아갔으며 소년이 교사의 팔을 부드럽게 만지고 손을 잡았다고 보고하였다. (M. Otto, personal communication, February 19, 2011)

이 활동은 우리가 생각하는 일반적인 놀이치료와는 다르다. 그러나 순수 놀이 경험을 가지고 탐색을 시작하는 것이 적합한 듯하다. Marc Otto와 그의 아내 Melanya Helene은 오리건 주 포틀랜드에서 위의 소년 같은 자폐스펙트럼장애 아동을 포함한 아동들과 놀이 활동을 한다.[1] 여기서 우리는 무엇을 보아야 하는가? 단절된 상태에 있는 한 아동이 놀이 공간으로 들어온다. 아동은 불안과 불편함으로 가득 찬 자신만의 세계에서 서성거리다가 안전, 따뜻한 대인관계 그리고 어린 소년의 상태에 매순간 공명(resonance)해주는 Marc의 제안을 받아들이고 점차 앞으로 나온다. 이러한 놀이 활동 후, 이 어린 아동은 곧 심각한 조절 곤란 상태의 신경계와 정서적 회로에 의해 지배받던 상태에서, 사교적이고 통제적인 뇌 신경계가 작동하고 이끌고 있다는 분명한 징후들을 보여주는 방향으로 변한다. 결과적으로 아동은 온

---

1 그들이 속한 비영리 기관 Center for the Art and Science of Attunement(구 Play After Play)는 부모와 아동이 함께 자유놀이를 한 후 아동중심의 극장 이벤트를 제공한다. 그들은 또한 장애의 원인이 무엇이든, 정서적 조절에 문제가 있는 개별 학생과 학급을 대상으로 한 학교 활동에 초대되기도 한다.

화하며 연결된 상태로 학교 수업에 복귀할 수 있게 된다.

이러한 변화에 대한 이해를 도울 수 있는 놀이의 신경생물학에 대해 우리가 알고 있는 것은 무엇인가? 뇌의 동기회로(motivational circuitry) 연구에 헌신한 신경과학자 Jaak Panksepp의 연구(1998, 2008)부터 살펴보겠다. 그는 동물을 대상으로 연구를 진행하다가 아동 대상의 연구를 하면서, 유전적으로 타고나는 부분인 에너지와 정보의 일곱 가지 회로를 발견하였다. 이 회로들은 모두 뇌 변연계 영역에 깊이 자리하고 있다. 우리와 우리 같은 포유류는 사회적 생물체이며, 이 회로들의 기능은 모두 타인과의 연결을 유지하거나 재획득하는 것과 관련이 있다. 이 일곱 가지 회로 중에 여섯 가지가 아동기인 생애 초기부터 나타난다. 이 중 세 가지는 우리가 안전, 편안함, 연결됨을 느낄 때 사용이 가능하다. 탐색체계(seeking system, 호기심과 탐험), 돌봄과 유대체계(care and bonding system, 애착과 공감), 놀이체계(play system, 자유롭게 흘러가며 풍부하고 거리낌 없는 기쁨의 표현)가 바로 이 세 가지이다. 이 체계들 중 어느 것 하나가 다른 체계들을 이끌 수도 있으나, 이 체계들은 주로 두 사람 간의 좋은 관계 속에서 혼합되어 작동한다. 다른 세 가지 동기회로는 연결이 끊어졌을 때 드러난다. 공포(fear), 분리 공황(separation panic), 그리고 분노(rage)가 그것이다. 이 세 가지는 너무나도 괴로워서 누군가가 우리의 얼굴, 목소리, 몸짓을 통해 우리의 욕구를 읽고 우리와 다시 연결되는 것을 통해 우리를 도우러 오고 싶은 마음이 생기도록 신호를 보내려는 의도를 가진 것 같다. 이와 관련한 기쁜 소식은 우리가 아이들에게 노는 것을 가르칠 필요는 없지만 대신 방해물을 제거해줄 필요가 있으며, 그러면 타고난 능력이 나타날 수 있다는 것이다.

앞에서 기술한 소년의 행동을 보면 소년이 놀이 매트로 오는 길에 교사와 주고받은 행동 속에서 소년의 공포와 분노를 살펴볼 수 있다. 이것은 소년이 연결의 단절을 경험하고 있었다는 신호이다. 소년이 방으로 들어왔을 때 Marc는 소년을 위해 안전한 장소를 준비하였다. 조용히 그의 상태를 반영하며, 순간순간 소년의 욕구에 맞춰 움직였다. 그러자 소년은 점차 Marc와 관계를 맺기 위한 충분한 연결회로를 활성화시킬 수 있었으며, 소년의 교사와도 그러했다. 우리는 안전과 지속적인 관계로 부드럽게 옮겨가기 위한 능력 사이에 관련성이 존재한다는 것을 직감한다. 그리고 신경생물학은 이를 매우 명확한 방식으로 보여준다.

우리는 어떻게 우리가 안전하다는 것을 알며, 사람들과 연결되기 위한 능력을 어떻게 증진시킬 수 있는가? 자율신경계(autonomic nervous system, ANS)의 세 가지 줄기에 대한 Stephen Porges의 연구(2004, 2009b, 2011)는 우리의 체화된 관계적 뇌가 위험한 상태와 안전한 상태를 경험할 때 어떠한 차이를 보이는지를 명확히 알려준다. 우리는 뇌가 어떻게 머릿속에 고립되어 있지 않고 우리의 몸 도처(근육, 내장, 심장, 신경계, 두개골 속의 뇌)에 분 포되어 있는지, 그리고 어떻게 뇌 안의 신경 발화 패턴이 계속적으로 다른 사람들의 발화 패턴에 영향을 주고받는지(Iacoboni, 2009)에 주목하기 위해 체화된 관계적 뇌(embodied and relational brain)라는 용어를 사용하고 있다. 만약 긴장하거나 불안해서 장이 꼬이는 느낌이 들면, 두개골 속 뇌는 위협을 느낄 것이다. 만약 불안한 사람과 함께 있다면 신경계는 불안 정도를 더 높이거나 낮추는 식으로 반응할 것이다. 이러한 밀접한 연결을 고려하는 것은 사 람들과의 유대감뿐만 아니라 다른 사람의 체화된 경험을 안정화(stabilize)하는 데 도움을 주 기 위해 많은 수준에서 우리가 어떻게 이러한 체화된 관계적 시스템 안으로 들어올 수 있는 지를 아는 데 도움이 된다.

우리는 우리가 안전한지, 또는 위험에 처해 있는지를 어떻게 아는가? Porges는 위험이나 안전에 대한 의식적 지각과 주로 의식 수준 아래에서 벌어지는 감각 간의 차이를 나타내는 말로 뉴로셉션(neuroception)[2]이라는 용어를 사용한다. 예를 들어, 우리는 별다른 이유 없이 방을 나가기를 원하거나 실제로 나가기도 한다. 이것이 위협에 대한 뉴로셉션의 반응이다. 반대로 안전하다는 신경신호를 받을 때(neuroceive)는 온화한 미소를 지으며 편히 의자에 앉 을 수 있다. 위험에 대한 각 개인의 역치는 다르며, 상황과 활성화된 뇌 회로에 따라서 날마 다 그리고 순간순간 그 역치가 달라진다. 이러한 변화가 어떻게 발생하는지 예시를 통해 설 명해보겠다. 좋아하는 할머니를 떠오르게 하는 누군가가 내 앞에 있다면, 할머니와 함께 있 을 때의 기억회로가 활성화되고 그 순간 위험에 대한 역치는 낮아진다. 그러나 비판적인 아 버지를 떠오르게 하는 사람이 방에 들어오게 되면, 그 기억회로가 활성화될 것이고 현재 상 황에서 퍼져 나오는 위험에 대해 감지하게 될 것이다. 그래서 안전과 위험의 정도는 대인관 계 상황과 우리 뇌의 신경 활성화 모두에 따라 항상 목표점이 변하게 된다.

우리가 안전하다거나 그렇지 않다는 신경신호를 받을 때 신경생물학적으로는 어떤 일이 벌어지는 것일까? 자율신경계는 위계적으로, 즉 우리가 더 이상 한 단계를 유지할 수 없을 때 그다음 단계가 커지는 방식으로 작동되며, 3개의 줄기로 나눌 수 있다. 복측 미주 부교감 신경(ventral vagal parasympathetic, 배쪽 미주 부교감신경)(안전), 교감신경(sympathetic)(위 험), 배측 미주 부교감신경(dorsal vagal parasympathetic, 등쪽 미주 부교감신경)(생명의 위협) 이다. 자율신경계는 단독으로 작동하지 않는다. 얼굴을 인식하고 의도를 평가하며 재빠르 게 위험을 평가하고 감정적으로 관련된 정보를 몸에서 변연계 영역(limbic region)으로 보내

---

2 역자 주 : 의식 수준 아래에서 신체가 위험을 알아채는 능력을 의미한다.

는 회로와 함께 작동한다(Adolphs, 2002; Critchley, 2005; Morris, Ohman, & Dolan, 1999; Winston, Strange, O'Doherty, & Dolan, 2002). 이 모든 회로가 안전이나 위험을 감지할 수 있게 해주는 바로 그 회로들이다. 인간이 애착을 추구하는 것처럼, 우리의 신경계는 타인과의 연결을 통해 안전을 찾고 유지하는 것을 선호한다. 결과적으로 위계의 가장 첫 번째 시스템은 복측 미주 부교감신경이다. 이 회로는 우리가 평온하면서 동시에 지속적으로 사람들과 연결될 수 있도록 하며, 개인 간 연결(interpersonal connection) 유지에 중추적인 필수 요건이라고 할 수 있다. Stephen Porges(1998)는 이를 '두려움 없는 사랑'이라고 불렀다(p. 849). 이 회로는 심장박동을 느리게 하고(미주신경 브레이크), 투쟁-도피 반응을 줄여주며, 스트레스 호르몬인 코르티솔을 감소시킨다(Porges, 2009b). 요약하면 이 회로는 교감신경계가 활성화되는 것을 막아준다.

이러한 상태의 두 사람은 스트레스 상황에서도 서로 함께 조절할 수 있는데, 주로 포유류의 진화 과정에서 복측 미주신경이 얼굴과 머리 근육을 통제하는 회로와 통합되었기 때문이다. 이 신경 경로들은 눈 맞춤, 목소리의 운율, 듣기 능력, 얼굴 표정을 지배한다. 요컨대 많은 비언어적 방법을 통해 우리는 서로 연결될 수 있다(Porges, 2009a). 평온하게 뛰는 심장, 이완되어 있으면서도 활기를 띠는 얼굴 표정은 서로 연결되기 위한 준비이다. 이 장의 초반에 기술한 소년의 예에서 볼 수 있는 것처럼, 이러한 평온하면서 안전한 상태는 모든 개인 간 연결의 기초가 된다.

많은 자폐스펙트럼장애 아동은 다음에 살펴볼 여러 이유로 인해 복측 미주회로에 정상적으로 접근하지 못한다. 그 아동들은 우리가 중립적으로 받아들이는 경험에 대해 위험이나 죽음의 위협이라는 신경정보를 받아들이는 것 같다. 결과적으로 자율신경계의 나머지 두 가지 회로 중 하나가 활성화되는 것이다. 다른 사람들과의 연결이 안전하다는 뉴로셉션을 유지할 수 있을 만큼의 정보가 충분하지 않을 때는 교감신경계(sympathetic nervous system, SNS)가 활성화되며, 이는 우리를 맞서 싸우거나 도망치도록 만든다. 안전한 상태에서 우리는 애착, 호기심, 놀이, 기타 즐거운 탐색을 능동적으로 수행하기 위해 교감신경계의 각성 수준이 요동치는 것을 경험할 수 있다. 그러나 우리의 뉴로셉션의 평가가 안전하다에서 위험하다는 쪽으로 변하게 되면, 심장의 복측 미주신경 브레이크가 제거되고 우리 자신을 방어할 준비를 하기 위해 교감신경계가 보다 더 전적으로 활성화된다(Porges, 2007). 심장박동이 증가하고, 행동을 취하는 데 필요한 화학물질들이 방출되며, 맞서 싸우거나 도피하도록 준비시키기 위한 기타 신진대사의 변화가 우리의 체화된 뇌에서 펼쳐진다. 가장 결정적인 것은 생존 이익의 측면에서 우리를 타인과 연결해주는 회로가 꺼지면서 위험에 초점을 맞추게 되며, 결과적으로 새로운 정보를 받아들이기 위한 우리의 수용 능력은 극적으로 줄어든다. 즉 우리가 안전하다는 뉴로셉션을 되찾기 시작할 때까지, 다른 회로들이 우리를 조절할수 없다는 것을 의미한다. 치료사들에게는 이러한 자율신경계 기능의 특수한 측면이 매우중대한 정보가 된다.

자율신경계의 세 번째 가지인 배측 미주 부교감신경은 보다 더 심각한 상황에 처해 있다는 신경정보를 받았을 때 활성화된다. 우리의 체화된 뇌가 생명의 위협이라고 해석하는 무기력(helplessness)이 이러한 상황에 해당한다. 이러한 변화는 심장박동을 감소시키며, 소화를 멈추게 하고, 기타 신진대사 시스템을 닫아버려 마치 죽은 것처럼 행동하게 한다. 분열 또는 정적으로의 붕괴로 특징지어지는 얼어붙은 상태(freeze state)가 되는 것이다(Porges, 2007). 우리의 몸은 덜 고통스러운 죽음을 위해 엔도르핀을 분비하며, 모든 신체가 죽음을준비한다. 극도의 트라우마 상황에서는 배측 미주신경이 켜져도 교감신경계가 완전히 꺼지지 않을 수 있다. 이는 엔진의 회전속도를 올리면서 동시에 급브레이크를 밟는 자동차의 압박감과 유사한 극도의 심리적 스트레스 상태를 불러일으킨다. 이러한 두 가지 반대되는 과정은 말로 표현하기는 어려우나 부분적으로나마 꼼짝할 수 없음, 말 없는 공포, 또는 분리된 불안 상태로 묘사할 수 있는 체화된 상태를 야기한다. 세 가지 자율신경계 회로가 활성화되면서 변화한다는 사실을 읽으며, 아마도 몇몇 자폐스펙트럼장애 아동의 모습이 머릿속에떠올랐을 것이다.

놀이와 개인 간의 연결은 서로 상승 효과를 내는 시스템으로 기능하기 때문에, 연결되어있고 안전하다고 느낄 때 자율신경계의 복측 미주신경이 활성화된다. 그러한 상황에서 아동은 놀이 활동을 더 잘할 수 있으며, 놀이를 할 때 대인관계를 더 잘 유지할 수 있다는 사실을 감지했을 것이다. 신체적 · 정서적 조절, 적절히 조율된 커뮤니케이션, 감정이입, 공포 감소의 뇌 회로를 구축할 수 있는 잠재력은 이러한 연결의 공감 상태(resonant states of connection)에서 생겨난다(Schore, 2009; Siegel & Hartzell, 2003). 조절을 가능하게 하는 관련 회로와 신경 연결은 모두 우뇌에 존재한다. 이들은 변연계 영역과 연결되어 있으며, 변연계 영역은 전전두피질(prefrontal cortex, 앞이마겉질) 회로와 함께 안전에 대한 내적 그리고외적 환경을 모니터링한다. 전전두피질은 변연계 영역을 차분하게 하며 우리의 반응을 늦추면서 정보를 통합하는 부위이다. 이러한 회로들이 함께 엮여 있기 때문에, 우리는 우리의내적 상태를 보다 쉽게 알 수 있으며, 타인의 내적 상태를 감지할 수 있다. 그러나 이는 우리가 안전하다는 뉴로셉션을 갖고 있을 때만 가능하다. 자폐스펙트럼장애 아동에 대한 의문점은 복측 미주신경이 활성화되고 조절회로가 켜지는 방향으로 그들의 자율신경계를 변화시키기 위해 안전한 공간을 사용할 수 있느냐가 아니라(앞에서 Marc가 소년과 놀이하는 예에서 보았던 것처럼), 이러한 경험들이 신경회로를 함께 엮을 수 있도록 하여 장기적인 변화를 가져올 수 있는가 하는 것이다.

자폐스펙트럼장애의 신경생물학에 대한 새로운 발견은 이러한 의문점을 밝혀내는 데 어떠한 도움을 줄 수 있는가? 자폐스펙트럼장애 아동의 뇌에 대한 이해를 돕는 많은 방안들이 연구되었으나 그중에서 우리는 신경 통합의 문제를 강조하는 한 가지 관점에 초점을 둘 것이다. 왜냐하면 연관된 기능들이 얼마나 잘 연결되어 있으며, 일관된 방식으로 기능하는지의 정도에 따라 좋은 관계, 정신적 일관성, 행복에 관한 우리의 삶의 질이 달라지기 때문이다(Siegel, 1999, 2006). 우리는 앞에서 말한 우반구의 규제회로를 연결하는 수직적 통합과 우리 내부 세계의 상황을 알고 말할 수 있게 해주는 좌반구와 우반구를 연결하는 좌우 통합에 대해 생각해볼 수 있다. 다음에서 설명하겠지만 이러한 회로들의 분리는 자폐스펙트럼장애 아동이 경험하는 장애의 강력한 원인이다.

자폐스펙트럼장애와 아스퍼거 증후군을 포함한 발달장애의 연속선상에 있는 아동을 볼 때 느끼는 한 가지 본질적인 난제는 증상의 변동성(variability), 특히 장애 아동이 보이는 증상의 정도에 차이가 있다는 것이다. 이를 어떻게 설명할 수 있을까? 신경과학자이며 신경가소성(뇌 연결의 변화 가능성) 분야의 선도적인 학생이었던 Michael Merzenich는 이 난제의 몇 가지 측면을 풀어냈다. 그는 학습이 시작되고 끝나는 결정적 시기의 원인이 되는 것이 무엇인지를 알기 위해 출생 직후 뇌의 놀라운 가소성에서 단서를 찾기 시작했다. 신경 성장 요인 중, 뇌 유래 신경영양인자(brain-derived neurotrophic factor, BDNF)가 장애와 관련된 유력한 후보로 간주되는데, 그 이유는 BDNF가 결정적 시기 동안에 만들어지는 새로운 시냅스 연결을 강화하기 때문이다(Doidge, 2007). 우리가 경험을 하면 뉴런들이 함께 발화하고 함께 연결되면서 인지적인 것 뿐만 아니라 정서적 관계적 기억과 학습을 유지하는 신경망이 형성된다. 결정적 시기에는 BDNF가 시냅스 연결을 강화하기 위해 분비되며, 따라서 이 연결들은 이후에 반드시 함께 발화된다. BDNF는 축색의 피복과 같은 역할을 하는 하얀색 물질인 수초의 성장을 촉진하여 새로운 시냅스 연결을 더 안정시킨다. 또한 BDNF는 영아기의 결정적 시기 동안 자동적인 주의집중과 관련된 뇌 부위인 기저핵(nucleus basalis, 바닥핵)의 스위치를 켜고, "결정적 시기 전체에 걸쳐서 그 스위치가 계속 켜져 있도록 한다" (Doidge, p. 80). 이 기간 동안에는 쉽게 학습을 할 수 있는데, 일련의 신경 변화가 생기고 이것이 BDNF에 의해 안정화된다. 중요한 경로들이 완성되면 가소성이 줄고 안정성이 증가할 필요가 있으므로, 더 강력한 BDNF가 분비되면서 결정적 시기의 문을 닫아버린다. 그 후로 기저핵은 오직 "중요하거나 놀랍거나 새로운 무언가가 발생했을 때, 또는 우리가 주의집중을 하려고 노력할 때"만 작동하게 된다(Doidge, p. 80).

지금부터는 마음의 기본 과정에 대한 지식을 통해 자폐 아동의 뇌에서는 어떤 일들이 일어나는지 알아보도록 하겠다. 결정적 시기의 가소성에 관한 가장 중요한 측면 중 하나는 뇌 지도 분화(brain map differentiation)이다. 출생 시 우리의 뇌는 미완성된 장치이므로 주어진 경험에 대해 뇌 영역 중에 관련이 있는 넓은 부위들이 활성화된다. 그러나 반복된 경험을 통해 뇌 피질(뇌 겉질)이 그 반응을 정제하면서, 익숙한 사건을 경험할 때는 점점 더 적은 뉴런이 반응하게 된다. 청각 피질을 예로 들자면, 결정적 시기 초기에는 피질의 많은 부분이 단음에 반응하여 발화하지만, 여러 번의 경험을 하게 되면 그 음을 들었을 때 몇몇 뉴런만이 반응하게 된다. 신경 발화 정도를 보다 더 잘 통제할 수 있으며, 뇌 소음이 줄어들게 되는 것이다.

Merzenich는 이러한 이해에 기초하고 쥐 실험 결과를 보완하여 다음과 같은 이론을 전개하였다. 광범위하나 고르지 않은 자폐스펙트럼장애 아동들의 차이는 부분적으로 영아기에 새로운 경험에 노출되었을 때 일부 신경군만 과활성화되는 유전적 취약성에 기인한다는 것이다. 이러한 신경 활동에 대한 반응으로 BDNF가 과도하게 분비되면서 중요한 연결들만 강화되는 것이 아니라 모든 연결이 강화되고, 뇌 피질 지도가 충분히 규정되기 전에 결정적 시기가 너무 빨리 끝난다는 것이다(Zhang, Bao, & Merzenich, 2002). 이러한 뇌 지도 분화의 부족 때문에 많은 종류의 정보가 들어올 때 뇌가 과도하게 발화하는 것으로 보인다. 그러면서 관계의 강도를 조절하고 언어 학습을 조직화하는 것의 장애뿐만 아니라 만지고 듣고 보는 것에 민감해진다. 이로 인해 아동은 상당 시간 동안 교감신경이 활성화된 상태에 놓여 있는 무서운 경험을 하게 될 것이라고 짐작해볼 수 있다. 아동에 따라 각기 다양한 뇌 영역이 더 많이 또는 덜 분화되어 있으며, 그 때문에 활성화가 일어날 때, 서로 다른 발달의 측면에서 그리고 서로 다른 공포 수준에서 어려움을 보이는 정도가 다 달라진다.

이것은 자폐증의 기원에 관한 Merzenich의 연구 중 한 부분일 뿐이지만, 뇌에 대한 다른 발견들과 밀접한 관련이 있다. 앞에서 언급한 것처럼 제대로 기능하는 뇌는 일관성 있는 마음과 공감할 수 있는 관계를 유지할 수 있게 해주며, 이러한 뇌의 열쇠는 신경 통합의 정도에 달려 있다(Siegel, 1999). 그러나 회로가 연결되기 전에 뇌의 다양한 영역에서 적절한 분화가 일어나야만 한다. Merzenich의 관점에 따르면 이것이 결정적 시기가 조기에 달하면서 합선이 일어나는 바로 그 단계이다. 회로들이 뇌 영역 간의 전체적 통합을 이룰 수 있을 정도로 충분히 분화되지 못한 것이다. 대신에 각각의 회로들이 계속 과잉 발화하면서 신경계가 위험이라는 뉴로셉션으로 인해 압박을 받게 되며, 이는 타인들과 연결되는 것을 더 어렵게 한다. 많은 아동의 경우 가장 중요한 사회적 회로들조차 잘 분화되지 않았기에, 정상적 발달 과정의 아동이라면 회로의 전체적 통합이 이루어져 있으므로 100만분의 1초 단위로 합성하고 처리할 수 있는 엄청난 양의 관계적 정보가, 이 아동들의 경우에는 조금씩 모이고 수동으로 조립된다. 이 차이는 컴퓨터 계산기로 계산하는 것과 주판으로 계산하는 것의 차이와 같다. 이러한 아동은 뇌를 가로지르는 회로를 형성하지 못하고, 연결되려고 몸부림치는 저장탑에 고립되어 버린다.

Merzenich는 이러한 분화의 부족이 원인이라면 결정적 시기를 다시 열 수 있는 가능성은 없는지 궁금해했다. 아동이 큰 어려움 없이 신경가소성의 변화가 일어날 수 있는 시기를 다시 맞이한다면, 통합을 위한 뇌 지도의 적절한 분화가 일어날 수 있을 것이라는 생각을 한 것이다. 뇌는 일관성과 연결로 향하는 가능한 많은 움직임을 지속적으로 추구하는 복잡한 시스템이므로, 이러한 통합적 과정을 시작하는 것만으로도 다른 뇌 회로에 계속 진행 중인 변화를 가져올 수 있다. 이와 관련하여 한 가지 기대되는 일화적 정보가 있다. Merzenich와 동료들은 본래 학습 기회가 적었던 아동을 위해 고안된 프로그램을 자폐스펙트럼장애 아동에게 사용한 결과 언어 능력(학습 목표가 된 측면)의 향상뿐만 아니라 사회적 관계 부분에서도 기대하지 않았던 개선이 동반된 것을 예로 들었다(Doidge, 2007).

자율신경계에 관한 Porges의 연구(2007) 역시 교감신경이 활성화된 상태의 자폐스펙트럼장애 아동을 사회적 관계와 관련된 다른 뇌 회로들이 자연스럽게 기능할 수 있도록 하는 복측 미주신경이 활성화된 상태로 어떻게 변화시킬 것인지에 대해 생각하게 한다. Porges의 연구에 기반을 둔 듣기 프로젝트(Listening Project; Porges, 2008)는 다섯 번의 45분 듣기 회기로 구성되어 있다. 아동은 안전하다는 뉴로셉션을 충분히 받을 수 있도록 고안된 세팅에서 자유놀이에 참여하면서 소리를 듣는다. 헤드폰을 끼고 사람의 목소리(장애 아동의 덜 분화된 청각 피질로는 주변 소음으로부터 분간하기 어려운 범위)와 유사한 주파수를 갖도록 여과된 다양한 종류의 청각 자극을 듣는 것이다. 만약 주변에서 그렇게 조절된 소리를 듣는다면 우리의 신경 시스템 전체는 그 안전한 소리를 향해 주목할 것이다. 이러한 범위의 소리에 귀를 기울이는 것은 직접적으로 복측 미주신경을 자극하며, 사회적 관여(social engagement)도 물론 가능해진다. 우리 인간은 다른 사람들과 연결되도록 설계되었으며, 우리의 뇌는 항상 더 큰 통합을 추구한다. 이러한 사실들은 자폐스펙트럼장애 아동의 뇌가 중요한 뇌 영역 간의 연결을 찾도록 돕기 위한 우리 활동의 강력한 조력자들이라고 할 수 있다. 듣기 프로젝트 과정을 다룬 동영상을 보면 굳은 표정으로 무관심하던 아이들이 놀이 중간에 다른 사람들과 관계하면서 즐거워하며 미소 짓는 모습으로 변하는 것을 볼 수 있다. 이러한 개선이 크게 증폭되고 더 장기적으로 지속될 수 있는 방법을 알아보기 위해 추가 연구가 진행 중이다. 가장 좋은 소식은 이러한 개입(intervention)은 관련 회로들이 활성화될 수 있다는 것을 보여주며, 따라서 관계의 장애는 사라졌거나 손상된 회로의 기능 때문이 아니라 부분 간의 연결 기능 때문이라는 것이다. 다시 이것은 치료사들에게 중요한 정보가 된다. 왜냐하면 차분하고 적절히 조율하는 치료사의 존재가 신경 통합에 가장 강력한 중요 요인이기 때문이다.

안전, 놀이 그리고 개인 간 연결회로는 신경생물학적으로 밀접하게 연결되어 있기 때문에 자폐스펙트럼장애 아동은 이러한 세 가지를 함께 제공하는 조건에서 많은 혜택을 볼 수 있을 것이다. 이 장의 남은 부분에서는 실제로 이러한 원리들을 체험해보기 위해 놀이치료실에서 이야기를 진행해나갈 것이다.

Nicole Bogdan과 놀이치료실에서

안전, 놀이, 그리고 풍부한 개인 간 연결은 서로 밀접하게 연결되어 있다. 따라서 놀이치료의 첫 회기부터 가능한 한 가장 안전한 환경을 만드는 것을 항상 일차적으로 고려해야 한다. 우리가 이 특별한 아동을 명확한 이해와 온정의 마음으로 더 많이 수용하면 할수록 복측 미주신경 영역을 활성화시킬 수 있는 공감의 경험을 더 많이 뒷받침할 수 있다. 아동을 이해하기 위해서는 아동이 치료실에 오기 전, 초기 평가 기간을 갖는 것이 도움이 된다. 가족 면담을 통해 아동의 능력 지연 및 기능의 정도와 질을 측정할 수 있다. 놀이 기술과 치료사가 증진시켜야 하는 상호작용 방식은 아동의 전체적 기능 수준, 특히 아동의 말하기 능력에 따라 달라질 것이다. 언어적·표현적 기능 수준이 높은 아동부터 매우 제한된 언어 기술을 가져서 컴퓨터나 다른 의사소통 중재 장치와 같은 대안적 의사소통 수단에 의존해야만 하는 아동까지, 자폐스펙트럼장애 아동의 범위는 다양하다. 놀이치료 회기 동안 이러한 장치들을 활용하여 아동이 자신의 요구와 원하는 것에 대해 의사소통할 수 있을 때, 아동은 치료에 참여할 수 있으며 인정받고 격려받을 수 있다.

이러한 초기 평가는 아동의 감각통합 능력을 이해하는 데도 도움을 준다. 소리, 빛, 감촉, 접촉 중 어느 영역에서 민감성을 보이는가? 그 민감성은 어떠한가? Merzenich의 연구와 Porges의 연구에서 시사했던 것처럼, 나는 많은 아동이 청각 채널에 매우 민감하여 멀리서 나는 소리를 들으며, 자신이 처한 확장된 환경 속에서 소음, 소리, 진동을 여과하는 데 어려움을 겪는다는 사실을 발견하였다. 어떤 아동은 형광등 불빛에 문제를 보여서 심하게 밝은 불빛을 찾아다니기도 한다. 특정 감촉과 특정 강도의 접촉은 아동이 견딜 수 있는 감각 자극의 정도를 넘어설 수 있으며, 그때 아동은 신체적·정서적 불안을 보인다. 반면 다른 아동은 몸에 장난감이나 모래가 닿으면 차분해진다. 아동이 감각 조절에 문제를 겪을 때, 자기 자신을 자극하기 위해 사용하는 특정 틱이나 신체와 목소리의 움직임을 찾아내는 것이 중요하다. 우리는 이러한 행동을 아동이 자기 조절을 위해 잘 발달시킨 레퍼토리의 일부로 받아들일 수 있다. 우리가 아동이 살고 있는 그 세계에서 각각의 아동을 만날 수 있을 때, 풍부한 상호작용 놀이(interpersonally rich play)를 촉진시킬 수 있는 안전한 환경을 더 잘 마련할 수 있다.

또한 일부 어린 아동은 자신이 좋아하는 장난감을 갖고 있으며, 그러한 아동은 특히 낯선 환경에 있을 때 자신을 조절하는 수단으로서 그 장난감에 집착한다. 아동이 받아들여야 하는 새로운 정보의 양을 제한하기 위한 방법으로 그 장난감에 집중함으로써 아동의 뇌는 다소 '덜 시끄럽고' 덜 놀래는 것 같다. 이러한 경직성은 공포의 신호이며 공포를 개선하려고 노력하는 수단이다. 궁극적으로는 아동이 이렇게 한 가지에만 집중하는 것에서 멀어지기를 원하지만, 초반에는 그것이 아동에게 더 안전한 장소에서 참여할 수 있도록 해주는 방법일 수 있다.

이러한 아동 문제의 핵심은 다른 사람들과 관계하는 능력, 즉 적절한 감정을 보여주거나 생각과 느낌을 표현하고 전형적인 '놀이의 규칙'을 표현하고 적용하는 능력의 문제나 장애이기 때문에, 초기 연결의 성립이 놀이치료의 중요한 요소로 작용한다. 처음에는 이것이 어려울 수 있다. 그러나 이러한 아동을 가능한 한 많이 이해하고 받아들인다면 초기부터 아동이 안전과 공감을 경험할 수 있는 환경을 만들 수 있다. 과장된 감정을 사용하는 것은 이러한 아동에게 정서가 얼굴과 목소리 그리고 몸으로 어떻게 표현되는지를 알려주는 데 도움이 된다. 단, 그 강도는 아동이 안전하다고 느낄 수 있는 범위여야 한다. 풍부하고 정서적인 드라마를 사용한다면 아동의 마음을 사로잡을 수 있으며, 놀이의 흥미를 높일 수 있다.

대부분은 어른보다 아동이 놀이를 이끌어갈 때 교감신경계가 활성화될 확률이 더 낮다. 따라서 이것은 변연계의 놀이 회로와 사회성 회로가 활성화되는 데 필요한 안전을 유지하기 위해 중요한 요소이다. 아동은 신뢰와 존중을 받고 있다고 느낄 뿐만 아니라 방해받지 않고 자유 놀이 활동이 이어질 수 있다고 느낀다. 이렇게 아동이 한 가지 주제나 흥미로운 놀이 아이디어로 치료사를 이끌어가고, 치료사는 이를 따르면 된다. 큰 맥락으로 보았을 때 놀이의 목표는 아동과 치료사가 가능한 오랜 시간 동안 서로 관계를 유지할 수 있는 환경을 만드는 것이다. 아동을 빨리 돌려보내기 위해 불안하거나 과도한 활동을 하는 것보다 연결-

단절-재연결의 흐름을 따르며 차분하게 진행할 때, 그 순간에 아동 자신이 필요한 것을 하고 있다는 조용한 수용과 확신의 분위기를 유지할 수 있다. 이를 통해 우리 내부에 넓은 복측 미주 영역이 만들어지며 지속적으로 아동은 안전과 놀이의 집으로 돌아올 수 있다.

지금부터 안전, 놀이 그리고 연결의 원칙에 따라 진행된 두 가지 상호작용에 대한 이야기를 소개하겠다. 첫 번째는 시간의 흐름에 따른 전반적 놀이치료 과정에 대한 이야기이며, 두 번째는 치료 중간의 한 회기에 대한 것이다. 나는 약 2년 동안 고기능 자폐스펙트럼장애로 보이는 여섯 살 남자아이와 함께 시간을 보냈다. 그 아동의 주된 문제는 우반구 조절 회로의 통합 장애로 인해 심하게 고조된 불안을 보이며 경직된 순서를 따른다는 것이었다. 치료를 시작했을 때 그 아동은 매 회기마다 '안전 장난감'과 안정을 주는 물체를 찾았다. 아동은 높은 언어 표현 능력과 또래 수준의 학업 능력을 가지고 있었지만, 다양한 정서 표현과 시나리오의 변화, 다른 사람과 줄거리를 공유하는 것을 포함하여 놀이 아이디어를 확장시키는 것을 어려워했다. 나는 그 아동이 매우 작은 변화나 좌절 상황에서조차 얼마나 쉽게 심각한 조절장애를 보이는지를 관찰한 후, 아동의 신경 발달 단계에 맞춰 이것을 통제하는 것이 중요하다는 사실을 알게 되었다.

그때부터 우리는 아동의 정서적 욕구와 필요에 대한 표현을 확장시키기 위해 아동의 놀이 방식을 바꾸려 하기보다, 그 아동이 가진 놀이의 안전 모드를 이용하였다. 아동이 좋아하는 인형을 사용한 것이다. 아동은 최종적으로 인형들이 서로 간의 상호작용과 환경에 기반을 둔 다양한 정서적 표현을 할 수 있다는 생각과 정서를 개념화할 수 있었다. 어떤 면에서는 우리가 아동의 사회성 회로를 개선하고 있는 것처럼 보였는데, 아동이 자신의 정서적 인식을 할 때 타인의 정서를 포함시키는 것처럼 보이기도 했다. 1년간의 놀이치료 후, 아동은 특정 느낌에 대해 자신만의 단어 코드를 만들어냈다. 예를 들어, 아동은 행복감을 돌리라마스(dolly-lamas)라고 불렀으며, 학교나 사회적 상황에서 또래들과 놀이를 할 때 이러한 부호를 사용하였다. 친구들이 항상 그런 부호의 의미를 이해하는 것은 아니었지만, 아동 자신은 자신의 정서를 확인할 수 있었기 때문에, 다른 사람들과의 연결도 더 활기를 띠게 되었다. 아이들이 느낌에 관한 언어를 만들어내기 위해 어휘를 조작하는 것에 매료되면서, 이것은 친구들과 함께하는 즐거운 게임으로 직결되었다. 이 모든 것은 장난감을 줄지어 세워놓고 그것들을 가지고 혼자 노는 경직된 일상에서 벗어날 수 없었던 아동의 입장에서 보자면 대단한 성취였다.

지금부터는 치료에 참여한 지 9개월 정도 된 제이미라는 아동의 치료 회기 일부를 소개하도록 하겠다. 치료 회기에 앞서 나는 그녀의 아버지로부터 그녀가 집에서 약간의 분노를 보이고 있으며, 때로는 이 분노가 어린 남동생을 향한다는 이야기를 들었다. 내가 대기실에 들어섰을 때 제이미는 주먹 속에 자신이 좋아하는 플라스틱 작은 인형들을 가득 쥐고 초조하게 서성이고 있었다. 이 장난감은 사실 그녀가 좋아하는 TV쇼에 나오는 캐릭터였다. 그녀의 시선은 바닥을 향해 있었으며, 내가 다가가는 것을 피했다. 그녀는 갑자기 어떤 맥락이나 정식적 인사도 없이 나에게 자신이 가진 인형들에 대한 이야기를 하기 시작했다. 그 이야기는 그녀가 그 전 주에 시작했던 이야기의 연속이었다. 나는 차분히 그녀를 쳐다보았다. 그녀가 준비가 되었을 때, 그녀의 눈을 똑바로 쳐다보면서 조용히 말해주고 그녀가 나에게 해주는 이야기를 인정해주었다. 5~6분 후, 그녀는 나를 조금씩 흘끗 쳐다보다가 마침내 나에게 시선을 고정하였다. 자신의 이야기를 멈추고 불쑥 내 셔츠의 밝은 무늬에 대해 이야기를 꺼냈을 때 그녀의 얼굴은 미소 짓는 것 같았다. 이러한 초점의 전환을 통해 우리는 연결되었으며, 나는 그녀를 내 사무실로 데리고 올 수 있었다.

그녀는 놀이 공간으로 들어오자마자 바로 자신이 좋아하는 빈백의자로 뛰어갔다. 그녀의 주먹은 여전히 소중하게 여기는 인형들로 가득했다. 손에 쥐고 있는 것이 불편해 보였지만 그래도 그녀는 그것들을 놓을 수가 없었다. 제이미는 그 의자에서 몸을 굴리고는 말랑말랑한 장난감이 갖고 싶다고 강하게 말했다. 나는 이 말이 그녀가 어떤 감각 자극을 갈망한다는 의미라는 것을 알았다. 그래서 그녀가 브리또[3] 가운데에 있는 것처럼, 의자에 그녀가 둘러싸일 때까지 의자를 움직였다. 이렇게 그녀의 감각 조절이 안정되면서 우리의 놀이는 '브리또 소녀'라는 새로운 게임으로 발전했다. 내가 이 재미있는 즉흥적 게임을 시작한 후부터 그녀는 미소 짓고 킥킥거리며 더 해달라고 요청했다. 우리는 브리또 소녀라는 테마에 다양한 변형을 주면서 9~10번을 왔다 갔다 했다. 아동에게 어떤 종류의 브리또가 되고 싶은지를 물었고, 아동은 "엉망진창 브리또!", "아이스크림 브리또!", "엄마 브리또!", "자전거 브리또!" 라고 대답하였다.

이 모든 것은 강한 연결과 한동안 웃음을 가져다주었다. 그러나 결국 그녀의 흥미는 줄어들었다. 나는 제이미가 자신의 조절장치이며 아직도 손에 쥐고 있는 장난감에 집중하지 않고 우리의 연결을 유지할 수 있는지를 보고 싶었다. 그래서 놀이 주제에 다양한 변화를 주었다. 제이미의 아버지가 언급했던 제이미의 분노를 기억하고 이렇게 말했다. "미스 브리또 소녀가 오늘은 화가 난 것 같네. 브리또 소녀가 무엇 때문에 화가 났는지 궁금한 걸." 나는 자주 **화나다**(mad), **슬프다**(sad)와 같은 흥미롭고 강하며 호기심을 불러일으키는 느낌 관련 단

---

3 역자 주 : 옥수수 가루로 만든 둥글고 얇은 빵 같은 것 위에 고기, 야채 등을 얹어 싸 먹는 멕시코 음식

어들을 주로 선택하였다. 분노와 관련된 다양한 단어들은 이러한 아이들에게 공감을 불러일으키는 것 같다. 왜냐하면 분노는 이러한 아이들이 흔하게 경험하는 정서이지만 적절하게 말로 표현하지 못하는 경우가 많기 때문이다. 화가 난 브리또 소녀를 언급한 것은 실제로 제이미의 심금을 울렸으며, 제이미는 바로 이렇게 말했다. "응! 브리또 소녀가 화났어!" 이때부터 나는 계속 활기차게 내가 맡은 캐릭터의 목소리로 과장된 감정을 표현하며 반응하였다. "브리또 소녀를 화나게 하는 것은 무엇일까?" 제이미는 웃다가 더 강하게 데굴데굴 구르고 으르렁거리며 허공에 발을 차기 시작했다. 마치 이 분노에 대한 개인적 타당성을 찾으려고 발버둥치는 것 같았다. 우리가 보기에는 그녀의 신경계, 그 느낌 그리고 그 느낌에 대한 의미를 담당하는 다양한 회로들을 통합할 수 있는 수용력을 넘어선 것 같았다.

나는 이번 놀이 아이디어를 놓치지 않기 위해 제이미가 으르렁거리는 것을 반영하여, 동물처럼 으르렁거리고 있는 것이냐고 물었다. 제이미는 그 아이디어로 연결된 것 같았으며, "응! 난 브리또 소녀가 아니라 사자다!"라고 말하면서 다른 캐릭터가 되었다고 밝혔다. 제이미는 그때 처음으로 쥐고 있던 작은 인형들을 내려놓고 의자에서 일어나 사자처럼 기어 다녔다. 나는 정서적 부분을 재도입시키려고 이 사자가 무엇 때문에 화가 났는지를 물었다. 제이미는 사자가 학교에 가야만 하는 것 때문에 화가 났다고 말했다. 그러면서 나에게 학교에 가고 싶어 하지 않는 소녀 역할을 맡기고, 자신은 '곰팡내 나는 초록 눈을 가진 나쁜 사자 선생님' 역할을 맡았다. 놀이를 하는 동안 제이미는 으르렁거리며 공격성을 보이는 방식으로 자신의 분노를 표출하였다. 그러면서도 선생님이 모든 학생을 때리는 것을 묘사하면서 웃음을 보이듯이, 여전히 정서적 회로에 연결되지는 못한 것 같았다. 이 아이디어에 계속 빠져서는, "잠깐 멈춰, 그리고 모든 나쁜 아이들을 때려!"라고 말하면서 계속해서 초조하게 웃었다. 제이미는 이 패턴에서 빠져나가지 못한 채, 너무나도 강한 경험을 조절하기 위해 뛰고 점프하면서 손을 퍼덕거리기 시작했다. 나는 제이미의 고조되는 긴장에 공감하며 제이미를 따라 하면서도 내가 가진 복측 미주 공간 안에서 우리 둘 다 침착함을 유지할 수 있도록 했다.

제이미는 갑자기 쥐고 있던 인형들이 바로 자기 눈앞에 보이지 않는다는 것을 깨닫고는 인형들을 잃어버렸거나 누가 도둑질해갔다고 속단해버렸다. 그녀의 불안은 최고조에 달했고, 뛰어다니면서 인형이 없어졌다고 울먹였다. 나는 제이미가 하고 있던 놀이로 되돌아 와서 자신의 감정과 다시 연결될 수 있도록 하기 위해 내 역할을 '친절하고 호기심 많은 아기동물'로 변경하였다. 둘 사이의 안전한 공간을 다시 만들기 위해서 내 자세와 목소리 톤도 바꾸었다. 나는 그녀에게 친절하고 호기심 많은 아기동물은 그녀의 기분이 더 좋아지는 것과 장난감을 찾는 것을 돕고 싶어 한다고 말했다. 나는 인형들이 어디에 있는지 알고 있었고, 그녀가 약간의 추가적인 감각 조절을 필요로 한다는 것을 느꼈기 때문에 의사소통을 주고받으며 그녀의 관심을 끌기 시작했다. 그녀의 몸과 목소리는 나에게 아직 불안하다고 말하고 있었지만, 그녀는 서서히 연결 상태로 되돌아왔다. 그녀는 나의 새로운 역할을 받아들였고 우리는 인형을 찾았다. 그리고 나는 그 인형들이 아마도 모래 목욕을 할 수 있을 거 같다고 제안하였다. 그녀는 인형들을 모래상자로 가져가서 부드러운 모래 속에 깊숙이 손을 집어넣었다. 이 과정은 상당히 빠르게 그녀를 차분하면서도 각성된 상태로 되돌려놓았으며, 그녀는 눈맞춤을 하고 미소를 나눌 수 있게 되었다. 우리는 계속해서 인형들이 모래 속에서 지금 얼마나 안전하게 잘 있는지에 대해 이야기를 나누었고, 곧바로 제이미는 '보호자'와 '구조대원' 역할을 연기했다.

내가 제이미와 보낸 시간에 대해 쓰면서 느낀 것은, 서로 공감할 수 있는 지점을 찾기 위한 상호 간의 노력이 중요하다는 것이다. 나는 최선을 다해서 제이미의 감각운동, 정서적·신체적 단서들을 읽었다. 그런 다음, 그녀가 원하는 놀이 아이디어나 활동에 함께 참여하고, 그곳에서 활동을 확장시켜나갔다. 이를 통해 그녀는 계속 연결된 상태를 유지할 수 있었으며, 그녀 자신이 개인적 감정을 표현할 수 있도록 스스로 놀이에 더 공을 들일 수 있었다. 안전과 내가 유지하려고 한 복측 미주 공간에 힘입어, 그것은 관계하기, 참여하기, 놀기, 감정 표현의 증가, 조절장애로부터의 약간의 발전, 서로 다시 찾기, 차분한 각성 상태로 돌아오기가 끊임없이 반복되는 하나의 춤이 되었다. 이 회기와 전체 치료 과정을 거치면서 조절장애의 기간과 정도가 줄어들었다. 이날 제이미는 특정 캐릭터나 소중히 여기던 인형과 연결된 상태가 아니라 내 셔츠 무늬와 다시 연결된 후에 미소를 짓고 손을 흔들며 작별인사를 하면서 끝을 맺었다.

이러한 아동의 관여와 조절 능력이 점차 변화되어가는 것을 보면서 이 일의 보람을 느낀다. 나는 우뇌의 사회적 회로가 어떻게 더 잘 연결되고, 더 만족스러운 삶을 만들어갈 수 있는 패턴으로 점차 바뀌어갔는지 마음속에 그려볼 수 있다. 아동의 조절장애가 심각하여 방 안에 가득 차서 넘쳐흐를 때도 내가 복측 미주 공간을 열고 그 공간을 유지하자 치료의 공간으로 되돌아오는 방법을 찾고 각각의 연결의 순간을 통해 조금씩 나아갈 수 있는 것을 발견하였다.

결론

신경생물학은 우리가 태어나서부터 숨을 거둘 때까지 따뜻한 애착을 추구하는 최초의 그리고 최고의 사회적 생물이라는 것을 재확인해준다. 과학을 이용하는 것, 그리고 새로운 신경 통합 통로를 만들어내기 위해 안전, 놀이, 타인과의 풍부한 연결 같은 즐거운 경험을 사용하는 것은 분리되어 있는 자폐스펙트럼장애 아동의 뇌 회로를 통합하기 위한 훌륭한 과정인 듯하다. 조절 기능이 향상되고 차분한 상태가 더 익숙해지면 행동과 학습도 향상될 것이다.

이러한 원리를 이해하는 것은 이 어린 아동에게 어떠한 일이 일어나고 있는지를 명확히 아는 데 도움이 된다. 또한 이것은 결과적으로 조절장애 상태에서도 우리가 더 차분하고 안정된 상태로 임할 수 있게 해준다. 이러한 치열한 상태를 유지하기 위한 우리의 능력은 놀이 치료실의 일차적 수단이 된다. 우리가 안전이라는 정서적 환경을 유지하고 있을 때 놀이로의 문, 그리고 더 깊고 더 지속 가능한 연결로의 문이 열릴 수 있기 때문이다.

단절되고 동요된 상태에서 좋은 관계를 갖는 따스한 상태로 변화해가는 아름다운 움직임을 다시 살펴보면서, 우리의 몸을 통해 흐르는 놀이의 참맛을 느껴보는 것으로 마무리하겠다.

소년은 잘 달렸으며 쉽게 겁을 먹었다. 그로 인해 나는 때때로 내가 절대로 선택하지 않을 것들을 쫓아가서 잡고 있는 내 자신을 발견하게 되었다. 그 후 나는 소년과의 문제의 돌파구를 찾았다. 나는 소년을 체육관으로 데려가서 매트에서 놀았다. 그는 즉시 매트를 피했으며 문 쪽으로 달아났다. 다행히 그때 몇몇 사람들이 문으로 들어왔고 소년은 그쪽으로는 갈 수 없다고 느꼈다. 그 덕분에 나는 거리를 유지할 수 있었다. 즉 소년에게 공간을 주었고 건물 밖으로 나가려는 것을 막을 필요가 없었다. 소년은 벤치에 앉았다. 나는 약 3미터 정도 떨어져 있는 옆 벤치에 앉았다. 그는 동요된 상태로 일어섰다 앉았고, 나는 단지 앉아서 소년을 지켜보았다. 소년은 자신이 앉아 있는 벤치 뒤의 벽 철망을 손으로 훑기 시작했다. 내가 다가가는 것이 그를 방해한다는 어떤 징후가 나타나지는 않는지를 유심히 살피면서, 조심스레 더 가까이로 옮겨갔고 소년과 같은 벤치에 앉았다. 소년은 나의 움직임을 눈치챘지만 계속해서 철망을 만지고 있었다. 그것은 재미있는 소리를 만들어냈다. 나도 철망을 손으로 훑기 시작했다. 그 감각을 느꼈으며, 내 방식으로 그 소리를 탐색했다. 그를 똑같이 따라 한 것이 아니라 감촉과 소리를 탐색하는 데 합류하고 있었다. 우리는 얼마간 이렇게 하고 있었다. 그러고 나서 소년은 발을 내 쪽으로 하고 벤치에 누웠다. 그는 발로 나를 밀어내기 시작했다. 소년이 나를 밀었을 때 나는 몸이 미끄러져 멀어지도록 그냥 있었다. 그리고 소년이 멈추었을 때 본래 자리로 돌아왔다. 이것은 천천히 시작되었고 리드미컬한 게임이 되었다. 하지만 그렇게 밀어내는 도중에 소년이 벤치에서 떨어질 수도 있다는 느낌이 들기 시작했다. 나는 매우 천천히 조심스럽게 벤치를 떠나 바닥으로 움직이기 시작했다. 소년은 계속 나에게 발을 대고 있었다. 혹시 소년이 벤치에서 떨어지더라도 내가 소년을 잡을 수 있도록, 소년이 누워 있는 벤치 바로 아래로 옮겨간 것이다. 소년은 나에게 발을 대고 거기에 누워서 나를 내려다보고 있었다. 소년은 자신보다 내 몸 전체가 더 아래에 있는 모습에 흥미를 갖는 것처럼 보였다. 소년은 천천히 그리고 조금씩 내 몸 쪽으로 웅크리기 시작했다. 나는 소년의 움직임에 따라 움직였다. 어디로 움직이게 될지 모른 채 그저 소년을 지탱하고 소년의 움직임에 맞춰주었다. 그 과정을 설명할 수는 없지만, 결국 우리는 함께 바닥에 누워 있었다. 나는 바닥에 등을 대고 있었고, 소년은 내 팔과 어깨에 머리를 둔 채 가까이에 누워서 몸을 웅크리고 있었다. 우리는 그런 자세로 오랫동안 누워 있었다. 아마도 15분 정도였을 것이다. 소년은 동요하지 않았으며, 그의 몸은 부드럽고 편안했다. 그래서 나도 편안하게 쉴 기회를 얻었다. 우리 집 아이들이 아기였을 때가 떠올랐다. 내 옆에서 쉬고 있는 아이들과 함께 누워 있거나 단지 함께 있는 것만으로도 느껴지는 그 만족스러운 행복감. 그것이 내가 그날 그 소년과 함께 발견한 감정이었다. (M. Helene, personal communication, February 19, 2011)

참고문헌

Adolphs, R. (2002). Trust in the brain. *Nature Neuroscience, 5*, 192–193.

Critchley, H. D. (2005). Neural mechanisms of autonomic, affective, and cognitive integration. *Comparative Neurology, 493*, 154–166.

Doidge, N. (2007). *The brain that changes itself: Stories of personal triumph from the frontiers of brain science.* New York: Viking.

Iacoboni, M. (2009). Imitation, empathy, and mirror neurons. *Annual Review of Psychology, 60*, 653–670.

Morris, J. S., Ohman, A., & Dolan, R. J. (1999). A subcortical pathway to the right amygdala mediating "unseen" fear. *Proceedings of the National Academy of Science, USA, 96*, 1680–1685.

Panksepp, J. (1998). *Affective neuroscience: The foundations of human and animal emotions.* New York: Oxford University Press.

Panksepp, J. (2008). PLAY, ADHD and the construction of the social brain: Should the first class each day be recess? *American Journal of Play, 1*, 55–79.

Porges, S. W. (1998). Love: An emergent property of the mammalian autonomic nervous system. *Psychoneuroendocrinology, 23*(8), 837–861. doi:10.1016/50306-4530(98)00057-2

Porges, S. W. (2004). Neuroception: A subconscious system for detecting threat and safety. *Zero to Three: Bulletin of the National Center for Clinical Infant Programs, 24*(5), 19–24.

Porges, S. W. (2007). The polyvagal perspective. *Biological Psychology, 74*, 116–143.

Porges, S. W. (2008). The Listening Project. Retrieved from http://www.education.umd.edu/EDHD/faculty2/Porges/tlp/tlp.html

Porges, S. W. (2009a). Reciprocal influences between body and brain in the perception and expression of affect: A polyvagal perspective. In D. Fosha, D. J. Siegel, & M. F. Solomon (Eds.), *The healing power of emotion: Affective neuroscience, development, clinical practice* (pp. 27–54). New York: Norton.

Porges, S. W. (2009b). The polyvagal theory: New insights into adaptive reactions of the autonomic nervous system. *Cleveland Clinic Journal of Medicine, 76*(2), S86–90. doi:10.3949/ccjm.67.s2.17

Porges, S. W. (2011). *The polyvagal theory: Neurophysiological foundations of emotions, attachment, communication, and self-regulation.* W. W. Norton.

Schore, A. N. (2009). Right brain affect regulation: An essential mechanism of development, trauma, dissociation, and psychotherapy. In D. Fosha, D. J. Siegel, & M. Solomon (Eds.), *The healing power of emotion: Affective neuroscience, development, and clinical practice* (pp. 112–144). New York: Norton.

Siegel, D. J. (1999). *The developing mind: How relationship and the brain interact to shape who we are.* New York: Guilford.

Siegel, D. J. (2006). An interpersonal neurobiology approach to psychotherapy: Awareness, mirror neurons, and neural plasticity in the development of well-being. *Psychiatric Annals, 36*(4), 247–258.

Siegel, D. J., & Hartzell, M. (2003). *Parenting from the inside out: How a deeper self-understanding can help you raise children who thrive.* New York: Tarcher/Putnam.

Winston, J. S., Strange, B. A., O'Doherty, J., & Dolan, R. J. (2002). Automatic and intentional brain responses during evaluation of trustworthiness of faces. *Nature Neuroscience, 5*, 277–283.

Zhang, L. I., Bao, S., & Merzenich, M. M. (2002). *Disruption of primary auditory cortex by synchronous auditory inputs during a critical period.* Proceedings of National Academy of Sciences, USA, 99(4), 2309–2314.

제2장

자폐 아동과 놀이하기

Lawrence C. Rubin

놀이는 매우 중요하다. … 놀이의 이상성은 자폐증에 자연스럽게 수반되는 사소하며 부수적인 현상이 아니다. 자폐증에서의 비전형적인 놀이는 발달에 있어 상당히 유의미한 영향을 미친다. (Boucher & Wolfberg, 2003, p. 341)

서론

놀이는 행위 그 자체로서, 다양한 특성을 갖는 구성 요소(construct)이다. 놀이가 아동 혼자만의 행동을 지칭할 때는 아동의 순간적인 관심사뿐 아니라 지속적인 열정과 관련된 주제를 보여주는 창이 된다. 공유된 활동으로서의 놀이는 그 아동집단의 사회적 소통 규칙과 공통된 관심사에 대한 통찰을 제공하기도 한다. 발달적 생애주기의 관점에서 볼 때 놀이는 성장과 변화의 다양한 측면(인지적, 도덕적, 사회적, 창의적, 영적)들을 관찰 및 평가할 수 있는 렌즈가 된다. 보다 넓은 범위에서 보면 놀이는 어떤 한 시점 또는 일정 기간 동안 사람들이 갖는 규칙, 역할, 신념을 이해할 수 있는 수단, 즉 인류학적인 표지라고 할 수도 있겠다.

　자폐스펙트럼장애 아동의 놀이 활동이 인정되어야 할 차이점인지 아니면 치료되어야 할 결함인지에 대한 논쟁으로 인해 구성 요소이자 발달적 활동으로서 놀이의 다양성과 유용성이 더욱 부각되고 있다(Soldz, 1988). 전자의 경우 그들에게 부여된 진단명과 보다 아동 및 청소년 자체가 더 중요한 의미를 갖게 되며, 놀이는 개개인의 관심사와 어려움, 주변 세계와 소통하는 수단을 보여주는 창이 될 것이다. 반면 자폐스펙트럼장애 아동의 놀이를 결함으로 볼 경우 임상적 관심은 놀이에서 나타나는 결함으로 제한되면서 아동의 의미는 축소될 것이다. **놀이주의(playism)**라는 것은 부모, 교사, 또는 임상가인 우리가 추상적이거나 상징적인 놀이를 이상적인 형태로 여기고 아이들의 놀이에서 결여된 부분에만 초점을 맞추는 것을 말한다. 이는 아동이 하나의 사물이나 활동에 지나치게 몰두하는 것과 유사하다고 볼 수 있다.

이 장에서는 이러한 논쟁의 양면을 모두 살펴보고자 한다. 우선 놀이의 넓은 스펙트럼에 대해 살펴본 뒤 자폐스펙트럼상에 놓인 아동의 다양한 놀이 경험을 보다 잘 이해할 수 있도록 하는 데 초점을 맞출 것이다. 이를 위해 우선 매우 다른 방식으로 놀이하는 두 형제에 대한 이야기로 시작해 놀이에 대한 이론적인 개관을 거쳐 자폐스펙트럼장애 아동의 놀이에 대한 설명을 제시할 것이다. 마지막 부분에서는 이러한 아동의 놀이를 증진시키기 위한 치료적인 노력과 임상적 적용을 위한 조언을 주로 다루고자 한다.

놀이의 다양한 측면

두 형제의 놀이

타일러와 오스틴은 이란성 쌍둥이이다. 아이들은 불과 몇 분 간격으로 태어났고 외양은 닮았지만, 서로 상당히 다른 면들도 있다. 그중 가장 두드러지는 차이는 아이들이 놀이하는 방식에 있다. 타일러는 **신경 전형적인(neuro-typical)** 아이로, 영웅 캐릭터를 좋아하고 삼촌과 같은 취미를 가지고 있어 영웅 캐릭터가 나오는 만화와 영화를 좋아하여 슈퍼맨과 스파이더맨의 과거, 힘, 약점과 목표에 대해 삼촌과 긴 대화를 나누기도 한다. 영웅 캐릭터가 나오는 TV 프로그램, 만화 책, 영화들에 빠져 있고 망토를 두른 십자군[1]과 관련된 것이라면 모조리 읽으며, 망토와 마스크를 두르고 시공간을 넘나들며 악당과 맞서서 결국에는 쓰러뜨리는 웅장한 상상에 빠지기도 한다. 오스틴은 **신경 비전형적인(neuro-atypical)** 아이로, 자폐 진단을 받았는데, 이 아이 역시 영웅 캐릭터를 좋아하지만 형과는 사뭇 다른 방식으로 관심을 표현한다. 형제가 함께 앉아 영웅 만화와 영화를 볼 때 타일러는 오스틴에게 영웅주의나 비겁함 등에 대한 추상적인 질문을 하지만 이러한 것들은 오스틴에게 그저 스쳐 지나가는 것에 불과하다. 타일러는 자신에게 초능력이 있다면 생활이 어떻게 다를지, 초능력을 좋은 곳에 쓸지 나쁜 곳에 쓸지에 대해 큰 소리로 궁금증을 표현한다. 영웅 장난감을 가지고 놀이할 때 자신이 그 순간 보고 있는 것과 관련된 다양한 것으로부터 놀이를 시작하거나 이를 그대로 놀이

---

1 역자 주 : caped crusaders, 배트맨의 별칭

에 적용시키고 대화를 통해 놀이 안의 인물들을 살아나게 한다.

오스틴은 낡아서 헤질 때까지 입는 캐릭터 티셔츠와 다양한 다양한 캐릭터 장난감과 만화책을 엄청나게 수집했으며, 이것들을 색깔별로 정리해서 깔끔하게 쌓아둔 채 빠른 속도로 바꾸고 있는 스크린에 홀린 듯 앉아 있다. 오스틴은 음향 효과를 매우 좋아하며 이를 따라하는 습관이 있다. 타일러는 전개되는 이야기에 자신만의 내레이션과 사운드트랙을 덧붙이는 반면, 오스틴은 바닥에 앉아 영웅 캐릭터 장난감들을 조용히 기계적으로 부딪히게 하는 놀이에 몰두한다. 동시에 자연스럽고 리드미컬하게 각 캐릭터에 대한 세부 정보를 줄줄 외워댄다. 캐릭터들을 먼저 색깔로, 다음에는 초능력으로, 마지막으로는 악당으로 분류하고 재분류하기를 반복한다. 또한 어떤 영웅 이야기가 가장 좋은지 묻는 형의 질문에 답하지 않거나 형식적으로만 반응한다. 오스틴은 형이 있는 쪽을 가끔 쳐다보긴 하지만, 눈맞춤을 거의 유지하지 못한다. 조금 더 있다가 타일러의 친구들이 놀러오면 오스틴은 곧바로 방 한 구석에서 서성이며 혼자만의 영웅 '놀이'에 더 깊게 빠져든다.

놀이의 '의미'

오스틴과 타일러 중 어떤 아이가 '진짜로' 놀이하는 것일까? 어떤 아이가 '더 잘' 또는 '높은' 수준에서 놀이하는 것인가? 둘 중 어느 아이가 진정으로 즐기고 있으며 캐릭터와 자신의 관계를 활용해 새로운 인지적·사회적·정서적 혹은 도덕적인 수준에 도전하고 있는 것일까? 이러한 질문에 답하고 궁극적으로 각각의 아이들에게 놀이가 어떤 의미인지를 이해하기 위해서는 먼저 놀이가 정확히 무엇인지를 생각해보아야 할 것이다.

놀이를 정의하기 위해 표현된 다양한 의견을 심리학, 상담학, 사회학, 인류학 등 이론적이고 응용적인 여러 학문 영역에서 찾아볼 수 있다. 어떤 이들에게 놀이는 연구할 구성 요소이며 다른 이들에게는 촉진해야 하는 활동이기도 하다. 어떤 이들은 놀이를 계통발생적인 관점에서 연구한다(놀이가 종의 발달 및 진화와 관련되어 있기 때문). 놀이 이론가이자 문화인류학자인 Brian Sutton-Smith(2008)는 놀이가 물리적이든 정신적이든 간에 "실존적으로, (그리고) 독립적으로 동기화된 현실"(p. 98)이라고 주장하며, 이를 통해 아이들은 주변 세상의 "경직되어 있고 지배적인"(p. 94) 제약들을 초월한다고 주장했다. 이 과정에서 아동 개개인은 모든 아이에게 중요한 지식과 경험을 수행해나감으로써 다양한 유형의 진화적 전달자의 역할을 하게 된다. Sutton-Smith에게 놀이란 아이들로 하여금 언젠가 그들이 마주하게 될 역할과 문제들을 숙달하고 연습하게 하는 사회적이고 진화적인 생존 요소인 것이다. 이와 유사하게 Henricks(2008)는 놀이가 "인간이 자신에 대해 개방적으로 표현하고 자신의 삶의 요건들을 창의적으로 만들어나가는" 자유를 준다고 설명했다(p. 159). 방해받지 않고 창의적인 방식으로 행해지는 놀이 활동을 통해 우리는 인간이 갖는 고유의 특성인 자유의지를 실행하게 된다. 사회 역사학자 Mihaly Csikszentmuhalyi(1976)는 창의적이고 즐거운 활동에 내재된 동기화의 특성에 대해 설명하기 위해 **몰입(flow)**의 개념을 사용했다. '순간에서 자유로움을 느끼는' 이 과정이 바로 놀이의 근본이며, 그는 이를 통해 "인간의 생존은 놀이의 놀이적 본질을 유지하면서도 놀이가 갖는 강력한 힘을 인간 동기화에 접목시킬 방식을 찾아낼 수 있는지에 달려 있다."(p. 9)고 주장했다.

주로 임상가나 발달적 지향의 심리학자(및 정신과 의사)로 이루어진 반대편에서는, 개인의 성장 및 발달과 연결되어 있는 놀이의 개체발생적 본질에 집중하고 있다. 민담에 대한 정신분석적인 해석으로 유명한 정신분석가 Bruno Bettelheim(1987)은 놀이가 타임머신과 같다고 설명하며, 이를 통해 놀이하는 사람이 "현재에 발을 딛고 있으면서도 과거의 문제들을 해결하고 처리하려 애쓰며 동시에 미래의 방향도 제시한다."고 주장했다(p. 40). Bettelheim에게 있어 놀이는 개인이 만들어놓은 규칙 외에 모든 것으로부터 자유롭게 하며, 아동으로 하여금 가장 원시적인 형태의 활동에 참여하는 기회를 제공하면서도 아동을 사회적인 발달궤도상에서 진전하도록 하는 것이었다. Erik Erikson(1963) 역시 같은 입장에서 "모의 상황을 만들고 실험과 계획을 통해 실제를 숙달한다는 점에서 아동의 놀이는 경험을 다루는 인간 능력의 유아적인 형태라고 할 수 있다."(p. 222)고 말했다. Erikson은 놀이가 아동들로 하여금 시간, 중력, 사회적 현실, 심지어는 운명과 같은 일상적인 장애물을 '넘어서도록' 하며, 이를 통해 아동들이 "자기의 신체적인 면과 사회적인 측면 간에 조화를 이루게 할 수 있다."고 여겼다(p. 211). 이러한 점에서 놀이는 삶이 연습되는 무대로 작용한다고 볼 수 있다. Jean Piaget(1962)는 놀이 및 놀이적인 활동은 자발성과 즐거움에 입각하며 동화(assimilation)와 조절(accommodation)의 정신적 과정을 뒷받침한다. 감각운동적이든 상징적이든 간에 놀이를 하는 것은 아이들로 하여금 자신의 문제해결 능력을 실행해볼 수 있게 한다. Vygotsky(1978) 역시 놀이, 특히 상징적이거나 표상적인 놀이는 추상적인 사고와 사회적인 연결성 모두를 발달시켜주는 견인차 역할을 한다고 보았다. 그는 놀이가 "응축된 형태의 모든 발달적 경향성을 아우르며 그 자체로서 발달의 주요한 자원이 된다."(p. 102)고 믿었으며, 놀이의 가장 핵심적인 측면은 연습을 통해 사회적 행동을 부호화하는 능력이라고 주장했다.

이러한 개체발생적 놀이 이론가들은 Virginia Axline(1947), Clark Moustakas(1953), Haim Ginott(1961), 그리고 가장 최근의 Garry Landreth(2002)에 이르기까지 놀이실 내에서 이와

같은 원칙들을 적용한 임상가들의 발달 근간이 되었다고 할 수 있다. 이와 같은 풍부한 전통을 바탕으로 Landreth는 "놀이는 아동기에 일어나는 특별하고 중심적인 활동으로, 시간과 장소에 구애받지 않고 발생한다. … (그리고 이는) 자발적이며 즐겁고 임의적이며 목적을 갖지 않는 것"이라고 말했다(p. 10). 그 역시 다른 학자들과 같이 놀이는 특권이 아니라 기본적인 권리이며, 세상에 대한 적극적 참여이자, 내적이고 외적인 자기(self)의 기본을 형성시킨다고 믿었다.

타일러와 오스틴에 대한 회고

다음 장에서 자폐스펙트럼장애 아동의 놀이 세계에 대해 자세히 살펴보기 전에, 이전에 설명한(적은 양이지만) 놀이와 관련된 주장들이 타일러와 오스틴에 대한 이해를 얼마나 넓혀줄 수 있는지에 대해 생각해볼 필요가 있다. 확실히 두 아이는 모두 영웅 캐릭터를 좋아하며, 놀이를 하고 있으며, 자발적으로 그들과 상호작용하고(캐릭터 인형을 통해서든 모험적인 상상을 통해서든), 서로 다른 방식으로 운동 및 인지 기능을 실행시킨다. 타일러의 놀이는 분명 사회적 요소를 띠는 반면, 오스틴의 놀이는 사회적 반응성이나 연결성이 결여되어 있다. 아이들은 각자 자신의 진화론적 특권을 실행함으로써 순서와 구조, 의미를 창조해내며 동시에 '재미있는 시간'을 가지며, 모두 손에 잡히는 현실을 체험해보는 동시에 비가시적인 가능성들 또한 경험하고 있다. 이전 논의에서 언급된 것처럼 아이들은 각자 계통발생적이고 개체발생적인 근육을 사용하며 표현 가능한 모든 방식으로 놀이하고 있다. 사회학자, 인류학자, 그리고 역사학자들에게는 이들이 비슷해 보이겠지만, 교사, 임상가, 부모는 타일러와 오스틴이 매우 다르게 놀이한다는 점을 명확히 인지할 것이며, 임상적인 기준에서 하나는 옳고 건강하거나 적절하지만, 다른 한 사람의 놀이는 그렇지 않다는 것 역시 알 것이다.

놀이의 다양한 유형

자폐스펙트럼상의 아동을 온전히 이해하기 위해서는 놀이가 뒷받침해주고 있는 다양한 발달적인 기능을 고려해보는 것이 중요하다. 인지적인 관점에서 볼 때 현실과 가상 세계에 존재하는 사람과 장소, 물건을 대표할 물체를 사용하고 조작하며 조직화하는 것은 이해와 문제해결을 위한 아동의 작동모델을 발달시키는 데 도움을 준다. 사회적인 관점에서는 혼자서, 그리고 나아가 다른 사람들과 함께 물체와 아이디어를 가지고 놀이하는 것은 아동이 관계를 맺도록 돕는다. 정서적 발달에 있어 놀이는 아동으로 하여금 긍정적이고 고통스러운 감정 모두를 탐색하고 표현할 수 있게 해준다. 언어와 문해력에 있어 놀이는 내러티브와 스토리텔링 기술을 발달시키는 기회를 제공하고, 이는 자전적인 자각을 이끌어내며(Habermas & Bluck, 2000), 나아가 사회적 연결에 기여한다.

이러한 발달적인 영역에서 놀이는 적어도 전통적으로는 신경 전형적 아이들에게 즐겁고 자발적이고 유연하며 변화할 뿐 아니라 점진적으로 상징적 모습을 띠는 활동으로 개념화되어 왔다. 또한 놀이는 단순한 것에서 복잡한 것으로, 정형화된 것에서 유연한 것으로, 언어적인 것에서 추상적인 것으로, 외적인 것에서 내적인 것으로 발전해간다(Wolfberg, 1999). 타일러와 오스틴의 사례에서 영웅 캐릭터의 팬인 타일러는 캐릭터 인형을 가지고 놀이를 할 때 선택이 훨씬 넓고 다양한 영역의 활동 범주 내에서 이루어진다. 타일러는 확실히 인형을 모으고 분류하는 것을 좋아하며 이들을 함께 모으고 날거나 싸우게 하면서 소리를 내며, 인형의 밝고 진한 색에 매료되어 있다. 또한 캐릭터 인형 놀이가 언어적이거나 감각운동적인 수준을 결코 넘어가지 않는 오스틴에 비해, 타일러는 인형들에게 인간적인 특성을 부여함으로써 그들을 살아 있게 '만들고' 그들의 가족과 삶, 모험과 말이 안 되는 특성(즉 사실이 아니고 가능하지도 않은)까지도 부여하여(Wolfberg) 풍부하고 정교한 내러티브를 구성한다. 후자의 기능은 신경 전형적 놀이의 전형적 특징으로, 자폐적 놀이에서는 결여되는 것으로 여겨진다. 친구들이 놀러왔을 때 타일러는 함께하는 활동이나 상징적 놀이로 빠르게 옮겨가고 놀이에 대한 복잡한 규칙을 제시하며 캐릭터들 간의 정교한 모험을 계획하는 반면, 오스틴은 방 안에 혼자 남아 캐릭터들을 초능력에 따라 정리하고 정기적으로 방문하는 웹사이트나 만화책에서 봤던 캐릭터의 모험을 외우는 쪽을 택한다. 타일러가 자발적이고 재미있고 유연하고 복잡하며 상호적인 방식으로 인형을 활용하는 것은 창의적인 표현과 참여의 시발점이 되는 반면 오스틴의 놀이는 사적이고 형식적이며 정형화되어 있으며, 구체적으로 자폐적 놀이의 전형적 특성을 띤다(Jordan, 2010; Stanley & Konstantareas, 2007).

인지적·사회적 발달에 대해 자세히 살펴보기

타일러와 오스틴의 사례를 통해 우리는 이전에 제기되었던 '차이 대 결함'에 대한 질문을 다시 생각해볼 필요가 있다. 정말로 타일러는 놀이에 참여하고 있는 반면 오스틴은 놀이 장면에 단순히 있는 것뿐일까? 타일러의 놀이는 인지적·언어적·사회적인 측면에서 볼 때 해당 연령에서 이상적인 수준이며 '건강'하고, 오스틴의 놀이는 발달 지연을 시사한다고 볼 수 있을까? 타일러는 앞으로 나아가고 있고, 오스틴은 최대한으로 본다 해도 현상을 유지할 뿐인 것일까?

이와 같이 아이들의 놀이에 대한 단순한 이분법은 오해를 유발할 소지가 있으며, 흔하지만 타당하기도 한 자폐 아동의 놀이에 대한 선입견에 기초하는 것이다. 이들 중 하나는 자폐가 있는 아이들이 전혀 실제적인 맥락으로 놀이하지 못하며 가장놀이를 할 수 없고(따라서 상징적인 능력이 결여되며), 사회적 놀이에 참여하지 못하거나 이러한 놀이를 '즐기지' 못하는 것으로 보인다는 편견이다(Boucher & Wolfberg, 2003).

이러한 오해는 자폐적인 놀이의 본질에 대해 설명하기 위해 사용된 복잡하고 서로 상충되는 이론과 수십 년간의 연구로부터 나온 것이다. 이들은 대략적으로 사회적인 것과 인지적인 것의 두 종류로 분류된다. 인지적 영역에서는 마음 이론(thory of mind, ToM)과 성숙하고 상징적이며 상호적인 놀이의 발달에 대한 마음 이론의 역할을 내세운다. 간단히 말해 마음 이론은 사람들이 저마다 독특한 생각과 감정을 지녔으며 이에 따라 행동한다는 것을 이해하는 능력에 대한 발달적 능력 또는 가능성을 뜻한다(Wellman, Cross, & Watson, 2001). 마음 이론을 발달시킨 아동들은 다른 친구들이 자신과는 다른 방식으로 세상을 본다는 것을 이해하고 친구들의 행동이 자신의 것과는 매우 다른 생각과 감정에서 일어난다는 것을 안다. 이 능력이 발달되지 못한 아동들은 모든 사람이 자신과 똑같이 생각하고 느낀다고 가정한다. 이들은 본인 스스로의 감각이나 내적 상태에 대해서도 잘 자각하지 못할 수 있다. 이를 위해 아동은 반드시 자신과 '타인'의 차이를 분리시키거나(Leslie, 1987) 뒤로 물러나 타인과의 차이점에 대해 숙고해볼 수 있어야 한다. 이러한 아동은 때로는 전체가 부분의 합보다 클 수 있다는 점을 이해할 수 있어야 하며(이는 중앙응집성이라고도 한다) 어떠한 장난감이 그 자체가 아닌 다른 것을 대신하는 용도로 사용되거나 보다 넓은 놀이 활동에 융합될 수 있음을 이해할 수 있어야 한다. 이 후자의 능력은 아동들로 하여금 기능적 놀이(즉 장난감과 물체를 그 모양대로 사용하거나 즉각적인 감각 만족의 기반으로 사용)를 넘어서 같은 장난감에 상징적으로 관여하도록 한다(즉 직접적으로 드러나는 장난감의 특성이나 본질에 묶이지 않고 창의적인 방식으로 물체를 사용하는 것; Baron-Cohen, 1987; Rutherford, Young, Hepburn, & Rogers, 2007). 이 아동들은 맥락의 다차원성을 이해함으로써 '마치 ~처럼' 놀이에 참여할 수 있다.

마음 이론이 발달되어 있지 않거나 아주 기본적인 수준만 갖춰진 아동들은 망토를 두른 캐릭터 인형을 날게 할 수는 있지만 같은 장난감을 상상적인 모험에 참여시키거나 다른 아동들을 끌어들이지는 못할 것이다. Baron-Cohen(1987)은 이를 기능적 놀이와 상징적 가장 놀이의 차이점으로 설명했다. 가장 놀이는 기능적 놀이와는 대조적으로 이러한 아동들이 "외적인 물체들에 의해 촉발된 익숙한 도식보다는 … 내적인 계획을 통해 자신의 행동을 통제하도록 한다."고 말했다(Jarrold, 2003; Jarrold, Boucher, & Smith, 1994, p. 1474). 따라서 자폐적인 놀이를 하는 아동들은 자신이 놀이하는 물체의 제약을 받게 되며, 이 물체들에서 가장 직접적이고 두드러지는 특성에서 벗어나지 못한다. 놀이의 맥락이나 물체를 미리 계획하고 분산(혹은 분리)시키며 놀잇감에 허구나 거짓된 특성들을 부여하는 데 필요한 실행능력의 결함(Rutherford & Rogers, 2003)으로 인해 자폐 아동은 놀이에서 자유롭기보다는 오히려 묶여 있게 된다. 관찰자에게 있어 이러한 놀이는 정형화되어 있고 경직되며 창의력이 없는 것으로 보인다.

사례로 돌아가보면 타일러는 캐릭터 장난감들이 광대한 장난감 나라의 일부이며 그들이 허구적 캐릭터(만화책 작가와 영화 제작자가 만들어낸)를 '상징'하는 것으로 이해하고 있다. 그는 이러한 캐릭터들이 실제 사람들이 가질 수 있기도 하고 없기도 한 특성이나 성격을 지니도록 만들어졌고, 이러한 이야기들이 각색될 수 있음을 이해한다. 그는 협주곡에 무한한 변이를 가할 수 있는 지휘자의 역할과 자유를 스스로에게 준다. 반면 오스틴은 이러한 연주자의 한 사람일 뿐이며 악보에 적힌 것을 따르며, 이러한 음정과 악보가 편곡될 수 있다는 사실을 알지 못하거나 알려고 하지 않는다.

전술한 것과 같이 오스틴이 하지 못하는 것이 아니라 '하지 않으려고 한다'는 가능성은 상징적 놀이에 대한 오스틴의 어려움에 의지의 요소가 작용할 수 있음을 시사하는 점에서 흥미롭다. 사실 몇몇 연구자들은 자폐스펙트럼장애 아동이 타인의 가장놀이(Jarrold, 2003)뿐 아니라, 주변의 격려와 지지를 통해 상징적 놀이에 가담할 수도 있다(Beyer & Gammeltoft, 2000; Charman & Baron-Cohen, 1997)는 증거들을 제시한 적이 있다.

타일러와 오스틴이 보이는 캐릭터 인형 놀이의 차이점, 신경 전형적이고 비전형적 놀이 간의 차이점 등은 사회적 발달의 관점에서도 이해가 가능하다. 첫 번째 시나리오에서 우리가 만났던 아동에게 친구들이 찾아왔다. 타일러는 새로 산 물건들을 보여주고 새로운 모험을 함께 만들 생각으로 친구들을 반갑게 맞이한다. 타일러는 왜 악당들이 그런 못된 짓을 하고 왜 영웅과 악당 우두머리가 그토록 많은 점에서 닮아 있는지에 대한 나름의 가설이 있다. 오스틴은 쏟아지는 말들과 떠들썩한 아동들의 놀이에 압도된 것처럼 보이고, 빠르게 변하고 있는 대화 내용을 따라가지 못하며 "슈퍼맨이랑 스파이더맨 같은 영웅들이 렉스 루더와 킹핀을 엄청 질투해."라는 말의 뜻도 이해할 수가 없다. 날고 부수는 것과 같이 인형을 가지고 이루어지는 기능적인 활동에는 능숙하지만(Williams, Reddy, & Costall, 2001), 자신만의 놀이에서 벗어나 나와 함께하는 놀이에 참여하기는 매우 어려워 보인다. 또다시 오스틴은 방 한 구석으로 가서 익숙한 장난감들로 자신을 둘러싸며 악당들의 초능력과 힘에 대해 혼잣말을 이어간다.

맥락 내에서 '더 큰 그림'을 보고 영웅주의와 극악무도함을 분리시키고 마음 이론을 가지는 능력을 통해 타일러는 캐릭터들에 삶을 불어넣을 수 있다. 또한 무엇보다 타일러는 친구들 역시 영웅에 대한 나름의 가설을 가질 수 있고, 이로 인해 함께하는 놀이가 더욱 흥미로울 수 있다는 점을 이해한다. 타일러는 **공동 주의**(joint attention, JA)에 가담하는 능력을 가지고 있는데, 이는 "자기와 타인(여기/저기, 전체/부분)을 통합하는 심리적 능력으로, 어떠한 대상이나 상황에 대해 다양한 관점을 적용해볼 수 있는 보다 일반화된 능력의 근간이 된다"(Charman, 1997, p. 9). 타일러는 자신이 한 집단의 일원이며, 따라서 그 집단 내에서 어떠한 역할을 한다는 점을 인지한다. 그는 친구들의 얼굴 표정과 보디랭귀지를 살피고 빠르게 변화하는 대화를 따라가며, 놀이에서의 은유와 상징을 이해한다. 서로 공유하는 활동이 가정에 의한 시나리오이며 다양한 역할에 가담하거나 빠져나올 수 있음을 잘 알고 있다. 정서적 공유(Kasari, Sigman, Mundy, & Yirmiya, 1990) 능력을 통해 타일러는 자신의 감정을 집단 구성원들의 감정에 조율하며, 주의를 자신만의 관심사로부터 타인에게 옮겼다가 다시 본인에게 전환할 수 있다(Gulsrud, Jahromi, & Kasari, 2010). 고립되어 있는 오스틴과는 달리, 타일러는 놀이 장면에 있는 것이 아니라 함께 놀이한다. 반면 오스틴은 그 순간 속에 갇혀 있다.

바로 이와 같은 공동 주의 능력의 차이야말로 영아기부터 두 아동이 쉽게 구분될 수 있었던 이유일 것이다. 또한 친밀한 초기 애착이 형성되는 영아기에 타일러는 면대면 접촉 시 편안함을 느끼고, 눈맞춤의 유지나 까꿍 놀이 같은 사회적 놀이를 즐길 수 있었을 것이다. 이러한 친밀한 대인 간 접촉을 통해 타일러는 사회적 상황에서의 미묘한 규칙들을 배우고, 놀이 활동이 자기 주도적일 수도, 타인 주도적일 수도 있다는 것을 깨달았을 것이다(Williams, 2010). 타일러에게 사람들은 장난감보다는 아니지만 적어도 그만큼의 기쁨을 주는 존재로 경험되었을 것이다. 반면 우리가 아직 이해할 수 없는 이유들 때문에 오스틴에게는 사람들이나 복잡한 전체보다는 물체나 작은 조각들이 훨씬 편하게 다가왔을 것이다.

흥미롭게도 타일러와 오스틴은 모두 특히 영웅 캐릭터와 관련해서 뛰어난 어휘력을 갖추고 있었다. 아이들은 각자 망토를 입은 영웅들의 이름, 초능력, 탄생 비화, 원수인 악당, 취약점 등에 대해 줄줄 외울 수 있었다. 하지만 이전에 언급한 것과 같은 친구들의 모임 등 사회적인 상황에서 언어적 기술을 적용하는 데 있어서는, 두 아동이 놀이에서 나타낸 것과 같은 차이점이 두드러졌다. 이미 논의한 바대로(Homey, Leekam, Turner & McConachie, 2007; Lewis, 2003) 언어와 놀이는 나란히 발달하며, 특히 신경 전형적인 아동에게서 동시적으로 나타나는 상징적 놀이와 상징적 언어와의 관계는 발달 단계의 그 어떤 시점보다도 이 두 기능 간의 관련성을 명확히 보여준다. 이러한 아이들의 놀이와 사고는 모두 점차적으로 복잡하고 추상적이고 유연해지는 반면, 신경 비전형적인 아이들의 놀이와 생각은 구체적이고 경직되며 물체에 의존적인 상태에 머물게 된다. 타일러는 시간과 공간을 초월하는 풍부한 이야기를 만들어내며, 오스틴의 내레이션은 절대적으로 자신 앞에 놓인 인형에 묶여 있다. 오스틴은 아마 방 안에 있는 다른 친구들이 자신의 반복적이고 변하지 않는 이야기에 흥미를 잃었다는 점에 대해 관심이 없거나 모르고 있을 것이다.

타일러와 오스틴의 부모는 이를 지켜보면서 어떻게 하면 오스틴이 자신의 관심사를 갑옷처럼 두르고 있기보다는 사람들과 함께 나누고 중력과 같은 사물에 대한 끌림을 뿌리치고 주변 사람들과 함께하며 기계적인 암송이 아닌 창의적인 이야기를 만들고 공유하면서 보다 '놀이다운' 놀이를 할 수 있는 아동이 될 수 있을지에 대해 고민했다.

자폐 아동에게 놀이 가르치기

발달적인 관점에서 볼 때 놀이는 아동기 동안에 지속적으로 발달해간다. 물리적인 세계에 대한 감각운동적 관여로 시작해서 내담자가 모래상자와 인형 집, 스토리텔링에서 표현하는 것과 같은 방식으로 세상을 상징적이고 내적으로 반영할 수 있는 능력을 키워나간다. 신경 전형적인 놀이, 또는 우리가 소위 **정상적** 또는 **성숙**하다고 일컫는 놀이는 아동을 물리적이고 시간적이며 공간적인 제약으로부터 자유롭게 해주며, 무한한 '만약'의 가능성을 제공한다. 이것이 타인의 관점을 수용하고 인간 특성을 무생물 물체에 투사하는 능력과 결합될 때, 신경 전형적인 아동은 다른 아동과 호혜적이고 창의적으로 관계할 수 있다.

자폐스펙트럼장애 아동은 이러한 모든 영역에서 어려움을 겪으며(Hess, 2006), 이는 우리가 본 것과 같은 반복적이고 상동증적이며 창의력이 없고 고립된 놀이로 이어진다. 가장 핵심적인 문제는 "이 아이들에게 놀이를 가르칠 수 있는가?"이다. 흥미롭게도 특정한 조건하에(즉 촉구와 조절, 모델링 등) 자폐스펙트럼장애를 가진 아이들이 상징적이고 가장되고 함께 만들어놓은 상상의 놀이에 자발적으로 참여할 수 있다는 것을 시사하는 경험적 연구들이 늘어가고 있다(Hobson, Lee & Hobson, 2009; Libby, Powell, Messer, & Jordan, 1998). 이 연구들은 이전에 언급한 '차이 대 **결함**' 질문을 다시 상기시키며, 자폐 아동에게서 나타나는 놀이적인 결함이 실제적인 능력의 결함을 뜻하는 것인지 아니면 관심의 부족(장난감이 감각운동적으로 매력적이거나 단순히 장난감의 상징적이고 기능적인 것에 대한 관심이 놀이에 대한 관심보다 앞서기 때문에 놀이에 대한 관심이 낮아질 가능성도 있다)을 뜻하는 것인지를 생각해보게 한다. 이들 중 몇몇 연구들을 보다 자세히 살펴봄으로써 우리는 이 문제를 더 잘 다룰 수 있을 것이다.

Lovaas(1977)의 응용행동분석(ABA)을 중심으로 한 행동주의적 개입은 자폐스펙트럼장애를 가진 아이들에게 상징적이고 상호적인 놀이를 가르치는 데 성공적으로 사용되어 왔다. Jones와 Carr(2004)는 자폐의 핵심인 공동 주의하기에서의 결함에 대해 언급하며, 가리키기, 요구하기, 반응하기, 상대의 놀이에 대해 언급하기 등 일련의 상호작용적인 기술의 근간으로 눈맞춤을 향상시키려 하는 ABA의 중요성에 대해 설명했다. 이러한 학자들은 이와 같은 기본적인 공동 주의 기술들이 함께하는 놀이의 발달에 있어 결정적이라고 생각했다.

자폐스펙트럼장애 아동에게 놀이를 가르치는 데 사용되는 구체적인 ABA 기법에는 개별 교수 훈련(discrete trial training)이 있는데(Stahmer, Ingersoll, & Carter, 2003), 이는 상징적 놀이 행동의 요소를 가르치고 강화한 후, 이들을 함께 연결해 연속적인 놀이의 형태로 제시하는 방법이다. 중심축 반응 훈련(PRT; Stahmer, 1995)은 점진적 시행 훈련을 실제 상황으로 연장시킨 것으로, 훈련자가 우발적인 학습을 즉각적인 강화와 연합시켜 상호적인 놀이 행동을 만들어가는 것이다. 호혜적 모방 훈련(Stahmer et al., 2003)은 PRT와 훈련자의 즉흥적 놀이에 대한 조건부 강화를 결합한 뒤, 놀이 행동을 모방하려는 아동의 시도에 대해 격려하고 강화해주는 것이다. Ingersoll은 어린 아동들이 이러한 방식으로 가장놀이를 학습할 수 있으며, 이를 다양한 상황과 자료 및 아동에게 일반화할 수 있다고 설명했다(Ingersoll, 2003). 중요한 점은 이전에 설명한 긍정적인 결과들과는 달리 자폐스펙트럼상의 아동에게 놀이를 가르치기 위한 행동적 개입은 외부 보상에만 의존하기보다 이미 나타나고 있는 아동의 놀이 레퍼토리를 사용할 때 가장 효과적이라는 주장도 제기되었다는 것이다(Luckett, Bundy, & Roberts, 2007). 여기에 대한 구체적인 예로는 사회적 이야기와 짧은 만화, 역할 놀이와 협동적 게임을 활용하거나 또래집단이나 또래 멘토 등 포괄적인 전략을 활용한 주도적 행동의 모델링 및 강화와 관점 수용 교육이 있다(이는 모두 안전하고 수용적인 교실이나 놀이실 환경에서 이루어져야 한다; Mastangelo, 2009).

앞에서 설명한 것과 같이 매우 개별화된 행동학적 접근법과는 대조적으로, 자연적인 환경에서 아동의 놀이를 가르침에 있어 보다 전체적인 개입을 사용하려는 노력들도 소개되었다. 이 중 하나는 발달적·개인차·관계 기반(DIR) 플로어타임 모델(Wieder & Greenspan, 2001)로, "성인이 아동의 주도를 따라가며 정서적으로 조율된 상호작용을 활성화시키고, 제스처와 언어를 사용해 아동이 먼저 공동 주의, 참여, 단순 및 복잡한 제스처와 문제해결의 기반을 다지도록 한 뒤 아동을 상상과 추상적 사고의 세계로 안내함으로써 상징화 기술의 단계를 올라가도록" 하는 것이다(Wieder & Greenspan, 2003, p. 425). 자주 사용되고 있는 이 개입 전략에 대한 자세한 사항은 제12장에서 다루어질 예정이다.

교내 환경에서는 통합된 놀이집단(Integrated Play Group, IPG) 모델이 성공적으로 활용 되고 있다. 타인을 활용해 격려하고 지도하고 가르치는 Vygotsky의 비계설정 이론을 근간으로 한 이 모델에서는 전문가와 아동들이 상징적이고 상호작용적인 놀이를 함께 경험하고 함께 배우는(Lantz, Nelson, & Loftin, 2004; Wolfberg & Schuler, 1993; Yang, Wolfberg, Wu, & Hwu, 2003) 구조화되고 촉진된 놀이회기로 이루어진다(Hess, 2006; Kok, Kong, & Bernard-Opitz, 2002). 자신보다 더 경험이 많거나 전문가인 **또래 놀이자**를 활용하는 것은 사회적으로 고립되어 있는 아동에게 덜 위협적이며, 성인 치료사가 놀이적인 사회적 상호작용을 만들어가는 데 있어 구심점으로 작용할 수 있다(Mastrangelo, 2009). 이와 유사한 개입 방식으로 학교 장면에서 활용 가능한 것 중에는 장난감 놀이(Van Berckelaer-Onnes, 2003)가 있는데, 여기에서는 지도자가 장난감을 가지고 노는 다양한 방식에 대해 시범을 보이며 이를 가지고 보다 점차적으로 높은 수준의 상징적인 놀이로 이어가게 된다. 이런 유형의 개입은 자폐스펙트럼장애를 가진 아이들에게 **중앙응집** 능력이 결여되어 있으며, 따라서 개입은 시범이나 지지적 상호작용을 통해 전달되어야만 한다는 관찰 내용을 기반으로 한다. 유사한 방식으로는 가상현실 활동을 사용한 개입 방법이 최근 개발되었는데, 이는 자폐스펙트럼장애를 가진 8세와 15세의 두 아동에게서 상징 놀이를 발달시킨 것으로 나타났다(Herrera, Alcantud, Jordan, Blanquer, Labajo, & De Pablo, 2008).

놀이치료

자폐스펙트럼장애를 가진 아동에게 놀이를 가르칠 수 있는가에 대한 긍정적인 반응은 부모, 교사, 치료사들에게 고무적이다. 다음으로 해볼 수 있는 논리적 질문은 "이러한 내담자들에게 놀이치료를 효과적으로 적용할 수 있는가?"이다. 이것은 바로 이 책의 전제이며, 신경 전형적인 내담자들이 유연하고 추상적이고 은유적인 방식으로 놀이실 내에서 다양한 재료와 치료적 관계를 활용할 수 있는 유능한 놀이자인 반면에, 자폐스펙트럼장애 내담자들은 장난감과 게임, 놀이를 기반으로 한 활동과 놀이치료사에 대해 경직되고 정형화되어 있으며 감각운동적인 방식으로 관여한다는 것을 시사한다.

우리가 이번 장에서 살펴봤던 것처럼 자폐스펙트럼장애 내담자들에게 놀이를 가르치는

데 여러 경험적이고 질적인 치료 연구 결과들이 효과적으로 적용되어 왔다. 하지만 이들 중에서 자폐스펙트럼장애만을 대상으로 한 놀이치료의 활용에 대해서만 초점을 맞춘 연구는 거의 없었다. 놀이 기술을 가르치고 모델링하며 강화하는 등의 놀이 기반 치료 접근법을 사용하는 것과 인지행동 놀이치료(Knell, 1993), 아동중심 놀이치료(Landreth, 2002), 발달적 놀이치료(Brody, 1993), 게슈탈트 놀이치료(Oaklander, 1988), 정신분석적 놀이치료(Bromfield, 1989)와 같이 안정된 놀이치료 개입 방법의 기법을 체계적으로 적용하는 것에는 차이가 있다.

뒷장에서 보게 되겠지만 실제로 지난 수년간 놀이치료를 기반으로 한 연구들이 늘어나고 있는 상황이다. 그중 하나는 Kinney와 Winnick(2000)의 연구로, 이들은 11세의 자폐스펙트럼장애 여아에게 **통합적 접근법**을 효과적으로 적용하여 학교와 가정에서 아동의 사회 및 정서적 기능 향상을 도왔다. 이들의 접근법은 비지시적(즉 아동중심적) 치료의 요소들을 통합한 것이었다. 이와 마찬가지로 Solomon, Ono, Timmer와 Goodlin-Jones(2008)는 아동중심 놀이치료의 요소들을 통합해 **부모-자녀 상호작용** 치료라는 구조화된 개입법을 고안했고, 그 결과 5~12세의 남아 19명의 적응력이 향상되었고 부모가 지각하는 문제행동도 감소되었다.

Greig와 MacKay(2005)는 뇌 안의 신체영역 지도에 대한 비유로 사용되는 난쟁이(homonculus)를 활용한 인지행동(놀이) 치료의 원칙과 기법을 중학생 연령의 자폐스펙트럼장애 아동에게 효과적으로 적용해 불안, 우울, 분노, 스트레스 수준 등의 영역이 유의미하게 향상된 결과를 확인했다. Legoff와 Sherman(2006) 또한 레고 장난감을 놀이치료 작업에 통합시켜 3년 동안 60명의 자폐스펙트럼장애 아동에게서 통제집단에 비해 사회적 기능이 유의미하게 향상되었음을 확인했다. 놀이 기반 접근법을 상담에 접목시킨 연구도 있었는데, Cashin(2008)은 자폐스펙트럼장애로 진단받은 13세 남아의 격렬한 느낌을 외현화시키기 위해 내러티브 치료 방법을 적용해 사회적 기능과 전반적인 행동을 향상시켰다. 마지막으로 Herrera와 동료들(2008)은 가상현실게임을 각각 8세와 15세인 두 자폐스펙트럼장애 남아의 치료에 적용했는데, 치료 후 아동의 상징적 놀이 능력과 이를 일상생활에 일반화하는 능력이 향상되었다.

이와 같이 자폐스펙트럼장애 아동 및 청소년에게 놀이를 가르치고 놀이치료의 효과를 증진시키기 위한 많은 유형의 개입법이 있지만, 새롭게 습득한 놀이 기술이나 대처 기술을 자발적으로 사용하거나 다양한 상황에 일반화시킬 수 있는가에 대한 의문은 여전히 남는다. 현재까지 가장 고무적인 연구 중 하나는 Barton과 Wolery(2008)가 상징적 놀이를 가르치는 것으로 알려진 개입법에 대해 실시한 메타 연구이다. 분석 결과, "전반적으로 연구 결과는 초기 아동기 교실에서 사용되는 재료들을 활용한 성인의 모델링과 촉구가 행동 증가와 가장 관계가 있음을 시사한다."(p. 120)고 언급했다. 이 연구는 평가의 대상이 되는 놀이행동의 본질적 특성을 보다 잘 언어로 표현하기 위한 '가장 놀이의 분류체계'를 마련했다는 점에서 특히 의미가 있다. 이러한 분류체계는 가장성이 가미된 기능적 놀이, 대상 및 부재하는 대상의 대체, 연결하기(sequencing), 언어화 등을 포함하며, 이러한 분류를 통해 놀이행동의 치료 가능성에 대한 경험적 증거 또한 제공하였다. 현재까지 자폐스펙트럼장애 내담자를 대상으로 한 놀이치료 개입에 대한 평행 분석(parallel analysis)은 이루어지지 않았으며, 이 책을 통해 그러한 분석이나 타당화의 기반이 마련되기를 바라는 바이다.

이 장을 마치며 : 놀이하며 나아가기

자폐스펙트럼장애 아동의 놀이(즉 자폐적 놀이)가 차이인지 결함인지에 대한 질문에 대해 마지막 답변은 둘 다로 맺는 것이 바람직하다고 여겨진다. 아동이 인지적/창의적 성장과 다양성에 대한 기여도가 전혀 (혹은 거의) 없는 사회적인 고립과 물건, 행동, 활동에 대한 제약에 놓여 있다고 느끼는 부모에게 있어 자폐적인 놀이는 결함임이 분명하다. 마찬가지로 공동 주의와 공유된 활동을 통해 이 아동을 사회적인 환경에 통합시키기 위해 노력하는 교사에게 아동의 구체적이고 기능적이고 반복적이며 경직된 놀이행동은 넘어야 할 장애물이다. 놀이치료사들이 자신의 역할을 변화의 동인으로 규정하고 치료적 개입을 자폐스펙트럼장애 아동을 고치는 작업이라고 여기며 자폐적 놀이를 오직 결함으로만 개념화한다면, 아동의 관심사와 지각 성격을 이해할 수 있는 기회를 놓치게 될 것이다. 자폐적인 방식으로 놀이하는 아동들에게는, 오직 그 순간만 존재할 뿐 결함과 차이의 구분은 없을 것이다.

그렇다면 영웅 캐릭터에 빠진 오스틴과 타일러 형제는 어떠한가? 만약 우리가 영웅 캐릭터에 대한 오스틴의 자연스러운 관심사를 활용해 오스틴이 '놀이'할 수 있게 '도움'을 주고, 이전 연구에서 제시한 것처럼 적어도 초기에는 타일러를 또래 전문가 놀이자로 참여시키고 부모, 교사, 치료사의 지도를 받는다면 상징적 놀이의 다양한 수준을 모델링할 수 있을 것이다. 이러한 놀이는 의상이나 능력, 원수인 악당 등 오스틴이 이미 알고 있는 특징들에 대해 두 캐릭터가 대화하도록 참여시킴으로써 시작될 것이다. 이와 같은 대화를 모델링하는 것은 내적인 대화를 형성하는 출발점이 될 것이며 보다 높은 수준의 추상적 사고와 상징적인 상호작용으로 이어질 수 있다. 오스틴의 교사는 이를 기반으로 하여 교내에서 더 숙련된 또래 놀이자들을 참여시켜 교실과 놀이터에도 다양한 수준의 놀이를 모델링하고 강화하게 도울 수 있다. 학교와 가정 모두에서 오스틴과 놀이 촉진자는 만화책 읽기와 캐릭터가 등장하는 TV나 영화 보기 등 영웅과 관련된 다양한 활동에 참여하는 동시에 점점 더 추상적인 대화를 이어갈 수 있다. 추상적인 대화는 영웅의 탄생비화나 내적인 갈등, 2개의 삶을 사는 것에 대한 고충 등을 중심으로 이루어질 것이다. 이와 같이 유도된 대화는 오스틴의 마음이론 능력을 발달시키는 데 도움이 될 것이다. 뿐만 아니라 이를 다른 놀이 상황에 일반화시키는 효과도 있어 오스틴의 자기 이해, 표현, 의미 있는 사회적 관계 등 새로운 기술도 발달시킬 것이다.

참고문헌

Axline, V. (1947). *Play therapy*. Cambridge, MA: Houghton-Mifflin.

Baron-Cohen, S. (1987). Autism and symbolic play. *British Journal of Developmental Psychology, 5,* 139–148.

Barton, E. E., & Wolery, M. (2008). Teaching pretend play to children with disabilities: A review of the literature. *Topics in Early Childhood Special Education, 28*(2), 109–125.

Bettelheim, B. (1987). The importance of play. *Atlantic Monthly, 259,* 35–46.

Beyer, J., & Gammeltoft, L. (2000). *Autism and play*. Philadelphia, PA: Jessica Kingsley Publishers.

Boucher, J., & Wolfberg, P. (2003). Editorial. *Autism, 7*(4), 339–346.

Brody, V. (1993). The *dialog of touch: Developmental play therapy*. Northvale, NJ: Jason Aronson, Inc.

Bromfield, R. (1989). Psychodynamic play therapy with a high functioning autistic child. *Psychoanalytic Psychology, 6*(4), 439–453.

Cashin, A. (2008). Narrative therapy: A psychotherapeutic approach in the treatment of adolescents with Asperger's disorder. *Journal of Child and Adolescent Psychiatric Nursing, 2191,* 48–56.

Charman, T. (1997). The relationship between joint attention and pretend play in autism. *Development and Psychopathology, 9,* 1–16.

Charman, T., & Baron-Cohen, S. (1997). Brief report: Prompted pretend play in autism. *Journal of Autism and Developmental Disorders, 27*(3), 325–332.

Csikszentmihalyi, M. (1976). What play says about behaviour. *Ontario Psychologist, 8*(2), 5–11.

Erikson, E. (1963). *Childhood and society*. New York: W. W. Norton & Company.

Ginott, H. (1961). *Group psychotherapy with children*. New York: McGraw-Hill.

Greig, A., & MacKay, T. (2005). Asperger's syndrome and cognitive behavior therapy: New applications for educational psychologists. *Educational and Child Psychology, 22*(4), 1–13.

Gulsrud, A., Jahromi, L., & Kasari, C. (2010). The co-regulation of emotions between mothers and their children with autism. *Journal of Autism and Developmental Disabilities, 40*(2), 227–237.

Habermas, T., & Bluck, S. (2000). Getting a life: The emergence of the life story in adolescence. *Psychological Bulletin, 126,* 748–769.

Henricks, T. (2008). The nature of play. *American Journal of Play, 1*(2), 157–180.

Herrera, G., Alcantud, F., Jordan, R., Blanquer, A., Labajo, G., & De Pablo, C. (2008). Development of symbolic play through the use of virtual reality tools in children with autism spectrum disorders. *Autism, 12*(2), 143–157.

Hess, L. (2006). I would like to play but I don't know how: A case study of pretend play in autism. *Child Language Teaching and Therapy, 22*(1), 97–116.

Hobson, P., Lee, A., & Hobson, J. (2009). Qualities of symbolic play among children with autism: A social-developmental perspective. *Journal of Autism Development Disorders, 39,* 12–22.

Honey, E., Leekam, S., Turner, M., & McConachie, H. (2007). Repetitive behavior and play in typically developing children and children with autism spectrum disorder. *Journal of Autism and Developmental Disorders, 37,* 1107–1115.

Ingersoll, B. R. (2003). Teaching children with autism to imitate using a naturalistic treatment approach: Effects on imitation, language, play and social behaviors. *Dissertation Abstracts International: Section B: The Sciences and Engineering, 63,* 6120.

Jarrold, C. (2003). A review of research into pretend play in autism. *Autism, 7*(4), 379–390.

Jarrold, C., Boucher, J., & Smith, P. (1994). Executive function deficits and the pretend play of children with autism: A research note. *Journal of Child Psychology and Psychiatry, 35*(8), 1473–1482.

Jones, E. A., & Carr, E. G. (2004). Joint attention in children with autism: Theory and intervention. *Focus on Autism and Other Developmental Disabilities, 19*(1), 13–26.

Jordan, R. (2010). Social play and autistic spectrum disorders. *Autism, 7*(4), 347–360.

Kasari, C., Sigman, M., Mundy, P., & Yirmiya, N. (1990). Affective sharing in the context of joint attention interactions of normal, autistic and mentally retarded children. *Journal of Autism and Developmental Disorders, 20,* 87–100.

Kinney, M., & Winnick, C. (2000). An integrative approach to play therapy with an autistic girl. *International Journal of Play Therapy, 9*(1), 11–33.

Knell, S. (1993). *Cognitive-behavioral play therapy.* Northvale, NJ: Jason Aronson.

Kok, A., Kong, T. Y., & Bernard-Opitz, V. (2002). A comparison of the effects of structured play and facilitated play approaches on preschoolers with autism. *Autism, 6*(2), 181–196.

Landreth, G. (2002). *Play therapy: The art of the relationship.* New York: Brunner-Routledge.

Lantz, J., Nelson, J., & Loftin, R. (2004). Guiding children with autism in play: Applying the integrated play group model in school settings. *Teaching Exceptional Children, 37*(2), 8–14.

Legoff, D., & Sherman, M. (2006). Long-term outcome of social skills intervention based on interactive LEGO play. *Autism, 10*(4), 1–31.

Leslie, A. (1987). Pretense and representation: The origin of "Theory of Mind." *Psychological Review, 94*(4), 412–426.

Lewis, V. (2003). Play and language in children with autism. *Autism, 7*(4), 391–399.

Libby, S., Powell, S., Messer, D., & Jordan, R. (1998). Spontaneous play in children with autism: A reappraisal. *Journal of Autism and Developmental Disorders, 28*(6), 487–497.

Lovaas, O. I. (1977). *The Autistic child: language development through behavior mod-ification.* New York: Irvington Publishers.

Luckett, T., Bundy, A., & Roberts, J. (2007). Do behavioural approaches teach children with autism to play or are they pretending. *Autism, 11*(4), 365–388.

Mastrangelo, S. (2009). Play and the child with autism spectrum disorder: From possibilities to practice. *International Journal of Play Therapy, 18*(1), 13–30.

Moustakas, C. (1953). *Children in play therapy.* New York: McGraw-Hill.

Oaklander, V. (1988). Windows to our children. Highland, NY: Real People Press.

Piaget, J. (1962). *Play, dreams and imitation in childhood.* New York: W.W. Norton.

Rutherford, M.D., & Rogers, S. (2003). Cognitive underpinnings of pretend play in autism. *Journal of Autism and Developmental Disorders, 33*(3), 289–302.

Rutherford, M. D., Young, G., Hepburn, S., & Rogers, S. (2007). A longitudinal study of pretend play in autism. *Journal of Autism and Developmental Disorders, 37,* 1024–1039.

Soldz, S. (1988). The deficiencies of deficiency theories: A critique of ideology in contemporary psychology. *Practice, 6,* 50–64.

Solomon, M., Ono, M., Timmer, S., & Goodlin-Jones, B. (2008). The effectiveness of parent–child interaction therapy for families of children on the autism spectrum. *Journal of Autism and Developmental Disorders, 38,* 1767–1776.

Stahmer, A. C. (1995). Teaching symbolic play skills to children with autism using pivotal response training. *Journal of Autism and Developmental Disorders, 25,* 123–141.

Stahmer, A. C., Ingersoll, B., & Carter, C. (2003). Behavioral approaches to promoting play. *Autism: The International Journal of Research and Practice, 7,* 401–413.

Stanley, G., & Konstantareas, M. M. (2007). Symbolic play in children with autism spectrum disorder. *Journal of Autism and Developmental Disorders, 37,* 1215–1223

Sutton-Smith, B. (2008). A personal journey and new thoughts. *American Journal of Play 1*(1), 80–103.

Van Berckelaer-Onnes, I. A. (2003). Promoting early play. *Autism, 7*(4), 415–423.

Vygotsky, L. (1978). *Mind in society: The development of higher psychological processes.* Cambridge, MA: Harvard University Press.

Wellman, H., Cross, D., & Watson, J. (2001). Meta-analysis of theory of mind development: The truth about false belief. *Child Development, 72*(3), 655–684.

Wieder, S., & Greenspan, S. I. (2003). Climbing the symbolic ladder in the DIR model through floor time/interactive play. *Autism, 7*(4), 425–435.

Wieder, S., & Greenspan, S. I. (2001). The DIR (developmental, individual-difference, relationship-based) approach to assessment and intervention planning. *Zero to Three, 21,* 11–19.

Williams, E. (2010). A comparative review of early forms of object-directed play and parent–infant play in typical infants and young children with autism. *Autism, 7*(4), 361–377.

Williams, E., Reddy, V., & Costall, A. (2001). Taking a closer look at functional play in children with autism. *Journal of Autism and Developmental Disorders, 31*(1), 67–77.

Wolfberg, P. (1999). *Play and imagination in children with autism.* New York: Teachers College Press.

Wolfberg, P., & Schuler, A. L. (1993). Integrated play groups: A model for promoting The social and cognitive dimensions of play in children with autism.

Journal of Autism and Developmental Disabilities, 23, 467–489.

Yang, T-R., Wolfberg, P., Wu, S-C., & Hwu, P-Y. (2003). Supporting children on the autism spectrum in peer play at home and school. *Autism, 7*(4), 437–453.

제2부

놀이 기반 개입

제3장

자폐 아동을 위한 개 매개 놀이치료

Risë VanFleet, Cosmin Colţea

개 매개 놀이치료 소개

동물 매개 놀이치료(animal-assisted play therapy, AAPT)는 놀이치료와 동물 매개 치료 (animal-assisted therapy, AAT)를 통합한 것으로, 놀이치료 과정에 체계적이고 다양한 방식 으로 일반 동물을 포함시킨다. AAPT는 다음과 같이 정의될 수 있다. "놀이치료의 맥락에 동물을 관여시키는 것으로, 훈련된 치료사와 동물이 체계적인 놀이 개입을 통해 아동 및 가 족과 함께하는 것이다. 아동의 발달적·심리사회적 건강뿐 아니라 동물의 웰빙을 증진시 키려는 목적으로 실시된다. 놀이와 즐거움은 상호작용과 관계의 핵심 요소이다"(VanFleet, 2008, p. 19). AAPT는 공동 치료사로서 여러 종(種)의 동물과 함께 실시될 수 있지만, 이 분 야는 대부분 개나 말을 중심으로 발전되어 왔다(VanFleet & Faa-Thompson, 2010). 이 장에 서는 주로 개를 중심으로 설명할 것이며, 따라서 여기서의 접근은 개 매개 놀이치료(canine-assisted play therapy, CAPT)로 지칭될 수 있다. 이 장 전반에 걸쳐 일반 동물(nonhuman animal)이라는 용어는 간결성을 위해 동물(animal)이라는 용어와 혼용해서 사용되었다.

CAPT는 놀이실에 놀이치료견이 적극적으로 참여한다는 점에서 다른 형태의 놀이치료와 구분되며, 함께하는 놀이치료사가 아동과의 의사소통과 아동에 대한 이해, 관계 형성 그리 고 아동이 사회적·정서적·행동적 문제를 극복하도록 돕는 데 있어서의 주요 수단으로 놀 이 개입을 사용한다는 면에서 다른 AAT와도 다르다. 상호작용은 확실히 적극적이며 즐겁 다. 치료사와 개에게는 모두 전형적인 놀이치료나 AAT 훈련을 넘어서는 특수한 훈련이 요구된다. 이에 대한 상세한 내용은 다른 자료에 자세히 설명되어 있다(VanFleet, 2008).

많은 놀이치료사들이 치료 과정에 자신의 반려견이나 다른 동물들을 참여시키고 있는 데서 보여지듯이 이미 CAPT가 실시되고 있다는 것은 여러 자료를 통해 잘 알려져 있다. 2007년 83명의 놀이치료사를 대상으로 동물을 치료 과정에 관여시키는지를 알아보기 위한 조사 연구를 실시하였다. 그 결과 치료사들은 치료 회기에 살아 있는 동물을 참여시키는 것이 아동에게 상당히 고무적인 영향을 미치는 것으로 나타났다(VanFleet, 2007; 전체 연구 결과는 http://play-therapy.com/playfulpooch/pets_study.html 참조). 영국의 Faa-Thompson(VanFleet & Faa-Thompson, 2010), 이스라엘의 Parish-Plass(2008), 미국의 Thompson(2009), Trotter와 Chandler(Chandler, 2005; Trotter, Chandler, Goodwin-Bond, & Casey, 2008), VanFleet(2004, 2008; VanFleet & Faa-Thompson, 2010) 등의 놀이치료사는 이미 AAPT에 대한 보다 체계적인 접근을 발달시키기 시작했다.

발달심리학 분야의 연구는 많은 문화권에서 아동의 삶과 발달에 동물이 중요하다는 것을 분명히 입증하고 있다(Jalongo, 2004; Jalongo, Astorino, & Bomboy, 2004; McCardle, McCune, Griffin, Esposito, & Freund, 2011; Melson, 2001; Melson & Fine, 2006). 아동은 동물에게 이끌리고, 동물에 대해 생각하며, 동물에 관한 이야기를 좋아하고, 동물에 대한 꿈을 꾼다. 사례 보고 및 많은 연구들은 가족 반려견이 아동에게 미치는 긍정적 영향을 보여주고 있다(Beck & Katcher, 1996; Chandler, 2005; Colţea, 2011; Esteves & Stokes, 2008; Podberscek, Paul, & Serpell, 2000). 이러한 영향에는 차분함과 자기 조절의 증가, 혈압의 완화, 공감과 양육 행동의 증가, 책임감 향상, 친사회적 행동의 증가, 안전감의 향상, 수줍음이 많은 아동의 경우 반려동물과 함께 있을 때 다른 사람과의 상호작용에 좀 더 원활히 참여할 수 있게 하는 사회적 윤활 효과(social lubricant effect) 등이 포함된다. 최근의 생물학적 연구는 사람들이 반려견을 만지거나 쓰다듬을 때 옥시토신 수준이 유의미하게 상승되고 이는 개에게서도 마찬가지 효과를 갖는다는 것을 보여준 바 있다(Olmert, 2009). 어머니와 유아 간의 애착을 매개하는 것으로 알려져 있는 옥시토신은 동일하게 인간과 동물 유대의 생물학적 기초로서 작용한다. 옥시토신은 신체 내의 신경전달물질 혹은 호르몬으로 작용하는데, 많은 동물들이 정서를 읽고 타인과 함께 있을 때 이완을 느끼며 공포를 극복하고 타인에 대한 접촉 추구를 통해 신체적·정서적 친밀감을 형성하는 능력과 주로 관련된다(Olmert, 2009). 흥미롭게도 사람들이 가족 반려견을 쓰다듬는 경우, 인간과 개 모두에게서 옥시토신 생성이 촉진된다.

오랜 경험적 역사를 통해 놀이치료가 아동 치료에 있어서 효과적인 접근이라는 것이 입증되어 왔다(예 : Bratton et al., 2005). 유사하게 동물 매개 치료 역시 그 연구 기반이 점차 확장되기 시작했다(Nimer & Lundahl, 2007; Trotter et al., 2008). 현재까지 이 두 영역의 조합에 대한 체계적인 연구는 많지 않지만, 초기 연구들은 상당히 고무적인 결과를 보여주고 있다(Thompson, 2009; VanFleet, 2008). CAPT 연구에서의 장애물 중 하나는 연구 규모가 작다는 것이지만, 이 분야에 대해 철저히 훈련받은 임상가는 빠르게 증가하고 있는 추세이다. CAPT를 체계적으로 실시하는 임상가가 많을수록 더 많은 연구가 가능해질 수 있다. 이와 관련해서 CAPT의 독특한 특성을 담아낼 수 있는 실시 지침 및 자격 인증 과정도 개발 중에 있다(VanFleet, 2011).

철학과 기본 원리

인간의 지시하에 일반 동물로 하여금 과제를 수행하게 할 때는 반드시 동물의 복지를 고려해야 한다. 상당히 많은 치료 동물은 심신을 약화시킬 수 있는 정서적 스트레스와 피로에 노출되어 있지만 동물의 보호자는 이를 잘 인식하지 못한다. 이는 개의 복지가 무시되고 있는 상황으로 아동에 대해서도 보살핌에 대한 좋은 모델이 되지 못한다. 유사하게 치료사가 개를 놀이실로 데려올 때 치료사는 아동과 치료적 과정에 영향을 미칠 수 있는 다른 요인들에 대해서도 고려해야 한다. 아동과 개는 물론 치료사의 신체적 · 정서적 웰빙을 보장하기 위해 다음의 원리들이 개발되었다(VanFleet & Faa-Thompson, 2010).

간단히 요약하자면 가능한 최대한의 효과를 내기 위해서 CAPT에서 개의 욕구는 인간의 욕구와 동등한 중요성을 가져야 하며, 치료사는 아동과 개의 안전을 보장하기 위해 교육하고 제한을 설정해야 한다. 개와 아동 모두에게 즐겁고 재미있는 활동을 선택해야 한다. 치료사는 아동과 개를 있는 그 자체로 수용해야 하고, 그들을 다른 방식으로 변화시키려고 해서는 안 된다. 긍정적인 훈련 방법을 취해야 하며 개를 과도하게 통제해서는 안 된다. 개가 점잖고 얌전하게 행동하는 한, 개는 개일 수 있어야 한다. 치료적 목표를 성취하기 위해 CAPT를 사용하지만, 치료사는 매 순간 상호작용과 은유를 촉진한다는 의미에서 과정 지향적 접근을 취해야 하며, 치료사는 놀이치료에서 개와 의사소통하고 개를 다루는 데 있어서 능숙해야 한다.

치료적 목표

CAPT는 다섯 가지 주요 목표 영역을 갖지만, 많은 경우 동일한 개입 내에서 한 가지 이상의 목표를 성취할 수 있다(VanFleet, 2008; VanFleet & Faa-Thompson, 2010). 각각의 목표를 간략하게 기술하였다.

자기효능감 CAPT는 아동의 역량을 발달시키는 특별한 방법을 제공한다. 이 역량에는 아동이 스스로를 보호하고 안전하게 참여할 수 있는 능력이 포함된다. 아동은 제일 처음 개와 함께 안전하게 머무르고 껴안기와 같이 개가 좋아하지 않는 행동을 하지 않는 방법을 배운다. Pelar(2007, 2009)는 안전이 CAPT에 쉽게 통합될 수 있는 측면이라고 분명히 설명한 바 있다. 치료사는 아동이 동물의 복지와 개를 다루는 것 그리고 간단한 긍정적인 개 훈련 방법에서 유능감을 발달시킬 수 있도록 도우며, 이는 아동의 자기 신뢰 형성에 기여한다.

애착/관계 CAPT는 아동이 다른 생명체와 어떻게 건강한 관계를 발달시켜야 하는지를 배우는 데 도움이 될 수 있다. 아동은 종종 개가 자신을 얼마나 '좋아하는지'에 대해 말하곤 한다. 아동에게 있어 사람보다는 동물과 함께 있을 때 방어를 완화하고 관계를 만들어가는 것이 훨씬 수월할 수 있다(Gonski, 1985). 건강한 인간의 애착과 관계는 인간과 개(그리고 다른 종의 동물) 간의 관계와 많은 유사성으로 갖는다(Clothier, 2002). 이러한 이유로 CAPT는 아동이 즐거운 방식으로 기본적인 관계 기술을 배우는 데 기여할 수 있다. 관계 기술에는 순서를 지키는 것 그리고 필요한 경우 타인의 욕구를 충족시키기 위해 자신을 조절하는 것 등이 포함될 수 있다. 개는 또한 '사회적 윤활 효과'를 제공하여 자기 표현을 잘 하지 않는 아동도 개와 함께 있으면 사회적 상호작용에 보다 기꺼이 참여할 수 있게 된다. 일부 아동에게는 치료견과의 즐거운 관계 형성이 이후 다른 사람들과 신뢰할 수 있고 만족스러운 관계를 발달시키는 첫걸음이 되기도 한다.

공감 CAPT는 특별하고 효과적인 방법으로 아동의 공감을 발달시킨다. 공감의 가장 단순한 형태는 다른 사람의 관점에서 보는 것이다. CAPT에서 치료사는 아동이 개에게 주의를 기울이도록 할 수 있다. "지금 스파키는 어떤 기분일까?" 치료사는 아동이 편안하고 촉진적인 방식으로 동물의 감정에 대해 배울 수 있도록 돕는다. 또한 아동이 개의 기본적인 의사소통 신호를 주시하고 이해할 수 있도록 가르칠 수 있다. 개의 신호를 읽는 것은 개의 몸 전체, 즉 귀, 눈, 입, 수염, 자세, 꼬리의 위치, 움직임 그리고 동물의 마음 상태를 나타내는 많은 신호들을 읽는 것을 배우는 것이다. 아동이 놀이치료견의 감정에 대해 알아가게 되면서 아동은 개를 보살피는 행동을 할 수 있게 된다. 예를 들어, 한 어린 소녀가 CAPT 치료견인 키리와 함께 공놀이를 하던 중 치료사에게 다음과 같이 물었다. "키리도 이빨이 빠지나요? 이빨이 흔들리는 것 같아요." 치료사는 다음과 같이 대답했다. "키리의 이빨에 대해 걱정하고 있구나. 키리가 어떤지 관심을 갖다니 정말 대단하다. 어디 한번 보자. 선생님이 보기에 키리의 이빨은 괜찮은 것 같아. 그런데 너는 방금 정말 옳은 일을 한 거야. 키리에게 관심을 갖고 키리에게 무엇이 필요한지 어른에게 말해주었지. 정말 훌륭해. 그렇지 키리?" 개에게 먹을 것과 물을 주는 것, 부드러운 빗질, 개를 편안하게 하기 위해 쓰다듬어주거나 마사지하는 것 모두 보살피는 활동에 포함된다. 6세 남아가 개 훈련 활동을 마친 후 키리를 위해 그릇에 물을 부어주었다. 키리는 물을 모두 마셔버렸다. 소년의 얼굴에는 커다란 미소가 번져나갔고, 다음과 같이 말했다. "키리는 물을 싹 마시는 방법을 어떻게 알았을까요? 키리는 정말 목이 말랐나봐요." 이 아동은 개를 위한 간단한 보살핌 행동을 한 것에 대해 상당히 흥분했다. 개에 대해 인간적인 태도를 발달시킨 아동이 이러한 공감적 태도를 사람들에게까지 전이시킬 수 있다는 것을 보여주는 많은 증거가 있다(Ascione, 1992; Ascione & Weber, 1996).

자기 조절　CAPT를 통해 임상가는 아동의 정서적·행동적 조절 능력의 발달을 촉진시킬 수 있는 방법을 배울 수 있다. 개와 함께하는 치료적 활동을 하기 위해 아동은 (1) 침착함을 유지해야 하고(예 : 쓰다듬기, 간단한 빗질), (2) 아동과 개의 각성 수준을 조절해야 하며(예 : 거친 줄다리기 놀이), (3) 인내심을 가져야 하고(예 : 개에게 새로운 기술을 훈련시킬 때), (4) 좌절을 견뎌야 한다(예 : 개가 아동이 시킨 것을 하지 않거나 실패할 때). 개와 함께하는 활동을 통해 아동은 즐겁고 비판단적인 상황적 맥락에서 향상된 자기 조절 능력을 적용할 수 있게 된다.

문제해결　아동이 경험하는 여러 특별한 문제를 극복하는 데 CAPT를 적용할 수 있다. 적절한 훈련을 통해 개는 문제를 해결하는 데 유용한 단서와 행동을 배울 수 있다. 또한 경험이 풍부한 놀이치료사는 놀이치료의 은유와 개와의 상호작용을 통해 아동이 자신이 처한 상황이나 어려움에 대처하는 것을 도울 수 있다. 예를 들어, 아동은 개에게 눈맞춤하는 것을 가르치면서 아동 스스로 눈맞춤 하는 것을 배운다. 발로 전등을 켜고 끄는 방법을 배운 개는 아동이 어둠에 대한 공포를 극복하는 데 도움을 줄 수 있다. 외상을 경험했던 아동은 보호소에 살았거나 그로 인한 '문제'를 갖고 있는 개에게 '조언'을 할 수 있다. 특정 문제를 해결하기 위해 CAPT를 적용할 수 있는 방법에는 제한이 없다고 볼 수 있으며, VanFleet(2008), VanFleet과 Faa-Thompson(2010)의 논문에 많은 구체적인 방법이 상세하게 기술되어 있다. CAPT는 다양한 정서적 어려움, 사회적 의사소통의 문제, 학습의 어려움, 동물 학대와 관련된 문제에 유용한 접근 방법이다.

CAPT의 방법

CAPT는 비지시적 놀이치료, 지시적/인지행동 놀이치료, 부모놀이치료, 가족 놀이 개입, 집단치료 등 다른 정신건강 개입과 함께 적용되며, 많은 다양한 장면에서 실시될 수 있다. CAPT의 방법에 대한 상세한 설명을 포함하는 자료는 많으나(VanFleet, 2008, 2009; VanFleet & Faa-Thompson, 2010), 여기서는 놀이치료에 개를 포함시키기 위해 기본적으로 준비해야 하는 것과 개가 포함되는 과정에 대해 간단히 설명하고자 한다.

개 훈련 및 방법 개의 성격과 능력에 따라 가장 적합한 놀이치료의 형태는 달라질 수 있지만 CAPT에 참여하는 모든 개는 적절한 훈련을 받아야 한다. 기본적 복종, 안전한 놀이 활동, 그리고 기술을 가르치기 위해 긍정적이고 관계 지향적인 방법을 통해 훈련한다. 예를 들어, 치료사가 긴 밧줄을 사용하여 아동과 개의 줄다리기 놀이를 계획하고 있다면, 먼저 개는 신호에 따라 장난감을 내려놓는 것부터 확실하게 배워야 한다. '찾기' 게임은 애착 및 찾기-구조하기 놀이 시나리오에 유용하다. 개가 몸의 일부(코, 발바닥)로 사물을 접촉하게 하는 것은 아동과 함께할 수 있는 여러 놀이 활동에 활용될 수 있다. VanFleet(2011)는 개를 훈련시키는 많은 좋은 방법에 대해 설명한 바 있다. 개 역시 사람, 아동, 움직임, 아동과 놀잇감의 소음, 그리고 놀이실에 있는 모든 물건에 대해 적절히 사회화되어 있어야 한다.

비지시적 CAPT 비지시적 CAPT에서는 가능한 비지시적 혹은 아동중심 놀이치료의 원리(VanFleet, 2006a; VanFleet, Sywulak, & Sniscak, 2010)를 그대로 유지한다. 어떻게 놀이를 할지, 무엇을 가지고 놀이를 할지, 그리고 개를 포함시킬 것인지의 여부는 아동이 선택한다. 아동이 개와 함께 놀이하고 싶어 하지 않는다면, 개는 놀이실의 특정 장소나 다른 개별적인 장소에서 휴식을 취할 수 있다. 아동이 개와 함께 놀이하기를 원한다면, 치료사는 개가 아동과 치료사의 요구에 적절한 방식으로 행동할 수 있는 과정을 촉진한다. 만약 아동이 개에게 부적절하거나 혹은 해가 되는 것을 요구하면, 치료사는 제한을 둔다. 아동이 혼자 노는 경우 치료사는 공감적 반영의 과정에 개를 포함시킬 수 있다. "키리, 제이크는 저 나쁜 사람한테 화가 많이 난 것 같구나. 그가 더 이상 다른 사람에게 나쁜 짓을 하지 못하도록 제이크가 저 사람을 들어서 감옥에 넣으려고 하고 있네." 또는 아동이 요구한다면 실제 상상놀이에 개를 포함시킬 수도 있다. "키리, 제이크는 저 나쁜 사람 때문에 너의 도움이 필요해. 제이크는 네가 저 사람을 보고 무섭게 짖는 것을 원하고 있어. 키리, 나쁜 사람을 향해 짖어! 짖어!"(물론 키리는 "짖어!"라는 신호에 따라 짖을 수 있어야 한다). 비지시적 놀이치료에서 치료사가 아동의 놀이와 감정을 반영해주고 아동이 요구하는 역할을 하듯 치료사는 공동 치료사인 개가 동일한 것을 행하도록 돕는다. 제한이 필요하다면 치료사는 보통 다음과 같은 방식으로 제한을 설정한다. "제이크, 너는 마치 말을 타듯 키리를 타려고 하는구나. 여기서 해서는 안 되는 행동 중 하나가 바로 키리의 등에 올라타는 거야. 그렇지만 다른 것에는 올라 탈 수 있단다."

지시적 CAPT 지시적 형태의 CAPT에서 치료사는 개의 활동이나 참여 정도에 대해 더 많은 결정을 내린다. 지시적 CAPT에는 아동이 기본적인 긍정적 훈련 방법을 배워 개에게 새로운 기술을 가르치는 훈련 활동, 빗질하기나 먹이 주기와 같은 보살핌 활동, 하나 이상의 특정 목표 영역을 다루기 위해 계획된 즐거운 상호작용 등이 포함된다.

예를 들어, 치료사는 어질리티 활동을 제안할 수 있다. 실외로 나가 개와 협력하여 함께 활동하는 것을 배우거나 또는 놀이실에서 개에게 의자 위를 점프하기, 이젤 밑 통과하기, 훌라후프 통과하기 등을 가르치는 모의 어질리티 활동을 할 수도 있다. 훈련을 하는 경우 아동은 간식이나 놀이 강화를 사용해 개에게 보상을 제공해야 한다. 치료사는 어떤 과제를 수행하든 개와 아동이 상호작용하도록 해야 한다. 이때 아동에게 과제 수행과 관련된 과정이나 교훈, 개의 반응, 과제에 대한 아동과 개의 감정을 생각해볼 수 있는 시간을 준다. 치료사는 아동이 놀이치료견에게 입으로 '나쁜 사람'을 집어 올려 '감옥'(통이나 상자)에 넣는 방법을 보여주도록 돕거나 혹은 도벽, 분노 폭발, 공유하기 등 현재 겪고 있는 어려움과 관련된 행동에 대해 개에게 조언을 하라고 제안할 수 있다.

치료사는 지시적 CAPT와 비지시적 CAPT를 모두 사용할 수도 있다. 그러나 이 두 가지 형식의 접근은 분리되어 적용되어야 한다. 즉 개별 회기에서 각각 적용하거나 혹은 먼저 비지시적 접근을 실시하고 난 후 지시적 접근을 하는 것처럼 순차적으로 적용해야 한다. 지시적 접근과 비지시적 접근의 기본 가정, 원리, 활동, 치료사의 지시 수준이 상이하기 때문에 두 접근을 분리하여 적용하는 것은 중요하다.

가족 CAPT 가족은 다양한 방식을 통해 CAPT에 참여할 수 있다. 3~4회의 개별 회기가 끝난 후 아동은 개와 함께하는 기본 훈련, 기술, 게임을 부모에게 보여줄 수 있다. 최근 래브라두들(래브라도 레트리버와 푸들을 교배한 개) 놀이치료견인 헨리와의 첫 번째 회기에서 9세인 캐시(심각한 주의력결핍장애)는 유인물과 보상으로 간식을 사용하여 헨리에게 원을 그리며 도는 방법을 가르쳤다. 헨리는 매우 빨리 습득했고, 곧 수신호에 따라 원을 그리며 돌 수 있었다. 캐시는 자신의 성취를 매우 자랑스러워하며 부모에게 돌기 놀이를 보여줘도 되는지 물었다. 아동이 성취한 것을 보여주는 것은 아동에 대한 부모의 부정적인 지각에 변화를 일으킬 수 있다.

다양한 지시적인 개입 방법을 통해 가족 CAPT에 가족 전체를 참여시킬 수 있다. 예를 들어, 치료사는 가족 모두에게 개가 장애물 코스를 통과할 수 있도록 돕거나 혹은 개가 자리를 떠나지 않은 채 2분 동안 침대에 앉아 있도록 하라는 과제를 부여한다. 치료사는 개의 안전을 확인하고 큰 소리로 말하지 않기, 개를 만지지 않기, 간식이나 장난감 사용하지 않기 등을 더해 과제를 점차 복잡하게 만든다. 과제를 완수하면 치료사는 가족과 함께 그 과정과 역동에 대해 논의한다. 집단 놀이치료에서도 이와 유사한 적극적 게임을 활용하지만(Ashby, Kottman, & DeGraaf, 2008; VanFleet, 2006b), 여기서는 공동치료사인 개와 함께한다는 것이 중요한 차이점이다.

마지막으로 치료사가 개 훈련 및 개를 다루는 기술에서 능숙하다면, 치료실이나 집에서 실시하는 치료 과정에 반려견을 참여시킬 수도 있다. 치료사는 특정한 치료적 목표를 성취하고 성취한 바를 일상생활에 일반화시킬 수도 있도록 가족과 반려견의 상호작용을 촉진한다.

CAPT에 적합한 문제와 집단군

일반적으로 놀이치료를 적용할 수 있는 문제나 아동에게는 CAPT 역시 동일하게 적용될 수 있다. CAPT는 비지시적·지시적·가족 놀이치료 양식을 통합할 수 있으므로, 광범위한 적용 가능성을 갖는다. CAPT는 불안, 우울, 주의력 또는 학습 문제, 감각 문제, 의사소통의 어려움, 반항적 행동 및 품행장애, 철회나 또래 괴롭힘 같은 사회적 문제, 재해나 학대로 인한 외상 반응, 애착 문제, 정서 조절의 어려움 등 다양한 문제에 적용될 수 있다. 치료사들은 치료 과정에 아동·청소년을 참여시키고 방어를 완화시키는 데 CAPT가 도움이 된다고 보고한다. CAPT는 훈련된 개와 치료사–조련사가 창의적인 방식으로 함께 관여하는 것으로 엄청난 잠재력을 갖는다. 놀이치료와 동물 매개 치료를 통합한 CAPT는 미국을 포함한 여러 나라에서 급속도로 발전하고 있다.

위험, 장점, 결과

CAPT가 가질 수 있는 위험성은 아동, 개, 치료사에게 모두 영향을 미칠 수 있다. 개가 할퀴거나 물어 아동이 상처를 입을 가능성이 있다. 적절한 훈련과 지속적인 감독을 통해 이러한 위험성은 상당 부분 감소될 수 있다. 개와 아동이 모두 온순하더라도 절대 둘만 함께 있도록 해서는 안 된다. 치료사의 감독이 결정적이며, 치료사는 개의 스트레스 및 의사소통의 신호를 읽을 수 있어야 한다(Kalnajs, 2006; Pelar, 2009). 개에 대한 알레르기가 있는 사람이 있을 수 있고, 개의 종에 따라 개가 알레르기를 갖고 있는 경우도 있다. 치료사가 고려하고 관리해야 하는 영역이다. 인수공통전염병 역시 잠재적 위험 요소가 될 수 있다. 아픈 개는 아동과 작업해서는 안 되며 집에서 휴식을 취해야 한다.

개 역시 위험에 처할 수 있다. 아동은 고의적으로 혹은 의도치 않게 개를 밟고 발로 차며 찌르거나 때리는 등 개를 다치게 할 수 있다. 놀잇감 역시 개를 다치게 할 수 있다. 창의적인 아동은 개의 색을 변화시키는 것이 좋다고 생각하여 매직펜으로 개를 색칠하고 싶어 할 수도 있다. 치료사는 개의 복지 역시 아동의 복지만큼 중요하게 여겨야 한다.

마지막으로 치료사가 신체적으로 위험에 처할 가능성은 낮지만, 역전이의 위험이 있을 수 있다. 대부분의 치료사들은 자신의 개를 사랑한다. 아동이 CAPT 개에게 뭔가 해로운 것을 시도하려고 하면 치료사는 당연히 개를 보호하고 싶어진다. 이러한 감정을 적절히 점검하지 않으면 아동에게 부정적인 영향을 미칠 수 있다. 치료사는 반려견에 대한 감정이 치료 과정에 어떻게 작용하는지에 대해 자주 숙고해봐야 한다.

CAPT가 적절히 시행된다면 그 잠재적 장점은 위험성을 넘어선다. CAPT는 저항을 줄이고 아동이 참여하는 데 도움이 되며 사회적 윤활 효과를 제공한다(즉 치료 과정은 물론 이를 벗어나는 상황에서도 아동의 사회적 상호작용에 도움을 준다). CAPT는 다양한 범위의 방법론(많은 도구)을 제공하므로, 다양한 문제에 적용될 수 있다. 아동은 전형적으로 개에 많은 흥미를 갖는다. 따라서 개를 통해 따뜻하고 우호적이며 아동을 환영하는 환경이라는 의미를 전달할 수 있다. CAPT는 개에 대해 부정적인 경험을 갖고 있거나 개를 두려워하는 아동이 공포를 극복하는 데 도움을 줄 수 있다. CAPT는 치료 과정 동안 아동의 스트레스 수준을 감소시키고 치료적 목적의 성취를 촉진한다. 앞에서 기술한 다섯 가지 목표 영역은 CAPT 훈련을 받은 북아메리카와 영국의 놀이치료사 약 100명의 작업을 통해 도출된 것이다. 이 치료사들은 CAPT의 이점에 대한 임상적 보고를 제시하고 있다. 수상 경력이 있는 저서 *Play Therapy with Kids & Canines*(VanFleet, 2008)는 CAPT의 가치에 대한 임상적ㆍ기초적 연구 근거에 대해 상세히 설명하고 있다.

놀이치료와 동물 매개 치료를 지지하는 경험적 연구는 점차 확대되고 있다(Bratton et al., 2005; Nimer & Lundahl, 2007). 이 접근법의 가능성에 대한 기초 연구 및 보고 자료는 있지만(Parish-Plass, 2008; Thompson, 2009; Weiss, 2009), 최근까지 CAPT 혹은 보다 광범위한 의미에서의 동물 매개 놀이치료에 관한 전문화된 연구는 거의 실시되지 않았다. 더 많은 사람이 책임감 있고 체계적인 방식으로 CAPT를 활용하는 것에 대해 훈련을 받을수록 더 많은 연구가 가능해질 것이다. 가장 관련성이 높고 적절한 방법론을 적용하여 실시된 최근 연구는 다음과 같다.

Trotter와 동료들(2008)은 164명의 위험군 아동 및 청소년을 대상으로 12주 동안 경험적인 지지를 얻고 있는 말 매개 상담(EAC)과 수상 경력이 있는 키즈 커넥션(Kid's Connection) 교실 상담 개입의 효과를 비교 연구하였다. 연구는 사전-사후 실험-비교 집단 실험으로 설계되었다. EAC 집단은 검증된 측정 척도에서 통계적으로 유의미한 수준의 긍정 행동의 증가 및 부정적 행동의 감소를 보였다. EAC 집단은 17개 행동 영역에서 통계적으로 유의미한 향상을 보인 반면, 비교집단은 5개 영역에서 유의미한 향상을 보였다.

Thompson(2009)은 불안한 아동을 대상으로 비지시적 놀이치료에서의 치료견의 효과를 탐색하기 위해 피험자를 통제집단으로 활용한 반복 측정(ABAB) 설계의 연구를 실시하였다. 치료견의 존재는 놀이치료가 실시되는 동안 아동의 기분을 향상시켰으며, 치료사와 아동 간 라포를 촉진하였고, 주제가 있는 놀이의 출현 빈도를 높였으며, 부정적이고 파괴적인 행동을 감소시켰다. VanFleet(2008)는 치료 후 모래놀이 회기를 적용하였을 때 CAPT에 참여한 대부분의 아동이 마지막 모래상자에 개 피겨를 사용하였으며 개를 '치료의 중요한 부분'이라고 묘사한 반면, CAPT에 참여하지 않은 아동은 이러한 경험을 하는 경우가 유의미하게 적다고 보고한 바 있다.

보다 통제되고 심도 깊은 연구를 통해 이러한 결과가 유지되는 정도를 확인할 필요가 있다.

자폐 아동·청소년에 대한 CAPT 적용의 이론적·경험적 근거

자폐스펙트럼장애의 두 가지 핵심 특징은 사회적 상호작용 및 의사소통의 손상과 언어 발달의 손상이다(APA, 2000). 이러한 손상은 눈맞춤의 어려움과 함께 사회적 상황에서 아동이 기능하는 데 부정적인 영향을 미친다. 그러나 일부 연구들은 그 이유는 밝혀지지 않았지만 자폐스펙트럼장애 아동이 반려동물에 대해서는 수용적이라는 것을 제시하고 있다. 이러한 선호에 대한 가능한 이유는 상호작용을 할 때 아동에게 대화가 강요되지 않는다는 것이다. 사람과의 상호작용과는 대조적으로 동물과의 상호작용은 시간적 압박이나 미묘한 얼굴 표정의 영향은 적고 분명한 신체 움직임이나 감각적 경험(예 : 동물의 몸을 만지는 것)에 의해 유도된다.

동물이 자폐스펙트럼장애 아동에게 미치는 영향에 대한 이해가 충분하지는 않은 반면, 전형적으로 발달하는 아동의 경우 동물을 통해 많은 이점을 경험한다는 것은 잘 알려진 사실이다(예 : Walsh, 2009). 자폐스펙트럼장애 아동이 전형적으로 발달하는 아동과 유사한 방식으로 동물에 반응한다면, 자폐스펙트럼장애 아동 역시 동물을 통해 많은 긍정적인 도움을 받을 수 있을 것이라고 충분히 예상할 수 있다. New와 동료들(2009)은 자폐스펙트럼장애를 가진 아동과 청년은 사람과 동물을 묘사하는 이미지의 변화를 인식하는 데 있어서 전형적으로 발달하는 아동 및 성인과 동일한 수행 수준을 보인다고 결론 내린 바 있다. 유사하게 Celani(2002)는 36명 아동을 대상으로 사물, 사람, 동물의 이미지에 대해 연구하였다. 아동은 세 집단으로 분류되었다. (1) 신경발달적으로 전형적인 아동, (2) 다운 증후군 아동, (3) 자폐스펙트럼장애 아동이다. 연구 참여자에게 여러 장의 사진을 보여주었다. 전형적으로 발달하는 아동과 유사하게 자폐스펙트럼장애 아동은 동물 사진에 대한 선호를 보였다. 또한 자폐스펙트럼장애 아동은 사람 사진에 대해서는 별다른 관심을 보이지 않았는데, 이는 자폐스펙트럼장애 아동이 사람에 대해 무관심하다는 것을 암시한다.

결론적으로 일부 자폐스펙트럼장애 아동은 동물에 대해 관심을 보이며, 이는 치료 동물이 이러한 아동에게 도움이 될 수 있다는 것을 시사한다. 다음 부분에서는 자폐스펙트럼장애 아동과 동물 간의 상호작용에 대한 문헌 검토 결과를 제시하였다.

자폐 아동 : 개에 대한 선호

Martin과 Farnum(2002)은 피험자 내 반복 측정 연구 설계 방법을 적용하여 10명의 자폐스펙트럼장애 아동을 대상으로 15주 동안 (1) 실제 개, (2) 천으로 만든 개 인형, (3) 공을 보여주었다. Martin과 Farnum은 초기 평가에서 개정판 심리교육 프로파일(PEP-R; Schopler, Reicher, & Renner, 1990)을 사용하여 아동의 발달 연령을 측정한 후, 개입을 실시하는 동안 아동의 행동과 언어적 발화를 평가하였다. 저자는 녹화된 비디오 분석에 근거하여 실제 개의 조건에 있는 자폐스펙트럼장애 아동이 실험자와 보다 더 협력하고 개에 대해 더 많은 이야기를 한다고 결론지었다. 또한 실제 개 조건에서 아동은 자신이 선호하는 주제보다는 회기와 관련된 주제에 대해 더 많이 이야기하는 것으로 나타났다(자폐스펙트럼장애 아동의 경우 자신이 선호하는 주제에 대해 더 많이 이야기하는 것이 일반적이다). 아동의 발달 연령이 결과를 매개하지는 않았다. 이 연구의 결과는 치료 회기에서 개와 함께하는 것은 아동의 주의에 영향을 미칠 수 있으며, 따라서 치료견을 활용하는 개입은 다양한 연령의 자폐스펙트럼장애 아동에게 도움이 된다는 것을 시사한다.

Martin과 Farnum(2002)과 유사하게 Prothmann, Ettrich와 Prothmann(2009)은 자폐스펙트럼장애 아동에게 동시에 세 가지 자극, 즉 실제 개, 사람, 사물을 제시하였다. 이 자극들을 동시에 제시하고 각 자극에 대한 응시 시간을 측정하여 어떤 자극에 선호를 보이는지 살펴보았다. Prothmann과 동료들은 아동은 사람보다는 실제 개와 상호작용하는 것을 2배 이상 선호한다고 결론지으며, 아동과 개 사이에 일종의 의사소통이 있다고 제안하였다. 이 장애의 독특한 특성으로 인해 이 결과를 다른 자폐스펙트럼장애 아동에게로 쉽게 일반화할 수는 없지만, 이러한 결과는 자폐스펙트럼장애 아동이 동물에 주의를 기울이고 동물에게 반응적이라는 것을 보여주었다.

한편 Welsh(2009)는 치료견과 그 조련사로 구성된 팀의 존재 여부가 자폐스펙트럼장애 아동의 공동 주의하기(JA)에 영향을 미치지 않는다고 결론 내렸다. 공동 주의하기는 의사소통의 결정적 전조로서, 보통 타인과의 눈맞춤, 관심 있는 사물과 상대방을 번갈아가며 응시하는 것, 그리고 가리키기를 통해 드러난다. Welsh는 교차반복측정설계 방법을 적용하여 2~8세 사이의 자폐스펙트럼장애 아동 15명을 대상으로 공동 주의하기를 분석하였다. 아동은 실제 개 조건과 인형 조건으로 나누어진다. Welsh는 두 조건 간의 차이를 발견하지 못했고, 이는 개의 존재가 자폐스펙트럼장애 아동의 공동 주의하기에 영향을 미치지 않는다는 것을 의미한다. 그러나 이러한 결과에는 몇 가지 요인이 영향을 미쳤을 수 있다. 우선 개는 미리 정해진 방식으로 제시되었고 아동은 첫 번째 노출 이전에 개와 익숙해질 기회가 없었다. 또한 아동이 개를 쓰다듬는 것은 가능했지만, 개와 함께 놀이를 할 수는 없었다. 마지막으로 이 결과는 개와 아동의 개별적인 특성을 고려하는 것이 얼마나 중요한지를 보여주고 있다. 개가 누구에게나 치료적 의미를 갖는 것은 아니다(Colţea 2011 ; Serpell, 2009 참조).

자폐스펙트럼장애 아동과 반려견 간의 상호작용과 그 영향에 대한 대부분의 연구들은 개에 초점을 둔다(예 : Nimer & Lundahl, 2007). 여기에서는 자폐스펙트럼장애 아동과 개의 상호작용을 세 가지 영역으로 나누어 설명하고자 한다. 도우미견, 반려견, 치료견이다. **자폐인 도우미견**(autism service dog)은 자폐스펙트럼장애를 가진 사람을 돕기 위한 목적으로 훈련된 개를 말하며, **반려견**(companion dog)은 가족의 애완견(즉 특별한 임무를 수행하기 위한 훈련을 받지 않은 개)을 지칭한다. **치료견**(therapy dog)은 모든 보조견뿐 아니라(예 : 심리학자, 놀이치료사, 사회복지사와 같은 전문가를 보조), 학교나 병원 그 외 다른 환경에서 특정 개인을 지원하는 개를 포괄한다. 이제 개의 영향과 관련하여 가장 관련성이 많은 연구에 대해 간단히 살펴보고자 한다.

자폐인 도우미견이 자폐 아동에게 미치는 영향

자폐스펙트럼장애 아동에 대한 도우미견의 역할에 관한 연구는 거의 실시되지 않았다. 다른 도우미견과는 달리 자폐인 도우미견은 3명의 관계 내에 놓여 있다. 아동과 함께 있기는 하지만, 개는 부모의 지시를 받는다. Burrows, Adams, Spiers(2008)는 12개월 동안 자폐스펙트럼장애 아동을 둔 10가족을 대상으로 도우미견의 영향에 대한 연구를 실시했다. 저자는 자료 분석을 위해 생태학적인 질적 접근을 이용했다(즉 비디오 관찰과 부모에 대한 반구조화된 면담). 자폐인 도우미견은 대근육 운동 기술의 향상, 행동 문제 및 불안 빈도의 감소 등 몇몇 측면에 있어 아동에게 이점으로 작용하는 것으로 나타났다. 또한 자폐스펙트럼장애 아동의 경우 도망치거나 달아나는 것이 빈번한데, 개는 아동이 달아나는 것을 막음으로써 아동을 안전하게 지키는 데 도움이 되었다. 이 연구에서 자폐인 도우미견과 관련된 부정적 측면 중 하나는 가족 자체의 이슈와 개의 행동 문제로 인해 두 마리의 개를 돌려보내야만 하는 상황이 있었다는 것이다. 전반적으로 자폐스펙트럼장애 아동에 대한 도우미견의 긍정적인 영향은 부정적인 영향을 넘어서는 효과를 갖는다.

Viau, Arsenault-Lapierre, Fecteau, Champagne, Walker, Lupien(2010)은 단기간 동안 도우미견과 함께 지내는 것이 자폐스펙드럼장애 아동에게 어떤 영향을 미치는지 살펴보았다. Viau와 동료들은 아동의 행동 변화 및 코르티솔 각성반응(Cortisol Awakening Response, CAR)을 측정하여 코르티솔 수준에서의 변화를 평가하였다. Clow, Thorn, Evans, Hucklebridge(2004)에 의하면 전형적으로 발달하는 성인들은 각성되면 코르티솔 수준의 상승이 일어난다. 또한 CAR은 일일 주기의 스트레스 호르몬인 코르티솔 수준에 따라서도 차이가 난다. Viau와 동료들은 자폐스펙트럼장애 아동에 대한 도우미견의 영향에는 CAR 수준이 반영될 것이라고 가정하였다. 개를 만나기 2주 전, 개와 함께 생활하는 한 달 동안, 그리고 개를 다시 보낸 후 2주에 걸쳐 CAR 수준을 측정하였다. 그 결과, 개가 없을 때 아동의 코르티솔 분비는 평소에 비해 평균 58% 상승한 것으로 나타났다. 도우미견과 함께 있는 동안 CAR은 58%에서 10%로 급격히 낮아졌는데, 이는 개가 아동을 진정시키는 효과를 갖는다는 것을 시사한다. 개를 돌려보낸 후에는 다시 코르티솔 수준이 평균보다 48% 상승하는 것으로 나타났다. 이에 더해 부모에 의하면 도우미견과 함께 있는 경우 아동의 바람직하지 않은 행동의 빈도 역시 감소한 것으로 보고되었다. 요약하면 이러한 결과는 비록 짧은 시간 동안 함께 있는 것만으로도 도우미견은 자폐스펙트럼장애 아동의 웰빙을 향상시킬 수 있다는 것을 보여준다.

자폐인 도우미견의 영향에 대한 다른 두 연구 역시 개의 존재는 실외에서 아동의 안전, 타인이 아동의 장애를 인정하는 것, 타인과의 의사소통 및 친교의 향상 그리고 아동의 사회적 활동의 확장 등과 긍정적인 관련성을 갖는다는 것을 보여준다(Smyth & Slevin, 2010; Waldie, 2005). 도우미견에 대한 모든 연구가 공통적으로 지적하는 점은 도우미견의 존재와 관련된 긍정적인 효과는 전체로서의 가족에게 영향을 미친다는 것이다. 부모는 가족 외출이나 타인과의 친교의 개선, 특히 공공장소에서 아동의 행동이 좋아지는 것에 수반되는 여러 긍정적 효과에 대해 보고하곤 한다. 앞에서 검토한 연구들은 목적을 갖고 훈련을 받은 도우미견이 자폐스펙트럼장애 아동에게 어떤 도움을 줄 수 있는지를 잘 보여주고 있다.

반려견이 자폐 아동에게 미치는 영향

자폐스펙트럼장애 아동과 반려견의 상호작용 역시 CAPT와 관련된 정보를 제공한다(그림 3.1). Colțea(2008)는 자신의 미간행 연구에서 자폐스펙트럼장애 아동을 둔 12가족에서 반려견의 역할에 대해 조사하였다. 이 가족 중 9가족은 반려견을 키우고 있었다. 저자는 증상의 심각성과 아동의 언어 및 사회적 기술을 측정하기 위한 질문지를 사용하였으며[자폐 행동 평정척도(Autism Behavior Checklist, ABC; Krug, Arick, & Almond, 1980)를 '예/아니요' 형식으로 수정하여 사용], 아동과 개의 유대감 역시 측정하였다[렉싱턴 애완동물 애착 척도(Lexington Attachment to Pets Scale, LAPS; Johnson, Garrity, & Stallons, 1992)]. 마지막으로 아동과 반려견 간 상호작용에서의 호혜성을 평가하기 위해 반려견 상호작용 척도(Companion Dog Interactions Questionnaire, CDIQ)를 개발하여 적용하였다(예 : 아동은 개를 얼마나 자주 만집니까? 집에서 아동이 개를 어느 정도로 따라다닙니까?). 이 척도는 모두 부모 보고를 통해 작성되었다.

그림 3.1 반려견과 함께 산책하는 아동들
(Cosmin Colțea 제공, 출처 : *My Companion dog*, my companiondog.com)

Colţea(2008)는 최초로 CDIQ에 근거하여 일부 자폐스펙트럼장애 아동은 반려견과 상호작용하고 반려견에게 반응적이며, 반려견에 대한 반응성은 개에 대한 아동의 유대감과 정적인 상관관계를 갖는다는 결과를 제시하였다. 또한 LAPS와 CDIQ 점수는 몇몇 아동이 자신의 개와 강한 유대를 형성하고 있다는 것을 보여주었다. 아동과 반려견 간에 유대감이 형성될 수 있다는 것은 자폐스펙트럼장애 아동의 정서적 가용성을 시사한다. 아동의 연령은 개에 대한 유대감을 조절하는 것으로 나타났다. 비록 증상의 심각성 수준은 높았지만, 연령이 높은 아동일수록 개와 더 강한 유대감을 형성했고 개와 더 많은 상호작용을 했으며 더 높은 수준의 언어 기술을 보였다. 이 연구의 설계 방법으로는 개의 존재가 아동의 언어 기술에 미치는 영향을 검증하여 확인할 수 없었다. 그러나 소수의 참여자로 이루어진 연구라는 제한점에도 불구하고 이 연구는 자폐스펙트럼장애 아동이 반려견에게 반응적임을 확인시켜 주었으며, 반려견과의 유대감은 언어 발달에 영향을 미칠 수 있다는 것을 보여주었다.

계속된 추적 연구를 통해 Colţea(2011)는 자폐스펙트럼장애 아동 및 자폐스펙트럼장애가 아닌 아동과 반려견 간의 상호작용을 탐색하였다. 자폐스펙트럼장애 아동을 둔 14가족과 전형적으로 발달하는 아동을 둔 6가족에 대한 심층 면담을 실시하였다. 흥미로운 점은 자폐스펙트럼장애 아동의 반려견에 대한 태도는 무관심한 수준에서부터 개와 상호작용하는 것에 상당한 흥미를 보이는 수준에 이르기까지 매우 다양하다는 것이었다. 아동과 반려견 각각의 독특한 특성을 맞추는 것(match)은 아동과 개 사이의 유대감은 물론 개의 존재로 인한 긍정적인 효과에 영향을 미치는 것으로 나타났다. 이러한 결과는 아동과 반려견 간의 상호작용이 보편적인 것은 아니며, 따라서 개입을 계획하는 단계에서 아동이나 개의 성격과 같은 요인을 반드시 고려해야 한다는 것을 의미한다. 예를 들어, '항상 뛰어들고 짖으며 음식을 빼앗으려고 하는 개'와는 강한 유대감을 발달시키지 못하는 아동이 있다. 앞으로 이러한 이론을 지지하거나 혹은 반박하기 위한 연구가 실시될 필요가 있다. 그러나 이러한 의문을 품는 것은 임상가가 자폐스펙트럼장애 아동이 어려움을 극복하는 데 도움을 주기 위해 개를 개입시킬지의 여부를 고려할 때 유용한 정보를 제공해줄 수 있다.

저자는 반려견이 자폐스펙트럼장애 아동에게 직접적인 사회적 지지(즉 정서적 지지와 동료애)를 제공할 수 있다고 제안한다. 예를 들어, 한 참여자는 자신의 딸이 개를 가족의 한 일원으로서 좋아한다고 보고하기도 했다.

딸은 개와 가까이 있는 것을 좋아하는 것 같아요. 놀라운 일이죠. 왜냐하면 딸은 가족 중 어느 누구도 만지려고 하지 않으니까요. 내 딸은 사람들에게는 감정을 표현하지 않아요. 내가 옆에 앉아 있어도 제 몸과 딸의 신체 부위가 접촉해 있는 경우는 전혀 없어요. 그렇지만 피도에게는 기쁜 목소리로 가까이 오라고 하고, 피도의 머리에 손을 얹고 있거나 피도를 따라 기어 다니기도 하죠.

직접적인 사회적 지지 외에도 반려견은 간접적인 사회적 지지를 제공한다. 예를 들어, 개는 아동과 다른 사람들과의 상호작용을 촉진할 수 있다. 한 부모는 다음과 같이 말했다. "산책을 가면 개는 아이가 사람들과 대화를 나눌 수 있도록 아이를 개방시키는 것 같아요. … 딸은 실제로 사람들에게 다가가 말을 걸죠. '개를 쓰다듬어도 되나요?' … 이전에는 아이가 사람들에게 다가간 적이 전혀 없었어요." 이 연구를 통해 인과관계에 관한 결론을 도출할 수는 없지만, 개의 존재는 자폐스펙트럼장애 아동의 언어에 기여하는 부분이 있는 것으로 보인다. 연구에 참여했던 또 다른 부모는 반려견과 3세인 딸의 상호작용이 미치는 긍정적 효과에 대해 다음과 같이 말했다.

딸의 언어가 많이 향상되었어요. 딸이 할 수 있게 된 새로운 언어의 대부분은 개에 관한 것이에요. 어제는 딸이 피도의 사진과 시어머니께서 기르시는 개 두 마리의 사진을 보았어요. 그리고 딸은 지금까지 중에 가장 길게 말했어요. "이건 개에요. 귀가 있어요. 너무 귀여워요. 개가 세 마리 있어요."

이러한 발견에 더해 부모는 어떤 특정한 사회적 개념이 개와 관련된 것일 때 자폐스펙트럼장애 아동이 그 개념을 더 쉽게 이해할 수 있다고 보고했다. 예를 들어, 타인에 대한 공격성을 설명할 때 반려견에 대한 공격성을 적용하면 아동은 그 개념을 보다 쉽게 이해할 수 있다. "어떤 것에 대해 설명해줄 때 저는 피도를 예시로 활용해요. 아이가 다른 사람이 원치 않는 행동을 하는 경우를 피도로 예를 들어 설명하면 아이는 그 뜻을 더 잘 받아들여요. '너는 피도를 때리거나 발로 차려고 하니?'와 같이 말해요." 요약하면 자폐스펙트럼장애 아동에게 있어서 개의 존재는 다양한 수준에서 긍정적이다.

치료견이 자폐 아동에게 미치는 영향

치료 상황에서 자폐스펙트럼장애 아동과 개의 상호작용 및 그 잠재적 효과를 살펴보기 위해 실시된 연구가 있다. Levinson(1962)은 자폐스펙트럼장애 아동을 위한 동물 치료의 선구자 중 한 사람이다. 회기에 개를 관여시키는 과정에서 아동에 대한 개의 역할을 관찰했는데, 개는 자폐스펙트럼장애 아동에게 안전감과 함께 애정을 제공하며 아동의 사회적 상호작용을 향상시킨다고 제안했다. Martin과 Farnum(2002)의 결론과 유사하게 Levinson은 개는 아동이 치료 장면에 애착을 형성하는 데 도움이 되며, 따라서 아동의 주의와 관심을 향상시킨다고 설명했다. 또한 Levinson(1965)은 개는 자폐스펙트럼장애 아동과 언어를 사용하지 않고도 의사소통하기 때문에 치료 상황에서 많은 장점이 있다고 제안하였다. 자폐스펙트럼장애 아동의 언어 기술 향상은 그 자체로 치료 목표가 되며, 개와 아동 간의 비언어적 의사소통은 편안한 매개체로 작용하여 아동의 언어 기술 발달에 기여하게 된다.

개를 자폐스펙트럼장애 아동의 치료에 포함시키는 것은 1960년대 무렵부터 시작되었지만 이 주제에 대한 연구는 제한적이다. Redefer와 Goodman(1989)은 자폐적 특성을 보이는 12명의 아동을 대상으로 치료견의 효과를 살펴보았다. 아동들은 자폐적 특성을 보이기는 했지만 진단을 받지는 않았으며, 연령 범위는 5~10세에 해당하였다. 모두 심각한 손상을 보이는 아동이었다. 아동의 행동에 대한 측정은 3단계로 나뉘어 이루어졌는데, 기저선 수준(15분씩 3회기) 치료 과정(20분씩 18회기), 치료 후(15분씩 3회기)에 아동의 행동을 측정했다. 치료의 일반화를 검증하기 위해 추후 회기 동안에는 치료사를 교체하였다. 개를 정해진 방식으로 제시하였던 Welsh(2009)의 연구와는 달리 Redefer와 Goodman은 아동이 개와 상호작용할 수 있게끔 격려하는 역할을 수행했다. 개를 아동에게 점진적으로 소개한 것 역시 흥미로운 측면이다. 아동은 개에 대해 이야기하고, 개를 쓰다듬으며, 개에게 먹이를 주고 함께 놀이를 하면서(예 : 공 던져주기) 점진적으로 상호작용하기 시작했다. 또한 치료사는 이러한 행동의 모델이 되었다.

치료사는 각 단계에서 아동의 행동을 관찰하여 자신을 향한 행동인 고립(isolation)과 개나 치료사와의 언어적 혹은 비언어적인 상호작용으로 정의되는 사회적 상호작용(social interaction) 중 하나로 코딩하였다(코딩 방법에 대한 상세한 사항은 Sullivan-Moricca, 1980/1981 참조). 개를 아동에게 소개하였을 때 가장 극적인 변화가 있었다. 개를 치료에 포함시키면서 아동의 사회적 상호작용 점수는 기저선에서 6.5표준편차 이상 증가하였으며, 고립 행동은 5표준편차 감소되었다. 또한 아동의 자폐적 행동도 감소하는 것으로 나타났다.

한 달이 지난 후에 실시된 추후 회기에서 개입의 효과는 약화되기는 했지만 여전히 유지되고 있었다. 아동의 고립 점수는 기저선에 비해 2표준편차 이상이었지만, 사회적 상호작용은 3표준편차 이상이었다. 이러한 결과는 시간이 지남에 따라 그 효과가 차츰 약화되기는 하지만, 개와 함께 실시하는 개입이 아동에게 긍정적 영향을 미친다는 것을 분명히 보여준다. 또한 이 연구에서 중요한 측면은 치료사가 적극적으로 관여하여 모델이 되고 아동과 개의 상호작용을 촉진했다는 점이다. 이에 더해 개를 점진적으로 노출시킴으로써 개와 치료사에 대한 아동의 신뢰를 강화하였고, 이는 앞에서 언급한 효과를 더욱 풍부하게 만드는 작용을 하는 것으로 나타났다.

Isaacs(1998)는 ABA를 적용한 Redefer와 Goodman(1989)의 연구를 ABAB 설계를 사용하여 확장하였다. Isaacs는 5~12세 연령에 속하는 5명의 자폐스펙트럼장애 아동을 대상으로 관찰 코딩 절차를 사용하여 개 매개 치료의 효과를 검증하였다. 중간 정도부터 심각한 수준까지 진단은 다양하였다. 개입을 실시하기 전에 참여자에 대한 광범위한 면담을 실시하여 아동의 주의 지속 폭과 개와 함께 있을 때의 행동에 대한 정보를 파악하였다. 관찰 프로토콜은 목표 행동의 빈도 중심으로, Sullivan-Moricca(1980/1981)가 개발한 도구에 기초한다. "사회적·언어적인, 사회적·비언어적인, 호혜적 상호작용, 사회적으로 부정적인(고립 행동을 포함하는)" 행동을 관찰하였다. 사회적·언어적 행동은 아동이 치료사에 대한 반응 또는 개나 치료사와의 상호작용을 시작하기 위한 노력의 일환으로 생성해내는 단어나 소리로 구성된다. 사회적·비언어적 행동은 눈맞춤이나 몸짓의 모방과 같은 행동을 포함한다. 호혜적 상호작용은 아동과 치료사 또는 개와의 상호적 놀이에 포함되는 다른 행동으로 구성된다. 끝으로 사회적으로 부정적인 행동은 치료사나 개에 대한 부적절한 행동을 지칭한다. 이러한 행동들은 치료사와 개 각각에 대한 행동으로 구분되어 코딩되었다.

각 아동은 4~6주의 기간 동안 25분씩 9회기에 참여하였다. 단계별 프로토콜이 있지만, 각 아동의 개인적 특성(예 : 아동이 반응을 보이지 않는 경우)으로 인해 일부 변화된 부분이 있었다. 기저선 단계에서 아동은 인사를 마친 후 치료실에서 걸어다니기, 공 굴리기, 비눗방울 불기, 간식 먹기와 같이 서로 주고받는 게임에 참여하였다. 치료 단계에서도 동일한 활동을 실시하였지만, 개가 아동과 함께한다는 점에서 기저선 단계와 차이가 있다. Redefer와 Goodman(1989)과 유사하게 아동에게 점진적으로 개를 소개하였는데, 처음에는 개의 신체 부위를 확인하게 함으로써 개를 인식하게 하고 그다음에 개에 대해 이야기를 나누었으며, 마지막으로 치료사는 개와의 적절한 신체적 상호작용에 대해 모델링을 제공하였다. 아동과 치료사는 번갈아가며 개와 함께 걷고 개의 신체 부위를 확인하여 개를 빗겨주고 먹이를 주었다.

Isaacs(1989)는 개입의 중요한 몇 가지 요인에 대해 기술하였다. 첫째, 각 활동은 아동의 활동 수준에 근거하여 선택되었다. 예를 들어, 과잉행동을 보이는 아동의 경우에는 공 던지기와 같은 대근육 운동 활동을 실시했다. 둘째, 바닥에서 활동하는 것을 선호하는 아동이 있는 반면, 일부 아동은 서서 하는 활동을 선호했다. 셋째, 아동의 활동 수준에 맞춰 치료사의 목소리 톤을 조정하였다(즉 과잉 행동을 보이는 아동과 활동할 때는 낮고 부드러운 목소리로 말하기). 넷째, 아동의 개인적 특성을 고려하였다(즉 아동의 개에 대한 공포의 특성과 정도, 개로 인한 사회적 침범을 수용하고 인내할 수 있는 정도, 활동을 실시하는 동안 집중을 유지할 수 있는 능력)(p. 75).

집단 수준의 분석 결과, 치료 단계에서 개의 존재는 부정적인 사회적 행동의 빈도를 낮추고 사회적 · 언어적 및 사회적 · 비언어적 행동을 증진시키며, 호혜적 상호작용을 높이는 것으로 나타났다. 두 번째 치료 단계에서 높은 점수를 보였는데, 이는 아동과 개의 상호작용의 향상이 아동에게 더 큰 이점으로 작용한다는 것을 의미한다. 연구 설계상 치료사와 개에 대한 행동을 구분하여 측정하였는데, 아동은 개와의 상호작용을 치료사에게로 전이하는 것으로 나타났다.

개인 수준의 분석 결과 개 매개 치료의 효과는 참여하는 아동의 특성에 따라 다른 것으로 나타났다(Isaacs, 1989). 이러한 결과는 다른 연구자들이 제안한 바와 유사한데(예 : Colţea, 2011; Serpell, 2009), 동물 매개 치료에서 아동의 개인적 특성(즉 성격, 연령, 개의 행동에 대한 선행 지식)을 고려하는 것의 중요성을 강조한다.

Sam, Fortney, Willenbring(2006)은 7~13세 연령 범위에 속하는 22명의 자폐스펙트럼장애 아동을 대상으로 언어와 사회적 상호작용 기술의 발달에 개가 미치는 영향을 연구하였다. 아동은 두 조건에 참여하였는데, 각각 작업치료 회기 또는 여러 종류의 동물(즉 라마, 개, 토끼)과 함께하는 회기에 참여했다. 연구자들은 동물의 존재가 더 나은 언어 및 사회적 상호작용 기술을 촉진한다는 결론에 이르렀다. 연구자들은 동물의 비판단적 태도가 아동의 언어 사용을 촉진하고 사회적 상호작용을 향상시킨다고 제안하였다.

자폐스펙트럼장애 아동의 사회적 상호작용과 관련하여 Solomon(2010)은 치료견의 강력한 영향력에 대한 근거를 제시하였다. Solomon은 자폐스펙트럼장애를 가진 9세 아동과 4세 쌍둥이 여동생, 그리고 치료견들과 그 개 조련사 간의 즉흥적인 상호작용을 관찰했다. 관찰 결과 개는 자폐스펙트럼장애 아동이 조련사 및 여동생들과의 대화에 참여하는 데 긍정적인 도움을 제공하는 것으로 나타났다. 개와 상호작용하는 동안 자폐스펙트럼장애 아동에게 몇 가지 지시를 가르치고 이후 여동생들에게 배운 것을 설명하게 했다. 또한 공원에서 '짖어!'라는 지시에 대해 다른 아동에게 설명하도록 했다. 자폐스펙트럼장애 아동은 개가 지시를 따르도록 하는 데 어려움을 겪고 있는 다른 아동을 관찰하고는 자발적으로 특별한 촉진 없이 그 아동에게 정보를 제공하기도 했다. 적어도 이 사례의 경우에서 개는 사회적 촉진자로서 작용한다는 것을 보여주며, 더욱 중요한 점은 개와의 상호작용 기술이 다른 사람들과의 사회적 상호작용으로 전이될 수 있다는 것을 보여준다.

요약하면 선행 연구를 검토한 결과 다음과 같은 결론이 도출될 수 있다. 첫째, 반려견의 존재는 자폐스펙트럼장애 아동에게 이점으로 작용하는 것으로 보인다. 그러나 이 장애는 스펙트럼으로 존재하기 때문에 결과를 일반화하는 데는 주의가 요구된다. 둘째, 개의 존재는 다른 동물에게 쉽게 접근할 수 없는 사회적 환경에서 가장 큰 이점을 갖는다. 이러한 측면과 관련하여 CAPT 치료사는 개입은 일반적으로 실내에서 진행되지만, 사회적 상황에서 치료견이 갖는 이점은 다양한 환경에서 사회적 촉진자로서 작용하거나 불안 수준을 낮추는 것과 같이 아동에게 다른 효과를 가질 수 있다는 것을 숙지하고 있어야한다. 마지막으로 긍정적 효과는 개와의 상호작용이 인간과의 상호작용으로 일반화될 수 있다는 것이다. 이는 비언어적이고 털로 뒤덮혀 있으며 주의를 사로잡는 치료견이 자폐스펙트럼장애 아동의 사회적 통합 과정에서 중요한 역할을 할 수 있다는 것을 시사한다.

자폐 아동에게 적용할 수 있는 특수 개입

이 장의 저자들은 자폐스펙트럼장애 아동에 대한 개입에 다소 다른 방식으로 개를 관여시킨다. VanFleet는 CAPT 영역의 개발에 주력하면서 자폐스펙트럼장애 아동을 대상으로 여러 특수한 기법을 적용해왔다. 이러한 특수한 기법에 대해서는 앞에서 언급하였으며, 여러 출처를 통해 확인 가능하다(VanFleet, 2008). 이 기법에는 (1) 아동이 놀이치료견과 안전하게 상호작용하는 방법을 배울 수 있도록 돕기, (2) 비지시적 놀이치료를 통해 아동이 개에게 놀이 역할을 부여할 수 있도록 돕고 개를 매개로 하여 아동의 감정과 의도를 반영해주기, (3) 개 훈련시키기, 개에게 새로운 기술을 가르치기, 개와의 공놀이 혹은 안전한 줄다리기 놀이, 어질리티 훈련, 아동에게 특별한 의상을 입히고 개에게 두건을 씌워 사회적 시나리오에 따라 연기해보도록 하기와 같은 다양한 지시적 놀이치료 개입 적용하기 등이 포함된다. 방법론적 측면에 있어 사회적 및 언어적 기능과 관련된 영역에 적용할 수 있는 다양한 방법이 있으며, 사례 연구에 이에 대한 설명이 제시되어 있다.

공동 저자인 Colţea는 자폐스펙트럼장애 아동을 위한 독특한 집단 프로그램을 개발했다. 이 프로그램은 전형적으로 발달하는 아동에 대한 반려견의 효과에 대한 선행 연구들(예 : Melson, 2003)뿐 아니라 자폐스펙트럼장애 아동에 대한 저자 본인의 기존 작업 및 연구들(즉 동물과의 상호작용과 관련된 여러 다양한 상황에서 많은 자폐스펙트럼장애 아동과 작업하고 아동을 위해 자원 봉사했던 경험), 그리고 개 훈련사로서의 경험에 기초하고 있다(1991년부터 전문적으로 다른 사람들이 개와 작업할 수 있도록 훈련하고 개를 훈련시켜왔다).

이 프로그램은 레크리에이션 프로그램이기는 하지만 적절한 기술을 가진 치료사라면 놀이치료 장면에 적용해볼 수 있다. 프로그램은 반려견과의 관계 및 또래와의 상호작용을 향상시키기 위해 고안되었으며, 1시간씩 매주 진행된다. 자폐스펙트럼장애로 진단받은 아동만이 이 프로그램에 참여할 수 있으며, 반려견이 있어야 한다(즉 특별히 훈련받거나 치료견이 아닌 반려견). 그러나 이 프로그램이 처음 시행되었을 때 아동 중 1명은 반려견이 없어 Colțea의 반려견과 함께 참여하기도 했다. 이 아동이 개와 유대감을 형성하기 전까지는 Colțea의 신호를 통해 개와의 상호작용을 촉진하였다(그림 3.2).

첫 번째 수업은 개를 동반하지 않고 실시되었는데, 사진과 실제 시연(집단 리더의 개 중 한 마리를 이용)을 통해 개의 행동에 대해 배우고 지도하는 과정이 진행됐다. 이 수업은 아동 각각에게 충분한 관심을 기울일 수 있도록 3~4명의 아동만 참여할 수 있도록 제한을 둔다. 지금까지 9~14세 연령 범위에 속하는 아동이 참여하였으며, 증상은 상대적으로 경미한 수준이었다(즉 모든 아동은 어느 정도 언어 기술을 보유하고 있었다)(그림 3.3). 한 마리의 개가 함께하기 이전까지 아동의 사회적 기술은 관찰되지 않았다.

프로그램은 세 가지 핵심 영역으로 구성된다. (1) 개의 행동에 대해 배우기(즉 개의 의사소통 방식과 욕구), (2) 개를 보살피기(즉 빗질하기, 간식 준비하기, 물 그릇 채워주기), (3) 복종 및 어질리티 훈련과 다양한 게임(예 : 신호등 놀이, 자리 뺏기, 속도를 달리하여 걷기 — 천천히/보통/빠르게)이다.

그림 3.2 아동과 반려견 간의 정서적 연결
(Cosmin Colțea 제공, 출처 : *My Companion dog*, my companiondog.com)

그림 3.3   아동 간의 의사소통을 촉진하는 반려견
(Cosmin Colțea 제공, 출처 : *My Companion dog*, my companiondog.com)

맨 처음에는 복종 훈련에 참여하는데, '기다려'를 배우는 것에 초점을 둔다(즉 아동은 서 있는 자세로 언어적 지시나 수신호를 통해 개가 기다리도록 한다). 이러한 지시는 나중에 게임으로 통합된다. 게임을 살펴보면 신호등 놀이는 아동이 앞장서서 걷다가 개와 함께 기다리는 활동이다. 아동과 개는 아동의 대근육 운동 기술을 향상시키기 위해 앞뒤로 움직인다(목표는 사람이 지시를 하는 것이 아니라 움직이는 데 방해가 되지 않게 하는 것). 자리 뺏기 게임에서 아동은 개와 함께 원형으로 놓인 5~6개의 의자 주변을 걸어서 돈다. 아동은 집단 리더의 지시를 듣고 그에 따라 개에게 지시해야 한다. 게임에서 아동을 제외시키지는 않는다. 이 활동의 목표는 아동이 집단 리더의 지시에 집중하면서 동시에 개에게 주의를 기울이게 하는 것이다. 개의 훈련 수준이나 개의 행동에 대한 아동의 지식에 따라 게임의 난이도는

달라질 수 있다(예 : 아동은 신호등 게임을 할 때 일렬로 움직이면서 또래에게 주의를 기울여야 한다).

또한 프로그램은 순서 바꾸기, 적절한 목소리 톤으로 말하기, 문제해결, 조직화 기술과 같은 사회적 기능 영역을 목표로 하여 진행되며, 이 과정은 아동을 프로그램 운영에 참여시키는 과정을 통해 시행될 수 있다. 예를 들어, 아동이 일부 프로그램 일정을 결정하게 한다. 아동은 적용할 수 있는 훈련에 대해 논의하고 동의해야 한다. 비언어적인 자폐스펙트럼장애 아동에게는 가능하지 않은데, 이 경우에는 보다 독립적인 사고와 사회적 상호작용이 요구되는 어려운 과제를 해결하게 한다.

이 프로그램은 2011년 본격적인 연구 과정을 시작하기에 앞서 성공적으로 예비 연구를 마쳤다. 예비 연구 과정에서의 저자의 관찰과 부모 보고는 집단 프로그램이 아동에게 많은 긍정적 효과를 갖는다는 것을 보여주었다. 첫째, 개에 대한 아동의 인식이 향상되었다(예 : 다른 아동과 이야기하는 동안 더 이상 개를 이리저리 끌고 다니지 않게 되었다). 또한 아동들 간의 사회적 상호작용 역시 보다 풍부해졌다. 상호작용의 증진은 함께 보내는 시간이 많아진 것에 기인한 것이기도 하다(즉 더 많은 대화를 나누고 서로의 관심사에 대해 알게 되었으며 개인적 이야기를 공유하게 되었다). 두 번째로, 집단 리더(공동 저자인 Colțea)와의 눈맞춤이 향상되었는데, 이는 아마도 개가 아동 자신에게 집중하고 있는지를 확인하기 위해 개와 눈맞춤을 했기 때문으로 추정할 수 있다. 아동의 자세에서도 향상이 있었다. 아동은 개와 의사소통할 때 다양한 자세를 취해야 했기 때문이다. 세 번째로 아동에 대한 개의 반응도 향상되었다. 개는 아동의 지시에 보다 빠르게 반응했다.

저자의 관찰 이외에도 부모와의 의사소통을 통해 이 프로그램이 아동에게 긍정적인 영향을 미쳤다는 것을 확인할 수 있었다. 한 아버지는 아들이 동물이 참여하지 않는 다른 프로그램에 비해 이 프로그램을 더 좋아한다고 언급했다. "모든 프로그램 중에서 아들은 이 프로그램을 가장 좋아합니다. 아들이 선생님에게 여러 차례 이메일을 보낸 것으로 알고 있습니다. 아들은 프로그램에 관해 마치 '영웅담'처럼 이야기를 하고, 매번 프로그램을 고대하며 기다립니다."

프로그램이 진행되는 동안 형성된 아동과 개의 상호작용은 집에서의 상호작용으로 전이되는 것으로 보인다. 한 부모는 "이번 주에 아들이 피도를 데리고 나가도 되는지 여러 차례 물어봤어요. 아들은 피도와 적절하게 이야기를 나누고 있습니다. 때로는 잠시 뒤로 물러서서 자신의 태도와 함께 개가 어떻게 반응하는지를 생각해보도록 하기 위해 촉진이나 단서가 필요할 때가 있습니다. 그렇지만 아들은 개와 함께 무엇을 해야 하는지에 관해 많은 것을 알게 됐고, 이는 상당히 놀랍습니다." 또 다른 부모는 자폐스펙트럼장애 아동을 위해 개를 분양받았지만 개가 아동보다는 부모와 더 깊은 유대를 형성한 것에 대해 다소 실망하고 있었다고 했다. "이 수업은 우리가 아동에게서 향상시키고자 했던 부분에 많은 도움이 되었습니다. 아이가 개를 수업에 데리고 다니면서 개와 더 깊은 유대를 형성하고 됐고, 나와 아이 엄마 없이도 오직 피도와 아이 둘이서도 잘할 수 있게 되었습니다."

사례 연구

여기에서는 3개의 사례 연구를 제시한다. 첫 번째는 이 장의 공동 저자인 Colţea가 아동의 반려견을 참여시켜 가정에서 개별적 개입을 실시한 사례이며, 두 번째 사례는 자폐스펙트럼장애 아동을 위한 집단 프로그램에 참여한 한 아동에 관한 것이다. 세 번째는 역시 이 장의 공동 저자인 VanFleet이 치료견을 참여시켜 시행한 놀이치료 사례이다. 세 사례 모두 아동과 가족의 개인 정보 및 신상 보호를 위해 인적 사항은 재구성하였다.

제레미

제레미는 자폐스펙트럼장애 진단을 받은 아동으로, 9세가 되었을 때 동물 매개 치료를 시작했다. 제레미는 보조교사의 도움을 받으며 학교를 다니고 있었다. 언어 기술은 좋은 편이었으나 부모는 사회적 기술(즉 타인을 쳐다보지 않으며 상호작용하지 않는다)과 경직되고 제한된 음식 선택(즉 특정 패스트푸드에 대한 선호)에 대해 우려하고 있었다. 라포 형성에 초점을 두고 진행되는 첫 회기에서 제레미는 두 마리의 반려견에 대해 이야기를 했다(작은 이종교배종 두 마리로, 각각 대략 7kg 정도 나간다. 개의 나이는 각각 6세와 8세이다). 제레미는 집 안에서는 개와 상호작용했지만(즉 개를 쓰다듬어주거나 함께 놀이하기), 실외에서는 개와 상호작용하지 않았는데, 이는 부분적으로는 부모가 개를 산책시키지 않는 것에 원인이 있었다. 처음에는 제레미와 개가 함께 집 안에서만 놀다가 뒤뜰로 영역을 확장했다. 점차 개를 데리고 집 근처 공원까지 산책을 나갈 수 있게 되었고, 그곳에서 다양한 복종 훈련을 연습해볼 수 있게 되었다. 훈련 과정을 통해 제레미의 발음이 좋아졌고, 자기 확신 역시 향상되었다. 또한 활기 넘치는 태도를 보아 개 역시 훈련을 좋아하는 것처럼 보였다.

　몇 회기가 지난 후, 제레미는 보다 자신감을 갖고 개와 함께 산책할 수 있게 되었으며, 공원에서 개와 함께 달리는 것에 즐거움을 느끼기 시작했다. 다른 사람들을 만날 수 있도록 사람들로 붐비는 시간 동안에 산책을 했다. 몇 회기에 걸쳐 사람들과 상호작용하는 것에 대한 시범을 보였고(예 : 근처에 개를 데리고 나온 사람과 개에 대해 이야기 나누기), 제레미의 개에 대한 흥미를 높일 수 있는 게임을 지속적으로 소개했다(예 : 썰매 타기를 좋아하는 개와 함께 썰매 타기). 점차 제레미는 개의 이름을 묻는 사람들의 질문에 답을 하기 시작했고, 개의 독특한 놀이 활동(예 : 썰매 타기)에 대해 언급하며 대화를 이어나갈 수 있게 되었다. 초기 단계에서 제레미는 다른 사람을 쳐다보거나 바라보며 말을 하지 않았고, 단지 반응을 '던지는 것' 같았다. '쳐다보기 게임'은 나는 물론 타인과의 눈맞춤에 많은 도움이 되었다. 비언어적 의사소통만 가능하면 쳐다보기 게임을 할 수 있다. 제레미에게 개를 향해 지시를 할 때 개가 집중하도록 하는 것이 중요하며, 눈맞춤은 개가 집중하고 있다는 것을 나타낸다고 설명해주었다. 개와 쳐다보기 게임을 하기에 앞서 제레미는 나와 함께 눈맞춤 연습을 했다. 대략 5개월 동안 나와 제레미 그리고 두 마리의 개와 함께 시간을 보낸 후, 제레미는 개에 대한 행인의 질문에 일관되게 대답을 하고 다른 사람을 쳐다보며 이야기를 나눌 수 있게 되었다.

제레미의 섭식 습관과 관련해서는 메뉴를 다양화하기 위해 두 가지 방법을 적용했다. 우선 제레미와 함께 개를 위한 다양한 음식 메뉴에 대해 이야기를 나눴다(프로그램의 일부로서, 부모로 하여금 개에게 다양한 건조식품과 야채를 먹이도록 권장했다). 다양한 음식은 개의 스피드 및 무한 에너지와 관련이 있다고 설명해주었고, 이는 제레미도 바라는 바였다. 두 번째 방법은 개와 함께 장시간 산책을 한 후 전략적으로 제레미가 좋아하지 않는 음식을 판매하는 업소 근처에서 산책을 멈추는 것이었다. 점차 개의 섭식 습관에 대한 모델링과 특정 음식 업소에 근접해가는 것이 결합되면서 제레미의 제한된 섭식 습관이 확장되고 다양한 음식을 먹을 수 있게 되었다. 그러나 부모는 회기가 진행되는 동안에는 제레미가 다양한 음식을 먹었지만, 부모와 함께 있을 때는 여전히 한정된 음식만을 먹는다고 보고했다.

마르셀

마르셀은 집단 수업에 참여하는 아동 중 1명이었다. 마르셀은 10세이고, 개는 6개월이었다. 처음 몇 시간 동안 마르셀은 개를 방치한 채 루빅큐브에만 집중했다. 부모는 마르셀이 어디를 가든 이 큐브를 항상 소지한다고 보고했었다. 마르셀은 모든 활동에 참여하기는 했지만 관심은 오직 루빅큐브를 향해 있었다(즉 대부분의 시간 동안 개에게 집중하는 대신 큐브를 가지고 놀았다). 개와 상호작용하는 경우에도 역시 초점은 불분명했다. 개와 함께 달리는 것은 좋아했지만 개에게 보상을 주는 방법이나 필요한 경우 개를 진정시키는 방법은 모르고 있었다.

수업의 목표 중 하나는 루빅큐브를 치우고 마르셀이 개에게 집중하게 하는 것이었다. 루빅큐브의 사용을 줄이기 위한 한 가지 전략은 마르셀과 다른 아동들이 경사로를 오르는 연습을 하게 하는 것이었다. 이 훈련이 진행되는 동안에는 개를 쓰다듬어주거나 간식을 먹이는 등 개에게 잦은 빈도로 보상을 제공해야 한다. 개에게 보상을 준다는 것은 마르셀의 양손은 무엇인가 다른 것을 쥐고 있어야 하며, 개에게 집중해야 한다는 것을 의미한다. 또한 경사로 오르기 훈련은 매우 **빠른** 속도로 오르는 것부터 천천히 오르는 것까지 다양한 속도로 실시된다.

마르셀이 루빅큐브를 단념할 수 있도록 게임과 활동 중심의 다른 전략 역시 적용되었다. 경사로 오르기 훈련을 하는 동안 안내판을 잘 들고 있는 것과 같은 활동은 마르셀이 루빅큐브가 아닌 또래나 개에게 집중하게 만들었다. 또한 어질리티 훈련 역시 마르셀이 루빅큐브를 할 수 있는 시간을 줄일 수 있었다. 마르셀이 수업 이외의 시간에도 마침내 루빅큐브를 멀리할 수 있게 된 데는 다른 요인의 영향도 있었다. 수업 중에 마르셀이 실수로 루빅큐브를 떨어뜨렸고 개가 깨진 큐브 조각을 잡아챘던 사건이 있었다. 개가 잘못된 것을 삼켰을 때의 결과에 대해 이야기를 나눈 후 마르셀은 개를 쓰다듬기 시작했다.

이후 회기가 진행되는 동안 마르셀은 개에게 집중할 수 있었고, 더 이상 수업에 큐브를 가져오지 않게 되었다. 마르셀이 수업에 자신이 좋아하는 큐브를 가져오지 않게 만든 원인이 무엇인지 확실하지는 않지만, 나는 마르셀의 개에 대한 정서적 애착과 개가 다치지 않게끔 보호하고 싶은 마음이 이를 가능하게 했으리라고 믿는다. 부모 역시 마르셀이 이전에 비해 개에 대해 정서적으로 보다 열린 마음을 갖게 되었으며 마르셀이 다른 존재를 보살필 수 있다는 것을 스스로 보여주었다고 보고했다.

메이시

메이시는 9세 여아로, 고기능 자폐스펙트럼장애, 외상후 스트레스장애, 주의력결핍 과잉행동장애 진단을 받았다. 엄마의 약물 중독과 아버지의 부재로 인해, 메이시는 4세가 되었을 때 작은 아버지 집으로 입양되어 양육되었다. 메이시는 외상 및 학교와 집에서의 악화되는 행동 문제로 놀이치료를 받아왔다. 분노와 공포 감정을 다룰 수 없었으며, 이러한 감정을 경험하게 되면 극도로 파괴적이고 동요된 상태를 보였다.

놀이치료와 양부모와의 관계 증진을 위한 부모놀이치료를 통해 메이시에게 많은 진전이 있었다. 파괴적 행동은 완화되었지만, 메이시는 여전히 자신의 감정과 사회적 관계의 문제로 고통을 겪고 있었다. 실제 친구를 전혀 사귀지 못했고, 자신의 감정에 대해 이야기를 할 수 없었으며, 좌절에 대한 인내력도 낮았다. 메이시는 거의 말을 하지 않았고 눈맞춤을 하지 못했으며, 빈약한 사회적 기술과 청각적 정보에 대한 주의집중 문제를 갖고 있었다.

메이시는 자신이 동물을 사랑하고 사람보다는 동물을 친구로서 더 좋아한다는 것을 인정했다. 메이시는 주 치료사의 사무실에 있는 개에게 끌렸으며, 개를 쓰다듬고 개와 함께 바닥에 누워 있는 것을 좋아했다. 그 개의 이름은 헨리로, 구조된 래브라도두들 종이었다. 메이시는 이 장의 첫 번째 저자(VanFleet)의 사무실에서 치료를 받고 있었기 때문에, 이미 받고 있는 치료에 CAPT를 추가하기로 했다. 메이시는 이미 헨리와 관계를 형성하고 있었기 때문에 헨리와 함께 CAPT를 실시하고, 연속성을 경험할 수 있게 하기 위해 주 놀이치료사 역시 회기에 참여하기로 했다. 시간이 지난 후 나는 메이시에게 나의 놀이치료 개 두 마리를 소개했다.

헨리를 선택한 것은 잘한 결정이었는데 헨리 역시 메이시와 비슷한 어려움을 겪고 있었기 때문이다. 사회성이 매우 좋은 개이기는 했지만, 이 사람 저 사람에게로 주의가 쉽게 분산되었으며 음식을 주거나 배를 쓰다듬어주지 않는 한, 사람에 대한 관심을 오래 유지하지 못했다. 성격은 차분한 편이었고 사무실에서는 낮은 에너지 수준을 보였기 때문에 안전하고 편안한 개로 비춰졌다.

메이시에 대한 CAPT의 목표는 집중력 및 감정의 인식과 표현력을 향상시키고 자신감을 발달시키며 사회성 및 의사소통 능력을 증진시키는 것이었다. 메이시가 헨리에게 신체적으로 침범적인 행동을 할 때가 있었다. 그러면 헨리는 메이시로부터 달아나거나 혹은 과도하게 흥분했다. CAPT를 통해 헨리의 공간과 몸을 존중하는 관계를 형성할 수 있는 방법을 보여주고자 했다.

메이시 : 초기 CAPT 회기 헨리와의 초기 세 회기 동안 메이시는 거의 아무 말도 하지 않았다. 메이시는 지시 따르기를 어려워했고 장난감으로 인해 산만해졌다. 초기 회기에서는 간단한 개 훈련 활동을 실시하여 메이시와 헨리가 주의를 유지할 수 있도록 했다. 메이시와 헨리 모두에게서 긍정적인 효과가 있었는데, 이에 대해 간단히 기술하고자 한다.

우선 나는 메이시에게 클리커(clicker) 훈련을 실시하여 개에게 간식을 주기 전에 딸깍 소리가 나는 작은 기기를 사용하게 했다(조건화된 강화). 딸깍 소리가 나는 것은 개에게 좋은 행동을 했다는 메시지를 전달한다. 또한 개와의 상호작용을 보다 구체화시키며, 아동이 개의 행동에 집중하는 데 도움을 준다(아동은 기기의 버튼을 누르기 위해 개의 행동을 주시해야 한다). 메이시는 이 활동을 좋아했고, 기기 사용에 쉽게 익숙해졌다. 메이시는 말을 하는 것 대신 기기를 통해 헨리와 의사소통하는 것을 선택했다. 그다음에 진행된 눈맞춤하기 게임에서는 헨리가 메이시와 눈맞춤을 할 때마다 메이시는 헨리에게 간식을 주었다. 곧 헨리와 메이시는 서로 규칙적으로 눈맞춤을 할 수 있게 되었다. 나는 메이시에게 도움이 될 수 있는 조언과 함께 칭찬과 격려를 해주었다.

세 번째 회기에서 메이시는 헨리에게 새로운 기술을 가르치고 있었는데, 실수로 장난감을 던져 헨리의 배를 맞출 뻔한 상황이 발생했다. 내가 웃자 메이시 역시 키득거리며 웃음을 터뜨렸다. 나와 메이시의 주 치료사가 처음으로 메이시의 웃음을 본 순간이었다. 잠시 동안 모두 함께 웃음을 나눈 후(유의미한 사회적 연결) 다시 개를 향해 주의를 집중했다. 세 번째 회기는 숨바꼭질 놀이로 끝이 났다. 메이시가 숨고 헨리가 술래였는데, 메이시를 발견하면 헨리에게 간식을 줬다. 메이시에게 이 게임을 다시 하고 싶은지 물으면, 메이시는 매번 고개를 끄덕이며 새로운 장소를 찾아 숨었다.

언어적 단서를 사용하는 것을 제안했지만 메이시는 거절했고, 나는 메이시의 결정을 수용했다. 메이시에게 압박을 가해서는 우리가 원하는 결과를 얻을 수 없었다.

메이시 : 중기 CAPT 회기　네다섯 번째 회기에서 메이시는 많은 진전을 보였다. 보다 자신감 있게 치료실에 들어올 수 있었고, 클리커를 사용했으며 간식을 준비했다. 메이시는 헨리에게 원을 그리며 도는 기술을 가르쳤다. 헨리가 성공할 때마다 메이시는 웃음을 보였다. 메이시는 나와 주 치료사(회기를 관찰 중인)를 흘낏 쳐다보며 여러 차례 살짝 웃음을 지어보였다. 메이시는 치료사들에게 작지만 부드러운 목소리로 헨리의 행동에 대해 말하기도 했다.

다섯 번째 회기에서 메이시는 보다 자주 활짝 웃곤 했다. 메이시는 헨리의 익살스러운 행동에 즐거워했는데, 보다 중요한 것은 나와의 눈맞춤 빈도였다. 메이시는 손짓이나 휘파람을 사용하여 헨리가 새로운 기술을 보이도록 촉진하고 난 후에는 나를 쳐다보며 미소를 짓고 다시 헨리에게 집중했다. 나를 쳐다보고 웃음을 짓는 것은 헨리와 이러한 놀이를 하는 것이 즐겁다는 메시지일 뿐 아니라 공유된 의미를 전달하는 것처럼 보였다. 즉 메이시는 활동을 하면서 경험하는 기쁨을 나와 공유하고 있었다(아이가 귀여운 행동을 했을 때 부모가 서로 눈을 맞추며 웃음을 짓는 것과 유사하다). 이것은 분명 새로운 행동이었으며, 헨리와 함께 작업함으로써 사회적 윤활 효과가 작동하고 있다는 것을 분명히 드러내는 것이었다. 이와 같이 사회적으로 함께하고 있다는 것을 의미하는 상호 응시의 빈도와 지속 시간은 회기가 진행되면서 꾸준한 향상을 보였다.

이 회기에서 나는 메이시와 헨리에게 개 퍼즐 게임을 소개했다. 메이시에게 게임의 방법에 대해 알려주기보다 최소한의 지시를 통해 메이시가 원하는 방식으로 헨리를 가르치도록 했다. 헨리는 이 회기에서 상당히 산만한 편이었고, 따라서 메이시는 헨리를 집중하게 해서 퍼즐에 간식이 숨겨져 있다는 것을 보여줘야 했다. 메이시는 몇 가지 전략을 시도했고, 나는 메이시의 인내심과 문제해결 기술을 강화할 수 있었다. 나는 메이시에게 헨리가 어떤 기분일지에 대해 물었고, 메이시는 좌절과 지루함을 구분할 수 있었다. 나는 메이시가 감정을 인식한 것을 다시 한 번 강화해주었다. 마침내 메이시는 헨리가 퍼즐에 집중할 수 있도록 도와 문제해결 방법에 대한 힌트를 제공할 수 있었다. 이 20분가량의 시간 동안 메이시는 과제에 완전히 참여하여 온전히 집중하였으며, 대부분의 사람들이 할 수 있는 것 이상의 인내심을 보였다! 헨리가 성공하자 메이시는 활짝 웃었고, 헨리가 무엇을 하고 있었는지 잊은 채 산만해졌을 때는 조용히 기다렸다. 치료적 관점에서 메이시는 유의미한 진전과 자신이 하고 있는 것에 대한 관심을 보여주었다. 메이시는 헨리의 (그리고 자신의) 성공에 기뻐했으며, 퍼즐 게임을 부모에게 보여줘도 되는지 물었다.

메이시 : 후기 CAPT 회기 이 시간 이후로 메이시에게 많은 진전이 있었다. 헨리의 감정을 구분하는 능력에 상당한 향상을 보였고, 나의 지시나 촉진도 주의 깊게 경청했다. 메이시는 자발적으로 그리고 좀 더 빈번하게 말을 하기 시작했다. 메이시의 주 관심은 헨리와 함께하는 작업에 있었지만, 다른 사람과 상호작용할 때 경험하는 자의식과 불편감이 점차 감소하는 것처럼 보였다.

여덟 번 째 회기에서는 메이시가 헨리에게 가르친 기술을 보여줄 수 있는 DVD를 제작했고, 주 치료사의 도움을 받아 가족 회기 동안 가족 구성원 몇몇과 이 DVD를 공유하기로 결정했다. 세부사항에 대해서는 함께 작업했기 때문에 메이시에게 많은 이야기를 해야 한다는 압박은 없었다. 메이시는 단순히 DVD를 보여주기만 하면 되는 것이었고, 나는 DVD를 편집해서 '치료'의 의미가 드러나지 않도록 했다.

CAPT 전 과정을 통해 나는 다음과 같은 메시지를 전달하고자 노력했다. "무언가에 계속 집중하는 것이 어려운 순간들이 있어. 이것 봐, 헨리 역시 노력하고 있지만, 잘 못할 때가 있잖아. 헨리는 좌절했지만 우리의 도움으로 한 단계 더 앞으로 나아갈 수 있게 됐어. 가끔 매우 어려운 문제들이 발생하지만 헨리는 그 문제들을 해결하기 위해 다른 방법을 시도해보지. 그렇지만 헨리는 첫 번에 성공하지는 못해." 나는 이러한 교훈을 메이시에게 '가르치고자' 하지 않았는데, 이 과정 자체를 너무 인지적인 것으로 만들어버릴 수 있기 때문이었다. 메이시는 개와 함께하는 경험을 통해 보다 많을 것을 흡수하고 있었다.

후기 회기 동안 메이시는 나의 개들과 작업을 시작했으며, 메이시는 이 개들에게도 새로운 기술을 가르칠 수 있었다. 새로운 개들은 헨리와 똑같은 방식으로 반응하지 않았기 때문에 메이시에게는 융통성이 필요했다. 메이시는 이 개들에게도 집중과 인내심, 그리고 보살핌을 보여주었다.

키리와 함께 진행된 두 회기에서 메이시는 눈에 띄는 변화를 보였다. 키리는 보더콜리 종의 놀이치료견으로, 활기가 넘치며 학습 속도가 빠르고 신체 게임을 좋아했다. 나는 어질리티 훈련에 사용되는 것과 비슷한 3m 길이의 접이식 터널을 가져갔다. 메이시는 키리에게 터널을 통과하는 것을 가르쳤고, 키리에게 간식을 주기 위해 터널 끝까지 달려갔다. 키리는 터널 끝에 도착하여 간식을 얻기 위해 터널 밖으로 고개를 불쑥 내밀었다. 이 광경에 메이시는 웃음을 터뜨렸고, 이를 지켜보고 있던 2명의 치료사 역시 함께 웃었다. 잠시 후 메이시는 스스로 터널을 통과하기 시작했고 키리는 메이시를 뒤따랐다. 메이시는 키리보다 앞서고자 했다. 키리는 터널 밖으로 나와 메이시의 얼굴을 핥기 시작했다. 이전에 메이시는 키리가 핥는 것에 부정적인 반응을 보였지만, 지금은 더 큰 소리로 웃기 시작했다. 메이시는 분명 즐기고 있었다. 이 회기가 끝날 때쯤 나는 메이시에게 다음 회기에서 함께 놀고 싶은 개를 선택하게 했다. 메이시는 키리를 선택했다.

다음 회기에서 메이시는 치료실에 들어오자마자 학교와 학교에서 했던 스포츠 게임, 그리고 개에 대해 매우 수다스럽게 이야기했다. 나는 물론 메이시의 치료사 역시 메이시가 이렇게 말을 많이 하는 것을 본 적이 없었다. 이 회기에서는 키리와 터널 놀이를 더 많이 했고, '경주'를 하기도 했다. 메이시는 키리를 '놀리는 방법'을 생각해내어 터널에서 키리보다 먼저 출발하기도 했다. 이 모든 놀이를 하는 동안 메이시는 큰 소리로 웃었으며 개뿐 아니라 우리와도 온전히 함께하고 있었다. 키리는 숨바꼭질 놀이 전문가였기 때문에 이 놀이를 제안했다. 메이시도 숨바꼭질 놀이에 많은 관심을 보였는데 메이시의 애착 욕구에 부합되기 때문이었다. 메이시는 여러 장소에 숨었고, 키리가 자신을 찾아낼 때마다 즐거워했다. 40분이 지난 후 나는 키리를 사무실로 데려갔고, 주 치료사가 놀이 회기를 진행하는 동안 메이시의 양부모를 만나 그간의 진전에 대해 이야기를 나누었다.

메이시의 양부는 키리와의 회기가 시작되기 전 대기실에서 메이시가 처음으로 자신에게 먼저 말을 걸어 대화를 시작했다고 말했다. 양부는 매우 기뻐했다. 또한 양부모는 새롭게 발견한 자신감이 가정과 학교로까지 확장되어 이제 정서적 혹은 행동적 폭발을 거의 보이지 않는다고 보고했다. 언어적 의사소통 역시 점차 좋아지고 있었다.

이야기를 나누는 동안 메이시와 치료사가 놀이실에서 나왔고, 메이시는 나에게 다가와 '깜짝 놀랄 만한 것'을 보여주겠다고 했다. 이렇게 사회적 상호작용을 먼저 시작하는 것은 양부모는 물론 치료사도 지금까지 한 번도 본 적이 없었다. 메이시는 자신이 만든 모래상자를 보여주었다. 모래상자의 가장자리는 깔끔하게 정리된 사람들의 집이 있고 집들 사이의 공간은 모두 '마당'이었다. 마당은 동물 피겨로 가득 차 있었으며, 집의 지붕에는 새들이 앉아 있었다. 메이시는 자신의 창작물을 상당히 자랑스러워하며 보여주었으며, 동물들이 자유롭게 뛰어놀 수 있는 정말 즐거운 곳이라고 말했다! 메이시는 자신의 삶에서 동물을 관통하여 사람의 세계로 뻗어나가고 있는 것처럼 보였다.

열두 회기의 CAPT를 마친 후 나는 메이시에게 반려견을 데려와 일정 시간 동안 함께 작업해볼 것을 제안했다. 이 제안에 메이시는 기뻐했고, CAPT 과정은 부분적으로 계속 진행됐다. 일부 회기에는 부모도 함께 참여하여 CAPT 회기와 일관된 방식으로 가정에서도 개의 상호작용을 촉진할 수 있는 방법을 배웠다.

요약하면 CAPT를 통해 메이시는 마음의 문을 열 수 있게 되었다. 메이시는 기술과 자신감을 발달시킬 수 있었다. 메이시는 개와 관련된 사회적 상호작용을 공유하면서 사람들과 보다 적절하게 의사소통할 수 있게 되었다. 주 놀이치료사는 메이시가 놀이 회기 동안 보다 편안해졌고 이전에 비해 많은 변화를 이루어냈다고 보고했다. 부모 역시 가족생활에 대한 메이시의 관심이 이전에 비해 많아졌는데, 이는 특히 활동에 개를 포함시켰을 때 더욱 두드러진다고 보고했다.

내담자 기능 수준에 따른 가이드라인

자폐스펙트럼장애 아동에게 CAPT를 적용하는 것은 새롭게 출현한 영역이다. CAPT의 적용과 제한에 대해 정의를 내리기 위해서는 많은 연구와 임상적 경험이 필요하다. 자폐스펙트럼장애 아동의 상대적 강점과 약점은 스펙트럼에 걸쳐 다양하고 개별 아동에 따라 다를 수 있기 때문에 CAPT 활용에 특별한 지침 같은 것은 마련되어 있지 않다. CAPT가 모든 자폐스펙트럼장애 아동에게 적절한 것은 아니지만, 특별한 개 그리고 개와의 다양한 상호작용은 개별 아동에게 긍정적 영향을 미칠 수 있다. 자폐스펙트럼장애 아동 및 아동의 욕구에 대한 철저한 지식이 결정적이며, 뛰어난 기량과 통찰력을 갖추고 CAPT에 대한 적절한 훈련을 받은 치료사만이 아동 발달에 대한 주요 원리와 아동 임상 경험, 놀이치료, 그리고 CAPT에 근거하여 최선의 결정을 내릴 수 있을 것이다. 앞으로 진행될 연구와 경험을 통해 어떤 조건에서 CAPT를 적용해야만 치료적 개입을 촉진하고 최대의 효과를 거둘 수 있을지에 관해 밝혀지기를 희망한다.

CAPT는 모든 기능 수준의 자폐스펙트럼장애 아동에게 도움을 줄 수 있다. 개는 촉각적 자극을 제공하며, 언어나 정교한 사회적 기술을 필요로 하지 않는 살아 있는 생명체이다. 개는 애착, 의사소통, 사회적 기술, 문제해결 그리고 긍정적인 인간 관계의 많은 특성들을 은유적으로 전해준다. 개와의 상호작용은 개를 쓰다듬는 것처럼 간단할 수도 있고 새로운 기술이나 게임을 가르치는 것과 같이 복잡한 수준에서 이루어질 수도 있다. 치료사가 아동과 개와의 상호작용을 촉진할 때 치료사는 각 개별 아동의 욕구를 가장 잘 충족시킬 수 있도록 모든 상호작용과 은유를 활용할 수 있게 된다.

자폐스펙트럼장애 아동의 특별한 욕구와 증상에 CAPT를 적용하는 것이 적절하고 도움이 되는지를 확인하게 위해 몇 가지 고려해야 할 것들이다. 첫째, 가장 핵심적인 요건은 치료사는 놀이치료와 CAPT에 대해 충분한 훈련을 받아야 한다는 것이다. 우발적인 상황에 대해 개는 물론 자기 자신도 준비를 하지 않은 채로 반려견을 놀이 회기에 데려가는 것은 부적절하다. CAPT를 처음 적용할 때는 이 접근 방법을 활용하는 데 요구되는 전문적인 기술을 발달시키기 위한 슈퍼비전이 매우 중요하다.

둘째, 치료사는 긍정적인 방식으로 개를 훈련하고 조련하며 개와 관계를 맺을 수 있어야 한다. 강압이나 지배 지향적인 방식 혹은 설비를 사용하는 것은 전적으로 부적절한데, 그 이유는 이러한 방식이 개에게도 부정적인 영향을 미칠 수 있지만 이를 지켜보는 아동에게도 나쁜 모델로서 작용하기 때문이다. 개와 의사소통하고 개의 언어에 익숙해지는 것 역시 매우 중요하다. 개는 비언어적인 의사소통을 통해 자신의 정서적 상태와 스트레스 수준에 대해 상당 부분 소통할 수 있으며, 치료사는 개가 상호작용을 즐기고 있는지 확인하고 아동과 개에 대한 부정적인 영향을 예방하기 위해 회기 전후는 물론 회기가 진행되는 동안에도 지속적으로 개의 반응을 모니터링해야 한다. 개를 관여시킴으로써 얻을 수 있는 잠재적 이점을 의욕적으로 이용하는 데 있어 치료사와 연구자들은 종종 개의 욕구를 간과하게 된다. 이는 개와 아동, 그리고 치료 과정에 역효과를 가져올 수 있다. 개의 의사소통에 주의를 기울임으로써 치료사는 모두에게 최선인 경험을 만들어나갈 수 있다. 치료사는 개에게 부정적인 영향을 미치는 상황이라면 자폐스펙트럼장애 아동이 개와의 상호작용을 즐기고 있는 상황일지라도 그 상호작용을 중단시킬 수 있어야 한다. 치료사는 자신의 임상적 기술을 통해 이 역시 아동에게 해가 되지 않는 치료적인 방식으로 진행해야 한다. 개와의 의사소통이 원활해지면 치료사는 개의 반응을 예측할 수 있게 된다. 치료사는 아동의 행동에 개가 어떻게 반응할지를 알게 됨으로써 치료 과정을 더욱 잘 이끌어갈 수 있다.

셋째, 자폐스펙트럼장애 아동은 개의 본능적 반응을 촉발하거나 개를 놀래키거나 두렵게 하는 행동을 보일 수 있다. 이런 행동에는 아동의 갑작스럽고 예측 불가능한 움직임, 큰 소리로 웃거나 말하는 것, 좌절했을 때 발로 차는 것, 개를 압박하는 방식으로 얘기하는 것, 쥐어짜거나 너무 세게 만지는 것, 소리를 지르는 것, 특정 순서로 물건을 배열하려고 하는 것, 특정 감각적 자극에 대한 강한 반응, 운동 협동의 문제, 일반적인 개의 행동에 대한 과민성 등이 포함된다. 아동과 함께 작업하는 모든 개는 아동의 여러 가지 다양한 예측 불가능한 행동에 사회화되어 있어야 하며, 이는 자폐스펙트럼장애 아동과 작업하는 개에게도 역시 해당되는 요건이다. 모든 개가 이러한 작업에 적합한 기질을 갖고 있는 것은 아니기 때문에, 이에 대해 심각하게 고려해볼 필요가 있다. 개가 아동의 다양하고 예상치 못한 행동을 견뎌낼 수 있다고 하더라도 치료사는 여전히 개의 반응에 주의를 기울여야 하며 침착하고 부드러운 상호작용을 할 수 있도록 아동의 행동이나 활동을 변화시킬 수 있는 방법에 대해 잘 알고 있어야 한다. 다시 한 번 강조하지만, 개의 행동을 이해하고 아동이 위협적인 행동을 하는 상황에서 개의 행동을 신뢰성 있게 예측할 수 있기 위해서는 개의 행동적 의사소통에 대한 견고한 지식이 필수적이다.

CAPT는 자폐스펙트럼장애 아동이 경험하는 다양한 어려움을 극복하고 사회적 발달과 의사소통 능력을 촉진할 수 있다는 점에서 자폐스펙트럼장애 아동에게 도움이 되는 많은 잠재력을 갖고 있다. CAPT는 연구 및 프로그램에 대한 평가와 함께 조심스럽게 적용해야 하며, 이러한 과정을 통해 CAPT는 자폐스펙트럼장애 아동과 가족 그리고 개에게 가장 적합한 방식으로 정교화되고 확장될 수 있다. 자폐인 도우미견, 자폐스펙트럼장애 아동 가족의 반려견, 그리고 CAPT는 상호보완적인 관계에 있기 때문에, 한 영역에서 습득한 지식은 다른 영역에도 도움이 될 수 있다. 지금까지 자폐스펙트럼장애 아동의 삶에 개를 관여시키는 과정에 핵심적인 이론과 연구, 그리고 임상 실제에 대해 설명하였다. 보다 많은 놀이치료사들과 아동 임상가, 연구자들이 이 분야가 갖고 있는 엄청난 잠재력에 대해 보다 심도 깊게 탐색해나갈 수 있게 되기를 기대한다.

참고문헌

American Psychiatric Association. (APA). (2000). *Diagnostic and statistical manual of mental disorders* (4th ed., text rev.). Washington, DC: Author.

Ascione, F. R. (1992). Enhancing children's attitudes about the humane treatment of animals: Generalization to human-directed empathy. *Anthrozoös, 5*, 176–191.

Ascione, F. R., & Weber, C. V. (1996). Children's attitudes about the human treatment of animals and empathy: One year follow-up of a school-based intervention. *Anthrozoös, 9*, 188–195.

Ashby, J. S., Kottman, T., & DeGraaf, D. G. (2008). *Active interventions for kids and teens: Adding adventure and fun to counseling!* Alexandria, VA: American Counseling Association.

Beck, A. M., & Katcher, A. H. (1996). *Between pets and people: The importance of animal companionship* (rev. ed.). West Lafayette, IN: Purdue University Press.

Bratton, S. C., Ray, D., Rhine, T., & Jones, L. (2005). The efficacy of play therapy with children: A meta-analytic review of treatment outcomes. *Professional Psychology: Research and Practice, 36*(4), 376–390.

Burrows, K. E., Adams, C. L., & Spiers, J. (2008). Sentinels of safety: Service dogs ensure safety and enhance freedom and well-being for families with autistic children. *Qualitative Health Research, 18*, 1642–1649.

Celani, G. (2002). Human beings, animals and inanimate objects: What do people with autism like? *Autism, 6*(1), 93–102.

Chandler, C. K. (2005). *Animal assisted therapy in counseling.* New York: Routledge.

Clothier, S. (2002). *Bones would rain from the sky: Deepening our relationships with dogs.* New York: Grand Central Publishing.

Clow, A., Thorn, L., Evans, P., & Hucklebridge, F., (2004). The awakening cortisol response: Methodological issues and significance. *Stress, 7*(1), 29–37.

Colţea, C. G. (2008). *The effects of companion animals on families of children with autism spectrum disorders.* Unpublished honor's thesis, Carleton University, Canada.

Colţea, G. C. (2011). *Companion dogs could influence families with and without children with autism.* Unpublished master's thesis, Carleton University, Canada.

Esteves, S. W., & Stokes, T. (2008). Social effects of a dog's presence on children with disabilities. *Anthrozoös, 21*(1), 5–15.

Gonski, Y. A. (1985). The therapeutic utilization of canines in a child welfare setting. *Child and Adolescent Social Work Journal, 2*, 93–105.

Isaacs, J. M. (1998). *The effects of pet-facilitated therapy on the social and interactive behaviors of autistic children.* Unpublished master's thesis, California State University.

Jalongo, M. R. (Ed.). (2004). *The world's children and their companion animals: Developmental and educational significance of the child/pet bond.* Olney, MD: Association for Childhood Education International.

Jalongo, M. R., Astorino, T., & Bomboy, N. (2004). Canine visitors: The influence of therapy dogs on young children's learning and well-being in classrooms and hospitals. *Early Childhood Education Journal, 32*(1), 9–16.

Johnson, T. P., Garrity, T. F., & Stallons, L. (1992). Psychometric evaluation of the Lexington Attachment to Pets Scale (LAPS). *Anthrozoös, 5*, 160–175.

Kalnajs, S. (2006). *The language of dogs: Understanding canine body language and other communication signals* [DVD set]. Madison, WI: Blue Dog Training and Behavior.

Krug, D. A., Arick, J. R., & Almond, P. J. (1980). Behavior checklist for identifying severely handicapped individuals with high levels of autistic behavior. *Journal of Child Psychology and Psychiatry, 21,* 221–229.

Levinson, B. M. (1962). The dog as a "co-therapist." *Mental Hygiene, 46,* 59–65.

Levinson, B. M. (1965). Pet psychotherapy: Use of household pets in the treatment of behavior disorders in childhood. *Psychological Reports, 17,* 695–698.

Martin, F., & Farnum, J. (2002). Animal-assisted therapy for children with pervasive developmental disorders. *Western Journal of Nursing Research, 24*(6), 657–670.

McCardle, P., McCune, S., Griffin, J. A., Esposito, L., & Freund, L. S. (2011). *Animals in our lives: Human–animal interaction in family, community, & therapeutic settings.* Baltimore: Paul H. Brookes.

Melson, G. F. (2001). *Why the wild things are: Animals in the lives of children.* Cambridge, MA: Harvard University Press.

Melson, G. (2003). Child development and the human–companion animal bond. *American Behavioral Scientist, 47*(1), 31–39. doi: 10.1177/0002764203255210.

Melson, G. F., & Fine, A. H. (2006). Animals in the lives of children. In A. H. Fine (Ed.), *Animal-assisted therapy: Theoretical foundations and guidelines for practice* (2nd ed., pp. 207–226). San Diego: Academic Press.

New, J. J., Schultz, R. T., Wolf, J., Niehaus, J. L., Klin, A., German, T. G., et al. (2009). The scope of social attention deficits in autism: Prioritized orienting to people and animals in static natural scenes. *Neuropshychologia, 48,* 51–59.

Nimer, J., & Lundahl, B. (2007). Animal-assisted therapy: A meta-analysis. *Anthrozoös 20*(3), 225–238. doi:10.2752/089279307X224773.

Odendall, J. S. J. (2000). Animal-assisted therapy: Magic or medicine. *Journal of Psychosomatic Research, 49*(4), 275–280.

Olmert, M. D. (2009). *Made for each other: The biology of the human-animal bond.* Cambridge, MA: Da Capo Press.

Parish-Plass, N. (2008). Animal-assisted therapy with children suffering from insecure attachment due to abuse and neglect: A method to lower the risk of intergenerational transmission of abuse? *Clinical Child Psychology and Psychiatry, 13*(1), 7–30.

Pelar, C. (2007). *Living with kids and dogs... Without losing your mind.* Woodbridge, VA: C&R Publishing.

Pelar, C. (2009). *Kids and dogs: A professional's guide to helping families.* Woodbridge, VA: DreamDog Productions.

Pavlides, M. (2008). *Animal-assisted interventions for individuals with autism.* London: Jessica Kingsley Publishers.

Podberscek, A. L., Paul, E. S., & Serpell, J. (Eds.). (2000). *Companion animals and us: Exploring the relationships between people and pets.* Cambridge, England: Cambridge University Press.

Prothmann, A., Ettrich, C., & Prothmann, S. (2009). Preference for, and responsiveness to, people, dogs and objects in children with autism. *Anthrozoös, 22*(2), 161–171.

Redefer, L. A., & Goodman, J. F. (1989). Brief report: Pet-facilitated therapy with autistic children. *Journal of Autism & Developmental Disorders, 19*(3), 461–467.

Sams, M. J., Fortney, E. V., & Willenbring, S. (2006). Occupational therapy incorporating animals for children with Autism: A pilot investigation. *American Occupational Therapy Association, 60,* 268–274.

Schopler, E., Reicher, R. J., & Renner, B. R. (1990). *Individualized assessment and treatment for autistic and developmentally disabled children. Vol. 1: Psychoeducational Profile revised.* Austin, TX: Pro-ed.

Serpell, J. (2009). Having our dogs and eating them too: Why animals are a social issue. *Journal of Social Issues, 65*(3), 633–644.

Smyth, C., & Slevin, E. (2010). Experiences of family life with an autism assistance dog. *Learning Disability Practice, 13*(4), 12–18.

Solomon, O. (2010). What a dog can do: Children with autism and therapy dogs in social interaction. *Ethos, 38*(1), 143–166.

Sullivan-Moricca, K. (1980/1981). Autistic children: A theoretical and practical approach toward the psychological maturation of object relations (California School of Professional Psychology). *Dissertation Abstracts International, 41,* 1903B-3904B.

Thompson, M. J. (2009). Animal-assisted play therapy: Canines as co-therapists. In G. R. Walz, J. C. Bleuer, & R. K. Yep (Eds.), *Compelling counseling interventions: VISTAS 2009* (pp. 199–209). Alexandria, VA: American Counseling Association.

Trotter, K. S., Chandler, C. K., Goodwin-Bond, D., & Casey, J. (2008). A comparative study of the efficacy of group equine assisted counseling with at-risk children and adolescents. *Journal of Creativity in Mental Health, 3*(3), 254–284.

VanFleet, R. (2004). *Pets in play therapy: A training manual.* Boiling Springs, PA: Play Therapy Press.

VanFleet, R. (2006a). *Group play therapy techniques: Training manual.* Boiling Springs, PA: Play Therapy Press.

VanFleet, R. (2006b). *Child-centered play therapy* [DVD set]. Boiling Springs, PA: Play Therapy Press.

VanFleet, R. (2007). *Preliminary results from the ongoing pet play therapy study.* Boiling Springs, PA: Play Therapy Press. Full report available at http://play-therapy.com/playfulpooch/pets_study.html

VanFleet, R. (2008). *Play therapy with kids & canines: Benefits for children's developmental and psychosocial health.* Sarasota, FL: Professional Resource Press.

VanFleet, R. (2009). *Canine assisted play therapy: Theory, research, and practice training manual.* Boiling Springs, PA: Play Therapy Press.

VanFleet, R. (2011). *Practice guidelines and credentialing in animal assisted play therapy.* Unpublished document.

VanFleet, R., & Faa-Thompson, T. (2010). The case for using animal assisted play therapy. *British Journal of Play Therapy, 6,* 4–18.

VanFleet, R., Sywulak, A. E., & Sniscak, C. S. (2010). *Child-centered play therapy.* New York: Guilford.

Viau, R., Arsenault-Lapierre, G., Fecteau, S., Champagne, N., Walker, C-D., & Lupien, S. (2010). Effect of service dogs on salivary cortisol secretion in autistic children. *Psychoneuroendocrinology, 35*(8), 1187–1193.

Waldie, J. (2005). *The role of service dogs for two children with autism spectrum disorder.* Unpublished master's thesis, Lakehead University, Canada.

Walsh, F. (2009). Human–animal bonds I: The relational significance of companion animals. *Family Process, 48*(4), 462–480.

Weiss, D. (2009). Equine assisted therapy and Theraplay. In E. Munns (Ed.), *Applications of family and group Theraplay* (pp. 225–233). Lanham, MD: Jason Aronson.

Welsh, K. C. (2009). *The use of dogs to impact joint attention in children with autism spectrum disorders.* Unpublished dissertation, Walden University.

제4장

가족 테라플레이
자폐 아동과 관계 맺기

Susan Bundy-Myrow

5세 아동이 커다란 쿠션 위에 다리를 꼬고 앉아 웃고 있는 어머니를 마주보고 있다. 어머니와 아동은 서로의 손을 꼭 잡고 박수를 친다. 또 다른 성인이 다가와 가까이에 앉으며, 아동의 어깨에 부드럽게 손을 얹는다. 어머니가 "포켓몬이다!" 하고 외치자 아동이 앞으로 달려들며 '놀이친구'에게로 다가간다. 아동은 즐거운 비명을 지르고 어머니는 "조금 더! 밀어봐!" 하며 버틴다. 어머니는 뒤로 구르며 아동을 가슴 쪽으로 들어올린다. 둘은 눈을 마주치며, 가쁘게 숨을 몰아쉰다. "또!" 하고 아동이 말한다. 또 다른 성인, 즉 치료사는 어머니에게 웃으며 "아이랑 정말 잘 놀아주시네요." 하고 말한다. 이러한 장면은 자폐증을 가진 아동과의 상호작용에서 예상되는 것과는 사뭇 다른 것을 보여준다. 그러나 테라플레이(Theraplay®)에서는 가능한 일이며, 부모는 애착을 기반으로 한 체험적인 놀이치료에 반드시 필요한 존재이다.

모자간의 안정적인 애착관계에 내재된 동시성과 기쁨은 테라플레이의 초석이 된다. 테라플레이 치료사들은 아동에게 조율되어 있으며, 재미있고, 감각운동을 기반으로 한 놀이 활동에 함께 참여하여 자폐스펙트럼장애 아동이 이해할 수 있는 경험을 할 수 있도록 유도한다. 그 경험은 바로 아동의 관계에 대한 욕구를 충족시키는 경험이다. 테라플레이는 자기와 타인에 대한 인식의 통합, 의사소통 의도, 조절과 조율의 기반을 만들어준다. 적절한 수준의 다감각적인 '직접적 상호작용(face time)'을 경험할 때 아동은 기본적인 관계를 형성할 수 있으며, 이때 아동은 반응하고자 하는 욕구를 갖게 되고 또 반응할 수 있게 된다. 이로써 상호 조율된 타인과의 놀이가 시작되는 것이다.

테라플레이에서는 부모-아동 놀이 상호작용의 평가, 목표의 설정과 치료, 평가 등 모든 과정에 부모를 참여시킨다. 우선 테라플레이 치료사들이 아동과 함께 직접적이고 조율된 놀이를 형성하는 특별한 기회를 갖고 난 후, 이러한 치료적 경험을 부모와 공유하게 되며, 점차 부모는 놀이실 안에서 리더의 역할을 하게 된다. 처음에 부모는 치료사와 함께 테라플레이 회기 비디오를 함께 보는 치료적 파트너가 된다. 그다음, 역할놀이와 놀이실 안에서의 모델링, 직접적인 코칭 등에 참여하게 된다. 치료사와 부모가 놀이실 안에서 구조, 참여, 양육, 도전(structure, engagement, nurture, challenge, SENC) 각각을 적정 수준으로 적용할 수 있게 되면, 테라플레이는 가정 내에서도 더욱 건강한 관계를 촉진하고 유도할 수 있게 된다. 이 장에서는 가족 테라플레이와 자폐스펙트럼장애 아동에의 적용에 대해 다루고 자폐스펙트럼장애를 가진 5세 남아의 치료 사례를 통해 가족 테라플레이 방법에 대해 설명할 것이다. 또한 가족 테라플레이를 아스퍼거 증후군과 같은 고기능 자폐스펙트럼장애 아동 및 인지 발달 지연을 동반한 아동에게 적용할 때의 고려사항에 대해 다루고자 한다.

테라플레이 : 기원 및 이론

테라플레이는 1967년 Ann Jernberg에 의해 개발되었고, Phyllis Booth가 이를 수정 및 확대하였다(Booth & Jernberg, 2010; Jernberg & Booth, 1999). 고유 상표로 등록된 치료 방법으로, 현재 테라플레이연구소(Theraplay Institute; Chicago, IL)의 관리하에 있다. 집단 테라플레이를 포함하여 개인 및 가족 테라플레이 영역에 대한 임상자격증 제도를 실시하고 있고, 20개 이상의 국가에서 시행되고 있으며, 국내외 훈련가들에 의한 교육이 이루어지고 있다. 테라플레이 웹사이트(http://www.theraplay.org)와 치료놀이(*Theraplay: Helping Parents and Children Build Better Relationships Through Attachment-Based Play*; Booth & Jernberg, 2010) 3판을 통해 관련 정보를 얻을 수 있다.

테라플레이는 2명의 동료들과 함께한 Jernberg의 실제 작업에서 영감을 받아 고안되었으며 발달적 관점을 가진 놀이치료이다. 정신과 전문의 Austin M. Des Lauriers는 아동과 눈을 맞추고 그들이 몰두해 있는 과제에 참여하기 위해서 아동과 적극적으로 관계를 맺을 필요가 있다고 강조했다. Viola Brody를 따라 Jernberg는 치료사와 아동 간의 관계에서 접촉, 안고 흔들어주기, 노래 부르기와 같은 양육적 요인을 적용했다. Brody는 발달적 놀이라고 불리는 자신만의 접근법을 계속해서 발전시켰다. 따라서 각 회기를 관찰한다면 이들 간의 유사점을 발견하게 될 것이다(Jernberg, 1979).

Booth(2003, p. 4)는 이 치료법을 다음과 같이 정의했다. "테라플레이는 아동과 부모를 위한 구조화된 놀이치료이다. 이는 애착, 자존감, 타인에 대한 신뢰감과 관계의 기쁨을 촉진시키는 것을 목적으로 한다. 또한 재미있고 신체적이며 개인적이고 상호작용적이며 어린 자녀와 부모 간의 자연스럽고 건강한 상호작용을 도모한다." 아동은 과잉 행동-공격적 행동, 위축되거나 우울한 행동, 공포증, 분노 폭발, 사회성 문제 등으로 인해 치료에 의뢰된다. 학습 및 발달 장애를 가진 아동들 또한 다양한 행동 및 대인 문제를 나타낼 수 있다. 테라플레이는 애착을 기반으로 한 치료이기 때문에 입양 가정이나 위탁 가정 역시 필요한 도움을 받을 수 있는 합당하고 적절한 방법이라 생각할 수 있다. 테라플레이는 또한 가정 및 환경적 스트레스가 발생했을 때 부모-자녀 간 관계를 강화할 수 있는 예방적 프로그램으로 활용될 수도 있다.

Myrow(2000)는 테라플레이가 아동의 정서적 연령에 초점을 맞추고, 애착 형성에 중점을 두는지의 여부와 상관없이 신체적 친밀감과 따뜻함을 강조함으로써 치료적 동맹의 강화를 가속화시킨다고 언급했다. 전통적인 아동중심 접근법과는 달리, 테라플레이 치료사들은 놀이실에서 가장 중요한 대상이 되며 아동의 감각체계를 경험 의존적 방식으로 조직화할 수 있도록 도움을 주는 교정적 경험을 제공하는 데 초점을 둔다. Mäkela(2003)는 아동과 부모의 자기, 타인 및 세상에 대한 다양한 체계의 변화가 바로 테라플레이의 결과라고 말한다.

애착 이론, 자기심리학, 대상관계 이론에 기반을 둔 테라플레이

1. 테라플레이는 초기 부모-아동 상호작용을 바탕으로 자기와 성격이 발달하며, 이는 긍정적 또는 부정적인 내적 자기 표상으로 이어진다는 가정에 기초한다. Winnicott(1987)의 안아주는 환경(holding environment)의 개념에 따라 테라플레이는 성인이 주도한다.

2. 부모의 반응성은 즐겁고 공감적이며 아동의 건강한 자기감 발달과 자기 가치의 경험을 돕고, 타인을 이해하고 공감해주는 능력을 키우는 데 맞춰져 있다. Booth가 언급한 것처럼 부모와 아동 간의 즐거운 상호작용뿐 아니라 조율(Stern), 유관적인 반응(Ainsworth), 내적 상태의 조절(Schore), 반영 기능 또는 마음 읽기(Fonagy)와 같은 것의 중요성 또한 강조된다(Booth & Jernberg, 2010; Bundy-Myrow & Booth, 2009).

3. 한 성인의 자기 조절 능력은 모자간 정서 상호조절에 대한 초기 경험에 의해 좌우된다(Booth & Jernberg, 2010; Bundy-Myrow & Booth, 2009). 서로의 의사소통은 상당 부분 비언어적으로 이루어지는데, 이와 같이 서로의 우뇌에서 일어나는 상호작용적인

'춤'을 통해 각성과 정서가 조절된다(Schore, 1994; Siegel, 1999).

4. 적절히 조율된 양육이 제공될 때 아동은 사랑스럽고 주요 애착 대상으로부터 존중받는 사람으로서 자기에 대한 '내적 작동 모델(inner working model)'(Bowlby, 1973, 1988)을 발달시키며, 주요 애착 대상은 아동이 세상을 탐색하다가 되돌아갈 수 있는 안전 기지를 제공해준다(Booth & Jernberg, 2010). Siegel과 Hartzell(2003)은 긍정적인 감정적 상호작용이 대뇌 우반구 전두엽과 안와전두엽 피질의 시냅스 및 해마의 성장을 돕는다고 주장한다. 조율된 양육 경험이 결핍된 아이들에게는 테라플레이의 교정적 특성이 관련된 뇌 부위에 접근할 기회를 제공할 수 있다(Mäkela, 2003). 이는 감각운동적 놀이를 유도함으로써 이루어지는데, 자기 확인적인 자극을 위해 적정 수준의 흥분감과 이원적인(dyadic) '지금' 순간을 조절해주는 것이다.

테라플레이에 관한 연구

50여 년간의 사례 연구와 질적 연구에서는 영아부터 노인까지 다양한 대상에 테라플레이를 적용한 사례들을 다루고 있다. 최근 발표된 테라플레이의 효과성을 입증하는 양적인 증거로는 애착장애, 자폐스펙트럼장애, 언어장애, 사회 불안과 공격성 등의 내재화 및 외현화 행동 문제를 가진 아동들에 대한 연구들이 있다(Booth & Jernberg, 2010; Coleman, 2010; Wettig, Coleman, & Geider, 2011).

헤드스타트 치료서비스에서 테라플레이를 시작했던 초창기 23명의 교사들을 대상으로 41명 아이들의 증상 완화(progress)에 대해 인터뷰한 결과, 성인과의 사회적 관계(87%), 또래관계(73%), 전반적 행동(87%), 다음 해의 유치원에서의 성취를 예측하기 위한 사전·사후 검사에서 호전을 보였다(Myrow, 2000). 또 다른 방식으로 초기 테라플레이 개입 후 기능 수준의 변화를 측정한 자료로는 3년간 추적관찰 및 면담 내용을 촬영한 2개의 영상이 있다(Coleman, 2010).

Mäkela와 Vierikko(2004)는 학대, 방임, 및 사별을 경험한 아동의 내재화 및 외현화적 사회 문제가 유의미하게 감소했다고 보고했다. 이 연구에서는 핀란드에 거주하는 4~13세 사이 20명의 아동과 그 위탁부모에게 가족 테라플레이를 주로 사용하여 개입했다.

Siu의 연구(2007, 2009)에서는 어머니와 함께 집단 테라플레이에 참여한 2~4학년 아동이 CBCL의 내재화 척도 점수가 오히려 상승되었던 이전 연구(Coleman, 2010)의 잘못된 연구 설계 방식에 대해 다루었다. 홍콩에서 이루어진 여덟 회기의 프로젝트에서는 신체화 증상, 불안-우울, 위축, 및 자기존중감 소척도 점수가 사전에 비해 유의미하게 향상된 결과를 보였다. Coleman(2010)이 언급했던 2개의 실험 연구는 한국의 테라플레이 전문가들이 실시한 것으로, 테라플레이가 자기존중감과 사회적 관계의 향상을 위한 단기 집단치료로서 효과적이라는 기존 주장을 뒷받침하고 있다.

현재까지 이루어진 가장 대규모의 실험 연구는 Ulrike Franke와 Herbert Wettig가 독일과 오스트리아에서 언어장애 및 수줍음/사회 불안의 공병진단을 받은 아동을 대상으로 가족 테라플레이를 실시했던 것이다(Wettig et al., 2011). 이는 매우 잘 통제된 연구로 두 부분으로 구성되어 있었는데, 첫 번째 연구에서는 한 기관에서 한 치료사가 2년 6개월~6년 11개월 된 22명의 아이들을 다루도록 했다. 두 번째 연구에서는 9개의 다른 장소에서의(N=167명의 아동) 일반화 가능성을 분석했다. 그 결과 주장성, 자신감과 신뢰감에서 통계적으로 유의미한 향상이 관찰되었고, 표현 및 수용 언어 능력의 향상과 2년 후 추적관찰에서 치료 효과의 유지 등이 나타났다. 다른 아홉 곳에서도 비슷한 결과가 나타난 것은 테라플레이가 지속적 훈련을 바탕으로 여러 환경 및 치료사들에게 적용이 가능하다는 것을 지지하는 결과로 볼 수 있다. 치료 후, 사회적 행동은 정상 범위 내에 있는 비임상적인 보통의 또래들과 같은 수준인 것으로 나타났다. 수용 및 표현 언어 능력은 테라플레이 경험과 함께 향상되었는데, 이는 특히 2.5세 이상의 어린 아동에게 발달적으로 의미가 있는 것으로 나타났다. 테라플레이는 평균 18회기 동안 이루어져 비교적 짧은 치료기간을 요하는 것으로 나타났다.

테라플레이의 차원

구조, 함께 참여하기, 양육과 도전 등은 모든 건강한 부모-자녀 관계에서 반드시 필요한 요소들로 Sroufe, Egeland, Carlson, Collins(2005)가 언급한 필수적인 양육 과제들과도 일치한다. 이를 근간으로 Jernberg와 이후에는 Booth까지도 테라플레이 개입의 '처방'을 시작했다(Booth & Jernberg, 2010; Jernberg, 1979). 부모와 자녀가 테라플레이의 구조화된 대인관계 평가인 마샥 상호작용 평가(Marschak Interaction Method, MIM)에 응할 때 치료사는 구조화, 함께 참여하기, 양육과 도전의 상호작용을 부모가 어느 정도로 제공하며 아동이 수용하는지를 평가하게 된다. 이러한 요소들에 대한 설명은 다음과 같다.

구조 건강한 부모-영아 간 관계의 가장 핵심적인 구조는 안전과 조직화, 그리고 조절이다. 부모는 신뢰할 만하며 예측 가능하고, 활동은 시작과 중간, 끝을 갖는다. 시간은 한정되어 있으며, 순서와 계획이 있다. 노래와 리듬에는 박자가 있다. 치료가 성인의 주도로 이루어진다는 것은 아동을 안심시키고 아동이 통제하에 있다는 것을 가르치며 환경이 무질서하고 혼란스러운 경우 아동에게 질서를 보장해줄 수 있을 것이다. 따라서 구조는 내적이고 외적인 불규칙성을 다루는 것이다. 단순히 통제를 위한 것이 아니라 테라플레이에서의 구조는 특히 과잉 활동적이고 무질서하며 지나치게 흥분되어 있거나 불안하게 자신의 세계를 통제하려고 하는 아이들에게 신뢰할 수 있는 성인이 안전과 예측 가능성을 제공해줄 수 있다는 위안과 보호의 의미를 전달한다. 통제되거나 지시를 따르기 어려운 경우, 또는 아이를 효과적으로 통솔하기 어렵다고 느끼는 부모의 경우 가족 테라플레이에서 구조를 통해 효과를 볼 수 있을 것이다(Booth & Jernberg, 2010).

함께 참여하기 부모-영아 간 관계에서 함께 참여하기의 핵심은 부모가 영아를 기분 좋은 상호작용으로 끌어들일 때 발생하는 동시적인 정서적 접촉이다. 부모는 자극의 강도, 종류, 지속시간을 조절하며 최적의 흥분 수준을 유지하도록 조율한다. 그 결과 영아는 신체와 감정적인 상태를 통합하고 조절할 수 있게 된다. 테라플레이 개입에서 치료사는 관여도를 유지하기 위해 아동이 하는 말과 행동을 사용하는 등 강렬하고 개인적인 방식으로 아동에게 집중한다. 이를 공감적으로 지속함으로써 아동을 상호작용으로 끌어들일 수 있으며, 위축되고 접촉을 회피하거나 지나치게 경직된 방식으로 구조화되어 있는 아동들에게 도움이 된다.

양육 부모-영아 간 관계에서 양육의 핵심은 필요할 때마다 달래주고 진정시키며 존재를 통해 안심시켜주는 반응적인 보살핌이다. 흔들기, 먹여주기, 끌어안기, 안아주기는 세상을 안전하고 따뜻하며 안정적인 것으로 느끼게 해준다. 치료에서 양육은 아동의 충족되지 않은 유아기적 욕구를 해결해주고 이완된 상태에서 양육을 '수용'할 수 있게 돕는 것이다. 과잉 활동적이고 공격적이거나 성숙한 척하는 아동들은 사랑받을 만하고 가치 있는 사람이라고 느끼게 될 것이다.

도전 부모-영아 간 관계에서 도전의 핵심은 두 가지 요소로 구성되어 있다. 부모는 아동이 수월하게 발달적으로 적절한 위험을 감수하도록 도움으로써 아동이 '새로운' 것과 경험의 불확실성을 숙달하여 성취를 '늘려가도록' 한다. 두 번째로, 부모는 아동의 독립성과 능력을 지지해주고 기쁜 감정을 표현함으로써 아동의 숙달을 지지해준다. 마찬가지로 치료 장면에서 치료사는 2인 활동을 통해 쉽고 연령에 적합한 과제들을 아동에게 소개하고 이는 아동의 자신감 발달을 돕는다.

마샥 상호작용 평가

마샥 상호작용 평가는 생물학적 부모와 자녀, 위탁이나 입양 부모와 자녀, 또는 조부모와 자녀 등 두 사람간의 관계를 관찰하고 평가하는 구조화된 기법이다. 이는 치료 계획 과정에서 중요한 역할을 하는 테라플레이만의 독특한 평가 도구이다. 성인은 테라플레이의 네 가지 요소의 맥락에서 상호작용을 촉발할 수 있도록 고안된 지시카드를 받게 된다. 마샥 상호작용 평가는 구조, 참여, 돌봄, 도전을 제공하는 부모의 능력과 수용하는 아동의 능력을 평가한다. Booth와 Jernberg의 연구(2010, pp. 115-135)를 통해 마샥 상호작용 평가에 대한 추가 정보를 얻을 수 있다.

가족 테라플레이 개입의 계획

전형적인 가족 테라플레이 과정은 다음과 같다(Jernberg & Booth, 1999).

> 1회기 : 부모와의 초기면담을 통해 개인/발달력 및 현재의 주요 문제, 가족 역동과 관련된 정보를 모은다. 궁극적으로 부모-자녀 간 관계를 평가하기 위해 실시된다.
>
> 2회기 : 부모 중 한 사람과 아동이 마샥 상호작용 평가에 참여한다. 테라플레이 치료사는 이러한 상호작용을 관찰하고 비디오 촬영을 한다.
>
> 3회기 : 2차 마샥 상호작용 평가—양부모가 있는 가족의 경우 다른 부모에 대한 마샥 상호작용 평가가 추가로 실시된다.
>
> 4회기 : 마샥 상호작용 평가 관찰 내용을 바탕으로 부모와 함께 피드백 회기를 진행한 후 치료 계획을 수립한다.
>
> 5~8회기 : 테라플레이—부모와 아동이 따로 참여한다. 치료사는 30분간의 회기 동안 아동과 상호작용한 후 회기를 촬영한 비디오를 함께 보며 논의한다. 또는 치료사가 2명일 경우 '해석자' 역할을 하는 치료사가 부모와의 회기가 진행되는 것을 관찰한다. 어떤 방식으로 진행되든 치료사와 부모는 SENC 활동에 대한 근거에 대해 논의하고 현재 나타나고 있는 문제와 과거력 및 역동을 연결시키고, 이러한 요소들을 가정에서 적용할 수 있는 방법에 대해 이야기한다.
>
> 9~15회기(필요에 따라 연장 가능) : 테라플레이—부모와 아동이 함께한다. 회기는 이전과 같이 진행되나 이제부터는 아동과 치료사가 작업 중인 치료실

에 회기의 마지막 15분 동안 부모님이 참여하게 된다. 부모는 코칭이나 역할놀이와 같은 형태로 치료사에게 도움을 받는다. 마지막 회기는 아동이 가장 좋아하는 활동을 함께한 후 종결파티로 마무리된다.

16~19회기 : 추후 1년간 추가 회기나 분기별 추수 회기를 부모, 아동과 함께 갖는다. 자폐스펙트럼장애를 가진 아동의 경우 더 많은 회기가 필요할 것이다.

자폐 아동에게 왜 가족 테라플레이가 필요한가

미국 내 자폐 유병률은 이제 아동 110명당 1명으로(ASA, 2011), 이는 장애의 본질이 경증, 중등도, 중증의 사례로 이루어진 연속성을 띤다는 점을 반영한다. 가장 핵심적인 문제는 신경학적인 특성을 바탕으로 한 함께 참여하기와 조절하는 능력, 사회적 의사소통의 결함이다(Tanguay, 1990). 자폐스펙트럼장애를 가진 아동에 대한 테라플레이는 기타 놀이치료 접근법과 두 가지 측면에서 구별된다. 가장 주요한 놀이실 내의 대상으로서 테라플레이 치료사는 아동에게 접근하고 자폐적 특성을 상쇄시키기 위해 감각운동 기반의 놀이를 활용한다. 부모를 치료적 조력자로 키워내기 위해, 테라플레이 치료사는 아동이 발달을 위해 필요로 하는 독특한 관계의 초석을 제공하도록 부모에게 시범을 보이고 가르친다. 자폐스펙트럼장애를 가진 아동은 가족 테라플레이 작업 자체뿐만 아니라 집단 테라플레이 내에서 또래들과 소속감을 느끼는 것에서도 이익을 얻을 수 있다.

주요 관계 결합과 테라플레이의 치료적 목표

Lindaman과 Booth(2010)는 자폐스펙트럼장애와 관련된 기본적인 신경학적 결함들이 어떻게 참여와 조절 문제에 영향을 미치는지에 대해 다음과 같이 설명했다.

1. 감각-정동-운동 협응과 관련된 결함이 각각 영역들 간의 조절, 조율, 영향력, 동시성(synchrony) 형성을 방해한다. 테라플레이 개입의 목표는 감각, 운동, 감정이 조절된 양상을 띠도록 하는 것에 있다.
2. 거울 신경의 결함으로 인해 아동은 타인의 행동을 모방하고 예측하기 어렵다. 따라서 목표는 언어적·비언어적 단서들을 적절히 읽고 반응하게 하는 것이다.
3. 의사소통(예 : 감정적 신호와 제스처의 사용, 언어 등), 주의와 관여, 주의전환의 문제 등은 감정, 생각, 욕구 등을 예측하고 파악하기 어렵게 한다. 따라서 목표는 감정과 사

고의 표현에 있다.

4. 그 정도는 각기 다르나 운동 계획, 청각적·시공간적 능력, 감각 조절을 처리하는 능력의 결함이 관찰될 수 있다. 아동은 정보를 다르게 수용하고 처리하며, 감각적 자극에 대해 과잉 또는 과소 반응성을 나타낼 것이다. 이러한 감각적 차이는 발달적 경험을 더욱 어렵게 하여 편안함을 느끼거나, 세상을 안전한 것으로 지각하거나, 규칙적인 일상을 형성하거나, 안기나 흔들기와 같은 평범한 부모와의 활동에서 호혜적인 온정을 발달시키는 데 방해가 된다(Bundy-Myrow, 2005). 테라플레이의 목표는 최적의 감각적 각성을 통해 신체적인 관여도를 형성시키는 것이다. 애착관계의 맥락에서 아동은 감각적 자극에 대한 반응을 조절할 수 있도록 도움을 받음으로써 주의력과 조절 능력이 향상될 것이다(Kiermaier, 2010).

5. 동시성의 결함은 접촉, 함께 조절하기와 관계성의 발달을 저해한다. 마음 이론, 공동주의, 고차원적인 추상적 사고, 정서적 상호 호혜성 및 문제해결은 기초적 능력의 발달에 달려 있다. 학령전 아동의 실행 기능(EF)에 대한 문헌 연구에서, Garon, Bryson, Smith(2008)는 실행 기능을 적응적인 목표 지향적 행동(전전두피질과 관련된 중추 주의체계의 한 요소)으로 정의하며, 이는 보다 자동적이거나 확립된 사고 및 반응을 대체하는 것으로 보았다. 특히 자폐스펙트럼장애를 가진 아동에게서 특히 두드러지는 작업기억, 반응 억제, 주의전환 등의 실행 기능은 환경적인 조정에 매우 수용적일 것이다(Garon et al.). 테라플레이는 주의, 조절 및 관계의 기본적인 틀을 마련하는 데 중점을 둠으로써 이와 같은 측면에서 중요한 단계가 될 것이다.

6. 아동의 어려움은 부모로 하여금 아동에게 맞춰주고 상호작용을 함께 조절해나가기 어렵게 하며, 이는 아동의 위축을 더욱 자극하는 것으로 보인다. 테라플레이의 목표는 동시성과 양쪽 모두에게 보상적인 상호작용을 형성할 수 있도록 부모를 지도하는 것이다.

자폐와 테라플레이 : 근거 기반 연구

최근 연구들에서는 자폐스펙트럼장애 아동을 대상으로 한 사례 연구에 엄격한 실험윤리를 추가 적용하고 있다. Coleman(2010)은 전반적 발달장애(PDD) 또는 경증 자폐를 가진 8명의 아동을 대상으로 최근 실시된 한 실험 연구에 대해 논의했다. 텍사스크리스천대학교에서 부모와 아동을 대상으로 이러한 강도 높은 2주간의 연구를 매일 진행했다. 치료 효과를 평가하기 위해 사용된 행동 척도로는 길리엄자폐평정척도-2(Gilliam Autism Rating Scale-2,

GARS-2; Gilliam, 2006), 양육스트레스척도(Parenting Stress Index, PSI; Abidin, 1995), 감각 프로파일(Sensory Profile; Dunn, 1999), 마샥 상호작용 평가가 포함되었다. 이 연구는 신경전달물질 분석 자료를 아동의 소변 샘플에서 추출하는 등 변화에 대한 생물학적인 지표도 참고했다. 더욱 구체적으로는 아동과 부모의 에피네프린 수치를 평가했다. 참가자들은 테라플레이 자격을 가진 치료사들과 함께 2주간 매일 테라플레이 회기를 진행했다. 표준화된 자폐 평가, 양육스트레스척도(PSI), 감각프로파일 등에서는 변화가 관찰되지 않았으나 마샥 상호작용 평가 요소들에서는 유의미한 향상이 관찰되었으며 아동과 부모의 에피네프린 수치가 모두 정상화되었다. 아동의 변화는 스트레스 감소뿐 아니라 부모와의 근접성 추구, 눈맞춤 유지, 발화/발성, 부모의 지지에 대한 수용 등에서도 나타났다. 부모에게서는 긍정적 정서, 눈맞춤, 자녀 지도 능력의 증가가 관찰되었다. 정상화된 에피네프린 수치는 단기간의 애착강화 경험 후 부모와 자녀들이 경험하는 관계의 깊이 변화를 지지하는 것으로, 이후 연구의 필요성도 함께 제기되었다(Coleman, 2010).

Wettig, Franke, Fjordbak(2006)는 자폐를 가진 아동을 대상으로 두 부분으로 구성된 광범위한 근거 기반 테라플레이 연구를 실시했다. 자폐스펙트럼장애 집단을 위한 치료는 평균적으로 26회기 진행되었으며 30분간의 가족 테라플레이 회기로 이루어져 있었고, 신경학적 결함에 기초하지 않는 장애를 가진 아동의 경우 평균 20회기가 진행되었다. 그 결과 경증으로 확인되었던 아동이 인상적인 증상이 없는 통제군 아동의 상호작용 행동과 유사한 수준으로 향상되었다. 중등도에서 중증으로 평가되었던 아동은 치료 후 경증에서 경증~중등도 수준으로 향상되었다. 자폐스펙트럼장애가 있는 아동은 임상적이고 통계적으로 유의미한 정도의 증상 경감을 보였다($p < .0001$에서 $p < .0009$). 추적 결과 치료 효과는 2년간 유지되었다. 연구자들은 이러한 연구들이 미국정신의학협회의 증거 기반 치료 규준의 A⁻에서 B 수준 코드에 부합된다고 설명했다(Wettig et al.).

다음은 자폐가 있는 한 남자아이와 부모에게 실시했던 테라플레이 사례이다. 비밀 보장을 위해 개인 인적사항은 수정되었다.

사례 연구 : 잭 어머니에 의하면 다섯 살 된 잭은 누나와는 너무도 달랐다고 한다. "남자애라 다른 건 알겠는데 얘는 정말 시한폭탄 같아요." 그녀의 쓸쓸한 웃음에서 스트레스가 느껴졌다. "언제 폭발할지 모르겠다니까요…." 잦은 분노발작, 누나를 꼬집고 때리기, 불규칙한 수면습관, 편식 또한 문제였다. 혼자만의 놀이를 즐기고 어린이집 집단 활동을 강력히 거부하는 것을 보며 어머니는 잭의 험난한 유치원 생활이 눈앞에 펼쳐지는 것 같았다. 이후 언

급되겠지만, 잭의 가족 테라플레이에서 목표로 설정한 것은 아동이 함께 참여하고 조절하며 타인과 관계를 맺는 것을 돕는 것이었다. 가족 테라플레이는 부모가 다음과 같은 측면에서 아동의 발달을 촉진할 수 있도록 돕는 데 중점을 두었다. (1) 아동의 감각운동적 발달 단계 안에서 아동이 감정적·신체적으로 조율할 수 있도록 하고, (2) 환경적인 스트레스를 줄이고 스스로를 진정시키려는 아동의 욕구를 인식하고 이에 반응하며, (3) 가정 내에서의 테라플레이에서 아동의 긍정적인 상호작용을 촉진하고 집중할 수 있게 돕는다.

평가

평가에서는 가족력, 발달력, 애착관계의 탐색과 교육적·의학적 기록을 검토하고, 학교 활동 관찰 및 교사와의 상담이 이루어졌다. 또한 각각의 부모와 잭에게 마샥 상호작용 평가를 실시한 후 두 번에 걸쳐 피드백과 치료 계획 회기를 진행하였다.

출생 및 발달력 어머니는 잭의 임신, 분만, 출산 과정에서 이상이 없었다고 보고했다. 유아기에 잭은 매우 행복해 보였고 잘 웃고 안기는 것을 좋아했지만, 잠을 많이 자지 않았다. 누나인 모건처럼 활동적이고 '언어적으로 뛰어나지는' 않았지만, 어머니는 남자 아동이 여자 아동에 비해 언어발달이 느릴 수 있다는 것을 알고 있었다. 아동은 자동차와 트럭에 관심을 보이기 시작했다. 장난감에 달린 버튼이나 음향 효과를 좋아했고 혼자 있는 것을 좋아했다. 걸음마기가 되었을 때 잭은 일상적으로 반복되는 일상을 예측하지 못했고, 놀이집단에 있는 다른 아동들에게 손을 흔들어 인사하지 않고 관심을 보이지 않았으며, 부모에게 장난감을 보여주지도 않았다고 회상했다. 언어 평가 결과 약간의 지연이 시사되었으나 잭은 점점 더 많은 단어를 습득하며 언어 능력의 향상을 보였다. 잭의 '학습 능력'이 괜찮다는 것에 안심하고 부모는 아동의 독특함을 고집이 센 것으로 보았다. 잭이 4세에 가까워지자 주치의는 아동을 발달 평가에 의뢰하였다. 그 결과 '아스퍼거와 유사한' 경향이 시사되었고 구조화된 유치원에 입학할 것을 권유받았다.

초기면담 회기에서 어머니는 잭의 상동 행동, 표현 언어의 지연, 제한된 감정 영역에 대해 보고했다. 아동은 상대를 따라 하거나 모방하지 않았으며 타인을 밀어내곤 했다. 수면을 위해서는 클로니딘 1mg을 복용했고, 어머니에 의하면 약 덕분에 그녀와 아동 모두 새벽 5시까지는 잘 수 있게 되었다고 했다. 어머니는 자신의 가족들이 말이 늦고 혼자 놀기를 좋아하는 내력이 있다고 반복적으로 얘기했다. 현재 성공적인 엔지니어가 된 아버지 역시 잭이 '크면서 나아질 것'이라고 생각했다. 하지만 또래들에게 보이는 간헐적인 공격성이나 학습에 대한 무관심, 주의력 부족 등에 대해서는 걱정했다. 가정 내에서 발생하는 분노발작 행동에 대해 아버지는 잭을 다른 장소로 옮기게 하는 것으로 대처했다.

부모 모두 정신과적인 개인력이 없는 가정에서 자랐다. 잭의 어머니는 자신의 어머니와 두 자매와 매우 가까운 관계인 것으로 묘사했다. 그녀의 아버지는 가족을 위해 열심히 일했고 대부분 바쁘게 지냈다. 잭의 아버지는 자신의 어머니를 '모든 기본적인 것을 다 처리하는 매우 좋은 엄마'로, 아버지를 '똑똑하고 책임감 있는 사람'으로 설명했다. 누나는 결혼하여 3시간 떨어진 곳에서 부모님을 모시고 살며 1년에 두 번 정도 만난다고 하였다. 아내는 남편을 '아이들과 놀아주는 매우 좋은 아빠'로, 남편은 아내를 '매우 좋은 엄마인데 가끔은 애들이 기어오르기도 한다.'고 표현했다.

학교 및 또래 내에서의 행동 잭은 학기 중반쯤 유치원 4세반 프로그램에 들어갔으며 학업적으로는 비교적 뛰어난 편이었다. 교사는 잭의 유머감각이 약 한 달 정도 후에 나타나기 시작했으며 종종 굉장히 우스운 짓을 한다고 했다. 그러나 그녀는 긴 시간 동안 아동의 동기를 부여할 만한 것을 찾기 어렵다는 게 의아하다고 했다. 아동은 초록색 차들을 모으고 움직이는 데 집중하며 혼자만의 놀이를 했다. 잭은 진공청소기를 밀고 당기는 것을 좋아했고 카펫 쓸기에도 흥미를 보였다. 이런 '힘든 일'과 대근육 활동을 시키는 것은 아동에게 휴식이 필요할 때 도움이 되는 것으로 보였다. 때때로 잭의 '우스꽝스러움'은 너무도 방해가 되었고, 이때에는 빈백의자가 진정에 도움을 주었다. 하지만 교사들은 아동이 빈백에서 다 쉬고 나면 돌아다니면서 교실 불을 끄고 다닌다는 것을 알게 되었다. 교사들은 아동이 자동차를 가지고 노는 것과 같은 행동은 긍정적인 "해봐"이고, 교실 불을 끄는 것과 같은 행동은 "그만"이라는 것을 아동에게 가르치기 시작했다.

마샥 상호작용 평가 잭과 각 부모를 위해 마샥 상호작용 평가가 계획되었고, 전반적인 관찰이 이어졌다. 잭이 말하는 것, 일어날 것이라고 믿는 것, 현재 일어나고 있는 일에 대한 반응을 구분하기가 어려웠는데, 이는 아동의 표정과 동작 및 제스처가 아동의 말과 거의 일치하지 않았기 때문이었다. 짜증이 나거나 압도될 때, 잭은 자제력을 잃고 크게 웃거나 깔깔거렸다. '얼굴 표정 읽기'의 문제, 억양과 보디랭귀지 해석의 어려움 등은 아동으로 하여금 앞으로 일어나는 일이 재미있는 활동인지 심각한 문제인지를 예상하기 어렵게 했다. 아동이 좋아하는 것에 대해 이야기할 때조차 "잭, 이리와."라는 말은 무시당하거나 "시이잃어!"라는 말로 돌아오기 일쑤였다. 하지만 부모가 잭이 "싫어!"라고 한 후에도 과제를 지속할 경우, 아동은 아버지와 함께 모자를 써보는 것 등을 시도해보는 것으로 나타났다. 전반적으로 잭은 상호작용을 끝내거나 피하는 데 주력하는 것으로 보였다. 하지만 무언가 익숙한 것이 제시되면 더욱 오래 상호작용했고 주도성도 늘어났다. 다음은 두 가지 마샥 상호작용 평가 예시이다.

1. **소리나는 동물 : 성인과 아동이 소리 나는 동물을 각각 하나씩 갖는다. 둘이 함께 놀이한다.** 이는 함께 참여하기를 나타내는 동시에 구조와 관련된 과제이다. 어머니는 언어적으로 잭을 설득했고 아동의 주의를 얻고 이를 유지하기 위해 아동에게 지속적으로 참여하고자 했다. 이는 모두 어려운 일이었다. 어머니가 질문을 할 때 잭은 물러나며 의자에서 일어나려고 했다. 아동은 소리 나는 장난감을 귀에 가져다 대고 계속해서 소리를 냈다. 어머니가 아동의 팔을 만지면서 장난감 같은 소리로 "안녕 뿅뿅아."라고 말하며 가까이 다가가자 아동은 잠시 어머니 쪽으로 돌아 미소를 지었다. 어머니가 장난감을 가방에 다시 넣으려고 하다가 "아기 돼지 이야기 기억나?" 하고 물었다. 마샥 상호작용 평가에서 가장 친밀했던 순간은 어머니의 주도로 '아기 돼지' 게임을 함께하게 되었을 때였다. 잭은 다음 구절을 말할 것이라는 기대와 함께 웃고 눈을 맞추며 어머니와 함께했다. 하지만 노래가 다 끝나고 나니 잭은 다시 종결 모드로 돌아갔다. 짧았지만 만족스러웠던 상호작용의 순간은 어머니의 기운을 돋우는 자극이었다.

2. **성인이 1분간 놀이실을 비운다.** 어머니는 눈빛, 말, 접촉으로 잭을 준비시켰다. 아동의 볼에 뽀뽀를 한 뒤 어머니가 가져온 장난감을 가지고 놀고 있으라고 말했다. 어머니가 돌아왔을 때 아동이 보였던 눈빛과 미소에서 아동의 장난감과 어머니가 모두 위로가 되었다는 것을 알 수 있었다. 아버지의 분리 과제에서 아버지는 잭에게 돌아올거라는 말과 함께 "잘 앉아 있어."라고 말했다. 달리 할 수 있는 것이 없었던 아동은 곧 굉장히 불안해졌고 팔과 다리를 흔들며 아버지를 부르고 지시카드를 책상 밖으로 내던지며 옷을 문지르며 흥얼거리기 시작했다. 아버지가 돌아왔을 때 아동은 아버지와 눈을 맞췄으며 아버지는 누가 카드를 "뿌렸냐?"고 물었다. 이 순간 잭은 "다 끝났어!"라는 자신의 감정을 표현했다.

치료 목표와 방법

1. **테라플레이 기법을 사용해 잭의 세상에 들어간다.** 이는 감각운동의 세계이며, 행동의 영향이 말보다 크고, 단순한 말들이 행동을 지지하고 명료화하는 역할을 한다. 또한 행동을 재미있고 상호작용적으로 조절하여 최대한 입력 및 이해되도록 하며, 직접적으

로 더 요구할 수 있고 불확신감을 느낄 때 신뢰할 수 있는 누군가에게 손을 뻗을 수 있는 세계일 것이다.

2. **잭을 진정시키는 방법을 함께 찾는다.** 아동의 시각적 강점, 뛰어난 기억력과 유머감각을 활용하여 시작과 중간과 끝이 익숙하고 예측 가능한 상호작용을 만들어낸다. 이는 잭으로 하여금 자신의 몸을 진정시키고 목소리를 조절하고 익숙한 순서로 넘어가도록 유도하며, 이와 같은 안전한 전략을 집으로 '가져갈 수 있게'(Bundy-Myrow, 2005) 돕는다.

3. **잭에게 참여하고 안정시키는 과정에서,** 아동은 테라플레이 요소들(Booth & Jernberg, 2010)과 관련된 다음의 목표를 성취하게 될 것이다.
   a. 아동의 참여를 유도하는 부모의 조율된 시도를 받아들이고 반응한다.
   b. 부모의 참여 설정, 순서와 지시를 받아들인다(구조).
   c. 진정시키고 안정감을 주는 부모의 노력을 수용한다(양육).
   d. 아동의 발달적 향상을 촉진하는 활동에 참여한다(도전).

4. **잭과 함께하는 어머니의 구조적인 활동을 지지하며,** 호혜성과 상호작용을 증가시키도록 유도한다. 어머니가 명확한 기대치를 설정하고 잭을 이끌고 아동이 필요로 하는 정도의 지원을 일관적으로 제공하도록 돕는다. 정서적인 성장을 위해서 어머니 스스로의 욕구를 충족시킬 수 있는 방법을 찾아보도록 격려한다. Lindaman과 Booth(2010)가 언급했던 것과 같이 테라플레이 치료사들은 잭과 함께 작업하면서 다음과 같은 조건을 형성하고, 어머니에게도 이들을 따라 잭을 유도하도록 한다.
   a. 잭이 최적의 각성 수준에 도달하도록 돕고, 과소 또는 과도하게 자극되지 않도록 한다.
   b. 잭이 단순하고 체계화되어 있으며 재미있는 활동을 경험하도록 유도한다.
   c. 더욱 오랜 시간 동안 상호작용을 지속할 수 있는 잭의 능력을 증가시킨다.
   d. 통제된 방식으로 다양한 활동을 전환할 수 있는 잭의 능력을 증가시킨다.

5. **잭의 감정 상태에 조율하려는 아버지의 노력을 지지해준다.** 잭이 조절되고, 재미있는 상호작용을 이루어내도록 끌어들이고 유도한다(함께 참여하기). 잭이 조절, 진정, 위안의 욕구를 행동적인 신호로 표현할 때 이를 구별하도록 돕는다(양육). 아버지는 잭이 더욱 성숙하고 독립성을 즐기길 원한다. 자신의 발달적인 수준 내에서 성취하려는 잭의 노력을 강화하기 위해 지지가 필요할 때가 언제인지를 인식해야 한다(도전). Lindaman과 Booth(2010)가 기술한 것과 같이 테라플레이 치료사들은 다음과 같은 조건들을 잭과의 작업에서 형성시키고, 그 후에는 아버지로 하여금 이를 주도하게 한다.

a. 잭에게 온전히 주의를 기울이고 아동 고유의 신체적이고 상호작용적인 특성들을 파악한다.

b. 잭의 반응, 스트레스와 즐거움, 좋아하는 것과 싫어하는 것에 대해 안다.

c. 잭에게 어떤 촉감이 위안이 되는지, 화가 났을 때 아동을 달랠 수 있는 촉감은 어떤 것인지 판단한다.

d. 잭이 아버지의 얼굴, 표현 및 제스처에 주의를 기울이도록 돕는다.

e. 행동을 의사전달로 전환할 수 있도록 잭을 모방한다.

f. 차례 지키기, 타인의 행동 예상하기, 예측하기 등의 기술을 발달시킬 수 있도록 돕는다.

g. 시작, 중간, 끝으로 시간을 구분함으로써 좀 더 긴 시간 동안 상호작용을 지속할 수 있는 잭의 능력을 증가시킨다.

h. 잭의 언어적·비언어적 의사소통을 격려한다.

i. 아이가 주도할 수 있는 일상놀이를 형성할 수 있도록 격려한다.

치료 과정

1회기 첫 번째 테라플레이 회기를 위해 어머니는 잭과 함께 놀이실에 입실했다. 치료사는 "어머니, 저랑 잭의 손을 잡고 같이 뛰어서 이 베개들 위로 점프하게 해볼까요? 준비, 시작!" 하고 말했다. 잭은 점프가 가져오는 감각 자극을 즐기는 것으로 보였고, "또?"라고 말했다. 치료사는 "점프하는 거 좋아하는구나! 어머니, 이제 점프도 하고 다른 재미있는 것들도 해볼 거예요. 다 되면 말씀드릴게요." 하고 말했다. 잭은 어머니와의 분리를 잘 받아들였고 탑을 쌓을 베개를 옮기는 데 도움을 주었다. 치료사는 아동의 손을 잡고 눈을 맞추며 "준비, 시작!"과 같은 구조적인 신호를 보내기 전에 아동의 몸을 진정시켰다. 3개의 베개 위에 올라가고 나면, 치료사는 "선생님한테 한 번만 더 점프하는거야. 준비됐지?" 하고 말했다. 그리고 나서 어머니가 지난 회기에 했던 것과 같이 치료사는 아동을 꼭 끌어안아주었고, 서로의 무릎이 마주보도록 아동을 앉혔다. 테라플레이 치료사는 정적인 활동부터(아픈 곳을 확인하고 '호'~ 해주거나 아픈 곳을 솜으로 살살 문질러주기) 보다 동적인 활동까지(예 : 배 젓기 놀이 등) 번갈아가며 잭을 유도했다. 이러한 활동들은 테라플레이 작업의 맥락 안에서 이루어졌다. 잭은 최적의 흥분 상태에서 짧은 시간 동안 주의를 기울일 수 있었고 단순한 놀이 시리즈에서 치료사의 주도를 따라가기 시작했다. 치료사가 잭에게만 의도적으로 초점을 맞추자 잭이 가진 고유의 특성들이 드러났고 거울을 통해 이를 아동에게 보여주었다(예 : 아동의 파란 눈동자와 웃을 때 나타나는 C 모양의 보조개). 잭이 "로션 싫어!"라고 말하면 치료사는 "오늘은 로션이 싫어. 뭐 때문일까? 냄새? 어디 보자." 하면서 아동을 진정시켰다. 치료사는 로션을 손가락에 조금 묻혀 아동이 냄새를 맡을 수 있도록 한 다음 자신이 냄새를 맡을 때 코에 로션을 조금 묻혔다. 치료사는 잭이 이렇게 재미있는 순간을 알아채도록 도와주었고, 아동은 치료사에게 웃음으로 답했다.

2~4회기 대기실에서 어머니와 잭을 맞이하며 치료사는 "오늘 우리는 재미있는 놀이를 할 거예요. 보세요." 하면서 잭이 좋아하는 숫자를 쓰기 시작했다. 1 — 잭이랑 선생님, 2 — 잭은 자동차 갖고 놀고 어머니는 선생님과 이야기하기, 3 — 잭, 엄마, 선생님, 4 — 집에 가기. 목표는 잭의 시각적 강점을 사용해 여러 활동 간에 매끄럽게 전환하는 능력, 상호작용을 유지할 수 있는 능력과 이해를 증진시키는 데 있다. 아동은 치료사와 함께 작업하면서 이와 같은 새로운 순서에 잘 따를 수 있었다. 어머니는 지난 2주간 가정 내에서 분노표출이 줄었고 전환이 약간 수월해졌다고 보고했다. 부모는 가정 및 학교에서의 분노표출을 관찰하고 있었다.

5회기 : 어머니 준비시키기 부모와 함께 몸을 뒤로 빼며 "시이이싫어!"라고 하는 것과 같은 잭의 반응에 대해 의논하고 역할놀이를 해보았다. 어머니는 진정시키는 방식으로 대응하기를 연습했고 잭에게 게임이 어떻게 진행되는지 치료사와 함께 시범을 보이면서 아동을 무릎에 앉혀 진정시킬 수 있었다. 어머니는 아동을 안심시키고 인내하는 것에 중점을 두었다.

6~8회기 : 어머니와 함께 하는 가족 테라플레이 잭은 치료사가 인사하고 점검하는 데 잘 참여했으며, 이후 어머니는 회기에 참여하게 되면서 다양한 활동에 대한 아동의 참여도를 높이고 아동을 유도하는 데 더 많은 책임의식을 느끼게 되었다. 어머니는 잭이 안아 올려주거나 흔들어주고 꼭 끌어안아주는 것과 같이 '큰' 감각 자극을 추구한다는 것을 깨달았다. 아동이 반대의사를 표현하지 않기 때문에 어머니로서는 아동을 새롭고 조절된 방식으로 유도하기 어려웠다. 치료사는 어머니에게 "아이의 몸이 진정되고 준비가 되었는지 확인하세요."라며 시범을 보였고 잭에게는 "준비 자세!"라고 지시를 주었다. 고/스톱 게임에서는 어머니가 빨대로 풍선을 불자 비누방울이 컵 위로 올라왔고, 이것을 본 아동이 깔깔거렸다. 치료사는 "그만!"이라고 소리를 질러 방울들이 넘치지 않게 함으로써 아동에게 사회적인 통역이 되어주었다. 어머니는 비눗방울에 대한 공유된 주의 상태에 머무를 수 있었고, 결국 잭은 자발적으로 "고마워!"라고 말했다.

성공적 회기에 대한 징후는 잭이 장난감 자동차에 대해서 명확하게 반복적 태도를 보였을 때 나타났다. 치료사는 "잭, 궁금한 것 있어?" 하고 물었고, 아동은 "잭이 초록색 자동차 해요?" 하고 말했다. 아동은 새로운 방식으로 성인에게 영향을 미칠 수 있다는 것을 깨달았고, 차례 지키기를 통해 다음에 일어날 일에 대해 예측할 수 있게 되었다. 잭은 집에서 어머니에게 테라플레이 게임 중 하나인 비행기 돌리기를 하자고 제안했고, 침대에 누워 어머니에게 등을 토닥이도록 했다.

9회기 : 아버지 준비시키기   잭의 부모 모두 함께 계획을 세우는 데 집중하여 참여했다. 어머니는 '머무름'과 달래는 것을 통해 잭이 더욱 빨리 회복할 수 있을 뿐 아니라 어머니와의 관계가 깊어졌다는 사실에 매우 놀라면서도 기뻐했다. 부모는 2명의 성인이 천을 마주 잡아 아동이 밑으로 기어갈 수 있도록 하는 '터널'이라는 게임을 연습했다. 잭은 부모뿐 아니라 누나인 모건도 집에서 함께하는 이 게임에 대해 확신을 갖지 못하는 것 같았다. 아동은 웃으면서 동시에 저항하는 모습을 모였다. 아버지는 잭이 고집을 부리는 것일지도 모른다고 생각했다. 우리는 아동이 달라진다면 얼마나 기쁠지에 대해 이야기했다. 잭은 마치 어른들의 달래기 전략을 놀이실에서 집으로 '싸들고' 가야 한다고 느끼는 것 같았다. 따라서 이때 과제는 아동을 제외하는 것이 아니라, 지지하고 인내와 끈기를 가지고 이것 또한 즐거울 수 있다는 우리의 기대를 아동에게 재차 확인시켜주는 것이었다.

10~12회기 : 아버지와 함께하는 가족 테라플레이   아버지가 잭에게 조율하기 위해, 테라플레이 치료사는 잭에게만 반드시 집중하도록 지도했고, 제일 눈에 띄는 아동의 특징들과 상호작용할 때 아동이 어떤 모습을 하는지를 살피도록 했다. 점검 활동의 일환으로 치료사는 잭의 근육이 얼마나 크고 강해지는지를 아버지가 확인하고 시험하도록 했다. 아버지는 자신이 그랬던 것처럼 아들도 숫자를 좋아한다는 것을 알게 되었고, 아동에게 줄자를 보여주었다. "팔은 어떤 숫자인지 한번 볼까?" 하면서 잭의 이두근을 재고, "오른쪽 팔이 조금 더 크네. 튼튼해지고 있구나!" 하고 말했다. 그다음 치료사는 잭의 튼튼해진 팔 근육을 사용해서 잭이 가장 좋아하는 밀어내기 놀이를 해보도록 제안함으로써 부자간의 공유된 긍정적인 정서를 증진하는 데 도움을 주었다. 치료사는 아버지에게 잭의 팔과 다리의 위치를 조정해서 '준비 자세'를 잡아줄 수 있도록 했다.

부자간 관계에 있어서 파악해야 할 또 다른 중요한 것은 잭이 좋아하고 싫어하고 무서워하고 깔깔대는 것들이었다. 치료사는 자동차에 대해 고집을 부리는 것 외에 잭이 표현하는 감정이 어떤 것인지를 알아보기 위해 치료사와의 회기들을 아버지에게 관찰하도록 했다. 하지만 결국에는 잭이 흥분하는 것과 거부하는 것에 대해 파악하고 조절하는 데는 치료사와의 지금-여기의 경험이 더욱 유용했다. 가령, 아버지는 잭이 너무 많이 웃는 탓에 베개 탑을 올라가지 못하며, 아버지가 안아주고 잭의 몸이 진정되기를 기다렸다가 충분한 도움을 주어야만 성공할 수 있다는 것을 알게 되었다. 아버지는 이럴 때 자신이 다르게 반응할 경우 잭이 '오래 머무를 수 있다'는 것도 깨달았다. 잭이 참여하지 않을 때, 아버지가 계속해서 목소리를 낮추고 잭을 손으로 만지자 아동이 다시 반응하게 되었던 시점이 있었다. 잭은 아버지와 함께 뛰고 껴안는 것을 좋아했다. 잭이 "또 점프 아빠?" 하고 말하자 아버지가 웃으며 아동과 눈을 맞추고 "그래, 준비 시작" 하고 말했다. 가정 내에서도 아버지는 '아이의 몸을 준비시키는 것'을 도와주었고, 아동과 눈을 맞추고 자신의 목소리를 조정하는 법을 연습했다.

13~14회기 : 부모 상담 및 계획, 온 가족이 함께하는 가족 테라플레이 잭의 감정에 조율하는 아버지의 새로운 기술, 적절한 지지를 통해 아동이 지시를 따를 수 있다는 어머니의 새로운 기대하에 가족은 잭의 저항에 대해 '기계적인 장비' 가설을 치료사에게 제시했다. 아동은 '장비를 교체'하는 데 시간이 필요했고, 장비들은 원활한 전환을 위해 기름칠과 배열이 필요했다. 부모는 아들에 대해 더 잘 이해하게 되었고, 아이와의 상호작용을 즐겁다고 여기며 앞으로의 변화에 대해 희망적으로 생각했다.

매주 진행되었던 회기의 종결을 위해 테라플레이 가족 파티가 열렸다. 잭이 가장 좋아하는 활동과 간식을 고르도록 하고 부모, 누나인 모건도 함께했다. 잭은 모건이 '터널 이불'을 지나갈 차례가 되자 "준비, 시작!"을 외치며 부모를 도와주었다. 아버지가 이불 밑을 기어갈 차례가 되자 잭은 모두와 함께 기쁨과 웃음을 나누었다.

이후 6개월간의 월별 회기 이 기간에서의 치료 목표는 어머니가 주말 동안 부재하는 것과 같은 변화가 생겼을 때 조절된 상태를 유지하고 지지하는 것과 '싫어'를 '좋아'로 바꾸는 것 같은 '장비 교체의 저항'을 다루는 데 있었다. 테라플레이에서는 파이프 청소기가 달린 초록색 '좋아' 블록이 부모가 제시한 놀이 규칙에 따르는 잭에게 주유소 역할을 했다. 테라플레이에서 잭에게 연료는 꽉 안아주는 것과 빙빙 돌려주는 것이었다. '좋아' 주유소 역시 집으로 '싸들고 가야 할' 도구였고, 이는 집에서도 잭에게 도움이 되는 것이었다.

자폐스펙트럼장애를 가진 아이들과 그 가족들은 예정된 테라플레이 회기가 종결된 후에도 언제든 치료사와 다시 회기를 가질 수 있다는 것을 알았다. 테라플레이는 그들에게 재미있고 조율된 형태로 아동과 접촉하는 법, 아동이 필요로 하는 구조와 위안을 제공하는 법에 대해 상기시키는 역할을 했다. 잭의 부모는 그동안 만들어낸 변화를 테이프로 볼 수 있는 마샥 상호작용 평가를 의뢰했다.

스펙트럼에 따라 가족 테라플레이를 실시할 때의 가이드라인

테라플레이는 강력하고 직접적이며 발달적이고 교정적인 부모-자녀 간의 경험을 제공하기 때문에 아동과 가족이 필요로 하는 치료를 효과적이고 윤리적으로 다루기 위해서는 특별한 훈련과 지도 경험이 필요하다. 치료사의 훈련과 능력을 지속적으로 보장하기 위해 테라플레이는 테라플레이연구소(The Theraplay® Institute, TTI) 마크를 정식 등록하였다. 초급 및 중급과정과 지도자 과정을 통해 테라플레이 치료사의 자격을 취득할 수 있다. 이러한 치료사들만이 자신의 작업을 테라플레이로 부를 수 있게 된다. 이 기관에서는 집단 테라플레이 전문가 자격증도 부여하고 있으며, 자세한 정보에 대해서는 미국 일리노이 주 시카고에 위치한 테라플레이 기관 웹사이트를 참조할 것을 권한다(http://www.theraplay.org).

가족 테라플레이가 필요한지를 결정하기

현재 나타나는 주 문제와 강점, 부모의 자원에 따라 가족 테라플레이는 변형, 보류, 또는 다른 치료법과 병행될 수 있다. 물질 남용, 가정 폭력, 부모의 정신과적 질환 등의 문제는 부모로 하여금 아동의 안전을 보장할 수 없게 하며, 나아가 공조기관의 협조, 부모에 대한 치료, 지지 및 조정이 테라플레이에 선행될 수 있다. 테라플레이 과정을 지지해주고 도움을 주거나 참여할 수 있는 친지 및 주변인에 대한 파악 또한 필요할 수 있다.

  위험하게 행동화하는 경향이 있거나 정신증적 증상이 나타나고 있는 경우에는 테라플레이의 효과를 보기 위해 먼저 정신건강 의학과적인 상담과 약물치료를 통해 안정감과 안전을 충분히 확보하는 것이 필요하다. 테라플레이는 학대, 사별, 외상적 사건을 경험한 아동의 치료를 위해 변형된 형태로 사용될 수도 있다. 테라플레이 치료사는 부모와 아동 모두의 요구와 능력을 고려하여 치료 과정을 계획한다(Booth & Jernberg, 2010).

스펙트럼에 따른 테라플레이

인지적 결함을 동반하는 다른 장애들과는 달리 자폐스펙트럼장애를 가진 사람들의 IQ와 그 관련성은 사례마다 모두 다르다. 테라플레이의 치료 처방이 항상 개인 특성을 중심으로 구성된다는 점은 치료사로 하여금 자폐스펙트럼장애를 가진 아동과 창의적인 방식으로 접촉할 수 있도록 한다. 높은 지능과 낮은 지능을 가진 학령기의 아동과 그들의 자폐 증상 정도에 따른 테라플레이는 다음과 같이 진행된다.

높은 인지 수준과 경미한 증상 자폐스펙트럼장애를 가진 아동의 경우 높은 IQ는 비교적 가

벼운 자폐 증상과 함께 나타나는 경우가 많다. 자폐스펙트럼장애 아동의 불균형한 인지적 프로파일에 대한 연구에서 Black과 동료들(Black, Wallace, Sokoloff, & Kenworthy, 2009)은 의사소통 결함이 적은 고기능 아동이 언어성 IQ(VIQ)의 측정에서 대개는 높은 언어적 능력을 보이지만, 언어성과 비언어성 IQ의 격차가 벌어질수록 사회적인 문제 또한 증가한다고 보고했다. 높은 어휘력, 언어적 표현력과 유창성 등은 사회적 관계 능력, 호혜성 및 사회적 능력과 관련된 다양한 비언어적 단서들을 처리하는 능력을 보장해주지는 않는다. 자폐 진단과 관련된 사회적 결함에 대한 연구에 덧붙여 Klin, Saulnier, Sparrow, Cicchetti, Volkmar, Lord(2007) 역시 특정 인지 능력과 관련된 적응적인 사회적 기능에 초점을 둘 것을 제안했고, 이는 치료적 개입에 대한 의의를 가질 뿐 아니라 개인의 기능 수준에 대한 지표와 관련이 깊다고 주장했다. 고기능 자폐스펙트럼장애를 가진 아동은 가족 테라플레이와 집단 테라플레이 모두에서 효과를 볼 수 있으며, 다음과 같은 전략이 도움이 될 것으로 생각된다.

1. 아동의 상대적인 언어적 강점과 흥미를 이용해 상호작용에 대한 관여도를 높인다.
2. 역할과 기대치를 명료화하기 위해 사회적 맥락 안에서 명확하고 언어적이고 기능적인 규칙을 제시한다.
3. 활동의 순서들을 미리 연습하며 잘 기억되도록 몇 가지 핵심 문구들을 사용한다(예 : 준비, 시작!). "좋아. 그럼 이제 어떻게 하는 건지 말해볼까?" 하는 식으로 아동의 이해 정도를 언어적으로 확인한다.
4. 이러한 아동은 질문을 묻고 답하며 정보를 평가하고 주의를 기울이며 기다리고 이야기하는 등 상호작용을 위한 기본적인 능력을 갖추고 있을 가능성이 높다. 특히 나이가 많은 아동의 경우에는 "좋아, 한 발로도 할 수 있는지 볼까?", "이제 네가 리더를 해보는 거야!"와 같은 미션을 기존의 테라플레이 활동에 추가함으로써 아동의 주도성과 호혜성을 촉진할 수 있다. 어떤 아동은 집에 있는 자신의 '친구' 코알라와 같은 것을 치료사가 갖고 있는 것을 보고, 치료사의 인형을 '가짜 코알라 아기!'로 이름 붙이고 다음 회기 때 자신의 인형을 가져와 옆에 두었다.
5. 아동이 회기 내에서 피드백을 하고 사회적 놀이를 설계하며 문제를 해결하고 투표하고 적절한 판단을 내리는 힘을 갖도록 한다.
6. 테라플레이 활동을 통해 자폐스펙트럼장애의 사회적 증상과 특히 관련이 높은 의미 유창성과 청각적 분할 주의 등 고차원적인 실행 조절 기능을 다룬다(Kenworthy, Black, Harrison, della Rosa, & Wallace, 2009).

실행 기능과 테라플레이 활동　다음은 의미 유창성과 청각적 분할 주의를 다루기 위해 고안된 두 가지 활동에 대한 설명이다. 의미 유창성에서는 특정 범주(예 : 음식, 동물 등)에 속한 단어들을 가능한 많이 이야기하도록 함으로써 언어적인 조직화 능력을 다루게 된다. 청각적 분할 주의에서는 2개의 자극 간에 동시적으로 주의를 분할하며 작업기억을 사용하도록 한다(예 : 음악을 들으면서 전화벨이 울리기를 기다리기). 이러한 것은 사회적 호혜성과 전반적인 사회적 상호작용에 의의가 있을 것이다(Kenworthy et al., 2009).

활동　　통행요금 게임 : 가족 또는 집단 테라플레이
　　　　　의미 유창성 증진을 위한 활동

준비물
1~8까지의 숫자가 각각 적힌 종이 카드
1~8까지의 숫자가 각각 적힌 종이 접시

방법
8개의 숫자가 적힌 종이 접시('정류장')를 방바닥에 빙 둘러놓는다. 1번 사람이 요금정산원이 되어 1번 접시 옆에 한 팔을 뻗고 서 있는다. 요금정산원이 8개의 카드를 다른 손에 쥔다. 손님에게 "○○(예 : 음식, 포켓몬 캐릭터, 날씨와 관련된 물건 등)을 생각하고 있는데, 몇 개를 말해야 통과할 수 있는지 카드를 한번 뽑아볼까요?" 하고 이야기한다. 1번 사람이 숫자를 뽑고 주어진 범주 내에서 뽑은 숫자만큼 관련 단어를 이야기한다. (아동이 정확한 숫자를 기억하지 못하면 친구나 가족에게 물어볼 수 있다. 도와주는 사람이 요금소에서 아동을 만나 함께한 다음 다른 장소로 이동한다.) 아동이나 가족들이 손님의 자리로 옮겨가면서 차례대로 요금정산원의 역할을 한다. 치료사는 사람들이 거쳐가는 정류장의 숫자를 눈여겨본다. 1번 사람이 8번 접시에 가게 되면 종착역에 도달한 것이고 이 사람이 간식배급원이 되어 다음 사람에게 간식을 준다.

어린아이들의 집중력을 유지시키기 위한 대안으로는 종이나 버저를 요금정산원에게 주어 손님이 단어를 말할 때마다 종을 한 번씩 울리는 방법이 있다. 손님이 말할 단어에 대한 시각적인 단서를 제공하고 이를 말하거나 손으로 가리키게 함으로써 범주에 해당하는 단어들을 줄일 수 있다. 이때는 팀별로 함께하거나 단어의 개수를 줄여야 할 것이다.

비디오 게임이나 아이돌 가수, 스포츠 등의 범주와 단어들을 탐색할 때, 고학년의 아동이나 어린 10대 청소년들의 도움을 받을 수도 있다. 어른에게는 낯선 주제라면 서로 다른 카드 세트를 사용할 수도 있다(성인용, 아동용). 모든 집단이 8번 정류장에 도착했을 때 모두에게 간식을 나눠준다. 모두가 목적지에 도달하는 데 시간이 얼마나 걸렸을까?

활동   **재미있는 이름 공놀이 : 청각적 분할 주의의 향상을 위한 테라플레이 활동**

준비물

공

각자의 의자 1개씩

치료사가 읽어줄 긍정적인 형용사 목록

방법

가족 또는 집단이 모여 각 구성원과 관련된 긍정적인 단어들(칭찬과 같은)을 이야기하고 기록해둔다. 사람들이 이름 공으로 놀이를 하는 동안 테라플레이 치료사는 '잡아야 할' 핵심 단어를 목록에서 선정한다. 집단원들이 눈맞춤을 하면서 원 안에서 공을 주고받고, 공을 던지기 전에 한 구성원의 이름을 부른다. 동시에 치료사는 천천히 핵심 단어를 포함한 단어 목록을 읽어준다. '잡아야 할' 핵심 단어를 가장 먼저 들은 구성원이 다음 판의 핵심 단어를 고르게 된다. 이름 공놀이를 하는 동안 치료사가 "멈춰!"라고 말하기 전까지 몇 번의 종이 울렸는지를 세도록 하는 등의 과제를 추가해볼 수도 있다.

높은 비언어적 인지 수준과 심한 자폐 증상   이러한 특성을 가진 아동은 대개 언어, 사회적인 이해, 상호작용 등에서 심각한 결함을 가지고 있으며, 비언어적 능력은 상대적으로 높다. 가족 테라플레이 및 집단 테라플레이는 다음과 같이 진행될 것이다.

1. 잭의 경우와 비슷하게 간단한 순서를 따르고 반복하게 함으로써 아동을 따뜻한 신체적인 상호작용에 개입시키는 것이 중요하다. 자극을 본인의 정서적·신체적 욕구에 맞춤으로써 조절 능력을 키우게끔 아동을 돕는다. '함께하고 느끼며' 꾸준히 지속하고 아동과의 연결을 놓지 않는다.

2. 회기를 명확하게 시작, 중간, 끝의 패턴을 갖도록 나눔으로써 이해를 증진시키고 기대할 수 있는 것에 대해 명료화해준다. 아동과의 힘겨루기나 질문은 피하고, 되도록 짧게 이야기하고 발달적 기대치를 조정하며 적절한 시기에 성취를 강조해준다(Booth & Jernberg, 2010; Bundy-Myrow, 2005).

3. 집단 테라플레이에서 사진, 단어, 물건 등의 시각적 단서들이 필요할 때 물리적으로 도움을 줄 수 있는 성인의 수가 더 많고 아동의 수가 더 적은 편이 좋다. 치료사가 아동의 집중력 제한을 고려하여 활동들 간의 간격과 시간을 조절하며, 새롭고 재미있고 예측도 가능한 방식으로 함께할 수 있게 아동을 유도한다(Booth & Jernberg, 2010; Bundy-

Myrow, 2000; Rubin & Tregay, 1989).

낮은 인지 수준과 자폐 증상 중등도의 인지적 결함이 있지만 자폐 증상은 경미한 아동의 경우에는 쉽게 진정하고 관여할 수 있으며, 주의력과 최적의 흥분 상태를 유지할 수 있을 것이다. 하지만 낮은 인지 기능은 보다 높은 수준의 자폐 증상을 동반하는 경우가 많다. 표현 및 수용 언어 능력의 지연과 통제 관련 문제를 다루기 위해서는 단순한 기술과 방법을 강조하고 체계를 구축하고 연습하는 것에 초점을 두어야 할 것이다.

저기능의 자폐스펙트럼장애라고 여겨지는 아동 중 많은 수가 시각 및 비언어적 학습 능력이 높기 때문에 테라플레이 활동에 대한 놀라운 이해와 적응을 보이기도 한다. 중등도에서 중증의 학습 지연을 보이는 중학생 집단은 컵을 쌓고 정리하는 상호작용적인 게임에서 두각을 나타냈다. 큰 플라스틱 음료컵을 쌓기 위해 2명의 또래들이 협동하여 특별한 장치(두꺼운 고무 밴드로 중간을 묶어 바퀴살처럼 만들어놓은 4개의 모루)를 사용해 손을 대지 않고 컵을 들거나 옮겨야 했다. 맥스는 양손으로 초록색 모루의 끝을 잡고 있었고, 짝꿍인 존은 빨간색 모루 2개를 잡았다. 아이들은 무릎을 맞대고 앉았고, 치료사는 모루의 끝을 모아 큰 고무밴드로 묶어 고정했다. 이제 아이들은 컵 주위에 고무밴드를 늘렸다 줄였다 하며 함께 작업했다. 아동의 시각적인 강점을 활용하는 것은 아동의 운동 기술을 조절하는 데 도움이 되는 것으로 보였다. 치료사는 아이들이 고무밴드를 컵에서 빼낼 때는 모루를 서로의 몸 쪽으로 잡아당겨 네모난 모양이 형성되는 것을 확인했다. 반대로 컵이 쌓인 무더기 위로 컵을 옮길 때는 **동그라미**가 만들어지는 것을 보았다. 아이들은 이내 "동그라미!", "네모!"와 같은 지시어를 이해하게 되었다. 한 팀이 되어 컵을 잡고 옮기면서, 아이들은 컵의 개수와 몇 개가 쌓이는지를 셌다. 숙달감을 높이기 위해 반 전체가 '서로의 기록 깨기'에 도전하게 해볼 수 있겠다.

요약

테라플레이 치료사들은 우선 아동과 직접적이고 조율된 놀이를 형성하는 특별한 기회를 갖게 되고, 그 후 이러한 치료적인 경험을 부모와 공유하게 되며, 이들 또한 이후에는 놀이실에서 주도하는 역할을 하게 된다. 테라플레이에서 치료사와 부모가 적정 수준의 구조, 함께 참여하기, 양육과 도전을 놀이실에서 '처방'하는 것과 같이 테라플레이는 가정에서도 건강한 관계를 유도 및 촉진한다. 테라플레이는 집단 형태로도 활용될 수 있는데, 독립적인 치료나 가족치료의 일환으로도 사용할 수 있다. 이번 장에서는 가족 테라플레이와 근거 기반 효과 연구들, 자폐스펙트럼장애 아동에의 적용에 대해 다루었고, 자폐를 가진 5세 남아 치료 사례를 통해 테라플레이의 방법에 대해서도 설명했다. 아스퍼거장애와 같이 고기능 자폐스펙트럼장애인 아동과 인지적 지연을 보이는 아동에게 적용 가능한 변형법에 대해서도 소개했다. 테라플레이는 아동의 정서적 세계가 가지는 힘에 주목하면서도 이를 아동의 인지적 잠재력과 체계적으로 통합시킨다. 테라플레이는 자폐스펙트럼장애를 가진 아동과 그 가족들에게 도움이 되지만, 자폐스펙트럼장애 아동과 부모를 위해 이를 다루어볼 때 놀이 치료사 또한 상당한 만족감을 경험할 것이다.

참고문헌

Abidin, R. R. (1995). *Parenting Stress Index: Professional Manual* (3rd ed.). Odessa, FL: Psychological Assessment Resources.

Autism Society of America. (ASA). (n.d.). *About autism*. Retrieved February 28, 2011 from http://www.autism-society.org/about-autism/

Black, D. O., Wallace, G. L., Sokoloff, J. L., & Kenworthy, L. (2009). Brief report: IQ split predicts social symptoms and communication abilities in high-functioning children with Autism Spectrum Disorders. *Journal of Autism & Developmental Disorders*, 39(11), 1613–1619.

Booth, P. B. (2003). *The role of touch in Theraplay*. Paper presented at the First International Theraplay Conference, June 27, 2003, Chicago, IL.

Booth, P. B., & Jernberg, A. M. (2010). *Theraplay: Helping parents and children build better relationships through attachment-based play* (3rd ed.). San Francisco: Jossey-Bass.

Bowlby, J. (1973). *Attachment and loss. Vol. II: Separation, anxiety and anger*. London: Hogarth Press.

Bowlby, J. (1988). *A secure base: Parent–child healthy human development*. New York: Basic Books.

Bundy-Myrow, S. (2000). Group Theraplay for children with autism and pervasive developmental disorder. In E. Munns (Ed.), *Theraplay: Innovations in attachment—Enhancing play therapy* (pp. 301–320). Lanham, MD: Jason Aronson.

Bundy-Myrow, S. (2005). Theraplay for children with self-regulation problems. In C. Schaefer, J. McCormick, & A. Ohnogi (Eds.), *International handbook of play therapy: Advances in assessment, theory, research, and practice* (pp. 35–64). New York: Jason Aronson.

Bundy-Myrow, S., & Booth, P. B. (2009). Theraplay: Supporting attachment relationships. In K. J. O'Connor & L. D. Braverman (Eds.), *Play therapy theory and practice: Comparing theories and techniques*. (pp. 315–366). Hoboken, NJ: John Wiley & Sons.

Coleman, R. (2010). Research findings that support the effectiveness of Theraplay. In P.B. Booth & A.M. Jernberg, (Eds.), *Theraplay: helping parents and children build better relationships through attachment-based play* (3rd ed.). San

Francisco: Jossey-Bass.

Dunn, W. (1999). *The sensory profile manual*. San Antonio, TX: The Psychological Corporation.

Garon, N., Bryson, S. E., & Smith, I. M. (2008). Executive function in preschoolers: A review using an integrative framework. *Psychological Bulletin, 134*(1), 3-60.

Gilliam, J. E. (2006). *Gilliam Autism Rating Scale* (2nd ed.). Austin, TX: Pro-Ed.

Jernberg, A. M. (1979). *Theraplay: A new treatment using structured play for problem children and their families*. San Francisco: Jossey-Bass.

Jernberg, A. M., & Booth, P. B. (1999). *Theraplay: Helping parents and children build better relationships through attachment-based play* (2nd ed.). San Francisco: Jossey-Bass.

Kenworthy, L., Black, D. O., Harrison, B., della Rosa, A. , & Wallace, G. L. (2009). Are executive control functions related to autism symptoms in high-functioning children? [Electronic version]. *Child Neuropsychology, 15*, 425-444.

Kiermaier, A. (2010). Theraplay for Children with regulation disorders. In P. B. Booth & A. M. Jernberg (Eds.), *Theraplay: Helping parents and children build better relationships through attachment-based play* (3rd ed.). San Francisco: Jossey-Bass.

Klin, A., Saulnier, C. A., Sparrow, S. S., Cicchetti, D. V., Volkmar, F. R., & Lord, C. (2007). Social and communication abilities and disabilities in higher functioning individuals with autism spectrum disorders: The Vineland and the ADOS. *Journal of Autism and Developmental Disorders, 37*, 748-759.

Lindaman, S., & Booth, P. B. (2010). Theraplay for children with autism spectrum disorders. In P. B. Booth & A. M. Jernberg (Eds.), *Theraplay: Helping parents and children build better relationships through attachment-based play* (3rd ed.). San Francisco: Jossey-Bass.

Mäkela, J. (2003). What makes Theraplay effective: Insights from developmental sciences. *The Theraplay Institute Newsletter*, Fall/Winter.

Mäkela, J., & Vierikko, I. (2004). *From heart to heart: Interactive therapy for children in care. Report on the Theraplay project in SOS Children's Village, Finland*. Retrieved February 28, 2011 from http://www.theraplay.org/18432.html

Myrow, D. L. (2000). Applications for the attachment-fostering aspects of Theraplay. In E. Munns (Ed.), *Theraplay: innovations in attachment-enhancing play therapy*. Lanham, MD: Jason Aronson.

Rubin, P. B., & Tregay, J. (1989). *Play with them—Theraplay groups in the classroom*. Springfield, IL: Charles C. Thomas.

Schore, A. N. (1994). *Affect regulation and the origin of the self: The neurobiology of emotional development*. Hillsdale, NJ: Erlbaum.

Siegel, D. J. (1999). *The developing mind*. New York: The Guilford Press.

Siegel, D. J., & Hartzell, M. (2003). *Parenting from the inside out*. New York: Jeremy P. Tarcher /Putnam.

Siu, A. (2007, July). *Theraplay for elementary school children with internalizing problems: The Hong Kong experience*. Poster presented at the International Theraplay Conference, Chicago, IL.

Siu, A. (2009). Theraplay in the Chinese world: An intervention program for Hong Kong children with internalizing problems. *International Journal of Play Therapy, 18*(1), 1-12.

Sroufe, L. A., Egeland, B., Carlson, E., & Collins, W. A. (2005). *The development of the person: The Minnesota study of risk and adaptation from birth to adult-*

hood. New York: The Guilford Press.

Tanguay, P. (1990). Infantile autism and social communication spectrum disorder. *Journal of the American Academy of Child and Adolescent Psychiatry, 29*, 854.

Wettig, H. H. G., Franke, U., & Fjordbak, B. S. (2006). Evaluating the effectiveness of Theraplay. In C. E. Schaefer & H. G. Kaduson (Eds.), *Contemporary play therapy: Theory, research, and practice* (pp. 103–135). New York: The Guilford Press.

Wettig, H. H. G., Coleman, A. R., & Geider, F. J. (2011). Evaluating the effectiveness of Theraplay in treating shy, socially withdrawn children. *International Journal of Play Therapy, 20*(1), 26–37.

Winnicott, D. W. (1987). *Babies and their mothers*. New York: Addison-Wesley.

제5장

독백에서 대화로

자폐 아동을 위한 놀이와 연극치료

Loretta Gallo-Lopez

… 나의 삶은 언제나 타인의 곁에 존재해왔으나 철저히 분리되어 있는, 병행놀이
(parallel play)의 연속과도 같았다. (Page, 2009, p. 3)

Tim Page(2009)는 자서전 *Parallel Play*에서 아스퍼거장애로 성장해온 자신의 삶을 회고하면서 우리에게 자폐스펙트럼장애 아동의 특징을 소개하고 있다. 그의 자전적 묘사는 우리가 자폐스펙트럼장애 아동의 놀이에서 볼 수 있는 '함께 있으나 분리된' 모습을 전달하고 있다.

자폐증(autism)의 어원은 '자아(self)'를 의미하는 그리스어 *autos*에서 유래하였다. 어원에 표현되고 있는 것처럼 자폐스펙트럼장애의 가장 두드러지는 특징은 바깥 세상과 분리되어 자신에게 집중된 관심이라고 할 수 있다. 자폐스펙트럼장애 아동에게 접근할 수 있는 가장 효과적이고 목적 지향적인 방법은 그들이 고립된 세계에서 벗어나 공통의 경험으로 관심을 돌릴 수 있도록 유도하는 것이다. 이러한 맥락에서 연극과 연극치료는 대인관계와 사회적 상호작용에 필요한 핵심 요소를 내포하고 있으며, 이를 촉진하는 핵심적 방법을 제공할 수 있다. 연극 무대에서 독백과 대화의 차이점은 2인 이상의 화자가 관계를 맺으며 전달, 논의, 공감 등을 목적으로 의사소통한다는 점이다. 자폐스펙트럼장애 아동의 핵심 증상은 언어뿐만 아니라 관계적 측면에서 '대화'를 시작하거나 유지할 수 있는 능력이 결여되었다는 점이다. 이러한 아동에게 도움을 주기 위해서는 그들을 독백의 세계에서 타인과 함께하는 대화의 세계로 인도하는 것이 선행되어야 한다고 할 수 있다.

이 장에서는 자폐스펙트럼장애 아동의 핵심 결함과 치료적 요구에 대한 접근 방법으로

연극치료(drama therapy)를 소개하고자 한다. 우선 자폐스펙트럼장애에 대한 정의 및 유병률, 행동, 증상을 소개할 것이다. 연극치료의 정의와 개요를 소개하고, 연극치료의 중요성과 구체적 연극치료 프로토콜을 적용 근거와 함께 제시할 것이다. 또한 연극치료 적용 사례를 소개함으로써 자폐스펙트럼장애 아동을 위한 연극치료 프로토콜의 효과성을 입증하고자 한다.

자폐스펙트럼장애

약 30년 전까지 자폐는 인구 1만 명당 4명의 유병률을 보이는 희귀 장애였다(Baron-Cohen, 2008). 하지만 미국질병통제예방센터(Centers for Disease Control and Prevention, CDC)의 2009년 보도자료에 의하면 2006년 기준 8세 아동 110명당 1명의 비율로 자폐스펙트럼장애를 가지고 있는 것으로 나타났다. CDC는 자폐스펙트럼장애의 진단 기준 및 용어 정의를 급격한 유병률 증가의 원인으로 보았다. 1980년대 이전에는 **자폐증**만을 포함하였으나 현재 유병률 추산에는 자폐성 장애(autistic disorder), 아스퍼거장애(Asperger's disorder), 전반적 발달장애(pervasive developmental disorder), 달리 분류되지 않는 전반적 발달장애(PDD-NOS)가 모두 포함되어 있다.

'스펙트럼(spectrum)'은 다양한 유형을 지칭하는 포괄적 용어이며, 사회관계 형성의 어려움, 의사소통장애, 고착 및 상동증적 행동을 핵심 결함으로 포함하고 있다(Baron-Cohen, 2008). 첫째, 마음 이론(ToM)에 부합하는 발달 행동이 결여되었을 때 자폐스펙트럼장애로 분류된다. 마음 이론은 "자신이 아닌 타인의 입장에서 타인의 생각과 느낌을 유추하는 능력으로, 이를 바탕으로 타인의 행동을 예측할 수 있는 능력"이다(Baron-Cohen, p. 57). 마음 이론이 결여되면 타인의 행동을 이해하거나 해석, 예측하는 것이 불가능하고, 이는 자폐스펙트럼장애 아동으로 하여금 불안과 혼란을 경험하게 한다. 또한 자폐스펙트럼장애 아동은 타인의 행동이나 얼굴 표정을 통하여 경험을 이해하거나 공감하는 데 어려움을 느끼는데, 이러한 기술은 사회적 상호작용에 참여하거나 사회적 관계를 시작 및 유지하는 필수 기술이라고 할 수 있다.

둘째, **공동 주의**이다. 공동 주의는 타인의 시선을 좇을 수 있는 능력과 타인이 관심을 가지는 대상에 관심을 표현하고 공동 놀이 경험으로 발전시킬 수 있는 능력을 지칭하는데, 대부분 자폐스펙트럼장애 아동은 공동주의 능력의 결여를 보인다(Kasari, Freeman, & Paparella, 2006). Kasari와 동료들(2006)은 자폐스펙트럼장애 아동에게 공동 주의와 상징놀이 기술의 학습이 중요하다고 하였으며, 조건화된 환경 조성을 통하여 학습과 일반화가 가능하다고 하였다. 또한 공동 주의와 상징놀이 기술은 자폐스펙트럼장애 아동의 정서 상태를 변화시킬 수 있으며, 이는 모든 교육과 중재에 중요하다고 하였다.

대부분의 정상 발달 아동은 가상놀이(pretend play)가 가능하다. 이 아동들은 자신과 놀이에 참여하고 있는 타인이 모두 '가상'으로 행동하고 있다는 것을 이해하고 있다. 가상놀이는 사물을 표상적으로 사용하는 상징놀이(symbolic play)와 연관성이 있다. 예를 들어 상징놀이에서는 상자가 감옥을 나타내거나 인형 혹은 장난감이 사람처럼 움직이고 말하고 감정을 표현하기도 한다(Kasari et al., 2006; Lewis, 2003). 대부분의 자폐스펙트럼장애 아동은 상징놀이에 대한 이해가 선천적으로 결여되어 있으며, 따라서 이들에게 가상놀이 경험을 제공하는 것이 중요하다.

가상놀이는 사회와 문화를 학습할 수 있는 장을 마련해준다. 또한 가상놀이는 아동이 일상생활을 위해 필요한 행동을 탐색하고 적용하는 기회를 제공한다. 하지만 자폐스펙트럼장애 아동은 사회성 결여 때문에 가상놀이를 통한 경험과 학습의 혜택을 받기 어렵다. 자폐스펙트럼장애 진단 및 유병률의 증가 추세를 고려할 때, 이들에게 가상놀이 체험을 제공할 수 있는 방안을 마련하는 것이 시급하다. 이전까지 통용되어온 행동분석과 상황극 기반 중재는 특정 문제 행동의 소멸과 일상생활 기술의 학습에 효과적이지만, 성인 주도형 중재라는 제한점을 지닌다(Attwood, 2007; Baron-Cohen, 2008).

하지만 놀이의 자연 발생적 특성 때문에 상황극이나 모방놀이만으로 모든 상황에 적용 가능한 놀이 방법을 배우는 데는 한계가 있다. 자폐스펙트럼장애 아동의 놀이기술을 효과적으로 향상하기 위해서는, 이들에게 있어서 놀이의 중요성을 인식해야 하며 아동의 사회적 핵심 결함을 완화하기 위한 방안으로 상호작용 및 관계 형성을 촉진해야 한다. 이러한 방법은 놀이의 정상 발달 과정과 놀이기술 습득의 점진적 과정을 이해하게 하며, 연속선상에서의 놀이를 촉진할 수 있는 폭넓은 프레임워크를 제공할 것이다.

연극치료는 놀이의 발달적·사회적 측면을 포괄하는 접근 방법의 하나로, 내적 동기와 보상을 바탕으로 내면화된 놀이 참여를 가능하게 한다. 다음에서는 자폐스펙트럼장애 아동을 위한 연극치료를 소개하고자 한다. 또한 연극치료 적용의 근거와 전반적 프레임워크를 발달적 맥락에서 함께 소개하고자 한다.

연극치료

연극치료는 연극치료 전문교육을 받은 전문가들에 의하여 치유, 성장, 치료를 목적으로 연극과 무대를 의도적으로 사용하는 것이다(National Association for Drama Therapy). 연극치료는 아동, 청소년 및 성인, 노인 등을 대상으로 입원 및 외래 병동, 교도소, 학교 등 다양한 환경에서 적용될 수 있다. 개인, 집단, 가족의 형태로 시행되며, 역할놀이, 즉흥극, 실연, 스토리텔링, 손 인형극, 가면극 등 다양한 중재 기법을 활용하고 있다(http://www.nadt.org). 이는 선사시대로부터 관계, 종교의식, 세계관 등을 공유하고자 하는 소통에 대한 인간의 본능적 요구에서 기인한다고 할 수 있다(Courtney, 1974).

연극치료에서 아동은 창작가, 배우, 연출자이고, 치료사는 배우, 관찰자, 청중의 역할을 한다. 치료사는 아동이 놀이 전개의 연속선을 따라 발달할 수 있도록 다양한 방법으로 중재하는 것이 좋다. 연극치료사는 임상적 역량과 창의적·자발적 기술을 바탕으로 아동의 행동을 충분히 수용해야 한다(Cattanach, 1994). 치료사가 배우로서 아동이 지정한 역할에 참여할 때는 연기를 해야 하는 순간과 그렇지 않은 순간, 역할을 수행해야 하는 순간과 그렇지 않은 순간을 잘 분별해야 한다. 다시 말해 치료사 자신과 연극의 인물, 자신일 때와 그렇지 않을 때를 명확히 해야 한다. 극 중 인물에 대해서 제3자의 관점에서 서술하거나 특정 역할이 어떻게 연기되어야 하는지 질문을 던짐으로써 이러한 이슈를 명확하게 규명할 수 있다. 치료사는 아동이 스스로 극 중 역할, 성향, 행동, 언어 등을 설정할 수 있도록 해야 하며, 역할의 시작과 끝에 대해서도 선택할 수 있도록 해야 한다. 예를 들어, 치료사가 지구에 착륙한 외계인의 역할을 맡게 되었다면, 외계인의 움직임과 말투, 지구 생명체를 처음 만났을 때 어떻게 반응하는지 등에 대해 아동이 구체적으로 설정할 수 있도록 한다.

연극치료는 "아동은 사물에 자신의 특성을 부여하거나 사실에 대한 관점을 투사하는 등" 놀이를 통하여 상징과 투사를 사용하도록 지원한다(Landy, 1986, p. 12). Jennings(1993, 1995)는 우리는 극적 상상력을 통하여 우리가 하고 있는 행동에 대한 이해를 높일 수 있는데, 이는 아동 발달에 큰 영향을 미친다고 주장한다. 그녀는 "창의적 상상이 아동 교육에 있어서 가장 중요한 요인"이라고 하였다(1993, p. 20).

연극치료와 자폐스펙트럼장애

연극치료는 아동 주도형, 아동중심형 중재라는 점에서 자폐스펙트럼장애 아동의 중재 방법으로 적합하다고 할 수 있다. Rogers와 Vismara(2008)는 아동의 선택과 내적 보상에 의해 촉발되며 지속적인 동기부여와 일반화를 가능하게 하는 방법이 가장 적합하다(National Research Council, 2001, pp. 32-33)고 인용하며 자폐스펙트럼장애 아동을 위한 중재 방안으로 연극치료의 사용을 권장하였다. 또한 연극치료는 아동 사이의 상호작용과 성장을 촉진하는 과정이라는 점에서 자폐스펙트럼장애 아동의 중재 방안으로 적합하다(Irwin, 2005; Sandberg, 1981). 상호적 공유놀이 경험은 개별 놀이(solitary play)가 촉진시킬 수 없는 인지, 사회, 의사소통 기술 발달을 촉진시킨다(Chasen, 2011; Lewis, 2003). Wolfberg(2009)는 "또래 놀이는 사회문화적 맥락 내에서 요구되는 사회성 역량 기술을 요구한다."(p. 34)라고 하였다.

독립적 또래 놀이는 신경학적 이상 소견을 판단할 수 있는 주요 징후이다(Cattanach, 1994). 자폐스펙트럼장애 아동의 경우 정상 아동에 비해 독립적 또래 놀이가 경직되어 있고 덜 탐색적이며 반복적으로 발생한다는 점에서 신경학적 이상 소견을 보인다고 할 수 있다. 이러한 이상 소견에 대하여 Schuler 와 Wolfberg(2000)는 '반향 놀이(echoplaylia)'라는 용어를 사용하였는데, 이는 즉각적 혹은 지연되어 나타나는 고립적이고 반복적인 놀이를 의미하며, 사물 혹은 놀잇감의 반복적 조작이 일상 혹은 의식으로 고착되어 있는 행동으로 나타난다. 자폐스펙트럼장애 아동의 반향어(echolalia) 특성이 놀이로 나타난 것이다. 지시나 안내가 없는 상황에서 자폐스펙트럼장애 아동은 가상놀이에 참여하기 어려우며 장난감 혹은 놀잇감을 기능적·상징적으로 사용하는 데 어려움을 느낀다. 또한 역할놀이나 상황 실연에 자연스럽고 융통성 있게 참여하는 데 어려움이 있다. 성인의 중재 없이 자폐스펙트럼장애 아동은 전향적으로 자발적으로 또래와의 자유놀이에 참여하기 어려우며, 고립되거나 병행된 형태로만 놀이가 가능하다(Wolfberg, 2009).

공유된 가상놀이는 사회성 발달을 돕는 주요한 방법이다. 사회와 사회적 행동은 협동놀이를 고취하고 이를 지속할 수 있는 다양한 정보를 제공한다. 공유된 가상놀이를 통하여 아동의 사회적 의사소통 기술이 길러지고 사회적 관계와 관계를 향상시키는 사회적 행동에 대한 이해력이 길러진다(Attwood, 2007; Chasen, 2011).

발달적 관점에서 Irwin(2005)은 역할놀이가 공감 능력의 진화에 중요하다고 하였다. 예를 들어, "아동이 하나의 역할을 수행할 때 그 사람처럼 생각하고 이야기하는 것이 필요하는 것이다. 이러한 방법을 통해서 타인의 관점에서 이해하고 공감하는 기술을 발달시킬 수 있다"(p. 21). Greenspan과 Wieder(2006)는 연극을 통하여 놀이의 정서적 소통이 가능하다고 하였다. 아동은 폭넓은 감정에 대한 표현적이고 수용적인 의사소통을 경험할 수 있으며 정서소통의 중요성을 이해하게 된다. 특정 역할을 맡음으로써 '나 자신과 나 자신이 아닌 것'

을 경험할 수 있게 되고 나와 타인의 유사점과 차이점을 경험할 수 있으며 그러한 특성을 연결시킬 수 있게 된다. Sandberg(1981)는 "사물을 다른 관점에서 바라볼 수 있는 능력은 나와 타인을 이해하는 데 있어서 매우 중요하다"고 하였다(p. 39). 역할 담당(role taking)과 역할놀이(role playing), 자신과 타인의 역할을 분리하여 이해하는 것은 공감과 관점, 자아정체성의 발달을 가능하게 한다. Cattanach(1994)는 역할놀이와 관점 채택 능력의 발달 사이의 관계를 강조하였으며, 이러한 관계가 마음 이론 기능을 촉진하는 주요 요인이라고 하였다. "세상을 타인의 관점으로 재경험 하는 것은 역할 채택의 핵심이라고 하였다"(p. 24). 줄거리를 구상하고 전개하는 것, '어디'라는 공간 개념을 확립하는 것은 상상력을 향상시키고 '마치 무엇처럼'이라는 개념을 형성할 수 있도록 돕는데, 이것은 모두 연극의 핵심인 상징과 투사와 밀접한 연관성을 지닌다.

연극치료는 자폐스펙트럼장애 아동을 위하여 이들의 증상과 요구를 충족시킬 수 있는 매체이다. 의미 있는 소통, 공유된 경험, 사회적 관계와 이해 능력의 습득은 즐겁고 아동 주도적인 연극치료를 통해서 가능하다.

연극놀이를 위한 장난감과 기타 소도구

수년 동안 필자는 도구나 의상, 무대 공간을 사용하지 않고 아동에게 극적 놀이를 적용시켜 왔다. 이러한 방법은 정상적 놀이 기술 발달을 보이는 정상 발달 아동에게 적합하다. 연극치료의 대상이 자폐스펙트럼장애 아동인 경우 놀이 경험을 향상시키고 놀이를 유지시킬 수 있는 연극 도구의 사용이 중요하다. 장남감과 재료는 기능적이며 치료 목적에 부합하게 선택되어야 한다. 일반적으로 사용되는 놀이치료 도구(예 : 인형의 집, 사람이나 동물 피규어, 인형, 기타 부속품, 자동차, 모래판 등)가 기본적으로 필요하다. 이러한 재료는 상징적 투사적 놀이 기술의 발달을 돕는다. 다양한 재료와 환경은 모자, 망토, 의상으로 사용할 수 있는 천, 공간 등의 도구와 더불어 상상적 놀이와 즉흥극을 위해서 반드시 갖춰야 할 도구이다. 의사소통을 위한 전화기, 현금 계산대, 음식 모형, 가재도구(예 : 빗자루, 공기 청정기 등), 그밖의 도구(예 : 열쇠, 병원놀이 도구, 손전등 등)는 일상생활에서 일어나는 활동에 도움이 되는 도구이다. 마법 지팡이, 칼, 방패, 왕관, 동물 귀 등의 도구는 환상적 놀이(fantasy play)를 위하여 필요하고, 전신 거울, 칠판 등도 부가적으로 필요하다. 마지막으로 주요한 도구는 안정감과 자유도를 동시에 부여할 수 있는 공간이다.

연극놀이의 연속성

Jordan(2003)은 아동이 놀이의 발달 단계에서 기술을 경험함에 따라 삶에서 지속적으로 사용하게 될 다양한 놀이 기술을 습득하게 된다고 역설했다. 놀이극의 연속은 아동이 발달적으로 의미 있는 방법으로 놀이 기술을 경험 및 완수한다는 개념을 바탕으로 한다. 정상 발달 아동의 경우 이러한 과정은 중재나 지시 없이 자연스럽게 발생한다. 반면 자폐스펙트럼장애 아동은 이러한 과정을 촉진할 수 있는 중재를 필요로 한다. 치료사가 정상 발달을 기준으로 치료목적을 일방적으로 설정하기보다는 장애 아동의 현재 발달 상태를 기준으로 중재의 출발점을 설정해야 한다.

감각운동 활동은 놀이에 대한 아동의 도입과 놀이 위주의 경험으로 구성된다. 영유아기 아동을 위하여 우리는 소리와 접촉 등 감각 자극을 주로 사용하는데, 이러한 방법은 자폐 아동에게도 유용하다. 감각 자극을 사용한 놀이는 상징놀이 기술을 배우는 단계보다는 장난감과 대상물을 탐색하기 시작하는 발달 단계에 있는 아동에게 더 적합하다(Cattanach, 1994). 감각놀이는 소리(즉 음악과 리듬)와 촉각 자극(즉 진흙, 물, 모래, 점토, 대리석, 바위, 조개 껍질 등)을 통하여 세상을 탐색하는 것이다. 아동과 치료사가 감각놀이를 통하여 경험을 공유하게 되는데, 이러한 놀이는 자폐 아동에게 소통의 통로를 제공한다. 예를 들어, 손을 모래에 묻고 자신이 이곳에 존재함과 그렇지 않음을 경험하는 것은 숨바꼭질 놀이의 초기 모습이라고 할 수 있다.

아동이 감각과 감각운동 놀이를 터득한 후에는 다음 목표는 상징놀이 단계이다. 감각 놀이에서 상징놀이로 발전하는 첫 번째 단계는 사건이나 경험을 묘사할 수 있는 가상 혹은 실제의 상징물을 발견하는 것이다. 예를 들어 한 줄로 늘어서 있는 운송용 트럭은 길을, 모래 더미는 화산을 상징한다. 또한 감각 경험은 목소리, 움직임, 장난감 등에 의미를 부여함으로써 상징 경험으로 전환된다. 이렇듯 아동이 장난감과 대상물의 본질을 이해하기 시작하게 되면 하나의 대상을 다른 대상물로 치환할 수 있는 상징놀이를 시작하게 된다(Cattanac, 1994).

전연극 놀이(predramatic play) 단계에서 아동은 자신의 감정과 경험을 투사하게 된다. 투사놀이를 통해서 자신의 느낌, 감정, 본질이 장난감과 대상물에 투사된다. 예를 들어, 트럭은 아버지로부터 오는 혹은 아버지에게 가는 우편물을 신나게 배달하고, 버스는 아이들을 학교에 통학하게 하기 위해서 급하게 달려가며, 사람들은 화산 분출을 피하기 위해서 두려워하며 달려간다. 투사놀이는 사고와 감정, 경험을 반영하며 사회성 발달을 위한 놀이의 준비 단계이다.

다음 단계에서는 투사놀이에서 소시오드라마 놀이(sociodrama play)로 자연스러운 전환이 일어난다. 소시오드라마 놀이를 통하여 우리는 자폐 아동의 독백이 대화로 변화되는 것을 발견하게 된다. 소시오드라마 놀이를 통해서 공유 경험이 가능하며, 이 단계부터 진정한 공동 참여가 일어나게 된다. 하나의 공간이 온전하게 놀이 공간이 되며, 놀이의 전개에 따라 집, 가게, 우체국, 학교 등의 다양한 환경이 연출된다. 역할이 성립되고 의상이 입혀지며 다양한 즉흥적 경험을 위하여 소도구가 사용된다. 목소리와 움직임은 역할을 보다 구체적으로 묘사하기 위하여 사용된다. 자신은 타인과 구별되며 느낌과 감정을 탐색하기 시작한다. 이를 통하여 문제해결 기술과 감정이입 기술이 발달하기 시작한다.

연극놀이와 부모 참여

자폐 아동을 위한 연극치료에 부모가 함께 참여하는 것은 새로운 놀이 기술의 습득 및 유지를 돕는다. 부모를 위한 코칭은 치료 회기뿐만 아니라 일상에서도 연극치료와 유사한 환경을 조성해주며, 이로 인하여 치료의 연속성 및 일반화 효과를 기대할 수 있다. Greenspan과 Wieder(2006)는 부모가 자폐 아동의 연극치료에 적극적 역할을 가지고 참여할 것을 권장한다. 가정에서도 연극치료 환경을 우선적으로 연출할 것을 권장하며 이를 위하여 장난감과 다양한 재료 목록을 제공하고 있다. 아동이 집에서 연출되는 연극치료에 참여함으로써 다른 환경과 상황, 또래와의 관계에 일반화될 수 있는 가능성이 높아진다. 또한 부모는 또래와의 정기적 놀이를 마련하고 회수와 놀이 시간을 점차적으로 늘려주는 것이 좋다. 부모는 아동의 병행놀이가 상호작용 놀이로 점차적으로 자연스럽게 발전할 수 있도록 기다려주어야 하며, 아동의 실제 발달 연령에서 습득해야 하는 기능을 일방적으로 교육하지 않도록 주의해야 한다. National Research Council Report는 자폐 아동의 놀이에서 부모의 참여가 중요하다고 강조하였다(Rogers & Vismara, 2008). 부모는 아동과 상호작용하는 동시에 가정과 커뮤니티에서 필요한 새로운 기술을 습득할 수 있도록 도와주어야 한다(Kasari et al., 2006).

맥스의 사례

맥스는 달리 분류되지 않은 전반적 발달장애(PDD-NOS)로 진단받은 지 4년 3개월 된 아동이며, 부모는 이러한 발달 평가의 결과를 약 1주일 전에 상담자와의 면담을 통하여 처음 알게 되었다. 맥스는 놀이와 연극치료를 위하여 의뢰되었는데, 부모는 이러한 치료가 맥스에게 필요하다는 사실에 동감하고 있었다. 부모는 진단결과에 대해서 실망하기는 했지만 어느 정도 예상하고 있었고, 맥스가 영아였을 때부터 정상 아동과는 다르다는 것을 감지하고 있었다고 하였다. 특히 맥스는 2명의 형제와 상이한 발달 행동을 보였는데, 그러한 행동은 사회 친화성, 사회·정서적 연결성, 놀이 기술에서 두드러지게 나타났다. 부모는 맥스가 '융통성이 적고 완고하다'고 기술하였다. 다른 아동과 상호작용에 관심을 보이지 않았고, 이러한 점 때문에 부모는 다른 또래 아동과 고립되는 것을 걱정하였다. 부모는 맥스가 안정적 애착관계를 형성하고 있다고 생각하였지만, 맥스의 포옹이 늘 표면적이고 낯선 사람 대하듯 한다는 불만을 가지고 있었다. 형제들이 놀이를 권유하였음에도 불구하고 맥스는 끊임없이 방문을 여닫았고, 물건의 이름을 늘어놓으면서 집 안을 돌아다녔다. 맥스는 과도기적 시간, 예상하지 못했던 변화, 많은 사람들이 모여 있는 사건 등을 다루는 데 어려움을 보였다. 이러한 경우 대부분은 불안하게 돌아다니거나 몸을 앞뒤로 흔들거나 소리를 지르거나 심리 탈진(meltdown)을 보이곤 하였다. 맥스의 어휘력은 좋은 편이었으나 타인과의 대화보다는 대상을 지칭하거나 선호하는 비디오 혹은 TV 프로그램의 대사를 암기하는 경우가 대부분이었다. 가끔 또래 친구들과 놀거나 상호작용하기를 원하는 것처럼 보이는데, 놀이를 시작하거나 다른 친구의 놀이 제안에 적절하게 응대하는 방법을 모르는 것처럼 보였다. 맥스는 종종 대화를 시도하는 또래와 어른을 무시하였는데, 특히 부모의 요구를 철저하게 무시하는 행동을 보였다. 그는 지도, 비행기, 자동차, 표지판, 기계류의 물건에 몰두하는 행동을 보였다.

부모와의 첫 번째 회기에서 나는 치료 회기에서 부모의 역할이 중요하며, 부모 중 적어도 한 사람은 매 회기에 참여해야 한다고 설명하였다. 회기 도중에 상담자가 맥스에게 어떻게 반응하고 중재해야 하는지 시범을 보여주면 부모는 이를 맥스와의 상호작용에 그대로 반영해야 하는데, 이것은 부모로 하여금 치료적 접근 방법에 대한 친숙함을 가지기 위함이며 일상생활에 적용할 확률을 높이기 위함이다. 또한 상담자는 집에서 연극치료와 유사한 환경을 조성하는 것과 맥스가 치료 회기에서 경험한 놀이 기술을 연습할 수 있도록 연극놀이를 반복할 수 있도록 하는 것이 중요하다고 설명하였다. 우리는 맥스의 놀이 기술 발달을 지원할 수 있는 다양한 연극 놀잇감 중 집에서 사용 가능한 장난감과 놀잇감에 대해서 논의하였다. 회기 후반부에 부모가 맥스에게 바라는 가장 큰 희망사항을 물어보았고, 이에 대해 어머니는 '놀이 방법을 배워서 또래 아동과 어울려 노는 즐거움을 아는 것'이라고 말했고 아버지는 '친구를 가지게 되는 것'이라고 대답하였다.

첫 번째 회기에 앞서 유치원 생활 관찰에서 상담자는 맥스가 운동장에 혼자 고립된 상태로 학교 담장 사이를 의미 없이 바라보거나 운동장에서 발견한 물건들을 주어 들거나 떨어뜨리는 등의 행동을 하는 것을 발견할 수 있었다. 그는 반 친구들과 어울리지 않았고 반 친구들도 맥스에게 함께 놀자고 권유하지 않았다. 활동 시간에도 맥스는 카펫 혹은 앞에 앉아 있는 친구가 입고 있는 스웨터의 패턴, 청바지에 떨어져 있는 실오라기 등을 응시하는 행동을 보였다. 간식 시간에 다른 친구들이 웃고 떠드는 동안에도 맥스는 과자의 개수를 세고 있었다. 다행스럽게도 학교는 맥스의 행동에 대하여 상담자, 부모의 도움을 받기를 원하였고, 함께 교사와 학교 관계자에게 맥스-또래 아동 간 놀이, 상호작용 및 의사소통 기술 발달을 도울 수 있는 가이드라인을 만들기로 하였다.

맥스는 부모와 함께 첫 번째 치료 회기에 참여하였다. 건물에 들어설 때 맥스는 부모의 손을 마지못해 잡고 있다가 1층 치료실에 들어오기 전에 뿌리쳐 버렸다. 맥스는 2층으로 향하는 계단을 오르락내리락하며 계단의 수를 세거나, 오는 길에 보았던 사물들의 이름을 중얼거렸다. 부모는 가까스로 맥스를 잘 달래서 치료 대기실로 들어왔다.

내가 치료 대기실에 들어갔을 때 맥스는 에어컨을 덮고 있는 바닥 통풍구 위에 쭈그리고 앉아 있었다. 그는 통풍구를 내려다보고 그 사이로 손을 넣어서 에어컨에서 나오는 바람을 느끼고 있었다. 에어컨 바람이 얼굴을 스칠 때마다 웃고 있었다. 덮개 재질과 나무 바닥, 시원한 바람은 맥스뿐만 아니라 유사한 진단을 가지는 아동을 현혹시키는 요인이다. 맥스는 감각적 경험을 위해서 그 자리에서 꼼짝하지 않았고 이름을 불렀을 때 아무 반응을 보이지 않았으며 덮개 위로 휴지 한 장을 집어넣고 있었다. 나는 휴지를 가지고 맥스의 바로 옆에 앉아서 덮개 안에 휴지를 집어넣었다. 맥스는 계속 상담자를 바라보지 않았지만 통풍구에서 나오는 바람이 휴지를 움직일 때마다 웃었다. 두 번째 시도에서 상담자는 휴지로 덮개를 덮었다. 그리고 통풍구에서 바람이 나와서 휴지를 날릴 때마다 맥스와 함께 웃었다. 나는 휴지를 등 뒤로 숨겼고, 맥스는 바닥 통풍구를 휴지놀이가 계속되기를 바라면서 바닥 통풍구를 몇 초간 응시하였다. 마침내 맥스는 내 쪽으로 눈길을 돌렸고 나는 미소 지으며 말을 걸었다. "안녕, 맥스." 그러자 맥스가 대답하였다. "안녕." 그러고는 등 뒤에 있는 휴지를 바라보았다. 맥스는 내 손에 있던 휴지를 가져다가 바닥에 내려 놓고 "다시 해줘."라고 외쳤다. 나는 휴지를 통풍구 앞에 놓고 바람이 불어올 때마다 맥스에게 반복하여 말하였다. "이번엔 네가 해." 그러자 맥스는 휴지를 가져가서 통풍구 위에 가져다 놓았다. 바람이 불어와 휴지를 날렸을 때 맥스는 나를 바라보았고 우리는 함께 웃었다. 곧 이어 맥스는 휴지를 내 손에 가져다 놓고 "이번엔 네가 해."라고 말했다. 우리는 휴지놀이를 몇 분간 지속하였다. 맥스가 나를 바라볼 때마다 우리는 함께 웃었다. 우리는 첫 번째 놀이 경험을 통하여 처음 연결되었다. 부모는 맥스가 다음 회기를 기다렸다고 하였다.

바람 게임은 감각놀이의 촉각 경험을 이용한 것이다. 바람이 얼굴에 주는 감각은 맥스 자신과 맥스가 느끼는 신체적 촉각 경험을 연결하였고 (상담자를 포함하여) 그 감각을 제공하는 경험과의 연결을 촉진하였다. 이후 수 회기에 걸쳐 우리는 감각놀이를 지속하였다. 나는 맥스에게 모래판을 알려주었고, 우리는 함께 부드럽고 차가운 모래의 느낌을 탐색하였다. 나는 내 손을 모래에 묻고 한 번에 하나씩 손가락을 장난스럽게 들었다. 맥스는 이것을 보고 미소 지었고 몇 분 동안 바라보다가 '까꿍놀이' 게임에 동참하게 되었다. 우리는 깔때기 모양의 장난감을 사용하여 모래가 손 위로 흘러내리게 하였다. 또한 스프레이를 사용하여 손과 모래 위로 물을 분사하여 모래 입자가 주는 부드러운 느낌을 덩어리진 느낌으로 바꾸기도 하였다. 놀이가 진행됨에 따라 나는 바위돌, 조개 껍데기, 대리석 등의 장난감을 모래 속에 감추었고 맥스가 그 장난감을 찾아내는 숨바꼭질 놀이로 발전하였다. 나는 동물 인형을 모래 위에 놓거나 묻기 시작하였다. 맥스의 지속되는 완고함과 반복에 대한 요구는 동물과 다른 대상물을 한 줄로 세우는 모습에서 관찰되었다. 장난감들이 모래에 덮이자 맥스는 스프레이를 사용하여 장난감을 씻어내기 시작하였고, 나는 그 행동에 맞춰서 "오, 다 젖어버렸네."라고 외쳤다. 맥스는 내가 그렇게 외칠 때마다 웃었고 스프레이로 물을 더 많이 분사하였다. 그는 나와 어머니를 보며 말하였다. "비가 내리고 있어요!" 물을 내리는 비로 묘사하는 맥스의 행동은 놀이가 상징놀이 단계로 발전하고 있다는 사실을 말해준다.

상징놀이로 갑작스러운 발달을 보였지만 맥스의 놀이는 아직 상당 부분 완고하고 반복적인 장난감 놀이로 구성되어 있다. 장남감 자동차와 트럭의 바퀴를 지속적으로 응시하고 바퀴를 반복적으로 굴리며, 문을 여닫는 행동을 반복하며, 장난감을 한 줄로 세우는 행동을 보였다. 장난감 구급차를 가지고 와서 자신의 얼굴 가까이에 대고 매우 높은 톤의 목소리로 바퀴, 문, 불, 범퍼, 사이렌 등의 단어를 반복적으로 되풀이하였다. 손가락으로 바퀴를 굴리고 구급차의 문을 반복적으로 여닫았다. 이 시기 맥스를 위한 치료는 보다 많은 상상과 상징놀이를 장려하는 방향으로 진행되었다.

맥스에게 효과적이었다고 생각되는 활동 한 가지는 차고 문이 달려 있는 작은 인형의 집을 사용한 것이었다. 맥스는 바닥에 누워 얼굴을 차고 문 가까이에 대고 문을 열고 닫는 행동을 반복하며 끊임없이 문이 열고 닫히는 것을 응시하였다. 자폐 아동의 반복적 행동에서 관찰할 수 있듯이 이러한 행동에는 명확한 목적이 존재하지는 않는다. 나는 맥스의 이런 행동을 연극의 한 활동으로 전환하는 개입을 시행하였다. 맥스가 차고 문을 열면 나는 집 뒤편 열린 공간을 통하여 내 손가락을 밀어넣었다. 맥스가 차고 문을 닫으면 나는 손가락을 집 뒤로 빼내었다. 맥스가 다시 차고 문을 열면서 내 손가락을 보았고 웃음을 터뜨렸다. 이 순간부터 차고 문을 올리고 내리는 것은 목적을 지니게 되었고(즉 치료사의 손가락을 보는 것) 연결성을 지니게 되었다(즉 나의 행동에 주의를 기울이고 웃는 것). 다음 회기에서 맥스는 차고 문 여닫기 놀이를 지속하였고 나는 손가락을 넣고 **빼는** 행동에 "문 열어주세요. 밖으로 나가고 싶어요."라는 대사를 덧붙였다. 맥스는 차고 문을 열었고 손가락이 빠져나가려고 하자 차고 문을 닫으면서 나를 바라보았고 웃었다. 우리는 그 연극을 지속하였고 맥스는 내 손가락과 "안 돼, 너는 나갈 수 없어."라고 이야기를 시작하였다. 맥스는 "그래, 나가."라고 말하며 차고 문을 닫아버리는 등 손가락을 놀리기 시작하였다. 이러한 행동에 대해 내가 "하지만 나는 일하러 가야만 해!"라고 말하자 맥스는 차고 문을 열고 나갈 수 있게 하였다. 내가 "내 차는 어디 있어?"라고 물어보자, 맥스는 재**빠르게** 장난감 자동차 한 대를 가져다가 차고 앞에 놓아주었다. 나는 맥스의 장난감을 연극 속 대사와 활동에 참여하게 하기 위해서 다른 장난감을 더하기도 하였다. 이러한 게임 형식의 놀이는 연극을 확장시키는 방법으로 맥스의 회기 전반에 적용되었다. 차 안에 앉아 있던 인형은 학교와 직장, 집, 슈퍼마켓을 돌아다니는 사람이 되었으며, 일반적으로 차고 문 뒤에서 출발하였다.

　회기가 반복될수록 맥스는 더 많은 이야기를 놀이에 넣기 시작했다. 구급차는 아프거나 부상당한 사람을 싣고 병원에 데려다주었고, 병원에서 환자는 의사의 치료와 가족의 간호를 받았다. 그의 반복적 놀이는 다른 종류의 자동차로 확장되었는데, 예를 들어 우편배달 트럭은 우편함, 우체국, 사람들 사이를 오가며 편지를 배달하는 게임으로 발전되었다. 모래판에 길이 만들어지고 자동차들은 할머니 집과 테네시에 있는 고모의 집을 오고 갔다. 화산은 용암을 분출했고 공룡들은 서로 싸웠다. 여러 달 동안 놀이의 대부분은 장난감과 여러 가지 물건으로 만들어지는 지명과 거리에 대한 내용이었으며, 사회성 발달을 위한 역할놀이와 즉흥극 놀이는 거의 나타나지 않았다.

　맥스를 위한 소시오드라마 놀이는 금전등록기와 몇 개의 전화기를 사용하여 시작되었다. 맥스는 장난감 금전등록기의 버튼을 반복적으로 누르고 그 소리를 듣곤 하였다. 이 놀이는 목적이 있다고 보기 어려웠고, 대부분의 경우 상호작용 없이 고립적으로 나타났다. 이 회기에서 나는 음식 모형과 2개의 전화기를 맥스 옆에 놓아두었다. 맥스는 음식 가격을 확인하기 위해서 금전등록기를 사용하였다. 나는 다이얼을 돌려서 전화를 걸었고 맥스의 어머니는 다른 전화기를 사용하여 대답하였다. 나는 슈퍼마켓에서 사야 할 물건이 있는데 몇 시에 가게 문을 여는지 궁금하다고 말하였다. 어머니는 전화기를 맥스에게 건네주어서 몇 시에 영업을 시작하는지 대답할 수 있게 해주었다. 맥스는 재**빠르게** 전화를 받아서 "두 시에 열어요!"라고 외쳤다. 나는 운전을 해서 슈퍼마켓에 도착했고 맥스가 일하는 곳에서 장을 보는 척하였다. 그 후 몇 주 동안 우리는 가게를 주제로 놀이하였고 치료실은 맥스의 슈퍼마켓, 아이스크림 가게, 장난감 가게, 가구점 등 다양한 가게가 입점해 있는 쇼핑몰이 되었다.

맥스와 나, 부모는 다양한 모자, 옷, 소도구들을 사용하였고 번갈아 점원 혹은 손님의 역할을 하였다. 이러한 역할을 통해서 우리는 대화를 주고받으며 요구에 응대하고, 다양한 상호적 과제와 활동을 지속할 수 있었다. 우리의 소시오드라마 놀이는 횟수를 거듭할수록 음식점, 병원, 학교 등 다양한 장소로 확장되었다. 맥스는 항상 아이들의 눈에 비춰지는 전형적인 선생님처럼 역할을 수행했다. 처음 몇 주 동안 맥스의 선생님 역할은 칠판에 하루 일과를 나열하는 것에 불과했다. 맥스로 하여금 학생 역할을 수행할 수 있도록 부모와 내가 유도했지만 맥스는 전혀 반응하지 않았고, 이러한 우리의 노력에 전혀 관심을 보이지 않았다. 하지만 더 재미있게 놀이를 전개하고 역할 수행의 기회를 더 많이 제공하자 맥스는 우리의 행동에 반응을 보이기 시작했다. 나는 다루기 힘들고 지시에 따르지 않으며 학급 학생과 선생님에게 방해가 되는 학생 역할을 맡는 것을 좋아하였다. 맥스는 나의 이런 부적절한 행동을 꾸짖었고, 나는 종종 타임아웃 벌칙을 받곤 하였다. 맥스는 학교라는 장소를 놀이의 배경으로 사용하는 것을 좋아하였다. 맥스는 다양한 이름, 정체성, 성격을 가진 역할을 수행하였지만 주로 선생님 역할을 맡고 나와 부모는 학생의 역할을 맡는 것을 선호하였다. 어머니는 규칙을 잘 지켰기 때문에 상으로 별 스티커를 받았지만 나는 규칙을 어겼기 때문에 칠판에 이름이 적히곤 하였다. 내가 규칙을 잘 지키는 날에는 부모에게 칭찬 전화를 걸어주었다.

맥스의 소통과 대화 기술은 치료 상황과 그 밖의 상황에서 꾸준히 향상되고 있었고, 오늘은 맥스의 놀이에 몇 개의 독백이 있었다. 부모는 맥스를 위하여 집에서도 연극치료의 방법을 사용하였고 정기적으로 또래와의 놀이 일정을 잡아주었다. 유치원에서 맥스는 운동장에서 또래와 놀 때 자연스럽게 어울릴 수 있게 되었고 간식 시간에 언어적인 상호작용 행동을 보이기 시작하였다. 학급 급우들 중 친한 친구가 생겼고 급우 중 2명과는 성공적인 놀이 활동을 할 수 있게 되었다. 학급에서도 연극치료는 맥스가 선호하는 활동이 되었고 급우들과 함께 실제 상황이나 가상 상황을 소재로 하는 놀이에 잘 참여할 수 있었다. 맥스가 연극치료 회기에 들어왔을 때 가구를 옮겨서 무대를 만들었고 천과 소도구, 다른 재료들을 사용하여 우리만의 장소를 만들었다. 우리의 연극은 지속적으로 발전하였고 전쟁터, 쇼핑몰, 외국으로의 여행 등 새로운 주제가 끊임없이 나타났다.

연극놀이 집단

아동이 연극치료를 경험하고 상징적 · 투사적 소시오드라마 놀이치료에 참여하게 되면 그 다음 단계로 또래집단 연극치료에 참여할 수 있다. 집단 참여는 자폐 아동으로 하여금 새로운 놀이 기술과 사회성 기술을 발달시킬 수 있는 기회를 제공하며, 발달을 위한 시도를 보다 지지적이고 안전한 환경에서 시행해볼 수 있도록 해준다. 또한 사회적 연결과 역량을 강화시켜준다. 집단에 참여할 준비가 되어 있지 않은 아동은 공통의 관심사와 사회성 및 의사소통 발달 수준이 비슷한 2명의 아동을 선택하여 짝 집단을 만들어줌으로써 다양한 발달 기술을 치료 상황에서 연습해볼 수 있는 기회를 제공해주는 것이 좋다. 짝 집단에서는 비슷한 연령대와 유사한 발달 단계의 사회성 기술을 가진 아동과 함께 일반적인 연극치료를 시행해볼 수 있다. 구체적인 주제를 적용해보아도 좋다. 일반적으로 사용되는 집단 연극치료 주제로 슈퍼히어로가 있다. 이 주제는 자폐 아동과 자폐 청소년의 내적 이슈를 탐색해보기에 적합한 주제이며, 자아정체성과 따돌림 치료에도 지속적으로 사용된다고 한다(Rubin, 2007, p. 17). Tony Attwood(2007)는 아스퍼거장애 아동을 위하여 영웅을 주제로 하는 연극치료가 효과적이라고 하였다. "슈퍼히어로는 2개의 정체성을 가지고 있는 경우가 많은데, 평소에는 겁이 많고 유순하다가도 악당을 무찌르는 등 역경을 헤쳐나가는 특별한 능력을 가진 사람으로 변신한다"(p. 187). 일반적으로 슈퍼히어로의 힘과 변신 능력(Attwood, 2007; Rubin, 2007; Scanlon, 2007)은 자폐스펙트럼장애를 가지는 아동을 포함하여 많은 소년의 공감을 불러일으킨다.

연극놀이 집단 사례

제레미, 알렉스, 데이비드, 팀은 8~10세 사이의 아동으로 지난 6개월 동안 매주 연극치료 집단에 참여하고 있다. 제일 어린 제레미는 아스퍼거장애로 진단받았다. 언어적 상호작용에서는 집요하게 반복하는 패턴을 보인다. 그는 종종 무뚝뚝하게 어른과 또래 친구를 비난하고 사회적 상황을 주도하려는 성향을 가지고 있다. 알렉스와 데이비드는 자폐로 진단받았으며 사회적 상호작용 기술의 어려움과 더불어 어휘와 조음 발달의 지연을 보인다. 팀은 이 중 가장 나이가 많으며, 말을 많이 하기는 하지만 사회적 어휘가 제한되어 있고 좋아하는 만화의 대사를 상황에 맞지 않게 이야기한다. 4명의 아동 모두 사회적 신호를 이해하거나 해석하는 데 어려움을 겪고 있으며, 이로 인하여 놀이와 사회적 상황에서 감정적 갈등과 상처를 경험하고 있다. 4명의 아동이 만화책과 슈퍼히어로를 좋아하는데, 이것은 이들을 연결시키고 활동에 참여하게 하는 동기로 작용한다. 세 번째 집단회기에서 서로의 의미 있는 관계를 상징할 수 있는 '슈퍼프렌드집단'이라는 집단 이름을 지었다. 이들을 위한 치료 목적은 사회성 역량의 강화, 자연스럽게 이어지는 상호 호혜적인 대화의 증가, 또래 상호작용 향상, 관점 이해, 정서적 융성, 협업과 타협을 포함한다. 6개월 동안 매주 회기에서 아동들은 함께 슈퍼히어로가 등장하는 이야기를 만들어냈다. 첫 주에 만들어진 이야기는 기존의 만화나 영화 줄거리와 매우 유사하였다. 등장인물은 다른 인물과 대화를 하기보다는 대부분 독백이나 혼잣말을 했다. 대화가 사용되는 경우에도 서로의 이야기를 잘 들은 후 자신의 이야기를 하고 생각을 교환하는 경우는 거의 일어나지 않았다. 하지만 이 기간 동안 아동들은 4개의 각기 다른 이야기를 하나의 이야기로 엮기 위하여 양보하고 타협하는 방법을 배웠다. 아동들은 천, 가구, 소도구, 손으로 그린 배경 그림, 의상 등을 사용하여 자신이 만들어낸 줄거리를 연기하였다. 회기가 진행됨에 따라 나는 아동들이 이야기와 등장인물을 만들어내는 한편, 친구들과 함께 작업하여 슈퍼히어로와 악당의 역할을 분담할 수 있도록 도와주었다. 몇몇 등장인물은 지속적으로 등장하였고 이야기들은 삽화적 사건으로 발전하였다. 등장인물들이 서로 상호작용함에 따라 등장인물 사이에 자연스러운 대화가 늘어나기 시작했다. 등장인물과 아동들은 문제를 해결하기 위하여 함께 작업하기 시작했고, 서로의 이야기를 듣고 대화에 참여하였다.

아동들은 함께하는 시간을 기다렸고 줄거리와 연기에 대한 여러 가지 아이디어를 가지고 집단에 참여하였다. 그들의 줄거리는 우정, 선과 악, 가족관계 등 다양한 이슈를 포함하였다. 협업하며 타협하고 융통성 있는 사고가 가능해짐에 따라 아동의 전형적이 완고함은 점차 완화되었다. 아동들은 상대의 아이디어와 관점이 소중하다는 것을 인식하게 되었고 하나의 응집력 있는 이야기를 만들어내는 방법을 찾게 되었다. 아동들은 상징과 투사, 소시오드라마 놀이에 대해 이해할 수 있게 되었고, 치료 회기 이외의 또래놀이 상황에서 이러한 기술들을 적용할 수 있게 되었다. 4명의 아동 모두 학교와 그 밖의 사회 상황에서 또래놀이 경험에 대한 저항이 감소하였으며, 그들의 놀이는 점차 자연스러워졌으며 다른 또래 아동과 친구관계를 만들어가는 방향으로 발전하게 되었다.

결론

이 장에서 소개된 맥스와 슈퍼프렌드집단의 사례는 장기적 관점에서 자폐스펙트럼장애 아동 치료에 효과적인 연극치료의 기초 이론을 다루고 있다. 하지만 연극치료의 효과 입증을 위하여 치료 효과를 입증할 수 있는 연구가 현재로서는 미비한 실정이며, 앞으로 보다 과학적인 실험과 연구가 필요하다. Chasen(2011)은 연극치료와 신경생물학의 관계에 주목하고 있는데, 모방과 재연에 대한 신경과학 연구가 "자신과 타인에 대한 이해"(p. 66)의 기본 메커니즘을 설명할 수 있다고 하였다. Chasen은 "모방과 재연에 내재되어 있는 극적 기능"(p. 64)은 연극 공연이 사회적 연결을 강화하고 자아정체성에 대한 인식을 촉진한다는 개념을 지지한다고 하였다.

Corbett와 동료들(2011)은 자폐스펙트럼장애 아동에 있어서 연극치료의 효과를 보고 하였는데, 이 연구에 참여한 아동은 마음 이론과 사회적 지각(social perception) 기술에 있어서 다소간의 향상을 보였다고 하였다(p. 508).

이 장에서 소개된 연극치료 프로토콜은 참여 아동의 사회적 연결성, 사회적 의사소통, 관점 이해, 긍정적 정서 공유 기능에서의 향상을 유도하였고, 이는 치료사의 관찰과 부모와 학교 교사의 보고를 통하여 입증되었다. 질적 행동의 향상은 자폐스펙트럼장애 아동을 고립된 존재가 아닌 목적성 있고 즐거운 상호작용, 진정한 의미를 지니는 관계의 세계로 안내했다고 볼 수 있다.

참고문헌

Attwood, T. (2007). *The complete guide to Asperger's syndrome*. London: Jessica Kingsley Publishers.

Baron-Cohen, S. (2008). *Autism and Asperger syndrome*. New York: Oxford University Press.

Cattanach, A. (1994). *Play therapy: Where the sky meets the underworld*. London: Jessica Kingsley Publishers.

Centers for Disease Control and Prevention. (CDC). (2009). Prevalence of autism spectrum disorders. Autism and developmental disabilities monitoring network, US 2006. *MMWR, 58,*1–20.

Chasen, L.R. (2011). *Social skills, emotional growth and drama therapy*. London: Jessica Kingsley Publishers.

Corbett, B. A., Gunther, J. R., Comins, D., Price, J., Ryan, N., Simon, D., et al. (2011). Brief report: Theatre as therapy for children with autism spectrum disorder. *Journal of Autism and Developmental Disabilities, 41,* 505–511.

Courtney, R. (1974). *Play, drama and thought*. New York: Drama Book Specialists.

Densmore, A. E. (2007). *Helping children with autism become more social: 76 ways to use narrative play*. Westport, CT: Praeger.

Gallo-Lopez, L. (2005). Drama therapy with adolescents. In L. Gallo-Lopez & C. E. Schaefer (Eds.), *Play therapy with adolescents* (pp. 81–95). New York: Jason Aronson.

Gray, C. (1994). *The original social story book*. Arlinton, TX: Future Horizons.

Greenspan, S. I., & Wieder, S. (2006). *Engaging autism*. Cambridge, MA: Da Capo Press.

Irwin, E. C. (2005). Facilitating play with non-players: A developmental perspective. In A. M. Weber & C. Haen (Eds.), *Clinical applications of drama therapy in child and adolescent treatment* (pp. 3–23). New York: Brunner-Routledge.

Jennings, S. (1993). *Playtherapy with children: A practitioner's guide*. Oxford: Blackwell Scientific.

Jennings, S. (1995). Introduction. In S. Jennings (Ed.), *Drama therapy with children and adolescents* (pp. 1–3). London: Routledge.

Jordan, R. (2003). Social play and autistic spectrum disorders: A perspective on theory, implications and educational approaches. *Autism, 7*(4), 347–360.

Kasari, C., Freeman, S., & Paparella, T. (2006). Joint attention and symbolic play in young children with autism: A randomized controlled intervention study. *Journal of Child Psychology and Psychiatry, 47*(6), 611–620.

Landy, R. (1986). *Drama therapy concepts and practices.* Springfield, IL: Charles C. Thomas.

Lewis, V. (2003). Play and language in children with autism. *Autism, 7*(4), 391–399.

Page, T. (2009). *Parallel play.* New York: Random House.

Rogers, S. J., & Vismara, L. A. (2008). Evidence-based comprehensive treatments for early autism. *Journal of Clinical Child & Adolescent Psychology, 37*(1), 8–38.

Rubin, L. C. (2007). Introduction: Look, up in the sky! An introduction to the use of superheroes in psychotherapy. In L. C. Rubin (Ed.), *Using superheroes in counseling and play therapy.* New York: Springer.

Sandberg, B. (1981). A descriptive scale for drama. In G. Schattner & R. Courtney (Eds.), *Drama in therapy* (pp. 29–50). New York: Drama Book Specialists.

Scanlon, P. (2007). Superheroes are super friends: Developing social skills and emotional reciprocity with autism spectrum clients. In L. C. Rubin (Ed.), *Using superheroes in counseling and play therapy* (pp. 169–191). New York: Springer.

Schuler, A., & Wolfberg, P. (2000). Promoting peer play and socialization: The art of scaffolding. In A. M. Wetherby & B. M. Prizant (Eds.), *Autism spectrum disorders: A transactional developmental perspective* (vol. 9, Communication and Language Intervention Series). Baltimore: Brookes.

Stahmer, A. C., Ingersoll, B., & Carter, C. (2003). Behavioral approaches to promoting play. *Autism: International Journal of Research and Practice, 7*(4), 401–413.

Wolfberg, P. J. (2009). *Play and imagination in children with autism* (2nd ed.). New York: Teachers College Press.

제6장

자폐 아동·청소년의
사회적 유능성 향상을 위한
레고 기반 놀이치료

Daniel B. LeGoff, G. W. Krauss, Sarah Levin Allen

서론

자폐증 및 그와 관련된 장애를 갖는 아동은 놀이, 특히 상호적 놀이에 참여하는 데 어려움을 갖는다. 이는 결코 사소한 측면이라고 할 수 없다. 놀이는 아동기 발달의 모든 차원에 있어 핵심적이다. 블록 쌓기부터 외계인을 물리치는 것까지 다양한 형태의 자기 주도적 놀이에는 언어, 사회적 유능성, 문제해결, 운동 기술, 정체성, 도덕적 추론 등 아동이 배워야 하는 모든 중요한 요소들이 포함되어 있다. 유연하고 적절한 놀이의 부재 혹은 결핍은 자폐적 병리성의 핵심이다. 레고® 기반 접근은 놀이 속에 존재하는 모든 요소 혹은 그와 유사한 특성에 집중하고, 그 안에 함께 참여하며, 그 핵심을 확장한다는 측면에서 다른 많은 놀이치료 접근과 공통점을 갖는다. 다행스럽게도 많은 자폐스펙트럼장애 아동은 구성적 놀이, 특히 레고놀이에 대해 흥미과 유능성을 보이며 또한 그 관심을 공유할 수 있다.

이것은 단지 레고에만 국한된 것은 아니다. 따라서 "왜 하필 레고인가?"라는 질문을 할 수 있다. 어떤 면에서는 모호하거나 우연적일 수 있다. 다수의 자폐스펙트럼장애 아동이 보이는 공통된 관심을 발견하고, 집단 활동에 대한 높은 참여 동기를 보이는 놀이를 활용한 결과일 수 있다. 다른 한편으로 레고치료에 대한 지속적인 관심과 성장은 결코 우연이 아니다. 현재 북아메리카 지역을 포함한 영국(Owens, Granader, Humphrey, & Baron-Cohen, 2008), 아시아, 오스트레일리아, 남아메리카, 아프리카 등 많은 지역에서 자폐증 및 다른 장애 아동에 대한 레고 기반 치료가 활용되고 있다. 이렇게 여러 지역에서 레고를 사용하는 것은 치료적 이점과 어떤 관련성이 있다는 것을 분명히 보여준다.

아동은 언제나 레고 블록을 갖고 놀이를 한다. 레고는 1970년대 이후 장난감 생산에 있어 지속적으로 상위권에 속하고 있다(Hansen, 1982; Wiencek, 1987). 어떤 요인들로 인해 서로 끼워 맞추는 원색의 작은 플라스틱 블록으로 구성된 이 평범한 장난감은 물론 이 블록을 사용해 무언가를 만드는 과정이 치료적일 수 있는가? 오랜 시간에 걸쳐 나와 동료들은 공식적·비공식적으로 이 접근을 분석했고, 몇 가지 중요한 치료적 특징을 확인했다.

- 첫 번째로 가장 중요한 요인은 바로 많은 자폐스펙트럼장애 아동이 이 특별한 활동 그리고 놀이 재료에 대해 갖는 높은 동기 수준이다. 동기화된 참여는 치료적 개입, 특히 놀이에 기초한 아동 주도 접근에 있어서 분명 핵심적이다.
- 레고에 관한 종종 간과되는 측면은 높은 비율과 빈도의 개별적인(비연속적인) 행동과 반복이다. 전형적인 레고 활동에는 수백 차례의 행위와 사물이 관여한다. 한 시간도 안 되는 시간 동안 수많은 상호작용과 의사소통을 할 수 있는 기회가 있다. 분명히 이는 학습의 중요한 측면이다. 자폐스펙트럼장애 아동은 통찰을 통해 사회적 유능성을 배울 수 없다. 자폐 아동은 실행과 반복을 통해 학습한다. 마치 악기 연주를 배우는 것과 비슷하게 느린 속도로 접근해간다.
- Golan과 동료들(2009)이 지적한 대로 레고놀이는 체계적이며, 이 놀이 활동은 자폐증을 가진 개인의 강점인 체계적인 추론 능력을 활용한다. 레고의 시스템은 직접적으로 타인과 상호작용하는 데 요구되는 체계의 습득을 가져온다. 이전에는 보이지 않았던 사회적 상호작용의 기본적 규범과 규칙에 대한 접근을 보일 수 있다.
- 레고 회사는 상품 개발을 위해 지속적인 노력과 독창적 기술을 기울이고 있다. 레고가 갖는 범위와 다양성으로 인해 자폐스펙트럼장애 아동뿐 아니라 전형적으로 발달하는 아동 모두 각기 독특한 방식으로 레고에 흥미를 갖는다. 레고는 그 특성상 확장의 범위에 제한이 없고, 사실상 모든 아동의 독특한 흥미에 맞춰 적용될 수 있다.
- 마지막으로 레고는 단순하고 감각적으로 흥미를 유발하는 특징을 갖고 있다. 복잡하고 변화하는 시각적 자극이나 패턴을 처리하는 데 어려움을 갖는 아동의 관심을 끌 수 있는 요소를 갖는다.

이론적 근거와 경험적 근거

자폐스펙트럼장애 아동의 사회성 및 의사소통 기술의 향상을 위한 치료적 매개체로서 레고 블록을 사용한 것은 1990년대 중반부터 시작되었고, 대략 10년이 지난 후부터 연구 문헌에 등장하기 시작했다(LeGoff, 2004; LeGoff & Sherman, 2006). 이 접근은 특정 방법론이나 개입에 근거하여 전략적으로 발달한 것은 아니며, 기존의 이론적 틀에 기초한 것도 아니다. 나 (LeGoff)로 하여금 치료 도구로서 레고의 잠재적 활용에 대해 고찰해보게 이끈 것은 사실 우연한 발견에 의한 것이다. 나는 아동의 놀이 재료로서의 레고에는 익숙했지만 아동심리학자로서 훈련받는 과정에서는 레고의 쓰임을 많이 경험하지 못했다. 물론 레고 기반 구성적 놀이와 점토나 모래놀이 피겨, 블록, 케이넥스와 같은 재료를 사용하는 구성적 놀이 간에 상당한 공통점이 있다는 데는 나를 포함한 많은 사람들이 동의하고 있다. 그럼에도 불구하고 레고의 놀이체계에는 무엇인가 독특하고 강력한 무언가가 있으며, 이는 특히 자폐스펙트럼장애에 해당하는 아동(대부분 남아)에게는 더욱 그렇다.

이 특별한 접근의 핵심적 특징 중 하나는 레고 자료 그 자체에 있다. 이것은 우연에 의한 것이 아니다. 덴마크 빌룬트에 위치한 레고 회사는 오랜 시간 동안 인지 및 사회성 발달을 위한 놀이와 놀이 활동의 활용에 대한 자체 연구를 실시해왔다(Papert, 1999; Weckstrom, 2010). 분명히 회사 간 경쟁으로 인해 레고 회사가 연구 결과와 발달 과정을 공개적으로 공유하고 있지는 않다. 특정 집단과 관련해 레고가 높은 인기를 보이는 데는 몇 가지 이유가 있는데, 레고의 체계적 특성(Baron-Cohen, 2003)이나 자폐집단의 관심을 끄는 다양한 주제 등이 해당한다(예 : 스타워즈, 만화 속 영웅, 로봇, 기차 등). 물론 레고는 전형적으로 발달하는 아동, 특히 남아에게 인기가 있다. 그러나 교육이나 치료 도구로서 레고에 대한 반응에 유의미한 성차는 발견되지 않았다(LeGoff, 2004; Papert, 1999).

앞에서 기술했듯이(LeGoff, 2004), 처음 레고를 치료적 도구로서 사용한 것은 경미한 수준의 자폐스펙트럼장애로 진단받은 두 남자 아동의 자발적인 사회적 관심과 사회적 상호작용에 대한 관찰에서 시작되었다. 이 아동들은 자신이 모두 나와 공유하기 위해 레고를 가져온다는 사실을 알게 된 후, 공통의 관심사에 대해 이야기를 나누기 위해 스스로 레고를 가져와 놀이실의 대기실에서 만남을 갖기 시작했다. Attwood(1998)의 조언에 따라 나는 이 흥미를 활용하기로 결정했다. Attwood의 접근은 인지행동적인 관점의 자기효능감(Bandura, 1977, 1997)에 기초한다. 즉 사회적 참여와 상호작용에 대한 동기를 향상시키기 위해 내재적 동기와 숙달감의 경험을 활용한다.

부가적인 구조화를 주지 않아도 레고치료 접근은 제한의 측면에 있어서 주요 개별 놀이 접근과 유사하다. 이 집단에 대한 오랜 경험을 통해 대부분의 자폐스펙트럼장애 아동의 경우 단독 놀이를 할 수 있는 기회가 주어지면 사회적 상호작용으로터 재빨리 철회된다는 결론에 이르게 됐다. 레고치료의 핵심적 측면은 잠재적으로 내재적인 보상적 집단 활동 경험을 통한 사회적 상호작용과 사회적 자기효능감(Bandura, 1997)에 대한 동기의 향상에 있다. 이는 **수평적 과제 분석(horizontal task analysis)** 기법에 의해 성취될 수 있다. 발달장애 아동과 작업하는 많은 전문가들은 일련의 복잡한 연속적 행위를 선형적이고 순차적인 단계로 나눈다는 의미에서 수직적인 전통적 과제 분석에 친숙하다(Jonassen, Tessmer, & Hannum, 1999). 수평적 과제 분석은 동시에 혹은 적어도 병렬적으로 실시할 수 있도록 과제를 상호 의존적인 요소로 나누는 것이다.

이상적인 사회적 학습 맥락은 다음의 세 요소를 포함한다. (1) 긍정적이고 의미 있는 경험(즉 개인적 관여), (2) 보상의 빈도가 높은 사회적 상호작용(즉 타인이 자신에게 도움이 되며 협력적이라는 경험, 그리고 자신이 효율적이라는 경험), (3) 공동의 성취 경험(즉 성공적인 상호의존)이 그것이다. 레고를 활용한 구조화된 집단놀이 활동은 이 세 가지를 모두 강조한다. 동시에 레고 접근의 또 다른 결정적인 특징은 바로 긍정적 상호작용을 할 수 있는 기회가 상당히 많다는 데 있다. 이는 레고 구성 과정 자체에 내재한 특징이다. 각각의 레고 활동은 많은 단계를 거쳐 이루어지며, 이 과정에는 공동 주의 및 공동의 의사결정 그리고 상호적 의사소통(언어적 그리고 비언어적)이 필요하다. 이는 단순한 블록 쌓기는 물론 스톱 모션 기법의 영화 제작과 같은 정교한 작업 모두에 해당한다. 다음은 기존에 출판된 연구 결과 및 이 특별한 방식의 구조화된 집단놀이 개입의 실시 방법에 대한 상세한 설명에 관한 것이다.

수준 1 : 조립 기술

아동이 설명서나 혹은 자신의 기본적인 모방 능력에 근거하여 독립적으로 블록 조각을 구분하고 분류하며 선택할 수 있는 능력을 보일 때 협력적인 레고 조립이 시작될 수 있다. 먼저 중간 수준의 세트(50~150조각)를 제시한다. 각 레고 세트에는 적정 연령이 표기되어 있으므로 아동에게 적합한 수준의 레고를 결정하는 것은 어렵지 않다. 부모에게는 아동이 가장 최근에 마스터한 것보다 한 단계 높은 난이도 수준의 레고 세트를 집에 구비해놓도록 조언한다. 이 수준에서 아동은 조립하기 어려운 부분을 만들 때 성인의 도움과 촉진을 필요로 할 수 있다(예 : 바퀴, 작은 부분). 성인과의 협력적 작업이 가능하고 각 단계에 대한 외적인 보상 없이 과제에 적절히 집중할 수 있게 되면(즉 마지막 완성의 순간까지 보상을 미룰 수 있으면), 아동은 이제 또래와의 협력적 만들기 단계를 시작할 준비가 된 것이다.

수준 2 : 1명의 또래와 협력적으로 조립하기

수준 2 활동은 1명의 또래와 협력적 조립하는 과정으로, 많은 경우 성인의 감독이 필요하다. 특히 처음에는 조력자로서 전형적으로 발달하는 아동이나 적어도 조금은 나은 기술을 가진 또래 멘토와 함께하는 것이 도움이 된다. 이러한 측면에서 친사회적이거나 혹은 도움 행동을 보이는 아동과 함께 짝을 지어주는 것이 적절하다(즉 레고 초보자나 레고 조력자는 레고 크리에이터나 레고 마스터와 짝을 지어줘야 한다. 레고 클럽 집단 및 행동 조절과 보상 부분 참조). 초기 단계에서 짝을 지어 협력적으로 레고를 조립하는 것은 이후의 보다 규모가 큰 레고집단에 참여하는 데 중요한 전조가 될 수 있다. 이러한 과정에서는 대략 6명 정도의 또래와 함께 협력적 작업을 하는데, 개별적인 프로젝트나 성취와는 대조적으로 상호의존적인 역할이 부여되고 협동과 의사소통 그리고 공동의 성취가 강조된다. 또래 멘토링은 모든 수준의 레고 클럽 집단에서 지속적으로 유지되는데, 특히 개입에 분명히 초점을 두는 경우에는 멘토링의 유지가 중요하다.

협력적으로 세트 조립하기 또래와 함께 작업할 때는 도움을 받는 아동의 수준에 적합한 세트로 시작하는 것이 적절하다. 또래와 함께 상호적으로 조립하기를 할 수 있는 경우(즉 성인의 최소한의 개입만으로 두 아동이 작은 세트를 독립적으로 조립할 수 있을 때), 보다 복잡한 수준의 세트를 시도해볼 수 있다. 이 단계에서 도움을 주는 아동은 인내심을 갖고 또래를 지지해주는 것에 대해 부가적 지원이나 보상을 받아야 한다. 좋아하는 레고 세트나 잡지를 접할 수 있게 하거나 새로운 세트나 원하는 블록 조각을 갖게 할 수 있다. 전형적으로 도움을 주는 아동은 기술이 부족한 초보자가 활동에 지속적으로 참여하고 과제를 완수하게 하는 과정에 어려움을 겪는다. 이러한 이유로 성인은 다음과 같은 방법으로 특정 과제를 부여함으로써 활동을 엄격히 조절해야 한다.

시작 단계의 아동은 레고 조각을 찾아주는 역할을 하게 하는데, 적절한 레고 블록을 찾아 함께 작업하는 아동에게 건네주는 것이 주요 역할이다. 2명의 아동 중 보다 능숙한 아동이 만드는 역할을 하는데, 설명서에 따라 블록 조각을 조립하는 것이다. 이때 블록을 찾아주는 역할을 하는 아동을 격려하고 촉진하는 것은 성인 감독자가 아니라 블록을 만드는 아동이 되어야 한다. 예를 들어, 한 단계를 마치고 다음 단계를 만들기 위한 블록이 필요할 때 블록을 만드는 아동이 찾아주는 아동을 촉진해야 한다.

블록을 만드는 아동에게 다음의 위계에 따라 요구하거나 촉진하도록 가르쳐야 한다. 첫 번째로, 블록을 조립하는 아동은 세트를 완성하기 위해 필요한 특정 블록에 대한 언어적 설명을 통해 블록을 요구한다(예 : "검정색 2×2 블록을 주겠니?"). 그다음으로 블록을 주는 아동이 틀린 블록을 주거나 반응을 하지 않으면, 설명서의 해당 블록을 손으로 가리키거나 다시 한 번 언어적 요구를 한다. 마지막으로 적절한 블록을 주지 않는 경우 조립하는 아동은 실제 블록을 손으로 그리키며 다시 한 번 언어적으로 요구한다. 조립하는 아동이 찾아주는 아동에게서 블록을 직접 가져가거나 반응을 이끌어내기 위해 손을 잡아서는 안 된다. 언어적 그리고 비언어적인 요구에 대해 분명히 실패한 경우에만 성인이 손으로 가르키거나 손을 잡고 촉진하는 등 직접적인 도움을 줄 수 있다. 필요하다면 성인은 언어적 촉진을 반복해야 하며, 블록을 아동의 손에 놓아준 후 조립하는 아동에게 건네주도록 촉진한다.

또래와 협력적으로 조립하기 과정은 레고치료 과정의 핵심이며, 주요 기술 확립 전략으로서 완벽히 배워야 하는 과정이다. 이 초기 협력적 과제의 숙달은 모든 높은 수준의 레고치료 활동에 있어 매우 중요하다.

블록을 주는 아동이 이 과제에 충분히 익숙해지면(즉 아동이 자발적으로 블록을 건네주고 비언어적 촉진이 거의 요구되지 않는다면), 이제 서로의 역할을 바꿔 진행한다. 이 상황에서는 조립의 단계(즉 한 아동이 40단계 중 처음 20단계를 조립하고, 다른 아동이 나머지 20단계를 조립한다) 혹은 블록 세트의 기능적인 디자인 특징(즉 세트의 다른 부분이나 영역 조립하기)에 따라 블록 세트를 나눈다. 큰 세트를 조립하는 경우 아동의 협력이 필요하며, 세트를 완성하기까지 한 번 이상 역할을 바꿔야 하는 경우도 있다(즉 10단계마다 역할 바꾸기). 시간에 따라 역할을 바꿀 수도 있는데, 예를 들면 10분에 한 번씩 역할을 바꿀 수도 있다.

자유로운 방식으로 협력하기 아동이 순서를 지켜가며 역할을 바꿀 수 있고 또래와 협력적으로 세트를 조립할 수 있으면, 이제 함께 자유로운 방식으로 조립하기 단계로 넘어갈 수 있다. 특정 모델을 조립하기 위해 설명서를 따르는 것이 아니라 특정 레고 세트에 속하지 않는 블록을 사용해 아동의 창의성에 따라 블록을 디자인하고 조립하는 것이다. 성인은 아동이 가능한 프로젝트를 향해 나아갈 수 있도록 조정하는 것을 도우며, 이는 아동이 성공하는 데 잠재적인 도움을 줄 수 있다.

자유로운 방식의 조립하기에는 더 많은 의사소통, 생각의 공유, 공동 주의하기, 협력이 요구된다. 처음에는 보다 능숙한 아동이 주도한다. 이 아동은 엔지니어의 역할을 맡아 자유로운 창작의 과정을 설계하는 책임을 맡는다. 수준 2에서 작업하는 기술이 부족한 아동은 블록을 주는 역할과 조립하는 역할을 조합하여 수행한다.

자유롭게 조립하기에서 강조되는 점은 효과적인 의사소통과 협력에 있다. 성인은 문제해결, 타협 그리고 순서 지키기를 격려하고 모델이 되며 지지해야 한다. 처음에 이 과정이 원활하지 않은 경우(예 : 엔지니어의 역할을 하지 못하고 조립하는 아동이 지켜보거나 제안하는 것만 한다면), 성인이 보다 적극적인 역할을 맡아야 한다. 이때 성인은 엔지니어보다는 부수적인 역할(블록을 찾아주거나 조립하는 것을 보조하는 역할)로 참여해야 한다.

두 아동이 독립적인 설계와 자유로운 방식으로 창작물을 만들어내는 것에 어느 정도 능숙해지면 이제 기술이 부족한 아동이 엔지니어의 역할을 한다. 역시 처음에는 성인이 관여해야 하는 경우가 있는데, 프로젝트를 지시하기보다는 도와주는 역할을 해야 한다. 전형적으로 이 단계에서 레고 조력자의 수준의 아동은 레고 클럽의 레고 초보자 수준을 달성했음을 나타내는 인증서를 받는다. 이는 연령/발달적으로 유사한 또래와 함께 보다 큰 집단에 포함될 수 있다는 것을 의미한다(LeGoff, Krauss, & Allen, 2009).

수준 3 : 2명의 또래와 협력적으로 조립하기

세트 조립하기 레고 클럽 집단 내에서의 블록 조립은 작은 하위 집단으로 나뉘어 실시된다. 연령이 높은 아동이 큰 규모의 프로젝트를 수행하는 경우 한 프로젝트에 5~6명의 아동이 참여하는 것이 일반적이다. 그러나 어린 연령 집단의 경우에는(12세 이하) 보통 3명 이하의 아동이 참여하여 함께 프로젝트를 수행한다. 2~3명의 아동이 함께 작업하는 경우 각 아동에게 다른 조립 과제가 주어진다.

엔지니어는 설명서에 따라 어떤 블록이 필요하고 블록을 어떻게 조립해야 하는지 설명한다. 색, 모양, 크기에 따라 블록을 설명한다. 모양이 상당히 복잡한 블록의 적절한 명칭은 레고 제조사 웹사이트의 레고 선택 페이지(factory.lego.com/pab)나 개인 온라인 웹사이트인 Bricklink.com에서 확인할 수 있다.

엔지니어가 블록에 대해 설명하면 블록을 찾아주는 아동은 엔지니어가 구체화한 블록을 찾아 한 번에 하나씩 조립하는 아동에게 건네준다. 블록을 바닥에 떨어뜨리거나 분실하는 것을 방지하기 위해 블록을 책상 위에 펼쳐두기보다는 상자에 쏟아서 담아두는 것이 일반적이다. 블록을 조립하는 동안 찾아주는 아동이 수행하는 또 다른 과제는 프로젝트의 복구를 위한 재분류를 위해 블록을 정리하거나 큰 프로젝트에서 이미 분류해놓은 블록을 다시 분류하는 것이다. 또한 여러 개의 부분 세트가 요구되는 과제의 경우(예 : 바퀴나 차축, 타이어를 미리 조립하는 것) 블록을 미리 분류하는 역할 역시 수행한다. 조립하는 아동은 블록을 받아 설명서나 엔지니어의 지시에 따라 레고 세트를 구성해나간다. 아동은 순서를 바꿔가며 다른 역할을 수행한다(예 : 10단계마다 역할 바꾸기). 공정한 방법으로 순서 지키기를 연습하는 기회를 가질 수 있다. 맨 처음 조립하는 역할을 맡을 사람을 결정하기 위한 공정한 전략을 생각해보도록 요구해볼 수도 있다(보통 모든 아동이 조립하는 역할을 원한다).

5명 이상의 아동으로 구성된 집단의 경우 과정을 촉진하고 감독하는 데 적어도 2명 이상의 성인이 있어야 한다. 또래 1명과 작업하는 방법에 대한 설명에서 언급한 대로 성인은 레고를 조립하는 데 있어 주도적인 역할을 해서는 안 되며, 갈등이나 문제를 집단 구성원들에게 돌려주는 역할을 해야 한다. 아동은 도움을 구하기 위해 성인을 찾지만, 적절한 자원을 얻기 위해 다른 아동을 이용해서는 안 된다. 어떤 경우(예 : 중요한 블록을 잃어버린 경우), 전 집단이 도움을 간청할 수도 있다. 이때 큰 프로젝트는 계획대로 진행하면서 집단 내에서 '찾기 집단'을 구성하는 것이 일반적이다.

어린 아동으로 구성된 집단의 경우(8세 이하)에는 3명보다는 2명으로 이루어진 집단이 더 많으며, 성인의 보다 세밀한 감독이 요구된다. 과제를 이탈하는 행동이 빈번하고, 또래가 중재하는 촉진, 예를 들어 "야, 아직 네 도움이 필요해!"와 같은 촉진을 통해 아동이 집단으로 되돌아올 때까지 참고 기다려야 할 수도 있다. 블록 조립에는 많은 기술과 더불어 상당한 주의력과 친밀한 대인관계 접촉이 요구된다. 어린 아동은 한 번에 20분 이상 이 과제를 지속하는 것이 어렵다. 연령이 높은 아동의 경우 1시간 혹은 90분 동안 블록을 조립할 수 있지만, 어린 아동에게는 과제를 수행하는 동안 휴식 시간을 갖게 하거나 혹은 다소 편안하고 자유로운 방식의 블록 만들기를 할 수 있는 시간을 주어야 한다. 1시간 회기의 경우, 20~30분 동안 블록 조립을 하고 10분간의 휴식 시간(레고방 외의 장소에서 물 마시기)을 가진 후 나머지 20분 동안 자유롭게 블록을 만들게 하고 마지막 10분 동안에 정리를 하게 한다.

자유로운 방식으로 조립하기   큰 집단에서 자유롭게 블록 조립을 하는 동안 세밀한 감독을 지속하는 것은 쉽지 않은 일이다. 블록 주변에서 이동해야 하는 경우가 많으며, 소음이나 과제 이탈 행동도 더 많은 것이 일반적이다. 1명의 아동이 블록 구성과 관련된 아이디어를 갖고 있는 경우, 이 아이디어를 집단 구성원들과 공유해야 하고 도움을 줄 만한 아동을 찾아야 한다. 이 경우 아이디어를 제시한 1명의 엔지니어와 엔지니어를 도와 블록을 조립하거나 찾아주는 2명 정도의 아동이 집단을 이루게 된다. 자유롭게 블록 조립을 하기 위한 상호작용의 지속 시간은 길게 유지되기 어려운데, 집단 구성원들의 관심이나 흥미가 다양하여 각기 다른 방향으로 작업할 수 있기 때문이다. 아동이 성인의 충고나 도움을 요구하는 경우 신호를 보내거나 요청을 통해 도와줄 수 있는 아동을 찾도록 격려해야 한다. 다음의 대화는 이러한 상황을 잘 보여준다.

> 필립 : 댄 선생님, 이것과 똑같은 검은색 바퀴가 필요해요.
>
> 댄 선생님 : 여기에 분명히 있을 텐데 어디에 있는지 잘 모르겠구나. 누가 널 도와주고 있지?
>
> 필립 : 아무도 도와주지 않아요. 나 혼자 하고 있어요.
>
> 댄 선생님 : 그렇게 해서는 안 된다, 필립. 너는 도움이 필요해. 너를 도울 수 있는 친구를 찾으렴.
>
> 필립 : 얘들아, 이 바퀴 찾는 것을 도와줄 사람? 커트야, 나 좀 도와줘.

소집단으로 진행되는 자유로운 방식의 블록 조립하기는 종종 경쟁의 형태를 취한다. 예를 들어, 3명의 아동으로 구성된 두 집단이 최고의 우주선이나 괴물 트럭, 소방서를 만들기 위해 경쟁할 수 있다. 집단의 구성원과 리더가 이후의 결과를 판단한다. 혹은 묘기나 기술 시합 또는 낙하 시험(일정 높이에서 떨어뜨려봄으로써 레고 창작물에 대한 평가가 가능하다. 블록이 가장 조금 떨어져 나간 창작물이 승리한다)과 같은 객관적인 평가 절차가 있을 수 있다.

고려해야 하는 다른 복잡한 이슈는 적극적 듣기와 공감 표현하기, 사회적 문제해결, 갈등해결 등을 다루는 것이다. 이러한 기술들의 경우 가상적 상황보다는 집단 맥락에서 발생하는 실제 예시와 상황을 활용하는 것이 중요하다. 가상적 상황은 자연스러운 환경에서 적절한 행동을 이끌어내는 데는 비효과적일 수 있다. 개별 회기에서는 아동에게 집단에서 발생한 사건에 대해 검토해보도록 하며, 이때 비디오테이프를 활용하기도 한다. 다음은 대안적 반응에 대한 역할놀이 및 기술을 연습하는 과정을 보여준다.

> 댄 선생님 : 토니, 지난주에 버트가 늦게 왔던 것 기억하니? 버트가 늦게 왔었지?
>
> 토니 : 네, 버트가 지각했어요.
>
> 댄 선생님 : 버트는 여기 와서 어떻게 했었지?
>
> 토니 : 버트가 늦게 왔어요.
>
> 댄 선생님 : 그래, 그리고?
>
> 토니 : (웃으며) 버트가 울었어요.
>
> 댄 선생님 : 그래, 버트는 지각한 것 때문에 당황했지. 버트는 속상해했어. 버트를 보고 토니는 어떻게 했지?
>
> 토니 : 나는 버트를 놀렸어요…. 오, 나는 "울보 아기, 기저귀에 똥이라도 쌌니?"라고 말

했어요.

댄 선생님 : 그래. 그래서 어떻게 됐지?

토니 : 버트가 기차를 던져서 망가뜨렸어요. 밖으로 뛰어나가서 대기실에서 물건들을 던졌어요!

댄 선생님 : 네가 버트를 더 속상하게 만들었다고 생각하니?

토니 : 네, 그런 것 같아요. 버트를 놀리지 말았어야 했어요.

댄 선생님 : 좋아, 그러면 버트를 놀리는 대신 뭐라고 말했으면 좋을까?

토니 : 괜찮아, 걱정하지마…. 이렇게 말했어야 했어요.

댄 선생님 : 이건 어떨까? 선생님이 버트인 척할 테니 내 기분이 나아질 수 있게 하기 위해서 네가 어떻게 말을 하면 좋을지 연습해보자.

일반적으로 후반부로 갈수록 집단 회기의 형태는 리더에 의한 높은 수준의 구조와 통제로부터 보다 자기 주도적이고 구조화가 완화된 활동으로 변화가 일어난다. 회기의 초반 분위기가 남은 시간의 전반적 특징을 결정하기 때문에 처음부터 분명한 태도와 명확한 계획을 갖고 있는 것이 중요하다. 대기실에서 아동을 데려오고 부모와 잠깐 동안 이야기를 나누는 과정에서 발생하는 일상적인 혼란이 지나면, 명확한 규칙과 확실한 절차를 통해 집단의 구성원이 생산적이고 반구조화된 활동에 참여할 수 있도록 해야 한다. 회기 후반이 아닌 초반에 자유놀이를 허용하게 되면, 남은 활동 시간 동안은 다소 혼란스런 개별적 활동이 주를 이루게 될 가능성이 높다.

집단에 기초한 반구조화된 활동

집단 회기의 핵심을 이루며, 집단 구성원들이 적극적으로 활동에 참여하는 시간이기도 하다. 이 시간 동안 집단의 리더는 매우 적극적인 역할을 해야 하는데, 리더의 역할은 집단 구성원의 기술이나 발달 수준뿐 아니라 과제의 친숙성 정도에 따라 달라질 수 있다. 초보자 혹은 과제가 익숙하지 않은 아동에 대해서 리더는 더 많은 정보를 제공해야 한다. 어린 연령의 집단 구성원이나 경험이 많지 않은 아동 역시 많은 정보를 필요로 한다. 적절한 집단 활동을 선택했다면, 리더는 제시간에 프로젝트를 끝내기 위해 도움을 주는 것보다는 사회적 그리고 의사소통적 코치에 더 많은 주의를 기울일 수 있다.

처음에는 성취해야 하는 블록의 개수나 과제의 복잡성과 관련하여 집단에 제한을 두는 것이 적절하다. 특정 블록 조립에 어느 정도의 시간이 소요되는지를 파악하기 위해 경험이 요구될 수 있다. 경험에 의하면 세트를 조립하는 데 걸리는 시간을 계산하는 방법은 다음과 같다.

$$레고 블록의 수/집단 구성원의 발달 연령(나이) = 시간(분)$$

예를 들어, 평균적으로 10세 수준의 조립 기술을 가진 집단 구성원이 600조각의 레고 세트를 조립하는 데는 60분이 소요된다. 이 60분은 중단 없이 집중적으로 과제를 수행하는 시간이라는 것을 명심해야 한다. 발달 연령이 4세 수준인 아동 집단이라면 같은 과제를 하는 데 150분이 필요할 것이다.

덜 구조화된 창작 시간

구조화된 주요 과제를 마친 후에 시간이 남는 경우가 있는데, 집단 구성원들이 구조로부터 편안해지고 자신의 흥미에 따라 블록 만들기를 하기에 적절한 시간이다. 가능하다면 이 시간 동안 구성원들을 둘씩 짝 지어 공동의 프로젝트를 하게 하거나 유사한 주제의 놀이 활동에 참여하고 구성원들을 함께 모아 작업하게 한다.

정리하기

정리 시간은 그 시간이 되기 5~10분 전에 미리 신호를 준다. 신호를 주는 시간은 현재 집중하고 있는 정도나 과제의 복잡성, 방이 어지럽혀진 정도에 따라 달라질 수 있다. 정리 시간을 알리기 전에 적어도 2~3번의 예고를 한다. 첫 번째 예고 후에는 새로운 프로젝트나 새로운 놀이 주제를 시작할 수 없고, 선반에서 레고 세트를 꺼내와서도 안 된다. "새로운 것을 시작해서는 안 돼요. 정리할 시간이 거의 다 됐어요. 지금 하고 있는 것은 3분 안에 끝내야 합니다." 집단이 종료되기 대략 15분 전에 정리시간을 알린다. 정리 시간에 대해서는 엄격할 필요가 있다. 그렇지 않으면 집단의 리더는 블록을 정리하고 배치하는 데 많은 시간을 써야 한다. 모든 재료를 원위치에 돌려놓도록 하고, 구성원들은 자신이 사용했던 블록만 정리하는 것이 아니라 서로를 도와 모든 재료를 함께 정리해야 한다. 정리하기는 팀 응집력을 경험할 수 있는 좋은 기회이다. 집단 구성원들에게 바닥에 남겨진 블록은 진공청소기 속으로 들어가게 된다는 것을 상기시킨다. 책상 밑에 떨어져 있는 레고 블록을 모아오는 어린 아동에게는 레고 포인트를 주기도 한다.

헤어짐 인사와 부모와 만나기

정리가 끝나 모든 것이 제자리에 있고 바닥에 아무것도 남아 있지 않으면 집단 구성원들이 서로의 이름을 부르며 연령에 적절한 인사를 나누게 한다. 집단 구성원들이 인사를 하는 동안 나는 먼저 대기실로 가서 부모에게 집단 회기, 진전, 문제, 주의할 점 등에 대한 간단한 피드백을 제공한다. 많은 경우 대기실에서 두 번째 헤어짐 인사를 나누게 되는데, 이는 문을 나설 때까지 계속된다. 때때로 집단이 끝난 후 아동을 데리러 오는 데 늦는 부모들이 있다. 이는 집단 구성들에게 다양한 반응을 불러일으킬 수 있는데, 긍정적인 반응은 거의 없다. 간혹 집단을 마친 후 아동을 데려가는 것에 태만한 부모들이 있다. 집단을 시작하기에 앞서 부모들에게 늦게 오는 것은 허용되지 않으며 집단이 끝난 후에는 시간에 맞춰 아동을 데려가야 한다는 것을 미리 알려주는 것이 필요하다. 물론 학교 기반이나 다른 집단을 실시할 때는 이와 관련된 이슈가 문제가 되는 경우는 거의 없다.

레고 클럽 규칙

이 치료 접근에 친숙하지 않은 부모나 교사, 다른 치료사들이 훈육 혹은 행동 통제 절차에 대해 종종 묻곤 한다. 사실상 이 접근을 적용했을 때 문제 행동은 거의 발생하지 않는데, 특히 참여하는 아동의 동기 수준이 높고 초기 면담 과정을 통해 적절한 준비를 마친 경우에는 더욱 그렇다.

　레고치료의 핵심은 자기 조절을 향상시키고 또래 중재 교정 피드백을 활용하는 데 있다. 게시판을 통해 레고 클럽의 규칙을 공지하여 이러한 기술의 획득에 도움을 줄 수 있다. 초기 면담 과정에서 잠재적 참여자에게 다음과 같이 말해준다. "만약 네가 레고 클럽에 함께 하기를 원한다면 너는 규칙에 따라야 해." 언어에 어려움이 있거나 전언어 시기의 아동이라면 개별 치료 회기를 진행하면서 행동 교정을 통해 규칙을 전달할 수 있다. 언어적 의사소통 기술을 발달시키지 못한 아동은 행동적 순응을 포함하는 필수 기술을 숙지할 때까지 집단에 참여할 수 없다. 레고 기반 사회적 기술 집단에 제일 처음 참여했던 아동들이 레고 규칙을 만들었으며, 이 규칙들은 집단의 진행에 있어 또래 중재 조절을 위해 필요한 합의된 필요 충분 조건을 반영하고 있다(LeGoff et al., 2009).

　레고 클럽 규칙

　　망가뜨린 사람이 고쳐야 한다.

　　고칠 수 없으면 도움을 요청한다.

다른 사람이 사용하고 있는 것을 가져와서는 안 된다. 먼저 물어봐야 한다.

고함을 질러서는 안 된다. 조용히 말한다.

가구에 올라가거나 가구에서 뛰어내려서는 안 된다.

놀리기, 별명 부르기, 욕하기는 안 된다.

때리거나 몸싸움을 해서는 안 된다. 손과 발을 가만히 둔다.

정리하기 — 모든 물건은 원래 있던 자리에 둔다.

규칙은 아동이 쉽게 볼 수 있도록 크게 인쇄하여 레고치료실 벽에 게시한다. 새로운 구성원이 오면 1~2명의 집단원이 새로운 아동에게 규칙에 대해 알려주도록 한다. 또한 규칙 위반을 한 아동이 있는 경우 그 아동이 어떻게 해야 할지에 대해 집단 토의를 하기도 한다.

규칙을 적용하는 데 있어 중요한 것은 규칙을 일관되고 부정적이지 않은 방식으로 적용해야 한다는 것이다. 보통 리더는 부적절한 행동에 대해 직접적인 피드백을 주지 않는다. 대신 가능하다면 리더는 집단의 다른 아동이 규칙에 대해 상기시켜주도록 한다. 간접적이고 모호하게 접근함으로써 아동은 자신과 타인의 부적절한 행동을 확인할 수 있는 능력을 향상시킬 수 있게 된다. 다음은 아동이 높은 선반의 물건을 꺼내기 위해 의자 위에 올라간 상황이다.

댄 선생님 : 얘들아, 여기서 누군가 규칙을 어겼니?

데이비드 : 네, 피터가 큰 트럭 바퀴를 독차지하고 있어요.

댄 선생님 : 그리고?

피터 : 샘이 가구에 올라가고 있어요. 내려와. 샘, 그건 5번 규칙이야.

댄 선생님 : 좋은 지적이야, 피터. 샘?

샘 : 죄송해요, 댄 선생님. 엑스윙에 필요한 R2-D2를 꺼내려고 했던 거예요.

댄 선생님 : 그래, 그럼 어떻게 해야 될까?

샘 : 올라가지 않으면 손이 닿지 않아서….

댄 선생님 : 레고 클럽, 샘은 어떻게 해야 되지?

집단(모두 함께) : 샘은 도와달라고 해야 돼요!

멋지게 행동하기 규칙 금지사항에 관한 레고 클럽의 규칙과 달리 멋지게 행동하기 규칙은 암묵적인 성격을 가지며, 명시적으로 써서 나타내거나 구체적으로 알려주지 않는다. 이 암묵적인 규칙은 회기가 진행되는 동안 집단 구성원의 지속적인 토론 과정을 통해 규정된 것이다. 레고 클럽 규칙의 명백한 위반은 아니지만 사회적으로 부적절하거나 비난받을 행동이 발생하게 되면 집단 구성원에게 주제를 제시한다. 집단 구성원이 긍정적이거나 친사회적 행동을 보이는 경우 치료사나 교사는 이를 주시하였다가 알려준다. 예를 들어, "매트, 닉과 함께하다니 고맙구나. 정말 멋져. 정말 멋진 친구지?"라고 말해준다. 또한 집단 구성원들이 다른 사람의 긍정적·부정적 행동에 대해 언급하도록 격려한다. 예를 들어, "존, 방금 션이 데이비드의 손을 움켜잡는 거 봤니? 멋진 행동일까? 션이 어떻게 했어야 하는지 네가 말해주렴."이라고 제안할 수 있다.

레고 클럽 수준 체계 레고 접근의 다른 여러 측면과 마찬가지로 수준 체계 역시 오랜 시간에 걸쳐 발전한 것이며 직접적인 임상적 근거에 기초하여 사회적 발달을 돕기 위한 전략으로 활용된다. 레고 클럽의 수준은 아동에게 보상을 제공하고 아동의 발전에 대한 동기를 촉진하기 위해 마련된 것이다. 레고 클럽의 수준은 다섯 가지로 나뉘며, 다음에 간략하게 제시되어 있다. 특정 수준에 해당하는 기술을 보이는 아동에게는 레고 클럽의 인증서 혹은 자격증을 수여한다(많은 집단 구성원이 자격증 또는 인증서를 오랜 시간 동안 소중히 보관한다). 집단의 리더가 인증서를 수여하는 것이 아니라 집단 내의 또래들이 한 아동의 프로젝트가 특정 수준의 기준에 부합하는지를 검토하여 자격을 인증한다.

일반적으로 집단 구성원들은 이 체계 내에서 더 높은 수준에 도달하는 것에 대해 지속적인 관심을 보인다. 이 체계는 아동의 동기, 과제 지속, 어려운 과제를 수행하고자 하는 자발성의 향상에 긍정적 영향을 미친다(LeGoff et al., 2009).

레고 수준

1. 레고 헬퍼 처음 집단에 참여하는 경우 조력자 수준에 해당한다. 이 수준에서 아동은 집단 활동을 '돕는 역할'을 한다. 조력자는 세트를 조립할 때 블록 조각을 미리 분류하고(예 : 회색 블록들을 함께 모아 분류해놓기) 여러 블록 조각을 분류해놓기도 하며, 조립이 완성되면 설명서와 비교하여 검토하는 역할을 하기도 하고, 레고방을 정리하거나 청소하는 일을 한다. 이 수준은 아동의 기술에 따라 아동에게 다른 기능을 한다. 세트 조립에 능숙하지 않거나 오랜 시간 동안 과제에 대한 집중력을 유지할 수 없는 아동의 경우, 레고 조립에 참여하여 또래의 승인과 인정을 받을 수 있는 기회를 제공한다. 보다 숙련된 기술을 갖고 있는 아동에게는 다음 수준으로 올라가는 데 요구되는 높은 수준의 기술에 대한 자신의 유능함을 보여줄 수 있는 계기가 되며, 또래의 인정을 얻고 또래와 동맹을 형성할 수 있는 기회가 된다.

2. 레고 빌더 레고 조력자 수준의 아동이 중간 크기(100조각 이상)의 레고 세트를 조립할

수 있고 집단 세트 만들기 활동에서 조립하는 역할을 수행할 수 있게 되면, 집단 구성원들에게 이 아동이 레고 빌더의 단계로 올라가는 것이 합당한지 의견을 묻는다. 집단이 동의하면 치료사와 다른 모든 집단 구성원이 서명을 한 인증서를 받게 된다.

3. 레고 크리에이터 레고 빌더가 레고 크리에이터 수준으로 올라가기 위해서는 자유 형식의 창작물을 만들 수 있어야 한다. 자신만의 아이디어로 일정 수준의 복잡성과 게스탈트 통합성을 갖추고 있는 창작물을 만들어야 하며, 다른 구성원들의 관점에서도 멋있어 보여야 한다. 다른 집단 구성원들이 창작물에 대해 판단하여 모두가 동의하면 두 번째 인증서를 받게 된다.

4. 레고 마스터 이 수준에 도달하기 위해서는 집단 프로젝트를 주도할 수 있어야 한다. 아동은 더 큰 규모의 레고 세트(300조각 이상)의 구매를 주도하여 조립 과정을 조직화하거나 원하는 방식의 집단 자유 형식의 프로젝트를 제안해야 한다(예 : 복잡한 형태의 건물, 작은 마을, 공항 혹은 동물원을 만들거나 자동차, 로봇, 그 외 창작물 등으로 이루어진 일련의 세트를 구성해낸다). 여기에서 중요한 것은 리더가 집단의 구성원들에게 과제와 역할을 부여하고 다른 구성원들의 지원과 정보를 활용하여 효과적으로 프로젝트를 주도하며, 그 결과 모든 집단 구성원이 함께 도전하여 보람을 느낄 수 있는 프로젝트를 이루어낼 수 있는가이다.

5. 레고 지니어스 이 수준은 자신의 레고 리더십 기술을 보다 더 향상시킬 수 있는 도전을 경험하고자 했던 소수의 레고 마스터의 요청에 의해 만들어졌다. 이 수준에 이르기 위해서는 영화 대본이나 이야기를 만들어 집단에게 제안할 수 있어야 한다. 필요한 경우 다른 구성원들은 스크립트를 비평하거나 수정할 수 있다. 이 프로젝트를 레고에 기초한 스톱 모션 기법의 만화 영화로 전환시킬 수 있을 것인지 방법의 측면에서 최종 스크립트를 분석한다. 이 수준은 레고 클럽에서 최근에 발달된 것으로, 이 장에서 자세히 다루기에는 무리가 있어 다음 기회에 보다 상세히 설명하고자 한다. 레고 마스터는 프로젝트 전반을 감독한다. 세트와 각 캐릭터 조립 담당을 나누고 움직임, 목소리, 음향 효과 등을 담당하는 역할을 부여하며 카메라와 컴퓨터를 조작하거나 이를 담당하는 역할을 부여한다(디지털 카메라와 노트북, 편집 소프트웨어가 사용될 수 있다). 그리고 영화 자체를 감독한다.

이 프로젝트를 완성하기 위해서는 많은 단계를 거쳐야 하며, 모든 집단의 구성원들이 제한된 시간 동안 과제에 집중하게 하기 위한 상당한 리더십 기술이 요구된다. 제작 담당 아동들은 이렇게 만들어진 짧은 만화 영화를 편집하고, 그 후 이 영화를 집단 구성원을 포함한 다른 집단 앞에서 상영한다. 집단 구성원들과 참여 아동들은 이 작품이 레고 지니어스 수준에 적합한지에 대해 논의한다. 현재까지 레고 지니어스 인증서를 받은 아동은 4명에 불과하다. 이 아동들의 연령은 9~12세였으며, 4명 모두 발달 수준과 진단명에 있어서는 상이하다.

이 접근을 적용하기 위한 가이드라인

레고치료는 다음의 세 가지 방법으로 준비하고 실시된다.

1. 지정된 레고 공간 : 재료를 보관하고 치료 회기가 실시될 수 있는 레고치료실이 구비되어 있어야 한다.
2. 임시적 배치 : 이 접근 실시하기 위해서는 특별한 공간이 필요하지만, 재료를 영구히 보관하거나 전시하지는 않는다. 레고를 다른 곳으로 옮겨두거나 개별적으로 보관할 수 있다.
3. 재료의 휴대 : 레고 재료는 휴대가 가능하여 여러 다른 장면으로 이동하여 실시될 수 있다(예 : 학교, 지역사회 내의 특정 장소, 도서관).

재료의 선택　여러 가지 이유에서 재료의 선택은 레고 기반 개입의 실시에 있어 핵심적 이슈가 된다. 다른 많은 접근과는 달리 재료를 선택하는 과정은 치료 자체의 통합적인 측면이 된다. 아동이 레고 재료를 선택하는 과정 자체가 집단 및 개별 치료 회기의 중요한 일부분을 구성한다. 치료사는 아동이 레고 재료를 선택할 수 있도록 구조화하고 촉진해야 한다.

　프로그램을 시작할 때는 여러 종류의 레고 세트를 준비하는 것이 유용하다. 레고치료의 중요한 요소 중 하나는 아동이 스스로 모델을 선택하고 어떤 모델을 만들지 집단이 함께 논의하는 과정에 있기 때문이다. 그러나 집단 프로그램을 준비하는 경우, 이러한 선택이 어려울 수 있다. 리더는 각 아동들과 개별적으로 이야기하여 아동이 원하는 종류의 레고를 찾고 그 동기를 확인할 수 있다. 아동에게 레고 잡지나 카탈로그 혹은 웹사이트를 보여주는 방법을 적용할 수 있다.

재료 선택 : 자유 형식의 레고　자유 형식의 레고 재료는 레고에서 직접적으로 구성하거나 혹은 비공식적으로는 단종된 세트에서 남은 것, 작은 버려진 것들을 담아놓은 기부 상자, 또는 다양한 사용처를 갖는 커다란 통이나 세트 등을 모아 구성할 수 있다. 가능하다면 자유 형식의 재료는 투명한 플라스틱통에 정리하여 보관하는 것이 바람직하다. 집단 구성원들의 다양한 흥미와 만들고자 하는 창작물을 구체화시키고자 하는 동기를 촉진하기 위해서는 다양한 자유 형식의 재료가 필요하다. 자유 형식의 레고 재료를 '재활용'하도록 하지만 모든

사람들에게 특별한 의미를 갖는 획기적인 대작이 있을 수도 있다. 기부를 통해 자유 형식의 레고 재료를 구할 수도 있는데, 이 경우 재료를 분류하고 청소하는 데 상당한 시간이 소요될 수도 있다. 레고 교육 분과에서는 교육 및 비영리 단체에게 할인된 가격으로 레고를 제공하기도 한다.

평가 절차

모든 개입의 핵심 요소는 철저한 평가를 통해 달성될 수 있다. 평가 과정을 통해 리더는 욕구 및 강점 영역을 판단할 수 있으며, 이후 진전의 정도를 평가하기 위한 객관적인 기초 자료를 확인할 수 있다. 평가 과정은 두 가지 요소로 구성된다. 초기 평가 및 진전에 대한 평가가 그것이다. 집단의 리더 및 개별적인 참가자에 따라 상당한 변이가 있을 수 있지만, 다음의 일반적인 지침은 임상 경험과 연구를 통해 레고 기반 치료의 핵심적 특징으로 확실시되어야 하는 부분이다.

초기 면접 평가 과정은 아동과 가족에게 이 과정을 소개하는 내용으로 구성된 면담으로 시작한다. 보통 1시간가량 소요된다. 이 면담을 통해 아동과 가족에게 방법과 절차에 대한 정보를 제공하고 동시에 아동에 대한 정보를 수집한다. 아동에 대한 정보는 이후의 평가나 치료 계획의 구성에 도움이 된다. 리더는 레고치료실로 지정된 방으로 아동과 가족을 안내하여, 치료실에 대한 소개로부터 시작한다. 치료실이 임시로 사용하는 곳이라면(다목적실), 아동과 부모에게 레고 재료를 보여준다. 치료가 다른 장소에서 실시되는 경우 리더의 클리닉이나 사무실에서 면담을 실시할 수도 있다. 어떤 경우든 초기 면접에서 레고 재료를 활용하는 것은 정보를 공유하고 관계를 형성하는 데 도움이 된다.

면담은 상대적으로 비형식적이고 비구조화된 방식으로 실시된다. 레고 개입과 관련된 정신 건강의 측면에 대한 언급은 최소화한다(예 : 치료, 개입, 진단, 사회적 기술). 그보다 활동, 활동에 참여하기 위한 필수 요건, 집단의 사회적 특징을 더 강조한다.

면담을 통해 레고에 대한 많은 정보를 부모에게 직접적으로 전달한다. 면담이 실시되는 과정에서 혹은 면담 전에 브로슈어나 한 페이지 정도의 설명서 등 문서의 형식으로 부모나 교육자와 정보를 공유할 수도 있다. 부모들은 면담이 진행되는 동안 많은 정보를 듣게 되므로, 문서화된 설명서를 받는 것이 도움이 된다고 보고한다. 아동은 레고 클럽 규칙에 대한 논의 과정에 직접 참여한다. 아동에게 규칙을 이해했는지 묻고, 레고 클럽에 참여하기 위해서는 규칙을 따른다는 것을 설명해준다.

사례 연구

배경 정보

콜린은 10세 남아로, 학교 상담가의 추천에 의해 부모로부터 의뢰되었다. 콜린은 과거 적대적 반항장애(ODD) 및 주의력결핍 과잉행동장애(ADHD) 진단을 받고 약물치료 중이었다. 콜린은 부모와 두 남동생과 함께 살고 있었는데, 남동생들은 모두 학업적으로나 사회적으로 잘 지내고 있었다. 콜린의 아버지는 성공한 건축가였고, 어머니는 대학에서 교육학을 전공했으며 현재는 전업주부로 지내고 있다. 대형 외래 클리닉의 대기실에서 처음 만났을 때부터 가족은 콜린에 대해 몹시 화가 나 있는 것처럼 보였다. 가족은 콜린을 '무례'하고, '성가신' 아이로 묘사했으며, 콜린이 친구를 사귀지 못하고 학교에서 지속적으로 문제를 일으키고 있다고 보고했다. 훈육을 이유로 교장 선생님과 학교 상담가에 여러 차례 의뢰되었지만, 이 선생님들은 콜린의 행동에 대한 이유를 파악하지 못했다.

콜린의 어머니는 콜린을 '낳을 때부터 고통'이었다고 묘사했다. 모유 수유 과정도 힘들었고, 어머니에게 잘 안기지 않는 아기였다고 회상했다. 콜린은 몸을 뻣뻣하게 세우고 있을 때가 많았고 지속적으로 심하게 울어댔으며 어머니는 콜린의 울음을 멈출 수 없었다고 했다. 콜린이 첫아이였지만, 어머니는 엄마로서 무능한 자신을 탓할 때가 많았다고 보고했다. 걸음마기 시절 콜린은 시큰둥해 보였고, 아버지의 공구와 설계용 책상을 갖고 노는 것을 좋아했다. 콜린은 말을 시작할 무렵부터 글을 읽기 시작했다. 초기 언어 획득은 매우 빠른 편이었는데, TV나 다른 매체에서 들은 말을 반복할 때가 많았다. 그 당시 콜린을 카시트에 앉혀 놓으면 옆으로 스쳐 지나가는 도로 표지판과 인쇄된 광고물을 모두 읽곤 했다. TV를 오랜 시간 동안 즐겨 봤는데 콜린 스스로 청각장애인용 자막이 나오게 하는 방법을 알아내고는 사운드를 끄고 TV의 자막을 읽었다. 콜린은 뉴스와 정보 제공 프로그램을 선호했고, 조부모가 시청하는 일본 드라마를 즐겨 봤다.

콜린이 어린이집에 입학했을 때 담임교사는 콜린의 읽기 기술에 놀랐지만 콜린이 집단 활동에 전혀 참여하지 않으려 한다는 것을 알아챘다. 콜린은 친구들과 함께 카펫에 앉는 것을 거부했고 간식 시간이나 낮잠 시간 동안 친구들과 함께 있는 것을 원하지 않았다. 때때로 교실 여기저기를 배회했고, 숲이나 풀 속에서 곤충을 찾기 위해 운동장으로 나갔다. 콜린은 곤충에 매료되어 곤충을 잡아 주머니에 집어넣고 다니곤 했다. 연령에 비해 많은 어휘를 알고 있었지만 매우 빠른 속도로 속삭이듯 말할 때가 많았고, 긴 독백을 읊조리듯 혼잣말을 할 때가 잦았는데, 대부분 뉴스나 날씨 예보에서 들은 것을 반복했다. 콜린은 또래들처럼 옷을 입는 것에 대한 거부를 보였는데, 티셔츠나 반바지, 슬리퍼를 착용하지 않으려 했다. 대신 아버지나 할아버지처럼 긴 바지와 골프 티셔츠 또는 색이 화려한 셔츠, 로퍼를 고집했다.

초기 면접

콜린은 아시아계 유럽인으로 체구는 작은 편이었으며, 어른처럼 말끔하게 옷을 입고 있었다. 머리는 대충 빗은 듯 보였는데, 헝크러진 검은 직모에 옴 자국이 있었다. 짙은 갈색 눈동자에 안경을 끼고 있었으며, 백팩을 맨 채 대기실 의자의 가장자리에 앉아 있었다. 부모는 콜린의 맞은 편에 앉아 있었다. 콜린은 눈맞춤을 하지 않았고, 나의 인사에 아무런 반응도 보이지 않았다. 내가 콜린에게 다가가 허리를 굽히자 콜린은 바닥을 응시했다.

나는 먼저 부모를 만나 발달력에 대해 듣고 바인랜드적응행동척도(Vineland Adaptive Behavior Scales)를 실시했다. 콜린을 만나기 위해 다시 대기실로 갔을 때 콜린은 접수처에서 펜을 가져다가 벽에 글씨를 쓰고 있었다. 콜린은 그 전날 있었던 철자 시험의 철자를 다시 쓰고 있었다. 부모는 당황하여 큰 소리로 꾸짖었지만 콜린은 대수롭지 않은 듯 "지루해요." 라고 말했다. 따라오라고 했지만 콜린은 이를 거부한 채 부모를 쳐다봤다. "나를 이쪽으로 데려가도 되는지 허락받았어요?"라는 물음에 부모는 괜찮다고 했고, 마침내 콜린은 동의했다.

콜린은 사무실에 들어와서도 재킷을 벗지 않았으며 백팩도 그대로 메고 있었다. 그리고 문 가까이에 있는 의자에 앉았는데, 마치 빠져나갈 준비를 하고 있는 것처럼 보였다. "나랑 뭐 하려고 하는 거예요?"라고 콜린이 물었다. 콜린과 상호작용을 시도한 한 시간 내내 콜린은 불안해했고 방어태세를 갖추고 있었다. 어느 시점에 이르렀을 때 콜린은 파일 보관장 위에 있던 도자기 컵을 꺼내와 바닥에 떨어뜨렸다. 컵은 산산조각이 났다. 콜린은 나를 쳐다봤고 내가 어떤 반응을 보일지 예상하고 있는 것처럼 보였다. 콜린은 파일 보관장의 서랍을 열고 그 안을 살펴본 후 책상으로 다가왔다. 콜린은 나를 밀쳐내고 서랍을 뒤졌다. 서랍에서 사탕을 발견하고는 한 주먹 쥐었다. 면담이 끝나자 콜린은 대기실 복도를 뛰어가서 가방을 거칠게 내던졌다.

치료 과정

나는 콜린의 발달력과 초기 면접 결과를 토대로 콜린이 ODD나 ADHD가 아닌 아스퍼거 증후군을 가진 것으로 추정된다고 부모에게 알렸다. 학교에서 콜린을 관찰할 필요가 있음을 설명하고, 이후 학교 관계자로부터 콜린을 관찰해도 된다는 허가를 받을 수 있었다. 교실에서 콜린은 다른 학생들로부터 고립되어 구석의 책상에 혼자 앉아 있었다. 그의 자리는 교사 바로 옆자리였다. 콜린은 학습 과제를 좋아하는 것처럼 보였지만, 마치 교실에 교사와 콜린 둘만 있는 것처럼 큰소리로 혼잣말을 하거나 교사에게 말을 하곤 했다. 쉬는 시간 동안 콜린은 운동장에서 숲을 탐색하며 곤충을 찾았다. 나중에 콜린은 이전에 숲에서 도마뱀붙이를 본 적이 있었는데, 다시 그것을 찾아서 애완동물로 키우고 싶었다고 말했다. 어느 순간 콜린은 부서진 창문을 살펴보고 있는 학교 수위 아저씨에게로 다가가 그 옆에 섰다. 콜린은 수위 아저씨와 창문과 수리 과정에 대한 이야기를 나누었다.

첫 치료는 나의 개인 사무실에서 실시됐다. 처음에 만났던 주립건강사무국과는 다른 장소였다. 콜린은 이에 혼란스러운 듯 보였고, 대기실을 왔다 갔다 하며 불평했다. "나는 여기에 댄 선생님을 만나러 왔다고 생각했어요. 나는 여기 왜 온 거예요? 여기는 댄 선생님 사무실이 아니에요." 콜린을 나를 보고도 안심하지 못했다. "나는 여기 왜 온 거예요?" 사무실에 들어온 콜린은 곧 장난감 선반으로 다가갔다. 거기에는 커다란 레고 상자가 있었다. "이거 해봐도 돼요?" 콜린이 물었다. 콜린은 책상 위에 상자를 놓고 블록을 쏟은 후 모양과 색에 따라 블록을 분류하기 시작했다. 콜린은 나에게 블록을 자신이 분류해놓은 대로 보관하라고 말했다. "아무것도 만지지 마세요. 다음에 다시 와서 더 해야 할 것이 있어요."

다음에 왔을 때 레고 상자가 다른 곳으로 옮겨져 있는 것을 발견하고 콜린은 심하게 화를 냈다. "누가 이렇게 했어요? 왜 원래대로 두지 않았어요? 약속했잖아요."라고 말했다. 나는 콜린이 블록을 다시 분류하는 것을 도왔고, 곧 콜린은 구조물을 조립하기 시작했다. "지붕과 지붕널에 들어갈 조각이 더 있어야 해요. 다음 주에 가지고 올 수 있어요?" 나는 가능하다고 말했고, 블록을 더 구매했다. 다음 주에 콜린은 자신이 만들고 싶은 구조물 그림을 그려왔다. 그것은 여러 개의 창문과 문, 그리고 박공지붕으로 이루어진 복잡하게 설계된 집이었다. 또한 콜린은 나의 또 다른 내담자인 한 소년에 대해 언급했는데, 자신과 비슷한 나이이고 레고 세트로 해적선을 조립하고 있다고 했다. 콜린은 나에게 해적선을 만들고 있는 것은 누구인지, 그리고 그 소년의 이름과 나이를 물었다.

어느 날 콜린과 후안이 대기실에서 만났다. 작은 레고 조립 우주선을 갖고 있던 후안에게 콜린이 다가갔다. 두 소년은 레고 세트와 자유 형식의 조립에 대한 이야기를 나누었다. 두 소년의 부모는 모두 이들의 활발하고 원만한 상호작용에 놀랐다. 이후에 나는 부모들에게 두 아동과 함께 작업해도 되는지 허락을 구했고, 부모는 동의했다. 콜린과 후안은 함께 작업하게 된 것에 대해 매우 흥분했고, 재빨리 새로운 프로젝트에 대한 아이디어를 공유하기 시작했다. 나는 대기실에 레고 카탈로그를 구비해놓고 있었다. 두 소년은 해적성을 함께 만들기로 하고 나에게 해적성을 구매할 것을 요구했다.

몇 주에 걸쳐 해적성 프로젝트를 진행했다(한 주에 한 시간씩). 콜린과 후안은 서로 번갈아가며 조립하기와 블록 찾아주기를 했다. 프로젝트가 진행되면서 다른 내담자들도 그 진행 상황을 알고 그에 대해 언급하기 시작했다. 마침내 다른 학생들이 콜린과 후안에 작업에 동참해도 되는지 물어왔다. 콜린과 후안은 '조립할 수만 있다면' 함께하는 것에 동의했다. 참여하는 아동의 수가 많아지면서 집단은 커졌지만, 콜린과 후안은 리더로서의 역할을 계속했다. 대부분 아스퍼거 증후군이나 고기능 자폐 아동이 함께 참여했다. 아동들은 최신 카탈로그를 검토한 후 다음에는 무엇을 만들어야 할지 결정하기 위해 오랜 시간 동안 토론했다. 자유 형식의 프로젝트에 대해서도 아이디어를 공유했으며, 팀을 이끌기 위해 그림을 그려 가져오기도 했다. 마침내 레고 창작물이 놀이실의 다른 모든 물건들을 가리게 되었으며(예: 그리기 도구, 인형극장, 모래 책상, 인형, 동물 인형, 공룡, 플레이 도우), 인상적인 레고 창작물의 전시장이 만들어졌다.

콜린의 부모는 콜린이 새로운 '레고 클럽'에 대해 상당한 열정을 보인다고 보고했다. 콜린은 집에 있는 컴퓨터를 사용하여 '댄 선생님의 레고 클럽'이라는 표지판을 만들어 놀이실 문에 달았다. 콜린은 학교 친구들에게도 레고 클럽에 대해 이야기하고, 친구와 동생들을 초대하여 레고 전시물을 보여주기도 했다. 콜린은 점차 학교처럼 레고 클럽이 아닌 곳에서도 또래와의 상호작용이나 협력에 관심을 갖게 되다. 작업치료사는 콜린이 레고놀이를 시작한 이후로 소근육 운동 기술에 유의미한 향상이 있으며, 어려운 과제에 대한 협력이나 참여에도 상당한 발전이 있다고 보고했다. 개별화 교육 프로그램(individualized education program, IEP) 회의에서 담임교사는 콜린의 집단 활동에 대한 참여 의지는 물론 점심 시간이나 휴식 시간 동안 또래와의 자발적 상호작용의 측면에서 극적인 향상이 있다고 보고했다.

결과

콜린은 3개월 동안의 개별 치료 이후 3개월의 집단치료에 참여했다. 학교와 집에서의 향상된 행동에 대한 평가를 위해 부모 면담 및 바인랜드 척도를 다시 실시했다. 또한 학교에서 수업 시간과 점심 시간, 휴식 시간 동안 콜린을 관찰했다. 콜린의 바인랜드 척도 결과는 유의하게 향상되었다. 특히 지난 6개월의 치료를 통해 의사소통과 사회화 영역에서 1표준편차 이상의 점수가 향상되었다. 부모는 가정에서의 적대적 행동이 많이 감소했고, 어린 동생들에 대한 도움 행동도 많아졌으며, '고집스럽고 자기중심적인 행동'도 많이 줄었다고 보고했다. 학교에서 콜린은 몇몇 아동과 관계를 발전시켜나가는 것처럼 보였는데, 주로 레고 블록이나 스타워즈에 관심을 갖는 아동들이었다. 콜린 역시 흥미를 보이는 것들이었다. 점심 시간 동안 콜린은 또래와 함께 앉아 대화를 시작하였으며, 몇 분 이상 대화를 지속할 수 있었다. 쉬는 시간 동안 다른 아동들과 함께 놀기도 했다. 비록 콜린의 '놀이'는 대부분의 자신의 관심사에 대해 친구들에게 말하는 것이었지만, 친구들이 상호작용을 지속하고 싶어 할 정도로 관심사를 적절히 공유할 수 있었다. 콜린은 드디어 친구와 첫 번째 놀이 약속을 하게 되었다. 일반적인 또래였는데, 물론 놀이는 레고중심으로 이루어졌다. 콜린의 부모는 이러한 결과에 상당히 기뻐했다.

이후 7년 동안 콜린은 레고 클럽 집단에 간헐적으로 참여했다. 리더의 역할을 했으며, 자신을 '설립 멤버 중 한 사람'이라고 지칭하기도 했다. 학업 수행은 우수했으며, 바인랜드 척도에서도 평균 이상의 수준을 보였다. 콜린은 레고 클럽 창작물에 대한 많은 창의적 아이디어를 갖고 있었다. 고등학교 시절 콜린은 학교의 역사 수업 프로젝트로 레고 블록을 사용해 나사의 아폴로 13 임무에 대한 스톱 모션 기법의 만화 영화를 제작하는 아이디어를 제안했다. 집단의 구성원들은 이 아이디어를 받아들였고, 콜린을 도와 레고와 천으로 만든 배경막, 핸드헬드 카메라를 갖고 영화를 제작했다. 콜린은 이 프로젝트에서 A를 받았고, 교사의 긍정적인 피드백을 집단의 친구들과 함께 나눴다. 이후 다른 집단의 구성원들도 스톱 모션 기법의 영화 아이디어와 대본을 공유하였고, 레고를 활용한 프로젝트는 집단 활동의 주된 초점이 되었다.

콜린은 공립 고등학교를 졸업했는데, 우등생 명단에 선정되는 영예를 누렸다. 콜린은 부모의 기대와 달리 대학에 가지 않기로 하고 미국 해병대에 자원했는데, 군대에서도 교육을 받고자 하는 바람을 갖고 있었다. 콜린은 약물치료를 중단하였으며, 명령에 집중하고 동료 초년병들과 협력하여 잘 지내기 위해 노력했다. 훈련 기간 동안 콜린은 나에게 매일 이메일을 보냈는데, 스스로에 대해 상당히 자랑스러워하고 있는 것처럼 보였다. 해군의 구조와 훈련 과정은 콜린에게 잘 맞는 것 같았다. 이후에 콜린은 이라크 전시 근무에 배치되었다. 콜린은 중동으로 떠나는 전날 아침 흥분하여 나에게 이메일을 보냈다. 슬프게도 콜린은 미국 검문소에서 일어난 반란군과의 교전 중에 전사하고 말았다. 부모는 처음에 매우 심하게 화를 냈다. 부모는 군대가 콜린을 받아들이지 말았어야 했다고 생각했다. 그러나 1년이 지난 후 콜린의 아버지는 나에게 사실을 받아들이기로 했으며, 아들을 매우 자랑스러워하고 있다는 내용의 메일을 보냈다.

결론

레고치료 접근은 여러 형태의 개입이 혼합된 형태로, 성인 주도적, 아동 주도적 그리고 또래 중재의 개별 및 집단 접근을 결합하여 적용한다(NRC, 2001). 이 개입법은 구성적 놀이 시스템에 대한 아동의 자연스러운 흥미를 이용하고, 또래에 대한 동일시의 향상 및 사회적 정체성 발달을 강조한다. 그 방법은 매우 유연하여, 고도로 구조화되고 성인 주도 방법(수준 1)은 물론 아동 주도적이며 또래 중재 활동도 가능하다. 두 편의 연구 결과는 치료적 개입에 참여했던 자폐스펙트럼장애 아동의 사회적 발달에 있어 임상적으로 유의미한 긍정적 향상이 있음을 보고하고 있다. 자폐스펙트럼장애 아동뿐 아니라 다른 집단군에 대한 치료적 도구로서 레고 시스템을 활용하는 것은 점차 확대되어 가고 있으며, 그 효과에 대한 탐색도 계속되고 있다. 케임브리지대학교 자폐증 연구센터의 Gomez de la Cuesta 박사는 Simon Baron-Cohen의 지도하에 무선할당비교 연구 설계를 적용한 반복 연구를 완료하였다(Owen et al., 2008 참조).

많은 최신의 사회적 개입 전략들이 사회적 추론 능력의 향상(Gray, 1998) 혹은 행동 분석 기법을 적용한 특정 행동의 선택(Koegel & Koegel, 1995)에 초점을 두는 반면, 레고치료 접근은 능력뿐 아니라 기술과 수행의 향상을 시도한다. 즉 이 방법은 사회적 발달의 근본적 변화를 추구하며, 이러한 근본적인 변화를 통해 사회적 기능에서 획득한 바를 유지하고 일반화할 수 있다. 저자는 어떤 한 개입의 효과가 특정한 사회적 행동에서의 피상적 변화를 반영하는 것이 아니라 보다 핵심적인 사회적 능력 및 사회적 정체성에서의 향상에 기초할 때 그 개입은 의미를 갖게 된다고 믿는다. 이러한 측면에서 볼 때 사회적 발달에 대한 지속적인 연구는 반드시 필요한 부분이라고 확신한다.

참고문헌

Attwood, T. (1998). *Asperger's syndrome: A guide for parents and professionals.* London: Jessica Kingsley Publishers.

Bandura, A. (1977). Self-efficacy: Toward a unifying theory of behavioral change. *Psychological Review, 84*(2), 191–215.

Bandura, A. (1997). *Self-efficacy: The exercise of control.* New York: Worth Publishers.

Baron-Cohen, S. (2003). *The essential difference: Men, women and the extreme male brain.* Penguin/Basic Books.

Gray, C.A. (1998). Social stories and comic strip conversations with students with Asperger syndrome and high-functioning autism. In E. Schopler, G. B. Mesibov, & L. Kunce (Eds.), *Asperger syndrome or high functioning autism?*

(pp. 167–198). New York: Plenum Press.

Hansen, W. H. (1982). *50 years of play.* Billund, Denmark: The LEGO Group.

Jonassen, D. H., Tessmer, M., & Hannum, W. H. (1999). *Task analysis methods for instructional design.* Mahwah, NJ: Lawrence Erlbaum Associates.

Koegel, R. L., & Koegel, L. (1995). *Teaching children with autism.* New York: Paul H. Brookes Publishing.

LeGoff, D. B. (2004). Use of LEGO© as a therapeutic medium for improving social competence. *Journal of Autism and Developmental Disorders, 34*(5), 557–571.

LeGoff, D. B., & Sherman, M. (2006). Long-term outcome of social skills intervention based on interactive LEGO play. *Autism, 10*(4), 1–31.

LeGoff, D. B., Krauss, G. W., & Allen, S. L. (2009). LEGO-based play therapy for autistic spectrum children. In A. Drewes & C. Schaefer (Eds.), *School-based play therapy* (2d ed.). New York: John Wiley & Sons.

National Research Council. (NRC). (2001). *Educating children with autism.* Washington, DC: NRC Press.

Owens, G., Granader, Y., Humphrey, A., & Baron-Cohen, S. (2008). LEGO therapy and the Social Use of Language Programme: An evaluation of two social skills interventions for children with high functioning autism and Asperger syndrome. *Journal of Autism and Developmental Disorders, 38*(10), 1944–1957.

Papert, S. (1999). *Study of educational impact of the LEGO dacta materials.* Boston, MA: MIT Press.

Weckstrom, C. (2010). *LEGO Corporation's education and innovations contributions.* Personal communication.

Wiencek, H. (1987). *The world of LEGO toys.* New York: Harry Abrams Publishing.

발달적 놀이치료를 통해 자폐와 접촉하기

Janet A. Courtney

자폐 아동에게 있어 촉감에 대한 민감성을 약화시키는 것은 매우 중요하다. 모든
아동에게는 접촉이 필요하기 때문이다. (Temple Grandin, *Animals in Translation*)

서론

지난 수년간 정신건강 전문가, 의학계 종사자와 많은 부모들은 자폐스펙트럼장애 진단이
급증하는 것을 확인했다. 미국질병통제예방센터(CDC, 2011)에 따르면 미국 내 아동 110명
당 1명이 자폐에 해당할 만큼 유병률이 증가했다. 이와 같이 자폐증이 증가하면서 자폐를
가진 아동을 효과적으로 치료하고 평가하기 위한 방안을 마련하는 것이 시급해졌다(Baker,
McIntyre, Blacher, Crnic, Edelbrock, & Low, 2003; Bromfield, 2010; Gray, 2011). 그중 하
나는 Viola Brody가 1960년대에 창안한 발달적 놀이치료(developmental play therapy, DPT)
로, 이는 오랫동안 자폐 치료에 대한 효과적인 치료적 접근법으로 인식되고 있다(Brody,
1993, 1997b).

DPT는 테라플레이와 그 근간을 같이 하며(Booth & Jernberg, 2010; Jernberg, 1983;
Jernberg & Booth, 2001; Koller & Booth, 1997; Munns, 2003), 따라서 이 둘은 서로 '가까
운 친척 같은' 접근법으로 알려져 있다(Myrow, 2000). 2003년에 생을 마감한 Viola Brody가
DPT의 문헌 연구, 실험 연구와 훈련 등에 가장 크게 기여하였지만, DPT 모델은 이후 그녀
의 제자들(예 : Bailey, 2000b; Clarke, 2003; Courtney, 2004, 2005, 2006, 2010; Courtney

& Gray, 2011; Fauerbach & Wibbe, 2003; Schwartzenberger, 2004a, 2004b; Short, 2008)에 의해 지속적으로 교육, 실시, 연구 및 발전되었다. DPT는 자폐스펙트럼장애 치료에 효과적일 뿐 아니라, 애착장애나 주의력결핍장애를 보이는 아동, 심각한 정서 및 심리적 외상에 시달리는 아동의 치료에도 효과적인 방법으로 알려져 있다(Brody, 1963, 1978, 1987, 1992, 1993, 1994, 1996, 1997a, 1997b; Brody, Fenderson, & Stephenson, 1976; Burt & Myrick, 1980; Courtney, 2006; Mitchum, 1987; Short, 2008).

DPT를 지지하는 이론

DPT는 Ainsworth(1969), Ainsworth, Blehar, Waters와 Wall(1978), Bowlby(1969, 1979), Barnard와 Brazelton(1990), Buber(1958), Des Lauriers(1962), Harlow(1958), Montagu(1986), Spitz(1946)를 포함한 다양한 학자와 연구자들의 이론에 기반을 두고 있다(Brody, 1976, 1993, 1997a, 1997b, 1999). 이러한 저자들은 모두 초기 유아기와 아동기의 신체적·정서적 관계와 그들이 이후 발달에 미치는 영향을 강조하고 있다는 점에서 공통성을 갖는다.

DPT는 친밀한 관계를 '자기-타인(I-thou)'의 관계적 측면에서 설명한 Martin Buber(1958)의 작업에서도 많은 영향을 받았다. Buber의 주된 논점은 개인은 타인(thou)과의 상호작용 안에서만 '자기(I)'감을 발달시킬 수 있다는 것이었다.

Brody(1993, 1997b)는 이러한 '자기'를 돌봄의 관계에서 경험하는 촉감을 통해 발달하는 핵심 자기라고 설명했다. 접촉의 느낌이야말로 성장에 대한 기본적인 개인의 욕구인 핵심 자기를 발달하는 조건을 마련해주는 것이다(Barnard & Brazelton, 1990; Brody, 1993, 1997b; Des Lauriers, 1962; Harlow, 1958; Montagu, 1986; Spitz, 1946). 인류학자 Ashley Montagu(1986)는 "피부는 거의 출생 직후부터 인간이 의미를 부여하는 감각인 촉감에 반응하는 감각적 수용체 기관으로서, 인간 행동 발달에 있어 가장 핵심적인 역할을 한다."고 기술했다(p. 401). Brody의 과거 멘토이자 슈퍼바이저였던 심리학자 Des Lauriers(1962)는 자기의 발달이 신체에 대한 인식으로부터 시작된다고 주장했다. 그는 이와 같은 신체에 대한 초기 의식을 신체적 자기라 불렀다. Des Lauriers는 신체적 자기는 이후 정서적 자기의 발달이 이루어지기 이전에 나타나야 한다고 믿었다. Harlow의 1969년 원숭이 실험에서는 어미의 신체적 접촉과 위안이 동물의 정상 발달에 있어 핵심적이며, 따라서 인간에게도 그러할 것이라는 점이 시사되었다. Brody(personal communication, September, 19, 2002)는 DPT 모델에서 접촉(touch)을 강조하는 것에 대한 과학적 근거로 마이애미대학교의 접촉연구소(Touch Research Institute) 소속인 Tiffany Field의 연구를 예로 들었다(Field, 1995, 2001).

치료

DPT의 형태는 부모가 관찰하고 치료사와 함께 참여하는 개인 회기부터 각각의 아동이 치료사와 짝을 이루는 집단치료에 이르기까지 다양하다. DPT는 치료사가 주도하는 '첫 번째 놀이' 활동으로 접촉을 활용하기도 하며, 어머니와 함께 노래를 부르고, 짝짜꿍을 하고, 숨바꼭질을 하는 동안 게임을 관찰하기도 한다. 치료에서는 관계의 상호호혜적인 측면에 중점을 두며, 이는 지금-여기 상황에서 발생하는 상호작용으로부터 이루어진다. 치료적인 상호작용은 아동의 퇴행을 자극함으로써 초기 발달 단계에서 결핍되었던 것을 다룰 수 있게 된다(Brody, 1993, 1997b; Center for Play Therapy, 1995; Jernberg & Booth, 2001). 따라서 개입의 목적은 아동의 실제 연령이 아닌 발달 연령에 맞추는 것에 있다(Brody, 1993, 1997b; Koller & Booth, 1997).

어떤 유형이든 모든 접촉은 즐겁거나 재미있어야 한다. Brody(1997a)는 접촉의 중요성에 대해 다음과 같이 설명했다.

> 아동이 자신의 몸을 느낄 수 있도록 하는 것이야말로 성인과 아동이 서로 접촉하는 관계에서의 유쾌한 요소이다. 스스로 느껴본 자신의 몸을 통해 아동은 자신을 지각하게 되는 것이다. … 반복적으로 자신의 신체를 느껴봄으로써 아동은 말하고 상상하고 환상을 갖고 추상적으로 사고하는 능력을 갖게 된다. 자신과 온전히 함께해주는 성인과 이렇게 반복적인 신체 접촉을 경험한 아동은 자신의 몸에 대해 안정적으로 지각하여 내면에 '집' 또는 '중심 공간'을 갖게 될 것이다. … 가장 기본적인 것에는 외부의 자극이 있을 때 신체에 대한 자각을 경험하는 것이 포함된다. 이러한 자각은 아동으로 하여금 내부에서부터 밖으로 세상과 대응할 수 있도록 하는 내면의 자기를 형성하게 할 것이다. (p. 161)

훈련

훈련에서는 DPT의 이론적 바탕을 가르치는 것 외에도 치료사들이 "스스로에 대한 새로운 자각"을 할 기회를 갖도록 여러 가지 작업을 하게 된다(Brody, 1993, 1997b, p. 341). 이는 치료사들 또한 치료적 개입이 어떤 것인지 느껴보았을 때 아동에게 보다 더 도움을 줄 수 있을 것이라는 가정에 기반한다. Brody(1976)는 "성인들이 자신의 감정을 경험하고 정의할 수 있도록 돕는 것 역시 중요하다. … 사실, 성인이 자신의 감정에 대해 충분히 자각할 수 있게 되기 전까지는 아동의 감정을 잘 이해하지 못하는 경우가 많다."고 이야기했다(p. 39).

자폐스펙트럼장애

압박 기계(squeeze machine, 양면에 쿠션이 달린 판 속에 압축된 공기가 들어가 있어 꼭 끌어안아주는 듯한 느낌을 줄 수 있는 기계로, 자폐스펙트럼장애 아동을 진정시키는 효과가 있음)의 발명으로 유명한 Temple Grandin에 의하면 자폐가 있는 대부분의 아동은 누가 만지는 것을 싫어한다고 한다. 하지만 그녀는 "모든 아이들은 신체적 접촉을 필요로 하기 때문에 자폐 아동에게 있어 촉감에 대한 둔감화는 매우 중요하다고 생각했다. 자폐 아동이 촉감을 싫어하는 것이 아니라 아동의 신경 체계가 촉감을 감당하지 못하기 때문"이라고 말했다(Grandin & Johnson, 2005, p. 118; 촉감 둔감화에 대한 사례는 Perry & Szalavitz, 2006, pp.140-142 참조). 자폐를 가진 사람들은 레인맨의 '실존 인물'인 Kim Peek의 경우와 같이 촉감에 대한 혐오감을 극복할 수 있다. Kim의 아버지인 Fran Peek(2008)에 따르면, Kim의 정식 진단명은 자폐적인 특성과 뛰어난 기억력을 지닌 서번트 증후군이다. 레인맨이라는 영화가 나온 뒤 Kim은 엄청난 애정과 관심을 받게 되었고, "기적에 가까운 변화"를 겪었다(p. 70). 사회적 기술이 거의 없고 내향적이며 부끄러워서 사람들을 피하고 유머감각이 없으며 누구와도 눈맞춤을 하지 않았던 Kim은 영화 이후 갑자기 정반대의 모습을 보였다. 그의 기적적인 변화에는 눈맞춤하기, 새로운 사람을 만났을 때 포옹이나 악수 먼저 청하기 등이 있었다. 더불어 사회적인 단서를 인식하는 능력이 없었던 Kim은 이제 만나는 사람 모두에게 포옹을 청하게 되었고, 이는 아버지가 감당하기 어려워질 정도에 이르렀다.

자폐스펙트럼장애로 진단받은 아동에 대한 치료 개입에서는 행동주의적인 치료가 가장 주된 접근법이었고(Bromfield, 2010; Grandin & Johnson, 2005; Perry & Szalavitz, 2006), 실험적인 놀이치료적 개입이 점차 유망한 치료 방법으로 주목받게 되었다(Bromfield, 2005, 2010; Hess, 2005; Kenny & Winick, 2000; Lanyado, 2005; Solomon, 2008; Yonge, 2004). 더불어 접촉을 이용한 다른 개입법들도 아동작업치료사들이나 마사지 치료사들 작업의 일환으로 널리 활용되기 시작했다(Field, Lasko, Mundy, Henteleff, Talpins, & Dowling, 1986; Grandin, 1992; Grandin & Johnson, 2005). 몇몇 심리치료적 기법에서는 접촉에 대한 강조점을 주된 치료적 요소로 두고 자폐 치료에 접근하기도 한다.

Brody(1993, 1997b)는 자폐를 가진 아동이 자주 위축되어 있고 관여하기 어렵기 때문에 부모 역시 "가슴이 무너질 듯한 좌절과 분노를 느낄 수 있고 자폐를 가진 자녀가 자신과의 심리적으로 더 거리를 둔 채 살아갈 것이라는 두려움이 커질 수 있다."고 했다(Brody, 1997b, p. 44). 이에 자폐를 가진 자녀와 부모 간의 유대감 형성은 어려워지고, 이는 부모-자녀 간 관계의 단절로 이어질 수 있다. Brody는 다음과 같이 설명했다.

유대감의 형성은 출생 직후 시작되며 부모가 아이를 만져주고 먹여줄 때 형성되며 영아-부모 사이에서 요구되는 상호작용의 질에 따라서 공고화된다. 이러한 유대 감은 아이의 자기 성장에 영양분을 주는 필수적인 토양이 된다. 이것이 결핍된다면 아이는 자신의 삶을 선택하고 지시하고 평가하는 중심을 상실하게 된다. (p. 45)

DPT 모델은 이러한 손상된 위기감을 회복시키고자 한다. 자폐 아동과의 작업에서 Brody 는 부모를 회기에 포함시키는 치료계획을 선호했다. Brody는 모델링을 통해 부모가 자녀와 접촉하고 관계 맺는 방법을 가르침으로써 부모-자녀 간 유대감을 촉진하고자 했다.

고려사항

현대 사회는 아동을 접촉하는 문제에 대해 매우 민감해져 있다. 접촉 및 이와 관련된 잠재 적인 결과에 대한 우려는 놀이실에서도 나타난다. 하지만 치료사의 불안감에도 불구하고 접촉은 자폐 아동의 치료에 있어 필수적인 요소이다(Brody, 1993, 1997b, 2000; Grandin, 1992; Grandin & Johnson, 2005; Perry & Szalavitz, 2006; Thomas & Jephcott, 2011). Brody(2000)는 "'접촉 금지' 경고와 상관없이 생기를 불어넣어주고 돌봄의 자양분이 되는 접촉을 아동으로부터 빼앗아간다는 것은 상식적으로 이해되지 않는다."고 날카롭게 지적했 다(p. 1). 놀이치료협회(Association for Play Therapy, APT)에서는 Trudy Post Sprunk, JoAnne Mitchell, David Myrow, Kevin O'Connor(n.d.)의 '접촉에 대한 보고서'(pp. 1-2)에 따라 놀 이치료사의 접촉에 대한 임상적 · 전문적 · 윤리적 지침을 제공하고 있으며, 그 요약 내용은 다음과 같다.

1. 보호자에게 신체적 접촉에 대한 사전 동의서를 제공하고 자필 동의를 얻는다.
2. 접촉은 아동의 욕구 및 치료 목표를 충족시키는 데 필요할 때만 행해진다.
3. 슈퍼비전을 받는다.
4. 아동이 접촉에 대해 불편감을 느끼거나 성적으로 자극되거나 분노할 경우 윤리에 따라 치료사는 아동을 만져서는 안 된다.
5. 아동이 신체적 학대를 당한 경험이 있을 경우 치료사는 접촉에 대해 더욱 경계해야 한다.
6. 어떤 아동의 경우 안전 유지를 위해 신체적인 제지가 필요할 수 있으며, 이는 훈련을 필요로 한다.

DPT 모델 및 접촉에 강조점을 두는 것과 관련하여 Brody가 제시한 임상적 지침(1993, 1997b, 2000)과 더불어 저자의 관점은 다음과 같다.

7. 접촉에 기반한 치료적 개입을 실행함에 앞서 치료사는 반드시 접촉과 관련된 특별한 훈련을 받아야 한다.

8. 치료사는 접촉과 관련하여 적절한 신체적 경계를 설정해야 한다. 가령 Brody(1987)는 아동에게 비디오 시연에서 자신의 가슴에서 아동의 손을 떼며 "찌찌!"라고 말하여 만지지 못하게 했다. 반대로 아동이 자신의 성기를 만져달라고 할 경우 "선생님은 그렇게 하지 않을 거야. 그 부분은 ○○이 몸에 있는 거라서 ○○이 말고는 아무도 만질 수 없어."라고 말해야 할 것이다(Brody, 1993, 1997b, p. 361).

9. 다리를 만지는 경우 무릎 위로는 만지지 않는다.

10. 아동은 치료사를 만지지 않고도 치료사가 자신을 보고 '만져주었다'고 느낄 수 있다.

11. 접촉은 인형과 같은 물체를 통해서도 이루어질 수 있다(예 : 입을 움직일 수 있는 손 인형으로 아동의 손가락 세기).

12. 아동을 간지럼 피우지 않는다(부드럽게 만지는 것도 간지럼으로 느껴질 수 있음).

13. 접촉은 부드러우면서도 아동이 느낄 수 있을 만큼 확실해야 하나 결코 고통이 느껴지거나 다치게 해서는 안 된다.

14. 포옹이나 적절한 접촉을 시도하는 아동의 접근을 절대 거절하지 않는다.

15. 절대 접촉을 강요하지 않는다.

16. 치료사의 '첫 번째 과제'는 각 아동에게 '맞는' 접촉을 찾는 것이다. 예를 들어 아동이 "또 해줘."라고 하는 것은 치료사가 적절한 촉감을 찾았다는 아동의 확인일 수 있다.

17. Brody(1993, 1997b)는 온정과 애정의 촉감을 제공하기 전에 먼저 치료사가 사랑하는 방법을 배우고 실천해야 한다고 강조했다[1956년 발간한 Erich Fromm의 사랑의 기술 (*The Art of Loving*) 제4장, '사랑의 실천' 참조].

18. 접촉과 관련된 문화적 차이를 염두에 둔다.

사례 소개

사례 배경 및 주호소 문제

6세의 댈러스는 심각한 행동문제를 주호소로 학교 상담사에 의해 놀이치료에 의뢰되었다. 댈러스는 최근 학기 중간에 양육권이 어머니인 알레나로부터 아버지인 존으로 양도되고 난 이후 1학년에 입학하게 되었다. 알레나는 양극성장애로 진단받았으며 정신증, 우울증, 자살 시도로 인해 입원치료를 받은 개인력이 있다. 알레나가 공포에 질려 "와서 댈러스를 데려가세요!"라고 소리를 지른 일이 있고 난 후 댈러스는 존과 살게 되었다. 알레나는 댈러스가 반기독교이며, 자신을 신체적으로 공격하고, 자신이 죽기를 바란다고 생각했다. 아동은 몇 주간 결석했고 1학년에서 낙제될 상황이었다. 게다가 알레나의 남자친구가 댈러스를 신체적으로 학대하고 있었다.

댈러스의 부모는 아이가 1세 때 이혼했고, 주 양육권은 알레나가 갖게 되었는데, 법원 명령에도 불구하고 존의 방문을 거부했다. 알레나는 댈러스에게 "아빠가 널 사랑하지 않고 보고 싶어 하지 않는다."고 말했다. 뿐만 아니라 댈러스는 여러 명의 보모와 어린이집을 전전한 이력도 있었다. 댈러스가 아버지와 함께 살게 된 후 알레나는 아동과 연락을 끊었고 면담에도 응하지 않았다.

진단

존은 댈러스가 태어날 때부터 '남달랐'고 까다로운 아기였다고 했다. "제가 아는 다른 아이들 같지 않았어요." 어린이집에 다니는 동안 정신과 의사는 댈러스를 주의력결핍/과잉행동장애로 진단했다. 유치원에서도 여러 다른 전문가들이 댈러스를 적대적 반항장애, 외상후 스트레스장애, 반응성 애착장애, 감각 통합 이상 등으로 진단했다. 1학년 때는 심리학자가 아동을 아스퍼거장애로 진단했다. Brody(1993, 1997b)와 다른 학자들(Perry & Szalavitz, 2006; Webb, Amend, Webb, Goerss, Beljan, & Olenchak, 2005)은 자폐를 가진 많은 아이들이 초기 아동기에 종종 여러 가지 불확실한 진단을 받게 된다는 점에 대해 언급한 바 있다.

댈러스의 담임교사와의 연락을 통해 학교 환경에서 여러 행동 문제가 있다는 것이 밝혀졌으며, 여기에는 또래와 어울리지 못하는 것, 다른 사람과 부적절하게 접촉하거나 껴안는 것, 화낼 이유가 없는데도 아동을 때리거나 미는 것, 친구들 놀리기, 모래 뿌리기, 신체적 경계의 문제, 지시 무시하기, 적대적인 행동, 교실 내에서의 부적절한 언어 표현, 사소한 것에 분노 표출하기, 교실 물건 망가뜨리기, 집단활동 참여 거부, 착석의 어려움 등이 포함되었다.

아버지와 함께 DPT 준비하기

존의 부탁은 다음과 같았다. "저는 아들과 좋은 관계를 맺고 싶어요. 전 아들을 사랑하고 아들을 돕기 위해서는 어떤 것도 할 준비가 되어 있지만 너무 힘들어요. 아이와 함께하기 위해서 정말 많은 노력을 해왔고, 이렇게 같이 있게 되어서 너무 감사하게 생각해요." 존과 댈러스 간에는 안정적 애착이 결핍되어 있을 뿐 아니라 다른 여러 측면에서도 문제들이 확인되었다. 예를 들어 댈러스는 너무 '간지럽다'는 이유로 교복 착용을 거부했고, 마카로니와 치즈 외에 다른 것은 먹으려 하지 않았으며, 시간이 되었는데도 자거나 씻는 것을 거부하고, 출발해야 할 때 숨어버리며, 또래와의 관계맺기가 전혀 없었다. DPT는 접촉과 재미있는 활동을 통해 부모-자녀 간 유대감(존과 댈러스 관계에서 핵심적인 문제와 결핍)을 강화해주기 때문에 현 상황에서 가장 좋은 방법인 것으로 여겨졌다. 성인-아동 간의 애착 증대는 자연히 아동의 협조로 이어질 것으로 기대되었다(Bailey, 2000a).

DPT는 다른 아동 치료와는 다른 치료적 개입법이기 때문에 어떻게 진행되는지에 대한 부모 교육이 필요했다. 존은 다음과 같은 준비를 했다. 먼저 그는 DPT 모델 및 애착과 관련된 이론에 대해 배우고 접촉과 즐거움이 치료 과정에서 중요하다는 것에 대해 이해하게 되었다. 그다음, DPT 개입이 진행되는 것을 보여주는 비디오테이프(Brody, 1998)를 시청했고, 매일 댈러스와 함께 집에서 해볼 수 있는 활동에 대해 조언을 받았다.

댈러스에 대한 관찰 및 치료 과정

만지는 것을 싫어하는 많은 아스퍼거 아동과는 달리 댈러스는 만지는 것을 통해 접촉하기를 강력히 원하고 있었지만 그 방법을 알지는 못했다. 아동은 한편으로 '낯선 이'들까지도 껴안으면서도 충동적으로 때리고 주먹질을 하는 등 극단적인 행동을 보였다. DPT의 관점에서 아동은 자신의 신체에 대한 안정적인 느낌, 자신의 신체와 타인과의 관계 등에서 발생하는 핵심적인 자기감이 결핍되어 있었다. 어머니와 사는 동안 겪었던 학대와 방임의 경험이 망가진 아버지와의 초기 관계와 더해져 아스퍼거 진단에 부합하는 특성인 안정된 애착의 결핍을 만들어낸 것이다. Bromfield(2010)는 "아스퍼거장애라는 주 진단이 아스퍼거와는 관련이 없는 외상, 학대, 사별, 방임적 양육, 가족의 와해, 알코올 및 물질 남용, 비행, 반사회적 행동 등에 대한 면제를 주지는 않는다."고 주장했다(p. 118).

학년 말에 존이 다른 지역으로 이사를 했기 때문에 댈러스의 치료는 6회기 동안만 진행되었다. 이 사례를 선택한 데는 몇 가지 이유가 있다. 무엇보다도 이 사례는 아스퍼거로 진단된 아동에게 DPT를 실시한 사례이기 때문이다. 또한 이 사례는 DPT 개입을 부모에게 보여주고 연결시켜주는 법을 보여주는 사례이다. 더불어 DPT의 강렬함과 단 몇 회기 만에 일어날 수 있는 변화에 대해서 잘 보여주는 사례이기도 하다. 마지막으로 독자들로 하여금 DPT 접촉 개입을 통해 아동에게 다가간다는 것이 어떤 것인지에 대한 이해를 돕기 위해 치료 과정에 대한 축어록을 제시하였다.

치료 계획

초기 치료 계획은 DPT 개입법으로 댈러스와의 치료적 관계 형성, 제한 설정과 같은 요인을 위주로 이루어졌다. 그다음으로는 DPT 개입 방식을 존에게 시범 보여주고 회기 및 가정 내에서의 DPT 부모-자녀 상호작용법을 독려하고 훈습하기로 했다. 경계와 한계, 가정 내 구조와 관련된 양육 문제를 존과 함께 논의하는 것도 포함되었다. 동시에 댈러스의 담임교사와의 연락을 진행하며, 존의 새로운 거처에 맞는 치료 기관 의뢰 또한 이루어지도록 했다. 다음 축어록은 댈러스와의 DPT 회기를 요약한 것이다.

1회기

치료사 : 안녕? (댈러스를 대기실에서 맞이한다. 아동은 나를 힐끗 보고 고개를 숙인 채 앞으로 돌진하여 내 배에 머리를 박는다.)

댈러스 : 안녕하세요! (치료사 허리를 팔로 꽉 안는다.)

치료사 : 잠깐만, 잠깐만. 우리 만난 적이 있었나? (댈러스의 손을 잡고 한 걸음 물러나 댈러스가 나를 보도록 한 뒤 아동의 어깨에 한 손을 얹는다.) 처음 보는 사람한테는 어떻게 하는 거지? 어떻게 인사해야 돼요?

댈러스 : (멍한 표정으로 치료사를 바라본다.)

치료사 : 악수를 하면서 인사해보는 건 어떨까?

댈러스 : 네. (머리를 위아래로 흔든다.)

치료사 : (오른손을 내밀며) 안녕? 나는 재닛이라고 해.

댈러스 : (치료사의 팔을 위아래로 세게 잡아끌며 치료사의 손을 꼭 움켜쥔다.) 안녕하세요.

치료사 : 힘이 정말 세구나. 그런데 이건 너무 센 것 같아. 다시 한 번 해보자. 선생님은 이렇게 악수하는 게 좋아. (아동의 손을 잡고 이전보다 부드럽게 악수한다.) 이제 다른 손으로 한번 인사해볼까?

댈러스 : (미소 지으며 왼손을 들어 부드럽게 잡는다.)

치료사 : 이번 악수가 더 좋은 것 같아.

댈러스 : (사무실로 뛰어들어가 의자 뒤에 쭈그려 앉는다.)

치료사 : 댈러스가 어디 있지? 어디로 갔지? (방 안에서 아동을 찾는 척한다.)

댈러스 : (의자 뒤에서 튀어나오며) 여기요.

치료사 : 여기 있었구나. 이제 봤네. (기분이 좋아진 것 같지만 얼굴이나 눈을 맞추지는 않는다. 아동이 나를 볼 때마다 "여기 있었네."를 반복해서 말한다.)

댈러스 : (바닥을 쳐다본다.)

치료사 : 댈러스가 어디 있지? 어디 있어? (노래를 흥얼거리는 듯한 목소리로 말한다.)

댈러스 : (치료사를 본 뒤 시선을 돌린다.)

치료사 : (이 같은 놀이가 반복되는 동안 존이 소파에 앉아 관찰한다.) 아버님은 댈러스와 같이 무슨 게임을 주로 하세요?

아버지 : 음, 제가 아이를 들어올려서 어깨에 태우는 거요.

치료사 : 재미있겠네요. 댈러스, 어떻게 하는지 선생님한테 보여줄래?

댈러스 : (존의 무릎 위에 앉는다.)

아버지 : (댈러스를 한쪽 팔에서 다른 쪽으로 뒤집어준다.)

댈러스 : (깔깔대며) 또 해줘.

아버지 : (반복한다.)

댈러스 : 우와. 정말 재미있어 보이네. 또 어떤 것들을 하세요?

아버지 : 음, 이런 것도 하죠. (댈러스를 앉아서 어깨 뒤로 넘긴다.)

댈러스 : 아빠, 또 해줘. (초조하게 방방 뛴다.)

아버지 : (웃으며 댈러스를 안아주고 동작을 반복한다.)

치료사 : 댈러스는 아빠랑 노는 게 좋구나.

댈러스 : (깔깔거리며) 네. 좋아요.

치료사 : 이제 헤어질 시간이 다 되어 가네. 댈러스, 여기에 오면 항상 아빠가 안아주면서 수업을 마칠 거야. 아버님께서 댈러스를 어떻게 안아줄지 보여주시겠어요?

아버지 : (무릎 위에 댈러스를 가로로 눕히고 한쪽 팔로는 아동의 머리를, 다른 한쪽 팔로는 아동의 다리를 받친다.)

댈러스 : (아버지 품 안에서 뒤척거리지만 편안해 보인다.)

치료사 : (소파 가까이에 의자를 놓고 앉아) 댈러스랑 아버님이랑 이렇게 특별하게 시간을 같이 보내는 게 좋아요. 아버님은 댈러스를 볼 때 어떤 것들이 보이시나요?

아버지 : 댈러스의 눈이 보이네요.

치료사 : 무슨 색이죠?

아버지 : 갈색이에요.

치료사 : 그래요. 갈색이네요. 댈러스, 아빠 눈은 무슨 색이니?

댈러스 : 음. 갈색이요.

치료사 : 그래요. 맞아요. 둘 다 눈이 갈색이네요. 아빠는 댈러스를 보고 있고, 댈러스도

아빠를 보고 있네. 이렇게 안고 있는 시간을 매일 갖는 게 좋아요. 자기 전에도 좋고요. 댈러스, 다음 주에 여기 다시 올 건데, 그때는 댈러스랑 아빠랑 새로운 걸 선생님한테 보여주면 어떨까? 오늘은 선생님이랑 헤어질 때 어떻게 인사하는 게 좋겠어?

댈러스 : 악수. (손을 내민다.)

치료사 : 좋아. 악수하자. (아이의 손이 전보다 부드러워졌다.)

논평   아이와 대기실에서 만나는 장면은 DPT 치료사들이 어떻게 한계를 설정하고 즉각적으로 통제권을 잡아야 하는지를 보여준다. Brody(1993, 1997b, p. 53) 역시 자폐를 가진 어떤 아동은 접촉하고 있음을 느끼기 위해 '세계' 접촉할 필요가 있다고 했다. '여기 있었네' 놀이는 초기 아동기 발달 단계에서 중요한 부분을 묘사하고 있다. 치료사가 DPT를 시범 보임으로써 아버지는 이를 '묘기'를 시작하는 방식에 적용할 수 있었다. "또 해줘."라는 댈러스의 말은 접촉의 적합성에 대한 확인이었다. 아버지가 댈러스를 안아주는 것은 각 치료 회기의 끝을 알리는 절차가 되었다.

2회기

댈러스 : (치료사에게 달려와 허리를 꽉 안는다.)

치료사 : 너무 꽉 안아서 숨쉬기가 힘드네. 선생님은 좀 부드럽게 안아주는 게 더 좋은데. 우리 조금 살살 안는 것 연습해볼까?

댈러스 : 네.

치료사 : (아이의 키에 맞춰 다리를 구부리고 댈러스의 어깨를 부드럽게 안아준다.) 어땠어? 이제 댈러스가 해볼까?

댈러스 : (치료사에게 부드럽게 팔을 둘러 안는 동작을 따라 한다.)

치료사 : 우와, 너무 좋다. 너무 잘했어. (포옹 연습을 반복하고 아버지와도 연습한다.)

치료사 : (그다음 댈러스와 치료사가 서로 마주 보고 바닥에 앉는다. 존은 소파에 앉아 있다. 치료사가 댈러스의 손을 내려다본다.)

댈러스 : (갑자기 댈러스가 팔을 뒤로 빼더니 치료사의 코를 세게 주먹으로 친다.)

아버지 : 댈러스, 안 돼!

치료사 : 때리면 안 돼요, 댈러스. (단호하게 말한다. 아동의 손을 내 손으로 잡고 눈높이에 둔다.) 여기 손이 있지?

댈러스 : (멍하게 바라본다.)

치료사 : 봐, 댈러스. 손을 보세요. 댈러스 손이 있지? (아동이 손에 집중하도록 아동의 손과 팔을 흔든다.)

댈러스 : (아동의 눈이 이제 손으로 향한다.)

아버지 : (단호한 목소리로) 미안하다고 해야지, 댈러스. 괜찮으세요?

치료사 : (존에게 괜찮다고 사인을 보내지만 시선은 댈러스에게 고정한다.) 댈러스, 여기 손이 있네. 한번 보자. (아동의 주먹을 펼친다.) 여기 손가락도 있고 손톱도 있네. 보이지? (손가락과 손톱 하나하나를 만지며 가리킨다.)

댈러스 : (댈러스는 방금 일어났던 일에 대해 자각하기 시작한 듯했고 겁을 먹은 것 같다.) 미안해요. (몸을 축 늘어뜨리며 아빠를 본다.)

아버지 : (괜찮다고 고개를 끄덕인다.)

치료사 : 댈러스가 미안해하고 있고 다시는 안 그럴 거라는 거 알아. (다시 손으로 주의를 돌리며) 손가락이 아직 다 있는지 한번 세어보자.

댈러스 : (댈러스가 손을 내려다본다.)

치료사 : (엄지손가락 밑부분부터 시작해 각 손가락 끝부분으로 올라가면서 아동의 손가락을 꼭 쥔다.) 하나, 여기 엄지손가락이 있고, 둘, 여기는 가리키는 손가락이지. 셋, 여기는 제일 큰 손가락이고, 넷, 여기는 반지 끼우는 손가락, 여섯! 여기는 제일 조그만 손가락, 새끼손가락이네. (아동의 새끼손가락을 흔들며 일부러 숫자를 잘못 센다.)

댈러스 : (올려다보며) 여섯?

치료사 : 어, 내가 잘못 셌나? 다시 해보자. 하나, 둘, 셋, 넷, 다섯. 다섯 손가락이었구나. 맞니?

댈러스 : 네. (다른 손을 치료사에게 내민다.)

치료사 : 보자, 이 손도 한번 세어볼까. (아동의 다른 손가락을 세고 이를 존에게 넘긴다.) 아버님도 댈러스 손을 세어주실래요?

아버지 : 네, 그럼요.

댈러스 : (소파로 옮겨가 아버지의 다리에 자신의 손을 얹는다.) 좋아요.

치료사 : (상호작용을 지도하기 위해 가까이 가서 앉는다.)

아버지 : (존이 재빨리 아동의 중지를 치켜 세운다.) 하나.

치료사 : 자, 아버님 조금 천천히 하시고 아이 손가락 맨 밑부분부터 위로 올라오면서 약

간의 압력을 주시면 좋아요. 댈러스, 선생님이 아빠한테 해봐도 될까? (기법을 아버지에게 시범 보인다.)

아버지 : 여기 엄지손가락이 있네. (손가락을 센다.)

댈러스 : (깔깔거리며 다른 손을 아버지에게 건낸다.)

치료사 : (치료사도 함께 세고 난 뒤 안아주기로 넘어간다.) 자, 이제 헤어질 시간이야. 댈러스, 가기 전에 우리 뭐 해야 되지?

댈러스 : (아버지의 무릎 위로 올라간다.)

치료사 : 그렇지. 안아주는 시간이지. 아버님, 댈러스한테 불러주실 노래가 있나요?

아버지 : 없는데요. (어깨를 으쓱인다.)

치료사 : '나비야' 노래를 불러보는 게 어떨까요? (리듬을 부드럽고 천천히 유지하면서 치료사가 노래를 시작한다. 아버지도 따라 부른다.)

나비야 나비야 이리 날아오너라
노란 나비 흰 나비 춤을 추며 오너라
봄바람에 꽃잎도 방긋방긋 웃으며
참새도 짹짹짹 노래하며 춤춘다

댈러스 : (댈러스가 조용해진다. 고개를 들고 팔을 뻗어 아버지의 얼굴을 만진다.)

치료사 : 이번주에는 안아주기 하고 손가락 세기를 연습해봐요. 다음 주에는 또 새로운 것을 해봅시다.

논평 DPT 치료사는 난데없는 댈러스의 공격에 놀랐지만, 즉각적으로 한계를 설정하고 통제권을 잡았다. 댈러스는 신체적 자기에 대한 자각이 결핍된 상태였고, DPT 치료사는 아동이 자신의 신체에 다시 주의를 돌릴 수 있도록 했다. 존에게 손의 접촉을 넘김으로써 댈러스는 아버지와 친밀한 스킨십을 경험할 수 있었다. 아버지에게 안겼을 때 아버지의 얼굴을 만진 것은 초기 발달 단계로의 퇴행을 나타낸 것이다.

3회기

댈러스 : 오늘도 손을 가져왔어요. (팔을 높이 들어 손을 흔들면서 신나게 복도를 뛰어들어 온다.)

치료사 : 그러네. 손가락이 다 붙어 있는지 또 세어볼까? (아동이 손을 건네고 치료사가 세어준다.)

댈러스 : (치료사가 손가락을 세는 동안 웃으며 손을 바라본다.) 오늘 학교에서 재미있었어요. 이번주에는 '초록 불'만 받았어요.

치료사 : 정말 멋지다. 댈러스가 열심히 하고 있구나.

아버지 : 맞아요. 좋은 말씀 많이 듣고 있어요. (웃는다.)

치료사 : 이번주에는 뭐 했어요? 새로운 것은 없나요?

아버지 : 있죠. 비행기라고 부르는 건데요. (존이 등을 대고 누워 무릎을 구부린다. 댈러스의 손을 잡고 자신의 발로 아이의 배를 지탱하며 아이를 들어올린다.)

댈러스 : (아버지가 앞뒤로 움직여주자 웃으며 팔을 양 옆으로 뻗는다.)

치료사 : 와, 정말 재미있겠다. 선생님이 아빠랑 할 수 있는 또 다른 재밌는 것 가르쳐줄게. (댈러스가 치료사와 마주보고 바닥에 앉는다.) 사람의 얼굴이 집이랑 비슷한 거 알아? 눈이 창문이고 입이 문 같잖아.

문을 두드려요. (주먹을 쥐고 아동의 이마를 살짝 두드린다.)
들여다봐요. (손가락으로 눈썹 아래를 만지고 아동의 눈을 들여다본다.)
자물쇠를 열어요. (코를 만진다.)
이제, 들어가요…. (두 손가락으로 '걷는' 시늉을 하며 닫힌 입으로 간다.)

아이고, 문이 잠겼네. 아무도 없나 봐. 다른 길로 다시 가 봐야겠다. (두 손가락으로 아이의 얼굴 주위를 걷고 맨 위에서 다시 시작한다. 이 활동을 반복하는데, 이번에는 아이가 입을 벌린다.) 이 안에 있는 이들 좀 봐. 양치를 정말 열심히 하나 봐. 그렇죠, 아버님? 여기 혀도 있네요. (아이가 혀를 움직인다.) 우와, 그리고 혀가 움직여요. 위로 아래로, 앞으로 뒤로 움직이네.

댈러스 : (퇴행된 아기 목소리로 웃기 시작한다.) 또 해주세요.

치료사 : 이번에는 아빠한테 해보라고 할까?

댈러스 : 좋아요.

아버지 : (댈러스를 마주하고 바닥에 앉는다. 존에게 손으로 지시를 하면서 치료사가 노래를 부른다. 존이 입에 다달았을 때, 입이 다물어져 있다.)

치료사 : 아버님, 이제 우리 어떡하죠?

아버지 : 돌아서 가볼까요?

치료사 : 그래요, 돌아가서 문이 열리는지 한번 볼까요?

댈러스 : (아버지가 다시 '닫힌 문'에 도달하자 크게 웃는다.) 또 해주세요. (퇴행된 아기 목

소리로 말한다.)

아버지 : (활동을 반복한다.)

댈러스 : (입을 재빨리 벌렸다가 다시 다문다. 다시 벌렸다가 다문다.)

치료사 : (아버지가 활동을 반복하는 동안 치료사가 말한다.) 입이 열렸네요. 이제 닫혔네. 어, 또 열렸다. 안이 보이네. 아버님도 보이세요? 또 닫혔네요. (아이가 지칠 때까지 활동을 반복한다.) 이제 뭐 할 시간이지, 댈러스?

댈러스 : 어, 안아주기.

치료사 : 그렇게 부르기로 한거야? 선생님도 마음에 든다. 그래, 이제 안아주기 시간이에요.

아버지 : (소파에 앉아 댈러스를 품에 안는다.)

댈러스 : (아이의 몸이 덜 뻣뻣하고 보다 이완되어 보인다.)

논평 집에서 했던 활동들을 놀이실로 가져와 재현해보았다. 새로운 활동에 대한 시범을 보여주고 존이 연습할 수 있도록 했다. 댈러스가 아버지와의 상호작용 중 깔깔거리면서 아기 목소리로 이야기할 때 퇴행적인 행동이 관찰되었다. 아버지가 아동을 안아주는 마무리 과정이 치료 일상으로 자리 잡았다.

4회기

치료사 : 무지개 날씨 정보를 보여준 적 있었나?

댈러스 : 아니요. (치료사에게 등을 돌리고 바닥에 앉아 있다.)

치료사 : 어떻게 하는 거냐면, 먼저 '판을 깨끗이 닦고'(손으로 아동의 등을 쓸어내린다.) 옛날 옛날에 어떤 애가 밖에서 놀고 있었대. (사람 모양을 그린다.) 날씨가 너무 좋고 햇볕이 반짝반짝했대. (손바닥으로 원을 그린다.) 햇살이 사방에서 비추고 있었대. (여러 방향에서 나오는 '햇살'을 길게 그린다.) 이 아이는 웃고 뛰고 점프하면서 재미있게 놀고 있었대. 놀다가 하늘을 올려다보니까 먹구름이 다가오고 있었대. (구름을 그린다.) 그다음에는 멋진 궁전이 보였대. 댈러스, 그 궁전은 무슨 색이었을까?

댈러스 : 보라색!

치료사 : 궁전은 보라색이었어. 아이가 궁전으로 뛰어들어갔더니, 그 안은 안전하고 **튼튼**했대. 그런데 바람이 엄청 세게 불더니 점점, 점점 더 세졌대. (치료사는 손바닥과 손등으로 센 바람을 댈러스 등 위에 표현한다.) 그러다가 비가 내리기 시작했대. (손가락으로 쓸어 내려간다.) 비가 너무 많이 내려서 폭풍이 된 거야. (치료사

가 손가락 끝으로 아동의 등에 폭풍을 표현한다.) 그리고 번개도 쳤어. (주먹으로 긴 지그재그를 그린다.) 그리고 천둥도 쳤지. (주먹을 가볍게 내리친다.) 그다음에 회오리바람도 왔어. (아동의 척추 밑에서 위로 올라가며 소용돌이 모양으로 손을 움직인다.) 그러다가 갑자기 엄청 센 바람이 불어와서 먹구름이 다 사라졌대. (아동의 등을 오른쪽에서 왼쪽으로 쓸어내린다.) 다시 해가 났고, 그 아이는 궁전 밖으로 나왔대. 무지개는 모든 색을 다 갖고 있어. 거기에는 파란색도 있고. (아동의 등에 주먹으로 각각의 색을 상징하는 반원을 그린다.) 댈러스, 무지개에 또 어떤 색이 있을까?

댈러스 : 빨강! (소리 지른다.)

치료사 : 그래, 빨간색. 또?

댈러스 : 초록.

치료사 : 우와, 또?

댈러스 : 보라색.

치료사 : 그래, 보라색도 있어. 또 뭐가 있지?

댈러스 : 갈색.

치료사 : 갈색. 이때 엄청 신기한 일이 일어났어. 아이가 하늘을 올려다보고 입을 벌렸는데, 무지개를 삼킨 거야. 그 많은 색이 몸속 여러 군데로 다 들어갔어. 파란색은 어디로 갔을까?

댈러스 : 어, 머리.

치료사 : 머리로. (아동의 머리 위를 만진다.) 빨간색은 어디로 갔지?

댈러스 : 여기. (손을 가리킨다.)

치료사 : 그래. 손으로 갔어. (아동의 이마, 목, 배, 어깨, 팔, 무릎, 발 등에 손을 얹으며 색이 다 소진될 때까지 활동을 지속한다. 다 끝난 뒤 존에게 활동을 넘겨 아동과 함께해보도록 한다.)

논평 댈러스는 이 활동을 좋아했고, 아버지와 함께하면서 빠진 부분이 있을 때 댈러스가 정정해주었다. 무지개 날씨 정보는 저자에게 Richard Bowlby의 아내인 Bowlby Xenia 여사가 알려준 날씨정보를 참고한 것이다(personal communication, June 16, 2004).

5회기

존은 컨디션 난조로 지쳐 있고 체온이 약간 올라가 있는 댈러스를 학교에서 데려와 직접 안고 치료실에 왔다. 댈러스는 아버지의 어깨에 머리를 기대고 있었다. 물을 조금 먹인 뒤, 우리는 담요를 덮어 아동을 뉘었다. 아버지의 팔에 안겨 치료사가 자장가를 불러주는 동안 아동은 잠이 들었다.

> 잘 자라 우리 아가 앞뜰과 뒷동산에
> 새들도 아가양도 다들 자는데
> 달님은 영창으로 은구슬 금구슬을 보내는 이 한밤
> 잘 자라 우리아가 잘 자거라
> 온 누리는 고요히 잠들고
> 선반의 생쥐도 다들 자고 있는데 뒷방서 들려오는
> 재미난 이야기만 적막을 깨뜨리네
> 잘 자라 우리 아가 잘 자거라

논평 학기 말이 가까웠을 때 존은 부모님이 계신 곳 근처로 이사를 가게 되었다고 이야기했다. 따라서 다음 회기 치료의 종결과 치료 의뢰를 위한 시간이 예정되었다. 치료사는 다음 날 댈러스에게 전화를 해서 괜찮은지 묻고 아동에 대한 치료사의 마음과 걱정을 전달하고자 했다. 치료사는 댈러스에게 아버지와 이사를 가게 될 것이며, 다음에 만날 때는 마지막 인사를 나누게 될 거라고 이야기해주었다.

종결

많은 사례들에서 치료는 다양한 이유로 갑작스럽게 종결되며, 치료사는 마지막 회기에서 아동의 어려움을 가장 잘 다루어줄 수 있는 방법에 대해 준비할 수 있어야 한다. 이상적인 DPT 모델에서는 종결을 3회기 동안 할애하며, 마지막 회기에서는 그간의 치료 과정에서 일어났던 일에 대해 되짚어보는 시간을 갖는다(Brody, 1997). 이 마지막 회기에서는 노래를 만들어 부르면서 치료 과정을 되짚어보았다. 손을 그려보는 것은 함께했던 시간에 대한 추억거리를 제공하는 동시에 서로 간의 연결감을 상징하는 작업이 된다.

6회기

댈러스 : 선생님 주려고 꽃 가져왔어요. (꽃을 내밀어 치료사에게 보여준다.)

치료사 : 그렇구나. 댈러스, 정말 예쁘다. 너무 고마워. 우리 오늘 마지막 인사하는 날이지. 처음 만났을 때 벽에다가 키 재봤던 것 기억나? 얼마나 컸는지 다시 한 번 해

볼까?

댈러스 : (바로 서서 머리를 벽에 기댄다.)

치료사 : (아동의 키를 표시하고 비교해본다. 키가 정말 자란 것이다!) 댈러스, 키 큰 것 좀
봐! 이만큼 컸어, 댈러스!

댈러스 : 아빠, 보세요.

아버지 : 그래, 댈러스. 쑥쑥 크고 있네.

치료사 : (댈러스가 아버지 무릎에 앉아 치료사와 함께 바닥에 앉는다.) 우리 이제까지 함
께 했던 시간을 노래로 만들어서 불러보면 어떨까? '댈러스 노래'라고 부르자.
(음을 만들고 손동작을 사용해 함께했던 여러 활동을 표현해본다. 존과 댈러스도
노래를 거든다. 다 끝난 뒤, 종이와 사인펜을 준비해둔 책상으로 이동한다.)

치료사 : 댈러스, 선생님이 댈러스 손이랑 손가락을 그려볼게. (아동이 종이 위에 손을 펼
치고 치료사가 손가락을 하나씩 부르며 윤곽을 그린다.) 이번에는 아버님이 반대
편 손을 그려주실까요?

아버지 : (사인펜을 들고 아동의 손을 따라서 그린다.)

치료사 : 댈러스, 아빠 손을 그려줄까?

댈러스 : 좋아요.

치료사 : 댈러스, 어디에다가 아빠 손을 그릴까?

댈러스 : 여기요. (자신의 손 그림 옆에 아버지의 손을 그리고 손가락 이름을 하나씩 말한
다.) 이제 선생님이요.

치료사 : 나도? 선생님 손은 어디로 가지?

댈러스 : 여기. (자신의 손 위를 가리킨다.)

치료사 : (아동은 치료사의 손 위에 자신의 손을 올리며 윤곽을 그리고 손가락 이름을 말
한다. 우리는 각자 손에 이름을 쓰고, 함께했던 활동을 조금씩 적어본다.) 이건
댈러스의 졸업 그림이라고 하자.

댈러스 : (근심어린 표정을 한다.) 이제 다시는 못 봐요?

치료사 : 아마도. 그렇지만 선생님은 항상 우리가 함께했던 시간을 기억할 거야. 어디에
기억할까? 바로 여기에 기억될 거야. (치료사의 심장을 가리킨다.) 이제 우리 마
지막 인사를 어떻게 할까?

댈러스 : 안아주기요. (부드러운 포옹을 한다.)

치료사 : 너무 멋진 포옹이야. 너무 좋다.

논의

이 사례는 DPT의 친밀성과 강렬함뿐 아니라 아스퍼거 진단을 받은 아동이 단 몇 회기 안에 얼마나 변화할 수 있는지를 보여주고 있다. 아스퍼거의 증상은 '지속적'이고 '평생' 동안 지속되는 것으로 알려져 있으나(APA, 2000, p. 82), 아스퍼거를 가진 아동이 겪는 애착 및 행동 문제들은 호전될 수 있다. 종결을 앞두고 존은 낯선 사람들에 대한 댈러스의 무분별한 접촉과 포옹이 없어졌다고 보고했고, 담임교사도 또래에 대한 공격적 행동이 감소되었다고 했다. 존은 관계의 즐거움이 커졌으며 집에서 아동이 자신의 말을 더 잘 듣는다고 이야기했다. 스폰지처럼 댈러스는 아버지와 DPT 치료사가 주는 사랑과 신체적인 접촉을 '흡수'한 것처럼 보였고, 치료 후반에 이르러서는 눈맞춤이나 애정 표현 능력이 향상되었으며 공격성이 줄어들고 진정성이 더욱 두드러졌다.

치료사들은 신체적 접촉에 대한 허용 수준은 자폐 아동마다 각기 다르다는 것을 유념해야 한다. 따라서 DPT 개입은 각 아동의 욕구를 충족시키도록 조절되어야 한다. 예를 들어, Brody(1993, 1997b; 전체 사례는 제3장 참조)는 안아주려 할 때 몸이 경직되는 자폐 아동의 사례를 제시했다. 안아주는 느낌을 받게 하기 위해 Brody는 이 아동을 천 위에 눕혀 어머니와 함께 천을 양쪽으로 들고 흔들어주는 방법을 택했다. 이번 장에서 소개된 댈러스의 사례는 자폐스펙트럼장애를 가진 많은 다른 아동에서와 같이 DPT가 효과적인 치료적 접근이라는 것을 보여주고 있다.

참고문헌

Ainsworth, M. (1969). Object relations, dependency and attachment: A theoretical review of the infant–mother relationship. *Child Development*, 40, 969–1025.

Ainsworth, M. D., Blehar, M. C., Waters, E., & Wall, S. (1978). *Patterns of attachment*. Hillsdale, NJ: Erlbaum.

American Psychiatric Association. (APA). (2000). *Diagnostic and statistical manual of mental disorders* (4th ed., text rev.). Washington, DC: Author.

Bailey, B. (2000a). *Easy to love, difficult to discipline*. New York: HarperCollins.

Bailey, B. (2000b). *I love you rituals*. New York: HarperCollins.

Baker, B. L., McIntyre, L. L., Blacher, J., Crnic, K., Edelbrock C., & Low, C. (2003). Pre-school children with and without developmental delay: Behaviour problems and parenting stress over time. *Journal of Intellectual Disability*, 47(4–5), 217–230.

Barnard, K. E., & Brazelton, T. B. (1990). *Touch: The foundation of experience*. Madison, CT: International Universities Press.

Booth, P. A., & Jernberg, A. M. (2010). *Theraplay: Helping parents and children build better relationships through attachment based play* (3rd ed.). San Francisco: Jossey-Bass.

Bowlby, J. (1969). *Attachment and loss: Vol. 1, Attachment.* New York: Basic Books.

Bowlby, J. (1979). *The making and breaking of affectional bonds.* New York: Methuen.

Brody, V. A. (1963). Treatment of a prepubertal twin girl with psychogenic megacolon. *American Journal of Orthopsychiatry, 33,* 3.

Brody, V. A. (1976). *Results from one developmental play program for first grade children in the Pinellas County schools of Florida.* Unpublished manuscript, copy in possession of author.

Brody, V.A. (1978). Developmental play: A relationship-focused program for children. *Child Welfare, 57*(9), November.

Brody, V. A. (Producer). (1987). *Developmental play: The intimate relationship* [Video no longer available]. Copy in possession of author.

Brody, V. A. (1992). The dialogue of touch: Developmental play therapy. *International Journal of Play Therapy, 1*(1), 21–30.

Brody, V. A. (1993). *The dialogue of touch.* Treasure Island, FL: Developmental Play Therapy Associates.

Brody, V. A. (1994). Developmental play therapy. In B. James (Ed.), *Handbook for treatment of attachment-trauma problems in children* (pp. 234–239). New York: Free Press.

Brody, V. A. (1996). Play therapy as an intervention for acting-out children. In G. L. Landreth, L. E. Homeyer, G. Glover, & D. S. Sweeney (Eds.), *Play therapy Interventions with children's problems* (pp. 22–24). Northvale, NJ: Jason Aronson Inc.

Brody, V. A. (1997a). Developmental play therapy. In K. J. O'Connor & L. M. Braverman (Eds.), *Play therapy theory and practice: A comparative casebook* (pp. 160–183). New York: John Wiley & Sons.

Brody, V. A. (1997b). *The dialogue of touch: Developmental play therapy* (2nd ed.). Northvale, NJ: Jason Aronson.

Brody, V. A. (Producer). (1998). Developmental play therapy with attachment problem four year olds. [Video no longer available]. Copy in possession of author.

Brody, V. A. (1999). Circle time in developmental play therapy. In D. S. Sweeney & L. E. Homeyer (Eds.), *Group play therapy: How to do it, how it works, whom it's best for* (pp. 139–161). San Francisco: Jossey-Bass Publishers.

Brody, V. A. (2000). *The role of touch in child play therapy.* [Handout from workshop.] Copy in possession of author.

Brody, V. A., Fenderson, C., & Stephenson, S. (1976). *Sourcebook for developmental play.* Tallahassee: State of Florida Department of Education.

Bromfield, R. (2005). Psychodynamic play therapy with a high-functioning autistic child. In G. L. Landreth, D. S. Sweeney, D. C. Ray, L. E. Homeyer, & G. Glover (Eds.), *Play therapy interventions with children's problems: Case studies with DSM-IV-R diagnoses* (pp. 51–53). Lanham, MD: Rowman & Littlefield Publishing Group.

Bromfield, R. (2010). *Doing therapy with children and adolescents with Asperger syndrome.* Hoboken, NJ: John Wiley & Sons.

Buber, M. (1958). *I and Thou.* New York: Scribner.

Burt, M., & Myrick, R. D. (1980). Developmental play: What is it all about? *Elementary School Guidance & Counseling, 15,* 14–21.

Center for Play Therapy. (Producer). (1995). *Developmental play therapy: A clinical session and Interview with Viola Brody*. [Video tape]. (Available from Center for Play Therapy website: http://cpt.unt.edu/)

Centers for Disease Control and Prevention. (CDC). (2011). *How many children have autism?* Retrieved on March 25, 2011 from http://www.cdc.gov/ncbddd/features/counting- autism.html

Clarke, A. (2003, Summer). Viola Brody and developmental play. *Play for Life*, Newsletter of Play Therapy International. East Sussex, England.

Courtney, J. A. (2004, October). *Tribute to Viola Brody*. Paper presented at the General Assembly of the 21st annual Association for Play Therapy, Denver, CO.

Courtney, J. A. (2005, October). *Developmental play therapy: Theory, practice and research*. Association for Play Therapy International Conference, Nashville, TN.

Courtney, J. A. (2006). *Assessing practitioner experiences of developmental play therapy* (Unpublished doctoral dissertation). Barry University, Miami Shores, FL.

Courtney, J. A. (2010, May). *Research analysis of child psychotherapists and play therapist's experiences of developmental play therapy training*. Paper presented at the 2010 International Play Therapy World Congress, Marrakech, Morocco.

Courtney, J. A., & Gray, S. W. (2011). Perspectives of a child therapist as revealed through an image illustrated by the therapist. *Art Therapy: Journal of the American Art Therapy Association, 28*(3), 132–139.

Des Lauriers, A. (1962). *The experience of reality in childhood schizophrenia*. Madison, CT: International Universities Press.

Fauerbach, P. J., & Wibbe, K. (2003, September). *Our time: A group process utilizing Developmental play therapy to promote attachment and bonding in a child protection system* [Lecture handouts]. Workshop presented, St. Petersburg, FL.

Field, T. M. (Ed.). (1995). *Touch in early development*. Mahwah, NJ: Erlbaum.

Field, T. (2001). *Touch*. Cambridge, MA: MIT Press.

Field, T., Lasko, D., Mundy, P., Henteleff, T., Talpins, S., & Dowling, M. (1986). Autistic children's attentiveness and responsivity improved after touch therapy. *Journal of Autism and Developmental Disorders, 27*, 329–334.

Fromm, E. (1956). *The art of loving*. New York: Harper & Row.

Grandin, T. (1992). Calming effects of deep touch pressure in parents with autistic disorder, college students, and animals. *Journal of Child and Adolescent Psychopharmacology, 2*(1). Retrieved from http://www.grandin.com/inc/squeeze.html.

Grandin, T., & Johnson, C. (2005). *Animals in translation*. Orlando: Harcourt, Inc.

Gray, S. W. (2011). *Competency-based assessments in mental health practice: Cases and practical applications*. Hoboken, NJ: Wiley.

Harlow, H. (1958). The nature of love. *American Psychologist, 3*, 673–685.

Hess, E. (2005). Floor time: A play intervention for children with autism. *Association for Play Therapy Newsletter, 24*(3), 17–18.

Jernberg, A. (1983). Therapeutic use of sensory-motor play. In C. E. Schaefer & K. J. O'Connor (Eds.), *Handbook of play therapy* (pp. 128–147). New York: John Wiley & Sons.

Jernberg, A., & Booth, P. (2001*). Theraplay: Helping parents and children build better relationships through attachment based play* (2nd ed.). San Francisco: Wiley.

Kenny, M. C., & Winick, C. B. (2000). An integrative approach to play therapy with an autistic girl. *International Journal of Play Therapy, 9*(1), 11–33.

Koller, T. J., & Booth, P. (1997). Fostering attachment through family Theraplay. In K. J. O'Connor & L. M. Braverman (Eds.), *Play therapy theory and practice: A comparative presentation* (pp. 204–233). New York: John Wiley & Sons.

Lanyado, M. (2005). Treating autism with psychoanalytic play therapy. In G. L. Landreth, D. S. Sweeney, D. C. Ray, L. E. Homeyer, & G. Glover (Eds.), *Play therapy interventions with children's problems: Case studies with DSM-IV-R diagnoses* (pp. 54–56). Lanham, MD: Rowman & Littlefield Publishing Group.

Mitchum, N. T. (1987). Developmental play therapy: A treatment approach for child victims of sexual molestation. *Journal of Counseling and Development, 65,* 320–321.

Montagu, A. (1986). *Touching: The human significance of the skin* (3rd ed.). New York: Harper & Row.

Munns, E. (2003). Theraplay: Attachment-enhancing play therapy. In C. E. Schaefer (Ed.), *Foundations of play therapy* (pp. 156–174). Hoboken, NJ: Wiley.

Myrow, D. L. (2000). Theraplay: The early years. In E. Munns (Ed.), *Theraplay: Innovations in attachment-enhancing play therapy* (pp. 2–8). Northvale, NJ: Jason Aronson.

Peek, F. (with Hanson, L.). (2008). *The life and message of the real rain man: The journey of a mega-savant.* Port Chester, NY: Dude Publishing.

Perry, B. D., & Szalavitz, M. (2006). *The boy who was raised as a dog and other stories from a child psychiatrist's notebook: What traumatized children can teach us about loss, love, and healing.* New York: Basic Books.

Schwartzenberger, K. (2004a, January). *Developmental play therapy.* Retrieved from http://playtherapyseminars.com/Article.aspx?articleID=10000

Schwartzenberger, K. (2004b, October). *Developmental play therapy.* Paper presented at the 21st annual Association for Play Therapy International Conference, Denver, CO.

Short, G. F. L. (2008). Developmental play therapy for very young children. In C. E. Schaefer, S. Kelly-Zion, & J. McCormack (Eds.), *Play therapy for very young children* (pp. 367–378). Lanham, MD: Rowman & Littlefield Publishers.

Spitz, R. (1946). Hospitalism: A follow-up report. *Psychoanalytic Study of the Child* (Vol. 2). New York: International Universities Press.

Sprunk, T. P., Mitchell, J., Myrow, D., & O'Connor, K. (n.d.). *Paper on touch: Clinical, professional & ethical issues.* Retrieved from Association for Play Therapy website: http://www.a4pt.org

Solomon, R. (2008). Play-based intervention for very young children with autism: The play project. In C. E. Schaefer, S. Kelly-Zion, & J. McCormack (Eds.), *Play therapy for very young children* (pp. 379–402). Lanham, MD: Rowman & Littlefield Publishers.

Thomas, J., & Jephcott, M. (2011, Winter). Touch is a "hot topic." *Journal of the International and UK Societies of Play and Creative Arts Therapies,* p. 5.

Yonge, C. (2004). An investigation into the application of the principles of emotional literacy through the arts: A case study on autistic spectrum disorder. Unpublished manuscript, School of Emotional Literacy, Southhampton, UK.

Webb, J. T., Amend, E. R., Webb, N. E., Goerss, J., Beljan, P., & Olenchak, F. R. (2005). *Misdiagnosis and dual diagnosis of gifted children and adults: ADHD, bipolar, OCD, Asperger's, depression, and other disorders.* Scottsdale, AZ: Great Potential Press.

제8장

관계적 개입
자폐 아동에 대한 아동중심 놀이치료

Dee C. Ray, Jeffrey M. Sullivan, Sarah E. Carlson

6세 남아인 앤드류가 치료사를 뒤로한 채 놀이실로 뛰어들어갔다. 앤드류는 흥분하여 숨을 헐떡이며 말했다. "나는 지금 막… 막… 풀려났어요. 선생님은 새로운 마법을 보게 될 거예요." 앤드류는 장난감 뱀을 거칠게 흔들며 말했다. 앤드류는 갑자기 억제되지 않은 격정으로 소리를 질렀다. "이 뱀이 바로 티미에요!" 치료사는 "네가 새로운 마법을 할 수 있게 됐구나."라고 반응했다.

앤드류는 아스퍼거장애 진단을 받은 아동이다. 아스퍼거장애는 자폐스펙트럼장애에 속하며, 이는 앤드류가 사회적 이해와 의사소통이 지연되고 경직되어 있으며 의식적인 행동을 보인다는 것을 의미한다. 앤드류가 들어간 곳은 놀이치료실로, 놀잇감들로 가득하며 앤드류가 원하는 방식으로 자유롭게 놀이할 수 있는 곳이다. 앤드류의 치료사는 놀이치료사로, 그동안 앤드류가 만났던 다른 선생님들과는 달리 사회적 기술을 가르치거나 함께 놀이하기 위해서는 어떻게 해야 하는지 지시하지 않았다. 치료사는 앤드류를 온전히 그리고 조건 없이 이해하고 수용하고자 했으며, 앤드류의 자연스러운 언어인 놀이를 통해 앤드류와 관계를 맺고자 했다.

아동중심 놀이치료 소개

아동중심 놀이치료의 정의 및 배경

아동중심 놀이치료(child-centered play therapy, CCPT)는 다양한 유형의 어려움을 겪고 있는 아동에 대한 주요 치유 요인이 바로 치료사와 아동의 관계임을 강조하는 정신건강 개입이다. CCPT 치료사는 아동에게 발달적으로 적절한 의사소통 방식인 놀이와 이에 상응하는 주의 깊게 선택된 놀잇감으로 가득 찬 놀이실을 이용한다. 이는 치료사가 아동 자신의 세계라는 맥락에서 전체로서의 아동을 이해하고자 노력한다는 것을 의미한다. 치료사는 아동의 세계를 이해하고 수용함으로써 존재로 하여금 자기 향상의 방향으로 향하게 하는 잠재력을 촉발하는 환경을 제공한다. CCPT를 통해 아동이 경험하는 성장은 관계적 혹은 신체적으로 해를 입히는 방식의 상호작용을 감소시키며 동시에 행동에 대한 자기책임감을 향상시킬 수 있다.

CCPT는 1940년대부터 발달하기 시작하여 오늘날까지 활용되고 있는 가장 오래 지속되어 온 정신건강 개입 중 하나로 유명하다. Virginia Axline(1947)은 Rogers의 인간중심 이론에 기초하여 주로 성인에게 적용되어온 인간중심 치료의 철학을 아동에 대한 일관된 접근 방식으로 정의함으로써 처음으로 CCPT의 구조를 제시하였다. Axline은 이러한 접근을 비지시적 놀이치료라고 지칭했으나, 이후에는 아동중심 놀이치료로 명명되고 있다. CCPT가 처음 소개된 이후 그 효과성을 탐색하기 위해 62개의 연구가 실시되었으며, 그 결과 CCPT는 아동을 위한 성공적이며 효과적인 개입인 것으로 밝혀졌다(Ray, 2011). 현재 CCPT는 미국 내에서 가장 폭넓게 실시되고 있는 놀이치료 접근이며(Lambert et al., 2005), 그 국제적 명성 또한 상당한 수준이다(West, 1996 참조; Wilson, Kendrick, & Ryan, 1992).

CCPT의 이론적 근거

Rogers(1951)는 인간중심 이론을 개발하면서 성격 발달과 행동을 설명하기 위해 19개의 명제를 소개했다. 19개의 명제는 인간 발달에 대한 이론적 틀을 제공하며, 인간 조건에서 부적응이 어떻게 발생하게 되는지를 상세히 설명한다. 이 명제들은 CCPT 개입의 이론적 근거를 제공하며, 놀이치료사가 변화 과정을 이해하고 촉진하는 데 있어서 기본적인 지침이 된다. Rogers에 의하면 경험에 대한 인간의 반응은 유기적이고 전체적이며, 앞을 향해 나아가고, 유기체의 향상을 위해 투쟁한다(Rogers는 개인적 인간을 기술하는 데 유기체라는 용어를 사용했다). 성장과 변화의 본질적 개념은 성격 발달이 유기체의 현상학적 경험 내에 있다는 것이다. 이 명제는 인간은 자신이 지각하는 현상학적 장의 중심에 있다는 것을 강조한다. 이는 인간의 경험에 대한 지각은 그 자신에게 실재로 표상된다는 것을 의미한다. 개인의 현상학적 경험은 지각뿐 아니라 현상학적 장에서 경험한 것을 자기에 대한 지각으로 통합하는 것까지 아우르며, 자기의 성장과 발달을 안내한다.

자기는 발달 과정 속에서 유의미한 타인과의 상호작용을 통해 발달한다. 자기의 발달은 현상학적 장과 분리되어 있지만, 현상학적 장의 상당한 영향하에 놓여 있다. 인간은 결국 타인의 지각된 기대와 수용에 근거하여 자기 가치감을 평가하게 된다(가치의 조건으로 지칭된다). 가치의 조건은 결국 발달하는 자기로 통합되어, 이후의 경험은 그 자신이 어떻게 평가받는가에 대한 개인의 내면화된 표상을 드러내게 된다. 그러므로 가치 평가의 과정은 존중받는 존재로서의 내면화된 표상이 자기 개념과 어떻게 관련되는지에 근거하여 최적의 성장에 기여할 수 있고 그렇지 않을 수도 있다.

더 나아가 이 명제는 자기의 발달에 있어서 행동과 정서가 미치는 영향에 대해 설명한다. 행동은 현상학적 장과의 상호작용으로 기술되며, 개인이 인식하고 있는지의 여부와 별개로 자기에 대한 관점 및 가치 평가 과정과 직접적으로 일치한다. 행동은 유기체를 유지하고, 지각된 환경적 기대에 맞춰 욕구를 충족시키려고 한다. 반면 행동에 수반된 정서는 행동의 지각된 필요에 따라 달라지는 것으로 알려져 있다. 그러므로 인간은 자기에 대한 관점이 개인의 최적의 성장을 촉진하지 않는 경우에도 자기에 대한 관점과 일치하는 방식으로 행동하고 정서적으로 반응하게 된다.

개인이 경험을 개인적 자기 개념으로 통합할 수 있는 능력을 갖추고 있는지의 여부는 적응 혹은 부적응이 어떻게 발달하는가에 지대한 영향을 미친다. 잠재적으로는 유기체를 향상시킬 수 있는 경험일지라도 통합되지 못하면 자기에게 위협으로 지각될 수 있다. 예를 들어, 완벽하지 않으면 사랑받지 못할 것이라는 내면화된 가치 조건에 근거하여 자신이 타인으로부터 사랑받을 만한 가치가 없다고 느끼는 경우, 지각된 타인의 사랑은 성장에 부정적으로 작용하고 의미 있는 관계를 발달시키는 것을 방해한다. Rogers는 비위협적인 환경에서 인간이 비판단적인 방식으로 경험을 평가하고 이를 유기체의 내재적 방향성을 존중하는 자기 구조로 통합하며, 따라서 타인과의 관계를 향상시킬 수 있는 경로를 제안했다.

아동과 관련하여 보다 단순하게 설명하자면 아동은 세상에 태어나면서부터 상호작용을 자신의 방식으로 독특하게 바라본다. 아동의 관점은 타인의 지각이나 실재와는 분리되어 있다. 그러나 아동은 자기 유기체를 가장 향상시킬 수 있는 방향을 향해 전체적으로 움직인다. 자기에 대한 느낌은 유의미한 타인과의 상호작용 그리고 그러한 상호작용에 대한 아동의 지각을 통해 형성된다. 아동의 상호작용은 자기 가치감에 대한 태도를 형성하고, 여기에는 타인의 기대와 타인으로부터의 지각된 수용이 영향을 미친다. 아동이 무가치감을 느끼거나 타인으로부터 자신의 일부가 수용되지 못한다는 느낌을 경험하면 자기 수용에 장애가 생긴다. 유기체는 전체로서 움직이기 때문에 아동의 느낌과 행동은 결국 일치하게 된다. 보다 구체적으로 아동이 수용되지 못하는 자기를 경험하거나 타인으로부터 수용받지 못하면 느낌과 행동은 부정적이 되며, 따라서 자기 향상은 발생하지 못하게 된다.

인간의 본성에 대한 이러한 신념에 기초하여 CCPT 치료사는 아동이 다른 사람(치료사)으로부터 온전히 수용받고 따라서 자기 수용을 발달시키는 것을 배울 수 있는 환경을 만들어내고자 한다. 자기 수용의 이론적 결과는 보다 긍정적인 느낌과 행동을 향한 움직임을 만들어내는 것이다. 그러므로 치료적 변화는 치료사 개인, 아동 개인, 치료적 관계에서 형성된 수용의 수준, 아동이 본질적으로 자기 향상을 향해 나아가는 존재라고 믿는 치료자의 아동에 대한 신뢰와 같은 요인에 의해 결정된다.

CCPT에서의 치료적 변화를 위한 조건

CCPT는 인간중심 이론에 기초하고 있으므로 Rogers가 제안한 변화 과정의 기본 원리는 CCPT를 통해서도 제공되어야 하는 것들이다. 효과적인 작업이 이루어지기 위해서는 치료적 과정에 이 여섯 가지 조건이 반드시 있어야 한다. 이 여섯 가지 조건은 모두 치료사와 아동 간의 관계에 기반을 둔다.

1. 두 사람은 심리적 접촉을 한다.
2. 첫 번째 사람(내담자)은 불일치의 상태에 있다.
3. 두 번째 사람(치료사)은 관계에서 일치를 이루고 있다.
4. 치료사는 내담자에 대해 무조건적인 긍정적 존중을 경험한다.
5. 치료사는 내담자의 내적 참조의 틀에 대해 공감적 이해를 경험하며, 이러한 경험을 내담자와 소통하기 위해 시도한다.
6. 내담자를 향한 치료사의 공감적 이해와 무조건적인 긍정적 존중의 의사소통은 성취해야 할 최소의 단계이다.

첫 번째 조건은 치료사와 아동이 심리적 접촉을 한다는 것이며, 보다 간단하게는 관계를 의미한다. 이 관계에서 치료사와 아동 모두 서로를 인식하고 있어야 하며, 서로의 현상학적 장에 들어갈 수 있도록 해야 한다. 두 번째로 아동은 불일치의 상태에 있고, 이는 불안이나 취약성을 통해 드러난다. 조건 3, 4, 5는 치료사가 제공해야 하는 전형적인 핵심적 조건으로, 보다 정확하게는 태도로서 지칭되며(Bozarth, 1998), 전통적으로 일치, 무조건적인 긍정적 존중(또는 수용), 공감으로 명명된다. 이러한 태도를 갖는 치료사는 아동을 포함한 모든 인간들이 갖고 있는 자기 실현을 향한 경향성을 촉진하는 환경을 제공한다.

Rogers(1957)는 일치를 치료적 관계 안에서 자기가 자유로움을 느낄 수 있는 능력 그리고 자기에 대한 경험과 인식 간에 조화를 경험할 수 있는 능력으로 설명했다. 일치는 치료사의 자기 인식, 그러한 인식에 대한 수용, 내담자에 대한 인식을 적절하게 표현하는 것의 조합과 관련된다. 치료사의 일치는 공감과 무조건적인 긍정적 존중을 표현하는 데 있어서의 전제 조건이 된다. 그러므로 놀이치료사가 진실하지 않다면 아동은 치료사가 제공하는 무조건적인 긍정적 존중과 공감을 온전히 수용할 수 없게 된다.

무조건적인 긍정적 존중은 내담자의 모든 경험을 판단과 평가 없이 따뜻하게 수용하는 것을 의미한다(Rogers, 1957). 또한 무조건적인 긍정적 존중은 치료사가 느끼는 조건이며, 치료사는 자기 실현을 위해 나아가고자 하는 아동의 능력에 대한 믿음을 경험하고 있어야 한다. 무조건적인 긍정적 존중은 CCPT의 치유적 요인으로 작용하며, 발달 과정에서 아동이 취하게 된 가치 조건에 대한 자연 치유제라고 볼 수 있다(Bozarth, 1998).

치료사의 태도로서 마지막 조건은 공감적 이해의 제공이다. 이는 치료사로서의 자기감을 잃지 않은 채 마치 치료사 자신의 세계인 것처럼 아동의 세계로 들어가는 것이다. 놀이치료사는 전형적으로 아동에 대한 반영적 반응을 통해 공감을 의사소통한다. 공감적 이해는 무조건적인 긍정적 존중과 상호 관련된 개념인데, 공감은 무조건적인 긍정적 존중을 표현하는 수단이기 때문이다(Bozarth, 2001). 치료사가 내담자의 세계로 들어가게 되면, 거기에는 내담자의 세계는 가치 있는 세계라는 기본적인 메시지가 있으며, 치료사는 내담자의 경험과 능력에 대한 깊은 존경심을 갖게 된다.

마지막 조건은 내담자가 치료사로부터의 공감과 무조건적인 긍정적 존중을 열린 마음으로 받아들여야 한다는 것을 설명하는 것으로, 이는 치료사는 치료 요인을 거의 통제할 수 없다는 것을 의미한다. 모든 선행 조건들이 충족되더라도 아동이 치료사로부터의 무조건적인 긍정적 존중과 공감을 받아들이는 데 제한이 있다면, 치료는 최소한의 효과만을 갖거나 혹은 전혀 효과가 없을 수도 있다. 일반적으로 치료사가 이 모든 조건을 만족시킨다면 아동은 그러한 조건들을 인식하게 되면서 변화라는 치료적 과정에 참여할 수 있게 될 것이다.

CCPT 과정의 구조

CCPT는 아동에 대한 비지시적 태도로 특징지어질 수 있다. 비지시성은 수동적 행동을 의미하는 것이 아니며, 치료사가 내담자의 목표나 치료적 내용을 안내하지 않으면서 내담자의 자기 충족을 촉진시키는 태도를 가리킨다(Ray, 2011). 아동 자신이 놀이 회기에서 무엇을 말할지, 무엇을 할지 주도한다. Axline(1947)은 CCPT 구조의 맥락에서 비지시성의 철학을 실행하는 방법에 대한 지침을 제시하였다. 여덟 가지 기본 원리는 다음과 같다(pp. 73-74).

1. 치료사는 가능한 한 빨리 아동과 따뜻하고 우호적인 관계를 발달시킨다.
2. 치료사는 있는 그대로의 아동을 수용하며, 아동이 특정 방식으로 달라지는 것을 바라지 않는다.
3. 치료사는 허용적인 분위기를 형성하여 아동이 생각과 느낌을 충분히 표현할 수 있도록 한다.
4. 치료사는 아동의 느낌을 조율하고, 이를 반영하여 아동에게 되돌려줌으로써 아동이 자신의 행동에 대한 통찰을 얻을 수 있도록 돕는다.
5. 치료사는 문제를 해결할 수 있는 아동의 능력을 존중하고 선택의 책임을 아동에게 준다.
6. 치료사는 아동의 행동이나 대화를 지시하지 않는다. 치료사는 아동의 주도를 따른다.
7. 치료사는 치료를 서둘러서는 안 된다. 치료적 과정이 점진적이라는 것을 인식해야 한다.
8. 치료사는 최소한의 제한을 설정한다. 제한은 아동이 현실에 발을 딛게 하고 관계에서의 책임을 인식할 수 있게 한다.

이 원리들은 놀이치료의 구조를 제공하며, 치료사가 아동을 수용하고 신뢰하며 아동의 주도를 따르도록 한다. 이 원리를 적용하여 놀이치료에 대한 조작적 정의가 가능하며, 치료사는 특정 유형의 반응을 통해 비지시성의 철학을 실행할 수 있다. 이러한 반응에는 감정의 반영(너는 화가 났구나), 내용의 반영(엄마가 아빠랑 싸우고 있구나), 행동 따라가기(네가 그쪽으로 가고 있구나), 의사결정의 촉진(네가 정할 수 있어), 창의성의 촉진(네가 원하는 대로 될 수 있어), 격려(열심히 하고 있구나), 관계의 촉진(너는 내 기분이 나아지기를 바라는구나), 그리고 제한 설정이 포함된다(Axline, 1947; Ginott, 1961; Landreth, 2002; Ray, 2004).

제한 설정은 아동이 자기나 타인 혹은 치료실에 위협이 될 때 필수적이다. 제한을 설정하기 위해 Landreth(2002)는 ACT로 지칭되는 세 단계 접근을 제안했다. 감정에 대한 인정(Acknowledge), 제한의 전달(Communication), 대안 제시(Target)가 그것이다. ACT에서 가장 우선시되고 또한 중요한 것은 치료사가 아동의 감정을 인정함으로써 아동의 의도를 이해하고 그 이해를 소통하는 것이다(너는 정말 나에게 화가 났구나). 둘째, 치료사는 분명하고 명확한 제한을 설정한다(그렇지만 나를 밀칠 수는 없어). 마지막으로 치료사는 아동이 자신의 감정을 적절히 표현할 수 있도록 대안을 제시한다(너는 곰을 밀칠 수는 있어). 제한 설정을 통해 아동은 놀이실을 안전한 환경으로 지각할 수 있다. CCPT 치료사는 CCPT를 구체적으로 구조화하기 위해 특정한 형태로 반응하기는 하지만 무엇보다 치료사의 태도가 가장 중요하며, 이는 정해진 방식대로 아동에게 반응하는 것보다 더 우선시된다는 것을 잊어서는 안 된다.

놀이실과 놀잇감

CCPT는 장난감이 많은 놀이실에서 실시된다. 이러한 환경은 아동이 자신의 모든 감정을 표현하게끔 격려한다. 놀이실은 이 공간 안에서는 아동의 모든 부분이 수용될 수 있다는 메시지를 전달한다. 비록 Landreth(2002)는 놀이치료가 대략 3.6m×4.5m 넓이의 치료실에서 실시되어야 한다고 권고했지만, 더 넓거나 좁은 치료실도 가능하다. 이보다 좁은 경우 놀잇감 보관이나 아동이 움직일 수 있을 정도의 여유 있는 공간인지를 확인해야 한다. 더 넓은 치료실의 경우에는 아동이 압도되지 않도록 놀이실의 크기를 제한하는데, 커튼이나 선반을 활용하여 공간을 분할할 수 있다. 놀이실에서 사용되는 도구는 장난감, 만들기 재료, 물감, 이젤, 손인형 극장, 모래상자, 아동 가구 등이 포함된다. Kottman(2003)은 놀이실의 도구를 다섯 가지 일반적 영역으로 범주화하였다. 가족/양육적 놀잇감, 무서운 놀잇감, 공격적 놀잇감, 표현적 놀잇감, 가장놀이/환상 놀잇감이 그것이다. 놀잇감을 선택하는 데 가장 중요한 기준은 놀잇감이 놀이실의 목적에 부합하는지의 여부이다. Ray(2011)는 모든 치료사는 놀잇감을 선정하는 데 다음과 같은 질문을 해볼 필요가 있다고 제안했다. (1) 이 방을 사용하는 아동에게 이 놀잇감은 어떤 치료적 목적과 관련될 것인가? (2) 아동이 자신을 표현하는 데 이 놀잇감은 어떻게 도움이 될 것인가? (3) 아동과의 관계를 형성하는 데 이 놀잇감은 어떻게 도움이 될 것인가? 놀잇감이 치료적 목표를 충족시키고 아동이 자신을 표현하는 데 도움이 되며 치료사와 아동 간의 관계 형성에 기여한다면, 이 놀잇감은 치료실에서 중요한 의미를 가질 수 있다.

자폐 아동에 대한 CCPT

CCPT는 아동의 관계와 의사소통을 강조한다. CCPT에서 주요 치료적 요인은 바로 치료사와 아동 간의 관계이다. 놀이실은 아동에게 발달적으로 적절한 의사소통의 공간이 된다. 그러므로 CCPT는 철학적으로 자폐스펙트럼장애 아동의 독특한 특징을 다룰 수 있다고 볼 수 있다.

자폐스펙트럼장애로 진단된 아동에 대한 CCPT의 효과성을 이해하기 위해서는 아동을 이러한 장애로 진단받게 만든 핵심 문제를 이해하는 것이 필수적이다. 자폐스펙트럼장애에는 자폐스펙트럼장애, 아스퍼거장애, 전반적 발달장애, 즉 달리 분류되지 않은 광범위성 발달장애(PDD-NOS) 등이 포함된다. 일반적으로 반향어, 상동증적 행동, 자기 자극 등 자폐증과 관련된 명백한 행동 증상에 관심을 기울여왔지만, 이러한 증상은 보다 깊은 광범위한 관계의 문제로 인한 이차적인 특성이다. Greenspan과 Wieder(2006)는 자폐스펙트럼장애를 진단할 때 다음의 세 가지 핵심 문제를 반드시 고려해야 한다고 제안했다. (1) 친밀감의 형성, (2) 지속적인 정서적 제스처의 상호교환, (3) 정서적 의도를 포함하는 단어나 상징의 사용이 그것이다.

아동이 다른 사람과 친밀감을 형성하게 되면 타인에 대해 따뜻함을 표현하고 편안함을 느끼는 성인으로부터의 지지를 구하며 친밀한 관계에서 즐거움을 드러낸다. 아동이 정서적 제스처를 상호교환할 수 있게 되면, 웃음이나 얼굴 찌푸림 그리고 다른 상호적 제스처를 통해 중요한 타인과 정서적 신호를 함께 주고받는다. 마지막으로 아동이 정서적 의도를 포함하는 단어나 상징을 사용할 수 있으면 아동은 단어를 의미 있게 그리고 바람을 갖고 사용하게 되며, 이는 문자 그대로 단어를 사용하는 것과는 다르다("나는 내 강아지를 사랑해요."와 "이것은 강아지예요."라는 말의 차이). 자폐스펙트럼장애 진단은 범주적이 아닌 연속선상에서 이루어지므로 이러한 세 가지 영역에서의 아동의 수준은 아동이 이 장애로 인해 얼마나 많은 어려움을 겪을 것인지를 결정한다.

이 세 가지 핵심 문제를 중심으로 자폐스펙트럼장애를 개념화하는 경우 자폐스펙트럼장애로 진단받은 아동이 관계에서 어려움을 보인다는 것은 분명하다고 볼 수 있다. 이러한 관계에서 핵심은 바로 의사소통이다. 모든 사람은 관계의 연속선상에 있다. 그러나 자폐스펙트럼장애로 진단받은 아동은 한쪽 끝을 향해 나아가는 경향이 있다. 자폐스펙트럼장애 아동이 관계에서 의사소통할 수 있는 능력은 각 개인의 능력, 욕구, 특성에 근거하여 평가된다.

앞에서 설명했듯이 CCPT는 관계에 기초한 개입으로, 관계에서의 의사소통 방식과 관계성은 변화에 대한 주요 치료적 요인으로 작용한다. 그러므로 자폐스펙트럼장애를 관계적 의사소통장애로서 개념화한다면, CCPT는 관계적 의사소통 개입으로서 적용될 수 있다. CCPT의 목적은 아동이 성장을 향한 자기 향상의 과정으로 자유롭게 나아갈 수 있는 관계를 제공하는 것이다. CCPT 관계를 통해 세상에 대한 온전한 수용이 가능해진다. 자폐스펙트럼장애 아동에게 있어서 세상은 전형적으로 발달하는 아동과는 다른 방식으로 조직화되고, 아동은 치료사와 어느 정도로 그리고 언제 함께할지를 결정한다. 아동이 치료사와 함께할 수 있게 되면 자기 향상적 행동은 다른 외적 관계에 영향을 미칠 수 있을 정도로 성장을 지속하게 될 것이다.

CCPT 치료사는 자폐스펙트럼장애 아동의 이차적 증상, 즉 눈맞춤, 언어적 반응성, 경직성을 '고치려고' 하지 않는다. CCPT는 이 영역에서의 아동의 어려움과 직면하기 위해 관계와 의사소통을 제공함으로써 자폐스펙트럼장애의 주요 핵심 영역에 관심을 기울인다. CCPT에서 아동이 무언가를 하게 하기 위해 행동적 기법을 사용하여 훈련한다면, 이는 CCPT의 함께 있는 방식과 불일치한 것이다. 그렇다면 자폐스펙트럼장애 아동의 문제 향상에 있어서 CCPT가 어떻게 도움이 될 수 있는지 의문을 제기할 수 있다. CCPT의 여러 핵심 요소는 자폐증과 관련된 행동의 향상에 기여할 수 있다.

첫째, CCPT에서 자폐스펙트럼장애로 진단받은 아동에 대한 치료사의 온전한 수용은 많은 경우 불가능한 조건이 된다. 자폐스펙트럼장애 아동의 양육과 관련된 부모의 높은 스트레스 및 일상생활에서 아동의 행동을 변화시키기 위한 여러 개입으로 인해 자폐스펙트럼장애 아동은 그 자신을 있는 그대로 이해받거나 받아들여져 본 경험을 하기 어렵다. 또한 자폐스펙트럼장애 아동은 세상과 상호작용을 하는 데 성인의 관점을 강요받으며, 아동의 관점을 갖고 아동 세계로 들어오려는 성인은 거의 만나지 못한다. CCPT는 치료사가 아동의 관점 및 의지가 작용하는 아동의 세계로 들어가는 독특한 경험을 제공한다. 이러한 온전한 수용과 무조건적인 긍정적 존중은 아동에게 존중의 메시지와 안전을 제공하여 아동이 자신의 세상을 자유롭게 공유할 수 있게 한다. 아동이 안전함을 느끼고 이해받고 있다고 여기게 되면, 외적 세상과 상호작용하고자 하는 아동의 동기는 높아진다.

아스퍼거 증후군과 관련된 증상을 보이는 아동에게 이러한 수용과 관심은 특히 중요하다. 아스퍼거 증후군 아동은 사회적 세상과 연결되고자 하는 강한 바람을 갖고 있지만 세상과 효과적으로 관계를 맺는 데 필요한 사회적 이해는 결핍되어 있다고 알려져 있다(Attwood, 1998). 그러나 치료사가 지속적으로 아동의 오랜 독백(말하자면 공룡에 대한)을 적극적으로 경청하고 의도적으로 반영해줄 때, 아동은 치료사의 수용과 함께 치료사가 자신과 함께하고 있음을 느낄 수 있게 된다. 결과적으로 아동은 치료사와 이원적 대화를 시도할 수 있게 된다. 아동은 이러한 새로운 관계 능력을 치료실 바깥으로까지 전이할 수 있게 된다.

CCPT의 비언어적 요소는 자폐스펙트럼장애 아동에 대한 유용한 치료적 요인이 된다. CCPT에서 아동은 치료사와 이야기를 하거나 상호작용하도록 강요받지 않는다. 치료사는 아동의 행동이나 반응에 대한 지속적인 반영을 통해 그리고 눈과 몸으로 아동을 따라가면서 언어적·비언어적으로 아동과 함께한다. 치료사는 언어적 반영뿐 아니라 비언어적 반영을 통해 아동의 톤과 움직임에 자신을 맞추고자 한다. 이렇게 치료사가 아동의 행동을 따라감으로써 아동은 비언어적 방식으로 의사소통할 수 있게 되고, 이는 몸짓을 사용한 의미 있는 상호작용을 촉진시킨다. 자폐스펙트럼장애 아동의 핵심 문제는 의미 있는 상징적 상호작용의 손상이므로, 비언어적인 아동-치료사 상호작용은 아동의 의사소통 향상에 도움이 될 수 있다.

자폐스펙트럼장애 아동에 대해 CCPT가 갖는 또 다른 이점은 장애와 관련된 정서적 행동적 문제의 감소이다. CCPT에 참여하고 있는 아동의 부모는 분노 폭발, 고함, 소리 지르기, 극단적 정서성의 완화를 보고하곤 한다. 장애와 관련된 증상과 공존질환에 의한 증상을 구분하는 것이 쉽지는 않지만, CCPT는 정서와 관련된 문제를 완화시키는 데 효과적이다. 자폐스펙트럼장애 아동은 우울, 불안, 주의력 문제로 인해 어려움을 겪고 있을 수도 있다 (Howlin, 2005). CCPT는 아동이 자기 의심을 언어적으로 혹은 놀이를 통해 표현할 수 있는 기회를 제공하고, 이를 통해 아동은 부정적인 자기감을 극복하고 희망을 향해 나아갈 수 있는 기회를 갖게 된다.

마지막으로 자폐스펙트럼장애 아동에 대한 개입에서 다른 행동 지향적인 개입과 구별되는 CCPT의 가장 중요한 특징은 아동이 내재적 동기로부터 자기감(sense of self)을 만들어내고 변화를 추구하게 한다는 것이다. CCPT에서 아동은 현재의 자신과 달라져야 한다는 압박을 느끼지 않는다. 그러므로 아동이 새로운 행동이나 관계적 능력을 드러내는 경우, 이 모든 것이 아동 자신으로부터 나온 것이라는 사실을 의미한다. 바람직한 행동에 대해 아동에게 보상이 주어지지 않는다. 아동은 변화에 대한 내적 보상을 형성한 것이므로, 변화는 아동 자신의 경험으로 통합된다. 이러한 변화된 행동은 치료가 종결되거나 보상이 주어지지 않는다고 해서 없어지지 않는다. 변화된 행동은 아동 자신의 일부가 된다.

비지시적인 방식으로 놀이할 수 있는 기회를 제공함으로써 자폐스펙트럼장애 아동은 변화의 속도와 초점을 스스로 선택하게 되고, 기술을 통해 학습한 놀이 방식에 의해서가 아닌 내재적 동기로 다른 사람들의 세상에 참여할 수 있게 된다(Josefi & Ryan, 2004). CCPT를 통해 형성된 치료사와 아동의 관계는 점차 아동 생활 속의 다른 성인이나 아동에게로 전이된다. 자폐스펙트럼장애 아동의 핵심 문제는 바로 관계의 문제이고 CCPT의 핵심 요소 역시 관계이므로, 치료는 자폐스펙트럼장애 아동의 핵심 이슈를 해결하는 데 있어 효과적이라고 할 수 있다.

CCPT 치료사들이 종종 자폐스펙트럼장애 아동과의 작업을 보고하기는 하지만, 이 집단군에 대한 CCPT 관련 연구는 제한적이다. Josifi와 Ryan(2004)은 심각한 자폐증을 가진 아동에 대한 CCPT와 행동적 개입을 비교한 사례 연구를 제시한 바 있다. 이 기초적인 예비 연구에서 비지시적 놀이치료는 심각한 자폐증을 가진 아동의 정서적·사회적 발달을 향상시키고 가속화시킬 수 있음을 보여주었다. Beckloff(1998)는 자폐스펙트럼장애 아동의 부모를 대상으로 CCPT 기술을 가르치는 개입을 실시한 결과 아동의 자율성과 독립에 대한 부모의 인식 능력이 향상됨을 발견하였다. 또한 Virginia Axline(1986)의 유명한 CCPT 사례집인 딥스 : 자아를 찾아서(*Dibs : In Search of self*) 역시 자폐스펙트럼장애를 가진 소년에게 CCPT를 적용한 성공적 개입 사례를 상세히 보여주고 있는 것이라는 견해도 있다. Schumann(2010)의 공격적 아동에 대한 연구, Ray, Schottelkorb와 Tsai(2007)의 주의력 문제를 가진 아동에 대한 연구, 그리고 Blanco와 Ray(2011)의 학업적으로 위험군에 속하는 아동에 대한 연구 등 무선통제 연구를 통해 다양한 집단군에 대해 CCPT 효과성을 입증한 연구들은 무수히 많다. 그러나 자폐스펙트럼장애 아동에 대해 CCPT의 효과성을 탐색한 임상적 연구는 없는 것으로 보인다. 자폐스펙트럼장애 아동을 대상으로 연구를 실시하는 경우, 진단 기준을 충족시키는 대단위 연구 참여자의 모집과 10~16회기의 CCPT 개입에 대한 자발적 참여 여부 등과 관련된 어려움이 발생할 수 있다.

사례 연구

앤드류는 6세 6개월 남아로 현재 유치원에 다니고 있으며, 아스퍼거장애로 진단받았다. 앤드류의 교사는 다른 아동들과 어울리는 것의 어려움, 전환의 문제, 낮은 좌절 인내력 등을 이유로 앤드류를 치료에 의뢰했다. 앤드류는 모든 과목에서 평균 혹은 평균 이상의 수준을 보였지만, 교사는 앤드류의 쓰기와 소근육 운동 기술의 결함에 대해 우려를 표현하고 있었다. 앤드류는 어머니와 외조부모와 함께 살고 있었다. 어머니는 앤드류가 가족 외에는 유의미한 관계를 맺고 있지 않으며, 비디오 게임에 상당한 에너지를 쏟는다고 보고했다. 앤드류에 대해 주 1회 24회기의 개별 CCPT가 실시되었다.

놀이치료 동안 앤드류는 높은 수준의 에너지와 열정을 보였다. 앤드류는 매우 활기차게 몸과 팔을 흔들며 이쪽저쪽으로 뛰어다녔고, 흥분하여 펄쩍펄쩍 뛰어다녔다. 앤드류는 놀이를 하거나 치료사와 대화를 할 때 다양한 소음과 소리를 만들어냈으며, 흥분과 활기에 가득 찬 놀이로 인해 숨가쁨을 경험하기도 했다. 대화는 주로 앤드류가 비디오 게임에 대한 지식을 매우 상세히 이야기하는 것이었는데, 이러한 대화는 전형적으로 일방적이었으며 앤드류는 놀이치료사가 그 주제에 대해 흥미를 보이는지에 대해서 거의 인식하지 못하고 있는 것처럼 보였다. 그러나 앤드류는 자신이 말하는 것을 치료사가 이해하고 있는지를 확인하기 위해 종종 치료사를 살피기도 했다.

초기 회기 동안(1~7회기) 앤드류는 치료사와 자신 간에 상당한 물리적 거리를 유지하려고 했으며, 눈맞춤을 하지 않았다. 언어적 상호작용이 있기는 했지만, 과도하게 말을 많이 하여 행동이나 감정을 반영하는 것이 쉽지 않았다. 놀이하는 동안 이젤에 포켓몬이나 마리오 형제를 그릴 때가 많았으며, 이에 대해 치료사에게 매우 자세하게 설명하곤 했다. 놀이하는 동안 많은 소리와 소음을 만들어냈다. 다음은 놀이치료를 몇 회기 진행한 후에 발췌한 내용이다.

앤드류 : 새로운 은하계가 탄생했어요. 그건… 새로운 은하계, 그… 그리고 행성이 탄생했다는 뜻이에요. (치료실을 배회하며, 움직일 때마다 몸을 좌우로 흔든다.)

놀이치료사 : 너는 새로운 은하계가 언제 탄생했는지 알고 있구나.

앤드류 : (갖고 있던 가발과 나비 날개를 놀이치료사에게 건네준다.) 마법의 가발 그리고 이것은… 이것은… 날개랑 마술.

놀이치료사 : 내가 이것들을 갖기를 바라는구나.

앤드류 : (선반으로 가서 고리 던지기를 고른다.) 슈… 슈… 쉬. (고리를 모래상자로 던진다.) 이건… 마술 고리… 마술 고리, 그리고 선생님은 이걸로 마술을 할 수 있어요. 이렇게요. (고리 던지기를 밥백을 향해 던진다.) … 그리고 선생님은 이걸로 마술을 할 수 있어요…. 유후, 유후….

놀이치료사 : 어떻게 해야 하는지 알고 있구나.

앤드류 : 이건 속임수에요, 선생님. 선생님, 선생님은, 선생님은 해야 돼요. 선생님은 할 수 있어요. 할 수 있어요. 잘할 수 있어요. 그렇지만 나쁜 악마 식물을 조심해야 해요. (치료사와 직각의 방향으로 앉아서 손을 모래에 넣은 채 모래상자에 기대어 있다.)

놀이치료사 : 너는 내가 나쁜 악마 식물을 조심하길 바라는구나.

앤드류 : 오, 그렇지만… 오, 그렇지만 그 소리를 지르는 나쁜 악마 식물들을 조심해야 해요.

놀이치료사 : 그래, 그 식물들은 나쁘고 또 소리를 지르는구나.

앤드류 : 아니에요. 식물 하나요. 소리를 질러요. 이렇게, 이이이이이이이! (매우 높은 음
　　　　조로 소리를 지른다.)

놀이치료사 : 그런 소리를 내는구나.

앤드류 : 부움! (모든 링을 손에 걸고, 치료실 여기저기로 던진다.)

놀이치료사 : 네가 그것을 여기저기로 던지는구나.

앤드류 : 휴유. (숨을 내쉬며, 부엌놀이 쪽으로 다가간다.) 그렇지만… 그렇지만… 나는…
　　　　나는… 갖고 있어요…. 내가 음식을 공짜로 줄 거예요. 나는 공짜 음식을 갖고 있
　　　　으니까 음식을 줄게요. (앉는다.) 1달러, 1달러, 1달러, 음식을 가져와서 음식 선
　　　　반에서 음식을 가져와서, 그리고, 그리고, 가져와서, 좋아요. (숨을 내쉰다.)

스크립트에서 보여지듯 앤드류는 치료사와 의미 있는 상호작용을 거의 하지 않으며, 자
신만의 세계에서 비롯된 생각을 말하는 데 집중하고 있다. CCPT의 초기 회기에서 놀이치
료사는 질문이나 판단을 하지 않은 채 앤드류의 세계로 들어갔다. 치료사는 교정하지 않았
고, 앤드류가 집중하는 단일 주제나 특정놀이 유형에 주의를 기울이지 않았다. 그보다 앤드
류가 놀이실과 자신의 세계를 탐색하는 동안 언어적 반영을 통해 앤드류를 따라갔으며 앤드
류의 경험에 대한 무조건적인 긍정적 수용을 전달했다.

놀이치료가 중반에 접어들면서(8~14회기), 앤드류는 놀이를 통해 자신이 이해받고 수용
되고 있다는 느낌의 경험을 드러내기 시작했다. 놀이치료사와 함께 참여하는 시간이 늘어
났으며, 곁눈질로 보는 것이기는 했지만 눈맞춤을 하기 시작했다. 또한 놀이에 놀이치료사
를 관여시키기 시작했으며, 치료실에 있는 장난감을 치료사에게 건네주기도 했다. 이는 전
에는 보이지 않았던 행동이다. 놀이치료사는 CCPT의 핵심 조건, 즉 일치성, 무조건적인 긍
정적 존중, 공감적 이해를 지속적으로 보여주었으며, 접근을 변화시키지 않았다. 치료사는
앤드류의 세계로 들어가고 앤드류의 세계에 대한 이해와 수용을 소통하고자 노력하며, 계
속 앤드류가 놀이 회기를 주도하도록 허용했다.

앤드류 : (인형극장 뒤에 앉아 갑자기 나타난다.) 그런데 우리 기차놀이 하는 건 어때요?

놀이치료사 : 무슨 놀이를 할지 아이디어를 갖고 있구나.

앤드류 : 좋아요, 좋아요, 좋아요. 그런 걸로 해요. 좋아요…. 나는 기차가 될 거예요. 그리
　　　　고, 그리고, 우유를 실을 거예요. 거기에서 우유를 가져와야 해요.

놀이치료사 : 너는 계획을 갖고 있구나.

앤드류 : 추, 추, 흠, 흠, 추, 추. (아동은 다시 벽돌 더미에서 커다란 벽돌을 가져와 쌓는다.)

놀이치료사 : 네가 원하는 대로 하고 있구나.

앤드류 : 우유에요, 추 추, 추 추. (아동은 모래를 한 통 담아서 벽돌 더미 위에 뿌린다. 멈춘다.)

놀이치료사 : 너는 모든 준비를 마쳐가는구나.

앤드류 : (모래를 모래상자로 쏟으며, 쓰러질 것처럼 앞뒤로 흔들거리며 서 있다.) 나는 나는 여기에 이걸 쏟아부을 거예요.

놀이치료사 : 너는 그것을 어디에 둘지 결정했구나.

앤드류 : 오, 그렇지만, 오, 그렇지만… 어디에다가… 선생님 책상 위요. (아동은 벽돌 쌓아놓은 것을 쳐다본다.)

놀이치료사 : 책상으로 결정했구나.

앤드류는 놀이치료사에 대한 연결과 신뢰가 향상되었음을 보여주었다. 놀이치료의 많은 시간 동안 앤드류는 치료사와 자신 간의 일정한 물리적 거리를 유지했지만, 치료사가 보내는 이해와 믿음은 안전함, 확고함, 신뢰의 느낌으로 앤드류에게 서서히 스며들고 있었다. 회기가 진행되면서 앤드류는 놀이치료사와 '나쁜' 캐릭터에 대항하여 싸우는 협동놀이에 함께 참여하면서 치료사를 놀이 속에 포함시켜나갔다. 앤드류에 의한 협동과 협조는 초기 회기에서는 전혀 나타나지 않았는데, 이는 앤드류와 치료사 간의 관계의 강도를 표상하는 것이다.

앤드류 : 자, 음식 가게 놀이를 할까요?

놀이치료사 : 네가 결정할 수 있어.

앤드류 : 좋아요, 그러면, 음식을 가져오고…. (플라스틱 과일을 가져다 접시 위에 놓는다. 그리고 접시를 모래상자 옆의 테이블 위로 가져간다.) 이제 선생님이 음식 가져오세요.

놀이치료사 : 이제, 내가 음식을 가져와야 하는구나.

앤드류 : 예. (놀이치료사가 음식을 가져오는 것을 지켜본다. 치료사가 테이블 옆 의자에 앉는 것을 보고 있다.) 그건 선생님 음식이에요? (노래를 부르기 시작한다.)

놀이치료사 : 그렇지.

앤드류 : (모래상자에 앉아 손으로 모래를 담아 자신의 다리 위에 모래를 뿌린다. 놀이치료사를 보지 않고 질문을 한다.) 선생님도 여기로 오고 싶어요?

놀이치료사 : 내가 너와 함께 앉기를 원하는구나.

앤드류 : 음, 음.

놀이치료사 : (모래상자 구석에 앉기 위해 이동하면서 앤드류가 몸을 움직여 공간을 만드는 것을 알아챈다.) 너는 내가 모래상자에 너와 함께 앉기를 원하는구나. (모래상자 안에서 앤드류 옆에 앉는다. 앤드류와 치료사는 어깨를 대고 가까이 앉아 있다. 이러한 상황은 중단 없이 3분가량 지속되었다.)

24회기의 아동중심 놀이치료를 마친 후, 앤드류와 놀이치료사는 강력한 관계를 형성할 수 있게 되었는데, 이는 치료사가 수용과 이해를 통해 기꺼이 앤드류의 세계로 들어갈 수 있었기 때문에 가능했다. 앤드류는 여전히 자폐스펙트럼장애의 많은 특징을 드러내고 있었지만, 치료사와 가까이 있을 수 있고 좀 더 빈번한 눈맞춤을 할 수 있게 되었으며 순서 지키기와 협동적 활동을 특징으로 하는 상호적 놀이를 더 많이 할 수 있게 되었다. 이는 앤드류가 관계를 경험하고 있음을 반영하는 것이다. 놀이치료사와 관계를 맺고자 하는 바람이 향상된 것은 함께 활동을 하는 것이나 특정 놀이 행동을 한 것에 대해 보상을 받았기 때문이 아니라, 앤드류가 치료사가 제시하는 수용과 무조건적인 긍정적 존중을 열린 마음으로 받아들일 수 있게 되었기 때문이다. 이는 앤드류의 내재적 동기에 촉발된 것이다. 이원적 의사소통 역시 향상되었으며, 앤드류는 이제 이러한 기술을 놀이실 바깥으로 전이시킬 수 있는 준비가 된 것이다. 앤드류는 다른 아동과 함께 CCPT 집단치료를 시작했고, 치료사는 물론 다른 아동과 의사소통할 수 있는 적절한 사회적 기술을 발달시키고 사용할 수 있게 되었다. 담임교사는 교실에서의 앤드류의 사회적 기술 및 다른 아동들과 함께 어울릴 수 있는 능력에서 향상이 있다고 보고했다.

자폐 아동에 CCPT를 적용할 때의 가이드라인

CCPT는 본질적으로 비지시적이지만 책임감 있는 치료 과정을 위해 자폐스펙트럼장애 아동과 작업을 할 때 엄격히 지켜야 하는 특정 지침들이 있다. 자폐스펙트럼장애로 진단을 받은 아동과 작업하기 전에 CCPT 치료사는 진단과 관련된 특징과 증상에 대해 상당한 지식을 갖고 있어야 한다. CCPT는 모든 아동에게 유사한 방식으로 실시되지만, 자폐스펙트럼장애 아동은 자해 행동이나 파괴적 행동을 보이는 경우가 있으므로 치료사는 이에 대해 미리 준비되어 있어야 한다. 치료 초기 자폐스펙트럼장애로 추정되는 아동과 치료적 관계를 시작하는 CCPT 치료사는 아동에 대한 적절한 평가를 실시해야 한다. 앞에서 언급했듯이 자폐스펙트럼장애는 '맞다/아니다'식의 이분법적으로 진단 내려지지 않는다. 아동은 스펙트럼상에서 다양한 수준을 가질 수 있으며, 자폐스펙트럼장애로 진단된 아동들 중에 핵심적인 손상의 징후를 보이지 않는 경우도 있다. 낯선 이와 함께 있는 경우 낮은 능력 수준을 보일 가능성이 높으므로, 평가는 주요 양육자와 함께 상호작용하는 과정에서 이루어져야 한다(Greenspan & Wieder, 2006). 또한 자폐스펙트럼장애 진단은 한 가지 평가나 부모 보고 등 단일 정보원을 통해 이루어져서는 안 된다. 다면적 평가가 실시되어야 하고, 평가 점수, 부모 보고, 가능하다면 교사 보고를 고려해야 하며, 부모와의 상호작용과 같은 자연스럽고 친숙한 환경에서의 관찰 역시 포함되어야 한다. 자폐스펙트럼장애 아동에 대한 CCPT 치료 계획에는 개별적인 CCPT뿐 아니라 지속적인 부모 상담이 포함되어야 한다. 또한 아동이 관계 기술을 다른 아동에게로 전이시킬 준비가 되었다는 결론이 내려지면 집단 CCPT 역시 치료 계획에 추가되어야 한다.

Rogers(1957)에 따르면 아동과 접촉하는 것이 바로 효과적인 치료의 첫 조건이 된다. 자폐스펙트럼장애 아동을 대상으로 CCPT를 실시하는 경우, 초반에는 아동에 의해 접촉이 좌절될 수 있다. 이런 경우 치료사는 아동의 세계로 들어감으로써 서서히 아동의 신뢰를 얻어야 한다. "너는 그쪽으로 가고 있구나." 혹은 "너는 공을 가지고 놀고 있구나." 같은 비위협적인 행동 따라가기 반응은 아동을 방해하지 않으면서 아동의 세계로 들어가는 한 가지 방법이 될 수 있다. 과도한 눈맞춤으로 아동을 압도하지 않는 것이 도움이 되는 경우도 있다. 자폐스펙트럼장애 아동은 치료사의 관계적 접근에 천천히 반응하지만, 치료사는 이러한 과정으로 인해 좌절해서는 안 된다. 또한 치료사는 아동이 반응하지 않는다는 이유로 아동이 치료사와 함께하고 있지 않다고 추측해서는 안 된다. 자폐스펙트럼장애 아동은 치료사를 인식하기 훨씬 이전부터 경청이나 혹은 침묵을 통해 관계에 함께 참여하고 있는 것일 수도 있다.

놀이 회기가 진행되는 동안 CCPT 치료사는 아동의 신경학적 기능의 행동적인 특성들, 특히 소리나 상호작용 혹은 빛에 대한 민감성에 정확하게 조율하기를 원할 수도 있다. 놀이실 상황은 아동이 안전함을 느낄 수 있도록 조정될 필요가 있다. 예를 들어, 조명을 낮추거나 아동의 내원 시간에 맞춰 혼잡하지 않게 하고, 혹은 너무 큰소리로 이야기하지 않거나 과도하게 시끄럽지 않도록 조정할 수 있다. 치료사가 이러한 아동을 더 많이 알게 될수록 자연스럽게 아동의 내적 시스템에 가장 잘 접촉할 수 있는 방법으로 반응하게 될 것이다.

자폐스펙트럼장애 아동에게 도움이 될 수 있는 또 다른 치료사의 반응은 아동의 모든 언어적 주도를 따르는 것이 아니라 아동에게 초점을 맞춘 반응을 하는 것으로, 이는 특히 아스퍼거 증후군 증상을 보이는 아동에 도움이 된다. 앤드류의 사례에서 보여지듯이 아스퍼거 증후군 아동은 분명한 관련성 없이 주제 영역을 넘나드는 경우가 많다. 한 가지 내용을 끝마치고 새로운 내용의 이야기를 시작하는 방식의 반영은 명료한 의사소통을 하는 것에 대한 모델이 될 수 있을 뿐 아니라 아동에게 초점을 맞추는 데 도움이 될 수 있다. 또한 이러한 반영은 이야기를 하는 동안 치료사와 아동이 함께 있을 수 있게 한다. 예를 들어, 치료사는 "너는 비디오 게임에 대해 이야기했었어. 그런데 지금은 천둥에 대해 이야기하고 있구나." 혹은 "너는 그 영화를 좋아했구나. 그런데 지금은 너의 자전거에 대해 이야기하고 싶구나." 와 같이 반응할 수 있다.

결론

CCPT는 관계적 개입으로, 내적 그리고 외적인 고통을 경험하고 있는 모든 아동의 잠재력을 열어서 펼치고자 한다. 훈련된 놀이치료사와의 관계를 통해(CCPT) 아동은 수용, 따뜻함, 이해를 경험할 수 있는 환경에 참여하게 된다. 치료사는 아동의 세계, 특히 놀이의 세계에 들어감으로써 아동에 대해 이해할 수 있게 되고, 이렇게 형성된 아동에 대한 이해를 전달하고자 한다. CCPT의 이러한 측면은 자폐스펙트럼장애로 진단된 아동에게 특히 중요하다. 자폐스펙트럼장애 아동은 문화적 기준에서는 특이해 보이고, 사회적 신호를 지키지 못하는 것 때문에 분리되어 있으며, '이상한' 행동을 보인다는 이유로 고립되어 홀로 있게 된다. 성인들의 돕고자 하는 시도 속에서 자폐스펙트럼장애 아동은 자신이 수용받지 못하고 변화해야만 한다는 메시지를 받게 된다. CCPT는 자폐스펙트럼장애 아동에게 자신의 독특성을 배우고 경험할 수 있으며, 다른 사람들로부터 온전히 존중받을 수 있는 기회를 제공한다. 이러한 경험을 통해 자폐스펙트럼장애 아동은 자기감을 발달시킬 수 있는 자신만의 내적 자원을 향해 좀 더 다가갈 수 있게 되고, 앞을 향해 나아가며 관계적으로 연결될 수 있게 된다. 자폐스펙트럼장애 아동에게 있어서 이러한 경험은 타인과 관계를 맺고 의사소통하고자 하는 내적 동기를 촉진시킨다. 아동의 내적 자원과 능력으로부터 촉발된 진정한 변화가 일어나게 되며, 이 변화는 실재적이며 지속적으로 유지될 수 있다.

참고문헌

Attwood, T. (1998). *Asperger's syndrome*. London: Jessica Kingsley.

Axline, V. (1947). *Play therapy*. New York: Ballantine.

Axline, V. M. (1986). *Dibs: In search of self*. New York: Ballantine Books.

Beckloff, D. (1998). Filial therapy with children with spectrum pervasive development disorders. (Doctoral dissertation, University of North Texas, 1997). *Dissertation Abstracts International*, DAI-B 58/11, 6224.

Blanco, P., & Ray, D. (2011). Play therapy in the schools: A best practice for improving academic achievement. *Journal of Counseling and Development, 89*(2).

Bozarth, J. (1998). *Person-centered therapy: A revolutionary paradigm*. Ross on Wye: PCCS.

Bozarth, J. (2001). An addendum to beyond reflection: Emergent modes of empathy. In S. Haugh & T. Merry (Eds.), *Empathy. Rogers' therapeutic conditions: Evolution, theory and practice* (vol. 2, pp. 144–154). Ross on Wye: PCCS Books.

Ginott, H. (1961). *Group psychotherapy with children*. New York: McGraw-Hill.

Greenspan, S., & Wieder, S. (2006). *Engaging autism: Using the Floortime approach to help children relate, communicate, and think*. Cambridge, MA: Da Capo.

Howlin, P. (2005). Outcomes in autism spectrum disorders. In F. Volkmar, P. Rhea, A. Klin, & D. Cohen (Eds.), *Handbook of autism and pervasive developmental disorders* (vol. 1, pp. 200–220). Hoboken, NJ: John Wiley & Sons.

Josefi, O., & Ryan, V. (2004). Non-directive play therapy for young children with autism: A case study. *Clinical Child Psychology and Psychiatry, 9*(4), 533–551. doi:10.1177/1359104504046158

Kottman, T. (2003). *Partners in play: An Adlerian approach to play therapy* (2nd ed.). Alexandria, VA: American Counseling Association.

Lambert, S., LeBlanc, M., Mullen, J., Ray, D., Baggerly, J., White, J., et al. (2005). Learning more about those who play in session: The national play therapy in counseling practices project. *Journal of Counseling & Development, 85*, 42–46.

Landreth, G. (2002). *Play therapy: The art of the relationship*. New York: Routledge.

Ray, D. (2004). Supervision of basic and advanced skills in play therapy. *Journal of Professional Counseling: Practice, Theory, and Research, 32*(2), 28–41.

Ray, D. (2011). *Advanced play therapy: Essential conditions, knowledge, and skills for child practice*. New York: Routledge.

Ray, D., Schottelkorb, A., & Tsai, M. (2007). Play therapy with children exhibiting symptoms of attention deficit hyperactivity disorder. *International Journal of Play Therapy, 16*, 95–111.

Rogers, C. (1951). *Client-centered therapy: Its current practice, implications and theory*. Boston: Houghton Mifflin.

Rogers, C. (1957). The necessary and sufficient conditions of therapeutic personality change. *Journal of Consulting Psychology, 21*(2), 95–103.

Schumann, B. (2010). Effectiveness of child centered play therapy for children referred for aggression in elementary school. In J. Baggerly, D. Ray, & S. Bratton (Eds.), *Child-centered play therapy research: The evidence base for effective practice* (pp. 193–208). Hoboken, NJ: Wiley.

West, J. (1996). *Child centred play therapy* (2nd ed.). London: Hodder Arnold.

Wilson, K., Kendrick, P., & Ryan, V. (1992). *Play therapy: A nondirective approach for children and adolescents*. London: Bailliere Tindall.

제9장

나르키소스 신화, 물에 비친 아름다운 모습, 그리고 자기 치유

융학파 관점에서의 아스퍼거 증후군 아동 상담

Eric J. Green

자폐장애인은 그림으로 생각할 수 없는 것을 배우는 데 어려움이 있다. (Grandin, 2006, p. 14)

융학파 놀이치료 소개

융학파 놀이치료에서는 아동이 내사(introjection, 타인의 믿음을 내면화하는 것) 또는 동일시(identification, 타인의 가치와 감정에 강하게 관련되는 것)를 통해 심리적으로 발달한다고 가정한다(Green, 2007, 2009, 2011). 아동은 주요 양육자의 감정, 사고, 특징뿐 아니라 유의미한 주요 관계에 내재된 역기능까지도 습득한다. 융학파 놀이치료사는 정서적으로 안전한 환경 내에 적절한 공간을 제공하여 아동이 내면화된 혹은 동일시하고 있는 믿음으로부터 벗어나 개인적 발달(개성화)을 실현할 수 있도록 한다. 개성화란 정신의 분열로부터 전체성을 향해 나아가는 것으로 정의될 수 있으며, 이는 바로 개인 내의 대극에 대한 인식과 합일의 과정이다(Jung, 1951). 융은 아동의 정신은 초월적 기능 혹은 자기 치유의 원형을 갖고 있으며(Allan, 1988), 이는 상징 표현을 통해 드러난다고 믿었다.

정신치료에 대한 융학파 접근은 아동이 심상(image)을 수용(containing)함으로써 상징이 자신을 치유의 길로 이끌 것을 믿고 받아들이는 데 중요성을 둔다. 상징은 상당 부분 방치되어온 무의식의 영역을 가리킴으로써 아동이 현재 치유의 여정에서 어디쯤에 위치하고 있는지를 알려준다. 융학파 상담가는 현재 아동이 자리하고 있는 위치를 수용하고 아동이 치유의 여정을 따라갈 수 있도록 지지한다. 놀이에서 자기 치유의 상징이 나타나면, 치료사는 상징(혹은 원형)의 의미를 받아들임으로써 아동의 내적 언어를 탐색한다(Allan, 1988; Green, 2007, 2010b).

융학파 놀이치료의 주요 목적은 상징적 태도(혹은 분석적 태도)를 통해 개성화 과정을 활성화시키는 것으로, 이 과정에서 심상이 존중되면서 아동은 내적 세계와 외적 세계 간의 에너지 흐름의 평형을 유지할 수 있게 된다(Allan, 1988; Green, 2007, 2011). 지속적인 주의를 통해 심상의 상징적 가치가 인식될 때 상징적 태도는 발달할 수 있다. 예를 들어, 아동이 가장을 하거나 '마치 ~처럼'을 적용할 때, 아동은 상징적 태도를 발달시키고 있는 것이다. 아동에 대한 융학파 치료의 목표인 개성화는 상징의 변환으로 정의될 수 있다. 상징의 변환은 치료를 통해 상징의 과정이 생겨나는 것이다. 치료사의 상징적 태도를 통해 아동은 충동 혹은 행동에서 상징의 세계로 나아갈 수 있게 되며, 이 세계에는 정서와 심상이 포함되어 있다. 예를 들어, 아동은 "나는 좋아하지 않아요." 혹은 "나는 당신에게 화가 났어요."라는 말을 장난감이나 치료사에 대한 반감 혹은 신체적인 공격이 아니라 언어적으로 혹은 상징적 놀이를 통해 표현할 수 있다.

JPT 치료 계획은 세 단계로 이루어진다. (1) 일주일에 1~2회 50분 상담, (2) 2~3주마다 한 번씩 아동 양육자를 포함한 가족 놀이치료의 실시, (3) 통합적 개입을 제공하기 위한 학교 및 지역사회 기반의 전문가 팀으로 구성된 다학제 회의이다. 융학파 치료 과정은 세 단계로 규정될 수 있다. (1) 오리엔테이션, (2) 훈습, (3) 보상/종결이다. 오리엔테이션 단계에서 치료사는 치료의 구조(즉 일관된 요일, 특정 장소), 목적(즉 놀이하기, 걱정거리에 대해 이야기하기, 꿈 공유하기), 그 외의 조건이나 제한을 안정되게 유지하면서 아동과 치료 동맹을 형성한다. 오리엔테이션 단계는 보통 한 회기에서 몇 주 동안 지속될 수 있다. 치료적 동맹 및 허용적이고 안전한 분위기를 형성함으로써 아동의 자아는 배열되고 심상을 놀잇감이나 치료사로 전이할 수 있게 된다. 치료사는 공감, 무조건적인 긍정적 존중, 치료적 제한 설정을 적용한다. 훈습 단계에서 아동의 부정적인 행동적·성격적 특성이 드러나고 전이가 일어나게 된다. 이 단계에서 정서적인 상처, 부정적인 부모 이마고(imago)의 투사, 분노가 구체화된다(De Domenico, 1994; Jung, 1910, 1913). 세 번째 보상 단계에서(마침내 종결) 아동은 대극의 합일, 좋은 부모 심상의 내면화를 이룰 수 있게 되며, 불안에 대한 건강한 대처 기제(불안을 다룰 수 있게 되는 것)를 발달시키게 된다.

융학파 놀이 기법

분석과 해석   아동 분석의 목적은 복잡한 방어의 기본적 토대가 되는 심리적 장애에 직면할 수 있도록 촉진적 환경을 제공하는 것이다. 그러나 일주일에 4~5회의 분석을 실시하는 것은 경제적인 측면에서 오늘날의 대부분의 가정에게 비현실적이며 적절한 선택이라고 볼 수 없다. 그러므로 치료 회기의 빈도가 적은 경우를 지칭하기 위해(보통 일주일에 2회) 융학파 놀이치료에서와 같이 **치료**라는 용어를 사용한다. 분석적 놀이를 적용하는 데 내재된 어려움 중의 하나는 저항의 문제를 다루는 것이다. 특히 자폐스펙트럼장애 아동의 치료 회기 빈도가 적은 경우 놀이 회기 간의 시간 간격으로 인해 해석의 효과를 통한 충분한 작업이 이루어지기 어려울 수 있다. 불안을 피하기 위해 해석에 대해 저항을 형성한다(Fordham, 1944, 1976). 더구나 불규칙적인 회기의 긴 시간 간격 속에서 분석가의 해석의 가치는 사라질 수 있으며, 콤플렉스를 다루는 것에 어려움이 초래될 수 있다. 가족의 복잡한 일정이라는 현실적 요구에 맞추기 위해 일주일에 2회 아동을 만나며, 아동 자아의 요구에 대해 적절한 지지를 제공한다.

아동의 분석에는 치료적 목적을 위한 놀잇감과 상징적 놀이가 포함되지만, 아동 분석의 주요 요소는 치료사가 놀이실에서 아동의 행동을 언어화하고 해석하며, 아동 또한 그렇게 하도록 촉진하는 것이다(Allan, 1988; Fordham, 1976; Green, 2008, 2010a). 그러므로 분석적 놀이치료는 자폐스펙트럼장애 아동 중 언어 능력이 잘 발달되어 있는 고기능 아동에게만 적합할 수 있다. 해석의 목적은 무의식의 내용을 의식화하고 아동이 불안을 조절하도록 돕는 것이다. 해석 기법은 불안을 해소시키지 않는다. 왜냐하면 치료사는 아동에 대한 새로운 사실을 말해주기 때문이다. 그보다 해석을 통해 (1) 아동의 말을 들을 수 있고, (2) 아동을 볼 수 있으며, (3) 아동을 이해할 수 있고, (4) 궁극적으로 아동을 수용하는 치료사의 역량에 대한 정보를 제공한다. 해석은 아스퍼거 증후군 아동과 작업을 할 때 핵심적인 귀납적 기법이 된다. 해석은 (1) 아동에게 전이 안에 배열된 대인관계 결함을 해결할 수 있는 능력을 제공해주고, (2) 아동의 공포와 환상에 대한 이해를 촉진하기 위해 상징과 원형에 대한 이론의 사용에 따라 달라질 수 있기 때문이다. 해석을 통해 융학파 놀이치료사는 상징적 놀이를 개인적 관찰 및 아동의 외적 세계에서의 관련된 경험과 연결 짓는다.

아스퍼거 증후군 아동과의 치료 과정에 독특한 분석과 해석의 마지막 요소는 분석가 자신의 역전이에 기초한 해석에 대한 강조이다. 일부 아스퍼거 증후군 아동은 해석이 자신을 힘들게 한다고 여긴다. 아동이 해석 과정의 고통을 어느 정도 다룰 수 있게 되면, 이는 발달이 일어나고 있다는 신호일 수 있다. 예를 들어, 놀이를 언어화할 때마다 지속적으로 자신의 귀를 막는 자폐스펙트럼장애 아동 내담자가 있었다. 나는 "너는 내가 나쁜 무언가처럼 느껴지는구나."라고 말해줌으로써 아동의 전이를 말로 표현했다. 얼마 지나지 않아 아동은 미소를 지으며 고개를 끄덕였다. 이전에는 한 번도 없었던 상호 이해가 가능했던 순간이었다.

　치료적 해석 과정에서 치료사가 너무 복잡한 언어를 사용하지 않았고 시기 또한 나쁘지 않았음에도 불구하고 아스퍼거 증후군 아동이 지속적인 반응 실패를 보인다면, 치료사는 해석을 중단하고 이후에 다시 시도해보는 것을 고려해야 한다. 이러한 해석은 아동에게서 관찰한 내용보다는 치료사 자신의 역전이에 기초한 것일 수 있다. 예를 들어, 치료 시간이 끝났음에도 치료실을 나가려 하지 않는 5세 내담자가 있었다. 아동은 대기실로 뛰어들어 크게 소리를 지르며 어머니를 질책하기 시작했다. 아동은 어머니를 미워하며 어머니가 죽기를 바란다고 말했다. 곧 어머니의 눈은 눈물로 가득 찼다. 나는 좌절했고, 관찰 자료에 근거한 해석이 효과적이지 않다는 것을 깨달았다. 따라서 나는 역전이 느낌을 사용해 다음과 같이 말했다. "지금 네가 어머니의 마음을 아프게 해서 나 역시 울고 싶은 마음이구나." 아동은 곧 조절되지 않은 행동을 멈추고 진정되었으며, 별다른 저항 없이 치료실을 떠날 수 있게 되었다. Fordham(1976)에 의하면 역전이로 인해 치료사 자신에게서 활성화된 정서적 과정을 아동에게 민감하게 언어화해주는 것은 아동 행동의 변화를 촉진하는 데 상당히 효과적일 수 있다.

만다라 그리기　Jung(2008, 2009)은 만다라(mandala) 혹은 둥근 원은 심상을 포함하고 있으며, 전체성 혹은 전일성을 표상한다고 보았다. 융학파 관점에서 전일성이나 전체성은 심리적 건강에 상응하는 것인데, 융은 개인 내에서 대극의 합일이 일어난다(개성화)고 믿었기 때문이다. 개성화에서 아동은 의식의 제약 바깥에서 기능하며, 진정한 존재의 중심, 즉 자율적 자기의 작용이 일어난다.

　융학파 놀이치료사는 만다라를 그리는 과정에서 처음에는 아동으로 하여금 잠시 동안 이완하는 시간을 갖게 한다. 치료사는 아동이 편안하게 앉은 자세에서 눈을 감게 하고 심상유도 기법을 적용하여 학교생활 등을 통해 누적된 좌절이나 불안을 심호흡을 통해 발산하도록 돕는다. 또한 아동이 심호흡을 하는 동안 불안 방출 기법으로 플레이도우나 점토를 조작하게 한다. 잠시 후 치료사는 미리 준비해둔 여러 장의 만다라 그림을 제시하고 아동이 선택하게 한다. 만다라 그림은 비용을 지불하지 않고도 인터넷이나 책을 통해 구할 수 있다(Fincher, 2004). 이러한 매체에는 만다라를 그리고 색칠하는 방법이 제시되어 있다. 작업을 마치면 치료사와 아동은 침묵한 채 심상에 대해 묵상한다. 그리고 각 색깔이 표상하는 바를 이해하기 위해 아동에게 색깔 설명표(지도의 범례 혹은 기호 설명표와 유사한)를 만들어보게 한다. 그 후 치료사는 아동에게 다음과 같이 질문할 수 있다. "이 만다라에 대한 이야기를 해줄 수 있겠니?", "이 만다라에 제목을 붙인다면 무엇이 좋을까?", "종이의 뒷면에 만다라 이야기를 써보자. 그리고 그 이야기에 대해 대화를 나눠보자."

모래놀이 Kalff(1980)의 모래놀이는 정신은 치유를 향해 나아가기 위해 활성화될 수 있으며 개성화는 테메노스(temenos) 혹은 자유롭고 보호된 공간에서의 모래놀이 과정에서 일어난다는 융의 전제에 근거를 둔다. **보호된 공간**(protected space)은 치료사가 모래놀이 과정에 의해 활성화되는 정서적 내용에 대한 심리적 용기(container)로서 비판단적으로 귀를 기울이고 관찰하며 그 역할을 해내는 방식을 지칭한다(Green & Gibbs, 2010). 치료사는 자유롭고 보호된 공간을 제공하며, 그 공간 안의 모래에서 창조된 것은 아동 정신의 내적인 이야기와 치유적 잠재력을 상징화할 수 있게 된다. 모래놀이의 치료적 근거는 아동이 자신의 즉각적 경험을 상징적 장면으로 재생할 수 있고 내적 세계와 외적 세계의 대극을 연결할 수 있다는 데 있다. 무의식적 경험의 구체화를 통해 아동의 정신은 의미 있는 연결을 만들어내고 다루기 어려운 감정들에 대한 숙달을 발달시킨다. 또한 모래놀이에서는 아동의 경험 그 자체가 치유적이며, 모래놀이 장면 속의 상징들에 대해 치료사가 반드시 분석할 필요는 없다. Kalff(1980)는 모래에 세계를 만드는 변형적 경험은 치유를 포함한다고 강조했다.

모래놀이 과정에서 아동은 모래상자에서 놀이를 하고 세계를 만들어내기 위해 모형소품을 선택한다. 이때 지시나 안내는 거의 제시되지 않는다. 치료사는 아동이 선택한, 그리고 묘사하며 만들어내는 모든 세계를 허용한다. 치료사는 다음과 같이 말해줄 수 있다. "모래 세계를 만들어봐. 모래 세계를 만드는 데 맞거나 틀린 방법은 없어. 오로지 네가 선택하는 거야. 다한 다음에 네가 만든 모래 세계에 대해 잠시 이야기를 나눠보자. 질문이 없다면, 네가 놀이하는 동안 나는 조용히 있을 거야." 아동이 모래 세계를 다 만들면 치료사는 모래 세계의 이름 혹은 제목에 대해 물어볼 수 있다. 그다음으로 치료사는 "만약 네가 이 세계 속에 있다면 어떤 것이 가장 너인 것 같니?"라고 질문할 수 있다. 그리고 치료사는 세계를 구성하는 동안 아동이 무엇을 느꼈는지 질문함으로써 좀 더 자세히 살펴본다. 모래놀이 세계를 좀 더 심화시키기 위해 물어볼 수 있는 간단한 질문은 다음과 같다. (1) 거기에 성을 놓을 때 어떤 기분이 들었니?, (2) 이 상징물(혹은 사물이나 사람)이 말을 한다면 누구에게 무슨 말을 하는 걸까? 치료사는 모래상자 속에 아동의 감정을 담는 것을 촉진하기 위해 융학파 모래놀이 기법을 사용할 수 있다(Green, 2010b, 2011).

이론적 지지와 경험적 지지

분석적인 아동 놀이치료 접근이 아스퍼거 증후군 아동에 대한 다학제적 치료의 일부로 반드시 포함되어야 한다고 주장할 수 있을 만한 경험적 증거는 많지 않다. Shunsen(2010)에 의하면 모래놀이는 자폐증 아동의 언어적 제한을 중재하고, 모래에서의 시뮬레이션을 통해 문제해결을 가상적으로 시도해볼 수 있으며, 자연스러운 가르침의 원리를 통해 자기 신뢰와 자기 통제 능력의 발달을 촉진하는 과정에서 상상력과 창의성을 향상시킬 수 있다. 10주간 진행된 자폐증 아동의 학교 기반 현장 연구 결과 Lu, Peterson, Lacroix, Rousseau(2010)는 모래놀이가 언어적 표현과 상징적 놀이를 증진시키고 아동의 지속적인 사회적 상호작용을 향상시킬 수 있다는 것을 확인했다. 저자는 융학파 모래놀이와 같이 창조성에 기초한 개입은 자폐 아동을 상담할 때 행동적 모델과 함께 상호보완적으로 실시될 수 있다고 결론지었다. 그러나 아스퍼거 증후군 아동에 대한 융학파 놀이의 효과성에 대해 결론을 내리기에 앞서 효과성에 대한 면밀한 연구가 실시되어야 한다.

아스퍼거 증후군 아동이 언어적으로 대화할 수 있는 능력을 갖고 있다는 것은 이러한 아동들에게 융학파 놀이를 적용하는 것이 이론적으로 적절하다는 근거가 된다. 언어적으로 대화할 수 있는 것은 분석적 과정의 핵심적 필수 요건이다. Liu, Shih, Ma(2011)는 아스퍼거 증후군 아동이 창조성과 독창성의 영역에서 전형적으로 발달하는 아동과 동등하거나 혹은 보다 우수하다고 설명했다. 융학파 놀이치료는 상징 작업을 포함하며, 아동은 정신치료 안에서 창조적이고 독창적인 놀이를 활용한다. 그러므로 아스퍼거 증후군 아동에게 있어서 융학파 놀이는 흥미를 끌 수 있고, 아동의 특성과 강점에 적합하다고 볼 수 있으며, 이러한 점은 심리사회적 어려움을 해결하기 위한 자기 동기를 촉진할 수 있다.

Temple Grandin(2006)은 AS를 가진 많은 고기능 아동은 세상을 그림이나 심상을 통해 바라보며, 시각적 사고를 통해 외적 자극을 이해한다는 것을 관찰했다. 이러한 관점은 상징과 심상은 그림을 통해 만들어지고 신화에서 읽을 수 있으며 모래놀이를 통해 실현될 수 있고, 또한 아동의 심리적 성장을 향한 필수적 요소라는 분석적 전제와 일치한다. 자폐증을 가진 Grandin은 박사 학위를 갖고 있는 학자로서 선도적인 입장에서 다음과 같이 말했다. "지금까지 내가 해결한 모든 문제는 내가 세상을 그림으로 시각화하고 바라보는 능력에서 출발했다"(p. 4). Grandin의 관점은 연구를 통해 증명되었는데, 많은 고기능 자폐 아동은 시각-지각적 처리 영역에서 전형적으로 발달하는 또래와 동등하거나 혹은 보다 우수하다는 것이 밝혀졌다(Bertone, Mottron, Jelenic, & Faubert, 2005; Caron, Mottron, Rainville, &

Chouinard, 2004).

융학파의 분석적 놀이치료에서의 분석(analysis)이라는 용어는 시각적 수단을 통해 콤플렉스를 이해 가능한 요소로 환원하는 것을 지칭한다. 놀이치료에서 분석은 이상성을 만들어 내는 콤플렉스를 설명하고, 스트레스를 완화시키기 위한 매개체를 찾으며, 심리사회적 어려움의 의미를 파악하기 위해 아동의 말을 경청하고 아동을 관찰하는 것이다. 많은 아스퍼거 증후군 아동은 뇌의 좌반구 처리에 의존한다. 좌반구는 직관이나 감정과 관련되는 우반구와는 달리 주로 분석적 처리를 담당한다(Rosenn, 2009). 이러한 관점에서 융학파 놀이치료는 아스퍼거 증후군 아동에게 이점으로 작용할 수 있다. 왜냐하면 아스퍼거 증후군 아동은 분석적이고 규칙에 기초한 활동에 상당한 열의를 보이므로(Grandin, 2006) 치료사는 정서적으로 무덤덤하고 단조로운 아스퍼거 증후군 아동의 독특한 내적 세계에 쉽게 공감할 수 있기 때문이다. 융학파 분석가인 Michael Fordham(1976)은 자신의 저서 *The Self and Autism*에서 고기능 자폐 아동에 대해 융학파 아동 분석을 적용한 다양한 임상 사례를 통한 일화적 증거들을 제시함으로써 이러한 개념에 대해 설명했다.

의사이자 아스퍼거 증후군 전문가인 Daniel Rosenn(2009)은 아스퍼거 증후군 아동에 대한 통찰 기반 정신치료(인지행동 치료와 대비되는)에 대해 그 내재된 어려움과 더불어 중요성에 대해 다음과 같이 설명했다.

> 치료사의 숙련된 기술과 사려 깊은 노력을 통해 환자는 깊은 정서적 통찰 혹은 자기 표출을 경험하고, 이러한 경험은 내적 변화와 적응을 가져온다. 그러나 이는 아스퍼거 증후군 환자들에게는 일어나기 매우 어려운 일일 수 있다. 왜냐하면 아스퍼거 증후군 환자의 경우에는 대부분 인지행동 치료가 적용되며, 치료는 외적 행동의 패턴화에 집중하기 때문이다. 만약 정서적 초월성의 순간을 추구하고자 하는 치료사라면 이것은 진흙투성이 새크라멘토 강에서 금덩이를 캐내고자 하는 것과 유사하다. 통찰 지향적 정신치료는 매우 외롭고 공허할 수 있다. 아스퍼거 증후군을 가진 많은 성인에게 혹은 심지어 연령이 높은 아동에게도 인본주의적인 관계적 치료를 실시할 수 있으며, 그 결과는 긍정적일 수 있다. (p. 7)

아스퍼거 증후군 아동에 대한 가장 최신의 효과적인 치료에 대한 연구를 지속하고 분석적 치료가 아동에게 도움이 되는 측면이 있으며 다학제 팀으로서 함께 적용될 수 있다면, 분석적 치료를 다른 치료에 통합하여 적용하는 것에 대해 고려하는 것이 바람직하다.

사례 연구

배경, 주호소 문제, 평가

앤서니는 아스퍼거 증후군으로 진단받은 아동으로, 7세 때 처음 놀이실에서 만났다. 앤서니는 행동분석가에 의해 의뢰되었다. 그당시 앤서니에 대해서는 다학제 팀에 의한 치료가 실시되고 있었다. 행동분석가는 일주일에 2회, 30분씩 학교를 방문했고, 학교 심리학자는 집단 상담 및 아스퍼거 증후군에 대한 심리교육을 실시하고 있었다. 소아신경학자 역시 팀에 포함되어 있었다. 내가 상담을 시작하기 몇 달 전 아스퍼거 증후군에 대한 포괄적 평가가 이루어졌고, 평가에는 상세한 발달력 및 사회적·의사소통 행동적 발달에 대한 검토 역시 포함되었다. 특히 앤서니에 대한 자료에는 웩슬러지능검사(WISC-R) 및 진단을 위해 필수적인 학교에서의 사회적 행동을 관찰하기 위해 적용되는 자폐증진단관찰척도(Autism Diagnostic Observation Schedule) 결과도 포함되어 있었다. 자폐증진단관찰척도는 반구조화된 면접으로 신뢰도 확인이 필요하고, 자폐스펙트럼장애에 전문화된 임상가에 의해 실시되어야 하며, 평가의 일부로 자유놀이가 실시된다(Toth & King, 2008). 평가 결과 앤서니는 우수한 지능을 보유하고 있으며, 좌절에 대한 인내력이 낮고, 사회적으로 억제되어 있으며, 창의성과 상상력에 매우 우수한 능력을 보유하고 있는 것으로 나타났다. 발달력을 검토한 결과 인지적 손상은 없으며(정신지체나 지적장애 없음), 초기 언어 발달 지연은 없었지만 불균형적으로 불안해하는 것으로 보였다. 첫 치료는 응용행동분석이었고, 학교 심리학자로부터 사회기술 훈련을 받은 적이 있었다. 통합적 치료는 강점을 강화하고 특정 손상 영역(사회성과 학업) 및 의학적 혹은 소아과적 장애를 중점적으로 다루는 것에 초점을 두고 있었다. 또한 기술의 일반화와 성공을 위해 다양한 장면에서 개입이 실시되고 있었다. 나는 앤서니가 또래와 의미 있는 관계를 형성하는 데 도움을 주기 위한 광범위한 개입 접근을 보다 확장하기 위한 표적 개입 전문가로서 치료 팀에 참여하게 되었다.

앤서니의 어머니는 첫 면담에서 앤서니가 감정을 인식하고 표현하는 데 그리고 특히 학교에서 또래들과의 사회적 상황에서 편안해지기 위해 도움이 필요했다고 보고했다. 앤서니에 대한 자료들과 이후에 어머니와 교사가 확인한 정보에 의하면, 학교에서 많은 사건이 있었음을 알 수 있었다. 학교 교사는 앤서니가 지시나 학습에 대한 철회와 순응의 거부를 보였다고 보고했는데, 이는 또래들과의 힘겨운 사회적 상호작용의 결과물인 것으로 추측되었다. 다행스럽게도 내가 이야기를 나누었거나 앤서니와 상호작용하는 것을 관찰했던 성인들은 모두 앤서니를 좋아하는 것처럼 보였으며, 앤서니에게 보살핌과 존중 어린 치료를 제공하고 있었다. 앤서니는 미국 남부의 사립학교에 다니고 있었다. 학업 성적은 과학에서는 모두 A학점을 받고, 읽기에서는 주기적으로 C학점을 받는 것에서 보여지듯 기복이 있었다. 나는 보다 광범위한 발달적 평가를 실시했다. 학교와 놀이실에서의 행동뿐 아니라 집에서 다른 가족들(부모와 남동생)과의 상호작용을 관찰했으며, 현재 앤서니의 심리사회적 어려움에 대한 정보를 얻기 위해 교사와 교장 선생님 그리고 가까운 다른 가족 구성원(외조모 포함)과의 상담을 실시했다. 학교와 집에서 불안을 다루는 방법을 배운다는 점에서 행동 분석이 앤서니에게 도움이 된다는 점에는 모두 동의하고 있었다. 어머니는 행동치료에 직접 참여하고 있었으며, 아들을 지지하기 위한 양육 및 훈육의 변화에 관한 피드백에 대해 개방적이면서 수용적이었다.

현재 겪고 있는 문제를 살펴보면, 앤서니는 학교에서 다른 아이들과 다르다는 것 때문에 일부 아이들로부터 놀림을 받고 있었다. 앤서니는 조용하고 내향적이었다. 어머니는 학교에서 두어 명의 아이들이 앤서니를 '괴짜'라고 부른다고 보고했다. 어머니는 앤서니가 집에서 매우 심하게 화를 내며 자신을 향해 폭력적으로 물건을 던지고, 주변의 모든 것을 부수려고 했던 사건에 대해서도 이야기했다. 어머니는 이렇게 공격적인 상황이 자주 일어나는 것은 아니며, 보통 앤서니가 학교에서 힘든 하루를 보내고 난 후 어머니가 위로를 하려고 할 때 촉발된다고 보고했다. 또한 어머니에 따르면 앤서니의 반복적 행동 중 하나는 화장실에서 상당히 오랜 시간 동안 침묵한 채 거울을 통해 자기 자신을 응시하는 것이었다. 어머니는 행동분석가로부터 이러한 행위가 아이에게 스트레스를 주지 않는 한 방해하지 말라는 조언을 들었다고 했다.

나는 우선 앤서니의 어머니와 작업을 진행했다. 아버지는 업무가 바빠 상담에 참여하기 어려웠다. 어머니와는 부모 상담을 위해 격주로 만났다. 앤서니의 부모는 모두 고학력자로, 사회경제적 지위의 측면에서 중상류층으로 분류될 수 있었다. 부모는 많은 자원을 갖고 있었으며 앤서니에게 안정적인 서비스를 제공하기 위해 많은 경비를 사용하고 있었다. 앤서니는 기본적으로 부모와 긍정적 관계를 맺고 있었다. 부모에게 물건을 가져다주기도 하고, 거실에서는 보통 부모 가까이에 앉아 TV를 보곤 했다. 부모 또한 앤서니와 남동생에게 상당한 긍정적 주의를 기울이고 있었고, 서로 만족하는 것처럼 보였다. 앤서니의 아동기 생활사에서 외상이나 방치 학대의 징후는 없었다. 앤서니는 친척들로부터도 유의미한 사회적 지지를 받고 있었는데, 가족들은 한 달에 여러 차례 앤서니의 가정을 방문했다. 나는 대략 5개월 동안 주 2회 앤서니를 만났다.

모델의 실시

놀이치료의 첫 2주 동안 앤서니는 상당히 조용한 편이었다. 앤서니는 상징적이고 자발적인 놀이를 했는데, 특히 모래상자와 피겨에 마음이 끌리는 듯 보였다. 초기 **오리엔테이션** 단계 동안 앤서니는 대부분의 시간을 침묵한 채 손으로 모래를 만지고 또 모래 세계를 만들며 보냈다. 나는 이 장의 앞부분에서 설명한 대로 모래로 만든 장면에 대한 이야기를 시도했지만, 앤서니는 질문에 반응하지 않았다. 앤서니에 대한 초기 임상적 인상을 확인하듯 앤서니는 자신의 내적 세계에 머물러 있었다.

첫 2주가 지난 후 나는 앤서니가 만든 모래 세계에 대한 해석을 시작했고, 흥미롭게도 앤서니는 말을 하기 시작했다. 앤서니와의 첫 번째 대화는 혼돈과 파괴의 모래 세계에 관한 것이었다. 모래 세계는 작은 초록색 군인들과 입에서 불을 뿜고 있는 빨간색 용 한 마리와 초록색 용 한 마리로 채워져 있었다. 용은 모든 군인을 전멸시켰고, 앤서니는 군인들이 쓰러질 때마다 비명을 질렀다. 나는 "용이 군인들에 대해 정말 화가 많이 난 것 같아. 용은 자신이 얼마나 강한지 보여주고 싶어 하는 것 같구나."라고 해석했다. 나는 앤서니가 선과 악으로 분열된 자신의 내적 세계를 투사하고 있다고 해석했는데, 학교에서 앤서니가 매일 경험하는 것, 즉 또래로부터 수용받고 싶지만 또래와 어떻게 관계를 맺어야 할지는 모르는 상황과 유사한 것처럼 보였다. 그러므로 앤서니는 세상을 분리하여 타인은 나쁘고 파괴해야 할 대상으로서 보고 있었다[아동은 때때로 사라짐 혹은 제거를 전달하기 위해 죽음 혹은 **타나토스**(thanatos) 소망을 사용한다]. 해석을 시작한 이후 놀이는 조금씩 달라지기 시작했다. 앤서니는 파괴적 폭력과 대학살의 모래 세계를 만들었다. 한번은 죽은 군인을 쳐서 모래상자 밖으로 떨어뜨리며 빨간 용이 웃는 것 같은 소리를 만들어냈다. 나는 "이제 군인들이 더 이상 자신을 아프게 할 수 없기 때문에 그 용은 행복하구나. 용은 군인들에게 다시는 상처받지 않을 거라는 것을 보여주고 있구나."라고 반응했다. 불안한 놀이가 사라지기 시작했고, 앤서니는 처음으로 반응했다. "맞아요. 용은 이 나쁜 사람들을 미워해요. 왜냐하면 군인들이 용을 죽이려고 했거든요. 용은 단지 살고 싶었을 뿐이에요." 나는 이러한 상호작용을 앤서니가 이 모래 장면에 투사하고 있는 선과 악의 자기 대상의 구별로서 분석했다. 한편으로 앤서니는 전능하다고 느끼고 있었는데, 불을 뿜고 있는 용의 상징과 강하게 동일시하고 있었기 때문이었다. 용은 불을 만들어내는 것을 원시적 근원으로부터 온 리듬감 있는 활동과 관련된 본능적 행동으로 설명했다. 나는 군인을 파괴하기 위해 불을 사용한 것은 바로 상징적 놀이 배열에서 활성화된 앤서니 정신의 **원질료**(prima materia)의 일부라고 해석했다. 이러한 놀이를 통해 앤서니의 무의식적 정서에 대해 추론할 수 있었으며, 그 정서가 방어적인지 혹은 본능적인지를 확인하기 위해 더 심화된 탐색이 필요했다.

다음 두 달 동안 앤서니의 놀이는 **훈습** 단계로 특징지어질 수 있다. 앤서니는 말을 더 많이 하기 시작했다. 모래 세계에 대해 상당한 내용이 있는 이야기를 만들어냈으며, 분석적 관계 안에서 신뢰감을 발달시켜가고 있는 것처럼 보였다. 나는 놀이에 대해 해석했고, 앤서니는 반응을 보일 때도 있었지만 마치 내 말이 들리지 않는 것처럼 놀이만 지속할 때도 있었다. 시간이 지나면서 모래 세계는 점점 더 불안해지고 공격적이 됐다. 나는 앤서니가 갖고 있는 적대성의 핵심을 드러내고 싶었기 때문에 강한 공격성의 표현을 허용했다. 이러한 분노와 연결되어 있는 생각, 환상, 그리고 신념을 확인할 필요가 있었다. 앤서니는 폭력적 놀이를 하면서 군인을 벽에 던지며 "이제 넌 죽었어. 나쁜 놈!"이라고 말하기도 했다. 나는 앤서니의 분노 표현을 중단시키지 않았다. 그러나 "너는 학교에서 너를 나쁘게 대하는 아이들이 너에게 더 이상 상처를 주지 못하도록 사라지기를 원하는 것 같구나."라고 해석해주었다. 이 시점에서 나는 앤서니가 끔찍한 상상의 나라에서 살고 있다고 해석하고 있었다. 앤서니의 투사는 계속해서 환상적 사고와 대상의 경험을 악의적인 것으로 묘사하고 있었다. 앤서니는 자신의 갈등을 외적으로 드러냈으며, 나는 앤서니의 내적 세계가 얼마나 두려워하고 있는지를 이해하고 있다는 것을 보여주기 위해 반영적 진술을 해주었다. 이러한 진술을 듣고 나서 앤서니는 정확하게 반응했다. "맞아요. 그 애들은 나를 좋아하지 않아요. 왜 그런지 모르겠어요." 이 시점에서 앤서니의 공격성은 슬픔과 절망으로 승화되었다. 이는 치료사가 구별해야 하는 매우 중요한 감정인데, 이러한 기본적인 정서는 분노를 촉진하는 것으로, 분노 자체보다 더 중요하기 때문이다. 이즈음 앤서니는 내 안의 좋은 아버지 이마고에 다다르게 되었고, 이를 내면화하기 시작했다. 나는 "다른 사람들이 너를 좋아하고 수용해주기를 바라는구나. 하지만 너는 친구 사귀는 방법을 모르고, 그래서 다른 사람과 다르고 또 이상하다고 느끼는구나."라고 반응했다.

이 마지막 해석을 들은 후 앤서니는 울기 시작했다. 앤서니는 내가 앉아 있는 곳으로 다가와 나를 껴안았다. 이것은 치료가 시작되고 6주 만에 처음으로 앤서니가 신체적으로 나의 존재를 인식했다는 것을 보여준 것이었다. 이전까지 나는 놀이실에 있는 하나의 사물에 불과했다. 앤서니는 잠시 앉아 울었고, 나는 앤서니를 위로했다. 곧 앤서니는 맞은 편 의자에 앉아 바닥을 쳐다봤다. 나는 어머니가 앤서니에게 친구 사귀는 방법에 대해 조언을 했지만 지시를 따르지 않아 어머니가 좌절하게 되고, 이러한 상황이 앤서니의 분노를 촉발하게 된다고 했던 것을 기억했다. 절망에서 구하는 것 대신에(나는 이것이 바로 앤서니가 나에게서 기대하는 것이라고 믿었다) 나는 앤서니가 고통 속에 머물러 있도록 두었다. 융은 우울을 극복하기 위해서는 우울 속으로 들어가야만 한다고 말했다. 이것은 임상가로서 매우 견디기 어려운 순간인데, 그 이유는 나 자신이 앤서니가 경험하고 있는 정신적 고통으로부터 앤서니를 방어해주고 보호하고 싶다는 역전이를 경험하고 있기 때문이다. 앤서니가 외적 현실로 돌아오면서 회기는 끝이 났다. 나는 앤서니에게 만다라를 색칠하도록 제안했다. 앤서니는 검은색, 짙은 파란색, 갈색을 포함한 어두운 색깔로 복잡한 모양을 만들어냈다. 앤서니는 여러 개의 삼각형이 맞물려 있는 원모양 만다라를 선택했다. 이 활동은 앤서니의 정서를 진정시키는 데 상당히 효과적이었는데, 만다라를 색칠하는 것은 불안을 감소시키는 진정 활동이 될 수 있다는 결과를 제시한 연구도 있다(Henderson, Rosen, & Mascaro, 2007). 회기가 끝나자 앤서니는 나를 안고 인사를 했다.

다음 몇 주의 치료 동안 앤서니의 언어적 상호작용은 제한된 상태로 유지되었다. 어머니는 앤서니가 집에서 덜 불안해하며, 감정적 폭발을 보이지 않는다고 보고하였으며, 교사 역시 교실에서 고집을 부리는 것이 감소하고 있음을 알아챘다. 앤서니는 자신의 감정은 인식하지만 다른 사람의 감정에는 관심을 갖지 않거나 혹은 심지어 인식하지 못하는 것 같았다. 정서적으로 놀이로부터 거리를 두는 것처럼 보일 때가 있었고, 그럴 때는 마치 나 혼자 치료하고 있는 것 같은 기분이 들었다. 치료가 지속되면서 앤서니는 작은 거울 피겨에 관심을 보이기 시작했다. 처음에는 특별한 주의를 기울이지 않은 채 거울 피겨를 충동적으로 모래 장면에 배치하였으나, 곧 거울 피겨는 놀이의 중심에 자리 잡게 되었다. 어머니는 면담에서 앤서니가 집에서 상당히 오랜 시간 동안 거울을 응시할 때가 있다고 보고한 바 있다. 나는 놀이에 대해 해석했지만, 앤서니는 어떤 반응도 보이지 않았다. 앤서니는 상징적 표현을 하고자 하는 마음을 드러내고 있었지만, 나는 앤서니의 정신이 전개되고 있는 그 신화를 인식하지는 못했다.

치료 과정에서 나는 가끔 앤서니에게 민담이나 신화를 읽어준 후에 모래놀이를 하게 했다. 앤서니에게 그리스 신화인 에코와 나르키소스(Echo and Narcissus)에 대해 읽어준 적이 있었다. 산의 정령(사랑에 사로잡힌 찬미자)인 에코는 아름다운 청년인 나르키소스를 좇았지만 나르키소스는 에코에게 전혀 관심을 갖지 않았다. 나르키소스는 많은 아가씨들의 흠모를 받았지만 너무 자만하여 어느 누구와도 관계를 맺으려 하지 않았다. 에코는 다른 사람이 하는 말의 마지막 단어를 똑같이 따라서만 말할 수 있었다. 어느 날 에코는 숲에서 만난 나르키소스에게 자신의 사랑을 고백했지만 자만한 나르키소스는 냉정하게 거절했다. 나르키소스는 에코를 보잘 것 없는 하녀라고 생각했고, 에코와 그녀가 하는 말에 대해 아무런 반응을 보이지 않았다. 나르키소스는 사냥을 하러 갔다가 물을 마시기 위해 샘가로 갔다. 나르키소스는 아름다운 심상을 보았는데, 바로 물에 비친 자기 모습이었다. 그러나 나르키소스는 물에 비친 아름다운 모습이 자신인 줄 모르고 사랑하게 되었다. 나르키소스는 그 모습에 반하여 샘가에 머무르며 물에 비친 모습을 쳐다보며 말을 걸었다. 나르키소스는 마치 거울을 봤을 때처럼 물에 비친 사람이 자신인 것을 깨달은 후 사랑을 표현할 수 없게 되었고 탈진하여 죽었는데, 그 자리에서 꽃이 피어났다. 나르키소스는 슬픔에 잠긴 채 외롭게 죽었다. 나는 앤서니에게 이 이야기에 관한 세계를 만들어보라고 했다. 앤서니는 모래를 고르며 말했다. "나와 그는 모두 거울을 좋아해요." 나는 "그래, 너와 나르키소스는 공통점을 갖고 있구나."라고 대답했다.

앤서니는 모래상자의 한 가운데에 작고 푸른 샘을 만들었다. 샘 옆에는 남성 피겨와 공주요정 피겨를 놓고, 그 두 피겨 사이에 거울을 두었다. 나는 이 장면에 대해 이야기를 해보라고 했다. "에코는 나르키소스와 친해지고 싶었어요. 그렇지만 나르키소스는 귀찮게 한다는 이유로 에코를 싫어했어요. 그래서 나르키소스는 에코에게 자신을 혼자 내버려두라고 했어요. 그렇지만 에코는 그렇게 하지 않았어요. 그래서 나르키소스는 자기와 에코 사이에 거울을 놓아 에코가 자기를 보지 못하게 하고 거울로 자기 자신을 봤어요. 나르키소스는 자기를 보는 것을 좋아했어요. 에코를 보는 것보다 나았기 때문이에요." 이 투사적인 장면에서 나는 신화에 내재해 있는 요소와 앤서니를 연결하여 해석했고, 사회적으로 고립되어 있고 홀로 외로워하고 있는 앤서니의 주관적 경험을 관련지었다. 앤서니는 사회적 유대를 형성할 수 있는 능력을 갖고 있지 않았기 때문에 아마도 정면에 서지 않고 거울 뒤에 숨는 것이 더 쉽고 불안을 덜 유발시켰던 것이다. 나는 "만약 나르키소스가 거울을 치우면 어떻게 될 것 같니?"라고 물었다. 앤서니는 주저하듯 나를 쳐다보고는 감정을 실어 반응했다. "그렇게 못해요!" 나는 다시 시도했다. "나르키소스가 더 이상 에코가 자신을 아프게 하지 않을 거라고 느낀다면 어떻게 될지 궁금하구나. 나르키소스가 에코와 자기 자신을 더욱 믿게 된다면 그다음에는 어떻게 될까?" 앤서니는 잠시 조용히 서 있다가 그 둘 사이의 거울을 옆으로 치웠다. 앤서니는 말했다. "나르키소스는 아마 에코에게 단지 다른 사람들이 자기를 좋아해주기를 바란다고 말할 것 같아요." 이러한 이유로 나는 앤서니가 놀이 속의 캐릭터를 통해 무슨 일이 일어나고 있는지 이야기를 하게 한 것이었다. 앤서니는 서로 번갈아가며 수영을 하는 것에 대해 대화를 나누는 나르키소스와 에코의 이야기를 계속했는데, 나르키소스는 에코에게 너무 오래 자신을 쳐다보지 말라고 말했다. 이 장면이 끝나고 나는 앤서니에게 만다라를 그리도록 했다. 앤서니는 가운데에 파란 별을 담고 있는 커다란 원을 그렸다. 또한 만다라에 파란색 별 스티커를 붙이기도 했다. 나는 만다라의 제목을 물었고, 앤서니는 '나'라고 대답했다.

다음 회기에서 앤서니는 나르키소스와 에코와 관한 모래놀이를 이어갔다. 마침내 거울은 사라지고 에코와 나르키소스는 친구가 된 듯했다. 앤서니는 이 둘이 함께 즐겁게 놀았다고 말했다. 나는 다음과 같이 해석했다. "앤서니, 이제야 나르키소스가 경계를 푼 것 같구나. 다른 님프들이 나르키소스를 귀찮게 했지만, 나르키소스는 결국 에코와 친해지는 것을 받아들이게 된 것 같아. 에코는 나르키소스에게 친절했구나. 나르키소스는 자기 자신을 믿게 되면서 에코뿐 아니라 다른 님프들과도 친구가 될 수 있다는 것을 깨달았어. 거울을 없앤 것은 정말 엄청난 일인 것 같구나." 앤서니는 나의 해석을 받아들이는 것 같았다. "네, 아마 그럴 거예요." 이 회기를 마치고 얼마 지나지 않아 어머니는 앤서니가 학교 친구와 함께 놀아도 되는지를 물었다고 했다. 놀랍게도 이것은 앤서니에게 처음 있는 놀이 약속이었다. 어머니는 앤서니가 이런 마음을 잃지 않게 하기 위해 친구와의 놀이 상황이 잘 진행될 수 있도록 조언을 해달라고 요청했다. 나는 다음과 같이 조언했다. "어머니 자신과 앤서니를 믿으세요. 그리고 앤서니를 그 자신이 될 수 있도록 그냥 두세요. 앤서니는 다른 사람과의 관계 속에 있어야 하고 자신을 이해해야 합니다. 만약 안 좋은 일이 일어난다면 스스로 어떻게 해야 할지 알아낼 거예요. 아니면 앤서니는 어머니에게 도움을 요청할 겁니다." 다행스럽게도 놀이는 순조로웠다. 어머니는 앤서니와 친구가 스타워즈 레고 블록으로 성을 만들며 함께 놀았고 별다른 문제는 없었다고 보고했다.

다음 주에(보상/종결 단계) 앤서니는 회기의 대부분을 모래놀이를 하면서 보냈다. 산 꼭대기에 성과 여러 요정을 두었고, 모래로 달을 만들었다. 앤서니는 산 아래에 금 장식품을 놓았다. 나는 이 장면에 대해 이야기를 해달라고 했다. 앤서니는 공주가 잃어버린 황금알을 찾았다고 말했다. 공주들이 갖고 놀던 황금알을 잃어버렸는데, 그것을 찾게 되서 모두들 행복했고 황금알은 마술을 할 수 있다고 말했다. 여기에서 아동 원형의 심리학, 즉 '신성한 아동'이 활성화되었다. 상징적 놀이 속에서 앤서니는 되찾게 된, 그리고 왕국의 모든 사람들에게 커다란 기쁨을 가져다준 전능한 힘과 동일시하고 있었다. 앤서니는 대학살과 전쟁에서 마법의 황금알에 이르기까지 상징을 만들어냈고, 상징을 따랐다. 이 시점에 이르렀을 때, 나는 마침내 우리가 다다를 수 있는 곳까지 다 왔다는 것을 알 수 있었다. 앤서니는 학교에서의 태도에서 점진적 향상을 보이고 있었으며, 새로운 친구들을 사귀기 시작했다. 학교에서의 산발적이고 혼란스러우며 폭력적이었던 놀이는 조직화되고 응집력 있으며 심지어 신비스러운 놀이로 변형되었다. 이 기간 동안 친구들은 앤서니를 놀리지 않게 되었고 앤서니는 타인과 신뢰를 쌓기 시작했다. 학교 심리학자와 나는 함께 학교에서의 괴롭힘에 대한 대처 교육 과정을 구성하였다. 이는 앤서니는 물론 다른 아동들이 경험하고 있는 괴롭힘을 완화시키는 데 도움이 되었다. 여전히 앤서니는 조용하고 혼자 있는 것을 편안해했지만, 이제 자신만의 독특한 관계 맺기 방식을 적용해가기 시작했다. 모래 세계를 통해 갈등을 겪어내면서 앤서니는 새롭게 발견한 내적인 보호 영역을 겉으로 드러내기 시작했다. 자신을 신뢰하게 되었고, 다른 사람과 친구가 될 수 있으며 다른 사람들이 자신을 상처 입히지 않는다는 것을 깨닫기 시작했다.

결과

앤서니에 대한 정신치료 결과는 비교적 긍정적이었다. 목표는 자아-자기 축을 향상시켜 풍요로운 내적 세계와 때로는 혼란스럽기까지 한 외적 세계를 강하고 합리적으로 연결하는 것이었다. 두 번째 목표는 상징적 태도를 발달시켜 상징을 따르고 상징이 치유로 이끄는 것을 받아들게 하는 것이었다. 또한 사회적 유대를 만드는 것에 편안해지도록 하는 것 역시 치료 목표 중 하나였다. 이러한 과정이 일어나기 전에 앤서니는 타인을 신뢰하고 타인이 자신에게 상처를 입히지 않는다는 것을 내면화할 필요가 있었다. 앤서니의 신화 만들기가 순수한 원형적 심상인 것처럼 보일 수 있지만, 내적 세계와 외적 세계 간에 분명한 연결이 있었다. 앤서니는 융이 기술한 것처럼(Fordham, 1976), 나르키소스 신화와 관련하여 자기 상징의 상징적 표현에 내재해 있는 자신의 **잠재적 미래**를 볼 수 있게 되었다. 이러한 동일시를 통해 앤서니는 전체성의 잠재력을 포함하는 신념의 본능적인 근원 시스템에 대한 의식적 태도를 보상할 수 있었다. 나르키소스가 홀로 자신의 모습에 **빠져서** 행복하지 않다는 것을 알게 되면서 앤서니의 자기 소외에 정서적 변화를 생겨났다. 나는 나와 앤서니의 작업이 시작되기 이전부터 앤서니의 개성화 기능이 이미 움직이고 있었다고 가정한다. 이 아동을 위한 응집된 환경을 만들어내기 위해 강건한 가족과 학교의 지원 시스템은 이미 열심히 노력하고 있었다. 나의 해석이 일정 부분 촉진적으로 작용하기는 했지만, 이 아동이 성장을 향한 길을 향해 나아가고 있었다는 것은 분명했다. 변증법적 과정은 그 요소들이 단절된 채 유지될 수 없다. 격주로 진행된 회기는 사회화와 관련된 불안으로부터 앤서니를 보호할 수 있었고, 이는 분명 도움이 되었다. 이 사례를 분석한 후, 나는 나의 분석과 아동과의 놀이 시간이 보조적으로 작용했다는 것을 깨닫게 되었다. 나는 아동의 사회적 문제를 치료한 것이 아니라 아동이 스스로 치료할 수 있는 환경을 제공했을 뿐이었다.

아스퍼거 증후군 아동에 융학파 놀이를 적용할 때의 가이드라인

아스퍼거 증후군 아동에 대한 분석적 놀이는 상징 작업에 대한 임상가의 충분한 훈련과 함께 다학제 전문가 팀에 의한 개입이라는 맥락에서 실시되어야 한다. 우선 임상가는 모래놀이 및 그 전반에 내재한 원형적 심상에 대한 견고한 토대를 갖고 있어야 한다. 둘째, 분석적 놀이를 적용하여 변화를 촉진하고자 하는 경우 임상가는 해석의 중요성에 대해 인지하고 있어야 한다. 그러므로 이 치료 방식은 상당한 언어 능력을 갖고 있는 고기능 자폐 아동의 경우에만 적합하다고 볼 수 있다. 마지막으로 임상가는 놀이실이 외로운 공간이 될 수 있다는 것을 미리 알고 있어야 한다. 이 집단군의 경우 타인과 사회적·공감적으로 관계를 맺는 데 어려움을 갖는 것이 핵심적인 특징이기 때문이다. 그러므로 분석적 놀이를 적용하여 작업하고자 하는 임상가는 매우 조심스러운 방식으로 그리고 이 분야의 다른 전문가의 협력적 지지하에 접근해야 한다. 온정적 마음과 역동적 이해를 통해 아스퍼거 증후군 아동의 내적 차원에 도달함으로써 아동이 심리적 장애물을 완화시키는 데 도움을 줄 수 있다. 이를 통해 아동은 빛나는 자기 모습을 볼 수 있게 되고, 여기에서 의미 있는 사회적 유대는 생겨날 수 있게 된다.

참고문헌

Allan, J. (1988). *Inscapes of the Child's World*. Dallas, TX: Spring Publications, Inc.

Bertone, A., Mottron, L., Jelenic, P., & Faubert, J. (2005). Enhanced and diminished visuo-spatial Information processing in autism depends on stimulus activity. *Brain: A Journal of Neurology, 128*(10), 2430–2441.

Caron, M. J., Mottron, L., Rainville, C., & Chouinard, S. (2004). Do high functioning persons with autism present superior spatial abilities? *Neurospsychologia, 42*(4), 467–481.

De Domenico, G. (1994). Jungian play therapy techniques. In K. J. O'Connor & C. E. Schaefer (Eds.), *Handbook of play therapy: Advances and Innovations* (2nd ed., pp. 253–282). New York: John Wiley & Sons.

Fincher, S. (2004). *Coloring mandalas* (2nd ed.). Boston, MA: Shambhala.

Fordham, M. (1944). *The life of childhood*. London: Routledge.

Fordham, M. (1976). *The self and autism*. London: William Heinemann Medical Books.

Grandin, T. (2006). *Thinking in pictures: My life with autism* (2nd ed.). New York: Vintage Books.

Green, E. (2007). The crisis of family separation following traumatic mass destruction: Jungian analytical play therapy in the aftermath of hurricane Katrina. In N. B. Webb (Ed.), *Play therapy with children in crisis: Individual, group, and family treatment* (3rd ed., pp. 368–388). New York: The Guilford Press.

Green, E. J. (2008). Re-envisioning Jungian analytical play therapy with child sexual assault survivors. *International Journal of Play Therapy, 17*(2), 102–121.

Green, E. J. (2009). Jungian analytical play therapy. In K. J. O'Connor & L. D. Braverman (Eds.), *Play therapy theory and practice: Comparing theories and techniques* (2nd ed., pp. 83–122). Hoboken, NJ: John Wiley & Sons.

Green, E. J. (2010a). Jungian play therapy with adolescents. *Play Therapy, 5*(2), 20–23.

Green, E. J. (2010b). Traversing the heroic journey: Jungian play therapy with children. *Counseling Today, 52*(9), 40–43.

Green, E. J. (2011). Jungian analytical play therapy. In C. Schaefer (Ed.), *Foundations of play therapy* (2nd ed., pp. 60–86). Hoboken, NJ: John Wiley & Sons.

Green, E. J., & Gibbs, K. (2010). Jungian sand play for preschool children with disruptive behavioral problems. In C. Schaefer (Ed.), *Play therapy for preschool children* (pp. 223–244). Washington, DC: APA.

Henderson, P., Rosen, D., & Mascaro, N. (2007). Empirical study on the healing nature of mandalas. *Psychology of Aesthetics, Creativity and the Arts, 1*(3), 148–154.

Jung, C. G. (1910). Psychic conflicts in the child. In H. Read, M. Fordham, & G. Adler (Eds.), *The collected works of C. G. Jung (Vol. 17)*. Princeton, NJ: Princeton University Press.

Jung, C. G. (1913). The theory of psychoanalysis. In H. Read, M. Fordham, & G. Adler (Eds.), *The collected works of C. G. Jung (Vol. 4)*. Princeton, NJ: Princeton University Press.

Jung, C. G. (1951). The psychology of the child archetype. In H. Read, M. Fordham, & G. Adler (Eds.), *The collected works of C. G. Jung (Vol. 9)*. Princeton, NJ: Princeton University Press.

Jung, C. G. (2008). *Children's dreams*. Princeton, NJ: Princeton University Press.

Jung, C. G. (2009). *The red book*. New York: W. W. Norton & Company.

Kalff, D. (1980). *Sandplay: A psychotherapeutic approach to the psyche*. Boston: Sigo Press.

Liu, M., Shih, W., & Ma, L. (2011). Are children with Asperger syndrome creative in divergent thinking and feeling? A brief report. *Research in Autism Spectrum Disorders, 5*(1), 294–298.

Lu, L., Petersen, F., Lacroix, L., & Rousseau, C. (2010). Stimulating creative play in children with autism through sandplay. *Arts in Psychotherapy, 37*(1), 56–64.

Rosenn, D. (2009). Asperger connections 2008 keynote speech. *Asperger's Association of New England Journal, 4*, 5–8.

Shunsen, C. (2010). The principles and operations of sand play therapy on children with autism. *Chinese Journal of Special Education, 4*(3), 11–22.

Steinhardt, L. (2000). *Foundation and form in Jungian sandplay*. Philadelphia: Jessica Kingsley.

Toth, K., & King, B. H. (2008). Asperger's syndrome: Diagnosis and treatment. *American Journal of Psychiatry, 165*, 958–963.

제 10 장

의사소통과 연결
자폐 아동 가족에 대한 부모놀이치료

Risë VanFleet

부모놀이치료 소개

1950년대 후반 Bernard Guerney 박사와 Louise Guerney 박사는 부모놀이치료(Filial Therapy, FT)를 고안하였고, 이들은 평생에 걸쳐 훗날 가족치료에서의 관계 증진 접근으로 발전한 부모놀이치료의 개발에 전념했다. FT는 통합적인 심리교육치료 모델로, 이 접근에서는 아동 변화의 주요 동인(agent)으로서 부모의 역할을 강조한다. 본질적으로는 가족치료의 한 형태로서, 놀이치료 방법을 적용하여 부모-자녀 관계를 증진시키고 다양한 아동 및 가족 문제를 해결한다. FT를 실시하는 동안 치료사는 부모를 교육하고 감독하여 부모가 자녀에 대해 비지시적 놀이 회기를 실시하도록 한다. 부모는 구조화, 공감적 조율, 아동중심 상상놀이, 제한 설정을 포함한 다양한 기술을 배우고, 이를 통해 아동에게 안전하고 허용적인 환경뿐 아니라 감정 표현과 의사소통, 사회적·정서적·행동적 문제를 해결할 수 있는 기회를 제공한다. 치료사의 안내를 통해 부모는 놀이가 아동에게 갖는 의미에 함께 참여하는 것을 배운다. 부모의 아동에 대한 부정적인 태도와 신념의 변화에 동반하여 아동에 대한 심도 깊은 이해가 가능해진다. 부모는 보다 효과적으로 협력할 수 있게 되고, 스트레스와 좌절은 감소되며, 더 나은 가족관계를 만들어내기 위해 행동을 변화시키고자 하는 동기를 불러일으키는 데 도움을 받을 수 있다.

FT의 이론적인 토대, 방법, 적용, 연구는 많은 자료에 상세하게 소개되어 있으므로 (Guerney, 1983; VanFleet, 2005, 2006; VanFleet & Guerney, 2003; VanFleet & Sniscak, in press; VanFleet & Topham 2011), 여기에서는 FT에 대해 간략하게 소개하고자 한다.

이론적 토대

FT는 정신역동, 인본주의, 행동주의, 학습 이론, 대인관계, 인지, 발달, 애착, 가족 시스템 이론 등 여러 주요 이론의 포괄적이면서 사려 깊은 통합이라고 할 수 있다. 기본 가정과 방법에 있어서 이 이론들 간에 차이가 있음에도 FT는 그 자체의 심리교육적 특징으로 인해 이론의 통합을 가능하게 한다. 치료사는 임상가와 교육자의 역할을 모두 수행하며, 부모와 아동 발달에 대한 정보, 양육, 놀이에 대한 기술과 정보를 공유하면서 동시에 부모가 이러한 기술을 배우고 자녀에게 적용할 수 있도록 격려하고 지지한다. 예를 들어, 치료사는 부모에게 공감과 수용을 제공하며, 부모를 교육하여 부모가 자신이 경험한 것을 아동에게 그대로 적용할 수 있도록 돕는다. 정신역동 이론은 아동 놀이의 상징과 역동적 특성에 대한 이해 및 문제와 문제해결에 영향을 미치는 개인, 부모, 가족 역동에 대한 통찰을 돕는다. 행동주의와 학습 이론은 아동에 대한 제한 설정 과정과 부모 훈련 과정의 상당 부분을 설명한다. 부모는 정적 강화, 조성, 모델링, 즉각적인 행동적 피드백을 통해 양육 기술을 향상시킬 수 있다. 대인관계 심리학과 가족 시스템 접근은 부모-아동 관계의 상호적 특성에 중점을 두며, 발달 및 애착 이론은 아동의 행동, 놀이 주제, 조율의 중요성, 그리고 아동의 탐색과 안전 기반 (부모)으로의 회귀 간 상호작용의 이해에 기여한다. FT의 이론적 요소에 대한 상세한 설명은 이미 다른 여러 자료를 통해 자세히 설명된 바 있다(Cavedo & Guerney, 1999; Ginsberg, 2003; VanFleet, 2009, 2011).

방법

FT 개입은 놀랄 정도로 간단하다. 치료사는 부모가 아동과 함께 특별한 놀이 회기를 실시하고, 특별한 놀이 회기를 진행하는 데 요구되는 기술을 습득할 때까지 감독하며, 놀이 회기가 가정환경으로 전이되어 새로이 습득한 기술을 일반화할 수 있도록 돕는다. 그렇기 때문에 FT는 가족치료이다. 가족은 복잡하면서 때로는 다루기 힘든 것이기도 하다. 부모놀이치료사는 잘 훈련된 놀이치료사여야 하고, 부모와 함께 참여하고 상호작용할 수 있는 고도의 기술을 갖추고 있어야 하며, 가족관계의 복잡성을 이해하고, 그에 따라 적절히 타협할 수 있어야 한다. 상세한 내용은 다른 자료에 소개되어 있으므로, 여기에서는 FT에서 적용하는 특정 방법에 대해 간략하게 기술하고자 한다(Guerney & Ryan, in press; VanFleet, 2005, 2006).

  평가를 마치고 FT를 실시하기로 결정되면 치료사는 부모에게 일련의 단계로 구성된 치료 과정에 대해 안내한다. 훈련, 놀이 회기에 대한 감독, 가정놀이 회기, 일반화가 그것이다. 일반적으로 전 과정은 1시간씩 15~17회기를 통해 이루어지며, 심각한 수준의 스트레스를 경험하고 있는 가정에 대해서는 예방 프로그램으로도 적용 가능하다. 상상놀이가 가장 왕성한 시기인 2~12세 아동을 둔 가정에 가장 적합하지만, 특정 유형의 문제를 가진 16세 정도까지의 아동에게도 적용할 수 있다. 또한 외상을 경험했거나 사회정서 발달이 또래에 비해 뒤쳐진 특별한 욕구를 가진 아동에게도 실시될 수 있다.

일반적으로 치료사는 3~4회기에 걸쳐 부모를 훈련한다. 우선 치료사가 한 번에 한 아동에 대해 아동중심 놀이 회기를 진행하고, 부모는 이 과정을 관찰한다. 그다음으로 부모가 관찰한 내용이나 치료사가 중요하게 여기는 부분에 대해 함께 논의한다. 그 후에는 역할놀이를 통해 놀이 회기에 대한 훈련을 실시한다. 이때 치료사는 아동 역할을 하면서 동시에 부모가 기술을 연습할 수 있도록 피드백을 제공한다. 이런 방식으로 치료사는 부모가 높은 수준의 압력을 경험하지 않으면서 기술들을 빠르게 배울 수 있도록 돕는다.

부모는 부모놀이 회기 동안 사용하는 네 가지 기술을 배운다. (1) 구조화, (2) 공감적 경청, (3) 아동중심 상상놀이, (4) 제한 설정이 그것이다. 이 기술들은 모두 아동중심 놀이치료에서 사용되는 기술과 동일하다(VanFleet, Sywulak, & Sniscak, 2010). **구조화 기술**(structuring skill)은 치료실의 출입과 관련되고, 특별한 놀이 회기를 일상적 생활과 구분짓는 방법을 알려준다. 부모는 치료실에 들어갈 때, 그리고 놀이 회기가 끝날 때가 다가온다는 것을 알려주기 위해 5분, 1분 신호를 어떻게 제시해야 하는지에 대해 배운다. **공감적 경청**(empathic listening)은 아동을 면밀히 지켜보고 아동이 놀이에서 하는 것을 재진술하는 것과 관련된다. 부모는 아동이 표현하는 정서를 반영해주는 것이 얼마나 중요한지에 대해 배운다. "지미, 너는 큰 용을 정말 좋아하는구나. 용은 사납고도 강하네." 또한 부모는 아동의 놀이 속 캐릭터의 느낌을 반영하는 방법에 대해서도 배운다. "농부가 말에게 소리를 질러서 말이 정말 슬프구나." 아동이 부모에게 역할을 부여하여 부모가 가장놀이에 참여할 때 **아동중심 상상놀이**(child-centered imaginary play)가 실시된다. 부모는 아동이 원하는 역할을 하고, 아동의 언어적·비언어적 단서를 따른다. 부모는 아동의 주도를 따르지만, 마치 배우가 된 것처럼 캐릭터의 역할을 한다. 가족 폭력의 희생자인 한 남아는 어머니에게 공주의 역할을 하도록 하고, 소리를 지르도록 요구했다. 어머니는 아동이 원하는 대로 했고, 아동은 경찰 모자를 쓰고 공주를 구하러 왔다. 분명히 아동은 자신의 외상과 관련된 이슈를 드러내고 있었다. 마지막으로 **제한 설정**(limit setting)은 아동이 허용되지 않는 특정 행동을 하는 상황, 보통 파괴적이거나 위험한 행동이 발생하는 상황을 다루는 것과 관련된다. 부모놀이치료사는 부모에게 세 단계의 제한 설정 절차를 따르도록 가르친다. 제한을 말해주고, 그러한 상황이 다시 발생하는 경우에 대해 경고하며(그런 행동을 세 번까지 하게 되면 회기가 끝날 것이라는 설명을 포함한다), 세 번째로 그런 상황이 발생하게 되면 회기를 끝냄으로써 결과를 알려주는 과정으로 이루어진다. 이러한 절차는 필요한 경우 부모의 권위를 재정립하는 데 도움이 된다.

그다음으로 부모는 치료사의 관찰하에 한 번에 한 아동과 놀이 회기를 실시한다. 이때 부모놀이치료는 15~30분 정도 진행된다. 부모가 모두 참여하거나 양육자가 한 사람 이상인 경우, 다른 한 사람은 치료사와 함께 서로의 회기를 관찰하며, 간접적으로 배우는 것을 지속한다. 놀이 회기를 마친 직후 치료사는 부모를 만나 기술에 대한 피드백을 제공하고 아동의 놀이 주제와 이에 대한 부모의 반응에 대해 논의한다. 이러한 피드백 시간은 부모가 긍정적으로 행한 것에 초점을 두며, 치료사는 다음 회기까지 개선해야 할 사항을 하나 혹은 두 가지 정도 제안한다. 주제에 대한 논의를 통해 부모는 아동의 놀이 이면에 감춰진 의미를 바라볼 수 있게 된다.

피드백이 동반된 서너 차례의 부모-아동 놀이 회기를 거치면서 대부분의 부모는 능숙하게 놀이 회기를 실시할 수 있게 된다. 이때부터 놀이 후에 이루어지는 놀이 주제 및 부모가 아동의 감정, 지각, 투쟁, 바람과 관계를 맺는 방법에 대한 부모와 치료사의 논의에 더 큰 중요성이 부여된다. 치료사는 부모가 놀이 회기를 능숙하게 진행할 수 있도록 격려하고 아동의 관점에 대해 정확하게 이해할 수 있도록 도와야 한다.

치료사는 각각의 부모가 아동에 대해 4~6회가량의 놀이 회기를 진행하는 것을 직접적으로 관찰한다. 이제 부모는 보다 더 능숙하게 놀이 회기를 진행할 수 있게 되고, 놀이 주제를 보다 잘 인식하고 해석할 수 있게 된다. 부모놀이치료사는 부모가 가정에서 각 아동에 대해 주 1회 회기를 진행할 수 있도록 계획을 세우는 것을 돕는다. 특별한 놀잇감은 회기를 계속해서 특별한 것으로 여기게 하고 다른 일상적 놀이와 구분짓게 하는 데 유용하다. 또한 집에서 놀이 회기를 진행하기에 가장 적합한 장소를 정하고, 방해를 적절히 다루며 가족 생활에 대한 방해를 최소화할 수 있는 일정을 잡는 것도 계획에 포함된다.

FT의 가정 회기 국면 동안 부모는 집에서 한 아동과 주 1회 부모놀이 회기를 갖고 치료사와 매주 혹은 격주 간격으로 만나 놀이 회기에 대해 논의한다. 이 만남에서 부모는 놀이 회기, 자신의 기술, 잘 진행된 측면, 질문사항에 대해 보고한다. 비디오 녹화를 할 수 있다면 치료사는 부모와 녹화된 영상을 함께 본다. 놀이 주제 및 놀이 주제가 일상적 생활과 어떻게 관련되는지에 대해 논의한다. 이러한 과정이 원활히 진행되면 치료사는 부모가 기술의 사용을 일반화하도록 돕는다. 각 회기에서 치료사는 특정한 기술이 일상적으로 어떻게 적용될 수 있는지를 가르치고 예시를 제시하며, 부모가 놀이 회기 외의 상황에서 이러한 기술을 실제로 적용해보도록 한다. 이러한 과정은 부모를 압도하지 않게끔 점진적으로 실시되어야 한다. 이 시점에서 보통 부모는 매우 능숙해지고 긍정적인 결과를 경험해왔기 때문에 다른 상황에도 이러한 기술을 사용하고자 하는 충분한 동기를 갖게 된다. 놀이 주제는 맨 처음 가족을 치료 장면에 오게 만든 실생활 행동이므로 계속 주목해야 한다. 치료적 목표가 달성되고, 부모가 놀이 회기를 진행하는 데 자신감과 유능감을 갖게 되면 FT의 계획된 종결 과정이 실시된다. 매주 실시하던 회기는 격주로 실시된다. 격주로 하던 놀이 회기를 삼 주에 한 번이나 한 달에 한 번 실시하게 된다. 공식적인 치료 회기가 종결되더라도 부모는 아동이 즐거워하고 놀이 회기를 통해 도움을 받을 수 있다면 집에서 놀이 회기를 지속적으로 진행한다.

연구

대략 50년간의 연구를 통해 FT의 효과성이 입증되어 왔다. 22개의 FT 연구를 포함하여 놀이치료에 대한 93개의 통제 및 비교 집단 연구에 대한 메타 분석이 실시되었다(Bratton, Ray, Rhine, & Jones, 2005). 분석 결과 부모가 FT의 가치를 중요시하고 이에 관여했을 때 가장 강력한 결과가 있는 것으로 드러났다. VanFleet, Ryan, Smith(2005)는 역사적 연구뿐 아니라 10개 이상의 최신 통제 연구를 포함하여 FT 연구 문헌을 검토하였다. 전반적으로 연구들은 부모의 공감과 수용, 부모의 기술, 아동 행동, 부모 스트레스, 가족 삶에 대한 만족도에서 유의미한 변화가 있음을 보여주었다. 보다 최근 Topham, Wampler, Titus, Rolling(2011)은 부모-아동 27쌍을 대상으로 이 책에 제시된 절차대로 진행된 10시간의 FT 프로그램의 효과에 대해 검토했다. 초기에 높은 스트레스와 아동의 행동 문제를 보고했던 부모는 아동 문제 행동에서의 상당한 감소 및 아동에 대한 수용에 많은 향상을 보였다. 이는 FT가 빈약한 정서 조절, 사회적 지지의 부족, 높은 수준의 부모 스트레스와 같이 보다 심각한 문제를 갖는 부모 및 아동에게 효과적임을 보여주는 예비적인 근거를 제공한다.

자폐 아동 가족에 대한 부모놀이치료

저자가 아는 한 자폐스펙트럼장애 아동의 가족에 대해 FT가 적용된 경우는 많지 않으며, 이 집단군을 대상으로 한 통제된 FT 연구 역시 전혀 없다. 그러나 임상적 결과와 사례 연구는 이러한 가족에 대해 FT는 분명한 잠재적 이점이 있으며, 따라서 보다 심도 깊은 고찰과 연구가 필요함을 보여준다. Josefi와 Ryan(2004)은 6세의 중증 자폐스펙트럼장애 남아를 대상으로 비지시적 놀이치료를 적용한 사례를 검토한 결과 사회적·정서적 발달이 향상되었다는 예비 결과를 제시하였다. FT와 Greenspan의 플로어타임 접근(Wieder & Greenspan, 2005)을 통합하여 적용한 후 Duffy(2008)는 긍정적인 부모 반응 및 FT에 대한 향상된 수용을 보고한 바 있다(Hamilton, personal communication). FT의 기본 기술, 원리, 그 외의 특징을 청소년 및 초기 성인에 적용하기 위한 지속적인 노력이 있어 왔지만(Pinson, personal communication), 이 장에서는 대략 3~12세에 해당하는 어린 아동에 대해 FT를 적용한 것에 초점을 두고자 한다.

FT가 자폐스펙트럼장애 아동의 가족에 대해 잠재적 이점을 제공할 수 있는 몇 가지 근거가 있다. 첫째 비지시적 놀이 회기는 자폐스펙트럼장애 아동에게 표현과 의사소통의 방법을 제안한다. 제한된 융통성, 반복, 탐색적 놀이에 대한 편중의 측면에서 자폐스펙트럼장애 아동의 놀이는 전형적으로 발달하는 아동의 놀이와 다르지만(Jarrold, 2003; Kasari, Freeman, & Paparella, 2006), 그럼에도 불구하고 자폐스펙트럼장애 아동 역시 놀이를 한다. 기회가 주어지면 놀이에 대한 동기가 생기기 마련이며, 다양한 형태의 놀이치료를 적용하여 긍정적인 임상적 결과를 가져올 수 있다(Kaduson, 2006). 자신을 표현할 수 있는 능력이 충분하지 않은 아동에게 놀이치료는 감정, 좌절, 관점을 표현할 수 있는 방법을 제시할 수 있다. 놀이치료는 언어적 의사소통 혹은 성인 방식의 의사소통에 의존하지 않기 때문이다. FT의 비지시적 놀이 회기는 정서적으로 안전하고 편안하며, 어떤 특정한 방식으로 의사소통해야 한다는 압력을 가하지 않은 채 아동에게 놀이의 기회를 제공할 수 있다. 부모는 자신의 질문, 생각, 계획을 잠시 보류하고 아동이 스스로 주도할 수 있도록 허용하는 것을 배운다. 아동의 주도를 따라감으로써 부모는 필요한 경우 아동이 탐색하고 표현하는 것을 수용하고, 놀이를 통해 문제를 해결하도록 허용하며, 아동의 감정과 욕구에 더 잘 조율할 수 있는 방법을 배운다.

자폐스펙트럼장애 아동의 형제 역시 FT를 통해 도움을 받을 수 있다. FT는 가족 구성원 전체에 대한 치료로, 부모는 3~12세 아동 모두와 특별한 일대일 놀이 회기를 가질 뿐 아니라, 청소년 자녀와도 특별한 아동중심 활동 시간을 갖는다(VanFleet, 2005). 자폐스펙트럼장애 아동의 형제의 경우 사회적 기능의 손상 가능성이 높으며(Yoder, Stone, Walden, & Malesa, 2009), FT는 자폐스펙트럼장애 아동의 형제에 대해서도 놀이하고 표현하며 부모로부터 더 많은 이해를 받을 수 있는 잠재적 이점을 제공할 수 있다. 또한 놀이를 통해 문제를 훈습하고 가능한 해결책을 검증해볼 수 있는 동일한 기회를 부여한다. 이에 더해 만성적인 의학적 질병을 앓고 있는 아동의 형제의 경우와 마찬가지로(VanFleet, 1985), 가족 에너지가 특별한 요구를 갖는 자폐스펙트럼장애 아동에 대한 대처로 집중되면서 자폐스펙트럼장애 아동의 형제는 부모의 관심을 포기해야 하는 때가 있다. 아동 각각에 대해 실시되는 주 1회 30분의 부모놀이 회기는 부모에게 유의미한 부담으로 작용하지 않는다(대가족의 경우는 예외). 그럼에도 이러한 시간을 통해 형제는 자신이 함께 소속되어 있고 특별하며 보살핌을 받고 있다는 것을 경험할 수 있다. 자폐스펙트럼장애 아동의 형제에게 놀이 회기는 자신의 놀이와 부모의 경청을 통해 감정, 공포, 분노, 희망을 표현할 수 있는 기회를 준다. 심지어 아주 어려운 상황에서도 부모놀이 회기는 더 나은 문제해결과 화해를 가져올 수 있다는 것을 보여줘 왔다. 자폐스펙트럼장애 아동의 형제 역시 동일한 방식으로 도움을 받을 수 있다.

FT가 가족에게 도움이 될 수 있는 세 번째 근거는 부모가 아동 및 자기 자신에 대해 느끼는 감정을 향상시키면서 동시에 아동과의 전반적인 생활에 적용할 수 있는 유용한 기술을 배울 수 있다는 데 있다. 많은 연구들은 자폐스펙트럼장애 아동의 부모가 아동의 행동 문제와 자폐스펙트럼장애의 심각성으로 인해 우울, 불안, 좌절, 피곤, 유의미한 스트레스를 경험하고 있다는 것을 보여준다(Carter, de L. Martinez-Pedraza, & Gray, 2009; Lyons, Leon, Phelps, & Dunleavy, 2010; Seltzer et al., 2010). 특별한 욕구를 갖는 아동은 부모를 더 많이 필요로 하고, 아동이 의사소통이나 관계에 온전히 참여하는 데 어려움을 갖는 경우 부모는 매우 힘들어질 수 있다. 부모들은 종종 치료사에게 아동의 경직성, 기이한 사회적 행동, 분노 폭발, 그리고 '무슨 일인지 이해하기 위해 지속적으로 노력해야 하는 것'에 대응하면서 '매우 지친 것 같은' 느낌을 경험한다고 보고한다. 병원 예약, 치료, 특수학교 일정을 소화하는 것 역시 부모에게 큰 부담이 된다. 물론 FT 역시 다른 것들과 함께해야 하는 또 다른 개입이기는 하지만, FT는 기간이 정해져 있고 부모가 가정에서 모든 자녀를 돕는 데 사용할 수 있다. FT는 실질적인 대처 기술을 제공한다.

FT는 역량을 강화하는 접근으로, 자폐스펙트럼장애 아동의 경우 부모의 힘을 키우는 데 집중한다. 유능한 부모놀이치료사는 치료적 과정에 있어서 진실한 파트너로서 부모와 함께하며 부모의 말을 공감적으로 경청하고 부모가 제시하는 정보를 중요하게 받아들인다. 부모는 놀이 회기를 실시하는 방법에 대해 배우는 것과 동시에 실제적인 정서적 지지를 받는다. 치료사는 부모에게 영향을 미칠 수 있는 정도의 민감성과 진실한 관심을 통해 부모가 아동 놀이의 의미를 이해하는 데 도움을 준다. 많은 부모는 놀이 회기를 통해 아동에게 안전하고 허용적인 환경을 제공하는 방법을 배우며, 치료사는 부모가 자신의 스트레스에 대해 이야기하고 양육 문제와 관련된 가능한 해결책을 찾고자 할 때 부모에게 안정하고 허용적인 환경을 제공한다. 한 자폐스펙트럼장애 아동의 어머니는 저자에게 FT 과정에서 경험한 지지를 통해 심각한 좌절과 자신이 아들과 분리되어 있다는 느낌으로 인해 자신에게 무엇인가 문제가 있다고 여겨왔던 오래된 공포를 드러낼 수 있게 되었다고 말한 바 있다. 공감적 대화를 통해 어머니는 그 상황에서 자신의 감정이 정상적임을 깨달을 수 있었다.

FT의 가장 큰 장점은 부모와 자폐스펙트럼장애 아동 간의 의사소통의 길을 열어준다는 데 있다. 언어적 의사소통은 불가능하거나 혹은 어려울 수 있다. 놀이의 언어를 사용함으로써 부모는 말로 대화하지 않고도 아동의 세계에 대한 통찰을 얻을 수 있다. 부모놀이치료 회기 동안 아동은 말을 할 수 있고 말을 하기도 한다. 그러나 대부분의 중요한 느낌이나 바람은 놀이를 통해 엿볼 수 있다. 부모가 아동 놀이의 잠재적 의미에 대해 이해할 수 있도록 돕고 놀이에서의 패턴들이 이러한 가설을 확인시켜줌으로써 부모는 아동을 새로운 방식으로 이해할 수 있게 될 가능성에 고양된다. 자폐스펙트럼장애 아동 가족에 대해 FT를 적용한 한 부모놀이치료사는 "부모는 아이와 의사소통할 수 있는 방법을 찾게 된 것에 대해 놀라워했다. 부모는 이전에는 전혀 불가능했던 것들에 대해 이해하기 시작했고, 자신들이 배운 것들에 대해 상당히 흥분했다."고 전한다(Pinson, personal communication). 자폐스펙트럼장애 아동에게 FT를 직접 실시하고 감독하면서, '마치 전구가 켜지는 것'과 유사한 경험을 하게 된다. 부모는 자폐스펙트럼장애 아동에 대해 얼마나 많은 것을 이해할 수 있고 또 앞으로 이해하게 될 것인지를 알게 된다. 놀이의 언어와 정서적 표현은 많은 장벽을 넘어설 수 있게 한다.

마지막으로 FT는 지지적인 부모 소집단의 중요 기능을 수행할 수 있다. FT는 놀이 회기를 통해 특별한 전략을 제공하고 이러한 전략을 각각의 독특한 아동과 가족에 적용할 수 있는 유연성을 갖는다. 또한 부모들이 함께 모여 자신들이 배운 것이나 놀이 회기를 수행하는 방법에 대해 논의할 수 있는 기회를 제공한다. FT는 각 개별 가정을 대상으로 이루어지지만 (VanFleet, 2005, 2006), 원래의 모델(Guerney & Ryan, in press; VanFleet & Sniscak, in press)이나 다른 단기 집단을 포함하여 다양한 집단의 형태로 실시될 수 있다(Caplin & Pernet, in press; Landreth & Bratton, 2006; Wright & Walker, 2003).

요약하면 자폐스펙트럼장애 아동 가족 대상의 FT 실시와 그에 관련된 연구는 부족한 상황이지만, 그 방법에 대한 연구와 이러한 가족의 욕구는 자폐스펙트럼장애 가족에 대해 FT를 적용하는 것이 충분히 검토할 만한 가치가 있다는 데 공유점을 갖는다. 자폐스펙트럼장애 아동과 그 형제 그리고 부모를 대상으로 FT를 적용한 임상가들은 공통적으로 그 유용성에 대해 긍정적이다. 상당수의 부모들은 아동에 대해 더 많이 이해하게 됨으로써 자폐스펙트럼장애를 가진 아동에 대해 보다 현실적인 기대를 갖게 되고 아동과 긍정적이고 편안한 관계를 형성하게 된다고 보고한다. 또한 부모는 전형적으로 발달하고 있는 형제에 대해서도 무언가 도움이 되는 것을 제공하며 놀이 회기를 통해 형제와의 관계 향상 및 문제해결을 경험하게 되면서 보다 안정될 수 있다. 임상적으로 실시된 사전·사후 검사 결과는 FT의 주요 개념이 다양한 수준의 가족 욕구를 상당히 만족스러운 방식으로 충족시킬 수 있다는 것을 지지한다.

사례 연구

사례에 제시된 가족의 인적 사항에 대한 정보는 사생활 보호를 위해 재구성되었다.

　집과 학교에서 분노 폭발을 보인다는 이유로 6세 남아인 알렉스와 함께 부모가 치료실을 방문했다. 알렉스는 고기능 자폐증 진단을 받았으며 활동이나 장소의 전환에 어려움이 있었다. 어른이 '서두르도록 재촉하거나' 혹은 '함께하자'고 요구하면 알렉스는 재빨리 머리를 저으며 종이나 다른 물건을 던지며 소리를 질렀다. 이러한 행동은 3세 때부터 있었지만, 학교를 다니게 된 이후 행동의 빈도가 높아졌다. 부모와 교사는 전환과 관련된 계획을 미리 세웠지만, 그 도움은 미미했다. 부모는 알렉스의 행동에 점차 좌절하게 됐고, 어떻게 알렉스를 도와야 할지 모른 채 막막해하고 있는 상태였다. 부모는 알렉스의 행동을 어떻게 다뤄야 할지 노력하는 과정에서 거의 소진된 상태에 이르렀다. 부모는 1년 전부터 가정 행동치료사와 함께 작업했다. 행동치료사는 긍정적 강화와 소거(무시) 전략으로 구성된 행동 계획을 활용하여 부모를 도왔다. 이 방법은 여러 방면에서 도움이 됐지만, 부모는 알렉스에게 가까이 다가갈 수 없었고 이러한 행동 계획은 전환 행동을 다루는 데는 전혀 도움이 되지 않았다. 또한 부모는 알렉스가 특이한 행동을 하고 친구가 전혀 없는 것에 대해서도 걱정하고 있었다.

　알렉스에게는 4세 남동생 테디가 있다. 테디는 발달적으로 문제가 없었으며, 어머니가 시간제 근무를 하는 3일은 어린이집에 다니고 있다. 테디의 또래 관계는 원만했으며, 사회적으로 잘 적응하고 있는 것처럼 보였다. 부모는 "정말 다행스럽게도 테디는 수월한 아동이에요! 테디의 행동에는 전혀 문제가 없어요."라고 말했다.

　부모와의 첫 번째 만남을 통해 현재 상황에 대한 자세한 정보를 얻고 발달력에 대해 논의한 후 다음 가족 놀이 관찰에 두 아동을 모두 데려오도록 했다. 가족은 놀이를 하기 위해 함께 놀이실로 들어왔고, 나는 방해가 되지 않도록 구석에 앉아 가족을 관찰했다. 부모는 두 아이 모두에게 주의를 기울이려고 했다. 테디는 혼자 놀이에 만족스러워하는 것 같았지만 한편으로는 부모의 관심을 좋아하는 것처럼 보였다. 알렉스는 빈번하게 칭얼거리거나 놀잇감을 던졌고 좌절한 듯 보였으며, 부모의 관심을 테디로부터 멀어지게 했다. 관찰하는 20분 내내 이러한 패턴이 반복됐다. 이모 역시 가족과 함께 와서 이후에 부부와 놀이 관찰에 대해 논의하는 자리에 동석했다. 놀이 관찰 동안에 일어난 일들이 전형적인 일상인지에 대해 물었을 때, 그들 모두는 테디에 비해 알렉스에게 더 많은 주의를 기울이는 것이 일반적이라고 대답했다. 그들은 이것이 사실이라는 것에 대해 안타까워했다. 나는 알렉스가 놀이실에 대해 상당히 공포스러워하는 것처럼 보인다고 언급했고, 어머니는 새로운 장소에 데려갔을 때 알렉스가 항상 보이는 반응이라고 답했다. 알렉스는 회기가 진행되는 동안 대부분의 시간을 장난감을 바라보거나 손인형을 고르며 보냈다.

FT를 권유하고, 여기에 테디도 함께해야 한다고 하자 부모는 놀란 반응을 보였다. FT를 통해 테디에게 온전한 관심을 기울일 수 있으며, 테디에게 자신의 감정을 표현할 수 있는 기회를 제공할 수 있다고 설명하자 부모는 이에 동의했다. 나는 알렉스를 양육하는 데서 오는 스트레스는 가족 전체에 영향을 미칠 수 있기 때문에 FT가 전체 가족에 대한 치료가 되기를 원했다.

일정과 아동 양육의 어려움에 대한 충분한 고려를 통해 90분씩 2회의 회기를 통해 FT 부모 훈련을 실시하기로 했다. 부모는 높은 동기를 갖고 빠르게 배워나갔다. 두 차례의 모방 놀이 회기를 마치고 난 후, 알렉스의 보다 어려운 행동에 대한 대비를 위해 세 번째 회기를 추가하기로 결정했다. 알렉스의 공포와 좌절을 수용하는 연습을 했다. 나는 "여기가 어떤 곳인지 잘 모르겠구나. 그래 좀 무서울 수도 있어." 그리고 "무언가 변화가 생기는 것은 견디기 힘들지."라고 말했다. 또한 알렉스나 테디가 보일 수 있는 위험하거나 파괴적인 행동에 대해 제한을 설정하는 것을 연습했고, 알렉스가 세 번의 제한을 어기게 되면 부모 각자가 무엇을 해야 하는지 그리고 놀이 회기를 어떻게 종료시켜야 하는지에 대해 계획을 세웠다. 이 추가적인 훈련은 자폐스펙트럼장애 아동인 알렉스에게 어떻게 FT 기술을 적용하는지를 이해하는 데 도움이 되었다. 그리고 이 가족에 대해 가장 적합한 접근을 찾기 전까지는 제대로 진행되지 않은 것들에 대해 조정해나가기로 결정했다.

FT의 놀이 회기 감독 단계에 접어들면서 부모 각각이 한 아동에 대해 15분씩 놀이 회기를 갖고, 부모와 함께 논의를 진행하기로 했다. 논의가 진행되는 동안 알렉스는 낯선 사람이 자신을 돌보는 것을 견디지 못해서 이후에 진행된 8차례의 회기에는 친척이 동반하여 알렉스를 보살피기로 했다.

처음 세 차례의 회기에서 알렉스는 대부분의 시간을 놀이실을 탐색하며 보냈다. 알렉스는 여러 장난감을 선택했고 때때로 짧은 시간 동안이기는 했지만 장난감을 갖고 놀기도 했다. 알렉스는 거의 말을 하지 않았고 정서를 드러내지도 않았다. 부모는 번갈아가며 부모놀이 회기를 실시하고, 모두 아동의 행동을 매우 잘 반영해주었다. "너는 그 퍼즐을 살펴보고 있구나. … 오, 재미있는 것들이 있네. … 이빨 있는 손인형이 흥미롭구나." 놀이를 마친 후 논의를 하는 동안 부모가 알렉스를 침범한다는 느낌을 갖지 않도록 적절한 속도 및 다양한 방식으로 반영하는 몇 가지 방법을 제안했다. 테디는 처음 두 회기에 걸쳐 탐색적 놀이를 하고, 이후에 안정되면서 혼자 생일축하 놀이를 했다. 테디는 생일케이크 모양의 모자를 쓰고 여러 동물 인형을 초대하여 손인형을 파티에 '참석'시켰으며(테디 주변의 바닥에 둘러앉히고), 어머니에게 노래를 불러달라고 했다. 이때 가족 중 어느 누구도 파티에 함께하지 않았다. 이 놀이는 테디가 특별한 관심을 필요로 한다는 것을 반영하고 있을 가능성을 나타냈고 이에 대해 함께 논의했다. 이 이야기를 하는 동안 어머니는 슬픔을 느꼈다. 나는 이미 놀이 회기를 통해 특별한 관심을 주고 있다는 것을 확인시켜줌으로써 어머니를 안심시켰다. 부모는 놀이 회기 동안 테디가 자신을 향한 온전한 주의를 얼마나 기뻐하며 즐기고 있는지를 알 수 있게 되었다.

놀이 회기가 잘 진행되어 갔기 때문에, 남은 세 차례의 놀이 회기는 20분으로 연장하여 실시하기로 결정했으며, 기술에 대한 피드백이나 놀이 주제에 대한 논의 역시 계속되었다. 알렉스는 네 번째 놀이 회기 역시 탐색적 놀이로 시작했다. 그러나 곧 바닥에 앉아 구부러지는 공룡을 가지고 놀이하기 시작했다. 공룡들이 함께 다니다가 마침내 수영을 하기로 했고, 알렉스는 그릇에 물을 부어 공룡을 위한 수영장을 만들었다. 공룡은 물에서 첨벙거렸고, 펄쩍펄쩍 뛰어다녔다. 갑자기 알렉스는 놀이를 멈췄다. 걱정스러운 듯한 표정이었고, 놀이실을 둘러보았다. 이 회기에서 함께 놀이하고 있던 아버지는 이 상황에서 다음과 같이 말했다. "이 공룡들이 펄쩍펄쩍 뛰어다니고 첨벙거리고 있네. 재미있어 보인다. 물에서 첨벙거리면 기분이 좋지." 이는 공감적 경청의 매우 훌륭한 예라고 볼 수 있다. 아버지는 또한 "와, 무슨 일이 있나보네. 네가 무언가를 찾고 있는 것 같구나. 걱정하는 것처럼 보여."라고 반영했다. 알렉스는 아버지의 얼굴을 잠시 쳐다본 후 고개를 돌리고 말했다. "수건." 아버지는 간단히 답했다. "수건이 필요해." 아버지는 알렉스가 요구하지 않았기 때문에, 알렉스를 돕지 않았다. 알렉스는 페이퍼타월을 찾아 손을 닦았다.

이 놀이 회기는 많은 논의거리를 불러일으켰다. 아버지는 알렉스의 놀이를 더 잘 이해할 수 있게 된 것에 기뻐했다. 아버지는 이전에 자신이 얼마나 많이 알렉스에 대해 '추측'했었는지 그리고 실제로 알렉스의 말을 듣지 않았는지 깨닫게 됐다고 말했다. 나는 기술을 사용한 것에 대해 아버지를 칭찬을 해주었다. 아버지는 알렉스의 마음속에서 일어나고 있는 것을 상상하는 것에 비해 이러한 방식으로 듣는 것이 실제로 더 쉽다는 것을 알게 되었다. 부모는 알렉스가 손을 닦고 싶다는 자신의 욕구를 말로 표현할 수 있고 혼자서 손을 닦았다는 것에 대해 놀랐다. 이전에 알렉스는 이런 형태의 독립성을 전혀 보인 적이 없었다. 이에 대한 나의 공감적 경청을 통해 부모는 알렉스가 무엇인가에 대해 애쓰고 있을 때마다 스스로 해결할 수 있는 기회를 주지 않고 너무 빨리 도와줬다는 것을 깨달았다.

남은 두 회기는 주로 공룡놀이에 관한 것이었고, 나는 직접적으로 놀이실에서 감독을 진행했다. 알렉스는 거의 말을 하지 않았고 얼굴도 상대적으로 무표정했지만, 공룡들의 상호작용은 점차 생생해졌고 보다 표현적으로 변화해갔다. 어머니는 공룡의 싸움에 대해 공감적으로 경청할 수 있게 되었다. "그 공룡들은 진짜 화가 났구나. 크게 싸울 것 같네. 그 공룡은 나쁜 대장 공룡인 것 같아. 그 공룡이 다른 공룡들을 모두 밀치고 있어." 어머니가 공룡 캐릭터에 대해 정확하게 그 감정을 반영하자 알렉스는 어머니를 흘낏 쳐다보고는 다시 장난감으로 시선을 돌렸다. 알렉스는 눈맞춤을 거의 하지 않았기 때문에, 이는 상당히 의미 있는 반응이었다. 아버지와의 여섯 번째 놀이 관찰 회기에서도 이 놀이가 반복되었고, 따라서 이 놀이가 실제 학교에서 벌어지는 일에 대한 반영은 아닌지 의문을 품게 되었다. 이 시점에서 어머니는 알렉스와 직접 이야기하는 것 대신(이 방법은 놀이를 중단시킬 수 있다) 알렉스의 교사나 상담가를 통해 혹시 있을지도 모르는 또래 괴롭힘의 조짐에 대해 묻기로 결정했다.

마지막 놀이 회기 감독 시간 동안 테디는 잘 적응하고 있는 전형적인 4세 아동의 놀이를 보였다. 테디는 부모 각각과 함께하는 놀이를 상당히 즐거워했으며, 부모를 자신의 놀이에 참여시켰다. 테디는 많은 소품과 손인형 캐릭터를 사용하여 부모에게 다양한 역할을 맡겼고, 부모는 그 역할을 잘 수행했다. 테디는 큰 소리로 웃곤 했고 분명히 기쁜 듯 보였다. 부모는 모두 테디와의 놀이 회기 동안 상당히 큰 즐거움을 경험한다고 말했다. 부모는 테디가 홀로 남겨진 많은 시간 동안 혼자만의 즐거움에 빠져 있을 때 부모 역시 무엇인가 중요한 것을 놓치고 있었다는 것을 깨달았다. 테디는 알렉스가 하지 못하는 방식으로 부모에게 사회적 피드백을 줄 수 있었다. 부모는 실제로 테디와 놀이한 후 '에너지를 재충전하는 것' 같은 기분을 느낀다고 말했다. 이는 알렉스에게 대처하는 데 필요한 에너지를 보충했다.

부모 모두 놀이 회기를 잘 수행할 수 있었다. 부모는 놀이의 주제를 쉽게 파악했고, 놀이가 아동에게 갖는 가능한 의미에 대해 자유롭게 논의할 수 있었다. 이제 부모는 가정 놀이를 시작할 수 있는 단계에 접어든 것이다. 알렉스를 대신 보살펴줄 수 있는 기관이나 사람을 찾는 것이 어려웠기 때문에 부모 각각과 격주로 만나기로 결정했다. 부모는 각 아동에 대해 일주일에 한 번씩 30분의 놀이 회기를 진행했고, 이후의 만남에서 이에 대해 함께 논의했다.

필요한 경우 중간에 전화 통화를 할 수도 있었다.

얼굴 표정이 거의 없기는 했지만 알렉스는 점차 놀이 회기에 기꺼이 참여할 수 있게 되었다. 집에서도 공룡놀이를 지속했지만, 특정 공룡의 행동은 매번 조금씩 변화했다. 때때로 말을 하는 경우도 있었지만, 대부분의 경우 알렉스는 조용했다. 공룡은 다양한 상황을 만들어 냈는데, 이 상황들은 계획한 대로 진행되지 않았다. 공룡들은 블록으로 집을 만들었지만 집은 쓰러졌다. 산책을 가다가 넘어지기도 했다. 또한 잠을 자려고 했지만 늑대의 방해를 받았다. 부모는 이 놀이를 통해 세상에 대한 알렉스의 관점과 알렉스가 경험하는 좌절감을 이해할 수 있었다. 부모와 함께 맥락에 근거해서 공룡의 감정을 어떻게 반영할지에 대해 논의했다. 이 과정은 사실상 알렉스의 감정에 공감적으로 반응하는 것과 같았다. 부모는 여전히 짧은 순간이기는 하지만, 알렉스가 더 자주 부모를 쳐다본다는 것을 알아챘다. 때때로 부모는 알렉스가 테디처럼 부모를 놀이에 참여시키지 않는 것에 대해 걱정했지만, 나는 지금처럼 지속하면서 알렉스가 자신의 방식대로 하게 두도록 권유했다. 알렉스는 이미 학교에서 사회적 상호작용 프로그램에 참여하고 있었고, 놀이 회기는 알렉스에게 있어서 관계와 감정을 처리하는 중요한 방법인 것처럼 보였으며, 알렉스는 대부분의 경우 이를 공룡을 통해 표현했다. 흥미롭게도 가정 놀이 회기를 시작하면서 알렉스의 분노 폭발 빈도는 점차 감소했다.

테디는 여전히 놀이 회기를 즐거워했고, 빈번하게 다음은 누구의 차례인지를 물었다. 부모는 테디가 이전에 비해 훨씬 더 가족과 함께 있게 된 것 같다고 생각하고 있었으며, 더 이상 '테디를 무시하는 것'에 대한 죄책감을 느끼지 않게 됐다. 부모는 모두 테디와 더 연결된 것 같은 기분을 경험하고 있었는데, 놀랍게도 알렉스에 대해서도 마찬가지였다. 어머니는 다음과 같이 말했다. "우리 가족이 좀 더 연결된 것 같다고 말하는 것이 좀 이상하기는 하지만, 사실 그런 것 같아요. 우리는 알렉스가 놀이하고 우리에게 보여주도록 기다려줌으로써 알렉스의 세계를 좀 더 이해할 수 있게 됐어요. 알렉스 역시 반응하고 있다고 생각해요. 왜냐하면 알렉스는 우리를 더 많이 쳐다보고, 또 지난주에는 공룡이 수영을 하면서 주변을 물로 어지럽히고는 내 얼굴을 쳐다보고 희미한 미소를 보였어요. 심각한 얼굴 뒤에 어린 남자아이가 있었던 거죠! 여전히 잠깐이기는 하지만, 이제 우리는 그 어린아이를 만나고 또 그 어린아이와 연결될 수 있는 보다 많은 기회를 갖게 된 것 같아요."

FT의 마지막 단계에서 우리는 놀이 회기 외의 상황에서 두 아이에게 공감적 경청을 적용하는 방법과 다른 기술의 일반화에 대해 논의했다. 종결의 시점에 이르렀을 때 알렉스는 여전히 분노 폭발을 보일 때가 있었지만 그 빈도는 상당히 감소했다. 부모는 알렉스의 변화에 대한 공포와 불편감, 좌절에 공감하는 방법을 배웠다. 또한 놀이 회기의 구조화 기술에서 사용하는 5분 전, 1분 전 신호를 적용하여 알렉스가 전환에 대한 예측 가능성을 경험하도록 도 왔다. 부모는 앞으로도 계속 놀이 회기를 진행하고, 새로운 사실과 혹시 발생할지도 모르는 문제에 대해 치료사와 함께 주기적으로 점검하기로 계획했다.

가이드라인과 안내

FT는 과정 지향적인 치료이며, 그렇기 때문에 다양한 유형의 내담자에 대해서 그 구조는 동 일하게 적용된다. 동시에 FT는 협력적 참여에 대한 중요성과 각각의 개인과 가족의 독특성 에 대한 존중을 근거로 융통성과 변화 가능성을 강조한다. 비록 FT가 자폐스펙트럼장애 아 동의 가족에게 광범위하게 적용되지는 않았지만, FT에는 모든 가족 구성원에게 도움이 될 수 있는 부분이 분명히 있다. FT가 외상이나 애착장애가 있는 아동 혹은 심각한 의학적 질 병을 가진 아동처럼 매우 도전적이고 스트레스가 높은 상황에 처한 가족에게 성공적으로 적 용될 수 있다는 것은 FT가 자폐스펙트럼장애 아동의 가족에게도 유사한 효과를 거둘 수 있 음을 시사한다고 볼 수 있다.

자폐스펙트럼장애 아동의 행동이나 강점, 제한점은 매우 다양한 범위를 가지므로, 어떤 측면에서 FT가 가장 유용한지 또는 어떻게 FT를 변화시켜 적용할지에 대해 상세히 논의하 는 것은 시기상조일 것이다. 이 집단군에 FT를 적용한 보다 많은 임상적 경험이 필요하며, FT를 어떻게 적용할지에 대해 분명한 지침을 제공하기 위해서는 연구 역시 필수적이다. 최 근까지 많은 부모놀이치료사들의 경험에 근거한 일반적 관찰 결과에 대해 다음과 같이 정리 할 수 있다.

우선 FT는 고기능 자폐스펙트럼장애 아동 및 그 가족에 가장 적합한 것으로 보인다. 외현 적으로 표현하는 것이 거의 없는 아동의 경우 부모가 놀이의 맥락을 통해 감정을 확인할 수 있도록 부가적인 훈련을 포함시키는 방식으로 변화시켜 적용해볼 수 있다. 또한 자폐스펙 트럼장애 아동의 도전에 대응하는 과정에서 발생한 부모의 소진과 분노에 대한 더 많은 지 지가 필요할 수도 있다. 아동의 놀이가 과도하게 반복적이고 아무런 변화가 없는 경우 치료 사는 부모가 언제 어떻게 아동의 기계적인 행동을 보다 융통성 있는 놀이로 변화시켜야 하 는지를 인식할 수 있도록 도와야 한다. 이런 상황은 거의 발생하지 않지만, 실제적인 놀이 행동을 방해하지 않도록 조심스럽게 이루어져야 한다. 자신이 선택한 '전문' 영역 혹은 관심 사에 대해 과도하게 길게 이야기하는 아동에 대해서 부모는 그 말 이면에 자리하고 있는 아 동의 감정에 공감적으로 귀기울이는 방법은 물론 일상생활에서 아동의 관심사와 다양한 대화 주제들 간에 균형을 맞추는 방법에 대해 배울 수 있다. FT는 다른 형태의 치료와 병행하여 적용되는 경우가 많으며, 이렇게 하는 것이 도움이 되는 것이 사실이다.

기능 수준이 낮은 자폐스펙트럼장애 아동에 대해서는 FT를 통해 그 부모와 형제에게 도움을 줄 수 있다. 최근까지 심각한 결함을 가진 아동에 대해서는 FT를 부분적으로만 적용한 것이 전부이므로, FT가 기능 수준이 낮은 자폐스펙트럼장애 아동에게도 이점을 가질 수 있는지에 대해서는 앞으로 더 지켜볼 필요가 있다. 다양한 기능 수준의 자폐스펙트럼장애 아동을 대상으로 치료 경험이 있는 한 치료사는 부모가 놀이하는 동안 아동이 표현하는 것처럼 보이는 감정을 나타내기 위해 의사소통 보드를 사용할 수 있다고 제안한다. 부모가 감정을 반영하기 위해 말을 하거나 의사소통 보드를 활용하기 위해서는 아동의 비언어적 행동과 표현은 물론 놀이 시나리오의 맥락과 방향성에 집중해야 한다. 자폐스펙트럼장애 아동의 놀이, 특히 보다 심각한 어려움을 갖는 아동의 놀이에 대해서는 앞으로 더 연구되어야 할 부분이 많으므로 여기에서 FT의 활용에 대해 더 고찰하는 것은 적절하지 않은 것으로 여겨진다.

결론적으로 FT는 자폐스펙트럼장애 아동의 가족에게 여러 잠재적인 도움을 제공할 수 있는 것으로 보인다. FT를 통해 직접적으로 말하기에 의존하지 않는 의사소통 방법은 물론 아동의 감정과 충분히 연결할 수 있는 방법을 배울 수 있다. 부모의 스트레스 수준, 유능감, 아동의 내적 세계에 대한 인식과 이해, 아동과의 의사소통 및 연결, 그리고 형제의 욕구를 보다 잘 충족시킬 수 있다는 측면에서 FT는 긍정적이라고 볼 수 있으며, 이를 지지하는 일화적 증거 역시 점차 많아지고 있다. 앞으로 충분히 훈련된 부모놀이치료사가 이러한 아동들에 대한 많은 경험을 함으로써 자폐스펙트럼장애 아동의 가족에 대해 FT를 더 많이 적용해보는 것이 요구된다. 질적 연구 및 양적 연구 또한 반드시 필요하다. 연구를 통해 자폐스펙트럼장애 아동의 가족에 대한 FT의 효과성은 물론, FT가 도움이 되는 혹은 도움이 되지 않는 상황에 대해서 밝힐 수 있을 것이다. 이 장은 치료사들이 자폐스펙트럼장애 아동의 사회적·정서적 욕구와 함께 그 가족 구성원 모두를 돕기 위해 FT를 적용하는 것에 대해 보다 더 고려해보도록 하는 동시에, 그간의 임상적 자료와 연구 자료를 모으고 검토하여 이러한 가족의 욕구를 충족시킬 수 있는 최선의 방법에 대한 이해를 높이기 위한 목적을 갖는다.

참고문헌

Bratton, S. C., Ray, D., Rhine, T., & Jones, L. (2005). The efficacy of play therapy with children: A meta-analytic review of treatment outcomes. *Professional Psychology: Research and Practice, 36*(4), 376–390.

Caplin, W., & Pernet, K. (in press). *Group filial therapy for at-risk families: A leader's manual for an effective short-term model.* Boiling Springs, PA: Play Therapy Press.

Carter, A. S., de L. Martinez-Pedraza, F., & Gray, S. A. O. (2009). Stability and individual change in depressive symptoms among mothers raising young children with ASD: Maternal and child correlates. *Journal of Clinical Psychology, 65*(12), 1270–1280.

Cavedo, C., & Guerney, B.G. (1999). Relationship Enhancement (RE) enrichment/problem-prevention programs: Therapy-derived, powerful, versatile. In R. Berger & M. T. Hannah (Eds.), *Handbook of preventive approaches in couples therapy* (pp. 73–105). New York: Brunner/Mazel.

Duffy, K. M. (2008). *Filial therapy: A comparison of child-parent relationship therapy and parent-child interaction therapy.* (cardinalscholar.bsu.edu/747/1/kduffy_2008-1_BODY.pdf; DAI: Section B, 2010, 7205)

Ginsberg, B. G. (2003). An integrated holistic model of child-centered family therapy. In R. VanFleet & L. Guerney (Eds.), *Casebook of filial therapy* (pp. 21–48). Boiling Springs, PA: Play Therapy Press.

Guerney, L. F. (1983). Introduction to filial therapy: Training parents as therapists. In P. A. Keller & L. G. Ritt (Eds.), *Innovations in clinical practice: A source book* (Vol. 2, pp. 26–39). Sarasota, FL: Professional Resource Exchange.

Guerney, L., & Ryan, V. (in press). *Group filial therapy: Training parents to conduct special play sessions with their own children.* London: Jessica Kingsley.

Jarrold, C. (2003). A review of research into pretend play in autism. *Autism, 7*(4), 379–390.

Josefi, O., & Ryan, V. (2004). Non-directive play therapy for young children with autism: A case study. *Clinical Child Psychology & Psychiatry, 9*(4), 533–551.

Kaduson, H. (2006). *Play therapy for children with PDD.* [DVD]. Author.

Kasari, C., Freeman, S., & Paparella, T. (2006). Joint attention and symbolic play in young children with autism: A randomized controlled intervention study. *Journal of Child Psychology and Psychiatry and Allied Disciplines, 47*(6), 611–620.

Landreth, G. L., & Bratton, S. C. (2006). *Child parent relationship therapy (CPRT).* New York: Routledge.

Lyons, A. M., Leon, S. C., Phelps, C. E. R., & Dunleavy, A. M. (2010). The impact of child symptom severity on stress among parents of children with ASD: The moderating role of coping styles. *Journal of Child and Family Studies, 19*(4), 516–524.

Seltzer, M. M., Greenberg, J. S., Hong, J., Smith, L. E., Almeida, D. M., Coe, C., et al. (2010). Maternal cortisol levels and behavior problems in adolescents and adults with ASD. *Journal of Autism and Developmental Disorders, 40*(4), 457–469.

Topham, G. L., Wampler, K. S., Titus, G., & Rolling, E. (2007). Predicting parent and child outcomes of a filial therapy program. *International Journal of Play Therapy, 20*(2), 79–93.

VanFleet, R. (2005). *Filial therapy: Strengthening parent-child relationships through play* (2nd ed.). Sarasota, FL: Professional Resource Press.

VanFleet, R. (2006). *Introduction to filial therapy.* [DVD]. Boiling Springs, PA: Play Therapy Press.

VanFleet, R. (2009). Filial therapy. In K. J. O'Connor & L. D. Braverman (Eds.), *Play therapy theory and practice: Comparing theories and techniques* (2nd ed., pp. 163–201). Hoboken, NJ: John Wiley & Sons.

VanFleet, R. (2011). Filial therapy: What every play therapist should know. *Play therapy: Magazine of the British Association of Play Therapists, 65,* 16–19.

VanFleet, R. J. (1985). *Mothers' perceptions of their families' needs when one of their children has diabetes mellitus: A developmental perspective.* The Pennsylvania State University. (DAI: 47 (1-A), July 1986, 324.).

VanFleet, R., & Guerney, L. (2003). *Casebook of filial therapy.* Boiling Springs, PA: Play Therapy Press.

VanFleet, R., Ryan, S., & Smith, S. (2005). Filial therapy: A critical review. In L. Reddy, T. Files-Hall, & C. Schaefer (Eds.), *Empirically-based play interventions for children* (pp. 241–264). Washington, DC: American Psychological Association.

VanFleet, R., & Sniscak, C. C. (in press). *Filial therapy for child trauma and attachment problems: Leader's manual for family groups.* Boiling Springs, PA: Play Therapy Press.

VanFleet, R., Sywulak, A. E., & Sniscak, C. S. (2010). *Child-centered play therapy.* New York: Guilford.

VanFleet, R., & Topham, G. (2011). Filial therapy for maltreated and neglected children: Integration of family therapy and play therapy. In A. A. Drewes, S. C. Bratton, & C. E. Schaefer (Eds.), *Integrative play therapy* (pp. 165–216). Hoboken, NJ: John Wiley & Sons.

Wieder, S., & Greenspan, S. (2005). Can children with autism master the core deficits and become empathic, creative, and reflective? A ten to fifteen year follow-up of a subgroup of children with autism spectrum disorders (ASD) who received a comprehensive developmental, individual-difference, relationship-based (DIR) approach. *Journal of Developmental and Learning Disorder, 9,* 1–29.

Wright, C., & Walker, J. (2003). Using filial therapy with Head Start families. In R. VanFleet & L. Guerney (Eds.), *Casebook of filial therapy* (pp. 309–330). Boiling Springs, PA: Play Therapy Press.

Yoder, P., Stone, W. L., Walden, T., & Malesa, E. (2009). Predicting social impairment and ASD diagnosis in younger siblings of children with autism spectrum disorder. *Journal of Autism and Developmental Disorders, 39*(10), 1381–1391.

모래상자세계와 자폐 아동

Jane Ferris Richardson

모래상자세계는 자폐스펙트럼장애 아동이 가진 정서, 생각, 꿈, 소중한 관심사가 가시적으로 드러날 수 있는 독창적이고 수용적인 공간이다. 모래상자의 지켜주는 환경(holding environment)은 감각적 매력, 심상의 다양성, 변화와 개선에 대한 무한한 가능성을 지니며, 이는 치료에서 상징적이고 공유된 놀이를 할 수 있는 기회를 열어준다. Gisela De Domenico(2000)가 개발하고 저자가 실시한 모래상자 세계놀이(Sandtray Worldplay)는 자폐스펙트럼장애 아동 및 청소년의 문제를 다루고 장점을 강화해주기 위한 놀이치료 접근법으로 Attwood(2006), Greenspan과 Shanker(2004), Greenspan과 Wieder(2006), Wetherby와 Prizant(2001)가 창안했다. 이 접근법은 아동의 강점과 약점을 적절히 다루기 위해 특별히 개발되었다.

언어와 놀이 경험을 통해 자폐스펙트럼장애 아동이 접근하고 의사소통하도록 돕기 위해서는 치료사의 유연성, 조율 능력, 수용 등이 요구된다. 이탈리아 레지오에밀리아의 교육자들과 심리학자들은 모든 아동에게 수용을 제공하는 교육적 모델을 개발했다. 레지오에밀리아의 영향을 받은 교육자들과 저자를 포함한 치료사들은 아동이 자신의 경험을 풍부하게 하고 세상과 타인을 지각하고 표현하며 이들과 의사소통할 수 있게 하는 여러 방법과 재료를 언어(languages; Malaguzzi, 1987)라는 단어로 표현한다. 그들에게는 세상에 접근하고 파악하는 "100개 이상의 언어"가 존재하며(Malaguzzi, 1987), 이는 교육자만큼이나 치료사에게도 중요한 개념이라고 주장한다. 자폐스펙트럼장애 아동만큼 스스로를 표현하고자 하는 이러한 다양한 언어에 우리가 귀 기울이고 지지해줘야 할 대상은 없다. 이들은 이 스펙트럼과 관련된 각기 다른 핵심적인 문제들을 종합적으로 가진 채로 치료에 오게 된다. 이러한 어려움에는 사회적 의사소통과 감정 조절, 감각적 어려움, 다른 사람의 세계를 이해하고 대응하기 위해 필요로 하는 엄청난 양의 지지 등이 포함된다(McAfee, 2002; Wetherby & Prizant, 2001). 치료환경 역시 스펙트럼상의 아동이 상징성과 정서적 의미가 풍부한 놀이를 공유하는 경험을 할 수 있는 장소여야 할 것이다.

모래상자 세계놀이

모래상자 세계놀이는 아동 발달의 성장 요소에 대해 유연하고 다감각적이며 아동중심적인 접근을 취한다(De Domenico, 2000). 발달의 성장요소는 현재 나타난 문제나 '제한점'과 상관 없이 아동이 놀이를 통해 자신을 표현하고 탐색할 때 지지된다. 어떠한 성공적 치료 개입도 결함의 교정에만 목적을 두지 않고(Wetherby, Prizant, & Schuler, 2001), "의사 전달의 의도에 보다 반응적이고 유도적인 맥락을 형성"해야 하는 것과 같이(p. 124), 이러한 수용적 태도는 스펙트럼상의 아동과 작업하는 데 있어 매우 중요하다. 더불어 Greenspan과 Wieder(2006)가 지적하듯, "운동이나 정보처리에 문제를 가진 아동은 세상을 상상하는 데 어려움이 있기 때문에 가장(pretending)하게 된다."(p. 83)는 것이다. 이러한 아동은 놀이에 관여하고 의사소통을 탐색하는 데 특별히 더 많은 지지를 필요로 할 것이다. 아동과 함께 모래에서 놀고 머무르라는 De Domenico의 방식은 아동과 연결성을 갖기 위한 한 방식으로서 "아동의 자연스러운 관심사를 따라가고"(p. 83), 아동의 관심사에 온전히 함께하기 위해 "더 많은 의미와 목적성을 부여할 수 있는" 제스처나 표현을 모두 찾아야 한다는 Greenspan과 Wieder의 주장과도 일맥상통한다. De Domenico의 모델에서 이는 소리, 동작, 놀이에서의 전환을 통해 놀이의 의미를 확장시키는 과정으로 해석된다. 모래에서 세상을 만들어내는 것은 세상과 그 안에서 자신의 경험을 설명할 수 있는 단어들을 찾아내려는 아동의 노력을 지지하는 것으로서 언어적인 것을 뛰어넘는다. 놀이를 관찰하는 치료사와 이를 공유함에 있어 언어화는 모래상자 세계놀이에서 중요하면서 동시에 중요하지 않기도 하다. 몇몇 아동은 모래에서 놀이하는 동안 침묵을 지키고 치료사와 매우 제한된 언어를 나누기도 한다. 그럼에도 불구하고 모래상자 세계놀이는 언제나 "살아 있는 언어와 살아 있는 상징을 창조하는 것"이다(G. De Domenico, personal communication, August 5, 2004). 자폐가 있는 아동에게 정서적으로 충만한 놀이의 언어는 특히 중요하며, 이를 통해 아동들은 "자신의 감정을 상징에" 연결시킬 수 있다(Greenspan & Shanker, 2004, p. 215). 이러한 연결성은 아동으로 하여금 의미를 담고 있거나 의사를 전달하는 방식으로서 언어를 사용하게 하는 동기가 되는 것이다. 아동이 모래상자의 세계에서 적극적으로 놀이를 하고 있을 때, 아동이 창조자로서 느끼는 자기효능감, 치료사의 존재, 무엇이 발생하며 결국 어떤 것들이 나타나게 될 것인지에 대한 치료사-아동 간의 동시적인 호기심은 아동의 의미 있는 의사소통을 격려하게 된다. 이 세계에서 놀이하고 있는 아동에 대한 주의 깊은 관심과 만들어가고 있는 세계에 대한 공동의 관심은 놀이와 의사소통에서의 호혜성을 자극하게 된다.

치료사는 아동에게 관여하고 놀이를 지지하기 위해 다른 표현적인 치료 방법을 사용할 수도 있다. 이러한 다른 놀이 재료들은 아동이 놀이실 바닥이나 인형 집에서 놀면서 스스로 선택하게 될 수도 있고, 새로운 미술 재료를 사용하게 되면서 이루어질 수도 있다. 아동은 자기가 만든 세계를 위해 음악을 틀거나 연주할 수 있고, 이는 자신의 세계에 대한 이야기를 언어적으로 공유하고 설명하도록 자극하기도 한다. 치료사의 과제는 항상 아동이 놀이 세계에 대한 연결감을 유지하여 자신의 이야기를 충분히 경험한 다음에 이를 공유할 수 있도록 하는 데 있다.

모래상자 세계놀이의 단계를 거쳐감에 따라 치료사로서 우리는 아동이 만든 세계를 보게 되고 아동의 관점으로 안내되며 아동과 함께 이 세계를 경험할 기회를 가지며 듣지 못하는 것들을 눈으로 보게 된다. 모래에서의 세계를 공유함으로써 우리는 아동이 의사소통, 어려움, 감정을 탐색하는 안전한 장소이자 아동의 속도대로 흘러가는 세상을 상호주관적으로 경험할 수 있게 된다. 주의의 초점은 항상 아동이 만든 세계에 있어야 하며, 이는 관찰당하기보다는 함께 보는 것을 선호하는 자폐스펙트럼장애 아동에게 대개는 안락함을 준다. 아동과 함께 놀이를 하거나 아동의 놀이를 관찰하기 위한 방법에는 아동이 모래상자에 초대하는 것에 응하는 것부터 치료사가 새로운 관점과 경험을 제시하는 보다 구조화된 '가르치는 놀이'(G. De Domenico, personal communication, August 6, 2004)를 하는 것까지 다양한 방법이 있다.

아동과 함께 모래상자 세계놀이의 단계 밟아가기

모래 위에 세계를 만드는 초기 단계 동안 치료사는 아동의 놀이에 조용한 목격자로서 존재한다. 아동이 작업하는 동안 치료사가 해야 할 일은 만들어지고 있는 세계에 온전히 관여하는 것과 모래 위에 일어나고 있는 변형적인 과정과 아동의 여정을 기록하는 것이다. 아동은 적극적으로 우리를 놀이로 초대할 수도 있는데, 이러한 경우 놀이는 공동의 영역에서 이루어진다. 아동의 놀이에 참여하거나 관찰하는 데는 여러 방법이 있지만, 치료사로서 우리는 항상 주의 깊게 관찰할 필요가 있다. 아동은 도움을 요청하기도 하는데, 스펙트럼상의 아동의 경우에는 치료사의 역할에 대해 지시적으로 시작할 것이며, 치료사가 아동의 감정에 잘 조율해주고 아동과 적절히 의사소통을 하게 될 경우("네가 원하는 대로 선생님이 해볼게.") 아동의 요구는 보다 유연해질 것이다. 아동의 놀이는 치료사와 함께하는 모래상자 놀이로 옮겨갈 것이며, 이때 치료사는 주도권을 쥐고 아동의 역할을 대신해주는 등 지나치게 참견하지 않도록 주의해야 할 것이다.

아동이 자신만의 세계를 만들고 난 뒤에는 이를 조용히 감상하고 반영해볼 시간이 생기는데, 이때 아동이 스스로 만든 것에 머무를 수 있도록 해야 한다. 치료사는 결과물을 편안하게 감상하는 모습을 아동에게 보여야 할 것이다. 치료사의 과제는 아동이 자신의 세계에 충분히 머무름으로써 자신이 만든 세계를 온전히 경험하고 이를 타인과 공유하게 하는 것이다. 이는 아동이 스스로 창조한 세계에 머무르는 시간인 것이다.

세계를 공유하는 다음 단계는 함께 이 세계를 동시적으로 경험하는 시간을 갖는 것이다. 이 단계는 아동의 세계와 그 세계의 풍부함, 맥락, 역사 등에 함께 집중하기 때문에 자폐스펙트럼장애를 가진 아동에게 특히 의미가 있다. 여기서는 눈맞춤이 아동이 아닌 모래상자에 이루어지기 때문에 스펙트럼상의 아동에게 안정감을 제공한다. 세상을 탐색하고 이를 더욱 온전히 이해하고자 할 때 우리는 그 세계에 대한 사실이 아니라 아동의 경험에 대해 물어야 할 것이다. 이는 자신이 상자 안에 놓아둔 공룡이나 화석에 매료되어 자신의 지식을 모두 말하고 싶어 하는 자폐스펙트럼장애 아동에게는 어려운 일일 것이다. 따라서 이 단계는 춤을 추는 것과 같이 진행되어야 한다. 아동의 흥미에 대해 파악한 다음 이에 관련된 정서적 경험을 공유하도록 격려하는 것이다. 예를 들어, "엄마 공룡이랑 가까이 있으니까 아기 공룡은 어떻대?" 하고 물어볼 수 있다. 이러한 스토리텔링은 세계에 생기를 불어넣어준다. 세계에 대한 모든 측면에 온전히 관여해보는 것이 아동에게는 매우 새로울 것이다. 여기서 우리는 이 세계와 아동의 세계의 연관성을 알게 될 것이다. 우리는 어디서 어떻게 이 세계가 시작되었는지, 치료사와 아동이 "함께 이 세계에 대해 질문을 해나가면서" 무엇을 얻을 수 있는지에 대해 탐색하게 된다(G. De Domenico, personal communication, May 27, 2008).

아동에게 지지가 되는 모래상자 세계놀이

우리는 "다른 사람과 함께 놀아야 하고, 다른 사람이 나와 함께 노는 것"을 필요로 하며(G. De Domenico, personal communication, May 6, 2008) 이는 신경학적으로 결함이 없는 아동이나 자폐스펙트럼상의 아동이나 마찬가지이다. 의사소통을 하고 호혜적인 관계를 형성하는 능력에 있어 매우 중요한 정서적으로 의미 있는 상호작용(Greenspan & Shanker, 2004)을 치료에서 나누는 것은 이러한 의미 있는 관계들을 가정, 학교, 지역사회에서 형성하는 데 가교 역할을 할 것이다. 스펙트럼상의 아동과 청소년을 치료하는 것은 어려울 수 있으며, 이 과정에 대한 Bromfield(2010)의 묘사에 따르면 이는 자폐의 핵심적인 어려움과 아동만의 감정과 경험을 모두 다루어야 하기 때문이다. 그는 놀이치료의 표현적인 접근법이 "압도적인 사건, 상황과 느낌을 처리하는 대안적인 방법"을 제시하기 때문이라고 했다(p. 118). 연구 결과에서는 개방성, 호혜성, 아동에게 의미가 있는 경험을 공유하는 기회 등은 스펙트럼상의 아동 및 청소년에 대한 놀이치료에 있어 핵심적인 요소임을 시사하고 있다(Greenspan & Wieder, 2006; Mastrangelo, 2009; Myers, 2009; Prizant, Wetherby & Rydell, 2000; Schuler & Wolfberg, 2000).

저자의 경험에 비춰볼 때 표현적이고 공유된 놀이는 의사소통과 관계 능력의 향상을 이끈다고 여겨진다. 아동이 가진 독특함과 특이한 관심 영역을 수용해주는 것, 아동이 타인의 비난이나 무관심에 취약한 것이 아니라 긍정적인 관점에서 '특별하다'는 것을 느끼게 해주는 것 역시 그러하다(Bromfield, 2010, p. 92). 아동이 이미지나 주제를 선택하는 것을 보면 치료사는 이러한 특별한 관심사, 이미지, 주제들이 아동에게 얼마나 중요한 것인지 알 수 있다. 치료사가 갖고 있는 다양한 모래상자 피겨는 이 작업에서 매우 중요하며, 반드시 넓은 범위의 시각적인 어휘를 갖춰야 할 것이다. 저자의 소장품은 함께 작업했던 아동의 특별한 관심사들을 통해 확장되었으며, 이렇게 풍부해진 '어휘'들은 아동의 의사소통에 도움이 되었다. 아동은 놀이에 사용할 물건을 직접 만들기도 하며, 이렇게 만들어진 것은 아동에게 만족감과 숙달감 또한 가져다준다. 스펙트럼상의 아동은 자신의 관심사에 대한 흔적을 모래 위에 남기며, 치료사는 이러한 특별함을 상자 내에서 발견하게 되며 아동에 대해 보다 깊이 관여할 기회를 얻게 된다.

모래상자 세계놀이는 감정의 표현, 경험의 공유, 이야기의 창조를 비언어적으로 매개해준다. Attwood(2006)는 아스퍼거 증후군을 가진 아동의 언어적인 어려움이 특히 복잡하다고 지적한다. 어떤 아동은 뛰어난 어휘력을 보이기도 하나 언어의 사회적 화용성의 결함은 의미에 대한 혼란을 야기하며, 이는 아동이 말 속에 포함된 정서적 의미의 뉘앙스를 파악하지 못할 때 두드러진다. 말은 아동의 생각을 효과적으로 전달해주지 못하며, 이는 자신의 의사를 전달하고자 하는 아동에게 막대한 좌절감과 스트레스를 유발한다. 모래상자 세계놀이에서 치료사는 항상 관찰하는 역할을 하기 때문에 아동의 세계에 있는 물체들이 어떤 의미

인지를 말로 하지 않아도 이해할 수 있다.

모래상자 세계놀이에서 심상 언어(image language; De Domenico, 2000)는 Temple Grandin(2006)이 시각을 바탕으로 한 본인의 사고 과정을 묘사한 것에서 예로 든 것처럼 '그림으로 생각하는 것'과 같으며, 이는 자폐스펙트럼상의 많은 사람들의 경우와도 일치한다. Grandin과 유사하게 자신의 생각을 그림으로 묘사한 Eileen Miller(2008)는 자신의 딸 Kim을 같은 제목의 책에서 '그림으로 말하는 아동'이라고 묘사했다. Miller는 Kim이 그림을 통해 자신의 생각을 표현한 것이 언어적인 말보다 훨씬 온전하고 효과적이라고 했다. 이러한 시각적 언어(모래상자 세계놀이에서는 그림의 어휘를 통해 실현되는)는 스펙트럼상의 아동 및 청소년의 관심사를 지지한다.

모래상자 세계놀이의 심상 언어에는 비시각 및 비언어적 요소들 또한 포함되어 있으며, 이들은 다른 감각들에 온전히 참여하게 하는 능력이 있다. Stephen Shore(2006)는 자폐를 가진 아동의 발달에 있어 모든 감각이 기여를 한다는 점에 대해 유념할 필요가 있다고 지적한다. 모래에서 놀이하는 과정은 그 자체로 개인에게 감각에 기초하여 감정에 접근할 수 있는 기회가 된다. 모래의 감각적 속성들은 많은 아동을 끌어들여 아동으로 하여금 모래상자 안을 파고, 모양을 잡고 쏟아부으며 자신에게 의미를 갖는 세계를 만들어내도록 한다. 이러한 놀이는 발달적이면서 동시에 통합적이다.

스펙트럼상의 아동은 노는 방법을 제대로 터득하지 못했을 수 있고, "이 아동의 놀이는 정상 발달하는 아동의 놀이와는 형태나 질에 있어 다른 특성을 보인다."는 Mastrangelo (2009, p. 35)의 언급이 맞는 경우가 많다. 놀이 주제에 대한 탐색, 함께 놀이하는 능력과 의사소통하는 능력이 깊어지면서 모래에서의 감각적인 놀이는 아동이 창조하는 세계에 대한 기반을 견고화한다. 스펙트럼상의 아동들, 그중에서도 특히 감각 통합이나 전반적인 운동에 결함이 있는 경우 모래놀이는 모래에서 안정감을 경험하는 기회를 준다. 모래를 옮기는 운동적인 과정은 소리와 움직임을 일으키기도 하며, 이는 아동과 감각적이고 의사소통적인 측면에서도 연결하게 하며, 아동을 안정시키고 관여하고 집중하게 하는 데도 도움을 준다.

이와 같이 안정을 주는 모래의 특성은 불안, 부정적 스트레스에의 적응, 감각적 경험에 의해 위협을 받게 되는 스펙트럼 아동에게 특히 유의미하다. 저자는 아동이 모래에서 놀이를 하면서 집중력과 편안함을 얻게 된다는 것을 수없이 보고 들었다. 모래 속 삶에서 자신의 어려움에 대해 충분히 탐색하고 경험했던 한 여자아이의 말을 빌리면, "모래놀이는 우리의 느낌을 표현하는 방법"이다. De Domenico는 "우리의 결과물 속으로 들어갈 때 우리는 스스로를 탐색하게 된다."(personal communication, August 5, 2004)고 했다. 또 다른 청소년은 자신이 만든 모래상자를 바라보며 인어공주에 집중했다. 그다음 "얘는 지금 저랑 같은 기분일 것 같아요. 자유롭고 편안해요." 하고 말했다(Richardson, 2009, p. 118). 이와 같이 모래가 주는 안전과 지지를 경험함으로써, 어렵고 때로는 압도적일 수도 있는 느낌과 감각들을 견고하고 편안하게 다룰 수 있게 된다.

Attwood(2007)는 아스퍼거 증후군을 가진 아동이 "감정의 이해, 표현, 조절에 임상적으로 유의미한 어려움"(p. 29)과 함께 지속적인 불안 및 우울의 위험을 갖는 경우가 많다고 지적한다. Attwood는 불안이 압도적인 위협이 되기 전에 이를 조절할 수 있는, 견고하고 가용할 만한 '도구'(2006, p. 358)의 필요성을 강조한다. 모래상자와 심상들은 많은 아동과 청소년에게 이러한 도구가 될 것이다.

고학년 아동은 자신이 만든 모래상자세계를 통해 자신이 경험한 안정감과 깨달음에 대해 설명할 수 있지만, 어린 아동은 모래상자의 중요성과 이 역동적이고 표현적인 치료적 도구의 가치를 다른 방식으로 드러낸다. 치료 회기에서 꼭두각시 인형 놀이나 미술 작업에 집중할 때도 어린 아동은 회기의 시작이나 끝에 모래상자에 대한 관심을 반복적으로 표할 것이며, 때로는 다른 놀이를 진행하기 전에 모래에 손을 넣고 저어보거나 그날의 놀이에서 경험한 것을 표현하기 위해 의미 있는 이미지 하나를 모래상자에 넣어두기도 한다. 부모가 회기에 참여하지 않았거나 대부분의 모래놀이 시간을 함께하지 않았더라도 아동은 그날 자신을 치료에 데려온 부모에게 보여주기 위해 이미지를 고르기도 한다. 이러한 것은 이미지가 갖는 힘이며, 이미지나 놀이 과정에 대한 아동의 연결감을 보여준다.

촉각적으로 방어적이고 모래의 감촉을 좋아하지 않는 아동에게는 놀이를 할 수 있는 대안적이고 안전한 공간으로서 빈 모래상자를 제공하기도 한다. 한 7세 남아는 계속해서 치료사의 모래상자 이미지들을 매우 흥미롭게 바라보면서도 이것들을 모래에서 사용하지는 않으려 했다. 대신 공룡과 화석을 골라 바닥에서 놀았고, 놀이에 사람의 이미지는 절대 허용하지 않았다. 때로는 매우 정교하고 협력적인 미술 작업을 하기도 했는데, 이와 같이 다른 놀이 방식을 통해 아동은 현재 나타나고 있는 완벽주의 및 불안과 관련된 문제와, 치료사와의 관계를 탐색했다. 어느 날은 종이배를 만든 다음 빈 모래상자를 물로 채워달라고 했다. 반짝거리는 물결은 모래와는 달리 아동의 참여를 이끌어냈고 아동은 배와 함께 반짝이는 돌을 물에 넣었다. 아동은 배에 작은 남자아이를 넣고 햇살 아래 천천히 바다를 항해했다. 아동은 웃고 있었고 편안해 보였으며 자신의 세계에 대한 만족하는 것으로 보였다.

구조와 유연성

모래상자 세계놀이 재료에 관한 유연성은 신경학적 특성상 경직되어 있는 아동과 작업할 때 특히 중요하다(Richardson, 2009). 스펙트럼상 아동의 경직성은 일반화, 타인의 관점 수용, 제한된 흥미 영역으로부터의 전환, 문자 그대로의 의미 해석과 완벽주의 등의 어려움에서 나온다. 아동이 모래 위에 만든 세계를 관찰하고 그 세계에 들어가 아동의 관점에서 바라볼 수 있게 되기 때문에 모래놀이와 세계놀이는 치료사에게 이러한 전환을 주의 깊게 살펴볼 수 있는 기회가 된다. 자폐스펙트럼장애를 가진 아동에게 이 세계는 다르게 보이며 다르게 느껴진다. Wolfberg(2003)는 스펙트럼상에 있는 아동의 놀이에 대한 주의 깊은 관찰을 강조했는데, 특히 놀이에서 나타나는 상징적이고 사회적인 의사소통의 측면에 주의를 기울여야 한다고 말했다. 아동에 대한 모래상자 세계놀이 치료사의 세심한 관찰은 아동이 놀이하고 의사소통하는 능력을 강화해주는 데 핵심적인 역할을 한다. 모래 위에 세계를 짓고 있는 아동을 관찰하면서 우리는 그 세계의 맥락 내에서의 아동과 그 세계가 아동에게 갖는 의미를 모두 볼 수 있게 된다. 아동이 자신의 세계에 대해 공유할 준비가 되어 있는 것들을 우리가 수용하거나 아동이 우리를 놀이로 초대할 때, 우리는 아동을 더욱 전체적이고 명확하게 보게 되며 아동을 보다 효과적으로 지원할 수 있게 된다. 유동적이고 항상 반응적인 모래에서의 놀이를 통해 이미지 언어의 풍부함 속으로 들어가도록 함으로써, 아동은 공유되고 안전한 세계 속에서 자기를 표현하고 치료사에게 반응할 수 있는 보다 유연한 역량을 갖게 된다. 모래상자의 담아주는 특성과 치료사와의 공동 주의 및 주의 깊은 관찰은 놀이, 스토리텔링, 문제해결, 및 통합을 탐색하는 데 필요한 자원이 된다.

치료사는 아동이 세계를 만드는 과정과 어떤 이야기를 나누는지, 세계가 아동의 삶과 어떻게 연결이 되는지에 대한 세심한 주의를 지속해야 한다. 아동은 치료사와의 연계를 유지하고 상동적인 놀이에 빠져들지 않기 위해 지지가 필요하다. 놀이에 참여할 때는 아동과 치료사 모두 치료 내의 역동을 만들기 위해 진정으로 임해야 한다. 스펙트럼상의 아동과 놀이할 때 주의점에 대해 Schuler와 Wolfberg(2001)는 다음과 같이 설명했다.

> 치료사의 딜레마는 균형감의 문제이다. 보다 지시적이고 성인이 구조화하는 접근법은 지나치게 통제적일 수 있으나, 아동의 마음 상태를 읽고 아동의 주도를 따라가고자 하는 아동중심적 접근법은 아동의 주의를 끌기에는 너무 모호할 수 있다. 그래서 효과적인 개입법을 계획함에 있어 문제가 되는 것 중 하나는 너무 허용적이지도 경직되지도 않은 아동중심의 구조를 만들어내는 데 있다. (p. 257)

De Domenico(2000)는 이러한 딜레마를 놀이 내에서의 움직임과 아동의 새로운 이해를 지지하는 아동과 치료사 간의 지속적인 상호 호혜성과 아동에게 요구되는 만큼의 구조와 명료화를 제공하는 접근을 통해 다룬다. 아동의 놀이는 움직임과 음악, 미술 작업과 치료사의 지지를 통해 확충될 수 있다. 아동은 다른 모래상자로도 옮겨갈 수 있다. 이런 방식으로 아동은 자신이 작업하던 이미지를 원래의 세계로 되돌려놓기 전에 문자 그대로 문제를 해결할 수 있는 공간을 더 많이 확보하게 된다.

모래에서의 더욱 구조화된 놀이는 어려운 상황에 대한 대안적인 시각이나 경험에 대한 재구조화를 가능하게 한다. 다음 부분에서 설명할 구조화된 놀이의 예는 '4학년으로 가는 다리'로, 저자가 다양한 능력을 대표하는 여러 단계의 다리를 올라가게 하는 데 중점을 둔 것이었다. 이러한 구조화된 놀이는 문자 그대로 소품과 스토리텔링을 통해 아동에게 문제가 되는 상황을 '재생하는(replay)' 기법을 개발한 Levine과 Chedd(2007)의 '재생'과 유사성을 띤다. Levine과 Chedd는 상황을 재연함으로써 아동의 "상징적 능력이 발달되고 감정의 동요를 숙달"하게 된다고 설명한다(p. 18). 유사하게 Bromfield(2010)는 치료적인 재현이 앞으로 나아가지 못하고 멈춰 있거나 실패한 아동에게 도움이 된다고 주장한다.

앞으로 나아가지 못하는 능력을 지원해주기 위해 저자가 아스퍼거 증후군 및 불안의 악화를 경험했던 한 청소년기 여자아이에게 활용했던 접근법을 소개하고자 한다. 똑똑한 아동의 말을 빌리자면 아동은 주로 진정되고 창의적인 느낌을 탐색하기 위해 모래상자를 사용했는데, 한번은 치료사가 아동에게 불안을 모두 모래상자에 내려놓으라고 제안한 적이 있다. 처음에 이러한 생각에 반대했던 아동은 모래상자 과정에 대한 신뢰를 바탕으로 시도해보기로 마음을 먹었고, '나의 불안'이라 칭하는 무거운 돌들과 관련된 작업을 이어나갔다. 아동은 "정말 도움이 됐어요! 제가 싫어하는 것들을 내려놓으니까 제가 뭘 보고 싶었던 건지 알게 됐어요. 그리고 막상 이런 것들을 놓고 나니까 괜찮았어요."라고 말했다.

놀이가 이런 식으로 구조화가 되었든, 아니든 간에 아동을 위해 어떤 결단이나 열린 결말이 필요할 때는 세계를 함께 공유함으로써 우리는 자라나고 있는 아동의 성장 요소에 머무르는 동시에 아동만의 독특한 시각을 들여다볼 수 있게 된다. 자폐스펙트럼상의 아동은 이러한 부분에 대해 어느 정도 직감적으로 이해하는 것으로 보인다. 저자가 미술치료사로서의 오리엔테이션과 적절한 표현적인 재료들로 이미 가득 채워져 있는 치료실에 모래상자를 처음 설치했을 때, 2학년 진학 후 힘든 하루를 보내고 온 7세 남자아이가 들어와 모래상자로 곧장 달려갔다. 아동은 선반에 놓인 이미지들과 창가에서 햇빛을 받고 있는 나의 첫 모래상자를 살펴보았다. 아동은 제일 인기가 많은 꼭두각시 인형과 악기, 페인트, 빌딩 재료 등을 모래상자 앞에 세웠다. 그다음 제자리에서 뛰며 "고마워요, 고마워요, 고마워요!" 하고 외쳤다. 아동은 손을 뻗어 모래 안에 넣었다. 아동과 나의 여행이 시작된 것이다. 아동이 만들고 치료사가 관찰하는 모래 세계로의 이 여행에 대해 이후에서 보다 자세히 다루도록 하겠다. 모래상자 세계놀이로 스펙트럼상의 아동이 가진 핵심적인 결함과 강점이 어떻게 다루어졌는지, 특정 아동과 청소년을 치료에 의뢰하게 된 가장 큰 어려움은 무엇이었는지에 대한 설명이 이어질 것이다. 더불어 자폐스펙트럼상의 아동에게 이 여행의 과정이 어떻게 진행되었고, 모래상자 세계놀이라는 유연한 매개와 다양한 언어를 통해 치료에서 어떠한 변화와 긍정적인 결과들이 나타나게 되었는지에 대해 다루도록 하겠다.

모래 안의 세계

모래상자는 아동이 상징적 놀이에 참여하고 치료사와 이야기를 공유하는 첫걸음이 될 수 있다. 때로 모래상자는 아동이 처음으로 자신의 독특한 흥미 주제들을 타인에게 드러내는, 세계를 만들고 탐색하는 첫 번째 장소이기도 하다. 한 6세 아동은 첫 번째 모래상자에서 자신이 제일 좋아하는 물건인 다리와 가장 좋아하는 사람인 야구선수, 그리고 그들을 바라보는 소년을 함께 놓았다. 아동이 자신의 이야기를 언어적으로 설명할 필요 없이, 모래상자 자체로 아동의 흥미 주제와 호기심에 대한 풍부한 표현이 되었다. 때로 모래상자는 언어적 이야기를 놀이로 연결하는 매개가 되기도 하며, 때로는 모래놀이에서 이야기의 정서적 측면이 심화되기도 한다.

동물의 세계

일곱 살 된 토비가 저자에게 왔을 때는 진단명이 불분명했다. 높은 긴장과 불안 수준이 두드러졌고, 의사소통과 사회적인 측면에서 모두 결함이 관찰되었다. 발달적 평가를 진행한 결과, 아스퍼거 증후군의 진단이 시사되었다. 가정 및 치료 회기에서 나타나는 표현적 놀이의 레퍼토리는 매우 제한적이지만, 아동은 주어진 장난감이나 표현적인 재료에 호기심을 보였다. 아동은 놀이실 안에 있는 것을 힘들어했고 처음에는 어머니가 함께 동석해야 했다. 아동은 손인형과 공룡을 이용해 활동적인 놀이를 했고, 여기서 싸움을 하고 치료사를 시험하고 자신의 좌절감과 두려움을 공유하는 것에 대한 상당한 분노와 좌절이 드러났다. 괴물과 무시무시하고 강력한 짐승들, 커다란 공룡과의 싸움은 악몽이 되어 토비의 수면을 방해하기도 했다.

토비가 모래상자에 점점 빠져들게 되면서 놀이는 달라졌다. 토비는 어머니에게 인사를 하고 치료사와 놀이실에 들어가게 되었다. 아동은 보다 차분해지고 더욱 표현적으로 변했고 폭넓은 정서를 보였으며 언어적으로 이야기를 공유하는 능력이 향상되었다. 이야기에서는 토비만의 생각과 느낌들이 상당히 많이 묻어났다. 아동은 이런 것들을 공유하는 것에 즐거움을 나타냈고, 종종 어머니와도 자신의 세계에 대한 이야기를 공유했다.

토비의 모래상자에서 공룡과 용은 계속 나타났고, '제일 나쁜 애들'은 화를 내며 자제력을 잃었다. 그들에게 '나쁜 꿈을 주기 위해' 마법사가 등장했고, 미이라부터 수소괴물(minotaurs)에 이르기까지 모든 등장인물은 '좋은 쪽에 있기 위해' 고군분투하는 모습이었다. 손인형으로 싸움을 시작한 토비는 이러한 전쟁에서 무슨 일이 벌어지고 있는지에 대해 언어적 설명을 하는 것으로 발전했다. 아동은 "동물들이 화가 났어요. 얘네는 친구가 아니에요."라는 것을 보여줬고, '얘네는 전쟁을 별로 안 좋아하기 때문에' 다른 해결책을 찾으려 노력했다. 이는 초기에 아동이 보여주었던 반복적인 싸움과는 극적으로 다른 것이었다. 토비는 동물들을 도와줄 사람과 이들이 안전하게 머무를 수 있는 장소를 찾아주었다.

토비의 용은 다시 모래상자에 등장해 다양한 정서와 행동의 레퍼토리를 발달시켰다. 여기에는 '둥지를 만든 다음 그 안에서 쉬고 싶어 하는', 그리고 날아다니기와 싸움도 좋아하는 독수리들도 함께했다. 아동은 자신이 선택한 동물이나 인물 간의 관계적 특성을 탐색하기 시작했다. 하루는 용과의 놀이로 돌아온 토비가 "이제 용이 자기랑 똑같은 친구를 갖고 싶대!" 하고 말했다. 두 마리 용은 함께 일하며 놀게 되었고, "모래 성을 지었는데, 이제 안전한지 확인해야 해."라고 말했다. '함께 나누는 법을 가르쳐준' 큰 용 덕분에 두 마리 용은 함께 작업을 하고 살기로 결정하게 되었다.

이 놀이는 토비가 자기 통제와 좌절감 조절에 어려움을 겪고 있던 시기에 나타났다. 우리는 가정과 학교에서 아동을 지지해줄 방법에 대해 작업하고 있었고, 여기에는 아동에게 위안을 주고 감정 통제에 도움을 주는 감각적인 방법들이 동원되었다. 토비는 용을 모래에서 꺼낸 뒤 그림으로 그렸으며, 말풍선을 달아 자신이 힘들 때 도와준 것에 대해 "고마워"라고 써 넣었다.

이와 같이 토비의 놀이에서는 더 많은 정서뿐 아니라 동물 가족들과 이들이 서로 어떻게 이야기하고 서로를 돕는지에 대한 토비의 탐색 또한 나타났다. 하루는 말로 가득 찬 세계를 꾸몄다. 이 세계를 나타내는 사진은 그림 11.1에서 확인할 수 있다. 토비는 이 세계를 짓고, 이 이야기를 치료사와 어머니에게 공유하는 것 모두에 상당한 노력을 기울였다. 이 세계에서 말들은 서로를 보살폈다. 이들은 충분한 음식을 확보했고 서로 친구 사이였으며, 세계 안

그림 11.1   말들의 세계와 용의 구출

에 있는 작은 동물들과도 친하게 지냈다. 이들은 다친 용을 도와주기도 했다. 토비는 이 세계를 자신이 가장 좋아하는 동물인 "말!"과 연결지었고, 말 이야기를 엄마에게 공유했으며, 치료실에서 편안해졌고 자신이 만든 세계에 뿌듯함을 느꼈다.

  토비는 스트레스를 받을 때 안전하고 공유된 세계를 만들 수 있게 되었다. 토비의 동물 가족들은 함께하는 삶의 평화를 방해하는 갈등을 함께 극복해나갔다. 이러한 갈등에 대한 토비의 언어적 설명은 눈에 띄게 증가했다. 아동은 동물들에게 어려운 점이 무엇인지에 대해 설명할 수 있었다. 하루는 "얘네(침팬지 가족)한테 큰 문제가 생겼어요. 다른 동물들이 아기 침팬지를 가만두질 않아요." 하고 말했다. 그다음 가족들이 아기를 어떻게 도와줬는지에 대해 이야기를 이어갔다. "얘네는 아기를 보호해주기로 했어요. 엄마랑 아빠를 부르면 돼요." 토비는 동물들을 공중으로 날게 하거나 바닥으로 여행을 갔다가 상자로 돌아오는 등 방 전체를 사용해 놀이하게 되었다. 아동은 침팬지 가족의 이런 '문제'를 해결하기 위해 이들을 말에 태워 두 번째 모래상자로 옮김으로써 문자 그대로 이들에게 문제를 해결할 공간을 마련해주었다. 말들의 도움을 받아 가족은 다시 첫 번째 상자로 돌아와 다른 동물들과 편안히 살게 되었다. 침팬지들은 가족과 특히 아기 침팬지를 위해 안전한 공간을 만들었다. 그림 11.2와 11.3에서는 이와 같은 이동과 변화를 보여주고 있으며, 이는 침팬지 가족의 여정과 첫 번째 모래상자에서의 문제에 대한 해결을 반영한다.

그림 11.2 두 번째 모래상자로 떠나는 침팬지 가족의 여정

다리 건너기 : 변화의 촉진을 위해 놀이를 구조화하기

아홉 살 된 딜런의 밝고 호기심 많은 태도와 떼쓰지 않는 특성은 의료진들로 하여금 아동의 아스퍼거 증후군 진단에 의문을 갖게 했다. 그러나 딜런은 내재화적이기는 하나 스펙트럼 상의 아동이 갖는 스트레스와 불안을 경험하고 있었다. 높은 지능에도 불구하고, 독특한 관심 주제의 발달력이 있었고, 교사를 기분 좋게 하는 행동으로 인해 높아진 기대치는 아동에게 벅차게 느껴졌다. 딜런은 불안감과 함께 두통 및 수면장애를 경험했다. 우리는 아동의 스트레스 조절을 위해 이완법, 미술 작업, 안구운동 민감소실 및 재처리(EMDR) 등을 적용했다. 이러한 접근법은 딜런이 숙달감과 통제감을 얻는 데 도움을 주었지만, 다음 학년에서 맞

그림 11.3 평화로운 침팬지의 세계

이할 어려움에 초점을 맞추는 데는 모래상자가 가장 효과적이었다.

'읽기 학습'과 집단 프로젝트의 중요성이 커지는 4학년으로 진급하는 것은 딜런에게 두려움으로 다가왔다. 가족과 함께 우리는 진급에 대한 아동의 두려움에 대해 다루었고, 다음 학년에서 예상되는 것들을 더 자세히 알아낼 수 있는 방법에 대해 의논했다. 새롭게 배울 것들에 대한 학습 준비도는 충분했음에도, 딜런은 앞으로 예상되는 것들에 대해 불안감을 느꼈기 때문에 이미 알고 있고 편안하다고 생각되는 것들로 '돌아가기'를 원했다.

딜런은 모래상자를 좋아했고 모래 위에 능숙하게 세계를 만들어냈다. 종종 부모와 함께 세계를 만들거나 공유했으며 자신의 관심사나 그와 관련된 경험들을 세계 안에 녹여냈다. 어느 여름날 아동은 어머니와 함께 놀이실에 들어와 진급을 생각하는 것만으로도 얼마나 힘든지에 대해 이야기했다. 보통 열린 결말로 끝맺었던 것과 달리, 치료사는 구부러진 나무 다리를 놀이인형 선반에서 꺼내와 이를 '4학년으로 가는 다리'라고 이름 붙였다. 딜런은 그림 11.4에서 보이는 것과 같이 큰 책을 한쪽 끝에 놓고 '4학년 책'이라고 했고, 더 작고 익숙한 책을 3학년 책이라고 했다.

우리는 다음 학년과 앞으로 배우게 될 많은 것들에 대해 이야기하면서 아동이 더욱 편안함을 느낄 수 있도록 했다. 다음 회기에서 우리는 다리를 모래상자로 옮겼다.

"이건 지금의 저예요." 모래상자 안 '3학년' 쪽 다리를 가리키며 딜런이 말했다. "이건 학교예요."라고 말하며 창문이 모두 굳게 닫혀 있는 바닥에 놓인 큰 빌딩을 가리켰다. 아동은 2층 창문을 가리키며 말했다. "이게 교실인데 어떤 반으로 가게 될지 모르겠어요. 지금은 잠겨 있어요. 그런데 다리를 건너게 된다면 열쇠를 찾아볼 거예요." 아동은 치료사를 바라보

그림 11.4 4학년으로 가는 다리

그림 11.5 교실 열쇠

며 "우리 열쇠 있죠?" 하고 물었다. 그다음 딜런은 그림 11.5에서처럼 딱딱한 종이에 반짝이는 금색 물감을 칠해 큰 열쇠를 만들었다.

다음으로 딜런은 열쇠를 보물상자에 넣은 다음 모래로 덮었다. 딜런은 아이와 어른을 포함한 사람들을 놓았고 모래상자로 이어지는 도로와 붙어 있는 집을 놓은 다음, "이제 이게 제 집이에요."라고 했다. 아동은 그림 11.6에서 보이는 것과 같이 움직이는 차를 다리 위에 놓았고, 나무와 물, 새들도 함께 넣었다. 날면서 음식을 찾아다니던 한 새는 "교실이 보인다!"고 했다. 차 안에는 강아지를 데리고 달리는 한 가족이 있다고 했다.

그다음 딜런은 새 교실에 있을 선생님과 아동들에 대해 이야기했다. 아동은 선생님이 지

그림 11.6 교실 들여다보기와 안정을 위한 방법

금 휴가 중이며 교실 열쇠를 가져다줄 수 없어서 아동들은 선생님이 오기를 기다리고 있고 새로운 학년에서는 어떤 것들이 기다리고 있는지를 궁금해하는 중이라고 했다. 딜런은 차에 타고 있는 아동들이 '음악을 들으며 강아지를 쓰다듬으면' 좋겠다고 했다. 이렇게 하면 기분이 좋아지고 편안해지며 긴장이 풀리고 다음 학년에 대한 걱정이 줄어들 것이라고 했다. 모래상자 안의 아동들처럼 딜런에게는 지지적인 가족과 사랑스러운 강아지가 있었다. 아동은 더욱 편안해지기 위해 자신도 모래상자의 아동들과 똑같이 해볼 수 있다는 것과 부모님 또한 자신을 도와줄 수 있다는 것을 깨달았다. 그날 치료실을 떠나기 전에 아동은 교실 열쇠를 '안전한 곳'에 보관해달라고 부탁했다. 다음 회기에서 아동은 다리와 열쇠에 대한 이야기를 아버지에게 공유했다. 그들은 학교에 대한 아동의 불안을 조절하는 데 도움이 되는 자원과 전략에 대해 이야기했다. 딜런은 아버지에게 학교 건물을 보여주며 "제가 4학년 책을 읽을 수 있는지 확인하려고 기다리는 중이에요."라고 했다.

부모와 모래상자를 공유하고 세계 돌아보기

모래상자에 만든 세계를 공유하는 것은 부모를 아동의 세계에 더욱 온전하게 들어갈 수 있는 기회를 제공한다. Bromfield(2010)는 "부모는 아동이 함께 공유했던 아동의 사적인 세계에 우리가 들어갈 수 있도록 해준다."(p. 17)고 했다. 아동 또한 자신의 모래상자세계에 부모를 초대할 수 있으며, 여기에서 아동은 함께 세계를 만들어가거나 아동이 만든 세계를 확인할 수 있다. 치료사들 또한 부모를 초대해 아동이 만든 세계에 대해 느낀 점이나 치료 과정에서 만들어진 세계를 공유할 수 있다. 치료사들은 부모에게 아동의 세계에서 어떤 것을 경험했는지 묻기도 한다. 부모는 역동적이고 표현적인 놀이를 통해 변화와 움직임을 이끌어내는 놀이치료 환경과 관계에 뭔가 특별한 것이 있다는 점을 깨닫는다. 딜런의 부모는 "우리가 집에서 모래와 찰흙으로 했다면 어땠을지 생각해봤는데, 이렇게 치료에서 한 것과는 달랐을 것 같다는 생각이 들었어요."라고 말했다.

아동의 모래상자세계에서 나타나는 생동감은 우리 모두로 하여금 아동이 경험하고 있는 성장과 어려움에 초점을 맞출 수 있도록 돕는다. 첫 회기부터 치료의 과정을 토비의 어머니와 함께 살펴보면서, 우리는 아동에게 더 많은 지원을 제공하는 새로운 학교 프로그램에 대한 아동의 긍정적인 적응에 대해 의논했다. 통찰력 있는 어머니는 토비가 더욱 '행복해졌다'고 느꼈으며 사회적이고 학습적인 문제를 더욱 잘 다루게 되었다고 생각했다. 우리 둘은 모두 아동의 이야기 능력이 눈에 띄게 증가했다는 것을 깨달았고, 나는 아동의 세계에서 무슨 일이 벌어지고 있는지에 대해 이야기하는 아동의 능력과, 아동이 가지고 노는 동물에게 감정을 부여하는 능력(공유되었든 아니든 간에)에 감동받았음을 어머니와 나누었다.

어머니는 아동의 놀이 주제가 가정에서 일어났던 문제를 반영할 때도 있다는 것을 깨달았다. 집에서 키우는 크고 귀여운 개에 대한 지나친 애정 때문에 때로는 개가 으르렁거리기도 하는데, 토비는 관계 맺고 놀고 싶은 마음에 이를 무시해왔다. 하지만 하루는 모래상자에서 지나가는 작은 동물이 "우리를 밟지마!"라고 하는 말에 화를 내는 고래에 대한 이야기를 꾸몄다(그림 11.7).

아동은 어머니를 초대해 이 모래상자를 보게 했고, 우리는 함께 강아지도 '밟히거나' 눌리는 것을 좋아하지 않을 수 있으며, 강아지와 토비 모두 행복하고 안전하기 위해 어떻게 해야 하는지에 대한 이야기를 나누었다.

우리는 모래상자에서의 놀이가 아동의 발달 수준을 얼마나 동일하게 반영하는지도 확인할 수 있었다. 어머니는 놀이에서뿐만 아니라 관계나 의사소통 능력에 있어서도 토비가 '연결을 맺는다'고 표현했다. 이와 같은 새로운 능력은 새 학교 프로그램에서 교우관계를 형성하는 데 도움을 주었다. 토비의 관찰 능력과 인내력이 더욱 강해졌고 공유하고자 하는 욕구 또한 증가되었다.

딜런에게 모래상자세계에서의 놀이는 다가오는 학년에 대한 불안과 두려움을 표현하고 이러한 두려움을 부모와 함께 나눌 수 있도록 도와주었다. 현명하게도 딜런의 부모는 여름 방학 동안에 독후감이나 받아쓰기 걱정 없이 읽을 수 있는 재미있는 '4학년 책'을 찾도록 도와주었다. 그들은 악기 연주하는 법 배우기와 같이 앞으로 새롭게 경험할 수 있는 것들에 대

그림 11.7 가정 내 어려움을 반영하는 고래의 세계

해 강조했다. 그리고 가정에서 딜런과 함께 이완법을 실시하며 재미있게 학년을 보내기 위해 딜런이 제시한 방법들을 함께 탐색해보았다. 아동은 모래상자에서의 놀이를 부모에게 지속적으로 공유하기도 했다. 새 학년이 시작되었을 때 딜런은 앞으로 나아갈 준비가 되어 있었다.

새 학년이 어떻게 시작되었는지 함께 돌아보았을 때 딜런은 스스로 느낀 성취감과 성숙감에 대해 표현했다. 아동은 수업에서 활동적인 편이었고 음악회에서 노래를 불렀으며 악기 연주를 배우기 시작했는데, 이 모든 것에 대해 만족감을 나타냈다. 아동은 새 학년에서 '재미있는 것들'을 했다고 이야기해줬으며, 이제 학교에서 편안해지고 나니 4학년의 새로운 기회가 새롭고 즐겁게 느껴진다고 했다. 테이블에 앉아 우리는 아동이 찰흙으로 공들여 만든 자유의 여신상을 함께 바라보았고, 아동은 이것을 자신이 가장 좋아하는 역사적인 모래놀이 이미지들 옆에 세웠다. 우리는 딜런이 왜 이것을 그렇게 좋아하고, 이것이 딜런에게 왜 중요한지에 대해 이야기했다. 딜런은 자신이 새로운 4학년에서 그랬던 것처럼 자유의 여신상은 사람들에게 새로운 나라에서 '새로운 것'을 하는 기회를 주기 때문이라고 했다. "재미있어요."라고 말하면서 "그래서 좋아요. 새로운 것에 도전하는 자유를 주잖아요."라고 했다. 모래상자의 자유로움은 아동이 자신의 삶에서 더 많은 자유와 유연성을 찾는 데 도움을 주었다.

이곳에서 소개된 아동들처럼 많은 자폐스펙트럼상의 아동에게 모래상자는 놀이, 연결감, 의사소통을 위한 훌륭한 매개가 된다. 모래상자는 치료의 돌파구가 일어나는 곳이 되기도 한다. 놀이를 위해 제공되는 이미지들이 흥미롭기는 하나, 다른 아동에게 있어 모래 자체는 그다지 매력적이지 않다. 이는 이전에 소개되었던 아동이 빈 모래상자를 물로 채운 후 세계를 만들고 처음으로 사람 모양을 넣었던 사례에도 해당된다. 모래상자 세계놀이가 성공적이려면 치료사가 반드시 아동의 감각적 특성에 대해 파악하고 이해해야 할 것이다.

놀이의 이미지를 통해 풍부해지는 시각적 언어는 아동에게 흥미를 유발한다. 이미지는 아동의 흥미 주제에 관여하고 이러한 주제에 대한 치료사의 이해와 존중을 보여줄 수 있기 때문에 치료사에게 훌륭한 자원이 된다. 하지만 아동이 이미지에 몰두되어 치료사를 배제하고 모래 세계의 이야기로부터 치료사의 접근을 차단하는 놀이에 가담할 위험이 있다. 성장과 의사소통을 촉진하는 방식으로 세계의 의미를 공유하도록 아동과 놀이를 지원해주는 것은 치료사의 책임인 것이다. 여기에는 치료사의 경험과 훈련, 아동의 안정 수준과 의사소통 스타일, 감각적 욕구 등에 대한 치료사의 기민한 이해가 요구된다. 이번 장에서는 모래상자 세계놀이에서 나타나는 자유와 구조의 균형감에 대해 다루었고, 스펙트럼상에 있는 아

동이 가진 다양한 가능성의 스펙트럼에 대한 자각을 치료사가 유지하는 것이 얼마나 중요한
지에 대해 다루었다.

참고문헌

Attwood, T. (2006). Asperger's syndrome and problems related to stress. In G. Baron, J. Groden, G. Groden, & G. Lipsitt (Eds.), *Stress and coping in autism* (pp. 350–371). Oxford: Oxford University Press.

Attwood, T. (2007). *The complete guide to Asperger's syndrome.* London: Jessica Kingsley Publishers.

Bromfield, R. (2010). *Doing therapy with children and adolescents with Asperger's syndrome.* New York: John Wiley and Sons Inc.

De Domenico, G. (2000). Comprehensive *guide to the use of sandtray in psychotherapy and transformational settings.* Oakland, CA: Vision Quest Images.

Grandin, G. (2006). *Thinking in pictures: My life with autism.* New York: Vintage.

Greenspan, S., & Shanker, S. (2004). *The first idea: How symbols, language, and intelligence evolved from our primate ancestors to modern humans.* Cambridge, MA: Da Capo Press.

Greenspan, S., & Wieder, S. (2006). *Engaging autism: Using the Floortime approach to help children relate, communicate, and think.* Cambridge, MA: Da Capo Press.

Levine, K., & Chedd, N. (2007). *Replays: Using play to enhance emotional and behavioral development for children with autism spectrum disorders.* London: Jessica Kingsley Publishers.

Malaguzzi, L. (1987). *I cento linguagi dei bambini.* Washington, DC: Reggio Children.

Mastrangelo, S. (2009). Harnessing the power of play: Opportunities for children with autism spectrum disorders. *TEACHING Exceptional Children, 41*, 34–44.

McAfee, J. (2002). *Navigating the social world: A curriculum for individuals with Asperger's syndrome, high functioning autism, and related disorders.* Arlington, TX: Future Horizons Publishing.

Miller, E. (2008). *Autism through art: The girl who spoke with pictures.* London: Jessica Kingsley Publishers.

Myers, M. (2009). Reaching through the silence: Play therapy in the treatment of children with autism. In S. Brooke (Ed.), *The use of the creative therapies with autism spectrum disorders* (pp. 123–138). Springfield, IL: Charles C. Thomas.

Prizant, B., Wetherby, A., & Rydell, P. (2000). Communication intervention issues for young children with autism spectrum disorders. In A. Wetherby & B. Prizant (Eds.), *Autism spectrum disorders a transactional developmental perspective* (pp. 193–224). Baltimore: Paul H. Brookes.

Richardson, J. (2009). Creating a safe space for adolescents on the autism spectrum. In S. Brooke (Ed.), *The use of the creative therapies with autism spectrum disorders* (pp. 103–122). Springfield, IL: Charles C. Thomas.

Schuler, A., & Wolfberg, P. (2001). Promoting peer play and socialization: The art of scaffolding. In A. Wetherby & B. Prizant (Eds.), *Autism spectrum disorders a transactional developmental perspective* (pp. 251–278). Baltimore: Paul. H.

Brookes.

Shore, S. (2006). *Beyond the wall: Personal experiences with autism and Asperger's syndrome*. Shawnee Mission, KS: Autism Asperger's Publishing Company.

Wetherby, A., & Prizant, B. (Eds.). (2001). *Autism spectrum disorders: A transactional developmental perspective*. Baltimore: Paul H. Brookes.

Wetherby, A., Prizant, B., & Schuler, A. (2001). Understanding the nature of communication and language impairments. In A. Wetherby & B. Prizant (Eds.), *Autism spectrum disorders a transactional developmental perspective*. Baltimore: Paul. H. Brookes.

Wolfberg, P. (2003). *Play and imagination in children with autism*. New York: Teachers College Press.

제3부

놀이 기반 개입의 실제

제12장

DIR 플로어타임

자폐 아동 치료를 위한
발달적/관계적 놀이치료 접근법

Esther Hess

놀이는 대부분의 아동에게 자연스럽게 일어나는 복잡한 현상이다. 아동은 놀이 발달의 다양한 단계를 거쳐가며, 이를 통해 사고 과정과 행동에 복잡성, 상상력, 창의성이 더해진다. 하지만 자폐스펙트럼장애를 가진 많은 아동이 놀이의 다양한 단계를 밟아가기는 어렵다. 아동은 놀이를 하는 동안 운동 계획, 수용 및 표현 의사소통, 모방과 대·소근육 운동의 어려움 등 수많은 방해물을 접하게 된다(Mastrangelo, 2009). 발달적·개인차·관계 기반 플로어타임 모델[Developmental, Individual Difference, Relationship-Based (DIR®) Floortime model]은 아동과 가족의 고유한 발달적 특성과 가장 두드러지는 문제를 다루기 위해 놀이치료사, 부모, 교육자들이 통합적인 평가와 개입 프로그램을 고안해내는 다학제적인 체계이다(Greenspan & Wieder, 1999).

플로어타임™은 DIR® 플로어타임™ 모델의 중심으로, 자폐스펙트럼장애를 포함해 다양한 발달적 어려움을 가진 유아 및 아동, 그들의 가족을 위한 통합적 프로그램의 놀이적인 요소를 일컫는 용어이다. 이러한 통합적 프로그램에는 DIR® 플로어타임™ 모델의 모든 요소인 기능적·정서적·발달적인 수준을 다루고, 아동의 능력에 기저하는 개인적이고 신경학적인 특성들을 다루며, 이를 통해 아동이 현재의 발달 수준으로부터 앞으로 나아갈 수 있도록 돕는 학습적인 관계를 형성하는 것이 포함된다. 이와 같은 관계들은 아동의 개인적 차이에 맞춰져 있어 아동은 스스로 감당할 수 있는 만큼의 기능적이고 감정적인 발달적 능력을 하나씩 숙달하게 되며, 따라서 발달의 단계를 올라갈 수 있게 된다(Greenspan, 2010). DIR® 플로어타임™ 모델에는 플로어타임뿐 아니라 언어치료, 작업치료, 물리치료, 교육 프로그램, 부모를 위한 심리상담 지원, 가정 및 학교 프로그램 등과 같은 여러 치료법도 포함되는 경우가 많다. 이번 장에서는 가정 및 학교 요소의 핵심이 되는 플로어타임 요소들에 초점을 맞추도록 하겠다. 그다음 이와 같은 자폐 아동 및 가족을 위한 발달적/관계 기반의 놀이 개입법을 지지하는 근거 기반 연구들을 요약하는 것으로 이번 장을 마무리하고자 한다.

DIR 플로어타임 모델

플로어타임은 놀이 파트너가 아동과 함께 바닥에 앉아 각각의 발달적 과업을 숙달하도록 작업하는 독특한 기법이다. 이 모델을 보다 정확히 이해하기 위해서는 플로어타임에 대해 두 가지 방식으로 생각해보아야 한다(ICDL, 2000).

1. 20분 또는 그 이상 부모가 아동과 바닥에 앉아 함께 놀이를 하는 독특한 기법
2. 아동과의 모든 상호작용에 적용되는 기본적인 철학. 모든 상호작용에서는 플로어타임™의 특성과 그 상호작용만의 특정한 목표가 드러나야 한다. 상호작용 목표에는 운동·감각·언어적 기능에서 나타나는 아동의 정서적·사회적·인지적인 차이점에 대해 이해하는 것과, 현재 나타나고 있는 양육자, 아동, 가족의 기능 및 상호작용 패턴에 대해 파악하는 것 등이 있다.

플로어타임을 정의하는 두 가지 핵심적인 강조점은 동시에 일어나기 쉽다고 생각될 때도 있지만, 때로는 하나의 속성의 양극단에 있는 것처럼 느껴지기도 한다.

1. 아동의 주도 따르기
2. 아동의 세계에 들어간 다음 아동의 기능적·정서적·발달적 능력을 숙달하는 데 도움이 되는 공유된 세계로 아동을 끌고 오기(Greenspan & Wieder, 1999)

이와 같은 플로어타임의 양극단, 경향, 또는 측면에 대해 알고 있는 것이 매우 중요하다.

아동의 주도 따르기

플로어타임에서 가장 널리 알려진 측면은 **아동의 주도**를 따라가는 것이다. 다시 말하면 아동의 자연스러운 흥미와 연결을 맺는 것이다. 이것은 정확히 어떤 뜻일까? 아동의 관심사, 또는 아동의 주도를 따라감으로써 우리는 내가 아동과의 멋진 데이트라고 부르는 첫 단계에 돌입하는 것이다. 다른 말로 하면 아동의 정서적 경험에 대한 타당화이다. 멋진 데이트에는 어

떤 요소가 있을까? 대부분의 사람들에게 있어서는 주의를 기울여주고, 가용적이며 재미있는 누군가와 함께하는 것이 포함될 것이다. 그리고 이와 같이 정서적인 확신을 주는 모든 요소를 갖춘 사람과 함께 있을 때, 우리는 당연히 이 데이트가 영원히 이어지길 바랄 것이다. 반대로 나 자신이나 나의 경험에 대해 긍정적으로 느끼게 해주지 않는 사람과 마음에 들지 않은 데이트를 하게 된다면, 대부분의 사람들은 가능한 그 만남에서 빨리 벗어나려고 할 것이다. 아동의 주도와 생각의 근원, 아동과 공유하고자 하는 경험의 기저를 따라가는 것은 실제로 아동이 자신의 정서적 삶에 우리를 초대하게 한다. 아동의 관심사와 자연스러운 욕구를 통해 우리는 아동이 무엇을 좋아하는지에 대한 그림을 얻을 수 있다. 따라서 오랫동안 함께 참여하고 통제된 상태를 유지하는 아동일수록 그 경험에서 마침내 발달적인 성장을 이루어내는 법을 배우게 된다(Hess, 2009).

사례

아동은 막대를 쥐지 않고서는 집 밖에 나가지 못한다. 이는 우리가 보기에 부적절하며 저지해야 하는 행동처럼 느껴진다. 하지만 이 물체의 무언가는 이 아동에게 의미가 있는 것이다. 따라서 우리는 먼저, 이 행동이 아동에게 왜 이렇게 의미가 있는지에 대해 스스로 물어야 할 것이다. 우리가 보기에 이상한 행동을 한다는 사실만을 가지고 아동이 자폐증과 같은 발달 지연이 있을 것이라고 하는 것은 너무 단순화시키는 것이다. 이는 매우 근시안적일 뿐 아니라 이와 같은 기이한 행동을 자극하는 기저의 원인을 이해하는 데 도움이 되지도 않는다. 아동을 이해하는 데 있어 핵심은 아동의 주도를 따라가 아동의 세계로 들어간 다음 아동을 공유된 정서적 경험으로 끌고 올 수 있는 정서적 연결고리를 형성하는 것이다. 이는 성인인 촉진자 또한 막대를 하나 찾아들고 아동의 행동을 따라 하는 것을 뜻한다. 그다음 두 막대로 천천히 두 사람 주변에 울타리를 치는 시늉을 하거나, 막대기가 사실은 비행기의 몸체인 것처럼 하여 발달 지연이 있는 아동이 상징의 세계로 들어올 수 있도록 돕거나, 놀이 촉진자가 이에 맞는 비행기 소리나 몸짓을 하는 등 사회적으로 적절하고 상호적인 제스처로 확장시켜나가는 것은 이 상호작용을 함께하는 성인의 몫이다.

다음 두 가지는 전술한 장면의 기저에 있는 DIR® 플로어타임™의 철학이다. 우리는 아동과 아동이 좋아하는 물건을 수용하고, 아동과 물건의 관계에 무언가 가치 있는 것이 있다는 것을 인식해야 한다(아동의 개인적이고 기저에 있는 신경학적 정보처리의 차이가 놀잇감 선택에 얼마나 많은 영향을 미치는지는 이 장의 뒷부분에서 논의하겠다). 또한 자신만의 고립의 세계를 벗어나 막대기를 고집했던 원래의 경험에서 공유된 놀이 경험으로 이행할 수 있도록 촉진해야 한다.

아동의 세계로 들어가기

아동의 주도를 따르는 것은 공식의 절반만을 채울 수 있다. 이 역동의 나머지 반은 플로어타임이 차지한다. 플로어타임은 아동의 세계로 들어가 아동이 기능적·정서적·발달적 과업을 각각 숙달하게 돕는 공유된 정서적 경험으로 아동을 끌어들이는 것이다. 정서적·사회적·언어적·인지적 발달에는 필수적인 기반이 있다. 우리에게 기능적 정서적 과업이라는 말은 관계 형성, 의사소통, 사고의 기반을 뜻하는 것이다(Greenspan, 2010).

더 큰 목표는 아동의 세계에 동참하는 것이다. 그다음에 우리는 아동을 공동의 세계로 끌어들여 아동을 교육하고, 주의를 기울이게 돕거나 집중하는 법을 가르치고, 진정한 온정으로 관계하며, 목적 있는 행동을 하고 주도권을 갖도록 하며, 비언어적인 제스처를 통해 우리와 주고받는 의사소통을 하여 결국에는 언어적인 소통을 하길 원한다. 우리는 아동에게 문제를 해결하는 법과 순서를 가르치고 주변 환경과 그 안에 있는 사람들과의 지속적인 상호작용에 참여할 수 있는 법을 가르치고 싶어 한다. 또한 아이디어를 창의적으로 사용하는 법을 가르치고 아이디어를 논리적으로 사용하며, 아이디어를 논리적으로 사용할 뿐 아니라 실제로 높은 수준의 반영적 사고, 공감, 세계에 대한 이해에 이를 때까지 발달의 단계를 올라가길 원하며, 결국에는 아동이 자신의 생각과 감정을 평가할 수 있게 되기를 바란다. 모든 아동이 가장 높은 수준의 반영적 사고에 이르게 되는 것은 아니지만, 거의 모든 아동은 발달의 단계를 올라갈 수 있고, 최적의 사회적·정서적·인지적·언어적·학습적 성장을 이루어 자신만의 기능적·정서적·발달적 과업을 숙달할 수는 있다(Greenspan, 2001). 중등도에서 중증의 발달 지연을 보이는 아동에게도 DIR® 플로어타임을 적용할 수 있는가에 대해 제기하는 놀이치료사들이 있다. 이에 대한 직접적인 답은 발달적 지연에 의해 심각하게 영향을 받는 아동에게도 적용이 가능하다는 것이다. 적절한 지지를 통해 우리는 그 아동을 앞으로, 그리고 위로 나아가게 할 수 있다.

사례

제인의 실제 연령은 5세이나, 현재 발달 연령은 생후 6개월 유아와 같은 상태이다. 아동은 기능적 언어를 보이지 않으며 장난감에 대한 관심이나 놀이를 할 능력도 없는 것으로 보인다. 중증 자폐 진단과 더불어 중등도에서 중증 지적장애의 공병 진단을 받았다. 아동은 대부분 목적 없이 놀이실에 들어오며 특정 시간 동안 어떠한 물건이나 어떠한 사람과도 관계를 유지하지 못한다. 팔을 펄럭거리는 것과 같은 자기 자극적인 행동을 지속적이고 수평적인 패턴으로 보이는 특유의 이상 행동을 보인다.

중증의 아동과 만날 때 놀이치료사들이 종종 직면하는 어려움은 아동이 어떠한 주도성도 보이지 못할 때 어떻게 아동의 주도를 따라가느냐 하는 것이다. 하지만 이것이 플로어타임의 미학이다. 이러한 경우 아동의 DIR®(발달적 능력, 기저에 있는 신경학적이고 정보처리적인 차이점으로 환경-아동 간의 관계를 사용해 아동을 공동의 경험 속으로 끌어들이는 방식이 되는 것)을 이해할 수 없는 한, 이 개입의 놀이치료 부분에 해당하는 플로어타임을 할 수 없다. 아동의 DIR®을 앎으로써 임상가는 타당화 경험('멋진 데이트'와 같은)을 만들어주는 방식으로 아동의 세계에 들어가는 법과 아동의 세계가 어디에 있는 것인지를 알게 된다. 명백한 인지적 지연에도 불구하고 복잡한 사고를 하는 인간이 될 수 있도록 발달적으로 진전하게 하려면, 우리는 아동이 스스로를 조절하고 관여를 유지하는 기본적인 능력을 갖게 해야 할 것이다.

제인이 '주도'하는 것은 손을 움직이는 것뿐이었기 때문에, 치료사는 이를 통해 접근해야 했다. 치료사는 놀이로 자신의 손을 아동의 자기 자극적인 손과 팔 동작에 얹었다. 치료사는 5세 여자아이와의 놀이를 염두에 두고 접근하지 않았다는 점에 유념해야 한다. 치료사는 제인을 어린 여자아이의 발달 수준에서 만났다. 다시 말하면 치료사의 머릿속에서 그녀는 지금 6개월 된 아기와 놀이를 하고 있는 것이다. 치료사는 개입법과 기대치를 그 수준으로 낮추는 동시에 관계를 사용하여 아동의 근본적인 정보처리 문제에 다가간 것이다. 이에 아동이 하는 팔동작의 속도가 줄어들었고, 방금 전까지만 해도 혼란에 가까운 행위였던 것이 이제는 규칙적이고 시작과 끝이 있는 박자가 형성되었다. 치료사는 동작의 속도를 늦추고 박자를 조절하는 동시에 목소리와 얼굴 표정을 사용해 정서적인 만남을 이끌어냈다. 그다음 치료사는 동요를 부르기 시작했다. "열렸다, 닫혔다, 열렸다, 닫혔다, 짝짝짝." 이제까지 쳐다보거나 집중하지 못하는 것처럼 보였던 제인이 갑자기 호기심 어린 눈으로 치료사의 얼굴을 바라보았다. 아동은 놀랍고 호기심에 찬 모습이었다. 치료사는 바로 이 아동에게 첫 번째 놀이의 기반이 되는 게임인 짝짜꿍을 알려주었다. 아동의 발달 연령과 더욱 복잡한 사고를 하는 아동의 능력은 모두 한 놀이 회기만에 6개월에서 9개월로 향상된 것이다.

아동의 주도를 따라가 성취를 이끌어내기

'아동의 주도를 따라가는 것'을 통해서 아동이 실제로 결정적인 발달 과업을 숙달하도록 하려면 어떻게 해야 할까? 가령, 아동이 치료사와의 상호작용으로부터 달아나려고 할 때, 공유된 주의의 첫 단계를 연습하도록 돕기 위해 우리는 놀이 파트너를 아동의 앞에 있도록 하여 물리적으로 아동이 상호작용을 떠나지 못하게 하는 게임을 유도해볼 수 있다. 아동을 막는 행동은 아동으로 하여금 놀이 파트너에게 짜증을 내더라도 어떤 방식으로든 파트너와 관여를 해야만 하게 만든다. 이로써 공유된 주의의 기반이 되는 아동의 첫 번째 행동이 나타나게 되는 것이다. 놀이 파트너는 재미있는 장애물을 더 많이 첨가함으로써 단계를 심화시켜 나갈 수 있다(예 : 아동에게 통행권이나 통행료를 내라고 요구하는 것 등). 이러한 전략은 아동으로 하여금 치료사에게 주의를 기울이게 하여 공유된 주의력을 갖고 관여도를 유지하는 데 도움이 된다. 흥미롭게도 아동은 장애물을 치우려고 하기 때문에(이 경우에는 치료사가 방해물에 해당) 이는 목적 있는 행동의 시초가 되기도 한다. 아동이 장애물을 빗겨가려 노력할수록 치료사는 '모르는 척'하며 아동이 당면한 장애물을 해결해야만 하는 상황을 만들어 낸다. 이는 맹목적이고 회피적인 아동을 위한 것으로 놀이적인 장애물 전략이라 한다.

사례

다섯 살 된 이안은 중등도 수준의 자폐를 가진 남자아이로, 아무런 생각 없이 놀이실에 들어와 분필을 집어 들고 바닥에 아무렇게나 떨어뜨렸다. 이전에 어머니는 아동이 그림, 색칠공부, 자르기와 같은 것에 연령에 적절한 관심을 보이지 않는다고 걱정하며 아동의 발달 수준이 또래들과 점점 격차가 벌어져서 염려된다고 보고했다. 부모의 주호소 문제를 고려하여 치료사는 놀이실 대신 야외에서 활동을 하기로 결정했다. 치료사는 분필이 떨어지는 것에 대해 흥미를 갖는 아동의 주도성을 따라갔고, 분필로 보도에 그림을 그림으로써 아동의 생각의 연장선에서 놀이를 이어갔다. 밖으로 나온 뒤, 치료사는 아동을 무릎에 앉혀 도망가는 것을 방지하고, 놀이 활동에 대한 저항감을 촉진하는 불안을 줄이고 조절하는 데 도움이 되는 자기 수용적 자극(압력감)을 제공함으로써 아동이 보다 통제되고 관여할 수 있도록 했다. 치료사는 손을 번갈아가면서 아동에게 분필 한 조각을 건넸다. 이안은 이 활동을 단호하게 거절하고 분필을 가져가려는 치료사의 손으로부터 자신의 손을 빼냈다.

치료사는 지금 어떤 생각이 드는가? 이 질문은 아동이 놀이적 장애물을 얼마나 더 버텨줄 수 있고 치료사가 얼마나 더 이것을 추진해도 되는지에 대해 고민할 때 생각해봐야 할 문제이다. 플로어타임의 기본적인 원칙 중 하나는 "안 된다는 대답은 없다."는 것이다. 다시 말해 치료사가 아동을 발달적으로 나아가게 하려고 했던 첫 번째 시도에서 아동의 저항에 막혀 뒤로 물러나서는 안 된다는 것이다. 이러한 경우 첫 번째 단계는 아동이 분필 한 조각을 손으로 쥐고 있을 만한 신체적인 능력이 있는지 확인함으로써 아동의 실제 능력을 명확히 파악하는 것이다. 작업치료 기법을 활용하여 치료사는 강아지 인형에게 먹이를 줄 수 있는지 관찰함으로써 아동의 파지력(pincher grasp, 엄지와 검지로 쥐는 능력)이 적절한지를 확인한다. 이것에 기저한 생각은 그림 그리기에 대한 아동의 거부감이 강아지에 대한 애정으로 극복될 것이라는 것이다. 이안은 정말로 강아지에게 올바른 손동작으로 먹이를 줄 수 있었다. 이는 치료사로 하여금 상호작용을 확장시켜 아동에게 강아지의 이름을 분필로 그리게 하고 파지력을 다시 활용해 머핀 조각(이전에 사회성 기술 훈련 중 베이킹 활동에서 남은 것)으로 강아지 이름 주변에 무늬를 넣어주도록 한 뒤 강아지에게 "네 이름을 먹어."라고 지시하도록 했다. 이렇게 했을 때 아동은 분필로 그림을 그리도록 한 것에 저항하지 않았고 이안은 '살아 있는 인형'을 통해 즐거운 마음으로 과제에 대한 거부감을 재미있게 극복하고 결국에는 발달적으로 한걸음 나아갈 수 있었다.

놀이 장애물 전략의 목표는 한편으로 아동의 주도를 따라가면서 다른 한편으로는 아동이 기능적이고 정서적이며 발달적인 각각의 목표들을 숙달하는 데 도움이 되는 기회와 과제들을 만들어내는 것에 있다. 이는 플로어타임의 양극단에 있는 변증법이다. 아동의 리듬 안에서 만나는 동시에 새로운 발달 단계를 숙달할 기회를 제시하는 체계적인 과제들을 만들어내는 것이다. 이러한 체계적인 과제 안에서 수많은 플로어타임의 독특한 기법과 전략이 적용되는 것이다.

놀이치료사로서 우리는 항상 현재의 발달 수준에서 아동의 능력을 확장시키도록 노력해야 한다. 다시 말하면 플로어타임의 기본 원리는 아동이 조금이라도 목적 있는 행동을 할 능력을 보일 경우 다음 단계로 목적성이 높은 행동을 하도록 촉진해야 한다는 것이다. 아동이 주고받는 상호작용을 열고 닫을 수 있다면(의사소통의 순환) 우리는 아동이 이러한 호혜적인 상호작용을 50~60개씩 이어갈 수 있도록 놀이적인 방법을 통해 이러한 능력을 확장시켜 주어야 한다(Greenspan, 2010).

아동의 주도를 따라가면서 각각의 기능적이고 정서적이며 발달적인 단계들을 숙달하도록 지속적으로 자극하는 플로어타임 상호작용에 참여하기 위해서 우리는 아동의 개별적이고 기저에 있는 신경학적 정보처리 특성에 대해 알고 있어야 한다. 특정한 아동만의 독특한 발달적 결함은 감각적·사회적·운동적인 측면에서 나타날 수 있고, 이는 치료사의 자각을 일깨우고 개입의 시작점이 된다. 가령, 어떤 아동이 촉감과 소리에 무감각하다면 놀이 파트너는 아동을 공동의 세계로 끌어들이기 위해 매우 활동적이어야만 할 것이다. 반대로 촉감과 소리에 과민 반응하는 아동이 있다면(예 : 특정 소리가 나면 귀를 막거나 쉽게 흥분하는 경우), 놀이 파트너는 아동을 끌어들일 수 있으면서도 특별히 더 차분해야 할 것이다. 많은 아동의 경우 **혼재된 프로파일**을 보이는데, 이러한 경우 다양한 상황에서 환경적인 자극에 대해 과민 반응하면서도 동시에 무반응적인 모습을 보이는 등, 혼재된 양상을 나타낼 것이다. 이러한 상황에서는 놀이치료사는 아동을 진정시키면서 자극해야 하고(예 : 부드럽지만 활기찬 귓속말로 다가가기 등) 아동의 내적·외적인 '박자'에 속도를 맞추어야 한다 (Greenspan, 2001).

놀이 시간이 재미있을수록 아동이 앞으로의 정서적 경험에 투자할 가능성이 높기 때문에, 치료사는 아동의 청각적 정보처리 능력과 언어적 능력에 대해서도 인지하고 있어야 한다. 청각적 정보처리 능력은 청력 자체보다는 청각적인 메시지를 뇌가 어떤 방식으로 처리하는지와 더 관련이 깊다. 저자는 종종 치료사들에게 휴대전화 통신 상태가 좋지 않아 소리가 아예 안 들리는 것은 아니면서 계속 소리가 끊기거나 혼선이 되는 경우를 떠올려보도록 한다(Hess, 2009). 마찬가지로 청각적 정보처리에 결함이 있는 아동에게 청각적인 메시지는 잘 읽히지 않기 때문에 이 아동은 증상적으로 외부 세계에 접촉하지 않는 아동과 유사해 보인다. 많은 사례에서 놀이 파트너가 정보처리의 결함을 고려하지 못해 너무 빠르게 말하거나 아동의 발달 수준에 비해 너무 복잡하게 말하는 경우가 있다. 이런 경우야 말로 DIR® 을 염두에 두어야 할 때이다. 청각 자극에 대한 통제에 있어 아동이 놀이 파트너의 수준을 따르도록 요구하기보다는, 현실적으로 지금의 발달 수준을 평가하고 개인적이고 기저에 있는 신경학적인 결함(이 경우 청각적 정보처리 문제)을 고려하여 아동의 결함에 도움을 주기 위해 관계를 활용해야 할 것이다. 예를 들어, 치료사는 단조로운 지시나 요구보다는 "문 열어?"와 같이 짧고 강렬한 말로 아동에게 접근할 수 있다.

시공간적 정보처리의 측면에서 어떤 아동은 뛰어난 시각적 기억을 가졌지만 시각적 문제 해결은 잘하지 못하기도 한다. 이에 따라 치료사는 아동이 함께하는 세계를 경험할 수 있도록 돕기 위해 시각적 기억력을 증진시키는 여러 시각적 단서를 활용해야 할 것이다. 또한 많은 아동은 운동 문제와 순차적 능력의 결함을 함께 갖고 있는 경우가 있다. 이러한 문제를 다루기 위해 우리는 간단한 행동으로 시작해서 점차 복잡한 행동 패턴으로 나아가야 한다. 아동에게 기저해 있는 신경학적인 정보처리 결함에 맞춰 우리는 아동이 보다 복잡한 수준의 발달에 도달하도록 자극해줄 수 있다(Greenspan & Wieder, 1999).

사례

네 살 된 요셉은 고기능 자폐를 가진 남자아이로, 교사 대 학생의 비율이 1 : 16이고 도우미가 없는 완전 통합교실에서 수업을 받는다. 아동에게 기저하는 신경학적인 정보처리 문제가 있음을 알게 된 첫 번째 계기는 11월에 어머니가 아동에게 긴팔과 긴바지를 입혔는데도 불구하고 요셉이 원래 입었던 옷을 사물함에 벗어두고 테니스 반바지와 티셔츠로 갈아입었을 때였다. 이 옷은 학교에서 매일 입는 교복이었다. 이 행동 자체가 반드시 어떤 병리를 의미하지는 않지만, 몸에 닿는 여러 감촉들을 인내하는 능력에 '빨간 불'이 켜진 것이 확인된 것으로, 앞으로 촉각에 대한 아동의 거부감이 학습 능력에 영향을 미칠 수 있다는 점을 감안해야 했다. 요셉은 현재 교실에 있는데, 아침에 친구들끼리 바닥에 둘러앉아 놀이하는 것에 약간의 관심을 보인다. 아동은 두 달째 학교에 다니고 있지만 혼란스러워 보이고 어디에 앉아야 하는지 정확히 모르는 것 같다. 카펫에는 아동의 '자리'라고 명확히 표시된 게 없다. 따라서 요셉은 입실 후 상당 시간을 자신의 자리를 찾는 데 보내고 있다. 이제 선생님이 다음 과목을 시작한다. H, M, 또는 B로 시작하는 물건을 집에서 가져오라는 숙제에 대해 요셉이 친구들에게 이야기하고 있을 때, 오늘 점심 특식에 대한 교내 방송이 흘러나온다. 방송과 선생님의 지시가 뒤섞여 청각적 메시지의 충돌이 일어나자 요셉은 상당히 혼란스러워 보인다. 하지만 요셉에게는 대처 능력이 있다. 주위를 둘러본 다음, 친구들의 행동과 몸짓을 열심히 따라 하려고 애쓴다. 손을 드는 친구를 보고 사물함에 가도 되는지 물어보기 위해 요셉도 손을 든다. 요셉은 친구가 질문을 하고 나서 한 박자 반을 쉰 다음 손을 들고 질문을 한다. 이것은 정보처리 지연을 뜻하며, 지금으로써는 학습적인 측면에서 심각한 문제가 되지는 않지만 이후 학습 과제에 있어서는 문제가 될 소지가 있다. 이제 친구들과 같이 가도 좋다는 말에 요셉은 사물함으로 간다. 아동은 매우 혼란스러운 것처럼 보인다. 선생님이 자신에게 무엇을 원하는 건지 모를 뿐 아니라 표시가 되어 있지 않은 자신의 사물함이 어디 있는지도 알 수가 없다. 아동은 멍한 모습으로 바닥에 앉는다.

치료사들이 DIR® 플로어타임™을 활용할 수 있는 많은 방법 중 하나는 아동의 강점을 먼저 파악하는 것이다. 요셉은 분명 시각적으로 학습하는 아동이다. 이 아동은 친구들을 따라하려고 열심히 노력하며 전반적으로 상당히 수용적이다. 치료를 계속하기 전에 아동의 강점에 초점을 맞추어야 하는 이유는 무엇일까? 멋진 데이트 비유를 떠올려보면, 치료사와의 관여를 지속하고 배우고 궁극적으로는 발달적으로 나아가고자 하는 아동의 욕구를 강화시킬 수 있는 유효한 감정적 경험을 치료사와 아동과 나누고 그게 무엇이 되었건 현재 아동이 가진 능력에 초점을 맞춘다면, 이는 그 자체로서 치료의 시작이자 관계의 강화인 것이다. 아동은 유효하다고 느낄 때 도망가지 않고 치료사가 자신을 자극할 수 있도록 허용해줄 것이다(Hess, 2009).

요셉의 경우 아동의 기저에 있는 신경학적 어려움에 도움을 주기 위해 많은 전략이 동원되었다. 시각적으로 학습하는 요셉은 선생님이 교실에 전략적으로 배치해놓은 여러 시각적 단서들을 통해 도움을 받을 수 있었다. 이러한 단서에는 특히 스트레스를 받거나 압도된 상황에서 운동 계획에 어려움을 보이는 요셉에게 도움이 되도록 다양한 색과 질감을 통해 자리를 구분해놓은 카펫도 포함되어 있었다. 마찬가지로 사물함에는 요셉의 사진을 달아두어 물건을 찾을 수 있게 했다. 선생님은 요셉의 청각적 정보처리 능력의 문제 또한 파악하게 되었다. 따라서 구두로만 지시사항을 전달하는 대신, 교실에 시각적인 지도나 일정표 등의 도구를 비치하여 아동이 적어도 한 종류의 메시지(구두/시각)는 이해할 수 있게 했다. 요셉은 친구들에게 도움을 청하는 방법을 모르지만, 친구들에게 호기심이 있고 몸짓과 행동을 따라 하고 싶어 한다는 것도 발견하게 되었다. '관대한 아동들'은 발달적 문제를 가진 아동을 이해해주었고, 이러한 아동들은 모든 반에 몇 명씩 있었다. 이 아동들은 자폐적이고 자기 자극적인 행동에 위협을 느끼지 않았고 특수 아동의 난해한 행동에도 흔들리지 않았다. 전형적인 발달 단계를 거치지 않는 아동의 행동에 대해 연민을 느끼고 제외시켜주는 친절한 성인들과는 달리, 또래 아동들은 대체로 스펙트럼 아동에게 사회적 활동에 온전히 참여할 것을 요구했다. 선생님들은 자폐 아동의 부모에게 이러한 '관대한 아동들'을 파악해서 치료적 과정의 일환으로 또래 놀이 대상을 만들어주도록 해야 한다(Hess, 2009).

양육자에 대한 경고

양육자, 가족, 그리고 치료사로서 우리 스스로에 대해서도 관심을 기울일 필요가 있다. 우리의 강점과 약점은 무엇인가? 우리가 쉽게 할 수 있는 것은 무엇인가? 나는 활동성이 높아 많은 에너지와 노력을 필요로 하는 무반응적인 아동과 잘 맞지만 아동을 잘 달래지는 못하는가? 아니면 잘 달래주고 진정이 필요한 과민한 아동이 편하지만 무반응적 아동의 활동 수준을 끌어올리기에는 힘이 드는가? 나의 개인적 한계에 부딪힐 때 아동의 회피를 나에 대한 거절로 지각하고 철회하는가? 아니면 아동의 회피를 도전으로 여기고 너무 노력하거나 침해하면서까지 아동이 나와의 관계에 가담하도록 요구하는가? 나 스스로의 성격과 가족 양상, 치료적인 기술과 전략 등에 주의를 기울임으로써 자신의 능력에 가장 잘 맞는 임상적 결정을 할 수 있고, 아동을 성공으로 이끄는 학습적 상호작용을 만들어낼 수 있다(Greenspan, 2010).

치료사들은 상호작용을 어떻게 형성하고 유지하는지에 대해 계속해서 질문한다. 여기서 핵심은 아동의 주도로부터 시작하고 그 과정을 수용 및 표현하는 것과 각 상호작용 뒤에 반드시 어떤 결과물이 나타나야 한다는 압박에서 벗어나는 것이다. 목표는 아동이 무엇을 하는지 관찰하고 이에 맞는 속도와 움직임을 찾아서 아동이 이미 하고 있는 것에 함께 참여할 수 있도록 노력하는 데 있다. 다음 단계는 아동이 치료사의 존재를 견뎌주기만 하는 상태에서 모방적인 몸짓을 통해 아동을 발달적으로 한 단계 진전시키기 위한 제스처를 취하는 것이다.

이렇게 상호작용에 호혜성이 생기고 서로 왔다 갔다 하는 리듬과 주의력, 참여하기와 목적 있는 의사소통이 충분히 나타나게 되면, 다음으로 우리는 의사소통이 더욱 확장되도록 작업해야 할 것이다. 자폐와 같은 발달적인 문제를 가진 아동에게 가장 어려운 것은 의도적인 언어적·비언어적 제스처를 사용해 지속적인 흐름을 이어가면서 대화를 주고받는 것이다. 이 목표를 달성하기 위해 놀이치료사는 여러 개의 장애물을 제시하여 아동이 원하는 것을 얻기 위해서 지속적으로 치료사와 상호작용을 하도록 만들어야 할 것이다.

사례

샐리는 법적 보호자인 이모와 이모부를 따라서 내원한 3세 여아이다. 아동은 계속 밖으로 나가려고 한다. 치료사는 아동의 요구에 그냥 응해주지 않고 이것을 10단계 과정으로 나누어 훨씬 더 복잡한 목표를 부여한다. 나가고 싶다고 표현하면서 다가오는 아동에게 이모는 "문이 너무 무거워서 못 열겠어. 아빠 좀 불러 와." 하고 말한다. 샐리는 이제 이모부를 찾아야 하고, 이모부는 사회적인 상호작용을 지속시키기 위해 자신만의 재미있는 장애물을 활용한다. 이모부는 "손잡이가 어디 있는지 알려줄래?"라고 말한다. 아동이 이모부에게 손잡이를 보여주자 이번에는 "문 좀 같이 당겨줘." 하며 끙끙거린다. 샐리는 이모부가 내는 소리를 따라 하면서 밖으로 나가게 되는 과정에 함께 참여한다. 성인 놀이 파트너가 이 장면에서 첫 번째 언어를 가져옴으로써 이 모든 과정을 더욱 복잡하게 만든 것이다. 이러한 과정을 이끄는 데 있어 치료사들이 사용하는 동작이나 몸짓 등은 다양하다. (Greenspan, 2010)

결론적으로 DIR® 플로어타임™에서는 훈련의 대상인 치료사와 부모 또는 보호자 등이 아동의 주도를 따라가는 것과 아동의 세계로 들어가는 것 사이의 간극을 이해해야 한다. 이런 이해를 바탕으로 할 때만이 아동은 함께하는 세계로 '이끌어'질 수 있고, 우리는 아동에게 기쁨을 주는 것을 찾아주는 동시에 기능적이고 발달적 과업의 각 단계를 시도해보도록 도전시킬 수 있다. 이는 아동이 소리, 시야, 동작 등의 자극을 처리하고 감각을 조절하는 방식에 기여하는 개별적인 신경학적 특성에 주의를 기울인다는 것을 뜻한다. 또한 이는 가족 간 패턴과 놀이치료사로서의 개인적인 반응에 주의를 기울인다는 의미도 포함한다. 이는 아동의 세계에 들어가고 아동의 독특한 신경학적 체계에 맞춘 상호작용을 제공함에 있어 치료적 기술과 통찰력에 도움이 될 것이다. 이것이 놀이를 이용한 개입의 기본이며, DIR® 플로어타임™이 하루 20분씩 6~10회 이루어지는 놀이 기반 개입의 한 기법에 지나지 않는 이유이다. 플로어타임은 학교, 가정, 그리고 아동과 상호작용하는 모든 기회에 적용되는 생활양식이자 철학이라고 할 수 있다.

DIR® 플로어타임™ 접근법 기반의 근거

근거 기반 치료는 과학적으로 엄격한 연구와 임상 증례, 그리고 적절한 치료적 판단과 비용 효율이 높은 서비스를 제공하는 치료사의 특성 등을 통합한다(Weisz & Gray, 2007). 개입의 효과를 측정하는 첫 번째 단계는 측정하고자 하는 요인들을 결정하는 것이다. 개입의 핵심을 특정한 행동이 기본 능력 또는 '핵심적인 결함' 등으로 삼고 이를 측정하는 행동학적 접근법과는 달리, DIR® 플로어타임™과 같은 발달 프로그램에서는 상호작용적인 행동 패턴의 복잡한 변화를 통해 향상을 확인할 수 있다.

발달적인 능력에서는 공유된 주의, 친밀하고 따뜻하며 신뢰할 수 있는 관계를 형성하는 능력과 자발적 의사소통을 이끄는 사회적인 참여와 목적 있는 행동을 주도하는 능력에서의 개인의 변화를 측정한다. 또한 공동조절(coregulation) 능력과 이를 통해 타인의 감정에 적응할 수 있는 능력을 평가함으로써 문제해결 능력을 살펴본다. 개인의 창의력과 더불어 자기감 또는 핵심 신념을 발달시키면서 논리적이고 분석적으로 사고하는 능력 또한 평가하게 된다(Cullinane, 2009).

발달 모델에서는 개인의 정보처리 특성과 아동만의 독특한 생물학적 프로파일에 기초하여 조율된 개입을 해야 하는 필요성, 부모-자녀 관계의 특성 등에 대해 강조한다. 이와 같이 측정되는 모든 요인은 복잡할 뿐 아니라 개인의 신경학적 체계에 대한 다양성이 방대하기 때문에 발달적 체계의 효율성에 대한 연구는 해당 접근법에서 전반적으로 나타나는 요소들을 평가하는 것으로 발전되었다. DIR® 플로어타임™ 접근법의 세 가지 주요한 특성을 통해 이러한 요소는 다음과 같이 요약되었다.

> D : 발달적 체계(developmental framework)
> I : 기저의 신경학적 정보처리 특성(underlying, neurological, processing differences of a child)
> R : 관계 및 연속된 정서적 상호작용(relationship and subsequent affective interactions)

D : 발달적 체계

발달적인 접근법에서는 발달적 맥락 또는 변화적인 과정에서의 행동과 학습을 고려한다. 1997년, DIR® 플로어타임™의 긍정성에 대한 첫 번째 지지 연구에서는 자폐스펙트럼장애로 진단받았던 200명 아동의 차트를 검토했다. 검토의 목적은 현재 나타나는 증상의 패턴, 기저하는 정보처리 결함, 초기 발달, 개입에 대한 반응을 확인함으로써 추후 연구에 대한 가설을 설정하고자 하는 것이었다. 차트 검토 결과 자폐스펙트럼장애 진단을 받은 일부 아동에게서 적절한 개입 이후 공감 능력, 정서적 호혜성, 창의적 사고, 건강한 또래관계가 관찰되었다(Greenspan & Wieder, 1997). 200사례를 바탕으로 Greenspan과 Wieder는 2000년에 DIR® 플로어타임™ 모델에 대한 완벽한 설명서를 출간하게 되었다(ICDL, 2000). 2005년에는 Greenspan과 Wieder가 200사례 시리즈에 포함되었던 16명의 자폐스펙트럼장애 아동에 대한 10~15년간의 추적 연구 결과를 발표했다. 저자들은 치료법으로 DIR® 플로어타임™을 적용했던 아동들이 치료 10~15년 후 공감적이고 창의적이며 반영적인 청소년으로 성장하게 되었으며 건강한 또래관계를 맺고 적절한 학습 능력을 갖추었다고 기술했다(Greenspan & Wieder, 2005).

연구 결과 DIR® 플로어타임™ 모델은 행동을 이해하는 데 정확한 발달적 체계를 제공하는 방식임이 확인되었다. 보편적으로 사용되는 소아과적 평가 도구인 베일리영유아발달검사(Bayley Scale of Infant Development)에서는 DIR®의 주요 단계들을 적용하고 있으며, 특히 사회적·정서적 발달 수준을 측정함에 있어 Greenspan의 사회적–정서적 성장 차트(Social-Emotional Growth Chart, SEGC)를 활용하였다(Greenspan, 2004). 2007년에 Solomon과 동료들은 가정을 기반으로 한 버전의 DIR® 플로어타임™ 모델이자 자폐스펙트럼장애 아동 및 부모를 위한 모델인 '놀이 프로젝트를 위한 가정 상담(Play Project Home Consultation, PPHC)'에 대한 평가를 발표했다. 평가 결과 아동들은 DIR® 플로어타임™을 활용한 8~12개월간의 프로그램이 종료된 후 다른 소아과적 평가 도구인 기능적·정서적 평가척도(Functional Emotional Assessment Scale, FEAS; Greenspan & Degangi, 2001)의 아동 소척도에서 유의미한 향상을 보였다(Solomon et al., 2007).

I : 개인에 기저하는 신경학적 정보처리 특성

1979년, 캘리포니아 주 토런스의 작업치료사인 Jean Ayres는 아동의 감각적 정보처리 능력이 자신의 세계에 스스로를 통합시키는 방식과 학습하는 방식에 어떻게 영향을 미치는지에 대해 발견하게 되었다(Ayres, 1979). 이러한 혁신적인 생각은 아동의 움직임과 조절적인 행동의 중요성을 이해하는 새로운 방식을 제공했고, 자폐와 같은 발달적 어려움을 가진 아동에게 나타나는 걱정스러운 일부 행동들이 설명되었다. 지난 40여 년 동안 방대한 연구를 통해 감각운동적 정보처리와 관련된 생물학적인 특성과 정서 조절의 영향이 밝혀졌다. 2001년에 미국 국립과학원(National Academy of Science)의 국립연구위원회(National Research Council)에서는 '자폐 아동에 대한 교육'이라는 제목의 보고서를 출간했고, 이

를 통해 각 아동의 독특한 생물학적 프로파일에 맞게 조율된 치료 접근법의 필요성이 대
두되었다(Committee on Educational Intervention for Children with Autism, 2001). Lillas와
Turnball(2009)은 논문을 통해 모든 행동이 어떤 방식으로 두뇌 감각체계의 영향을 받는지
에 대해 기술하였다. 이들은 유아의 감각적 능력은 인간 상호작용에 반응하도록 유전적으
로 준비가 되어 있으며 부모의 손길, 얼굴, 목소리, 동작 표현 등을 통해 부모와의 직접적 관
계로 전환하게 된다고 기술했다. 부모-아동 간 상호작용과 감각적 활동은 발달 중인 아동
의 두뇌에서 신경세포망과 신경학적 통로들을 형성한다. 이는 아동-부모 간 놀이 상호작용
에서 발생하며 감각운동적 변화의 순환고리가 된다(Lillas & Turnball, 2009).

R : 관계와 정서

발달 모델은 유아 정신건강 영역에서 수년간 많은 발견들을 통해 진화해왔다. 1950년대
부터 부모-자녀 간 상호작용의 중요성에 대한 새로운 이해가 생겨나기 시작했다(Bowlby,
1951). 초기 관계와 가족 기능의 중요성에 대해 강조해온 수년간의 발달심리 연구를 기반
으로 Stanley Greenspan 박사와 그의 파트너인 Serena Wieder는 애착 문제에 있어 고위험군
에 해당하는 유아들과 어머니의 상호작용에 대해 함께 연구하기 시작했다(National Center
for Clinical Infant Programs, 1987). 이후 부모-자녀 간 상호작용의 중요성을 확인하는 연
구 결과들이 이어졌고, 특히 공동 주의 및 정서적 조율과 관련하여 부모-자녀 관계 강화
에 초점을 둔 개입 프로그램의 중요성이 제기되었다(Mahoney & Pearles, 2004). 2006년에
Gernsbacher는 부모-자녀 간 관계에 대한 치료 개입 자체만으로 부모의 상호작용하는 방식
이 변화하고, 그 결과 호혜성이 증가되며, 이러한 변화들이 사회적 참여와 언어에 있어 긍정
적인 변화와 상관관계를 보인다는 결과를 논문에 게재했다. UCLA의 Connie Kasari와 동료
들(Kasari, Paparella, Freeman, & Jahromi)은 2008년에 무선할당 통제를 사용해 58명의 자폐
아동에게서 공동 주의와 상징적 놀이를 관찰했다. 그 결과 발달 모델을 적용했던 치료집단
에서 행동학적 원칙만을 기반으로 한 통제집단에 비해 표현 언어의 증가가 더 높은 것으로
나타났다. 가장 최근에는 심리생물학자인 Colwyn Trevarthen(Malloch & Trevarthen, 2009)
은 주 양육자와의 관계에서 나타나는 유아의 의도성이 음악적인 교환을 촉진한다는 개념을
소개했다. 그는 **의사소통적 음악성**(communicative musicality)이라는 용어를 사용해 모자간의
정서적인 일치를 돕는 아기들의 자연적인 음악적 소질에 대해 설명했다. 그는 심각한 정서
적 문제 때문에 아동과의 자연적이고 율동적인 관계에 어려움을 겪는 어머니들의 자녀가 갖
게 되는 사회적이고 정서적인 문제에 대해서도 논했다.

결론 : DIR의 통합과 적용

이제 자폐는 다양한 두뇌 기능 간 통합의 장애로 인식되고 있다. 최근 연구들은 자폐 장애에서 나타나는 광범위한 행동 문제의 기반이 되는 신경학적 의사소통 결함을 이해하는 것에 초점을 두고 있다(Cullinane, 2009). 발달적인 치료 개입은 감각 통합, 의사소통, 운동 체계 등의 통합을 증진시키기 위해 정서를 활용하는 방향으로 나아갔다. 이와 같은 맥락에서 신경 영상학적 연구들에서도 정서적 경험이 실제로 어떻게 두뇌 발달과 성장에 영향을 미치는지에 대해 심도 있는 설명을 내놓고 있다. Siegel(2001)은 유아기에 조율된 관계가 어떻게 이후 사회적·정서적 발달에 영향을 미치는 두뇌 구조의 변화를 가져오는지에 대해 기술했으며, 최근 캐나다 요크대학교의 Milton and Ethel Harris Research Initiative의 Casenhiser, Stieben, Shanker(2010)를 통해 사건관련전위(event-related potential, ERP)와 뇌파검사(electroencephalography, EEG) 측정을 사용해 집중적인 DIR® 플로어타임™ 이후의 행동적이고 신경생리학적인 변화를 연구했다. 논의 부분에서도 발달 지연을 보이는 성인에게 DIR® 플로어타임™의 기본 원칙을 적용하는 방식에 대해서 다루었다(Samson, 2010).

연구를 통해 자폐의 병인론, 병리생리 및 치료 접근법의 효용성에 대한 이해를 증진시키고자 하는 노력이 계속되고 있는 만큼 임상적 경험 또한 축적되고 있다. DIR® 플로어타임™은 미국 소아학회(American Academy of Pediatrics)의 자폐를 위한 도구집(Toolkit for Autism)에서 자폐 아동을 위한 치료 방법 중 하나로 공식적으로 인정하는 두 가지 접근법 중 하나이다(Myers & Johnson, 2007). 이제는 자폐 아동 및 청소년 치료를 위한 10개 이상의 학교 프로그램이 6개의 주(캘리포니아, 뉴욕, 뉴저지, 조지아, 플로리다, 유타)에서 활성화되어 있으며, 이들은 모두 DIR 플로어타임 접근법을 근간으로 삼고 있다(ICDL, 2010). 최근 2010년 9월에는 캘리포니아 주 로스앤젤레스의 한 판사가 동부 로스앤젤레스에 거주하는 한 자폐 아동 가족에게 DIR® 플로어타임™ 치료 지원금을 주에서 지급할 것을 허용했다(Zarembo, 2010).

자폐의 복잡성을 심도 있게 이해하기 위한 노력은 계속되고 있다. 세계적으로 자폐의 진단이 증가하고 있고(Kogan et al., 2009) 자폐 병인론과 관련된 특정 정보들이 결핍된 상황을 고려하여 놀이치료사들은 아동의 발달에 영향을 미치는 관계와 상호작용, 개인에 기저하는 신경학적 정보처리 특성에 대한 지식과 이해를 넓힐 필요가 있다(Greenspan & Wieder, 2005). 2009년 9월 Zero to Three에서는 놀이의 중요성, 특히 사회적·정서적·인지적 발달을 돕는, 자발적이고 아동이 주도하는 사회적 놀이 경험의 역할이 중요하다는 것을 강조했다

(Hirschland, 2009). 연구들은 계속되고 있지만, 발달 지연을 보이는 아동과 가족들에게 DIR®
플로어타임™과 같은 발달적 접근법을 선택할 수 있게 해주는 노력 또한 필요할 것이다.

참고문헌

Ayres, J. A. (1979). *Sensory integration and the child.* Los Angeles: Western
Psychological Services.

Bowlby J. (1951). *Maternal care and mental health.* World Health Organization
(WHO) Monograph Series, no. 51. Geneva: World Health Organization.

Casenhiser, D., Stieben, J., & Shanker, S. (2010). *Learning through interaction.*
Retrieved from http://research.news.yorku.ca/2010/08/11/ontarios-lieuten-
ant-governor-visits-yorks-Milton-Ethel-Harris-research-initiative

Committee on Educational Intervention for Children with Autism. (2001).
Educating children with autism. C. Lord & J. P. McGee (Eds.). Division of
Behavioral and Social Sciences and Education, National Research Council.
Washington, DC: National Academy Press.

Cullinane, D. (2009). Evidence base for the DIR*/Floortime approach. Retrieved from
http://www.drhessautism.com/img/news/EvidenceBasefortheDIR*Model
Cullinane0901 09.pdf

Gernsbacher, M. A. (2006). Toward a behavior of reciprocity. *Journal of
Developmental Processes, 1,* 139–152. Retrieved from http://psy.wisc.edu/
lang/pdf/gernsbacher reciprocity.pef

Greenspan, S. I. (2001). The affect diatheses hypothesis: the role of emotions in the
core deficit. In autism and the development of intelligence and social skills.
Journal of Developmental and Learning Disorders, 5, 1.

Greenspan, S. I. (2010). Floor Time™: What it really is, and what it isn't. Retrieved
from http://www.icdl.com/dirFloortime/newsletter/FloortimeWhatitReallyis
andisnt.shtml

Greenspan S. I., & DeGangi, G. (2001). Research on the FEAS: Test develop-
ment, reliability, and validity studies. In S. Greenspan, G. DeGangi, &
S. Wieder (Eds.), *The Functional Emotional Assessment Scale (FEAS) for
infancy and early childhood: Clinical and research applications* (pp. 167–
247). Bethesda, MD: Interdisciplinary Council on Developmental and
Learning Disorders.

Greenspan, S. I., & Wieder, S. (1997). Developmental patterns of outcome in
infants and children with disorders in relating and communicating: A chart
review of 200 cases of children with autistic spectrum diagnoses. *Journal of
Developmental and Learning Disorders, 1*(87), 141.

Greenspan, S. I., & Wieder, S. (1999). A functional developmental approach to
autism spectrum disorders. *Journal of the Association for Persons With Severe
Handicaps, 24*(3), 147–161.

Greenspan, S. I., & Wieder, S. (2005). Can children with autism master the core
deficits and become empathic, creative and reflective? A ten to fifteen year
follow-up of a subgroup of children with autism spectrum disorders (ASD)
who received a comprehensive Developmental, Individual-Difference,
Relationship-Based (DIR*) approach. *Journal of Developmental and Learning*

Disorders, 9, 39–61.

Hess, E. (2009). *DIR°/Floor Time™: A developmental/relational approach towards the treatment of autism and sensory processing disorder.* Paper presented at the American Psychological Association Annual Conference, Toronto, Canada.

Hirschland, D. (2009). Addressing social, emotional, and behavioral challenges through play, *Zero to Three, 30*(1), 12–17.

Interdisciplinary Council on Developmental and Learning Disorders. (ICDL). (2000). *ICDL clinical practice guidelines: Redefining the standards of care for infants, children and families with special needs.* Bethesda, MD: The Interdisciplinary Council on Developmental and Learning Disorders.

Interdisciplinary Council on Developmental and Learning Disorders. (ICDL). (2010). Interdisciplinary Council on Developmental and Learning Disorders annual conference, poster sessions.

Kasari, C., Paparella, T., Freeman, S., & Jahromi, L.B. (2008). Language outcome in autism: randomized comparison of joint attention and play interventions. *Journal of Consulting and Clinical Psychology, 76*(1), 125–137.

Lillas, C., & Turnball, J. (2009). *Infant/Child mental health, early intervention and relationship-based therapists: A neuro-relationship framework for interdisciplinary practice.* New York: Norton & Company, Inc.

Mahoney, G., & Perales, F. (2004). Relationship-focused in early intervention with children with pervasive developmental disorders and other disabilities: A comparative study. *Journal of Developmental and Behavioral Pediatrics, 26,* 77–85.

Malloch, S., & Trevathen, C. (2009). *Communicative musicality: Exploring the basis of human companionship.* London: Oxford University Press.

Mastrangelo, S. (2009). Harnessing the power of play: Opportunities for children with autism spectrum disorders. *Teaching Exceptional Children, 42*(1), 34–44.

Myers, S. M., & Johnson, C. P. (2007). Council on Children's Disabilities. *Pediatrics, 120,* 1162–1182.

National Center for Clinical Infant Programs. (1987). *Infants in multi-risk families. Case studies in preventative intervention.* In S. I. Greenspan, S. Wieder, R. A. Nover, A. Lieberman, R. S. Lourie, & M. E. Robinson (Eds.), *Clinical Infant Reports, Number 3.* International Universities Press.

Samson, A. (2010). Applying DIR°/Floor Time™ principles to a developmental disabled adult population. Paper presented at California Association for Disabilities, Los Angeles.

Siegel, D. (2001). Toward an interpersonal neurobiology of the developing mind: attachment relationships, "mindsight," and neural integration. *Infant Mental Health Journal, 22,* 67–94.

Solomon, R. S., Necheles, J., Ferch, C., & Bruckman, D. (2007). Pilot study of a parent training program for young children with autism: The P.L.A.Y. Project Home Consultation Program, *Autism, 11*(3), 205–224.

Weisz, J., & Gray, J. S. (2007). Evidence-based psychotherapy for children and adolescents: Data from the present and a model for the future, *ACAMH Occasional Papers, 27,* 7–22.

Zarembo, A. (2010). Judge finalizes autism therapy. *Los Angeles Times,* September 14.

제13장

PLAY 프로젝트

자폐 아동의 조기 개입을 위한
훈련–훈련자 모델

Richard Solomon

서론

자폐스펙트럼장애 아동을 위한 근거 기반의 비용 효율적이며 쉽게 보급할 수 있는 집중적 형태의 개입 모델을 개발하는 것은 미국 내 여러 건강 및 교육 시스템의 주요 관심사이다. 미국질병통제예방센터에 의하면 자폐스펙트럼장애의 유병률은 110명당 1명에 해당한다 (CDC, 2007). 미국국립연구회의(NRC)에 의하면(Lord, Bristol-Power, & Cafierol, 2001), 자폐스펙트럼장애 아동은 주당 25시간 이상의 집중적인 개입이 필요하며, 이러한 개입은 1 : 1 혹은 1 : 2의 성인–아동 비율로 포괄적으로 실시되어야 한다. 그러나 실제로 미국 내 대부분의 주에서는 이런 개입을 실시하고 있지 않다. 그 이유는 (1) 전 국가적으로 훈련된 전문가가 부족하고, (2) 전문가에 의한 개입에는 고비용(1년에 25,000~60,000달러)이 소요되며, (3) 비용 효율적인 모델이 개발되지 않아 국가적 분포를 대상으로 검증되지 않았기 때문이다. 충족되지 못한 국가적 요구가 막대한 실정이다.

P.L.A.Y(Play and Language for Autistic Youngster) 프로젝트(http://www.playproject.org, 이후 PLAY로 지칭)는 전문가를 체계적으로 훈련하여 부모가 자폐스펙트럼장애를 가진 어린 자녀(14개월~6세)에게 PLAY의 원리, 전략, 방법, 기법을 적용할 수 있도록 코치한다. 궁극적 목표는 부모가 자녀의 최상의 놀이 파트너가 될 수 있도록 돕는 것이다. 이 프로젝트는 발달적 그리고 상호작용적 방법의 효과성에 대한 연구에 기초하고 있으며 최근(2009) 미국국립보건원(National Institutes of Health, NIH)으로부터 무선할당통제 효과 연구를 실시할

수 있는 승인을 받았다. 또한 미국 내 여러 주의 많은 지역뿐 아니라 국제적으로도 성공적으로 보급되어 왔다. PLAY의 훈련-훈련자 모델은 어린 자폐스펙트럼장애 아동과 그 가족의 집중적인 조기 개입에 대한 증가하는 국가적 요구에 대한 잠재적 해결 방안이라고 할 수 있다.

이 장에서는 먼저 PLAY 모델을 기술하고, 집중적인 발달적 개입(intensive developmental intervention, IDI) 접근의 이론적·경험적 기초에 대해 설명한다. 마지막으로 사례 연구와 함께 자폐스펙트럼장애 아동에게 이 접근을 적용할 때 따라야 하는 가이드라인 및 결론을 제시한다.

PLAY 프로젝트 모델 개관

10년 전 발달 및 행동(developmental/behavioral) 소아과 의사인 Richard Solomon의 의학적 방향성에 기초하여 PLAY가 설립되었다. PLAY는 "지역사회 기반/지역 중심의 자폐증 훈련 및 조기 개입 센터로서, 부모와 전문가의 역량을 강화하고 어린 자폐스펙트럼장애 아동을 위해 비용 효율성이 가장 높으며, 효과적인 방식으로 집중적·발달적 개입(IDI)를 시행한다."는 설립 이념을 표방한다. PLAY는 아동 발달 전문가가 부모를 코치할 수 있도록 훈련하고, 자폐스펙트럼장애 아동이 놀이에 기초한 상호작용을 통해 발달적 향상을 이룰 수 있도록 돕는다.

PLAY 프로젝트는 Greenspan의 발달적·개인차·관계 기반(DIR) 모델(Greenspan, 1992; Greenspan & Wieder, 1997a)을 적용한다. 이 모델은 아동이 타인과 관계를 형성할 수 있는 능력을 획득해감에 따라 점차 그 복잡성이 증가하는 여섯 가지 기능적 발달 수준(functional developmental levels, FDLs)에 대해 설명한다.

1. 자기 조절과 공유된 주의(FDL 1, 출생~3개월)
2. 함께 참여하기(FDL 2, 4~8개월)
3. 이원적 의사소통(FDL 3, 9~14개월)
4. 복잡한 이원적 의사소통(FDL 4, 15~24개월)
5. 공유된 의미와 상징적 놀이(FDL 5, 2~3세)
6. 정서적 사고(FDL 6, 3~5세)

PLAY 프로젝트 모델을 이해하는 데 있어서 이 여섯 가지 수준에 대한 평가는 중요한 의미를 가진다. 이에 대해 간단히 설명하고자 한다.

영아기 동안 아기는 조용한 상태를 유지하고 또한 점차 오랜 시간 동안 주의를 집중할 수 있도록 자기 자신을 조절하는 것을 배운다(FDL 1). 4~9개월 무렵 이러한 공유된 주의는 까꿍놀이나 짝짜꿍과 같은 놀이에 완전히 참여할 수 있는 것까지 확장된다(FDL 2). Greenspan 이론의 핵심 요소는 상호적 순환(circle) 혹은 의사소통을 주고받는 식의 유관적인 상호적 교환의 중요성에 있다. FDL의 각 단계를 통해 순환의 빈도와 복잡성이 증가한다. 9~15개월 무렵의 영아는 관계 파트너와 이원적 상호작용(예 : 잡기놀이)을 시작할 수 있게 되며, 보다 복잡해지고 재미있는, 주고받는 상호작용을 지속할 수 있게 된다. 15~24개월의 걸음마기 아동은 제스처(몸짓)와 단어를 사용하여 더욱 복잡해진 이원적인 문제해결적 의사소통을 발달시킨다. 간단한 가장놀이(예 : 인형에게 먹여주기, 전화받기)가 출현하고, 주고받는 상호작용은 대화의 특성을 갖게 된다(FDL 4). 2세가 되면 의사소통은 공유된 의미와 함께 점차 상징적으로 되고 어린 아동은 반복되는 일상과 1~2단계 지시를 이해할 수 있게 된다. 3~5세 사이의 아동은 복잡한 정서적 사고를 할 수 있게 된다(FDL 5). 곧 아동은 이유와 시간을 묻는 질문에 대답할 수 있고, 과거를 상세히 회상할 수 있다. 복잡한 문장으로 말을 하고 사고를 연결할 수 있게 된다. 풍부한 상상놀이는 기능적 의사소통의 한 특징이 된다(FDL 6).

이러한 발달적인 이론적 틀은 놀이에 기초한 많은 모델에 기본적인 핵심 요소로 통합된다. 이는 유관된 상호적인 사회적 교환(즉 의사소통의 순환)의 빈도를 증가시키기 위한 부모의 민감성(즉 아동의 몸짓 단서를 읽는 것)과 아동의 단서, 주도, 의도에 대한 반응성(즉 아동의 주도를 따르는 것)을 향상시키는 것을 포함한다. 또한 Vygotsky(1978)의 근접발달 이론(zone of proximal development) 개념을 적용하여 부모가 발달적으로 너무 높지도 않고 낮지도 않으며, 아동의 주도를 따르면서 동시에 도전이 될 수 있는 자극을 제시하고, 적정 발달 수준에서 함께 놀이할 수 있도록 돕고자 한다. 마지막으로 코칭 모델은 PLAY 프로젝트 기술 훈련 단계(PLAY Project Skill Sequence)로 구성된다. 여기에는 아동의 주도를 따라가기 어려울 때 부모가 어떻게 해야 하는지에 대한 안내를 포함하는 여러 활동과 기법이 포함된다.

요약하면 PLAY는 발달적 그리고 상호작용적 이론과 경험적 증거들을 훈련-훈련자 모델에 통합함으로써 전문가와 부모들에게 이론이 실제적 의미를 가질 수 있게 한다. 그림 13.1은 PLAY 프로젝트 모델의 핵심 요소를 보여준다.

진단과 의뢰(미시간)

PLAY 센터, 즉 PLAY 프로젝트 본사는 미시간 주 앤아버의 발달 및 행동 소아과 앤아버센터(Ann Arbor Center for Developmental and Behavioral Pediatrics)에 있다. 설립자인 Richard

그림 13.1 PLAY 프로젝트

Solomon은 공식 면허(공식 자격)를 소지한 발달 및 행동 소아과 의사로, 자폐증 아동의 진단 및 의뢰를 돕는 지역 자원 전문가로서 활동하고 있다. 미시간에서의 '실험'을 통해 얻은 경험을 바탕으로 PLAY 프로젝트 훈련 책임자들은 거주 지역과 상관없이 지역사회 및 지역사회에서의 네트워킹 과정이 부모들을 돕는 데 매우 중요한 요인으로 작용한다는 것을 충분히 배울 수 있었다.

의학 분야 책임자로서 Solomon은 앤아버 플레이 가족 상담 프로그램(Ann Arbor PLAY Home Consultation program)을 관리하고 있으며, 수백 명의 자폐스펙트럼장애 아동을 종단적으로 추적 관찰하고 있다. 그는 의학적 서비스, 특수교육, 언어치료, 작업치료 그리고 정신과적 개입을 제공하는 지역사회 기반 의뢰 자원과 긴밀한 협조체계를 맺고 있다. 목표는 가족이 미국국립연구회의(NRC)가 제시하는 기준에 일치하는 서비스를 받게 하는 것이다(다른 대다수의 지역과 마찬가지로 미시간에는 아동을 위한 주당 25시간의 정기적이고 지속적인 집중적인 개입을 제공하는 공공 지원의 서비스가 없다). 현재 15개 독립적인 PLAY 프로젝트를 통해 미시간에 거주하는 전체 자폐스펙트럼장애 아동(14개월~5세) 중 대략 15%에 해당하는 아동을 담당하고 있다. 또한 Solomon은 미국 소아과학회 미시간 지부와의 연계하에 소아과 의사들을 대상으로 조기 진단과 의뢰, 개입에 대한 교육을 실시하고 있다. 이렇게 한 지역 그리고 한 주에서 시작된 경험을 통해 이 모델은 진단과 의뢰, 개입의 어려움이 만연한 다른 주나 지역에까지 전파될 수 있었다.

PLAY 프로젝트 가정 상담 프로그램

PLAY 모델의 핵심은 가정 상담(PPHC) 프로그램에 있으며, 이는 부모가 자녀에게 최고의 놀이 파트너가 될 수 있도록 훈련하기 위해 고안되었다. PLAY 상담가(PLAY Consultant, PC)는 아동 발달 영역(작업치료, 언어병리학, 유아교육, 사회복지, 레크리에이션 치료, 아동심리학)의 학위 소지자로, 이 모델에 대해 1년 동안 구조화된 집중적인 훈련을 받는다. 상근 PC는 25가정을 담당한다. 대부분의 상담가는 파트타임으로 근무하며, 5~15가정을 담당한다. 1년에 반나절씩(3시간) 10회 가정 방문 상담이 이루어진다(사무실에서 실시되는 PLAY 역시 효과적이다). 가정 방문 동안 아동과 양육자의 상호작용을 비디오 녹화한다. 다음번 가정 방문 전에 즐거운 상호작용을 증진시키는 데 도움이 되는 방법을 알려주기 위한 문서화된 피드백과 제안서가 제공된다. 훈련 매뉴얼에는 모델에 대한 PC의 의무사항이 안내되어 있다. 가족은 매일 규칙적으로 15~20분가량의 PLAY 회기와 PLAY와 유사한 즐거운 상호작용에 초점을 둔 활동을 하루에 2시간씩 실시해야 한다. PC는 서비스 센터에서 가정 방문까지 1시간에 이르는 거리를 다녀야 할 수도 있다. 따라서 넓은 지역의 경우에는 소집단의 PC가 한 가정을 관리할 수도 있다(PLAY 서비스의 비용과 세팅에 대해서는 '가이드라인' 참조). PLAY는 연간 25,000~60,000달러의 비용이 소요되는 전문가에 의한 모든 집중적 개입의 대안이 될 수 있다. 이것이 바로 PLAY 부모 훈련 모델이 비용 대비 효율적일 수 있는 이유이다.

PLAY는 결과 지향적이다. 첫 번째 방문 동안 가정 상담사는 임상적 판단에 도움이 되는 정보뿐 아니라 결과를 평가하는 데 활용될 수 있는 기초 정보를 수집한다(부록 1에 제시된 평가 도구 목록 참조). 이후의 방문에서 가정 상담사는 부모에게 자녀와 놀이하는 방법을 훈련하고 코치한다. 부모를 가르치는 데 중요한 훈련 도구는 바로 PLAY 프로젝트 기술 훈련 단계(그림 13. 2)이다.

기술 훈련 단계를 통해 부모에게 PLAY의 핵심 원리를 알려준다.

1. '관계 맥락에서의 정서(감정적 생활)'의 중요성(즉 '다른 사람과 함께 즐기는 것'의 중요성)
2. 적절한 처방 제시(즉 하루 2시간 상호작용적 개입)
3. 아동을 정확하게 분석하기
4. 적절한 발달 수준(너무 높지도 낮지도 않은)에서 놀이하기

이때 부모가 안전지대(comfort zone, CZ), 감각운동 프로파일(sensory profile, SP), 기능적

PLAY 프로젝트 기술 훈련 단계
1. 안전지대(CZ), 감각 프로파일(SP), 기능적 발달 수준(FDL)에 근거한 원리와 전략을 목록화하기
2. 아동의 독특성 평가하기 : CZ 활동, SP & FDL
3. 일일/주간 교육 과정 및 활동 정의하기
4. 순환을 증진시키기 위해 아동의 단서, 주도 및 의도 따르기
5. 특정 기술 목록 만들기
6. 비디오 녹화/상호작용과 진전상황에 대해 면밀히 검토하기
7. 교육과정, 방법/기술 재정의하기

그림 13.2 PLAY 프로젝트 기술 훈련 단계 요약

발달 수준(functional developmental level, FDL)이라는 핵심 개념에 친숙해지도록 해야 한다.

- 아동의 안전지대는 아동이 원하는 것을 마음대로 하게 두었을 때 아동이 자발적으로 하는 것으로 정의될 수 있다. 안전지대 활동은 반복적이고 정형화되어 있으며 주된 관심사에 해당하는 것이다.
- 감각운동 프로파일은 아동 자신의 지각에 근거한 세상에 대한 독특한 반응 세트이다. 세상에 대해 과잉반응을 보이며 소음과 빛에 민감한 아동도 있고, 반응성이 낮아 상호작용이나 각성이 쉽지 않은 아동도 있다. 어떤 아동은 시각적으로 자극이 되는 대상에 과도하게 몰두하여 회전하는 장난감을 계속 응시하려 하기도 한다. 많은 아동은 청각 처리 능력에 손상이 있어, 이름을 불러도 반응하지 않는다. 자폐증을 가진 대부분의 아동은 강한 압박에 대한 선호를 보인다. 따라서 아동과 함께 상호작용하기 위해서 아동을 방해하거나 혹은 아동이 열중하는 감각 모드를 제한하고 아동을 끌어들일 수 있는 감각 모드에 집중하는 것은 당연한 것일 수 있다.
- Greenspan의 기능적 발달 수준에 대해서는 앞에서 기술한 바 있다. 아동이 발달적 사다리를 타고 올라갈 수 있게끔 돕기 위해 이러한 수준을 활용하는 방법에 대해서는 사례 연구에서 자세히 설명하였다.

기술 훈련 단계는 가정 상담사가 아동의 독특한 발달 프로파일을 정확하게 평가하고, 부모를 위해 활동 목록(교과과정)을 구성하며, 부모에게 유관적인 호혜적 상호작용을 촉진할 수 있는 방법을 가르쳐주는 데 주요 안내 지침이 된다. 또한 가족에게는 이러한 접근법을 실시하는 데 도움이 되는 특정 기법을 알려준다. 가장 중요한 점은 부모는 비디오 피드백을 통해 이론과 구체적 실제를 완벽히 조화시킬 수 있다는 것이다. 자신들의 상호작용을 직접 보고, 이러한 접근을 향상시키기 위해 상호작용을 분석한다. 아동이 진전을 보이면(다행히), 이 과정을 보다 개선하여 반복적 발달 과정 내에서 모든 훈련 절차를 다시 시작한다.

다른 두 가지 교육 도구(PLAY 프로젝트 DVD와 부모 훈련 매뉴얼) 역시 기술 훈련 단계를 중심으로 구성되었다. DVD는 하루 동안 실시되는 PLAY 프로젝트 워크숍 I을 녹화한 것으로, 부모와 아이가 함께 놀이하는 30개의 비디오 클립을 보여주며 기술 훈련 절차를 설명한다. 두 번째 DVD는 고기능 자폐스펙트럼장애 아동이 높은 수준의 사회적 기술을 습득하는 데 도움을 줄 수 있는 방법을 보여준다.

하루 반나절/3시간의 가정 방문 동안 기술 훈련 단계를 실시하고 상호작용을 개선하기 위해서 모델링, 코치, 비디오 피드백, 문서화된 피드백을 적용한다. 모델링은 PLAY PC가 기술 훈련 절차의 전략, 방법, 기법을 시범 보이는 것이고, 코치는 부모가 아이와 놀이하는 것을 관찰하고 수행에 대한 긍정적 피드백을 주는 것이다. 비디오 피드백은 가정 방문 시 촬영한 비디오 중 15분 정도의 분량을 분석하는 것과 관련된다. 비디오를 사무실로 가져와 분석한 후 피드백을 구체적으로 문서로 작성하여 부모에게 제공한다.

지역사회 훈련 프로그램

PLAY 프로젝트의 주요 사명은 지역사회를 대상으로 자폐스펙트럼장애와 집중적인 조기 개입의 중요성에 대한 미국국립연구회의의 권고사항 그리고 PLAY 모델에 대해 교육하는 것이다. 지역사회 기반 훈련에는 의학 전문가를 대상으로 하는 사례 발표회의, 지역사회 강의 및 워크숍이 포함된다. 기초 및 고급 수준의 워크숍을 통해 전문가와 부모들에게 고기능 자폐스펙트럼장애와 저기능 자폐스펙트럼장애 각각에 대한 PLAY 프로젝트 방법을 소개한다. 지난 10년 동안 미국 여러 지역의 100개 이상의 도시에서 교육을 실시하였고, 수천 명의 부모와 전문가가 지역사회 기반 훈련에 참여했다. 강의와 워크숍에 대한 평가는 전반적으로 긍정적이었다.

기관 훈련 프로그램

기관 훈련 프로그램은 지역사회 훈련에 비해 훨씬 집중적이고 광범위하다. 지난 10년 동안 미국 34개 주와 8개 국가의 162개의 기관(사설 재활서비스 센터, 학교/어린이집/조기 개입 프로그램, 병원, 지역사회 정신건강 센터)을 대상으로 PLAY 상담 프로그램을 시행하기 위한 훈련이 실시되었다(기관 목록은 http://www.playproject.org 참조).

　기관 훈련은 두 국면으로 실시된다. 우선 기관 종사자는 집중적인 4일 훈련 과정에 참여하는데(주로 미시간 주 앤아버에서 실시된다), 이 과정에서 미래의 가정 상담사들은 PLAY 모델 및 기술 훈련 단계를 적용하는 방법뿐 아니라 기관에서 실제 PLAY 상담 프로그램을 시작하는 방법을 배운다. 그다음은 슈퍼비전 단계이다. PC는 각자의 기관으로 돌아가 PLAY 상담 방문을 시작하고, 방문 시 녹화한 비디오 녹화분과 보고서를 PLAY 슈퍼바이저에게 제출하면, 슈퍼바이저는 이에 대해 피드백 내용을 녹음하여 보낸다. 인터넷 다운로드 영상과 음성 녹음 피드백을 활용하여 효과적이고 효율적인 장거리 슈퍼비전이 가능할 수 있다. 적절히 계획을 세운다면 교육 후 한 달 이내에 가정 방문 서비스를 시작할 수 있다(그림 13.3).

　PLAY 슈퍼바이저는 이 모델에 대해 최소 2년의 경험을 갖고 있어야 하며, 구체적인 훈련 매뉴얼을 활용하여 PC 수행의 모든 측면을 평가한다. 20개의 비디오 클립과 보고서에 대한

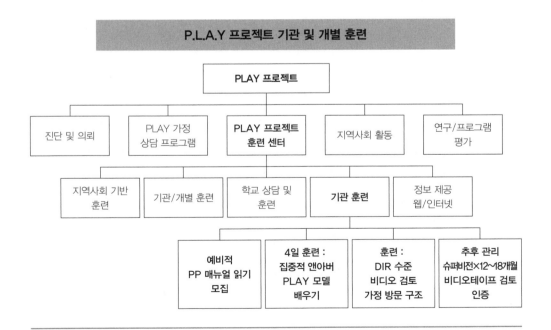

그림 13.3　PLAY 프로젝트 훈련

슈퍼비전이 실시되며, 이 과정을 마치는 데는 대략 12~18개월이 소요된다. 슈퍼비전 과정을 성공적으로 마치면 기관 종사자는 자격 인증을 받을 수 있다. 자격 인증 과정에 소요되는 비용은 기관당 대략 4,500~5,500달러 정도이며, 훈련받는 종사자의 수에 따라 비용은 달라질 수 있다.

지역사회 활동

PLAY는 기관이 지역사회 기반 프로그램을 시작할 수 있도록 돕는다. 지역사회에서 PLAY 워크숍을 실시하고, 기관과 의료진/의뢰 자원을 연계해주며, 기술적 지원(예 : 소식지, 브로슈어, 자료집, 유튜브 영상, 미디어 프로그램, TV나 라디오 인터뷰 등)을 제공한다. PLAY는 국립부활절씰협회(Easter Seals National)와 긴밀한 협력관계를 맺고, 미국 전역의 지점과 제휴하여 가정 상담 프로그램을 보급하고 있다.

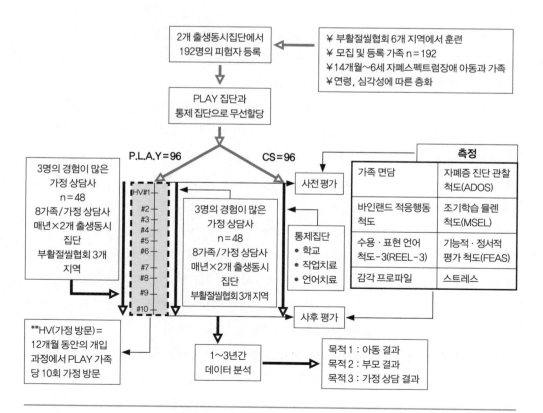

그림 13.4 PLAY 프로젝트 NIH 연구 설계

프로그램 평가

앞에서 언급한 대로 PLAY 프로젝트는 결과 지향적으로, 기저선 및 이후의 반복 측정 과정을 임상적 모델에 포함시켜 아동의 진전 과정을 객관적으로 평가할 수 있다(부록 1 및 사례 연구 참조). PLAY 가정 상담 프로그램의 평가는 동료 연구자들의 검토를 받았고, *Autism* 저널에 게재되었다(Solomon, 2007). 또한 2009년 미국국립연구회의로부터 185만 달러의 지원을 받아 국립부활절씰협회와의 협력하에 3년 동안 여러 지역에 걸쳐 다른 지역사회 서비스와 PLAY 프로젝트의 효과를 비교하는 무선할당통제 연구를 실시할 수 있게 되었다('이론적 근거 및 경험적 근거' 참조). PLAY의 임상 및 훈련 프로그램은 점차 그 규모를 확장하고 있는 경험적 연구에 기초하고 있고, 이에 대해서는 다음 장에 자세히 설명하였다.

이론적 근거 및 경험적 근거

어린 자폐 아동(14개월~6세)에 대한 집중적 개입으로는 두 가지 유형(행동적 접근, 발달적 접근)이 가장 전형적이다(Prizant & Wetherby, 1998). 두 접근의 근본적인 이론적 토대는 완전히 다르지만 모두 미국국립연구회의에서 권고하는 핵심 요소(예 : 주당 25시간, 높은 성인 대 아동 비율)는 공유하고 있다(Ingersoll, 2010).

행동적 접근에는 응용행동분석(ABA), 조기 집중 행동 개입(EIBI), 응용언어개입(AVB), 그리고 중심축 반응치료 등이 속하는데, 모두 아동의 언어·사회성·인지 기술을 향상시키기 위해 조작적 학습 패러다임(스키너 이론)을 적용하며 주당 20~40시간의 개입을 실시한다(Eikeseth et al., 2007; Howard, Sparkman, Cohen, Green, & Stanislaw, 2005; Lovaas, 1987; Lovaas, Koegel, Simmons, & Long, 1973; McEachin, Smith, & Lovaas, 1993; Sallows & Graupner, 2005; Simpson, 2005; Smith, 1999). 훈련에 기초한 많은 방법에 대한 면밀한 평가가 이루어졌고, 그 결과 인지 능력 및 언어 기술 향상에 기여하는 개별 기술 학습에 대한 효과성이 여러 연구를 통해 반복 검증되었다. 사회적 기술에 대한 효과는 확실하지 않으며(Shea, 2004), 최근의 메타 연구 결과 효과의 지속성 여부에 관해서 의문이 제기되고 있다(Krebs-Seida, Ospina, Karkhaneh, Hartling, Smith, & Clark, 2009).

한편 **집중적인 발달적 개입(IDI)**은 정서적('즐거운') 상호작용을 촉진하기 위해 아동의 주도를 따르고 공동 주의하기와 유관적 상호작용을 향상시키는 것이 우선이며, 훈련이나 기술은 부차적인 부분이라고 간주한다. 상호작용과 기능적 발달에 중점을 두므로, 행동주의 접근에 비해 조작적 정의나 결과를 수량화하는 것에는 어려움이 있다(Rogers, 2000).

그 결과 최근까지도 어린 아동에 대한 IDI의 과학적 증거는 제한되어 있었다(Greenspan & Wieder, 1997b; Myer, Johnson & the Council on Children with Disabilities, 2007; Rogers & Delalla, 1991; Tannock, Girolametto & Siegal, 1992; Wallace & Rogers, 2010). 그러나 최근 몇 년 동안 IDI를 지지하는 많은 연구 결과물이 출판되었고(Drew et al., 2002; Green et al., 2010; Kasari, Gulsrud, Wong, Kwon, & Jocke, 2010; Mahoney & Perales, 2004; McConachie, Randle, Hammal, & Le Couteur, 2005; Siller & Sigman, 2002; Solomon et al., 2007), Mahoney의 반응성 중재 모델(http://www.crainscleveland.com/article/20090925/FREE/909259974/1007), Prizant의 SCERTS 모델, PLAY 모델과 같은 특정 모델에 대한 경험적 증거를 확신할 수 있는 많은 새로운 연구들이 진행 중에 있다. 최근의 모델들은 교육, 행동, 발달적 접근을 조합하여 적용하기도 한다(Dawson et al., 2009; Ingersoll, 2010). 대부분의 IDI 연구는 부모를 훈련하여 부모가 아동의 기능을 중재하도록 한다. 부모 훈련은 비용을 감소시킬 수 있고 자연적 상황에서 개입을 촉진한다는 것이 장점이며, 따라서 일반화의 가능성을 높일 수 있다(Diggle, McConachie, & Randle, 2003). 다음 장에서 초기 사례 연구부터 보다 엄격하게 통제된 연구까지 일반적인 IDI의 경험적 증거들에 대해 설명하고, PLAY 프로젝트에 대해 간단하게 기술하고자 한다.

IDI의 증거

가장 전형적인 IDI 모델은 Greenspan과 Wieder가 제안한 DIR 접근이다(Greenspan, 1992; Greenspan & Wieder, 1997a; Greenspan & Wieder, 1997b; Wieder & Greenspan, 2005). Greenspan의 사례 연구에는 비슷한 시기에 출생한 200명의 아동이 포함되었다. 이 표본은 동기 수준이 높은 중상류층 가정의 아동으로 구성되었다. 이 획기적인 초기 연구는 단지 관찰만을 통해 이루어졌으므로, 통제집단은 물론 사용된 특정 기법의 프로토콜에 대한 상세한 기술이 없었다. 그럼에도 2년 동안의 개입이 이루어진 후 치료받은 아동의 58%(매우 높은 성공률이다)는 실제적으로 임상적인 향상을 보였고, 많은 수의 아동은 자폐스펙트럼장애에 대한 주요 측정치(예 : CARS)에서 더 이상 진단 기준을 충족하지 않게 되었다.

　다음에 설명하는 네 가지 연구는 다양한 설계 방법과 IDI 접근을 적용하였으며, 놀라운 결과를 제시하고 있다. Siller와 Sigman은 종단 연구를 통해 부모가 자신의 행동을 아동의 주의와 활동에 조화롭게 일치시켰을 때, 유관성이나 조화의 정도가 부족한 부모의 자녀에 비해 자폐증 아동의 공동 주의하기나 언어 발달에 놀라운 향상이 있다는 것을 발견하였다(Siller & Sigman, 2002). Mahoney와 Perales(2004)는 통제집단 설계를 적용하였는데, 부모훈련 모델은 시간이나 방법에 있어서 PLAY와 매우 유사했다. 개입집단(N=20, 전반적 발달 장애 아동)은 통제집단(N=30, 다른 유형의 발달 지연 아동)에 비해 상호 호혜적 상호작용과 언어 측정치에서 매우 유의미한 향상을 보였다. 또 다른 통제집단 모형으로 McConachie와 동료들(2005)은 캐나다의 Hanen 모델에 대해 연구했다. 24~48개월 아동의 부모에게 즉각적인 개입이나 지연된 접근 과정을 실시했다. 개입 집단의 경우 부모의 촉진 전략 사용 및 아동의 어휘량에서 유의미한 향상을 보였다. 부모는 훈련 과정을 성실히 이수했고, 부모와 아동 모두 의사소통 기술에서 측정 가능한 정도의 효과를 갖는 것으로 나타났다 (McConachie et al.).

최근 Green과 동료들(2010), Kasari, Gulsrud, Wong, Kwon과 Jocke(2008), 그리고 Kasari, Paparella, Freeman과 Jahromi(2010)는 무선할당통제 설계를 활용한 연구를 실시했다. Green과 동료들은 영국에서 어린 자폐스펙트럼장애 아동(2~4세)을 대상으로 대단위(n=152)의 복합적인 무선할당통제 연구를 실시했다. 이 구조화되고 가정에 기초한 1년 기간의 개입 프로그램은 부모를 통해 실시되었으며 의사소통에 중점을 두었다. 이 프로그램에서는 하루에 30분씩 부모가 아동과 놀이를 하도록 했다. 강도의 측면에서는 NRC의 기준을 충족하지 않지만, 이후의 관찰 측정 결과 아동의 단서에 대한 부모의 민감성과 반응성에서 통계적·임상적으로 유의미한 향상을 보이는 것으로 나타났다. 아동 역시 주의력, 함께 놀이하기(engagement), 주도적 행동에서 유의미한 향상을 보였다. 학령전 아동언어척도(Pre-school Language Scale, PLS-4)를 사용하여 언어를 직접 측정했을 때 통제집단과 유의미한 차이를 보이지는 않았지만, 맥아더아동발달검사(MacArthur Child Development Inventories)로 측정한 언어 습득에서는 유의미한 향상이 있는 것으로 나타났다.

Kasasi와 동료들(2008, 2010)은 양육자와 걸음마기 자폐 아동의 공동 참여를 촉진하기 위한 개입 프로그램에 대해 평가했다. 이 프로그램은 24회의 부모-중재 회기와 1년 후의 추적 관찰로 구성되었다. 무선할당 대기집단의 양육자 및 아동과 비교했을 때, 처치집단은 공동 참여 영역에서 유의미한 향상을 보였다. 개입 후에 함께 주의하기와 기능적 놀이 행동의 다양성에서 중간에서 큰 정도의 효과 크기를 보였으며, 이러한 기술은 개입 후 1년이 지난 시점에서도 유지되고 있는 것으로 나타났다. 이는 최초로 시행된 무선할당통제 연구로, 단기 부모-중재 개입이 걸음마기 자폐 아동의 핵심적 손상에 유의미한 영향을 미친다는 것을 제시한다.

PLAY 근거

'어린 자폐 아동을 위한 부모 훈련 프로그램 예비 연구 : PLAY 프로젝트 가정 상담 프로그램'(Pilot Study of a Parent Training Program for Young Children with Autism: The P.L.A.Y. Project Home Consultation Program; Solomon et al., 2007)은 2~6세 사이 68명의 자폐스펙트럼장애 아동을 대상으로 실시되었으며, 평가는 개입 전과 1년간의 개입 후에 이루어졌다. 기능적 · 정서적 평가척도(FEAS; Greenspan, DiGangi, & Wieder, 2001) 결과와 타당도와 신뢰도를 갖춘 연령 규준 임상 평정 척도 결과를 주요 측정치로 사용하였다. FEAS는 비디오 관찰 척도로, 다음의 두 가지를 측정한다. (1) 양육자의 애정적이고 유관적인 상호 호혜적 상호작용에서의 변화, (2) 아동의 기능적 발달[즉 Greenspan의 여섯 가지 기능적 발달 수준(FDL)]이 그것이다. FEAS 평정자는 연구 목적에 대해 알지 못하며, 신뢰도 향상을 위한 훈련을 받는다.

12개월의 프로젝트 후에 아동의 FEAS 점수는 통계적으로 매우 유의미한 수준의 증가를 보였다($p \pounds .0001$). FEAS 점수를 임상적으로 변환하면 45.5%의 아동이 매우 긍정적인 임상적인 향상을 보였다는 것을 의미한다. 초기의 자폐스펙트럼장애 심각성과 FEAS 간의 통계적인 관련성은 없는 것으로 나타났다. 임상적 평정 결과 역시 66%의 아동이 매우 긍정적(1.5FDL이나 그 이상) 혹은 긍정적 진전(1.0FDL)을 보였다. 개입의 강도를 어느 정도로 해야 하는가와 관련해서 부모가 아동과 더 많은 시간 동안 놀이를 할수록 FEAS에서 더 높은 점수를 받는 것으로 나타나 이 둘 사이에 관계에 어떤 경향성($p = .09$)이 있는 것으로 나타났다.

통제집단이 없었으므로 사후 FEAS에서의 변화가 전적으로 가정 기반 훈련으로 인한 것이라고 결론지을 수는 없다. 진행 중인 NIMH 지원의 통제집단 연구에는 이와 관련된 중요한 이슈가 포함된다.

NIMH 지원 PLAY 프로젝트 무선할당 통제집단 연구 요약

예비 연구 결과의 출판 후 PLAY 프로젝트는 복합지역 무선할당 통제 연구를 평가하기 위한 미국국립보건원(NIH)의 연구비 지원 중소기업 기술 혁신 연구 임상 1단계에 대한 승인을 받았다. 국립부활절씰협회의 협력으로 현장 지원을 받았고, 미시간주립대학교는 독립적 평가를 제공했다. 임상 1단계 실험은 실행 가능성을 보였고, PLAY는 2009년 임상 2단계 효과성 검증을 위한 180만 달러의 연구비를 지원받았다. 현재 3년 기한의 2년 차 연구를 실시 중이다. 첫해에 연령, 성별, 심각도 차원에서 일치하는 3~5세 아동 60명을 모집한 후, 아동을 지역사회 표준 서비스(학교 기반 언어 및 작업치료 기관과 특수교육을 실시하는 어린이집) 집단, 혹은 지역사회 표준 서비스와 PLAY 프로젝트 가정 상담을 결합한 집단으로 무선할당하였다.

1년 동안 아동을 추적 관찰하고 있다. 엄격한 사전·사후 평가 설계를 통해 다음의 세 가지를 검증하고자 한다. (1) 부모가 모델을 배우고 실시하는지의 여부, (2) 통제집단과 비교하였을 때 PLAY 실시 집단 아동의 기능적·인지적·적응적 발달 증진 여부, (3) 가정 상담이 모델에 적합한지의 여부 등이 그것이다. 연구는 모두 120명의 아동을 대상으로 실시될 예정으로, 이러한 유형의 효과성 검증 연구로는 가장 큰 규모로 진행되는 것이다. 만약 PLAY 프로젝트 모델이 효과적인 것으로 판명된다면 어린 자폐스펙트럼장애 아동을 위한 조기의 집중적인 발달적 개입에 대해 반복 검증이 가능한 방법을 제공하게 될 것이다. 훈련-훈련자 모델은 점차 증가하고 있는 충족되지 않은 국가적 요구를 해소할 수 있으며 신속한 보급이 용이한 효과적이고 비용 절감적인 시스템을 제공한다.

사례 연구

3세 가까이 된 로건(가명)이 처음 사무실에 왔을 때, 안타깝게도 로건이 자폐증의 전형적인 세 가지 특징(언어 발달 지연, 사회적 상호작용의 문제, 반복적이고 제한된 관심)을 모두 갖고 있다는 것을 쉽게 알아챌 수 있었다. 뾰족한 얼굴형의 검은 곱슬머리를 한 귀엽고 통통한 로건은 15~20단어를 말할 수 있었는데(언어 지연), 이 단어들은 주로 그의 관심사와 관련된 것이었다. 책, 위로, 밖으로, (하나, 둘, 셋) 시작, 주스, 기차, 바니 등이었다. 로건은 일상을 이해하는 듯했지만, "기차를 가져오세요." 같은 간단한 지시도 수행하지 못했다. 주로 책을 보거나 기차나 자동차, 트럭을 줄 맞춰 세우며 시간을 보냈으며, 원하는 대로 하게 하면 하루 종일 비디오를 볼 정도였다.

로건에게는 경미한 정도의 자폐스펙트럼장애 진단이 내려졌다. 3세가 아직 되지 않았음에도 표현 언어가 가능했고, 이형증적 신체 특징은 없었으며, 일정 수준의 지능을 보유하고 있는 것처럼 보였기 때문이다(로건의 관심은 책이나 기차, 바니와 같은 상징적인 것에 있었다). 또한 상호작용에 참여할 때가 있고, 가족관계는 공고했으며 지지적이었다. 형인 드루는 로건과 노는 것을 좋아했다. 아버지는 엔지니어로 경제적으로 유능했으며, 전업주부인 어머니가 PLAY를 실시하게 되었다. 사실 로건은 한 가지만 제외하면(집중적 개입에 대한 반응) 긍정적 예후를 예측하게 하는 모든 요인을 갖고 있었다. 현재 로건은 특수교육을 실시하는 공공어린이집만을 다니고 있는데, 여기에서는 집중적인 개입 서비스를 받을 수 없었다.

로건은 집 근처의 PLAY 프로젝트 가정 상담 프로그램으로 의뢰되었으며, 부가적으로 언어치료와 작업치료를 권유받았다. 훈련된 PLAY 상담가인 제니퍼(석사 학위 소지자)가 월 1회 반나절의 가정 방문을 시작했다. 제니퍼는 앞에서 설명한 대로 시범을 보이고 코치하였으며 비디오 피드백을 제공했다. 로건의 초기 프로파일은 그림 13.5의 방문 1에 나타나 있다.

Greenspan의 발달 프로파일에 의하면(앞에서 설명한 FDLs 참조), 로건은 그다지 조절이 잘되는 편은 아니었다. 예를 들어, 로건은 자기 뜻대로 되지 않으면 심하게 화를 내곤 했고, 하루 절반 이상의 시간 동안을 자동차 줄 세우기에 몰두해 있거나 가족에게 무심하게 대하는 등 '안전지대'에 머물러 있었다(FDL 1, 자기 조절과 공유된 주의). 그러므로 대략적인 임상적 추정을 통해 막대그래프로 수준 1을 평정하였는데, 이는 동연령대 아동의 50% 정도에서만 전형적이다(그림 13.5, 방문 1). 로건은 함께 참여하기(FDL 2)를 어려워하지는 않았다 (75%가 전형적). 그러나 상호작용을 시작하는 경우는 거의 없었다. 아동이 FDL 3에 100% 확실하게 도달했다면(이원적 의사소통), 그것은 상대를 혼자 있도록 그냥 두지 않는다는 의미이다. 이것이 바로 로건에 대한 목표가 되었지만, 요원한 일이었다(수준 3에서 50%). FDL 4에서는 약간의 점수가 부여됐는데(25%), 로건이 문제를 해결함으로써 지적 능력을 보여주

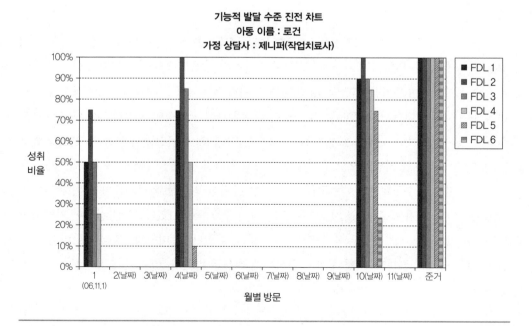

그림 13.5 로건의 기능적 발달 수준 진전 차트

었기 때문이다(선반 위의 음식을 꺼내기 위해 의자 이동시키기). 로건은 아버지와 신체놀이를 할 때 몇 차례에 걸쳐 상호작용의 순환을 열고 닫을 수 있었다(시작하고 끝마칠 수 었었다). 또한 약간의 가장놀이도 가능했다(자동차 소리 내기). 이 모두가 FDL 4의 특징이다.

첫 번째 놀이 회기 후에 제니퍼는 로건을 위한 놀이 활동 목록을 만들었다(기술 훈련 절차의 3단계). 거친 신체놀이, 잡기놀이, 간단한 가장놀이(예 : 동물소리 흉내 내기, 인형 먹여주기) 등이었다. 이 모든 활동은 로건에게 다른 사람과 함께 놀이하는 것의 즐거움을 알게 하기 위해 고안된 것들이다. 부모는 '기차놀이', TV, 컴퓨터, 비디오 시청 시간에 제한을 두었다. 부모는 15~20분간의 놀이 회기를 포함하여 하루 2시간 이상 노력했고, 로건과 함께 참여하기 위해 '하루 종일' 로건과 상호작용하고자 했다.

두세 번째 회기에서(그림 13.5 방문 2, 방문 3) 제니퍼는 가족에게 상호작용의 순환을 더 많이 만들어내는 것에 대해 가르쳤다(기술 훈련 절차의 4단계). 순환을 여는 것(opening a circle)은 상호작용을 시작하는 것을 의미한다(공을 보내는 것). 순환을 닫는 것은 이에 대해 유관적으로 반응하는 것이다. 아동의 주도를 따르기 위해 매순간 아동의 의도를 '읽어내고' 미묘한 단서를 인식함으로써 부모가 아동을 상호작용으로 '끌어들이도록' 부모를 코치했다(기술 훈련 절차의 4단계). 이 방법이 바로 초기 놀이의 핵심이다. PLAY 프로젝트에는 "나는 이제 무엇을 해야 하는가?"라는 부모의 물음에 도움이 되는 50여 가지 기법(기술 훈련 절차의 5단계)이 포함되어 있다.

네 번째로 방문했을 때 부모는 로건이 좋아하는 것을 함께했고, 이제 로건은 부모와 함께 있는 것을 즐길 수 있었으며 부모를 홀로 내버려 두지 않게 되었다. 로건은 좀 더 조절되었고 가용적이었으며(FDL 1 = 75%), 항상 함께 참여하였고(FDL 2 = 100%), 상호작용을 먼저 시작하는 것이 빈번해졌다(FDL 3 = 85%). 다른 사람과의 연결성이 증가하면서 단어는 보다 더 의미 있어졌으며 폭발적으로 많아졌다. 로건은 100단어의 어휘를 구사할 수 있게 되었으며, 보다 중요하게는 자발적으로 "로건, 방에 가서 기차를 찾아서 나에게 가져다줘."와 같은 1~2단계 지시를 수행할 수 있게 되었다. 로건은 복잡한 의도를 의사소통하기 위해 단어와 함께 제스처를 사용할 수 있었는데, 이는 FDL 4의 주요 특징이었다. 또한 간단한 가장놀이도 할 수 있게 되었다. 로건은 긴 문장을 이해할 수 있었다("준비하자. 우리는 할머니 집에 갈 거야.", FDL 5 = 10%). 이것이 바로 주요하게 진전된 바였다. 그림 13.5의 방문 4 프로파일에 이러한 진전이 제시되어 있다.

다음 네 번의 방문 동안 제니퍼는 손인형, 자동차(심지어 기차를 갖고도 상호적으로 놀이할 수 있게 되었다), 인형과 인형집과 같은 FDL 4~5와 관련된 활동을 진행했다. 로건은 보드지에 종이를 둘러서 만든 칼로 싸움하는 놀이를 좋아했고, 숨바꼭질 놀이를 즐겼다. 그리고 보다 중요한 것은 로건이 사람들과 **함께**하며 상호작용에 보다 유연하게 참여할 수 있게 된 것이었다.

친척들은 '새로워진' 로건을 알아채기 시작했다. 로건은 더 이상 고립을 원하지 않게 되었다(상황이 너무 시끄럽거나 혼란스럽지 않다면). 로건은 사촌들과 간단한 잡기놀이를 할 수 있었고 다른 아이들과 함께 있는 것을 원했다.

로건의 놀라운 발전에도 불구하고 9개월이 되었을 때 제니퍼는 어머니가 무언가 걱정하고 있으며 압도되어 있다는 것을 인식했다. PLAY 프로젝트 가정 상담사는 자폐 아동을 양육하는 가족의 정서적 도전에 민감하게끔 훈련받는다. 제니퍼는 어머니의 감정을 인식하고 지지해주었다. 제니퍼는 가족을 상담에 의뢰했다. 부모는 아이를 양육하는 데 친척의 도움을 받기로 했다. 어머니는 일주일에 한 번씩 '친구들'과 외출을 하기 시작했고, 아버지는 일주일에 한 번씩 로건의 형인 드루와 함께 '즐거운 시간'을 가졌는데, 이는 드루의 늘어가는 질투심을 완화하기 위한 것이었다. 그리고 가족들은 이 순간만일지라도 정서적으로 자신의 삶을 살 수 있었다.

재충전된 에너지를 갖고 가족들은 로건을 지지할 수 있게 되었고, 로건은 발달 단계의 높은 곳을 향해 올라갈 수 있게 되었다. 가족에게 보다 오래 지속되고 의미 있는 상호작용을 하도록 요구했다. 중요한 기법 중의 하나는 바로 '아이 대신 말해주는 것'이었다. 로건이 몸짓을 해보이면, 로건의 몸짓을 언어적으로 분명히 표현했다. 예를 들어, 로건이 무엇인가를 하지 않기 위해 울음을 터뜨리면, 로건이 자신의 감정을 인식하고 협상할 수 있게끔 가르쳤다.

상담자 : 로건, 놀이를 그만하고 싶지 않구나.

로건 : (울음을 멈추고 고개를 젓는다.)

상담자 : TV를 더 보고 싶구나.

로건 : (눈물 사이로 환한 웃음을 보인다.)

상담자 : 그래, TV를 좀 더 볼래?

로건 : TV 더? (부탁을 할 때는 작은 목소리가 커진다.)

상담자 : 그래. 조금만 더. 딱 5분만 더 보자.

로건은 이제 추상적인 경험을 이해할 수 있게 되었다(FDL 5~6의 출현).

열 번째 가정 방문 무렵 로건은 낮은 수준의 FDL의 통합을 유지하면서 동시에 기능적인 발달 단계의 더 높은 곳을 향해 계속 발전하고 있었다. 놀이는 완전히 상상놀이 형태로 발전했는데, 기차 줄 세우기에 대한 집착은 기차 사고가 나서 '기차 의사 선생님'의 도움을 구하는 드라마를 만들어내는 것까지 나아갔다. 다른 기차들은 사고를 당한 기차를 걱정하며 공감을 표현했다. 이는 FDL 6의 시작이라고 볼 수 있다(그림 13.5 방문 10 참조). 로건은 다른 사람의 관점을 취할 수 있게 되었고, 이 모든 것은 로건이 유치원에 갔을 때 또래들과의 원활한 상호작용에 많은 도움이 되었다.

사무실에서 로건의 마지막 비디오를 검토하면서 많은 치료사들은 로건의 진단 자체에 의문을 가졌다. 사실상 외부인의 관점에서 FDL 6의 놀이는 대부분의 아동에게 전형적인 것처럼 보인다. 처음 시작할 당시의 로건과 비교하면 완전히 다른 모습이다. 맨 처음 틀에 박혀 꼼짝할 수 없었던 로건은 가족의 도움과 함께 놀이의 힘을 통해 고립에서 벗어나 길고도 험한 길을 잘 따라 걸을 수 있게 되었다.

접근을 적용할 때의 가이드라인

연령과 심각성

앞의 개관과 사례 연구에서 보여지듯 PLAY 프로젝트 부모 코칭과 가정 상담 프로그램은 장애의 심각도와 상관없이 어린 자폐스펙트럼장애 아동(14개월~6세)에게 적합하다. PLAY는 발달에 중점을 두고 특히 3세 이하의 어린 아동을 위해 고안되었지만, 3세 이하의 어린 아동을 위한 개입에 대한 강력한 증거는 많지 않다(Rogers, 2010). 심각도와 관련하여 어린 자폐스펙트럼장애 아동은 초기 상태와 별개로 예측 불가능한 경로를 보이는 경우가 많다. 심각한 수준의 자폐증을 가진 것처럼 보이는 아동이 빠른 진전을 보일 수도 있고 경미한 정도로 보이는 아동이 부진한 상태로 머물러 있을 수도 있다. Greenspan의 발달적 개념화를 통해 아동 프로파일에 대한 정교한 분석이 가능하며, 이를 통해 PLAY 상담가는 기능적 발달의 틈을 배우고 아동의 발달적 향상을 촉진할 수 있다. 자폐스펙트럼장애 아동의 3분의 2에게서 임상적으로 유의미한 효과가 있는 것으로 나타난 바, 물론 이 모델이 도움이 되지 않는 아동도 있을 수 있다. 아동의 주도를 따르기 어려울 정도로 정서성이 낮고, 수용 언어 발달 수준이 저조하며 집중적인 개입에 대한 초기 반응이 빈약한 아동에게는 큰 이득이 없을 가능성이 있다. 일반적으로 이러한 프로파일의 아동은 치료적 접근의 유형과 상관없이 발달적 진전이 부진하다고 볼 수 있다.

비용과 실시

PLAY 프로젝트 모델은 적용이 용이하고 효과적이며 비용이 효율적이므로 쉽게 전파될 수 있기 때문에, 사설 시설이나 공공기관 등 다양한 장면에서 실시될 수 있다. PLAY 가정 상담 프로그램에는 연간 3,000~4,000달러의 비용이 소요되며, 이는 방문 횟수나 지역 경제 수준에 따라 달라질 수 있다. 첫 4일간의 훈련과 이후 1년 동안의 슈퍼비전 혹은 장거리 슈퍼비전의 과정으로 실시되는 효율적인 훈련-훈련자 모델은 빠른 전파가 가능하다. 자격 취득을 위한 PLAY 상담가 훈련에 드는 총비용은 대략 5,000달러 정도이다. PLAY 모델을 적용하는 기관의 경우 시작한 후 두 번째 해부터 연간 750달러를 지불해야 한다.

PLAY를 적용하고 있는 기관 유형을 살펴보면 현재 유타 주와 오하이오 주 전역의 0~3세 프로그램(IDEA의 조기 개입 파트 C)에서 PLAY를 실시하고 있다. 비영리 기구인 국립부활절씰협회는 20여 개의 기관을 훈련시켜 전 국가적으로 수백 명의 아동에게 서비스를 제공하고 있다. 영리 목적으로 운영되는 재활센터에서도 PLAY를 실시하고 있으며, 이 경우 비용은 언어치료나 작업치료 코드에 포함되어 청구된다. 비즈니스 모델로서도 수익성이 있다고 볼 수 있다. 미시간 주의 지역사회 정신건강센터(즉 공공기관)에서는 자폐스펙트럼장애 아동을 양육하고 있는 저소득층 가정을 대상으로 PLAY를 실시한다. 이 경우 월 1회 반나절씩 실시되는 가정 훈련 모델 대신 주 1회 한 시간씩의 사무실 방문을 통해 부모 상담을 실시한다. 오하이오 주와 워싱턴 주에서는 PLAY를 병원 서비스로 통합하여 실시한다.

모델의 제한점 : 가족

PLAY 프로젝트는 이 모델이 적용되는 가족의 특성에 따라 명확한 제한점을 갖는다. 이 모델은 부모에 의해 좌우되는 측면이 있다. 즉 부모가 충분한 시간을 투자해야 하지만, 부모의 스트레스가 많거나 압도되어 있거나 혹은 복합적인 문제를 갖는 경우 이 모델을 적절히 실시할 수 없게 된다. 그러나 대체적으로 저소득 가정 역시 PLAY를 잘 수행할 수 있다. 이제 여러 문화적 배경을 갖는 가족들에 대한 경험도 확장되어 가고 있다. 문화적 배경은 아동과의 놀이에 대한 태도에 영향을 미칠 수 있다. PLAY 상담사가 충분한 논의를 통해 이 이슈를 부각시키고 가족 그리고 혹은 가족의 언어적 제한에 잘 들어맞게끔 모델을 수정하면 문화에 상관없이 가족은 이 모델을 실시할 수 있다. 물론 놀이에 기초한 모델보다는 학업 기술이나 언어에 보다 많은 주의를 기울이는 가족도 있다. 마지막으로 PLAY에 많은 비용이 소요되는 것은 아니지만, 집중 서비스에 대한 지원이 제공되지 않는 주에서는 PLAY를 실시할 수 없다. 주에서 서비스 비용을 지원하는 경우 PLAY 모델은 가정 교사 훈련으로까지 확대될 수 있다. 가정 교사는 주당 6~15시간씩 아동과 놀이함으로써 부모가 함께해야 하는 시간을 대신하게 된다. 분명 소요되는 비용은 상승하지만, 이러한 프로그램을 통해 많은 부모는 집중적인 개입을 제공해야 한다는 책임감에서 벗어나 휴식을 취할 수 있게 된다.

모델의 제한점 : 피훈련자와 기관

이 접근을 각 가정에게로 어떻게 전달하는가는 PLAY 상담 모델에서 가장 결정적인 요인 중 하나로, 이는 매우 복잡한 과제이다. 경험을 통해 이 모델을 가정 환경으로 전달하는 데 가장 적합한 사람은 석사 수준의 아동 발달 전문가(예 : 교육학, 언어치료, 작업치료, 사회복지 영역의 석사)라는 결론에 이르렀다. 아동 발달 전문가를 고용하는 기관은 아동에 대해 책임감을 가져야 하고, 신뢰할 수 있는 진단 및 의뢰 체계를 바탕으로 어린 자폐스펙트럼장애 아동을 타 기관으로 의뢰할 수 있어야 하며, 행정적 측면의 지원 역시 제공할 수 있어야 한다.

결론 및 미래의 방향

> 놀이는 최적의 아동 발달에 결정적 요소이다. 유엔인권위원회는 놀이를 모든 아동의 권리로서 인정하고 있다. (Ginsberg, 2007)

이렇게 타고난 권리는 자폐증을 가진 아동에게 있어 두 번에 걸쳐 부인된다. 첫째, 미국 대부분의 주는 집중적인 행동적 또는 발달적 개입 서비스를 제공하지 않으며, 보험회사도 그 비용을 지불하지 않는다. 둘째, 자폐증을 가진 아동은 스스로를 고립시키는 경향이 있어 함께 놀이하고자 하는 사람들의 노력을 좌절시킨다. 지금까지 설명한 PLAY 프로젝트는 미국 전역의 지역사회와 부모들에게 비용 효율적이고 근거에 기초한 대안을 제공한다. PLAY 모델은 지역사회 기반 훈련, 훈련-훈련자 기관 프로그램, 가정 상담을 통해 폭넓고 효과적으로 전파될 수 있다.

부모에게 모든 적절한 개입 방법에 대해 교육하는 것이 의사로서의 의무이기는 하지만 나의 지론에서 부모는 자녀의 첫 번째이면서 최고의 놀이 파트너여야 하며, 이는 아이가 자폐증을 가진 경우라면 더욱더 그렇다. 따라서 부모에게 PLAY 프로젝트를 소개하게 된 것이다. 자폐증은 양육의 실패에서 비롯된 것이 아니라 유전적 조건에 의한 것이며, 많은 경우 집중적인 놀이 기반 개입에 의해 달라지기도 한다. 자폐 아동의 뇌는 느슨해진 그물망과 유사하다. 그 그물망으로는 세상의 복잡성을 포착해낼 수 없다. 우리의 임무는 바로 함께 참여하는 즐거운 상호작용적 개입을 통해 그 그물망을 튼튼하게 조이는 것이다. 소아과 전문의로서 가족에게 도움을 줄 수 있는 지역사회의 근거 기반 프로그램으로 의뢰할 수 있다는 것은 참으로 다행스러운 일이다. 부모가 놀이를 통해 처음으로 아이와의 연결감을 느끼고 아이 역시 부모와 연결감을 갖게 된 것 같다고 말할 때 무엇보다 큰 보람을 느끼게 된다.

부록 1. PLAY 프로젝트 평가 도구

- 아동기 자폐증 평정척도(Childhood Autism Rating Scale, CARS), 자폐증의 진단적 확인 (Schopler, Reichler, & Renner, 2010)
- Greenspan의 사회적–정서적 성장 차트(Social-Emotional Growth Chart), 아동의 기능적 발달에 대한 부모 보고(Greenspan, 2004)
- 기능적·정서적 평가 척도(Functional Emotional Assessment Scale, FEAS), 부모의 양육적 상호작용, 아동의 단서에 대한 민감성, 아동의 기능적 발달 수준에 대한 비디오 관찰 측정(Greenspan, DeGangi, & Wieder, 2001)
- 기능적 발달 수준(Functional Developmental Level, FDL), 진전 차트(사례 연구 참조)
- 수용·표현 언어 척도(Receptive Expressive Emergent Language Scale, REEL-3), 부모 보고 언어 측정(Bzoch, League, & Brown, 2003)
- 감각 프로파일(Sensory Profile), 감각운동적 문제에 대한 부모 보고(Dunn, 1999)
- 만족도 조사, 3개월과 1년에 측정

참고문헌

Bzoch, K. R., League, R., & Brown, V. L. (2003). *Receptive–expressive emergent language test*, third edition. PRO-ED, Inc.

Centers for Disease Control and Prevention. (CDC). (2007). Prevalence of autism spectrum disorders. *MMWR, 56*, 1–40.

Dawson, G., Rogers, S., Munson, J., Smith, M., et al. (2009). Randomized controlled trial of an intervention for toddlers with autism: The early start Denver Model. *Pediatrics*, Online, November 30.

Diggle, R., McConachie, H., & Randle, V. (2003). Parent-mediated early intervention for young children with autism spectrum disorder. In: *The Cochrane Library*, Issue 2. Oxford: Update Software.

Drew, A., Baird, G., Baron-Cohen, S., Cox, A., Slonims, V., Wheelwright, S., et al. (2002).

Original contribution: A pilot randomized control trial of a parent training intervention for pre-school children with autism. Preliminary findings and methodological challenges. *European Child & Adolescent Psychiatry, 11*(6), 266–272.

Dunn, W. (1999). *Sensory profile*. NCS Pearson.

Eikeseth, S., Smith, S., Jahr, E., & Eldevik, S. (2007). Outcome for children with autism who began intensive behavioral treatment between ages 4 and 7, *Behavior Modification, 31*(3), 264–278.

Ginsburg, K. R. (2007). The importance of play in promoting healthy child development and maintaining strong parent-child bonds. *Pediatrics, 119*(1), 182–191.

Green, J., Charman, T., McConachie, H., Aldred, C., Slonims, V., et al. (2010). Parent-mediated communication-focused treatment in children with autism (PACT): A randomized controlled trial. *Lancet*, Online May 21.

Greenspan, S. I. (1992). *Infancy and early childhood: The practice of clinical assessment and intervention with emotional and developmental challenges*. Madison, CT: International Universities Press.

Greenspan, S. I. (2004). *Greenspan social–emotional growth chart*. NCS Pearson.

Greenspan, S. I., DeGangi, G., & Wieder, S. (2001). The functional emotional assessment scale (FEAS). The Interdisciplinary Council on Development and Learning Disorders (ICDL).

Greenspan, S. I., & Weider, S. (1997a). An integrated developmental approach to interventions for young children with severe difficulties in relating and communicating. *Zero to Three National Center for Infants, Toddlers, and Families, 15*(5).

Greenspan, S. I., & Wieder, S. (1997b). Developmental patterns and outcomes in infants and children with disorders in relating and communication: A chart review of 200 cases of children with autistic spectrum disorders. *Journal of Developmental and Learning Disorders, 1*(1), 87–141.

Greenspan, S. I., DeGangi, G., & Wieder, S. (2001). *Functional Emotional Assessment Scale: Clinical and research applications*. Bethesda, MD: Interdisciplinary Council on Developmental and Learning Disorders.

Howard, J. S., Sparkman, C., Cohen H., Green G., & Stanislaw H. (2005). A comparison of intensive behavior analytic and eclectic treatments for young children with autism. *Research in Developmental Disabilities, 26*, 359–383.

Ingersoll, B. (2010). A comparison of naturalistic behavior and development, docial pragmatic approaches for children with autism spectrum disorders. *Journal of Positive Behavioral Interventions, 12*(1), 33–43.

Kasari, C., Gulsrud, A., Wong, C., Kwon, S., & Jocke, J. (2010). Randomized controlled caregiver mediated joint engagement intervention for toddlers with autism. *JADD*, February 10, Online, Springer.

Kasari, C., Paparella, T., Freeman, S., & Jahromi, L. B. (2008). Language outcome in autism: Randomized comparison of joint attention and play interventions. *Journal of Consulting and Clinical Psychology, 76*(1), 125–137.

Krebs-Seida, J., Ospina, M., Karkhaneh, M., Hartling, L., Smith, V., & Clark, B. (2009). Systemic reviews of psychosocial interventions for autism: An umbrella review. *Developmental Medicine & Child Neurology, 51*, 95–104.

Lord, C., Bristol-Power, M., & Cafierol, J. (2001). *Educating children with autism*. Washington, DC: National Academy Press.

Lovaas, O. I., Koegel, R., Simmons, J. Q., & Long, J. S. (1973). Some generalization and follow-up measures on autistic children in behavior therapy. *Journal of*

Applied Behavior Analysis, 6, 131–166.

Lovaas, O. I. (1987). Behavioral treatment and normal educational and intellectual functioning of young autistic children. *Journal of Consulting and Clinical Psychology, 55,* 3–9.

Mahoney, G., & Perales, F. (2004). Relationship-focused early intervention with children with pervasive developmental disorders and other disabilities: a comparative study. *Journal of Developmental & Behavioral Pediatrics, 26,* 77–85.

McConachie H., Randle, V., Hammal, D., & Le Couteur, A. (2005). A controlled trial of a training course for parents of children with suspected autism spectrum disorder. *Journal of Pediatrics, 147,* 335–340.

McEachin, J. J., Smith, T., & Lovaas, O. I. (1993). Long-term outcome for children with autism who received early intensive behavioral treatment. *American Journal of Mental Retardation 97,* 359–372.

Myers, S. M., Johnson, C. P., & the Council on Children with Disabilities. (2007). Management of children with autism spectrum disorders. *Pediatrics, 120*(5), 1162–1182.

Prizant, B., & Wetherby, A. (1998). Understanding the continuum of discrete-trial traditional behavioral to social-pragmatic developmental approaches in communication enhancement for young children with autism/PDD. *Seminars in Speech and Language, 19,* 329–351.

Rogers, S., & Delalla, D. (1991). A comparative study of the effects of a developmentally based instructional model on young children with autism and young children with other disorders of behavior and development. *Topics in Early Childhood Special Education, 11,* 29–47.

Rogers, S. J. (2000). Interventions that facilitate socialization in children with autism. *Journal of Autism and Developmental Disorders, 30*(5), 399–409.

Sallows, G. O., & Graupner, T. (2005). Intensive behavioral treatment for children with autism: Four-year outcome and predictors. *American Journal on Mental Retardation, 110*(6), 415–438.

Schopler, E., Reichler, R. J., & Rochen Renner, B. (2010). *Childhood autism rating scale, second edition.* Western Psychological Services.

Shea, V. (2004). A perspective on the research literature related to early intensive behavioral intervention for young children with autism. *Autism 8*(4), 349–367.

Siller, M., & Sigman, M. (2002). The behaviors of parents of children with autism predict the subsequent development or their children's communication. *Journal of Autism and Developmental Disorders, 32*(2), 77–89.

Simpson, R. (2005). Evidence-based practices and students with autism spectrum disorders. *Focus on Autism and Other Developmental Disabilities, 20*(3), 140–149.

Smith, T. (1999). Outcome of early intervention for children with autism. *Clinical Psychology: Science and Practice, 6,* 33–49.

Solomon, R., Necheles, J., Ferch, C., & Bruckman, D., (2007). Pilot study of a parent training program for young children with autism: The PLAY Project Home Consultation program. *Autism, 11*(3), 205–224.

Tannock, R., Girolametto, L., & Siegal, L. (1992). Language intervention with children who have developmental delays: Effects of an interactive approach. *American Journal on Mental Retardation, 97,* 145–160.

Vygotsky, L. S. (1978). *Mind in society.* Cambridge, MA: Harvard University Press.

Wallace, K., & Rogers, S. (2010). Intervening in infancy: Implications for autism spectrum disorders. *Journal of Child Psychology and Psychiatry, 51*(12),

Wieder, S., & Greenspan, S. (2005). Can children with autism master the core deficits and become empathetic, creative, and reflective? A ten to fifteen year follow-up of a subgroup of children with autism spectrum disorders (ASD) who received a comprehensive developmental, individual-difference, relationship-based (DIR) approach. *Journal of Developmental and Learning Disorder, 9*, 1–29.

제14장

ACT 프로젝트
연극치료와 ACT 공연을 통한
사회성 역량 증진

Lisa Powers Tricomi, Loretta Gallo-Lopez

아동 8명과 촉진자(facilitator) 2명, 학생 인턴 8명이 함께 연극치료 회기의 시작을 준비하고 있다. 집단 에너지는 다소 격앙되어 있어서 불안정했지만, 의자로 좁은 원을 만들어서 치료 세팅을 만들었다. 아동들은 앞뒤로 몸을 흔들거나, 반복적으로 손을 흔들고, 큰소리로 무의미하게 소리 내는 등 자폐스펙트럼장애 아동 집단에게서 전형적으로 관찰할 수 있는 행동을 보이고 있었다. 앤디는 치료실에 들어와서 세팅 주변을 이리저리 서성거렸다. 다부진 체격에 담황색 머리를 가진 앤디는 실제 나이인 10세보다 훨씬 어려 보였으며, 엄지손가락을 입에 물고 활발하게 돌아다녔다. 그는 다른 아동에게 관심이 없어 보였는데, 회기 지시사항을 염두에 두지 않고 자리에 와서 앉으라는 지시가 주어졌을 때만 착석하였다. 앤디는 자폐스펙트럼 중 가장 심한(severe) 유형이다. 적절한 언어적 의사소통이 불가능하였고 집단에서 촉진자의 일대일 개입을 필요로 하였다. 공을 옆 사람에게 건네주면서 눈 맞추기를 시도하는 워밍업 활동이 시작되었고, 몇 번 반복 후에 옆 사람의 이름을 부르며 공을 전달하였다. 앤디는 공을 받고 옆 사람에게 건네주기는 했지만, 활동의 목적을 염두에 두고 있지는 않았다. 하지만 그것이 그의 최선이었다. 서로 적응의 시간을 가진 후 자신의 느낌을 옆 사람에게 전달하는 활동으로 전개되었다. 이 활동은 이전 활동에 비하여 다감각적이고 상호작용을 필요로 하는 활동이다. 앤디는 점점 활동에 흥미를 잃고 집단 주위를 배회하였는데, 그럴 때마다 담당 인턴은 앤디를 쫓아다니며 활동에 참여할 수 있도록 도와주었다. 그는 피아노를 만지고 운동 매트에 눕고 거울을 잠깐 보는 등 쥐와 고양이 놀이를 하듯이 담당 인턴 학생을 피해 끊임없이 움직였다. 집단의 원형 세팅 안팎으로 걸어 다녔고, 집단 구성원

앞에 잠시 멈춰 섰다가 다시 움직였다. 이러한 행동은 집단 활동에 지장을 줄 만큼 방해가 되지는 않았고, 나름대로 활동을 수용하고 집단에 참여하는 듯 보였다. 치료사는 앤디가 관심을 가지고 보다 적극적으로 집단 활동에 참여하며 언어적 표현을 사용하고 다른 아동에게 관심을 가지는 것을 치료의 방향으로 설정하였다.

워밍업 활동을 마치면 본격적으로 연극치료 회기를 시작한다. 연극치료 회기는 배역을 정하고 인물의 성격을 만들며 그것을 바탕으로 이야기를 전개해나가는 가상놀이이다. 마술 지팡이, 망토, 안경, 모자와 같은 소도구와 의상은 방 가운데 비치하였고, 집단 아동들은 자신의 역할에 맞는 분장을 위하여 앞다투어 필요한 도구를 집었다. 앤디는 까만 모자를 집어서 머리에 썼다. 거울 앞에서 모자 쓴 자신의 모습을 바라보았다. 그러고는 춤을 추었다. 분장이 끝난 것이다.

이 장은 자폐스펙트럼장애 아동에게 적용 가능한 연극치료 기법과 비지시적 역할놀이를 설명하고 있다. 이를 위하여 자폐스펙트럼장애 아동 및 청소년의 의사소통 및 사회성 기술 향상을 목적으로 실시되었던 ACT 프로젝트에서 사용한 연극치료 접근을 소개하고자 한다. 첫째, 연극치료 기본 이론과 실제를 설명하고 연극치료 사용의 근거를 제공하며, 둘째, 자폐스펙트럼장애 아동을 대상으로 연극치료 기법이 적용된 실제 사례를 소개하고, ACT 방법론과 집단 적용 효과를 기술하였다. 마지막으로 2년간 ACT 프로젝트에 참여했던 사춘기 직전의 아동인 새미의 치료 여정을 소개하였다.

연극치료

연극치료(drama therapy)는 치료적 목적을 달성하기 위하여 연극과 무대 경험을 기능적이고 의도적으로 사용하는 것이다. 연극치료는 내담자로 하여금 맥락을 제공함으로써 감정 표현을 가능하게 한다. 이야기를 전달해주고 배역을 탐색하는 기회를 제공하며, 특정 목적을 설정하고 그 목적에 부합하는 문제해결 방안을 모색하는 활동중심의 실험이다. 연극치료는 행동 변화와 기술 발달, 정서와 신체적 이완, 통합의 경험을 가능하게 하는 치료 플랫폼이다 (Long, Haen, Zaiser, & Beauregard, n.d.).

일반적으로 연극치료는 내담자의 발달적·임상적 필요를 진단하고, 필요를 해결하기 위하여 사용할 접근법을 결정한다. 연극치료는 집단 상황, 개별 상황, 가족치료 상황 등 모든 상황에 적용 가능한 다각적 치료 형식을 제공한다. 내담자의 필요와 기능 수준에 따라 다양한 치료 목적이 설정되며, 치료 목적에 따라 다양한 연극 형식이 사용된다. 연극치료 기법과 과정은 공연 게임, 즉흥, 인형극, 가면극, 이야기 만들기, 상연 등으로 매우 다양하다. 또한 연극치료는 치료적·창의적 과정을 풍부하게 하기 위해서 공연, 문자, 의식 등 다양한 요소를 사용한다. "연극치료는 연극, 극장, 심리학, 심리치료, 인류학, 놀이 그리고 상호작용과 창조적 과정에 이론적 근거를 두고 있다"(National Association for Drama Therapy, n.d.).

모든 연극치료는 워밍업 활동으로 시작된다. 워밍업 활동은 회기 준비를 위한 다기능적 단계이다. 워밍업 활동은 정서적 거리감을 조절할 수 있는 기회를 제공하며, 내담자는 이를 통하여 회기 전에 흥분되거나 불안한 정서를 가라앉힐 수 있다. 워밍업 활동은 신체, 느낌과 감각, 사고와 직관을 사용함으로써 창조적 상상력과 두뇌의 연결성을 촉진시킨다(Bailey, 1994). 워밍업 활동은 내담자가 연극치료 회기에 참여하기 전 준비의 단계이다.

연극치료의 다음 단계는 활동 단계이다. 워밍업이 보다 깊이 있는 공연, 역할과 느낌에의 몰입, 타인과의 연결을 준비를 돕는다면, 활동 단계는 회기 안에서 일어나는 각색의 실제이다. 이 단계에서 다양한 공간과 인물이 등장하고, 이야기가 전개되며, 갈등과 해결이 발생한다. 아동은 기존에 잘 알려져 있는 영화나 만화의 이야기보다는 자신만의 아이디어를 만들어내도록 장려되는데, 이러한 창작의 과정은 자연 발생적·창의적 상호작용과 추상적 사고를 필요로 한다. 이 단계는 대본과 연극 창작의 초기 단계라고 할 수 있다.

연극치료 회기는 언제나 종결의 경험과 함께 마무리된다. 종결은 내담자가 보여주는 이슈를 해결보다는 일상생활로 귀환하기 위한 중심 잡기 단계라고 할 수 있다(Landy, 1994).

연극치료의 용어와 원칙에 있어서 중심 개념을 설명하고 있는 미적 거리감(aesthetic distance)은 정서와 인지, 사고와 느낌, 경험과 반추 사이의 조화이다. 미적 거리감은 개인이 특정 역할을 수행하거나 '자신 혹은 타인'이 되는 것을 통하여 경험할 수 있다. 만일 내담자가 지나치게 생각을 많이 하거나 합리화한다면, 그들은 자신의 감정과 지나치게 거리를 두고 있는 것이다. 마찬가지로 감정의 격류는 개인이 자신의 감정과 지나치게 가깝다는 것을 의미한다(Landy, 1994).

연극치료사는 내담자에게 안전한 공간과 자발적 탐색이 가능한 공간을 제공함으로써 미적 거리감을 경험할 수 있도록 한다. 내담자가 안전하다고 느끼는 공간에 있을 때 대뇌의 공포회로는 진정되고 감정과 인지는 상호작용할 수 있게 된다(Bailey, Bergman, & Dickinson, 2010). 움직이고 이야기하며, 보고 듣고 생각하는 다각적 경험을 통하여 사고와 느낌 사이의 조화가 가능해지며, 이러한 경험은 연극치료 기법을 사용함으로써 가능하다. 연극과 무대 경험을 통하여 우리는 상이한 기능을 사용하게 된다. 예를 들어, 우리는 특정 장면에 대해서 자연스럽게 감정적 반응을 보이는데, 이것은 우리가 줄거리에 나타나는 전제를 받아들였기 때문이다. "우리는 무대 위에서 논리와 지성에 관여하는 좌반구와 직관, 창의성, 예술성, 극적 상상에 관여하는 우반구의 통합을 경험하는데, 이것이 연극의 힘이다"(Jennings, 1994, p. 2).

연극치료와 자폐스펙트럼장애

연극치료는 아동의 관심사와 기능 수준에 적합한 내용과 방법을 제공한다. 이러한 융통성(flexibility)을 바탕으로 연극치료는 자폐스펙트럼장애 아동에게 적합한 치료를 제공할 수 있다. Tony Attwood(2008)는 연극이 아스퍼거장애 청소년에게 사회성 기술을 알려주기에 적합하다고 한다. 그는 비엔나어린이병원(Vienna Children's Hospital)에서 초연되었던 아스퍼거장애 아동을 위한 Viktorine Zak의 작품을 자세하게 묘사하였는데, Hans Asperger의 여동생이었던 간호사인 Zak가 고안한 프로그램에서 연극은 아동의 사회성 기술 향상을 위한 주요 치료 활동이었다.

*Pretending To Be Normal*이라는 책에서 Liane Holliday Willey(1999)는 연극과 모방이 아스퍼거장애로 진단받지 않은 아동에게도 사회성 기술 발달의 기회를 제공한다고 하였다. Attwood(1998, 2008)는 아스퍼거장애 아동이 상호 소통이 가능한 대화 기술, 음성과 억양 조절, 얼굴 표정과 몸짓의 의미를 파악하는 방법 등 사회적 신호 자극과 소통을 위한 기본 지능을 습득하기 위하여 역할놀이와 연극 활동 사용을 권장하였다(Attwood, 1998, 2008).

Beyer(1998)는 자폐스펙트럼장애 아동의 필요에 맞도록 꾸며진 놀이 환경은 자연 발생적이고 아동의 특성에 따라 다양화된 비지시적 놀이를 전개하기에 효과적이라고 하였다. 호혜적 소통과 상호작용 장애를 보이는 자폐스펙트럼장애 아동에게 2명 혹은 그 이상의 인원 간 상호작용과 관계 형성을 목적으로 하는 놀이는 어려운 과제라고 할 수 있다(Wolfberg, 2009). 정상 신경 발달을 보이는 아동은 직관적 상호작용 놀이가 가능한 반면, 자폐스펙트럼장애 아동은 지시, 강화, 참여에 대한 안내가 필요하기 때문이다(Beyer, 1998). 연극치료는 자폐스펙트럼장애 아동으로 하여금 타인과의 연결 및 관계 형성을 목적으로 하는 놀이에 참여할 수 있는 환경을 제공함으로써 그들의 참여를 보다 원활하게 만들어준다.

Greenspan과 Wieder(2006)는 *Engaging Autism*이라는 책에서 자폐스펙트럼장애 아동을 위한 연극치료의 효과를 설파하고 있다. 역할놀이는 융통성와 창의성을 길러주며, 어렵고 불편한 상황에 대처하는 방법을 습득할 수 있게 해준다고 하였다. 그들은 또한 연극이 자폐스펙트럼장애 아동을 위하여 매우 효과적이라고 하였는데, 이것은 연극이 다양한 발달 기능을 필요로 하기 때문이다.

　자폐 연구 분야의 석학인 Simon Baron-Cohen은 그의 연구 전반을 통해 마음 이론(ToM)을 연구하였는데, 자폐 진단군에서 ToM 결핍이 특징적으로 관찰된다고 하였다. ToM은 "나의 관점이 아닌 다른 사람의 관점에서 그 사람의 사고와 느낌을 이해하고 이를 바탕으로 타인의 행동을 이해하고 예측하는 능력이며, 마음 읽기(mind-reading) 혹은 정신화(mentalizing)와 유사하다"(Baron-Cohen, 2008, p. 57). ToM의 결함은 18개월 전후로 관찰되는 공동 주의 결핍과 관련이 있는데, 공동 주의 기술은 타인의 시선을 좇고, 타인의 관심사에 자신도 관심을 표하며, 타인에게 상호작용을 시도할 수 있는 능력을 의미한다(Baron-Cohen, 2008; Greenspan & Wieder, 2006; Wolfberg, 2009). Baron-Cohen은 자폐스펙트럼장애 아동이 특징적으로 보이는 결함 행동을 세 가지로 정리하였는데, 주요 내용은 사회성·소통 영역에서의 비전형적 발달과 상동증적 행동을 포함한다. Baron-Cohen은 사회성과 소통 영역이 불가분하게 결합되어 있다고 하였는데, 이러한 점에서 연극치료는 자연스러운 사회성 학습과 의사소통에 필요한 다양한 기술을 배우고 통합할 수 있는 효과적 방법이라고 하였다(Chasen, 2011).

　상동증적 행동과 좁은 관심사는 자폐스펙트럼장애와 아스퍼거장애 아동의 공통 증상이다. 이러한 행동에는 손을 반복적으로 흔들기, 몸을 앞뒤로 흔들기, 제자리에서 빙글빙글 돌기, 지나친 집착(예: 특정 대상을 반복하여 만지기, 물건 수집하기, 특정 주제에 관련된 정보 수집하기), 물건을 한 줄로 늘어놓기, 반복적이고 무의미한 놀이(예: 차 바퀴, 세탁기와 환풍기 날개 돌리기) 등이 포함된다(Attwood, 2008; Baron-Cohen, 2008). 연극치료는 이러한 병리적 증상을 연극의 소재로 사용할 수 있는데, 내담자가 안전하다고 느끼는 환경에서 참여를 유도하고, 이를 새로운 기술 습득을 위한 발판으로 사용하는 전략을 사용한다. 자폐스펙트럼장애와 아스퍼거장애는 공통적으로 반향어 및 신조어(neologism)의 사용, 단어의 문자적 이해, 다양한 언어 발달 지연, 맥락에 부적절한 언어 사용 등 다양한 측면에서 의사소통 기능에 장애를 보인다. 또한 과도하게 반복적인 행동, 변화 적응의 어려움, 지나친 일관성과 완고함, 특정 영역에서만 뛰어난 기능, 비전형적으로 뛰어난 기억력 또한 이 내담자군의 특성에 포함된다(Attwood, 1998, 2008; Greenspan & Wieder, 2006). 이들은 대인관계에 있어서도 어려움을 경험한다. 상대방의 감정과 사고를 이해하고 예측하는 능력, 타인의 행동에 반응하는 방법, 타인의 얼굴이나 음성에 드러나는 정서 상태를 파악하는 방법 등에 있어서 미숙함을 보인다. 이러한 어려움은 모두 자신의 관점이 아닌 다른 관점이 존재할 수 있다는 사실을 깨닫지 못하는 데 기인한다고 볼 수 있다. 연극치료는 언어적·신체적 상호작용이 가능한 대화 형식의 중재이다. 이러한 자폐스펙트럼장애 아동과 청소년에게 연극치료는 이들이 고립감에서 벗어나 실용적 언어, 상호 간 대화 기술, 사회적 이해, 의미 있는 사회적 연결을 경험할 수 있는 공유 경험을 제공한다(Corbett et al., 2011).

자폐스펙트럼장애인의 특성은 스펙트럼에 따라 다양하지만, 결함이 관찰되는 주 영역은 사회적 소통, 사회적 상호작용, 사회적 상상이다. 연극치료는 이러한 행동 기능을 직접적으로 중재할 수 있는데, 연극은 우리로 하여금 목소리, 언어, 몸을 사용하여 느낌을 표현하고 탐색할 수 있게 하기 때문이다. 또한 연극은 진정하고 자발적인 소통과 상호작용 상상력과 활동을 촉진한다. 앞서 언급되었듯이 마음 이론은 "자신을 타인의 입장에 놓아보는 능력"을 말한다(Baron-Cohen, 2008, p. 57). 나를 타인의 입장에 놓아보는 것은 연극과 무대 공연의 핵심이며, 이러한 관점의 변화는 연극이 이러한 내담자군의 장애를 효과적으로 다룰 수 있음을 의미한다.

창의극(creative drama) 교육 전문가인 Kase-Polisini(1988)는 창의극은 창의적 사고력과 소통, 신체와 정서의 발달을 돕는다고 하였다. "놀이를 만들어내는 과정을 통하여 우리는 무대를 구성하는 요소와 함께 언어와 비언어적 소통, 사회화, 창의적 문제해결, 정보 습득 능력을 배우게 된다. 연극을 통한 학습은 역할 분담, 자신을 타인의 입장에 놓아보는 상상적 투사, 가상의 상황을 통해서 이루어진다"(p. 107).

연극치료는 동시에 여러 가지 경험을 가능하게 하는 다각적 치료이다. 두뇌의 양반구를 사용하는데, 좌뇌는 논리와 지성을 우뇌는 창의성과 극적 상상력, 직관력을 자극한다(Jennings, 1994). 자폐스펙트럼장애 아동을 위한 연극치료 고유의 장점은 신체 활동과 두뇌 활동의 연결을 돕는다는 것이다. 두뇌의 공포회로는 연극을 상연할 때 변연계와 전두엽을 활성화시킨다. 신경가소성(neuroplasticity)에 관한 연구는 추상적·비언어적 의사소통을 사용한 연극을 반복하여 경험할 때 새로운 신경로가 형성된다고 하였다(Chasen, 2011). 이러한 신경가소성은 신경계 발달과 가지치기(pruning)가 완성되지 않은 청소년기에 더 명확하게 나타난다.

연극치료는 동일시와 적절한 감정 표현을 촉진시키는 이상적 기법이다. 역할놀이와 주인공의 특성을 만들어내는 연습을 통하여 내담자는 불안으로부터 벗어나고 공감 능력을 향상할 수 있다. 집단 연극치료는 공통된 주제에 대한 감정을 공유하게 하는 최선의 방법이다(Chasen, 2011).

연극치료는 의상과 음악, 움직임, 시각 예술을 통하여 감각 통합의 경험을 제공한다. 연극 대본, 줄거리, 연극 게임을 사용하는 것은 아동의 계획과 통합, 조직 능력을 길러준다. 또한 내담자가 대화와 복잡한 줄거리를 창작할 때 집행 기능이 가장 많이 사용된다. 이러한 작업을 통해 아동은 자신감과 유능함을 경험하게 된다.

마음 이론의 발달을 위하여 필수적인 추상적 사고와 '자신을 타인의 입장에 놓아보는 능력'은 연극치료의 농담, 인물 구성, 역할 분담, 줄거리 전개를 통하여 개발될 수 있다. 이러한 기법은 내담자의 언어 이해력과 표현력을 향상시킨다.

연극치료에서 사용되는 반영(mirroring)과 공간 걷기 기법, 기타 워밍업 활동은 시공간 지각력과 운동 협응력을 향상시킨다. 반영 기법에서는 2명씩 짝을 지어 이끄는 사람과 뒤 따르는 사람의 역할을 번갈아 수행할 수 있다. 이러한 기법을 통하여 내담자의 눈맞춤과 집중력, 사회적 상호작용과 연결 경험을 길러준다. 공간 걷기 기법은 내담자에게 바람 부는 언덕 위, 눈보라 속, 뜨거운 모래 위를 걷는 것처럼, 혹은 떠돌거나 강아지를 산책시키는 것처럼 치료실을 걸어보라고 지시한다. 과정이 진행되면 치료사는 내담자에게 공간 속을 걷는 다른 사람과 상호작용하라고 지시한다. 이러한 방법은 재미있고 활력을 불어넣어주기 때문에 선호되는 활동이다. 또한 반영하기, 이야기 만들기, 대본에 쓰인 대로 연기하기 등의 기법은 기억과 주의력을 증진시킬 수 있다. 이외에도 정보처리 속도는 얼음땡 놀이와 즉흥 활동을 통해서 향상될 수 있다. 얼음땡 놀이는 내담자에게 자유롭게 움직이다가 갑자기 움직임을 멈출 것을 요구한다. 치료사는 내담자에게 움직임을 멈추는 순간, 공을 받는 축구선수처럼, 강아지를 산책시키는 것처럼, 무용수처럼, 공룡처럼 멈출 것을 지시한다. 즉흥 활동은 배우로 하여금 주제, 생각, 다양한 아이디어를 기반으로 극 중 인물과 줄거리를 만들어 낼 수 있게 한다. 회기 중에 경험할 수 있는 즉흥, 브레인스토밍을 위한 공연(brainstorming enactment), 대본 쓰기 등의 활동은 다음 절에서 설명할 것이다.

ACT 프로젝트

ACT(All Community Theatre) 프로젝트는 자폐스펙트럼장애 아동과 청소년을 위한 연극치료와 공연 프로그램이다. 이 프로젝트는 공인 연극치료사인 Loretta Gallo-Lopez에 의해 제안되었으며, 연극치료사인 Lisa Powers Tricomi, 연극영화 전공 학생 12명, 자폐스펙트럼장애 아동 및 청소년 30명이 참여하였다. 이들은 대본을 쓰고 공연을 기획하여 2년에 한 번씩 공연을 상연하였다. 매주 한 시간에서 한 시간 반 동안 실시되는 연극치료 회기를 통하여 사회성 기술, 관계 형성, 의사소통, 자발성과 창의성 기술을 연습할 수 있는 기회를 경험하였다.

이 프로그램에서는 Gallo-Lopez와 Powers Tricomi가 공동으로 개발한 ACT 방법론©을 사용하고 있는데, 이 방법론은 자폐스펙트럼장애 아동 및 청소년과의 임상 경험을 바탕으로 한 것이다. ACT 방법론은 개별 혹은 집단 치료 목적을 달성하기 위하여 연극과 무대 공연, 연극놀이(dramatic play) 관련 활동, 즉흥 활동(improvisation), 역할놀이, 극장 게임(theater game), 손인형극과 가면극 등을 사용하며, 다양한 의상과 소도구, 대본 읽기, 대본 쓰기, 음악, 그림, 공연 등을 활용한다. 학기 중 매주 실시되며 내담자의 창작 공연을 결과물로서 상연하는데, 이것은 자신의 작품을 실연하는 검증, 성취감, 격려와 환호를 통한 자존감을 경험하게 하기 위함이다.

학생 인턴은 ACT 프로젝트에서 없어서는 안 되는 중요한 역할을 수행한다. 그들은 대부분 연극을 전공하는 학부생으로 연극치료 개론의 일환으로 인턴십에 참여한다. 인턴은 활동에 전적으로 참여하여 내담자에게 역할 모델을 제공하고, 지지적이고 유희적인 환경을 조성한다. 집단 안에서 활기차게 즉흥 활동을 이끌고, 놀이 활동에서는 다른 집단 구성원들을 지지하는 역할을 한다. ACT 프로젝트에서 인턴은 2명의 자폐스펙트럼장애 아동과 짝을 이루며, 아동이 안전한 범위에서 자유롭게 활동할 수 있도록 돕는다.

ACT 프로젝트 참여자는 Jennings가 제안한 창조적·표현적 연극치료 모델(Creative-Expressive model of drama therapy; Jennings, 1994)의 집단치료 방법론을 따른다. 이 모델은 내담자의 건강한 자아에 초점을 맞추고 있는데, 이는 연극을 삶의 예행연습으로 간주하는 과제와 기술 모델(Task and Skills model)과 유사하다. 그러나 과제와 기술 모델에서는 창조와 표현보다는 과제중심의 성취를 더 중요시한다. 창조적·표현적 모델의 우선 순위는 연극을 통하여 개인과 집단이 그들 나름의 창의적 잠재성을 발견하는 것이다. 극적 탐색은 체화된 언어적·비언어적 방법을 사용한 상징과 역할놀이로 가능하다. 내담자는 활동 전반에서 그들에게 편안한 속도와 방법으로 자유롭게 움직인다. 또한 연극치료 회기는 과거의 이슈를 해결하기보다는 현재 집단 안에서 개인의 강점을 조명하여 자존감을 높이고 보다 안정적이고 자신감 있는 자아를 만드는 것이다. 자존감과 자신의 역량에 대한 자신감은 ACT 프로젝트의 연극치료가 지향하는 목적이다.

공연과 연극을 상업적 목적으로 사용하는 극장 관련 단체와 극예술가가 있다. 이들과 연극치료사 사이의 명백한 차이점은 연극치료는 치료 목적의 달성을 목표로 작업한다는 점이다. ACT 프로젝트는 정규 훈련 과정을 거친 공인된 연극치료사들에 의해 제안되고 진행되기 때문에, 결과물은 오락이 아닌 치료적 성격을 띠고 있다. 이것은 연극과 공연 관련 단체 및 전문가와 연극치료사를 구별하는 중요한 기준이며, 이 프로젝트에 훈련과 공인을 통한 연극치료사가 반드시 필요한 이유이다. ACT 프로젝트에서 사용된 연극치료 기법의 치료적·실제적 적용과 실행을 위한 구체적 방법론은 90분의 연극치료 회기 가이드에서 찾아볼 수 있다(Gallo-Lopez & Powers-Tricomi, 2010).

앞에서 언급되었듯이 연극치료 전에 실시되는 워밍업 활동은 자폐스펙트럼장애 아동이 자신을 위한 안전한 공간을 마련하는 데 중요한 단계이다. ACT 방법론은 깨끗하고 정돈된 치료실에 의자를 좁은 원형으로 배치함으로써 안전한 공간을 만들 수 있다고 하였다. 공간의 안전성은 시간과 장소, 진행 절차의 연속성과 일관성 확보에서 형성되며, 이는 친숙하고 반복적인 워밍업 활동을 통해 가능하다. 워밍업 활동은 활력을 불어넣거나 긴장 이완, 집단 응집력과 다감각 체험(움직이기, 말하기, 생각하기, 느끼기)을 목적으로 시행된다. 워밍업 활동은 반복과 안전에 대한 경험을 통하여 내담자의 격앙된 정서를 가라앉히고 이들이 필요로 하는 기술을 학습할 수 있도록 준비시킨다. 이 활동은 비언어적 의사소통에 대한 이해, 눈맞춤 연습, 음성의 비언어적 측면과 얼굴의 정서적 표현, 신체의 언어에 대한 이해, 움직임과 신체의 협응 능력, 집단에서의 사회적 상호작용, 자신과 타인 인식, 관계 형성 등에 초점을 맞추고 있다.

일반적으로 연극 연습은 이름 부르기 게임(Bailey, 1994)과 공 게임을 많이 이용하는데, 연극치료 회기에서 일상적 절차를 형성하기 위하여 사용된다. 워밍업 활동의 반복은 자폐스펙트럼장애 아동이 안정감과 구조화를 경험하게 하기 위함이다. 활동 사이의 간극(transitioning)에 대한 집단 구성원의 인내심 증진을 위하여 동일한 워밍업 활동이 몇 주간 지속적으로 시행되는 것이 좋다. 집단 응집력과 신뢰감을 형성함에 따라, 공을 더하거나 소리와 단어를 변화시키는 등 도전의 요인을 더할 수 있다. 이런 방법은 융통성과 좌절 인내도를 관찰하기 위한 좋은 방법이다.

그다음 단계인 활동 단계는 브레인스토밍, 대본 작성과 상연(enactment)으로 구성된다. 창조적 집단 사고는 집행 기능 촉진을 위한 활동이며, 집단 상호작용, 협업과 타협, 자발적 상호 대화, 정서적 융통성, 사회적 상호작용과 역량, 창의적 사고와 문제해결 능력, 좌절 인내도, 관계 형성 능력을 증진하기 위한 목적으로 실행된다.

브레인스토밍 회기에서 내담자는 '누가, 무엇을, 언제, 어디서'를 중심으로 줄거리를 생각해낸다. 이 과정은 일반적으로 방문한 경험이 있거나 혹은 방문하고 싶은 장소에서부터 토의를 시작한다. 그다음 단계에서는 집단 구성원이 함께 놀고 싶은 대상, 기간 등을 포함한 다양한 내용으로 토의 범위를 확장한다.

회기가 진행됨에 따라 아동 혹은 청소년은 기능에 따라 소집단으로 나누어지거나 어른과 개별 팀을 이루어 작업한다. 대본 작성이 시작되면 기존의 이야기가 아닌 자신의 상상을 바탕으로 아이디어를 전개하고, 창의적 생각을 지속하도록 격려한다. 자폐스펙트럼장애 아동은 종종 특정 영화나 TV쇼의 대사를 그대로 따라 하기 때문에 자신만의 상상과 창의성을 발휘하는 데 어려움을 보인다. 하지만 연습과 지원을 받으면 이러한 어려움은 창의성과 자신감의 경험으로 변화한다. 대본과 대화는 전적으로 집단 구성원에 의해 만들어지는데, 어른들은 불러주는 대사를 받아 적거나 내용이 불분명한 경우 질문을 통하여 명료하게 한다. 이러한 과정은 아동의 역량을 강화하고 자신감을 길러준다.

대본 작성이 끝나면 집단 구성원은 다시 모여서 상연 방법을 논의한다. 상연은 이야기가 실제로 구현되는 단계인데, 이때 즉흥은 이야기와 대본을 더 발전시킬 수 있는 수단이다. 대본 쓰기와 상연은 추론과 줄거리 전개를 통하여 두뇌의 집행 기능을 발전시키며, 집단 상호작용, 협업과 타협, 추상적 개념 이해, 농담과 우스갯소리, 관점 변화, 창의적 사고, 문제해결, 공감, 확신, 정서적 융통성, 관계 형성, 우월감과 자존감 향상을 목적으로 한다.

이 단계에서 촉진자는 집단 구성원이 서로 다른 이야기를 창의적 방법을 사용하여 하나의 이야기로 통합하는 것을 보조한다. 이것은 융통성, 협상과 타협의 연습이라고 할 수 있는데, 자폐스펙트럼장애 아동이 특별히 어렵게 느끼는 기능이다. 하지만 이 단계를 통하여 아동은 집단 응집과 타인의 의견 수용, 통합 줄거리 창작, 공연 실행 아이디어 공유 등 다양한 개인-집단 동기화를 경험하고 관련 기능을 습득하게 된다.

ACT 회기는 언제나 역할 반환(de-roling) 혹은 그들의 일상생활로 한 발 물러서기, 그리고 조용히 마음 가라앉히기로 종결된다. 이러한 마무리는 회기에 대한 반영을 촉진하고 종결감을 제공한다. 이 단계는 집단 선호에 따라 이야기하기, 움직이기, 생각하기 등 다양한 활동으로 구성되며 개별 역량 강화, 집단 구성원 간 조화의 회복, 안전하고 편안한 치료실 밖 일상생활로의 복귀를 돕는다. 이 단계의 목적은 활성화된 정서를 가라앉히는 것인데, 좌절 인내도, 정서 조절, 사회적 역량과 관점 변화의 촉진을 목적으로 한다.

ACT 프로젝트의 핵심은 공연이다. 관객을 앞에 두고 공연한다는 것은 모든 연극치료에서 공통적으로 시행되는 것은 아니지만, 자폐스펙트럼장애인에게 공연은 여러 가지 면에서 효과적이다. 즉 ACT의 최종 산물은 공연의 형태로 나타나지만 그 자체는 연결 통로에 불과하며, 진정한 ACT의 목적은 배우와 배우, 배우와 관객 사이의 연결 경험을 제공하는 것이다. 공연의 다양한 경험과 느낌, 박수와 환호성 소리, 답례 인사 등은 연극 고유의 경험이며 자폐스펙트럼장애 아동과 청소년에게 진정한 전환점을 제공할 수 있다. 다음에 소개되는 다이애나의 이야기는 공연의 영향을 보여주는 예시이며, ACT 프로젝트의 다양한 요인을 강조한다.

다이애나의 사례

다이애나는 수용 언어와 표현 언어에 심각한 발달 지연을 보이는 19세 저기능 자폐 청소년이다. 반향어 혹은 상황에 부적절한 단어를 사용하고, 변화와 전이의 순간에 어려움을 보이며, 손을 반복적으로 흔들거나 몸을 앞뒤로 흔드는 상동 행동을 보였다. 그녀는 디즈니 영화의 노래를 부르며 빙글빙글 돌거나 자신의 모습을 거울에 비춰 보는 것을 좋아했다. 2년전 ACT 프로젝트에 처음 참여하였을 때 다이애나는 집단 활동에 참여하기 어려워했다. 쉽게 혼란스러워했고 좌절하였으며 울거나 신음을 내어 불쾌감을 표현하였고, 집단 안에서 대부분의 시간은 혼잣말을 하며 보냈다. 그녀가 선호하는 활동은 음악과 춤추기였는데, 우리는 이것을 집단에 참여 유도 활동으로 사용하였다. 즉흥 활동에서 다이애나는 백설공주, 신데렐라, 잠자는 숲 속의 미녀와 같은 영화 속 공주의 역할을 맡곤 하였다. 다이애나는 그 어떤 옷보다도 공주옷 입는 것을 좋아하였으며, 역할은 늘 자신이 좋아하는 의상을 기준으로 선택하였다. 그녀는 자신이 맡은 배역의 이름을 다이애나 공주라고 불렀고, 실제 영화 속 공주들의 동작과 활동을 사용하여 인물상(persona)을 만들었다. 연극이 전개되고 공연 연습을 시작함에 따라 다이애나는 점점 더 집단 활동에 몰입하였다. 그녀는 줄곧 웃었고, 어머니에 따르면 ACT 연극치료 회기가 있는 수요일 저녁을 초조하게 기다렸다고 한다. 실제 공연이 다이애나에게 긍정적 영향을 미치고 있음을 알 수 있었다. 다이애나 공주는 크게 기절하는 장면과 연극의 마무리 짓는 노래를 부르는 장면을 맡았는데, 두 장면 모두 리허설에서 큰 박수를 받았다. 큰 박수 갈채에 다이애나는 자신감 있는 미소를 지었다. 공연 당일, 집단 구성원들은 인사하는 것을 연습하였다. 다이애나는 그녀의 자리에 서서 다른 구성원의 손을 잡고 멋지게 인사하였다. 한 손을 올리고 청중에게 미소를 띠우며 무릎과 상체를 굽혀 인사하였다. 다이애나는 집단의 인사를 인도하는 리더가 되었고 그 이후부터 매 공연마다 침착하고 자신 있는 모습으로 집단 전체 인사를 지휘하였다.

다이애나는 공연 경험을 쌓았고 공연이 언제 있는지를 확인하곤 하였다. 즉흥 활동에서 다이애나는 공주 역할로서의 레퍼토리를 점차 확장하였다. 그녀는 집단 연극 게임에 보다 깊게 관여하였고 상호적 대화에 참여하였으며, 사회 상황과 소통의 신호 자극에 보다 적절하게 반응하게 되었다. 내적 자극에는 덜 반응하게 되었고 회기에 집중하여 참여하였으며 다른 집단 구성원과 인턴에게 관심을 보이며 더 즐겁게 반응하기 시작하였다. 두 번째 연극에서 다이애나는 집단의 다른 소년과 함께 여러 곡의 이중창을 공연하였다. 다이애나는 노래하는 것을 좋아하기는 하였지만 다른 사람과 함께 노래하거나 집단의 일원으로서 노래하는 것을 견디지 못하였었기 때문에, 이것은 다이애나에게 처음 관찰되는 행동이며 이례적인 일이라고 할 수 있다. 그녀가 타인과의 이중창 경험을 매우 좋아하였기 때문에 우리는 점차적으로 그녀가 안전한 공간에서 벗어날 수 있도록 유도하였다. 그녀에게 주어진 도전적 과제는 이중창을 하는 동안 다른 집단 구성원과 손을 잡고 있다가 팔짱을 끼고 걸어가는 것이었다. 몇 바퀴 가볍게 도는 동작 등 간단한 안무를 추가하였고, 목소리와 얼굴로 감정을 표현하는 작업을 시도하였다. 그녀는 이것을 치료실이나 집의 거울 앞에서 연습하는 것을 좋아하였다. 모든 노래 후에 다이애나는 파트너와 함께 인사하고 큰 박수를 보내곤 하였다.

다이애나의 사례에 기술되었던 것과 같이 우리는 개인의 강점과 관심사에 초점을 맞추어서 내담자의 진단적 특성으로 인한 장애를 보다 긍정적 관점에서 바라보았다. 예를 들어, 대본의 대화에 TV쇼나 영화의 대화 사용하는 것에 집착하는 내담자는 좋은 기억력이라는 강점을 가졌다고 볼 수 있다. 어떤 내담자는 실제로 대사뿐만 아니라 구체적인 지시사항까지 대본 전체를 일주일 안에 외우는 모습을 보여주었다. 디즈니 캐릭터에 대한 강박적 관심은 무발화 내담자로 하여금 공연이 진행되는 동안 노래를 부르게 하기도 한다. 만화에 대한 강박적 관심은 연극을 위한 스토리보드를 만드는 데 적용할 수 있다. 춤추는 것에 대한 열정은 내담자가 특정 안무 동작을 인턴을 포함한 전체 집단 구성원에게 가르쳐주는 등 새로운 방식으로 집단과 연결 및 소통하는 것을 가능하게 한다. Attwood(1998, 2008)에 따르면 아스퍼거장애 아동이 보이는 특별한 관심사와 열정은 다양한 기능을 제공한다. 강박적 관심은 안정감, 이완감을 제공하며 정체성을 만들어낸다. 또한 시간을 때우고 대화의 주제를 제공하며 지적 능력을 보여줄 수 있다. Attwood는 내담자의 강박적 관심사를 변화시키기보다는 그 자체를 탐색하고 참여하는 것이 더 나을 수도 있다고 제안한다. 이것은 ACT 프로젝트의 철학이기도 한데, 내담자의 현재 상태와 특성을 충분히 사용하여, 이것을 바탕으로 바람직한 행동으로의 변화 동기를 부여하고 창의성을 촉진하는 것이 좋다. 또한 이러한 접근이 내담자에게 어떠한 가치를 지니는지 검증하는 것이 좋다. 대부분의 치료 접근에서는 자폐스펙트럼장애 아동의 강박적 관심사를 병리적 증상으로 보고 수정해야 하거나 무시하거나 소멸해야 하는 행동으로 보고 있는데, 이러한 관점으로 보면 ACT 프로젝트의 강박적 관심사를 시작점으로 설정하는 접근법은 이 프로젝트의 고유한 특성이자 강점이라고 할 수 있다. ACT 프로젝트는 내담자로 하여금 관심사를 표출하게 하고 이를 연극치료의 시작점으로 잡는다. 우리는 그 특별한 관심사를 확장함으로써 자신과 세상에 대한 관점을 심어주고자 하였다. 엠마의 사례는 촉진자와 집단이 그녀의 특별한 관심사를 수용하고 집단에 받아들임으로써 전환적 상호작용의 경험을 제공한 사례이다.

엠마의 사례

엠마는 16세로 고기능 자폐스펙트럼장애 청소년 집단에 참여하고 있다. 엠마는 만화 스폰지밥 네모바지와 관련된 모든 것에 열정적 관심사를 보인다. 그녀는 스폰지밥 만화의 등장 인물 인형과 작은 피겨를 들고 다니며, 등장인물을 스케치북에 그리고, 원작 줄거리를 쓰곤 한다. 엠마는 2년 전 ACT 프로젝트에 참여하기 시작하였다. 그녀는 첫 번째 집단 회기에 아주 큰 스폰지밥 인형을 들고 나타났는데, 어머니는 회기 시작 전에 인형을 빼앗으려 하였다. 엠마는 거절하였고 바닥에 앉아서 울기 시작하였다. 그녀는 큰소리로 어머니에게 집단에 들어가기 싫다고 말하였다. 자신은 움직이기도 싫고 빨리 집에 가고 싶다고 하였다. 집단 촉진자가 그들에게로 걸어가서 엠마와 스폰지밥 인형 모두를 연극치료에 초대하였다. 어머니는 촉진자에게 엠마가 스폰지밥을 학교나 과외 활동에 가지고 가는 것을 한 번도 허락한 적이 없다고 말하였다. ACT 프로젝트는 매우 특별해서 스폰지밥뿐만 아니라 어떠한 사람(혹은 인형)이라도 참여가 가능하다고 설명하였다. 엠마는 슬그머니 울음을 멈추었고 스폰지밥 인형과 함께 조심스럽게 원에 앉아서 시작하기를 기다렸다. 첫 번째 워밍업 활동은 공 게임과 이름 부르기 게임이었다. 집단 구성원들은 번갈아서 예쁜 색으로 칠해진 큰 공을 상대의 이름을 부르면서 던지기 시작하였고 엠마와 스폰지밥은 함께 이 활동에 참여하였다. 집단원이 실제적으로 소리와 동작을 전달하는 활동을 시작했을 때 스폰지밥은 엠마를 그녀만의 안전한 공간에서 벗어나서 몸과 목소리를 보다 자유롭게 움직일 수 있도록 도와주었다. 그녀는 매우 큰소리로 "나는 아무하고도 눈을 마주치지 않을 거야. 그쪽으로 가지도 않을 거야."라고 선언하였다. 그러나 스폰지밥은 소리와 동작을 다음 사람에게 건네줄 때마다 매번 눈맞춤을 시도하였다. 치료 집단에서 어른들이 보여준 수용적 태도는 집단 구성원으로 하여금 스폰지밥을 평가하거나 놀림 없이 환영하는 분위기를 만들어주었다. 스폰지밥은 매주 연극치료 회기에 참여하였다. 처음에 스폰지밥은 엠마의 품에서 시간을 보내었다. 하지만 시간이 지날수록 의자 등받침으로 엠마를 관찰하게 되었고, 결국에는 다른 집단 구성원이 그를 집단의 일원으로 참여시키기 시작하였다. 스폰지밥은 ACT 프로젝트의 대부분의 활동에 참여하였다. 종종 엠마가 써놓은 대사를 말하기도 하였다. 스폰지밥의 존재는 엠마로 하여금 집단에 편안하게 동화될 수 있게 하였고, 새롭거나 어려운 활동을 시도해볼 수 있게 하였으며, 스폰지밥 없이는 절대 시도해보지 않았던 새로운 방식으로 타인과 상호작용하기 시작하였다. 그녀는 때때로 집단 활동에서나 무대에서 눈맞춤을 시도하기도 하였다. 최근 작품에서 엠마는 처음으로 자신을 모든 주의 집중의 한가운데 놓는 것을 허락하며 자신이 안무한 솔로 댄스를 공연하였다. 스폰지밥은 다른 집단 구성원의 팔에서 함께 참여할 수밖에 없었다. 공연의 마지막 부분에서 엠마는 무대 중앙에서 인사하였고, 그 모습을 스폰지밥은 무대의 옆에서 지켜보았다.

집단 경험의 중요성

ACT 프로젝트에서 특정 목적을 지향하는 집단치료는 중요하고 신중한 선택이다. 자폐스펙트럼장애 아동을 위한 집단치료는 장애와 직결되는 병리적 증상을 도전적으로 다루어줄 수 있기 때문이다. 모든 집단치료에서 사회적 상호작용은 우선적 치료 목적이다. ACT 프로젝트에서는 사회성 영역의 단순한 기술 습득뿐만 아니라 다양한 이야기를 하나의 응집력 있는 이야기로 재창작하기 위하여 협상과 타협 등 복잡한 기술을 배우는 것을 치료 목적으로 보고 있다. 이러한 기술은 ACT 프로젝트에서 필요로 하는 역할의 분배와 연극 세팅, 이야기의 전개를 결정하는 과정에서도 습득될 수 있다. 전 과정을 통하여 내담자의 사회적 참여, 상호작용, 연결성이 증진되며 또한 타협, 상호 의존성, 좌절 인내도, 수용(자신과 타인), 관점 변화(ToM)의 증진을 가져올 수 있다. 다음에 이어지는 내용은 보다 구체적인 사례로 치료 회기를 통한 새미의 여정을 기술하고 있다. 새미는 2년 동안 ACM 프로젝트에 참여하고 있는데, 이 사례는 새미의 다양한 활동과 사회성 역량 증진을 위한 중재를 다루고 있다.

새미의 사례

새미는 2년 전 10세일 때부터 ACT 프로젝트에 참여해왔다. 그는 고기능 자폐로 진단받았고 몸을 앞뒤로 흔들기, 손을 반복적으로 흔들기, 눈맞춤의 결핍, 또래와의 상호작용 결핍 등 전형적인 자폐의 신체 증상을 보이고 있었다. 새미는 동작에 특히 관심이 없었지만 이야기를 만들거나 자신이 좋아하는 TV쇼와 영화의 이야기를 반복하는 행동을 보였다. 어머니는 새미가 집단 프로그램을 통하여 사회성 기술을 습득할 수 있기를 희망하였다. 새미는 학교에서 점심을 혼자 먹었으며 옆에 함께 앉을 수 있는 친한 또래 친구가 없었다. 외동아들이었고 집에서도 대부분의 시간을 방에서 혼자 TV를 보거나 비디오 게임을 하거나 그림을 그리면서 보냈다.

   새미는 ACT의 첫 번째 집단 회기에서 의자에 앉아서 몸을 앞뒤로 흔들거나 손을 반복적이고 충동적으로 흔드는 모습을 보였다. 그는 집단 활동 참여를 거부하였고 질문이나 요구

사항에 간단한 단어로 대답하였는데, 목소리가 단조로워서 감정 상태를 읽을 수 없었다. 그는 눈맞춤을 하지 않았고 미소 짓거나 웃음을 터뜨리지 않았으며 자신만의 생각에 분주한 모습이었다. 첫 번째 달 회기에서 그는 대부분 자신의 몸에만 집중하여 몸을 가능한 한 편안하게 하는 데 노력을 기울였다. 걸음걸이는 서툴고 어색했으며 불안정했다. 우리가 원 안에서 공 게임을 할 때 새미는 큰 공을 잡으려 하지 않았고, 공이 그의 앞에 떨어졌을 때도 잡으려 하지 않았으며, 공이 굴러가도 공을 쫓아가려 하지 않았다. 어쩌다가 새미가 공을 던질 때도 원 안에 있는 집단 구성원이 공을 잡을 수 있도록 던지는 데 어려움을 보였다.

새미는 어른들에게는 단조로운 목소리로 한 단어 반응을 보였지만, 다른 집단 구성원의 상호작용은 무시하였다. 이름 부르기 게임을 할 때도 그는 다른 집단 구성원, 촉진자, 학생 인턴의 이름을 외울 수 없었다(혹은 외우려 하지 않았다). 소리 혹은 동작을 건네주는 연극 게임을 시작하였을 때도 새미는 거의 쳐다보지 않았고, 활동이 진행되고 있다는 사실을 잊어버려서 매번 환기시켜주어야 했다. 그가 소리를 따라 할 때는 감정 상태가 드러나지 않는 단조로운 목소리로 하였는데, 이러한 모습은 옆 사람이 큰 소리 혹은 화 난 소리를 전해주었을 때도 동일하게 관찰되었다. 우스갯소리(Jokes Extravaganza, 1년 동안 몇 차례에 걸쳐 반복해온 활동으로, 집단 구성원에게 웃긴 이야기를 전달하여 농담에 대한 이해와 상징적 구어에 대한 이해를 증진시키기 위한 목적으로 실시되었다)를 친구 혹은 가족, 책 혹은 온라인 대상에게 전달하기 시작했을 때도 새미는 우스갯소리를 하나도 알 수 없고 아무도 그에게 우스갯소리를 전해주지 않는다고 투덜거렸다. 이 활동 중에 그는 인턴 중 한 사람이 똑똑(knock-knock) 게임을 시도하는 것을 받아들였고, 누군가가 박수나 폭소를 자아내는 행동했을 때 놀라거나 미소 짓는 모습을 보였다.

집단 활동의 일환으로 우리는 다른 집단 구성원을 인터뷰하기 위하여 가짜 마이크를 사용하였다. 집단 구성원 모두가 진짜 마이크가 아니라는 것을 알고 있었지만 진짜인 것처럼 행동하였는데, 이것은 촉진자와 인턴이 진짜인 것처럼 행동하였기 때문이다. 마이크가 주어지자 새미는 마이크의 머리를 가볍게 치고는 "안녕, 이거 켜져 있어요?"라고 말하였다. 모두 웃었고 새미도 함께 미소 지었다. 그 순간 이후, 누군가가 마이크를 사용할 때마다 새미의 말 "안녕, 이거 켜져 있어요?"를 장난스럽게 반복하였고 그럴 때마다 새미는 미소 지었는데, 이것은 작지만 매우 중요한 집단과의 연결이라고 볼 수 있다.

즉흥 활동

즉흥 활동에서 새미는 불편한 듯 보였다. 집단 구성원은 가상의 호텔 상황을 전개하였고 모두가 호텔 직원 혹은 손님의 역할을 맡았는데, 새미는 불평하는 손님의 역할을 선택하였다. 그는 호텔의 상태와 시설의 불편함에 대하여 화를 내었지만, 집단 구성원 중 누군가에게 이야기하는 것이 아닌 혼잣말이었다. 한 어른이 그를 대화에 참여할 수 있도록 유도하자 새미는 도망가거나 그 시도를 무시하였다. 하지만 그는 이 역할을 계속 수행하였고 이 장면과 즉흥 활동 전반에 걸쳐 이전보다는 편안한 모습을 보였다. 몇 주에 걸쳐 유사한 활동이 진행됨에 따라 새미는 역할과 성격을 점차적으로 확장하기 시작하였다.

창조적 집단 사고 활동으로 우리는 첫 번째 공연을 위한 이야기를 시작하였고, 새미는 자신이 연기하는 장면 중 또래 친구와 상호작용해야 하는 모든 장면에 대해 마지못해 참여하였다. 그는 무대 위에 있지 않는 인물 혹은 커튼 뒤에 숨어서 대사를 말할 수 있는 인물을 맡아도 되는지 물어보았다. 결국 그는 화가 나 있는 상점 주인 역할을 선택하였고 이 역할은 아무 물건도 사지 않는 손님을 상점에서 쫓아내는 역할이었다. 첫 번째 리허설에서 새미는 주의를 지속하거나 대본을 따라가는 데 어려움을 보였고, 그럴 때마다 누군가가 그가 말해야 하는 곳이 어디인지를 반복해서 환기시켜주어야 했다. 그때마다 그는 "아, 깜빡했어요." 라고 말하였다. 그는 대사를 부드럽게 감정을 싣지 않고 말하였으나 나중에는 다른 배우의 대사를 듣고 자신이 말할 곳과 무대 신호를 기억하게 되었다. 그는 마지못해서 의자와 다른 분장 도구, 의상을 선택하였다. 리허설이 진행됨에 따라 모자와 소도구는 새미로 하여금 그 역할에 대한 주인의식을 가지도록 도와주었다. 그는 얼마나 많은 사람들이 연극을 보러올 것인지 걱정하였지만 역할을 불평 없이 수행하였고 연극 경험과 칭찬을 즐기게 되었다.

두 번째 공연을 준비할 때 새미는 인턴과 일대일 상호작용을 요청했는데, 이것은 그가 아나운서 역할을 원했기 때문이었다. 그는 자신을 위하여 대사를 썼고, 인턴이 다음 장면이 무엇인지 알려주면 장면과 장면 사이에 들어갈 광고 스크립트를 작성하였다. 그는 자신의 생각과 아이디어, 상상 속으로 빠져들게 되었고, 자신이 관심 있어 하는 내용으로 대본을 창작하였다. 새미는 극 중 인물의 개발에 많이 참여하지는 않았지만 우리는 그가 더이상 화가 난 나이 든 어른의 역할을 맡지 않는 것을 반가워했다. 그것은 새미가 분노가 아닌 흥분, 놀라움 등의 다른 정서 상태에 대한 탐색을 시작했기 때문이었다. 새미와 인턴은 다양한 광고를 만들었는데, 광고를 위해서 새미는 인턴과의 대화와 상호작용에 참여하게 되었다. 그는 가짜 마이크를 사용하기로 하였고 자신의 목소리를 멀리 보내기 시작하였다. 최종 리허설을 하는 동안 새미는 자신이 극장의 마지막 좌석까지 들릴 수 있는 큰 소리로 말하고 있다는 데 놀라움을 금하지 못했다.

여름 방학을 마치고 새미가 ACT 프로젝트 2년 차에 참여했을 때, 우리는 전년도에 그가 보였던 진보가 사라졌을까 봐 걱정하였다. 놀랍게도 새미는 연극치료 회기에 다시 돌아오는 것에 대해 신나 있었고 이전에 비하여 훨씬 수월하게 회기를 시작하였다. 과정에 대해 친숙해 보였고 도입 활동에서 훨씬 편안해 보였으며 참여 의지가 가득해 보였다. 그는 전년도에 했었던 게임을 하자고 요청했고, 집단 회기에 도착한 다른 집단 구성원과 인사를 나누었다. 우리는 처음 몇 달 동안 그의 달라진 모습을 관찰하였는데, 몸을 앞뒤로 흔들거나 손을 반복적으로 흔드는 행동이 감소하였으며 음역대가 넓어졌고 정서적 표현이 다양해졌으며, 장난기가 생겼다. 우리가 우스갯소리 활동을 하자 새미는 두 가지 농담을 준비해 와서 함께 나누었고 그 이야기에 대한 박수와 칭찬을 즐겁게 받아들였다. 우리가 전환 대상 게임(transforming object game)을 했을 때 그는 국자를 마법 지팡이처럼, 컵을 모자처럼, 지팡이를 낚싯대처럼 사용하였다. 그다음 대본 작업에서 새미는 다양한 아이디어를 들려주었다. 그는 마법의 힘을 가지고 세계를 구하려는 인물을 만들어냈다. 그는 자신을 도와줄 조력자 인턴 명단을 만들었고, 그들을 주위에 앉혀서 자신이 가지고 온 이야기를 받아 적게 하였다. 그는 대화를 만들었고 극 중 인물에게 이름을 지어 주었으며, 응집력 있는 줄거리를 만들었다. 그다음 주 회기의 초반부에는 집단 구성원이 창작한 인물이 낼 법한 소리 혹은 단어 건네주기 활동을 진행하였다. 새미의 차례가 되었을 때 그는 몸 전체를 사용하여 깊고 큰 악마의 웃음소리를 만들어냈다. 다음 사람이 그의 웃음소리를 따라 하자 새미는 자랑스럽게 미소 지었다. 회기의 후반부에 우리는 다양한 이야기를 가지고 왔는데, 새미는 다른 집단 구성원과 함께 협상하고 타협하여 그들의 이야기를 하나의 이야기로 통합하였다. 새미는 자신이 맡은 역할을 다양한 감정과 연결 수준을 사용하여 연기하였는데, 이러한 모습은 이전에는 결코 찾아볼 수 없는 모습이었기 때문에 우리의 눈을 의심할 정도였다. 어떤 장면에서는 그가 인턴의 머리를 가볍게 쓰다듬으며 "잘했어."라고 말하기도 했다. 공연 전반에 걸쳐 새미는 동작에 신체 모두 사용하였으며 극적이고 풍부한 목소리를 내었다. 관객들도 이러한 모습에 모두 놀라움을 금하지 못했다.

공연이 끝난 후 새미의 사회성과 참여도는 더욱 향상되었다. 처음으로 새미는 다른 아동이 창작한 작품에서 두 가지 역할을 수행하였다. 2개의 역할을 수행하는 것은 이들로 하여금 하나의 역할에서 다른 역할로의 전환을 요구하기 때문에 자폐스펙트럼 장애 아동에게는 어려운 작업이라고 할 수 있다. 하지만 새미는 어려움 없이 두 역할을 소화하였고 각 역할에서 다른 억양과 신체 제스처를 구사하였다. 그는 고통, 슬픔, 강함 등의 다양한 정서를 표현하기 위하여 몸을 사용하였고, 처음으로 농담을 장면과 역할에 통합하였다. 지난 2년 동안 새미가 보여준 발달적 진화는 사회성 자각, 이해, 역량 강화로 이어지는 발달 과정을 그대로 보여주는 것이라고 할 수 있다.

새미는 아직 의자에 앉아서 몸을 앞뒤로 흔들거나 손을 반복적으로 흔드는 행동을 보이곤 한다. 하지만 그는 대화에 참여하며 질문에 대답하고 모든 집단 활동에 참여하며 자신의 감정을 표현한다. ACT 프로젝트에서 제공하는 안전하고 친숙한 환경을 넘어서서 새미의 사회성 기술은 발달이 지속되고 있으며 확장하고 일반화되고 있다. 담당교사는 그가 예전보다 세상에 관심을 보이며 사람과 연결되었다고 묘사하였다. 어머니는 새미가 행복해 보이고 의욕적이며 말이 많아졌고 다른 사람과의 상호작용에 긍정적으로 참여한다고 하였다. 학교에서 함께 식사하고 비디오 게임과 영화와 그림에 대해서 이야기할 수 있는 친구를 만듦으로써 그는 더 이상 점심 시간에 혼자가 아니다. 매주 그가 보여주는 놀라운 사회성과 정서의 변화는 우리의 가슴을 벅차오르게 한다. 그는 아직 눈맞춤을 피하려 하고 눈맞춤을 시도하면 도망가며 농담을 이해하기 어려워하지만, 모든 사람의 이름 알고 미소 지으며 큰 소리로 웃는다.

결론

자폐스펙트럼장애 아동은 친밀한 관계를 맺지 않고 외롭게 고립된 삶을 살아간다. ACT 프로젝트는 연극 참여자에게 연결의 아름다움, 관계 발전의 기쁨, 자신과 타인의 동반자적 성장에 대한 이해를 제공한다. 공유와 공감을 경험하며 개인의 생각을 기능적인 전체로 발전시키는 창작극 활동을 통하여 ACT 프로젝트 참여자는 융통성과 타협, 소통 기술을 경험하고 연습하며, 사회성 역량을 갖춘 개인으로 성장할 수 있다. 공연은 참여자가 자신의 생각과 꿈, 성취를 타인과 공유하고, 그들을 고립시켰던 과거의 벽을 부숴버릴 수 있도록 도와준다.

내담자의 성장과 변화는 치료사에 의해 관찰되고 기록되어야 하고, 이러한 증거는 자폐스펙트럼장애 아동을 위한 ACT 프로젝트의 효과를 입증할 수 있는 근거를 제공한다. 현재까지는 참여와 전환을 위한 중재로서의 효과에 대한 근거 기반 연구는 존재하지 않지만, ACT 프로젝트와 방법론은 연극치료의 임상적 경험을 바탕으로 도출된 것이다. 가까운 미래에 치료사와 가족이 관찰한 변화들이 연구로 가시화되기를 바라며, 우리가 이 프로젝트를 통하여 깨닫게 된 몇몇 소중한 순간을 묘사함으로써 더 많은 사람과 공유하고자 한다.

후기

공연 전 최종 리허설에서 다이애나는 대기실 주위를 빙글빙글 돌며 노래하고 있었다. 촉진자는 그녀에게 리허설 공연을 좋아하는지 물어보았고 그녀는 미소를 지으며 대답하였다. "기분이 더할 나위 없이 좋아요."

ACT 프로젝트 참여자 중에서 관객 앞에서 공연하는 것을 특히 어려워하는 참여자가 있다. 15세의 데이비드는 읽기와 쓰기에 어려움을 보였으며 학교에서 종종 좌절감을 경험하곤 하였다. 학교에서 내주는 과제를 전혀 하지 않고, 수업 시간에 주의를 기울이지 않으며 교내를 배회하는 행동을 보였다. 그는 봄학기 공연에서 대사가 많은 큰 역할을 맡고 있었다. 대본 작업을 직접 하였기 때문에 데이비드는 리허설에서 즉흥 활동을 성공적으로 할 수 있었다. 공연 당일 밤, 그는 대본에 있는 자신의 대사를 보았고, 대사와 대사에 따른 감정 상태를 훌륭하게 연기하였다. 어머니는 그가 평소에 보여주었던 고립된 행동을 생각하면 이것은 매우 놀라운 변화라고 말하며 미소 지었다. 청중이 관객석을 떠나는 순간에도 데이비드는 무대를 앞뒤로 오가며 자신의 대사를 반복하고 있었다. 그리고 2명의 촉진자에게 다가오더니 쪽지를 건네주었다. 데이비드는 두 사람을 따뜻하게 포옹하면서 자신은 이듬해의 연극을 위한 아이디어를 준비했다고 하였다. 데이비드가 극장을 떠나고 촉진자는 쪽지를 읽어보았다. "우리가 배우로 연기할 수 있게 해주셔서 감사합니다. 당신이 나의 존재를 의심 없이 믿어주고 있다는 것이 나를 행복하게 합니다."

참고문헌

Attwood, T. (1998). *Asperger's syndrome: A guide for parents and professionals.* London: Jessica Kingsley.

Attwood, T. (2008). *The complete guide to Asperger's syndrome.* London: Jessica Kinglsey.

Bailey, S. D. (1994). *Wings to fly: Bringing theatre arts to students with special needs.* Rockville, MD: Woodbine House.

Bailey, S., Bergman, J., & Dickinson, P. (2010, November). *Researching brain-based concepts in drama therapy without a brain scanner.* Paper presented at the meeting of the National Association for Drama Therapy, Chicago, IL.

Baron-Cohen, S. (2008). *Autism and Asperger syndrome: The facts.* Oxford: Oxford University Press.

Beyer, J. A. (1998). *Autism & play.* London: Jessica Kingsley Publishers.

Chasen, L. R. (2011). *Social skills, emotional growth and drama therapy.* London: Jessica Kingsley Publishers.

Corbett, B. A., Gunther, J. R., Comins, D., Price, J., Ryan, N., Simon, D., et al. (2011). Brief report: Theatre as therapy for children with autism spectrum disorder.

Journal of Autism and Developmental Disorders, 41, 505–511.

Frequently asked questions about drama therapy. (n.d.) Retrieved May 5, 2011 from http://www.nadt.org/faqa.htm

Gallo-Lopez, L., & Powers Tricomi, L. (2010). *The ACT method.* Unpublished manuscript.

Greenspan, S., & Wieder, S. (2006). *Engaging autism.* Cambridge, MA: De Capo Press.

Holliday Willey, L. (1999). *Pretending to be normal: Living with Asperger's syndrome.* London: Jessica Kingsley Publishers.

Jennings, S. C. (1994). *The handbook of dramatherapy.* London: Routledge.

Kase-Polisini, J. (1988). *The creative drama book: Three approaches.* New Orleans: Anchorage Press.

Landy, R. (1994). *Drama therapy: Concepts, theories and practices.* Springfield, IL: Charles C. Thomas.

Long, K., Haen, C., Zaiser, J., & Beauregard, M. (n.d.) *Drama therapy with children and adolescents.* Retrieved May 5, 2011 from http://NADT.org/upload/file/childrenfactsheetfinal.pdf

National Association for Drama Therapy. (n.d.). *Frequently asked questions about drama therapy.* Retrieved May 5, 2011 from http://www.nadt.org/faqa.htm

Wolfberg, P. J. (2009). *Play and imagination in children with autism* (2nd ed.). New York: Teachers College Press.

제4부

표현적·창조적 개입

제15장

미술치료
연결과 소통

Cathy Goucher

색연필을 다시 상자에 넣는 소리와 평가지를 여러 번 요청하는 목소리로 소란스러운 가운데 미술치료 집단 리더는 그날의 활동들을 정리하면서 회기를 마무리하였다. 이때 평소에 침묵을 지키던 집단원의 메마른 목소리가 들려왔는데, 열정적이라고는 할 수 없는 그 말은 다음과 같았다. "미술치료는 사람들의 삶을 바꿀 수 있어요. 그것은 사람이 더 나아지는 것 같이 무언가를 하는 것이에요." 그렇지 않다는 의견도 있지만 일반적으로 자폐장애인은 공감각적인 재료들을 탐색하고 생각, 감정 또는 특별한 관심들을 종이에, 캔버스에, 또는 입체로 시각화할 수 있다. 미술재료를 전통적이거나 창조적인 방식으로 사용하는 것은 환경과 연계된 행위이므로 이는 순간적일지라도, 그리고 접근이 바로 그 환경에서 필요한 대상에 국한되더라도, 그 개인이 사회적인 세계 안에서 다른 사람과 상호작용해야 함을 의미한다. 미술치료사에 의해 관찰되고 지도되는 이 과정은 사회적·정서적 성장을 위한 풍부한 기회를 제공한다.

나는 자폐장애인을 위한 미술치료를 '안녕감'의 렌즈로 들여다 보고자 한다. 내담자-작가는 발달적으로 적합한 재료를 통해 자신만의 고유한 표현을 하며 여기서 진단은 그들의 잠재된 자기 발견을 돕는 수단으로 제공된다. 미술치료사로서 나는 사회적인 관계 형성과 확장을 목적으로 하는 이 만남을 독려한다. 앞으로 제시될 사례들은 내담자-작가들의 창조적인 리드를 열정적으로 따라가는 나의 임상작업을 보여준다. 이 열려 있고 예측 가능한 작업 공간에서 나는 새로운 방법을 소개함으로써 열정이 확장되고 무언가를 만들어내는 더 나은 방식들을 찾도록 돕는다. 나는 사람들이 색과 형태를 더 잘 분별할 수 있도록 개인의 능력을 향상시킬 수 있는 기회를 중요하게 생각한다. 우리는 같이 상징을 발전시키고 아이디어를 이야기한다. 필요한 경우, 예를 들어 내러티브적인 속성을 향상시키고자 일부러 작가의 작업 과정의 속도를 늦추는 것(즉 연필로 먼저 그리고 나중에 마커로 따라 그린 다음에 색을 칠함) 같은 치료적인 지원을 제공하기도 한다. 집단 안에서 유동성, 공유된 창조적 경험을 견뎌내는 것, 그리고 아이디어의 교환 등이 성숙되어 가는 것처럼 유사한 강점과 요구를 가진 동료들의 집단 안에서 소속감이 형성되어갈 수 있다.

미술치료 : 개관

정신건강 측면에서 미술치료는 전 연령대 사람들의 신체적 · 정신적 · 정서적인 안녕감을 증진시키기 위해 미술 작업의 창조적인 과정을 이용한다. 미술적인 자기 표현을 위한 창조적인 작업은 사람들이 문제를 해결하고 대인관계 기술을 발전시키며 행동을 조율하고 스트레스를 감소시키며, 자존감을 향상시키고 자기 이해를 가져오며 통찰을 얻도록 돕는다 (American Art Therapy Association, 2009). 미술치료는 전형적으로 다양한 심리적 · 사회적 · 발달적 이유로 인해 언어나 일반적인 대화에 어려움을 가진 사람들을 위해 사용된다. 현재 학습, 예술, 뇌 간의 관계를 조사하는 연구들이 증가하고 있는데, 이러한 연구 결과는 왜 그리고 어떻게 미술치료가 효과적인지에 대한 통찰을 제공할 수 있을 것이다(Gazzaniga, 2008).

내담자 개개인을 위한 효과적인 치료를 위해 미술치료사는 자신들이 가진 미술매체에 대한 지식과 심리학, 상담 이론을 신중하게 결합시키는데, 이 두 영역은 내담자 개인의 욕구를 가장 잘 만족시킬 수 있는 방법을 알아내고 바로 그 시점에서부터 성장을 촉진시킬 수 있는 작업을 찾아내는 데 필요하다. 미술치료를 찾거나 미술치료에 의뢰되는 사람들의 경우 미술적인 혹은 창조적인 자기 표현에 대해 어느 정도의 관심은 있어야 하지만, 미술적 재능이 꼭 필요한 것은 아니다. 미술치료사는 미술치료 석사 혹은 박사 학위를 가진 전문가이다. 미술치료사가 미술치료와 관련된 다른 분야의 석사 학위를 가지고 있을 수도 있는데 그런 경우 인증된 미술치료 교육기관에서 미술치료 평생교육인증을 얻기 위한 부가적인 훈련 과정을 마쳐야 한다. 미술치료사는 또한 평가와 치료에서 사용될 수 있는 다양한 미술 작업 적용에 대한 훈련도 받아야 하는데 여기에는 드로잉, 페인팅, 조각 등이 포함된다(American Art Therapy Association, 2009).

미국에서 미술치료사는 미술치료자격위원회(Art Therapy Credentials Board, ATCB)에 의해 인증된 엄격한 조건을 갖추어야 한다. 등록미술치료사자격(Art Therapist Registration credential, ATR)은 석사 과정과 석사 후 지도감독 경험을 마치면 주어진다. 위원회 인증 (ATR-Board Certification, ATR-BC)은 등록미술치료사 중에 국가적으로 표준화된 필기시험을 통과하고 이후 엄격한 교육 조건을 유지하는 사람에게 주어진다(American Art Therapy Association, 2009).

미술치료는 1960년대에 이르러 전문적인 조건을 갖추었는데 미술치료 선구자들은 특히 1930~1940년대 아동미술운동에서 영향을 받은 사람들로, 즉흥적이고 자연스러운 미술 창작 과정에서 아동을 촉진시키는 것이 중요하다고 강조하였다(Cizek, Viola, & Richardson, cited in Arguile, 1992). 이 과정은 아동이 상징적인 언어를 사용하여 자신의 이야기를 들려줄 수 있는 통로이다. 같은 맥락에서 아동이 성장하고 발달해갈수록 그들의 경험은 자신의 세계에 대한 감각적 탐구에서 이미지의 창조와 재현을 통한 대화와 해석으로 옮겨간다. "아동에게 미술은 배움의 과정이며 이는 학습되는 것이 아니다"(Lowenfeld & Brittain, 1987, p. 47). 이미지는 경험을 반영하고 해석하며 기억을 불러일으키고 다른 사람들과 생각을 나눈다. 미술은 즐거운 것이고 통합적이며 감각과 삶의 경험의 표현이고 숙련과 자신감을 발달시킬 수 있는 기회를 제공한다. 미술치료 선구자 중 한 사람인 Florence Cane은 개개인이 "창조의 능력을 가지고 태어난다."(1989/1951, p. 9)고 하였다. 어린 아동이나 혹은 자폐스펙트럼장애를 가진 사람들의 경우 내적 세계를 표현할 언어가 없거나 매우 제한된 단어들만이 존재할 때, 이미지는 "경험의 일차적인 보관소"이며 다른 사람들에게 경험을 제공하는 힘을 가지고 있어서 언어의 다리 역할을 할 수 있다(Wood, 1984). 그림을 그리는 것은 소통의 행위로 작가는 그림이 다른 사람들에게 보여졌을 때 이해받기를 바란다(Evans & Dubowski, 2001).

유사하게 미술치료 선구자들과 동시대 사상가였던 John Dewey는 미술의 기능을 고려할 때 미술 작업이 자폐스펙트럼장애의 치료와 특별한 연관성을 가지고 있다고 여겼다. 그는 "개인성 그 자체는 근본적으로 잠재성이고 이는 주변 조건들과의 상호작용 속에서 현실화되는데 … 저항을 맞닥뜨리면서 자기의 성격이 발견된다. 자기는 형성되기도 하고 환경과의 상호작용을 통해서 의식으로 편입되기도 한다. 작가의 개인성에도 예외가 없다." (1980/1934, pp. 281-282)고 믿었다. 더 나아가 Dewey는 미술재료를 이용한 물리적인 작업 과정이 "유기적인 관계에서 '내부'와 '외부' 재료들의 진보적인 구성"을 통해 상상력을 발전시킨다고 말하였다(1980/1934, p. 75).

Winnicott(1971) 역시 놀이를 아동의 자기 개념이 발생될 수 있는 내적인 현실과 외적인 현실 사이의 전이 공간으로 정의하였다. 인간에게 중요한 활동인 놀이와 창조적인 미술작업은 자기 표현이 혼란스럽게 보일 때도 자기를 정의하고 정교하게 만드는 것을 돕는다. 발달적으로 적합한 창조적 활동을 통해 나타난 아동 혹은 개인의 자기 표현 경로는 본래 개별적이고 고유한 것으로 광범위하게 적용되는 반복 가능한 커리큘럼으로 추출될 수 없다.

미술치료와 자폐스펙트럼장애

지난 수십 년 동안 많은 성공 사례들은 자폐스펙트럼장애 아동과 청소년을 위한 미술치료의 활용에 대한 근거로 제공되었다(Bentivengna, Schwartz & Deschner, 1983; Betts, 2001; Emery, 2004; Evans, 1998; Gabriels, 2003; Glaaser, Goucher, Miller, & Scheibler, 2007; Kellman, 1999; Martin, 2009; Noble, 2001; Scanlon, 1993; Schleien, Mustonen, & Rynders, 1995; Seifert, 1988). Gilroy(2006)는 미술치료와 자폐스펙트럼장애에 관한 문헌을 검토하면서 장기 집단과 아동 개인 치료에서의 미술치료가 인지적·정서적 발달을 증진시키고 관계를 가능하게 하며 문제 행동을 감소시키는 효과적인 도구가 될 수 있다고 결론 내렸다.

　미술치료가 정서적·사회적·인지적 기술을 증진시킬 수 있는 잠재력을 제공함에도 불구하고 자폐스펙트럼장애 개인 및 집단 치료에서의 효과성에 관한 경험적이고 통제된 연구는 부족한 편이다. 발표된 몇 개의 주목할 만한 연구들은 다음과 같다. Parker-Hairston(1990)은 행동 평가와 함께 이루어진 미술과 음악 치료 '수업'에의 구조적인 참여가 언어적·비언어적인 상호작용을 통해 자폐스펙트럼장애 아동의 자신감을 상승시킨다고 밝혔다. 그런데 목표 행동, 비지성적인 언어화, 신체 접촉의 수용, 놀이, 교사 관찰 등의 측면에서는 통계적으로 유의한 결과를 나타내지 않았다. Parker-Hairston은 음악과 미술 치료가 실패의 위협을 감소시킴으로써 사회화를 위한 잠재력을 증가시키는 것으로 보인다고 설명하면서 효과성 검토를 위한 부가적 연구를 독려하였다.

　Epp(2008)은 11~18세 아동을 위한 미술치료와 인지행동적 기술을 결합한 사회성 기술 집단에서 자기 주장, 내재화, 과잉 행동, 문제 행동과 연관된 사회 기술에서 주목할 만한 향상을 발견하였다. 그러나 Epp은 여러 치료적 기술이 혼합되어 있으므로 미술치료를 이 효과의 유일한 원인으로 여길 수 없음을 말하였다. 또한 이 연구는 사회복지사와 미술치료 훈련을 받지 않은 전문가에 의해서 수행되었다는 점에도 주목할 필요가 있다.

　무선통제 연구에서 Got와 Cheng(2008)은 '미술적 촉진'이 발달장애인의 대화와 사회적 관계를 증진시키는 데 도움을 준다는 예비적인 증거를 발견하였다. 비록 앞에서 언급한 결과들이 일반적으로 긍정적이기는 하지만 여전히 자폐스펙트럼장애에 대한 미술치료의 효과성에 대해서는 좀 더 확대된 양적·질적인 연구에 대한 강한 요구가 존재한다.

경험적 연구의 결여에도 불구하고 미술치료와 뇌 과학의 최신 연구는 긴밀한 관계를 가진다. 자폐스펙트럼장애가 신경발달장애라는 현재 널리 받아들여지고 있는 인식이 창조적인 개입을 위한 실제적인 틀을 제공한다. 자폐장애인의 뇌와 마음에 대해 밝혀진 결과들을 선택적으로 조합해보면 미술치료가 이들 뇌의 기능적 결함에도 불구하고 어떻게 관계적 강점을 부각시킬 수 있는지를 추정할 수 있다. 이는 어떻게 그리고 왜 미술치료가 효과적인지를 설명하는 뇌 과학의 핵심에 대한 저명한 미술치료 학자들의 주장과 동일하다(Malchiodi, 2003).

인지적 강점에 대한 주장

자폐스펙트럼장애에서 뇌가 환경적 자극에 반응하는 방식은 사회적 기능과 학습의 어려움을 보여준다. 전형적으로 언어와 사회적 인지같이 복잡한 정보를 처리하는 기능을 가진 신경경로와 연결된 뇌 영역은 다른 부분과 효과적으로 소통하지 않는다(Minshew, 2010). 이러한 기능적 소통 불능은 사회적 기능뿐만 아니라 정보처리 문제에 있어서도 어려움을 가져온다. 이와 연관된 지성의 두정전두엽 통합 이론(Parieto-Frontal Integration Theory of Intelligence, P-FIT; Haier & Jung, 2008) 모델을 보면 지성과 창조성은 두정엽과 전두엽을 포함한 '고도로 분포된 뇌 시스템'을 통해 실현된다. 정보는 감각 도구(뇌의 뒤쪽 부분 중에서 측두엽과 후두엽)를 통해서 모아지고 두정피질로 전해져서 의미를 부여하고 적합하고 융통성 있는 행동을 취하게 하는 뇌의 앞쪽 부분으로 지나간다. 이러한 기제는 고도로 분포된 뇌 시스템의 붕괴가 언어, 사회적 기능, 인지에 심각한 어려움을 가져온다는 점을 설명한다.

참여자들이 단순하고 복잡한 이미지 문장을 처리하는 동안 뇌의 활성화를 기능적 자기 공명영상(fMRI)을 사용하여 측정한 결과를 통해 Kana와 동료들(Kana, Keller, Sherkassky, Minshew, & Just, 2006)은 자폐장애인이 뇌의 뒤쪽에 있는 두정엽과 후두엽 부분을 두드러지게 사용한다는 것을 밝혔다. 자폐스펙트럼장애를 가진 참여자들의 자료를 통제집단과 비교할 때 언어와 공간을 담당하는 전-두정 연결이 통제집단에 비해 잘 연동되지 않는다는 것을 확인할 수 있었다. 간단하게 말해서 자폐장애인들은 이미지를 필요한 때만이 아니라 정보처리의 가장 주요한 수단으로 자주 사용하는 것으로 보인다. 뇌의 이 부분에 대한 과도한 의존은 자폐스펙트럼장애에서의 저조한 언어 통합과 언어적 정보 이해를 위한 시각적 이미지에 대한 증가된 의존을 설명해준다. 더욱이 자폐적 뇌에서는 뇌의 앞부분과 뒷부분의 연결에 핵심적인 뇌량의 크기가 감소되었음을 알 수 있었다(Kana, Keller, Cherkassky, Minshew, & Just, 2008). 이는 정보처리를 위한 뒤쪽 혹은 이미지와 연결된 부분으로의 적응에 대한 추가적인 이유가 될 것이다.

이들의 연구에 힘입어 Williams, Goldstein, Minshew(2006)는 자폐장애인의 인지적 강점과 약점 리스트를 제공한다. 강점은 감각적 지각, 기초 운동, 시공간적 처리를 포함한다. 이와 비교할 때 인지적인 약점은 개념 형성과 복잡한 감각적 과제, 복잡한 운동 기능을 포함한다.

손상되지 않은 감각지각과 시공간적 처리에 대한 능력은 미술치료와 특별한 연관성을 갖는 것 같다. 자폐스펙트럼장애 치료에서 시각의 사용은 뇌의 여러 부분에서 처리 과정을 촉진시키는 것으로 알려져 왔는데, 그 결과 뇌의 구조적인 변화가 일어나고 고차적 뇌 회로와의 소통이 향상되었다(Williams et al., 2006). 이러한 결과를 볼 때 본래부터 시각적이고 감각적인 미술 작업 과정은 정보의 습득과 습득된 정보의 의미 있는 통합을 촉진시킬 수 있다.

자폐스펙트럼장애 분야에서 잘 알려진 작가이자 과학자인 Temple Grandin(1995)이 말한 '그림으로 생각하기'는 그녀의 처리 시스템을 매우 적절하게 지칭하는데, 이는 자폐적 뇌의 과소 연결성에 대한 적응이 될 수 있다. 즉 정보처리를 위해 앞쪽 부분으로 가는 경로에 덜 의존하고 뇌의 두정부와 후두부의 이용이 증가하게 되는 것이다. 앞쪽으로 가는 신경회로는 점차 줄어들고 뇌의 고차적 회로와 하위수준 회로 간의 소통은 구체적이고 시각적이며 감각적이고 근본적으로 비언어적인 미술치료 중재에 의해 점화될 수 있다. 이 과정에서 시각적 대상 또는 미술작품은 다른 대상과의 관계맺기의 하나로 명명되거나 사용될 수 있으며, 여기서의 미술치료적 중재는 경험과 그 경험의 의미를 처리하는 데 전두엽을 관여시킨다. 전두피질의 개입 없이는 사회적으로 적절하게 상호작용하는 능력, 판단과 계획을 제시하는 능력, 다른 사람의 마음을 적합하게 알아차리는 능력은 여전히 손상된 채로 남아 있을 것이다(Stuss, Gallup, & Alexander, 2001). 이를 주장하기 위해서 가장 중요한 것은 미술 작업이 진행되는 동안 뇌의 어느 부위가 활성화되는지를 조사할 수 있는 적절한 연구 설계이다. 또한 미술치료의 결과로 증가된 정신적인 유연성, 언어적 대화, 기준선 이하로 감소된 문제 행동 등을 종단적으로 검사할 때 그 가치가 더해질 것이다.

완벽한 연구 결과가 없음에도 불구하고 미술 제작 과정이 자폐장애인의 기능에 근본적인 영향을 줄 수 있는 능력을 가지고 있음은 자명하다. 미술은 뇌의 인지적 강점 영역의 활성화를 가져오고, 이 결과로 나타난 구체적인 미술작품은 내담자-작가, 미술치료사, 그리고 좀 더 큰 사회인 교실, 학교, 또는 지역사회의 반응을 이끌어낸다. 내적이고 감각적인 경험의 외현화는 두정-전두엽 연결을 증진시키기 위한 풍부한 기회를 제공한다. 자폐스펙트럼장애를 가진 작가에게 미술작품을 설명할 단어나 문구를 찾는 것은 하나의 도전이며 미술작품 역시 작가와 함께 다른 사람들에게 정서적으로 인지적으로 감흥을 불러일으킨다. 미술치료사나 혹은 작가 주변의 믿을 만한 사람이 제공하는 미술작품에 대한 민감하고 신중한 반응은 작가에게 내적이고 전두엽이 관장하는 과정, 즉 시각적 대화에서 의미를 찾고 미술 작업을 정서적으로 표현하는 것이 무엇인지를 알려주는 효과적인 모델이 된다. 이러한 반복적인 모델링과 자신의 작품을 보여주고 피드백을 받는 기회들은 아마 작가의 뇌 경로를 연마하는 데 도움이 될 것이다. 이러한 기폭제들은 경험을 창조적으로 표현하고 통합시키는 능력의 증가로 이어질 것이며, 이는 자폐장애인에게 더 현실화된 자기를 세우기 시작하는 충분한 기회를 제공할 것이다.

뇌 영역들 간 통합의 결여는 개인을 정서적·사회적 문제에 취약하게 만든다(Noble, 2001). Belkofer와 Konopka(2008)는 미술 작업 전후의 신경학적인 활동을 조사하였는데, 그 결과 측두엽 또는 이미지와 의미가 결합되는 곳, 기쁨, 목표의 명료함, 지역사회에의 소속감 등의 경험에 기여하는 것으로 알려진 경로의 활동이 증가하는 것을 알게 되었다(Belkofer & Konopka, 2008)(그림 15.1 참조). 뇌의 연결성 또는 통합된 활동 증진을 목적으로 한 중재는 개인의 내적이고 대인관계적인 삶을 증진시킬 수 있다(Siegel, 1999). 자폐장애인뿐만 아니라 모든 인간은 "우리와 유사한 마음 상태를 동시에 경험하고 있는 다른 누군가"가 필요한데(Siegel, 1999, p 22), 이는 미술과 창조적인 과정이 담당하는 것과 같다. 그러면 삶은 더 깊은 의미를 갖게 되는 것이다.

자폐장애인이 창조적이지 않다는 주장은 오랫동안 있어 왔다(Craig & Baron-Cohen, 1999). 창조성은 주어진 사회적 맥락 안에서 무언가를 새롭고도 유용하게 창조하는 것으로

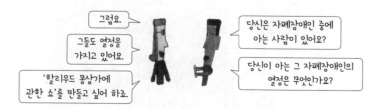

그림 15.1 미술은 자폐장애인에게 사회적 상호작용을 시각화하도록 도와주고 그들의 욕구가 이해되고 지역사회의 일원이 될 수 있도록 소통을 도와준다.

정의된다(Flaherty, 2005). 이는 언어적·시각적·운동적 기술 이면의 정서 요인, 계획, 감각적 지각을 결합시킨다(Jung et al., 2010). 미술치료는 자폐장애인의 내재된 창조적 잠재력을 고양시킨다. 자폐장애인의 뇌의 시공간적·감각지각적 강점은 이러한 잠재성을 시사한다. Craig와 Baron-Cohen(1999)은 토랜스 창의적 사고력 검사(Torrance Creativity Test)를 사용하여 자폐장애인이 비록 전형적인 사람들보다 양적·질적으로 그 수준이 낮을지라도 대상을 새롭게 변화시킬 수 있다는 것을 밝혀냄으로써 창조성을 지지할 증거를 찾았다.

창조적인 잠재력은 창조적 작품이 얼마나 세련되었나와는 상관없이 그 개인이 속한 지역 사회 내에 소개되는 것으로 실현된다. 미술치료에서 사회적인 연결은 고유한 감각의 공유를 통해서 발전되고 이전의 내면적인 경험은 미술작품으로 구체화되는데, 이 미술작품은 시간이 지날수록 깊어지고 사회적 유능감을 고양시킨다. 자폐스펙트럼장애를 가진 미술가의 창조성을 촉진시키기 위해 미술치료사는 이들의 인지적 강점을 연계시킬 수 있는 발달적으로 적합한 미술재료와 개입을 제공한다. 그다음에 미술치료사는 전두엽 활성화를 위해 이들에게 자신의 미술작품이나 미술 과정을 명명하거나 설명하도록 하는데, 이는 더 큰 지역사회에 참여하는 방식으로 정서를 확인하고 통합하는 것이다.

"미술 작업은 사회의 주변부에 위치한 사람들이 그들을 소외시킨 바로 그 문화에 의미 있는 작업을 제공하는 것이 가능한 가치 있는 활동이다"(Lentz, 2008, p. 14). 미술은 사회적 호혜성의 중재자이며 촉진자일 뿐만 아니라 잠재자로 작용한다. 미술작품 또는 미술재료를 통한 감각적 경험이 즐거움을 제공하는 것은 흔한 일이지만 미술치료에 요구되는 자폐적인 뇌의 사회적·정서적·인지적인 성장을 증진시키는 데 충분한 것은 아니다. 미술치료 중재

그림 15.2 빨간 집 안에서 창문 밖을 바라보며 "엄마 어딨어! 벌써 몇 시간 전에 집에 왔어야 하는데."라고 말하는 한 아이를 묘사한 그림은 다음과 같이 선언한다. "이것이 바로 자폐스펙트럼장애입니다."

는 자폐장애인에게 중요한 주제와 관심의 탐구를 위해 특별히 반복적이고 종종 장기적이며 언어적인 동시에 비언어적인 기회들을 제공함으로써 더 많은 것을 할 수 있다. 이렇게 미술 경험과 결합된 탐구는 성장과 더 정교한 자기의 형성에 중요한 요소이다.

미술치료는 그 과정만을 목표로 하는 감각적 통합과 다르게 미술치료사가 공유된 현실 이라는 새로운 경험에 참여하고 이를 나누고자 하는 개인의 욕구를 촉진시키는 과정을 사 용한다는 점에서 다른 인접 분야나 처치 방법과 구별된다(Osborne, 2003). 미술치료와 빈 번하게 혼동되는 미술교육은 비록 개인의 창조적 성장, 미학, 미술작품의 이해가 중요하기 는 해도 사회·정서적 성장의 촉진이 커리큘럼의 중심이라고 생각하지 않는다. 더욱이 자폐 스펙트럼장애를 위한 최근 치료적 동향은 인지행동 이론에 근거하여 성인이 주도하는 페다 고지(TEAACH, PECS)[1]로 성인이 교사, 리더, 창조자, 질서와 절차를 제공하는 사람의 역할 을 담당한다. 치료는 지속적이고 선형적인 경로를 따라 진행될 것으로 간주되는데, 이 경로 는 초기에는 외현적으로 표출되었지만 시간이 지날수록 내재화되고 일반화되는 반응들에 기초하여 만들어진 것이다. 이러한 맥락에서 미술치료는 적절한 처치로 보이지 않는다. 이 는 미술치료가 감각적 경험과 의미를 결합시키고자 하는 노력으로 개인에게 피드백과 도전 을 제공함으로써 상호작용하는 인간중심적 방법론이기 때문이다. 미술치료는 자신의 속도 대로 배우고 성장할 수 있는 능력과 고유성을 유지하면서 사회성과 유능성을 확립하기 위한 완충된 창조적인 기회를 제공한다. 미술치료는 미술치료사와 자폐장애인들이 함께 가능성 을 경험하는 장소가 된다. 작가와 함께 감각적 과정을 공유하는 것은 이러한 관계를 구체적 으로 잘 보여준다. 미술작품을 통해서 표현된 개인의 특별한 관심 영역을 존중하고 더 잘 이 해하고자 하는 것은 잠재성에 대한 존중과 이해를 보여준다. 미술치료 집단에서 제공되는 장기간의 모델링과 또래와의 사회적 상호작용 연습 기회는 개인의 성장을 촉진시키고 유능 감을 발달시킨다.

발달적 측면에 대한 이해가 있고 치료적 접근이 타당하며 인간중심적 접근을 가지고 있 는 미술치료사는 매우 강력한 도움을 줄 수 있다. "미술치료는 이후 구음 언어의 발달을 감 당할 수 있는 '의사소통적 비계(scaffold)'를 제공한다"(Evans & Dubowski, 2001, p 101). 진

---

1 TEACCH(Treatment and Education of Autistic and Communication related handicapped CHildren, 자폐적 이고 의사소통에 관련된 장애를 가진 아동의 치료와 교육)는 노스캐롤라이나대학교 의학대학 정신의학 과에서 개발되었다. 이는 종합적이고 지역을 기반으로 한 방법론으로 연구, 자문, 전문적 훈련을 포함한 다. PECS(Picture Exchange Communication System)는 의사소통에 결함을 가진 사람에게 원하는 그림을 교환하고 이 요청을 상호적으로 존중함으로써 대화를 촉발시키는 증대된 의사소통의 한 형태로 개발되 었다.

정한 자기는 예측 가능하고 사회적으로 적합한 반응을 증진시키는 것처럼 보이는 기계적인 방법에 의한 것이 아니라 신중하게 중재된 창조적인 과정에 의해 나타난다.

미술치료에서 나타난 시각적 언어는 자폐장애인에게는 의미 있는 놀이이고 사회적 상호 작용이며 자기 표현의 기회이다. 이 시각적 언어는 인지적 강점 영역을 매개하는 능력을 가지기 때문에 효과적인 치료 수단이 될 수 있다. 이것의 치료적 힘은 발달적으로 조율된 미술치료사, 감각적 경험의 증인, 사회·정서적 의미의 촉진자를 통해 충분히 실현될 수 있다. 이러한 중재를 통해서 내적 경험이 소통되고 행동으로 옮겨지고 통합되며 유능감이 형성된다.

사례 연구

내가 일하고 있는 특수교육기관에서 미술치료는 관련 서비스의 한 부분으로서 필수적으로 제공된다. 동부의 대도시에 있는 이 학교는 중복장애를 가진 11~21세의 학생들을 위한 학교이다. 미술치료는 임상적인 직무 요구를 수용하기 위한 좋은 수단을 제공한다는 점에서 그 독특한 방법론을 높게 평가받는다. 성장은 상담 목표를 향한 학생들의 꾸준한 발전으로 평가되는데, 이 목표는 다양한 분야의 임상 팀에 의해 설정되었다. 이 목표는 매해 임상사례 관리자들에 의해, 그리고 필요한 경우 미술치료사의 자문을 통해 작성되고 개정된다. 매년 치료 결과 또한 발달적인 성장을 추적하기 위해 미리 처방된 나무에서 사과를 따는 사람그림평가법(Person Picking An Apple from a Tree drawing assessment; Gantt & Tabone, 1997)을 사용하며 정기적으로 얼굴자극평가법(Face Stimulus Assessment; Betts, 2003)을 사용하여 자기 개념과 점진적으로 감소하는 자극에 대한 일련의 기대를 유지하는 능력을 측정한다. 미술매체뿐만 아니라 비디오 역시 자기 성찰과 행동의 자기 평가를 목적으로 진행되는 집단에서 사용되는데 비디오 작가인 사회복지사 동료가 전문가로서 함께 진행한다.

개인 미술치료를 받는 학생들이 있기는 하지만 대부분의 학생들은 집단 미술치료에 참가하도록 배정된다. 미술치료에 의뢰하기 위해서는 감각적 재료에 대한 호기심, 미술재료 및 미술치료사와의 상호작용을 허용할 수 있는 정도, 창조적 경험 혹은 동료에 대한 반응성 등을 고려해야 한다. 처치는 인지적 기능에 기초하며 궁극적으로 심리교육으로 연결될 수 있는, 자기와 다른 사람들에 대한 인식의 강화, 상징적인 사고의 증진, 감각 증진, 정서 조절, 인과성 이해 같은 발달적 성장, 정신적인 유연성, 함께하는 경험에서 오는 즐거움에 대한 인식 등에 초점을 맞춘다.

자폐장애인 중에는 사회적 기술 확립과 정서적 조절을 위한 기회가 임상적으로 필요하다고 생각되는 경우에도 치료 초기에 집단 미술치료에 참여할 수 없는 사람들이 있다. 대부분 충동 조절과 정서 조절이 명백하게 잘 유지되지 않는 사람들의 경우이다. 이런 행동들은 집단에 매우 파괴적일 수 있는데, 집단원 모두에게 좌절을 줄 수 있고 사회적인 학습을 방해할 수 있다. 이는 다음의 두 개인 사례에서도 찾아볼 수 있다(이름은 정보 보호를 위해 가명을 사용하였다). 미술치료는 우선 예측 가능한 공간인 미술치료실에서 신뢰를 쌓는 데 초점을 맞추는데, 여기서는 혼란스럽고 정서적으로 고양된 내적 세계를 검열이나 즉각적인 변화 요구 없이 표현하는 것이 허용되었다. 시간이 지남에 따라 창조적인 과정은 느려졌고 더 높은 수준의 조절력을 위한 매체가 소개되고 이야기 나누기가 제안되었으며, 어떻게 미술이 정서적으로 반응되고 명명될 수 있는지에 대한 모델링이 제공되었다. 학생들 고유의 경험과 사회적인 세계가 연결되었다.

아담

치료 당시 아스퍼거 증후군으로 진단을 받은 아담과의 치료는 수년간의 자기 처벌적인 주제, 불안 감소, 가족에 대한 깊은 애정, 유명한 배우, 영화에 집중되었다(할리우드 고전영화에 대한 그의 열정을 기리기 위해 Adam West라는 가명을 선택하였다). 그는 스스로를 사회적·정서적으로 항상 공격을 받고 도망을 다니는 '도망자'라고 시각적·언어적으로 지칭하였다. 이 반복적인 주제는 최근 연이은 학교 배정 실패에 따른 압도적인 불안을 다루기 위한 노력으로 보였는데, 이는 또한 그에게 예측 가능성이 얼마나 중요한지를 치료 팀에게 알려 주었다.

사악한 인물, 처벌, 예수의 십자가, 그가 위협을 느꼈던 과거 학교 상황에 대한 그림을 그리던 아담은 치료적 환경에서 서서히 긍정적인 이미지를 위한 정서적인 공간을 만들어갈 수 있게 되었다. 이러한 점진적인 변화는 아담 스스로에 의해 이루어졌는데 미술치료에서 진정한 표현과 대화를 허용하는 예측 가능하고 안전한 스튜디오 공간을 유지하는 것 외에 다른 특별한 중재는 없었다. 자신의 그림과 글로 '성경'을 만들면서 아담의 경험과 감정은 자신의 역사적 맥락과 연결되었고 그의 불안을 나타내는 이미지가 덜 나타났다. 그는 '가능한 모든 것'에 대해 쓰고 그리기 시작하였고 자신의 일상적·사회정서적 '용기'를 저널 형식으로 나타내기 시작했으며 이를 미술치료에서 정기적으로 공유하였다. 치료가 진행된 지 2년이 다 되어 가면서 아담은 그가 느낀 외로움을 언어적으로 표현했으며 친구를 사귀고 싶은 마음을 표현했는데 여기에는 어떻게 친구를 사귀는지 모른다는 인식에서 오는 불안이 함께 나타났다. 이후 그는 *Babies in Toyland*(Ford & Maffeo, 1986)라는 고전 영화를 주제로 작업을 하며 특히 사악한 인물인 버나비가 쪼그라들고 갇힌 것을 상상했을 때 이러한 감정을 다루었는데 미술치료에 존재하는 양자관계에의 참여라는 사회적 도전을 받아들이기로 선택하였다. 그는 마치 자신에게 확신을 주는 것처럼 자신이 좋은 결정을 내렸다는 말을 반복적으로 하기 시작하였다. "너는 절대 너의 문제를 줄여버릴 수는 없어."

지속적인 개인치료 외에 2명으로 구성된 미술치료 집단은 아담에게 개인치료에서 처음 접하고 연습한 사회적 기술을 확립하기 위한 즐거운 기회를 제공하였다. 매우 뛰어난 잘 훈련된 미술치료 인턴의 지도하에서 아담은 자폐장애인 또래 친구와 그의 특별한 관심사를 나눌 수 있었다. 그 둘은 예를 들면 좋아하는 캐릭터를 함께 그리는 것 같이 둘 다 만족하는 공통의 미술 작업들을 발전시키면서 협상하는 기술을 연습하였다. 이 단계가 아담에게는 미술치료 집단으로의 성공적인 이동을 위한 단계가 되었다.

아담이 참여한 미술치료 집단은 심리교육적 특성을 가지고 있었고 모든 구성원들이 자폐장애로 진단받았다. 이러한 맥락에서 그는 자신만의 성장을 살펴볼 수 있었고 공동 비디오 제작을 통해 자신이 획득한 유능감을 다른 사람들과 나누었다. 2년 동안 제작된 비디오들은 집단원들이 명명한 도전과 강점에 초점을 맞추어 자폐스펙트럼장애를 진단하였다. 그 비디오에는 미술작품, 즉흥적이고 창조적인 동작, 자기 반영적 내러티브, 학생들이 디자인하고 진행한 진단에 대한 인터뷰들, 개인적으로 의미 있는 가사를 가진 유명한 노래들이 담겨 있다. 편집은 집단원들의 적극적인 참여로 이루어졌다. 완성된 비디오들은 그들 고유의 예술 형식이었다. 그 비디오들은 학교에서 상영되었고 집단원들의 능력을 아름답게 보여주었다. 전문가 개인 상담과 사례 관리, 가족의 지지, 안전이 확보된 학교 환경 내에서 이루어진 미술치료를 통해서 아담은 불안과 자기처벌적 이미지로 가득 찬 개인적인 경험의 장소에서 점점 더 신뢰할 수 있는 사회적인 관여의 공간으로 나아갈 수 있었다.

미술을 통한 자기 발견이 전 생애에 걸쳐서 의미 있다는 것을 보여주듯 아담은 직업의 한 부분으로 미술 작업을 함으로써 자신의 유능감을 지속적으로 확립해갔다. 그는 현재 지원을 받는 아트 스튜디오에서 시간제 작가로 일하면서 자신의 열정을 표현한 작품을 만들고 판매하고 있다. 그는 비록 새로운 노력이 필요하지만 다른 사람과 관계 맺는 방식의 미술과 매우 개인적이고 정서적인 조절의 도구로 사용될 수 있는 미술을 구별할 수 있게 되었다. 또한 자신의 흥미로운 미술 작업이 다른 사람들에게 갖는 긍정적인 효과를 기쁘게 받아들이게 되었다.

크리스

또 다른 내담자-작가인 크리스를 위한 개인 미술치료는 7년에 걸쳐 천천히 진행되었다. 자폐스펙트럼장애 진단을 받은 크리스는 주로 디즈니 애니메이션 영화에서 자신이 좋아하는 대사를 혼잣말로 반복하곤 하였다. 또한 허공에 손가락으로 천천히 때로는 재빨리 무언가를 썼다. 마음속의 이미지, 노래, 이야기들이 스쳐 지나가는 동안 크게 웃고 미소 짓는 것 같이 자신의 내적 세계에 반응하는 동안 그와 교류하는 것은 불가능하였다. 처음에는 그의 상담 일정이 잡히지 않았는데 이는 그에게 전통적인 방식의 사회적인 교류가 힘들었기 때문으로 보인다. 그러나 이러한 상황에도 불구하고 부모의 요청과 개별적이고 학생중심적인 학교의 철학과 크리스가 미술재료에 보인 관심 때문에 그는 미술치료에 의뢰되었다.

처음에 크리스는 물감, 마스크, 콜라주 재료 등을 포함하여 다양한 재료를 찾았는데, 이 재료들의 창조적인 가능성을 수용하는 것처럼 보였다. 그는 결과적으로 물감을 주로 사용하였고 다양한 크기의 종이를 '무지개들'로 채우면서 몇 개월을 보냈다. 여러 색으로 붓질하고 덧칠한 작업들은 반복적으로 진흙 같은 갈색의 '무지개들'을 남겨놓았다. '무지개들'을 만들고자 하는 의도를 깨달은 나는 그를 돕기 위해 그에게 유성마커를 주고 종이 비행기를 채우도록 하였는데 이 재료들은 서로 겹쳐진다고 해도 색이 구별되었기 때문이다. 크리스는 자기 표현에 조금 더 질서를 가져온 이 새로운 과정을 기뻐하는 것처럼 보였다. 나의 요청에 따라 그는 간단한 제목을 붙이기 시작했는데 추상화처럼 보이는 그림을 '바다', '정글', '숲'으로 불렀다. 이미지들은 농축되고 유동적인 경험 영역을 나타내는 것처럼 보였다. 나는 분별을 돕고 상징적인 재현을 촉진시키며 나아가 더 논리적인 과정으로 연계시키기 위해 매우 정교하게 개입하였다. 그는 다시 다양한 재료를 사용하여 위에서 말한 환경에서 찾을 수 있는 대상을 만드는 도전을 시작했다. 뱀, 꽃, 사람, 코끼리 등을 만들었다. 크리스는 다른 작업 방법을 받아들이면서 유동성을 연습할 수 있었을 뿐만 아니라 상징을 형성하고 내러티브를 확장시키며 발달적으로 성장하였다. 그는 즉흥적으로 그 대상들과의 놀이에 나를 참여시키기 시작했고 가족과 몇몇 직원을 초대하여 자신의 작품을 보여주었다. 그는 자신의 생각과 감정을 성공적으로 전달할 수 있는 자신의 성장에 매우 흥분하며 회기를 마칠 때 나에게 손으로 키스를 보냈다.

미술치료를 통해 도움을 받을 수 있음이 확인된 1년 후, 크리스의 개별화 교육 프로그램(IEP)에 상담 일정, 목적, 목표가 첨가되었다. 그 후 몇 년에 걸쳐 발전은 계속되었는데 4년 후에는 나와 매주 회기 활동 일정을 계획하고 내 질문과 삽입된 말풍선에 대한 답으로 문단 정도 길이의 내러티브를 제시했으며 자신의 작품을 보여주고 이야기를 나눌 손님을 초대하였다. 여전히 자기 자극적인 행동과 일상적인 관계에서의 어려움 같은 자폐적 장애의 증상이 도전으로 자리하고 있지만 미술치료는 자기 표현을 위한 지속적인 통로이며 사회적 유능감을 확장시키기 위한 플랫폼이 되었다. 지금 '낙서'라고 이름 붙인 옛날의 무지개들은 스트레스가 가득한 시간에 그가 스스로를 달래고 다시 조절하는 데 사용할 수 있는 전략이었다.

마지막 학년 직전에 크리스는 자신이 이전에 잘 사용하지 못했던 물감을 다시 사용하였다. 그는 자신에게 중요하고 지지적인 직원들을 선택해서 조심스럽게 각 사람들을 그리고 색칠하였다. 이러한 작업이 그에게 얼마나 큰 도전인지를 잘 알고 있기에 나는 크리스에게 시각적인 도움을 주기 위해 그 사람들의 사진을 제공하였다. 내가 검은색 마커로 사진의 얼굴선을 따라 그리면 그는 그 위에 종이를 대고 연필로 그렸고 이어 검은색 마커로 '그의 성공을 따라' 그렸다. 그가 성공적으로 따라 그린 연필선을 다시 마커로 그리는 것은 그림을 영구적으로 만드는 과정이었는데 이는 마치 자신의 노력을 스스로 무력화시키려는 그의 충동적인 욕구 조절에 도움을 주는 것처럼 보였다. 그는 자신의 작품을 학교와 이웃들에게 보여줌으로써 자신의 놀라운 성장을 보여주었고 졸업 전에 사랑하는 직원들에게 감사를 표현할 구체적인 기회를 갖게 되었다. 마지막 해에 그는 마지막 자화상을 완성하였다. 다 완성한 뒤에 그는 그림을 손에 들고 방에서 펄쩍 뛰어나와 마침 그때 복도에 있었던 사람들에게 "나는 작가다!"라고 선언하였다(그림 15.3).

그림 15.3   분화되지 않은 색과 선에서부터 시작하여 상징의 발달과 충동 조절로 이어진 7년 간의 발전을 통해 이 학생은 자신에게 매우 지지적이었던 사람들을 명명하고 묘사할 수 있게 되었으며 미술 스튜디오에서 이 자화상을 그릴 수 있게 되었다.

집단의 범위

자폐스펙트럼장애를 가진 청소년들의 미술치료 집단은 연속선으로 개념화할 수 있는데, 이 연속선에서 현재의 내적 산만도 수준과 사회적 세계와의 교류 의지에 기초하여 각 개인의 위치가 결정된다. 내 경험에 의하면 언어적으로 대화할 수 있다면, 내적 세계에 과도하게 사로잡힌 사람들과 자신 및 타인에 대한 인식을 발전시키고자 하는 욕구가 큰 사람들에게 다른 사람과 같이 작업하는 미술치료 집단은 최선의 선택이다. 스튜디오 환경에서 집단은 구성원 간의 상호작용에 초점을 맞추고 집단원들은 긴 시간에 걸쳐서 서서히 상호작용을 한다. 미술치료사의 역할은 미술 작업 과정에서 드러난 공통의 주제에 초점을 맞추기 위한 기회를 포착하는 것이다.

내가 2003년에 처음 시작한 '평행적 과정 집단(parallel process group)'은 이러한 목표를 염두에 두고 개발한 것이다. 이 집단은 나의 요청이나 어떤 창조적인 자극에 대한 욕구나 갈망이 없이도 창조적 미술에 대한 본성적인 욕구를 가진 13~17세 사이의 또래 학생들로 시작되었다. 오픈스튜디오에서의 미술치료사 역할처럼 나는 사회적 관계를 형성하기 위하여 학생들이 안전한 공간을 이용하고 그 안에서 작업을 하도록 도왔다. 학생들은 시작할 때와 끝날 때 인사를 나누고 공동의 주제에 초점을 맞춰 발전시켰으며 정기적으로 자신들의 미술작품을 스튜디오에 전시하며 이야기를 나누었다. 이 집단은 매년 다른 학생들로 구성되어 지속되었다. 때때로 이 집단은 언어병리학자와 공동 치료로 진행되었는데 언어병리학자는 사회적 교류를 위해 미술작품을 언어로 표현하는 것을 전문적으로 도와주었다.

몇 년 동안 집단원들 간의 사회적 상호작용의 질과 그 수준은 다양해졌다. 집단원들은 자신의 특별한 관심[2]을 표현하기 위해 새로운 재료를 사용하였는데 이로써 그들의 창조적인 작업 목록이 확장되었다. 그런데 미술작품과 주제에 대한 다른 사람들의 반응이 항상 긍정적인 것이 아니었기 때문에 이러한 작업은 정신적 유동성과 정서적 조절 측면에서 도전이라고 할 수 있었다. 또 다른 경우 집단에서 학생들은 자신의 미술작품으로 미학적 환경을 구성하였다. 예를 들어 한 학생은 '젤리빈'이라고 부른 여러 색깔의 종이를 반복적으로 만들었는데 이는 젤리와 다른 이미지를 거는 동굴 같은 감각적인 공간을 만드는 데 사용되었다. 또

---

2 Special Interest Areas(SIAs)는 자폐장애인들의 마음, 정신, 시간, 주의를 사로잡는 정열로 그들이 세상을 보는 수단을 제공한다(Winter-Messiers, 2007). 이는 안녕감, 자기효능감과 정적으로 상관되어 있고 치료에서 매우 중요하다(Winter-Messiers). 치료사는 성장을 독려하기 위해 이 특별한 관심 영역을 반드시 수용해야만 하며 덜 경직된 표현으로의 확장을 민감하게 다루어야 한다.

개별적 이미지들이 단순한 인형이나 종이를 잘라 만든 애니메이션의 한 부분으로 전환되는데 이 종이들이 사용되었는데 이는 나중에 이야기와 대화로 발전하였다. 최근 몇몇 집단원들은 일상적으로 초상화를 그렸다. 이러한 관심을 감안하여 나는 그들에게 몇 주 동안 자화상과 서로의 초상화를 그릴 것을 제안하였다(그림 15.4).

집단원들은 다양한 재료를 사용하여 성공적으로 만들어진 초상화에 열광했고 이후 '자기'를 주제로 한 지역 미술대회에 출품하는 것을 돕겠다는 나의 제안을 받아들였다. 기쁘게도 그들은 작품을 출품할 수 있었고 초상화가 큰 도시에서 전시되었다. 집단원들은 이후 전시장에 놓은 자신의 작품을 본 느낌과 생각을 나누고 그 참여의 경험을 다루기 위해 비디오 작품을 만들었다. 몇 년에 걸쳐서 나는 집단원들이 먼저 자신의 미술 작업과 관계를 형성하고 이후 사회적인 상호작용으로 이동해가는 것을 지속적으로 도왔다. 바로 이 공간에서 집단원들은 미술작품을 집단적으로 이용하며 나아가 자기 인식을 증진시키고 사회적 유능감을 획득할 수 있는 것이다.

또 다른 미술치료 집단은 자폐스펙트럼장애를 가진 사람들로만 구성되었는데 이들은 사회적 관계 형성은 좀 더 가능하지만 특별한 흥미에 대한 강한 열정과 정서적 조절에 어려움을 가지고 있었다. 이러한 집단은 심리교육적 목표를 가지고 있었다. '자폐스펙트럼장애 : 영화'와 '자폐스펙트럼장애 : 책' 집단은 특별히 자폐스펙트럼장애와 관련된 심리사회적 도전뿐만 아니라 강점과 능력을 알아내는 데 초점을 두었다. 비디오 두 편과 변형된 형태의 책

그림 15.4 집단원들의 자화상과 다른 사람을 그린 초상화가 자기 인식을 기념하기 위해 개최된 청소년 미디어 페스티벌에 전시되었다.

을 적극적으로 만들어가는 과정에서 이러한 배움의 과정이 진행되었다. 변형된 책은 중고 책을 미술작품으로 변형시키는 것으로 자기 발견의 과정을 보여준다(그림 15.5).

비디오와 책을 통해 집단원은 자폐스펙트럼장애의 진단적 정보를 이해하고 자신 고유의 경험을 설명할 수 있었다. 학생들은 자신을 정확히 설명하지 않는 진단적 정보는 거부하고 특정한 강점이나 단점 영역을 강조할 자유를 가지고 있었다. 아담의 사례에서 자세히 나왔던 그 비디오는 진단에 관한 사실을 찾기 위한 인터뷰와 결과적으로 그들의 사회정서적 성장을 보여준 개인 내러티브를 보여준다. 첫해 비디오를 만든 집단원들은 자신들이 인터뷰를 통해 발견한 것, 그리고 진단에 대해 배운 것에 대한 하나의 반응으로 만든 창조적 작업에 자극받아서 즉흥적으로 자폐스펙트럼장애에 관해서 사람들이 '제발 기억하기'를 원하는 것을 마지막 결론으로 기록하기로 하였다.

단지 자폐스펙트럼장애를 가졌다는 것으로 그 사람이 제정신이 아니거나 문제라고 할 수는 없다. 자폐 학생은 학교의 오해에서 벗어나기를 원한다. 우리는 이해받기를 원한다. 자폐장애인은 다른 사람들 역시 우리의 신경을 거스르는 다른 취향을 갖고 있다는 것을 이해할 필요가 있다. 자폐장애인은 때때로 휴식이 필요하다. 제발 자폐스펙트럼장애를 가지고 있는 사람들을 품위와 존경으로 대하라.

그림 15.5 '자폐스펙트럼장애 : 책' 집단에서 학생들은 장애와 불리한 조건들에 대한 오래된 책을 변형된 책으로 바꾸었는데 이는 자폐스펙트럼장애와 관련된 것으로 알려진 강점과 도전을 시각적으로 탐구하는 것이었다. 여기서 한 학생은 바위뛰기펭귄을 통해 은유적으로 차이에 대한 경험과 그가 느끼는 사회적인 불안을 탐구하였다. 그는 이 차이와 불안을 어떤 때는 범고래를 통해, 또 어떤 때는 얼룩무늬물범을 통해 묘사하였는데 이는 공격받기 전에 공격하는 것을 말한다.

학생들이 선택한 이 비디오와 완벽하게 어울리는 노래와 가사는 Bruce Hornsby의 'The Way It Is'(1986)와 Cars의 'You Might Think'(1984)의 한 소절을 포함하고 있는데 이는 통찰적이다. "너는 내가 바보 같다고 생각하겠지만 그건 사실이 아니야. 너는 내가 미쳤다고 생각하겠지. 내가 원한 것은 너뿐이야." 학생들이 만든 비디오에 사용된 다른 노래 가사와 함께 이 부분을 볼 때 나는 자폐장애인이 과연 적절한 뇌 과학적 · 창조적 경험이 제공될 때도 진짜로 마음을 나눌 수 없을지 반복적으로 의심해보게 만든다.

그다음 해에 집단원들은 초기에 열정을 불러일으켰던 Rory Hoy(2007)의 비디오 *Autism and Me*뿐만 아니라 자신이 만든 비디오로 돌아왔다. 이 두 비디오를 반복적으로 보고 각각에서 제공된 경험을 창조적으로 다룸으로써 학생들은 더 탐색하고자 하는 변화의 주제를 알게 되었다. 졸업이 가까워 올수록 미술작품을 만들고 의미 있는 노래들을 선택하는 데 시간을 보낸 집단원들은 그들의 여정을 *Growing up and Looking Back*이라는 제목의 두 번째 비디오로 기록하였다. 아담은 그 비디오에서 자신의 유머러스하지만 가슴 찡한 생각을 나누었다.

> 나는 자폐스펙트럼장애라는 축복을 받았다. 이 장애는 내가 배심원 임무와 군대로부터 벗어나게 해줄 것이다. 나는 학교에 오기 전에는 지루했었고 오해받는다고 느꼈었다. 지금 나는 내 일기를 쓰고 이메일을 주고받으며 일요일에 전기면도기로 면도를 하고 학교에서 온전히 나 자신으로 있다. 예전 학교에서는 나의 장애가 받아들여지지 않았고 나는 목소리를 높였었다. 나는 지금은 조절할 수 있다. B 누나와 R 선생님이 나의 삶을 밝혀주었다. 나는 더 이상 지루하지도 오해받지도 않는다. 감사하다.

자폐스펙트럼장애로 진단을 받은 청소년들의 치료는 매우 느리게 진전될 가능성이 많고 치료의 진행도 선형적이지 않아 실망스러울 수 있다. 만일 치료사가 이러한 도전을 기꺼이 받아들이고 운 좋게 장기적으로 치료할 수 있는 기회를 가진다면 미술치료는 잠재적인 신경 경로를 활성화시키는 구체적이고 즐거운 길이 될 수 있다. 미술은 자폐장애인에게 더 큰 관계와 대화를 촉진시킬 수 있는데 임상에서 반복적으로 얻은 이 결론에는 앞으로 더 큰 경험적 연구가 필요하다.

참고문헌

American Art Therapy Association. (2009). *Who are art therapists.* Retrieved on January 20, 2011 from http://www.americanarttherapyassociation.org/upload/whoareart therapists2009.pdf

Arguile, F. (1992). Art therapy with children and adolescents. In D. Waller & A. Gilroy (Eds.), *Art therapy: A handbook.* (pp. 140–155). Berkshire, United Kingdom: Open University Press.

Belkofer, C., & Konopka, L. (2008). Conducting art therapy research using quantitative EEG measures. *Art Therapy: Journal of the American Art Therapy Association, 25*(2), 56–63.

Bentivegna, S., Schwartz, L., & Deschner, D. (1983). Case study: The use of art with an autistic child in residential care. *American Journal of Art Therapy, 22,* 51–56.

Betts, D. J. (2001). Special report: The art of art therapy: Drawing individuals out in creative ways. *The Advocate: Magazine of the Autism Society of America, 34*(3), 22–23.

Betts, D. J. (2003). Developing a projective drawing test: Experiences with the Face Stimulus Assessment (FSA). *Art Therapy: Journal of the American Art Therapy Association, 20*(2), 77–82.

Cane, F. (1989/1951). *The artist in each of us.* Washington, DC: Baker-Webster Printing Co.

Craig, J., & Baron-Cohen, S. (1999). Creativity and imagination in autism and Asperger syndrome. *Journal of Autism and Developmental Disorders, 29,* 319–326.

Dewey, J. (1980/1934). *Art as experience.* New York: Perigee Books.

Emery, M. J. (2004). Art therapy as an intervention for autism. *Art Therapy: Journal of the American Art Therapy Association, 21,* 143–147.

Epp, K. (2008). Outcome-based evaluation of a social skills program using art therapy and group therapy for children on the autism spectrum. *Children &Schools, 30*(1), 27–36.

Evans, K. (1998). Shaping experience and sharing meaning: Art therapy for children with autism. *International Journal of Art Therapy, 3*(1), 17–25.

Evans, K., & Dubowski, J. (2001). *Art therapy with children on the autistic spectrum: Beyond words.* London: Jessica Kingsley.

Flaherty, A. W. (2005). Frontotemporal and dopaminergic control of idea generation and creative drive. *Journal of Compartative Neurology, 493,* 147–153.

Ford, T., & Maffeo, N. T. (Producers). (1986). *Babes in toyland.* [DVD]. New York: National Broadcasting Company.

Gabriels, R. (2003). Art therapy with children who have autism and their families. In C. Malchiodi (Ed.), *Handbook of art therapy* (pp. 193–206). New York: The Guilford Press.

Gantt, L., & Tabone, C. (1997). *PPAT rating manual: The Formal Elements Art Therapy Scale (FEATS).* Morgantown, WV: Gargoyle Press.

Gazzaniga, M. (2008). *Learning, arts, and the brain: The Dana Consortium report on arts and cognition.* Washington, DC: Dana Press.

Gilroy, A. (2006). *Art therapy: Research and evidence-based practice.* London: Sage.

Glaaser, J., Goucher, C., Miller, S., & Scheibler, J. (2007, November). *Art therapy and autistic spectrum disorders: Providing creative paths to social-connectedness.* Panel session presented at the 38th annual conference for the American Art Therapy Association, Albuquerque, NM.

Got, I. L. S., & Cheng, S.T. (2008). The effects of art facilitation on the social functioning of people with developmental disability. *Art Therapy: Journal of the American Art Therapy Association, 25*(1), 32–37.

Grandin, T. (1995). *Thinking in pictures*. New York: Doubleday.

Haier, R., J., & Jung, R. E. (2008). Brain imaging studies of intelligence and creativity: What is the picture for education? *Roeper Review, 30*(3), 171–180.

Hornsby, B. (1986). The way it is [Recorded by Bruce Hornsby and the Range]. On *The way it is* [7",12"]. United States: RCA.

Hoy, R. (2007). *Autism and me (film)*. London: Jessica Kingsley.

Jung, R. E., Segall, J. M., Bockholt, H. J., Flores, R. A., Smith, S. M., Chavez, R. S., et al. (2010). Neuroanatomy of creativity. *Human Brain Mapping, 31*(3), 398–409.

Kana, R. K., Keller, T. A., Sherkassky, V. L., Minshew, N. J., & Just, M. A. (2006). Sentence comprehension in autism: Thinking in pictures with decreased functional connectivity. *Brain, 129*, 2484–2493.

Kana, R. K., Keller, T. A., Cherkassky, V. L., Minshew, N. J., & Just, M. A. (2008). Atypical frontal-posterior synchronization of Theory of Mind regions in autism during mental state attribution. *Social Neuroscience, 4*(2), 135–152.

Kellman, J. (1999). Drawing with Peter: Autobiography, narrative, and the art of a child with autism. *Studies in Art Education, 40*(3), 258–274.

Lentz, R. (2008). What we talk about when we talk about art therapy: An outsider's guide to identity crisis. *Art Therapy: Journal of the American Art Therapy Association, 25*(1), 13–14.

Lowenfeld, V., & Brittain, W. L. (1987). *Creative and mental growth* (8th ed.). Upper Saddle River, NJ: Prentice Hall Career & Technology.

Malchiodi, C. (Ed.). (2003). *Handbook of art therapy*. New York: The Guilford Press.

Martin, N. (2009). *Art as an early intervention tool for children with autism*. London: Jessica Kingsley.

Minshew, N. (2010, October). *Understanding how the mind and brain think in autism: New advancements in autism diagnosis and intervention*. Conference presentation for Center for Autism and Related Disorders, Kennedy Krieger Institute, Baltimore, MD.

Noble, J. (2001). Art as an instrument for creating social reciprocity: Social skills group for children with autism. In S. Riley (Ed.), *Group process made visible: Group art therapy* (pp. 82–114). Philadelphia: Brunner-Routledge.

Osborne, J. (2003). Art and the child with autism: Therapy or education? *Early Child Development and Care, 173*(4), 411–423.

Parker-Hairston, M. J. (1990). Analyses of responses of mentally retarded autistic and mentally retarded non-autistic children to art therapy and music therapy. *Journal of Music Therapy, 27*(3), 137–150.

Scanlon, K. (1993). Art therapy with autistic children. *Pratt Institute Creative Arts Therapy Review, 14*, 34–43.

Schleien, S., Mustonen, T., & Rynders, J. (1995). Participation of children with autism and nondisabled peers in a cooperatively structured community art program. *Journal of Autism and Developmental Disorders, 25*(4), 397–413.

Seifert, C. (1988). Learning from drawings: An autistic child looks out at us. *American Journal of Art Therapy, 27*, 45–51.

Siegel, D. J. (1999). *The developing mind: How relationships and the brain interact to shape who we are*. New York: The Guilford Press.

Stuss, D. T., Gallup, G. G., & Alexander, M. P. (2001). The frontal lobes are necessary for theory of mind. *Brain, 124,* 279–86.

The Cars. (1984). You might think. On *Heartbeat City.* [7", 12"]. United States: Elektra.

Williams, D. L., Goldstein, G., & Minshew, N. J. (2006). Profile of memory function in children with autism. *Neuropsychology, 20,* 21–29.

Winter-Messiers, M. A. (2007). From tarantulas to toilet brushes: Understanding the special interest areas of children and youth with Asperger syndrome. *Remedial and Special Education, 28*(3), 140–152.

Winnicott, D. W. (1971). *Playing and reality.* London: Tavistock Publications.

Wood, M. (1984). The child and art therapy: a psychodynamic viewpoint. In T. Dalley (Ed.), *Art as therapy* (pp. 50–67). London: Tavistock/Routledge.

제16장

자폐 아동 · 청소년의 사회성, 의사소통, 정서 발달을 위한 음악치료

Darcy Walworth

서론

음악치료는 음악치료 교육과정을 이수한 공인된 전문가가 치료적 관계에서 치료 목적을 달성하기 위하여 임상과 근거에 기초한 음악 중재를 실시하는 것이다(AMTA, 2011a). 음악치료는 음악치료사가 내담자를 만나서 중재를 필요로 하는 영역을 진단하는 것으로 시작한다. 중재를 필요로 하는 영역이 규명되면 음악치료사는 적합한 치료 목적과 목표를 설정한다. 문서화 작업은 매 중재 회기 후에 이루어지며, 이는 행동의 변화와 목적 달성 여부를 파악하기 위한 것이다. 진단 후 설정된 모든 치료 목적이 달성되었거나 일정 기간 이상 행동의 변화가 관찰되지 않을 때 치료를 종결한다.

음악치료사는 내담자가 선호하는 악곡과 음악 활동, 전략을 통합하여 내담자의 상호작용과 학습 수준 등 기능에 적합한 다양한 중재 방안을 사용한다. 음악치료는 개별화된 중재 계획을 수립 및 실시하기 때문에 다양한 형태의 회기로 실시된다. 음악치료사는 내담자의 반응을 능숙하게 파악하고, 치료사-내담자 상호관계를 바탕으로 내담자의 필요에 최적화된 중재를 제공해야 한다.

중국, 인도, 그리스, 이집트 문화권의 역사적 기록에서 볼 수 있듯이 음악의 치료적 기능은 인류의 역사와 함께한다(Horden, 2000). 미국에서 음악치료는 제1~2차 세계대전에 참전한 후, 신체적·정서적 트라우마를 경험하는 재향 군인을 대상으로 처음 실시되었다. 병원에서 실시한 음악 연주회를 통하여 연주자들은 음악을 감상하는 동안 재향 군인들의 신체적·정서적 반응에서 주목할 만한 변화를 발견하였다. 병원 등 치료 기관에서는 환자들이 직면하고 있는 다양한 치료적 이슈들을 중재하기 위하여 음악가를 고용하기 시작하였다(AMTA, 2011b). 음악가들은 환자들에게 효과적인 중재를 제공하기 위하여 보다 전문적 훈련의 필요성을 인식하였으며, 이러한 필요는 대학 수준의 학위 프로그램 개설로 이어졌다. 현재 미국 내 대학들은 학사, 석사, 박사 수준의 음악치료 학위를 제공하고 있다. 음악치료 적용 분야는 정신의학을 포함하는 다양한 의료 현장, 특수 교육, 재활 서비스, 호스피스, 감호 시설, 학대 및 약물 남용 피해자, 개인 치료 센터 등으로 확장되고 있는 추세이다.

자폐스펙트럼장애로 진단받거나 자폐 고위험군으로 의심되는 아동은 음악치료를 통해서 긍정적 혜택을 받을 수 있다. 자폐스펙트럼장애 아동을 대상으로 실시된 음악치료 프로그램의 효과에 대한 메타 분석 연구는 음악 중재가 방법이나 목적의 다양성과 관련 없이 이 내담자군에게 효과적이라고 하였다(Whipple, 2004). 음악치료 목적으로 설정된 행동 영역은 사회성, 의사소통, 인지 기능 등으로서, 구체적으로 이상 행동 감소, 자기 자극 행동 감소, 자발어와 의사소통 시도 증가, 지시 따르기, 그림 규명하기, 어휘 능력의 향상 등을 포함한다. 이 연구 결과는 자폐 아동 부모와 다학제적 치료 접근을 시도하는 임상 관련 종사자에게 음악치료가 효과적 중재 방안이라는 것을 입증하는 것이라 할 수 있다.

음악 사용의 치료적 근거

음악은 신경 발달과 대뇌피질의 기능적 연결성(cortical interconnectivity)을 촉진시킴으로써 인지 발달과 정서 조절, 사회적 상호작용 기능에 기여하는 것으로 알려져 왔다(Juslin & Sloboda, 2001; Trevarthen, 1999). 정서 및 사회 기능의 결핍은 자폐스펙트럼장애의 대표적 진단 특성이지만, 자폐스펙트럼장애인은 음악의 정서적 의미를 이해할 수 있다(Heaton, Hermelin, & Pring, 1999). 또한 자폐스펙트럼장애 아동은 정상 아동보다 뛰어난 청각 변별력을 가지고 있다(O'Riordan & Passetti, 2006). 이러한 연구 결과는 자폐스펙트럼장애 환자를 위한 치료 프로그램에 음악이 효과적 중재로 사용될 수 있는 가능성을 가지고 있음을 시사한다. 신경생물학적 연구는 음악 지각 및 인지 과정을 담당하는 뇌 영역이 부정적·긍정적 정서를 처리하는 영역과 얼굴 재인을 처리하는 영역과 유사하다고 보고하고 있다(Koelsch, Fritz, Cramon, Müller, & Friederici, 2006). 이는 아동이 음악치료 집단 프로그램에서 음악을 경험하는 것이 또래 얼굴을 인식하고 정서적으로 반응하는 뇌의 영역을 활성화시킬 수 있다는 것을 의미한다. 이러한 연구 결과는 자폐스펙트럼장애 아동이 일반적으로 결함을 보이는 얼굴 재인과 사회 정서 기능의 향상을 위하여 정상적 음악-정서처리 기제 기능을 활용할 수 있으며, 선행 연구에서 보고되었던 사회화 기술 습득에 있어서 음악치료 효과를 설명할 수 있다. 최근 신경학적 연구는 인간의 거울 신경 시스템(mirror neuron system)이 경험을 통하여 음악 지각 및 인지, 정서를 연결시킨다고 하였다(Molnar-Szakacs & Overy, 2006). 또한 이 시스템을 담당하는 대뇌 영역은 언어, 행동, 음악 사이의 조합 규칙(combinatorial rule)을 담당하는 영역과 유사한데, 이는 우리에게 의미와 정서를 소통하는데 중요한 역할을 하는 영역이다. 편도체와 같은 대뇌 변연계의 이상은 사회정서 관련 자극의 시지각 처리와 사회적 인식 및 행동 사이의 연결을 저해하는데(Adolphs, Sears, & Piven, 2001), 자폐스펙트럼장애인은 얼굴 표정을 인식할 때 정상인과는 상이한 신경 회로와 전략을 사용하는 것으로 보고되고 있다(Wang, Dapretto, Hariri, Sigman, & Bookheimer, 2004). 이와 같이 다양한 선행 연구에서 자폐스펙트럼장애 아동의 치료를 위한 음악 사용의 근거를 제공하고 있다.

음악치료 목적 설정

음악치료의 첫 번째 단계는 음악치료사가 내담자의 강점과 필요를 파악하기 위하여 진단 및 평가를 실시하는 것이다. 음악치료사는 자신이 만든 진단 도구를 사용하거나 기존에 사용되고 있는 표준화된 진단 도구를 사용하는데, 자폐스펙트럼장애 아동의 진단에는 학교와 임상 세팅에서 사용하고 있는 진단 방법이 활용된다(Layman, Hussey, & Laing, 2002; Wilson & Smith, 2000). SEMTAP(Special Education Music Therapy Assessment Process)은 음악치료가 다루는 행동 전 영역을 진단할 수 있도록 진단 절차를 제시하고 있다. 학교 현장에서 일하는 많은 음악치료사가 SEMTAP을 사용하고 있는데, 이것은 SEMTAP이 미연방 교육법과 개별화 교육 계획(individualized education plan, IEP)을 바탕으로 설계되었기 때문이다(Brunk & Coleman, 2000, 2002). SCERTS(social communication, emotional regulation, transactional support)는 의사소통 발달장애에 특화된 진단 모델로, 자폐 위험군에 속하거나 자폐스펙트럼장애 진단을 받은 내담자에게 사용된다(Walworth, 2007; Walworth, Register, & Engel, 2009). SCERTS 모델은 사회적 의사소통과 정서 조절, 소통 지원 영역에서 내담자의 강점과 필요를 파악할 수 있도록 돕는다. 또한 SCERTS는 진단뿐만 아니라 3개월 동안의 치료 기간 동안 적용할 수 있는 치료 목적 설정에도 활용될 수 있는 장점을 가진다.

구체적인 관찰과 기록은 아동의 현재 상태 파악을 용이하게 하며(Jellison, 2000), 이러한 과정을 바탕으로 음악치료사는 보다 의미 있고 적절한 치료 목적을 설정할 수 있다. 아동의 행동 변화를 유도하기 위해서는 적절한 음악치료 목적의 수립이 필수적이다. 음악치료 경험은 그 자체로 내담자와 내담자 가족에게 긍정적 영향을 미칠 수 있지만, 구체적 치료 목표와 목적의 수립은 내담자 행동 변화의 청사진을 제공하기 때문이다. 또한 이는 기관 내 다른 치료진과의 소통을 위해서도 필요하다. 치료진 사이에 논의와 동의를 통한 포괄적 치료 목적 설정과 서비스 제공은 치료 기술과 전략 수립의 방향성을 제공하는 한편, 내담자에게 치료 환경 전반에서 유사하고 연관성 있는 치료 경험을 제공함으로써 새로운 기술을 보다 자연스럽고 용이하게 습득할 수 있도록 한다.

음악치료 시행

음악치료사는 자폐스펙트럼장애 아동을 위하여 비음악적·기능적 목적을 수립한다. 특정 악기에 관심 혹은 재능을 보이는 아동은 음악 교습을 받는 것이 더 효과적일 수 있다. 이러한 경우 음악치료사는 음악 교습 유형의 진단 회기를 통하여 아동의 필요와 결함을 규명해야 한다. 이후 회기에서 음악치료사는 음악 교습을 통하여 주고받기, 사물 가리키기, 행동 조절, 소통 증진을 위한 도구 사용하기 등 기능적 행동을 향상시킬 수 있다.

대부분의 음악치료사는 음악 교습보다는 행동 기능 향성을 목적으로 하는 치료를 실시한다. 이러한 경우 음악치료사는 음악을 새로운 기술 습득을 위한 도구로 사용하게 된다. 자폐스펙트럼장애 아동을 위한 음악치료 회기에서는 전통적이며 위협적이지 않은 환경에서 자연스러운 보상 기제를 활용하는 것이 권장된다(Lord & McGee, 2001). 음악치료 회기는 자연스러운 소통과 정서 반응, 사회화 과정을 유도할 수 있도록 구조화된다. 수정 전략은 아동의 소통 단절을 개선하기 위한 목적으로 사용되는데, 요구의 표현이 불분명하거나 도구를 사용하는 방법이 불분명할 때 적용된다. 특정 치료 목표를 중심으로 회기를 구조화하는 것과는 달리, 음악치료는 자연스러운 학습 환경을 제공함으로써 아동이 필요한 기술을 습득할 수 있게 한다.

음악치료가 제공하는 자연스러운 학습 환경은 아동이 눈맞춤에 어려움을 보이는 상황에 적용 가능하다. 이러한 경우 아동이 관심을 보이는 사물이나 시선을 사로잡을 수 있는 사물을 사용하는 것이 좋은데, 악기는 색채가 다양하고 모양이 독특하기 때문에 소기의 목적을 달성하기에 용이하다. 또래 아동과 함께하는 회기에서도 이 방법은 눈맞춤 증진에 효과적으로 사용될 수 있다. 치료사와 아동이 공을 주고받으며 누가 공을 가지고 있는지에 대해 노래 부를 때, 아동이 공을 보고 있거나 치료사가 공을 굴리는 동작을 보고 있지 않다면 공을 받을 수 있도록 준비하기 어려울 것이다. 이러한 경우 음악치료사는 아동의 시선을 공에 머무르게 하기 위하여 노래의 가사를 이용할 수 있다. 예를 들면 "나는 공을 굴리고 있어요(멈춤)."라고 노래하며 아동이 시선을 공에 맞출 때까지 기다려준다. 아동이 공을 바라보면 치료사는 "○○에게, ○○은 공을 선생님에게 굴려줄 거예요."라고 노래를 이어 부른다. 음악은 즐거움을 주는 자극이기 때문에 아동에게 자연스러운 강화로 작용하여 노래를 중단하게 되면 아동은 그 노래를 다시 듣기 위해서 치료사가 목적하는 행동을 시행하게 된다.

음악치료에서 보편적으로 설정되는 또 다른 목표는 공유된 주의이다. 눈 맞춤은 주의를 공유하기 위하여 필요한 기술인데, 두 가지 목표는 상호 보완적이다. 오르프 실로폰을 사용하여 집단원이 각기 다른 음을 연주할 때, 아동은 연주를 동시에 시작하거나 멈추기 위하여 함께 주의를 기울이게 된다. 또한 한 아동이 악기연주를 마치고 다른 아동이 그 선율을 이어 받아서 연주하면 주의는 한 아동에게서 다음 아동으로 이동하게 된다. 효과적인 주의 이동을 위하여 음악치료사는 시각적 혹은 청각적인 신호 자극을 음악과 함께 사용할 수 있다. 아동은 2개의 복합적인 신호를 받게 되어 보다 쉽게 주의를 전환할 수 있다. 자폐스펙트럼장애 아동은 드럼과 북채를 주면 북채로 드럼을 두드려 소리내기보다는 북을 빙글빙글 돌리는 경향이 있다. 이때 음악치료사가 행진곡을 연주한다면 행진곡의 박자는 아동으로 하여금 북을 연주하는 행동을 유도할 것이다.

눈맞춤, 순서 주고받기, 대상 이용, 공동 주의 기능의 향상은 사회적 상호 대상이 자폐스펙트럼장애 아동의 행동을 모방할 때 나타난다(Lewy & Dawson, 1992). 이러한 음악 모방 활동에서 노래의 가사를 사용함으로써, 북을 사용한 리듬 연주하기와 같은 음악 행동, 혹은 동작, 얼굴 표정과 같은 음악 외적 행동을 묘사하고 지지할 수 있다. 또한 집단 활동에서 음악치료사는 집단을 2개의 소집단으로 나누고, 각 집단의 행동을 서로 따라 하게 함으로써 또래 친구 모방 활동을 제공할 수 있다. 음악-사회성 집단에 참여함으로써 아동은 상황 신호 자극을 이해하고 팀 리더의 행동을 예측함으로써 상대 집단의 악기 연주를 성공적으로 모방할 수 있다.

음악치료사는 학교의 자문을 받거나 계약을 맺거나 혹은 상근하면서 자폐스펙트럼장애 아동이 경험하는 학교 학습의 어려움을 도와줄 수 있다. 음악의 속성 중 하나는 아동의 주의력을 쉽게 환기시킬 수 있다는 점이다. 자폐스펙트럼장애 아동은 종종 학교에 출석하지 않거나 혹은 활동에 참여하지 않으려 한다. 이러한 경우 선생님 혹은 학급 친구들은 아동에게 언어적으로 접근하기 어려운데, 음악은 자폐 아동의 주의를 수업 참여에 적절한 방향으로 환기시켜줄 수 있다. 아동의 행동 혹은 정서적 상태를 통제하기 어려울 때 음악의 예측성과 반복성은 자폐 아동을 진정시킬 수 있다. 또한 음악은 신호 자극으로 사용될 수 있다. 유치원이나 어린이집에서 배운 '정리정돈 노래'의 가사가 우리에게 지금 해야 할 일이 무엇인지 알려주는 것처럼, 음악치료사는 노래 가사를 이용하여 아동에 앞으로 일어날 일에 대한 신호를 보낼 수 있다. 예를 들어, 교실에서 식당으로 이동하기 어려워하는 아동을 위하여 문으로 걸어가서 간식을 먹기 위해 식당으로 이동한다는 상황과 과제를 가사화한 노래를 불러주는 것은 아동의 정서를 안정시켜주는 동시에 정보를 제공할 수 있다는 장점을 지닌다.

지역 치료 센터 혹은 가정 방문 음악치료사는 내담자의 아동을 회기에 함께 참여하게 하는 경우가 많다. 부모가 함께 모방놀이와 소통을 해줄 때, 아동이 부모의 시선을 따르고 장난감을 가지고 놀이에 참여하는 경향을 보이기 때문이다(Dawson & Galpert, 1990; Rogers, Herbison, Lewis, Pantone, & Reis, 1986; Rogers & Lewis, 1989). 많은 부모가 아동의 변화 적응, 돌출 행동 조절, 주의 집중에서의 어려움을 도와주기 위하여 가정 환경에서 활용할 수 있는 음악적 기술을 배우기를 희망한다. 음악치료 회기를 자주 경험한 부모는 음악적 재능과는 상관없이 음악을 사용하여 아동에게 음악 활동을 제공할 수 있다. 부모의 개입은 치료의 일관성과 지속성을 위하여 중요한데, 음악을 사용한 부모-아동 간 의미 있는 상호작용은 치료 효과의 일반화 가능성을 높여준다.

또래 상호작용 기술을 향상시키기 위하여 음악치료 회기에 형제나 친구가 함께 참여하기도 한다. 아동은 또래와의 음악치료 활동을 통하여 긍정적 상호작용을 시도하는 방법과 또래 활동에 성공적으로 참여하는 방법을 배우게 된다. 비정형적이지만 자연스러운 악기 연주를 통하여 아동은 서로에게 적절한 상호작용 모델이 되어 주며, 음악을 통한 자연스러운 모방과 차례 주고받기 활동은 아동으로 하여금 새로운 기술을 보다 쉽게 학습할 수 있게 한다.

음악치료 적용 연구

야외놀이 사례 연구

Kern과 Aldridge(2006)는 자폐스펙트럼장애로 진단받은 3~5세 사이의 아동 4명을 대상으로 야외 활동의 참여와 상호작용 기술 증진을 위한 음악치료 회기를 실시하였다. 아동은 선생님과 부모의 권유로 회기에 참가하였으며, 모든 아동이 음악을 좋아하였으나 또래와의 야외 활동(운동장 놀이)에서 상호작용의 어려움을 보였다. 또한 치료사와 선생님의 권유로 전형적 사회성 발달을 보이며, 자폐스펙트럼장애 아동과 긍정적 관계를 형성하고 있는 학급 친구 중 음악을 좋아하고 참여를 희망하는 2명이 아동의 회기에 함께하였다.

음악 오두막이 운동장 위에 지어졌고 연령에 적절한 악기들을 구비하였는데, 다양한 악기는 음악놀이에 대한 참여 동기를 높이기 위한 것이다. 음악치료 연구자는 각 아동의 강점과 치료 목적에 적합한 노래를 작곡하였고, 음악치료 회기 전 아동들에게 작곡된 노래를 배울 수 있는 기회가 주어졌다. 참여 선생님은 연령별 발달에 맞게 상호작용하는 방법에 대한 훈련을 받은 사람들로 구성되었고, 연구 데이터는 8개월 동안(30~71회) 각 실험조건에서 10분간 수집하였다.

첫 번째 아동은 대부분의 시간을 운동장에서 세발자전거 타기, 모래상자 파기 등 고립된 놀이를 하며 시간을 보냈다. 다른 아동과의 상호작용은 장난감 빼앗기 등의 부정적 행동이 대부분이었고, 또래 친구들은 이 아동과 자발적 상호작용을 거의 시도하지 않았다. 회기 전 놀이 참여 시간에 대한 기초 수준 관찰 시 최대 18%의 참여율을 보였다. 어른의 도움 없이 음악 오두막에서 관찰했을 때는 3~40%의 또래 상호작용 참여율을 보여주었다. 선생님의 도움을 받은 상태에서는 33~68%에 달하는 또래와의 상호작용 참여율을 보여주었다. 또래와 함께하는 음악 오두막 조건에서는 가장 안정적인 수준인 40~45%에 해당하는 참여율을 보였다.

두 번째 아동은 어른의 도움 없이는 어떠한 놀이에도 참여하지 않았으며, 달리거나 노래를 부르며 원을 따라 돌아다니는 모습이 대부분을 차지했다. 목적 없이 배회하는 행동을 보이지 않을 때는 의자에 누워 있곤 하였다. 기초 수준 관찰에서나 음악 오두막 조건 모두에서 도움 없이 13%의 또래 활동 참여율을 보여주었다. 음악 활동에서 선생님의 중재가 제공되는 경우, 또래 활동 참여율은 53~93%로 급격하게 증가하였다. 또래의 중재가 제공될 때의 참여율은 43~80%를 보였다.

세 번째 아동은 거친 놀이(rough play) 때문에 대부분의 또래 아동이 이 아동의 상호작용 시도에 응하지 않았다. 그래서 이 아동은 운동장에서 낙엽을 돌리거나 배회하거나 의자에 앉아 있는 모습을 보였다. 아동은 어른의 놀이 요청에 응할 수 있었는데, 기초 수준 관찰에서 최대 15%의 또래 놀이 참여율을, 음악 오두막 환경에서는 0~23%에 달하는 참여율을 보여주었다. 선생님의 도움을 받았을 때 놀이 참여율은 33~93%로 증가하였다. 하지만 또래 아동의 도움을 받는 경우에는 8~33%의 참여율에 그쳤다.

네 번째 아동은 상대 아동이 가지고 노는 장난감에 관심이 있는 상황에서 제한적으로 상호작용을 시도하였다. 그렇지 않은 경우에는 대부분 운동장을 돌아다니거나 세발자전거 등 움직이는 사물을 쫓아다니는 등 고립된 놀이를 보여주었으며, 몸을 앞뒤로 흔드는 행동을 종종 보이곤 하였다. 기초 수준 관찰에서 또래 상호작용 참여율은 5%였으며, 음악 오두막 환경에서는 이와 유사한 수준인 10%의 참여율을 보여주었다. 선생님의 중재가 제공되는 경우 참여율의 범위는 28~80%, 또래 아동의 중재가 제공되는 경우는 13~40%의 참여율을 보여주었다.

각 아동을 관찰한 결과 자율적 또래 상호작용의 시간은 또래 중재 상황과 기초 수준을 비교하였을 때와 또래 중재 상황과 중재가 제공되지 않는 음악 오두막 상황을 비교하였을 때, 두 경우 모두에서 증가하였다. 괄목할 만한 변화는 음악 오두막 환경에서 선생님의 중재가 개입된 조건에서 일어났다. 이 연구의 결과는 모든 조건에서 자폐스펙트럼장애 아동과 또래 아동 사이의 상호작용이 증가했다는 점이다. 이러한 결과는 자연스러운 상호작용이 일반 상황에서 선생님 혹은 어른의 개입 없이도 일어날 수 있다는 점을 의미하며, 장기적 음악치료 프로그램 실시가 야외 놀이 상황에서 의사소통의 시도를 촉진하는 데 효과적이라는 점을 시사한다.

교과교실 사례 연구

Brownell(2002)은 학교의 교과교실(self-contained classroom) 상황에서 문제 행동을 보이는 6~9세 사이 남아 4명의 사례를 연구하였다. 학급 교사는 아동을 음악치료 개별 회기에 의뢰하였는데, 아동들은 읽기 전 단계 언어적 의사소통이 가능하였다. 4명의 아동을 위한 목표 행동은 TV에 대해서 덜 이야기하기, 지시를 듣고 따르기였고, 이 중 2명에게는 조용하게 말하기가 포함되었다. 치료 활동은 아동에게 요구되는 바람직한 행동을 묘사하고 있는 사회성 이야기 만들기로 읽기 혹은 노래하기로 표현하는 활동을 포함하였다. 각 아동은 (1) 기초 수준 관찰, (2) 사회성 이야기 읽기, (3) 사회성 이야기를 노래로 표현하기의 세 가지 조건을 (1), (2), (1), (3) 혹은 (1), (3), (1), (2)의 순서로 시행하였다. 목표 행동의 기초 수준은 치료 회기에 앞서 한 시간 동안 관찰 및 측정되었으며 관찰 직후 치료 회기가 실시되었다.

첫 번째 아동은 교실에서 TV 혹은 영화에 나오는 대사를 반복하는 등의 방해 행동을 보였으며, 이러한 행동 감소를 목적으로 음악치료에 의뢰되었다. 중재 일정은 아동이 TV에 관한 이야기를 가장 많이 한 것으로 보고 되었던 날 실시되었다. 이야기 빈도를 비교한 결과 사회성 이야기 읽기 조건과 사회성 이야기 노래하기 조건 사이에 유의한 차이가 있었다($p < .05$). 사회성 이야기를 노래로 표현한 후 TV에 대해 이야기하는 빈도가 가장 낮은 것으로 관찰되었다.

　　두 번째 아동은 언어적 지시에 대한 무표정과 반응 결핍의 문제를 주 호소로 의뢰되었다. 이러한 반응은 모든 상황에서 시간대에 관계 없이 지속되었다. 기초 수준과 치료 조건을 비교하였을 때 아동이 반응을 보이기까지 지시를 반복한 빈도에 있어서 유의한 차이를 보였다($p < .05$). 사회성 이야기 읽기와 노래하기 두 가지 조건에서 모두 반응을 보이기까지 지시 반복 빈도는 감소하였다. 흥미롭게도 치료 조건 사이의 기초 수준 관찰 조건에서도 이러한 경향이 관찰되었는데, 이는 치료 조건을 통하여 아동이 즉각적으로 행동을 학습하였음을 의미한다.

　　세 번째와 네 번째 아동은 학급에서 이야기할 때 음성이 지나치게 크다는 것을 주 호소로 의뢰되었다. 세 번째 아동은 교실에서 다른 아동이 고함을 지를 때 위축되었는데, 이로 인하여 소리 지르는 행동을 보이는 것으로 나타났다. 이러한 행동은 시간대와 관계 없이 지속되었고, 치료는 아침 시간대로 계획되었다. 기초 수준은 교사가 언어적 혹은 비언어적으로 목소리를 작게 내는 것을 지시한 빈도로 측정하였다. 사회성 이야기 읽기와 노래하기 회기 후 교사의 지시 빈도가 유의하게 감소하였다.

　　네 번째 아동 역시 큰 소리로 고함치기와 상황에 적절하지 않은 소음을 만들어내는 행동을 보임으로 수업을 방해하였다. 이 아동은 여러 차례 교실 밖으로 나가는 타임아웃을 지시받았었는데, 이는 다른 아동이 행동을 조절하고 수업에 집중할 수 있도록 하기 위함이었다. 기초 수준은 목소리를 작게 낼 것을 지시하는 교사의 언어적·비언어적 신호 자극 빈도로 측정되었다. 아동의 행동 역시 종일 발생하였기 때문에, 오후 회기로 일정이 계획되었다. 교사의 신호 빈도는 읽기와 노래하기 치료 조건 후에 유의하게 감소하였다.

　　모든 아동의 사례를 살펴보았을 때, 아동의 문제 행동은 음악이 수반된 사회성 이야기 조건에서 가장 낮은 빈도를 보였다(Brownell, 2002). 읽기와 노래하기 치료 조건 사이에 유의한 차이는 관찰되지 않았지만, 음악을 사용한 조건에서 문제 행동이 감소하는 경향이 관찰되므로 이에 대한 후속 연구가 필요하다. 또한 이 사례 연구는 두 가지 중재가 자폐스펙트럼장애 아동의 문제 행동의 지속적 감소에 보다 효과적임을 시사한다고 볼 수 있다.

어린이집 사례 연구

Kern, Wolery와 Aldridge(2007)는 어린이집에서 3세 아동을 대상으로 사례 연구를 진행하였다. 두 아동 모두 매일 아침 어린이집 교실로 들어가는 데 어려움을 보이고 있었으며 부모, 교사, 치료사 모두 이 문제를 주 호소로 음악치료를 원하고 있었다. 첫 번째 아동은 바닥에 눕거나 소리 지르며 입실을 거부하는 행동을 보였다. 이와 유사하게 두 번째 아동은 입실을 하였으나 보모에게 가기를 거부하고 우는 행동을 보였다. 음악치료사는 교사와 상담을 실시하여 아침에 집에서 교실로 입실하기 위하여 노래를 사용하기로 하였다.

두 아동 모두 언어 발달에 지연을 보이고 있었으며 타인과의 소통을 위해 그림교환 의사소통 체계(Picture Exchange Communication System, PECS; Frost & Bondy, 2002) 등의 보조도구를 사용하고 있었다. PECS는 사물의 사진과 이름을 적어놓은 카드로 자폐 고위험군 혹은 자폐스펙트럼장애 아동의 의사소통을 촉진하기 위한 목적으로 사용되는데, 이 아동들은 PECS의 막대기 모양 카드를 보고 안녕이라고 쓰여진 카드를 흔들면서 교실로 입실하곤 하였다. 음악치료사는 이러한 상징을 사용하여 아동들이 아침에 입실하는 것을 돕기로 하였다. 음악치료사는 아침에 아동이 어머니와 헤어져서 교실로 들어가기까지의 행동 다섯 가지를 선택하여 노래 가사로 작사하였다. 어린이집 도우미와 보모는 음악치료사로부터 CD를 받았고 아동들이 입실하는 동안 이 노래를 사용하였으며, 중재에 따른 아동의 반응을 비교하기 위하여 중다기초선 설계(multiple baseline design)를 적용하였다. 기초 수준은 도우미와 보모의 다섯 단계 언어 지시에 기초하여 측정되었다. 음악 중재는 다섯 단계 언어 지시와 동일한 단계로 진행되었으며, 언어 지시를 대신하여 노래가 사용되었다. 음악치료사는 아동의 성격과 음악선호도를 고려하여 각각 다른 노래를 작곡하여 사용하였다.

첫 번째 아동은 언어 지시 조건과 비교하였을 때 음악 중재에 보다 긍정적 반응을 보였다. 독립적으로 언어 지시를 수행한 것은 2단계를 넘지 못하였지만, 음악 중재 후 언어 지시 수행 횟수가 점차적으로 증가하여 5단계 중 4단계까지 안정적으로 수행하게 되었다. 하지만 언어 지시 조건으로 회귀하였을 때 바로 2단계 지시 수행으로 감소하였다. 음악 중재 조건으로 돌아왔을 때 독립적으로 지시 수행하는 단계는 다시 4단계로 증가하였다.

두 번째 아동 또한 음악 중재에 긍정적인 반응을 보였는데, 이는 헤어짐의 노래를 교실 안에서가 아닌 문 앞에서 부르는 것으로 수정되었을 때부터였다. 기초 수준에서의 지시 이행 단계는 낮았고 2~3단계까지 가능하였다. 두 번 음악 중재를 시행하는 동안 3단계와 4단계 지시를 안정적으로 수행할 수 있게 되었다. 학급의 또래 아동들은 이 아동에게 자발적으로 다가왔고 상호작용을 시도하는 등 음악 절차에 긍정적으로 반응하였다.

Kern과 동료들(2007)의 결과는 음악치료가 음악치료사뿐만 아니라 교사나 가족에 의해서도 실행될 수 있음을 보여주며, 가사가 있는 노래를 사용하여 전환에 필요한 행동 수행을 도울 수 있다고 하였다. 아동은 가사를 노래하거나 흥얼거림으로써 노래로 표현된 지시를 수행하였는데, 지시가 언어로 전달되었을 때 아동의 참여 동기를 유도하기 어려웠다. 노래는 여러 사람이 공유할 수 있는 활동이기 때문에 아동으로 하여금 보다 긍정적인 반응을 이

끌어낼 수 있었다고 보여진다. 음악치료의 긍정적 효과 외에도 이 연구가 시사하고 있는 것은, 노래에 충분한 음악적 자질이 있다고 생각하지 않는 교사나 부모도 치료에 참여할 수 있다는 점이다. 이러한 치료 활동에서 좋은 수준의 연주는 요구되지 않으며, 노래의 완성도는 아동의 참여 여부에 큰 영향을 미치지 않는다. 교사와 부모가 노래를 보다 편안하게 사용하기 위해서는 친숙한 선율에 가사를 바꾸어서 사용하는 것이 좋다. 하지만 자폐스펙트럼장애 아동에게 친숙한 노래를 사용하는 것은 기존에 알고 있는 가사와 혼동을 일으킬 수 있기 때문에 피하는 것이 좋다.

음악치료 가이드라인

학교나 가정에서 자폐스펙트럼장애 아동의 행동과 소통의 필요를 보다 효율적으로 다루어 주기 위하여 음악치료사는 교사나 다른 치료진의 조언을 받거나 함께 작업할 수 있다. 이러한 경우 자연스러운 환경에서 아동을 관찰하는 것이 효과적인 중재의 순간과 방법을 파악하는 데 필수적이다. 음악치료사는 아동의 문제 행동을 야기하는 선행 요인을 파악하고, 아동으로 하여금 바람직한 행동을 수행하게 하는 의미 있는 동인을 파악하기 위하여 특별한 훈련의 과정을 거친다. 음악치료 진단은 자폐스펙트럼장애 아동에게 시기 적절한 중재를 제공하기 위하여 첫 번째로 시행되어야 한다. 진단을 위해서는 치료사가 설계한 진단 도구 혹은 표준화된 진단 도구를 사용하는 것이 좋은데, 이는 진단 회기 없이 치료 과정의 방향과 흐름 설정이 불분명하기 때문이다. 진단 회기가 시행된 이후 음악치료사는 어느 행동 영역에 중재가 시행되어야 하는지 파악하고 치료 목적을 설정할 수 있다.

자폐스펙트럼장애 아동을 대상으로 시행된 음악치료 기존 문헌을 살펴보면, 음악치료가 이들의 문제 행동(Brownell, 2002), 의사소통(Buday, 1995; Edgerton, 1994; Kern et al., 2007; Wimpory, Chadwick, & Nash, 1995), 정서 조절(Katagiri, 2009; Kim, Wigram, & Gold, 2009), 사회적 상호작용(Kern & Aldridge, 2006; Kern et al., 2007; Kim, Wigram, & Gold, 2008; Kim et al., 2009; Pasiali, 2004; Wimpory, Chadwick, & Nash, 1995) 등을 다루는 데 효과적인 도구임을 알 수 있다.

특히 음악치료는 자폐스펙트럼장애 아동의 다양한 상호작용 유형에 긍정적 효과를 가져온다. 상호작용 증진을 위한 중재를 계획할 때 가장 중요한 것은 아동의 현재 상태를 잘 진단하여 이에 적절한 음악 자극과 활동을 사용하는 것이다. 음악 연주는 아동과 치료사 사이에 언어적 소통과 비언어적 소통을 동시에 가능하게 한다. 음악적 조율(attunement)은 즉흥 연주 방법을 사용할 수 있는 기법으로, 공동 주의와 비언어적 사회화를 촉진하는 데 효과적이다(Kim et al., 2008). 음악치료사는 즉흥 연주를 통하여 아동의 음악적·비음악적 표현을 음악으로 반영해줄 수 있으며, 아동이 자신의 현재 상태와 치료사의 반응을 연결하여 인식하는 것을 돕는다.

음악을 사용한 중재에 있어서 진단 회기를 마친 후 치료 목적을 설정하는 것이 일반적이다. Lord와 McGee(2001)에 따르면 언어 및 의사소통 영역의 치료 목적은 2~3개월 사이의 주어진 시간 안에 달성되어야 한다. 추후 진단 과정에서 아무런 변화가 일어나지 않은 것으로 판단되면 치료 전략을 바꾸는 것이 필요한데, 행동의 변화를 관찰하고 기록하는 것은 평가 및 결정을 위하여 중요하다. 목표 행동이 규명되면 행동의 변화를 관찰하고 기록하는 작업이 시작되며, 이것은 치료사로 하여금 음악 중재가 어떠한 행동 변화를 유도하였는지 파악할 수 있도록 한다.

치료 회기에서의 기능을 근거로 음악을 선택하는 것은 그다음 단계의 일이다. 음악은 바람직한 행동에 대한 강화로 사용될 수 있고 회기 전체를 구조화할 수 있으며, 의미 있는 정서적 표현과 소통을 촉진하고 상상놀이, 주의집중, 사회성 경험의 촉진하는 역할을 수행한다. 치료 회기에서 어떠한 기능을 선택할 것인가에 대한 결정은 음악치료사 역량의 핵심이다. 적절한 음악 기능의 선택에 따라 내담자의 필요가 다루어지기도 하고, 내담자가 필요한 기능을 습득할 수 있다. 학습된 기능에 대하여 문서화하는 것은 내담자의 변화 과정을 살펴보기 위하여 중요한 작업인데, 이러한 과정을 바탕으로 음악치료사는 내담자의 변화에 대한 근거를 제시할 수 있다.

음악치료는 자폐스펙트럼장애 아동에게 필요하며 효과를 기대할 수 있는 중재 방안으로 연구 결과들이 누적됨에 따라 효과는 보다 분명하게 입증될 것이다. 최근 자폐 연구의 큰 흐름을 살펴보면, 대규모 내담자를 대상으로 무선할당 설계가 주로 사용되고 있으며, 이에 발맞추어 음악치료사에게 있어서도 다거점 연구(multisite study)와 치료 프로토콜의 사용이 권장되고 있다. 음악치료는 아동 개인을 위하여 개별화된 과정이지만, 자폐스펙트럼장애 아동의 반응과 변화 유형을 규명하고 효과를 일반화할 수 있도록 유사한 전략을 적용하는 것이 필요하다. 이 장에서 논의된 연구들은 차별화된 음악치료 전략이 성공적으로 적용될 수 있으며, 향후 음악치료 연구에 적용될 수 있음을 시사하고 있다. 음악은 자폐스펙트럼장애 아동을 위하여 다양한 기능을 제공하고 있으며, 그들의 행동, 정서, 소통을 변화시킬 수 있는 가능성을 가지고 있다.

참고문헌

American Music Therapy Association. (2011a). *What is music therapy?* Retrieved from http://www.musictherapy.org/faqs.html

American Music Therapy Association. (2011b). *What is the history of music therapy as a health care profession?* Retrieved from http://www.musictherapy.org/faqs.html

Adolphs, R., Sears, L., & Piven, J. (2001). Abnormal processing of social information from faces in autism. *Journal of Cognitive Neuroscience, 13,* 232–240.

Brownell, M. D. (2002). Musically adapted social stories to modify behaviors in students with autism: Four case studies. *Journal of Music Therapy, 39,* 117–144.

Brunk, B. K., & Coleman, K. A. (2000). Development of a special education music therapy assessment process. *Perspectives, 18,* 59–68.

Brunk, B. K., & Coleman, K. A. (2002). A special education music therapy assessment process. In B. Wilson (Ed.), *Models of music therapy interventions in school settings* (2nd ed., pp. 69–82). Silver Spring, MD: American Music Therapy Association.

Buday, E, M. (1995). The effects of signed and spoken words taught with music on sign and speech imitation by children with autism. *Journal of Music Therapy, 32,* 189–202.

Dawson, G., & Galpert, L. (1990). Mother's use of imitative play for facilitating social responsiveness and toy play in young autistic children. *Development and Psychopathology, 2,* 151–162.

Edgerton, C. L. (1994). The effect of improvisational music therapy on the communicative behaviors of autistic children. *Journal of Music Therapy, 31,* 31–62.

Frost, L., & Bondy, A. (2002). *PECS: The Picture Exchange System Training Manual* (2nd ed.). Newark, DE: Pyramid Educational Consultants, Inc.

Heaton, P., Hermelin, B., & Pring, L. (1999). Can children with autistic spectrum disorders perceive affect in music? An experimental investigation. *Psychology of Medicine, 29,* 1405–1410.

Horden, P. (Ed.). (2000). *Music as medicine: The history of music therapy since antiquity.* Aldershot: Ashgate.

Jellison, J. A. (2000). A content analysis of music research with disabled children and youth (1975–1999): Application in special education. In: *Effectiveness of music therapy procedures: Documentation of research and clinical practice* (3rd ed., pp. 199-264). Silver Springs, MD: American Music Therapy Association.

Juslin, P., & Sloboda, J. A. (Eds.). (2001). *Music and emotion: Theory and research.* Oxford: Oxford University Press.

Katagiri, J. (2009). The effect of background music and song texts on the emotional understanding of children with autism. *Journal of Music Therapy, 46,* 15–31.

Kern, P., & Aldridge, D. (2006). Using embedded music therapy interventions to support outdoor play of young children with autism in an inclusive community-based child care program. *Journal of Music Therapy, 43,* 270–294.

Kern, P., Wolery, M., & Aldridge, D. (2007). Use of songs to promote independence in morning greeting routines for young children with autism. *Journal of Autism and Developmental Disorders, 37,* 1264–1271.

Kim, J., Wigram, T., & Gold, C. (2008). The effects of improvisational music therapy on joint attention behaviours in autistic children: A randomized controlled study. *Journal of Autism and Developmental Disorders, 38,* 1758–1766.

Kim, J., Wigram, T., & Gold, C. (2009). Emotional, motivational and interpersonal responsiveness of children with autism in improvisational music therapy. *Autism, 13*, 389–409.

Koelsch, S., Fritz, T., Cramon, Y., Müller, K., & Friederici, A. D. (2006). Investigating emotion with music: An fMRI study. *Human Brain Mapping, 27*, 239–250.

Layman, D. L., Hussey, D. L., & Laing, S. J. (2002). Music therapy assessment for severely emotionally disturbed children: A pilot study. *Journal of Music Therapy, 39*, 164–187.

Lewy, A. L., & Dawson, G. (1992). Social stimulation and joint attention in young autistic children. *Journal of Abnormal Child Psychology 20*(6), 555–566.

Lord, C., & McGee, J. P. (Eds.). (2001). *Educating children with autism*. Washington, DC: National Academy Press.

Molnar-Szakacs, I., & Overy, K. (2006). Music and mirror neurons: From motion to "e"motion. *SCAN, 1*, 235–241.

O'Riordan, M., & Passetti, F. (2006). Discrimination in autism within different sensory modalities. *Journal of Autism and Developmental Disorders, 36*, 665–675.

Pasiali, V. (2004). The use of prescriptive therapeutic songs in a home-based environment to promote social skills acquisition by children with autism: Three case studies. *Music Therapy Perspectives, 20*, 11–20.

Rogers, S. J., Herbison, J., Lewis, H., Pantone, J., & Reis, K. (1986). An approach for enhancing symbolic, communicative, and interpersonal functioning of young children with autism and severe emotional handicaps. *Journal of the Division of Early Childhood, 10*, 135–148.

Rogers, S. J., & Lewis, H. (1989). An effective day treatment model for young children with pervasive developmental disorders. *Journal of the American Academy of Child and Adolescent Psychiatry, 28*, 207–214.

Trevarthen, C. (1999). Musicality and the intrinsic motive pulse: Evidence from human psychobiology and infant communication. In "*Rhythms, music narrative, and the origins of human communication*". *Musicae Scientiae, Special Issue, 1999–2000*, 157–213. Liége: European Society for the Cognitive Sciences in Music.

Walworth, D. D. (2007). The use of music therapy within the SCERTS Model for children with autism spectrum disorder. *Journal of Music Therapy, 44*, 2–22.

Walworth, D. D., Register, D., & Engel, J. (2009). Using the SCERTS model assessment tool to identify music therapy goals for clients with autism spectrum disorder. *Journal of Music Therapy, 46*(3), 204–16.

Wang, A. T., Dapretto, M., Hariri, A. R., Sigman, M., & Bookheimer, S. Y. (2004). Neural correlates of facial affect processing in children and adolescents with autism spectrum disorder. *Journal of the American Academy of Child & Adolescent Psychiatry, 43*(4), 481–490.

Whipple, J. (2004). Music in intervention for children and adolescents with autism: A meta-analysis. *Journal of Music Therapy, 41*, 90–106.

Wilson, D. L., & Smith, D. S. (2000). Music therapy assessment in school settings: A preliminary investigation. *Journal of Music Therapy, 37*, 95–117.

Wimpory, D., Chadwick, P., & Nash, S. (1995). Brief report: Musical interaction therapy for children with autism: An evaluative case study with two-year follow-up. *Journal of Autism and Developmental Disorders, 25*, 541–552.

제17장

관계로 향하는 움직임

자폐 아동의 무용/동작치료

Christina Devereaux

자폐스펙트럼장애는 사회적 상호작용과 의사소통의 광범위한 이상(비정상)뿐만 아니라 제한된 관심과 반복적 행동으로 특징지어진다(APA, 2000). 2010년에는 110명 중 1명이 자폐스펙트럼장애로 진단되었다. Autism Speaks(2010)에 의한 이와 같은 통계는 소아암, 당뇨, 에이즈와 관련된 질병보다도 더 흔한 것이다. 더 나아가 전해지는 바에 의하면 자폐는 여아보다 남아에게서 4배 더 발생하고 모든 인종, 민족, 사회 집단에서 발생한다(NINDS, 2008). 초기 예고 징후와 그 이후 병리의 진단은 중요한 발달적 단계가 나타나지 않을 때 처음으로 의심된다.

현재 자폐를 위한 치료는 없다. 그러나 특정한 증상을 개선하기 위해 계획된 심리치료와 행동적 개입을 통해 실질적인 개선은 있었다(Koegel, Koegel, Fredeen, & Gengoux, 2008; Ortega, 2010; Rogers & Vismara, 2008). 이와 같은 개입은 보다 큰 독립성을 위해 지장을 주는 행동을 훈련하고 대처기술을 발달하는 데 도움을 줄 수도 있다. 그러나 자폐스펙트럼을 확인하는 하나의 증상과 행동이 없는 것처럼, 스펙트럼 안의 모든 아동을 위하여 효과적인 하나의 치료 방법은 없다. 치료는 반드시 아동의 고유한 힘, 도전, 도움의 정도에 따라 맞추어야 한다.

효과적 치료 계획은 손상된 사회적 상호작용, 언어적·비언어적 의사소통의 문제, 강박적 혹은 반복적 규칙과 흥미 등과 같은 주요 증상에 겨냥된 심리치료와 개입에 집중된다. 초기 개입은 매우 중요하다. 크게 알려진 치료로는 사회적 행동을 향상시키고자 행동 훈련을 체계적 방법으로 적용하는 응용행동분석(ABA)이 있다. 이는 자폐스펙트럼장애 아동에게 행동 수정을 유발하여 많은 관심을 받고 있다(Jensen & Sinclair, 2002; Ortega, 2010; Schreibman, 2000; Smith, Mozingo, Mruzek & Zarcone, 2007). 하지만 다른 치료 접근들도 언어적 · 비언어적 소통 기술을 향상시킬 수 있고, 사회적 연결에서 또 다른 관련 증상을 감소시키는 데 중요한 역할을 할 수 있다(Levy, Mandell, Merhar, Ittenbach, & Pinto-Martin, 2003; Merna, 2010; Smith, 1999, 2008). 이러한 보완적 접근 중 무용/동작치료는 개인, 집단, 가족 형태로 적용될 수 있으며 다른 치료 프로그램과 통합될 수 있다.

이 장에서는 무용/동작치료의 적용과 치료 과정이 어떻게 자폐 아동에게 관계를 위한 교량이 되고 표현적 소통을 위한 매개로서 제공될 수 있는지에 대하여 논의할 것이다(ADTA, 2011). 이해하고 반영하며 확장되는 비언어적 표현을 위한 특별한 강조점은 무용/동작치료의 고유한 능력에 자리 잡고 있다. 이것은 자폐 아동의 사회성과 소통을 향상시키고 신체 인식을 갖게 도울 수 있는 방법이며 관계적 연결을 향상시킬 수 있다. 뇌 과학, 사회적 관계 이론, 애착, 신생아 연구에서의 지지적인 참고문헌에 대한 개념은 논의로 보완하였다. 사례 설명은 이와 같은 이론적 개념의 구체적 예를 제시하여 강조하였다.

무용/동작치료 : 가정과 원리

미국무용치료협회(American Dance Therapy Association, ADTA)에 의하면, 무용/동작치료는 개인의 정서적 · 인지적 · 신체적 · 사회적 통합을 지지하기 위하여 움직임을 심리치료적으로 사용하는 것으로 알려져 있다. 무용/동작 치료는 다양한 장면에서 폭넓은 대상을 지원하는 임상을 하며 모든 문화적 · 인종적 · 민족적 집단의 사람들에게 적용될 수 있다.

무용/동작치료사는 신체의 움직임이 표현적이고 소통적이라는 관점을 갖고 신체의 움직임을 통해 개인을 돕는 방법과 임상적 개입을 위한 양식으로 사용한다. 마음과 신체 사이에 본질적 상호연결이 있다는 믿음에 근거하여, 어떤 점이라도 신체에 영향을 주면 상호적으로 마음에도 영향을 준다는 가설을 강조한다. 그러므로 무용/동작치료의 핵심 원리는 건강한 총체적 기능은 마음과 신체 모두의 통합에 따르는 것이라고 강조한다(Levy, 2005). 마음과 신체의 통합이 결여될 때, 우리는 어쩌면 다양한 심리적 장애로 고통받을지도 모른다. 즉 개인의 움직임 종류와 다양성을 조사하는 것은 "초기 발달의 유형, 대처전략, 개인성의 구성에 대한 연구에 문을 여는 것"이라는 본질적 믿음이다(Kestenberg, Loman, Lewis, & Sossin, 1999, p. 2). 신체 부위에 대한 통합의 향상과 타인의 인식은 개인의 움직임 종류를 확장시키므로 욕구와 소망을 소통하는 능력이 향상된다.

무용/동작치료는 직접적으로 움직임 행동에 집중하는데, 이때 발전된 치료적 관계가 발생한다. "치료적 관계는 무용치료사와 내담자 사이에 발생하는 움직임 구조의 의미를 향한 핵심이며 변화를 가능하게 하는 상호작용적 과정"이라고 무용/동작치료 선구자 Marian Chace는 강조하였다(Fischer & Chaiklin, 1993, p. 138). 더욱이 "움직임은 소통의 보편적 의미"이기 때문에(Erfer, 1995, p. 196), 자폐를 갖는 개인에게 감정과 직접적으로 연결하고, 타인과의 연결 및 관계의 교량을 제공할 수 있는 특별히 유용한 치료적 접근이다. 무용/동작치료사는 비언어적 표현을 이해하고 반영하며 확장시키는 데 고유한 재능을 갖고 있다. 이는 자폐증의 사회화와 소통, 신체 인식 및 구성의 향상을 돕고 움직임 결손에 직접적으로 영향을 미칠 수 있다(ADTA, n.d). 뿐만 아니라 많은 자폐스펙트럼장애 아동은 말하는 것이 제한되거나 대부분의 삶을 비언어로 지내기 때문에(Luyster, Kadlec, Carter, & Tager-Flusbeg, 2008), 움직임은 소통을 위한 일반적 언어로서 제공될 수 있다.

무용/동작치료와 자폐스펙트럼장애

무용/동작치료를 통해 자폐스펙트럼장애를 갖는 이들 사이에 발생했던 매우 효과적인 치료적 연결을 탐색한 문헌이 1960년대에 많이 출간되었다(예 : Adler, 1968; Cole, 1982; Erfer, 1995; Kalish, 1968; Loman, 1995; Siegel, 1973). 이렇게 오랫동안 자폐증의 치료로서 무용/동작치료의 긍정적 치료 결과에 관한 논의에도 불구하고, 폭넓은 증거 기반 임상의 맥락에서 실증 기반의 연구로서 무용/동작치료의 언급은 매우 적다. 출간 및 미출간된 무용/동작치료와 자폐스펙트럼장애의 많은 문헌은 질적 사례 연구 형식이고, 치료 기간이 중·단기로 진행됨으로써 장기적 치료 성과를 조사하기 어렵다(Merna, 2010). 그러나 기존의 무용/동작치료와 자폐증에 관한 문헌을 조사한 Merna의 개념적 내용분석 연구에서는 사회적 관계성, 소통, 제한적이며 반복적인 행동 영역에서 1,084개의 치료 성과를 찾아 결과로 보고하였다. 이 연구 결과에서 미국정신의학회(2000)가 정의한 자폐스펙트럼장애 진단에 관련된 주요 결손과 임상적 이슈를 무용/동작치료가 다룰 수 있다고 강력하게 제안하고 있다. Merna는 "이 결과만으로도 무용/동작치료는 비언어적이고 전언어적(preverbal) 단계인 자폐스펙트럼장애 아동에게 긍정적 결과를 만들 수 있는 능력을 갖고 있다는 증거를 보여준다"고 강조했다(p. 176). 그리고 "증거 기반 임상이 되기 위한 무용/동작치료의 가능성에 대한 잠재력의 출구를 제공했다"(p. 174).

또한 신경과학, 사회적 관계 이론, 신생아 연구의 최근 동향은 심리치료에서 신체를 포함하는 것에 대한 중요성(Ogden, Minton, & Pain, 2006; Rothschild, 1999)을 강조하고 있는데, 이는 관계적 상호작용을 고려하는 치료 접근의 중요성이 강조되는 한 부분이기도 하다(Greenspan & Wieder, 1997, 1999; Schore, 2003). 관계적 상호작용과 신체의 통합은 모두 수십 년간 자폐스펙트럼장애 아동과 임상을 해온 무용/동작치료의 개념이다(Adler, 1968; Baudino, 2010; Erfer, 1995; Kalish, 1968; Levy, 1988; Loman, 1995; Tortora, 2006).

자폐증에 대한 무용/동작치료의 상당 부분은 행동적 접근이라기보다 발달적이며 관계적인 접근을 갖는다. 이는 자폐스펙트럼장애 아동의 유아적 발달 단계로 완전히 돌아가서, 발달적 단계를 재안무(rechoreographing)하는 것을 돕는 데 집중하는 것이다. 이 과정을 통해 "아동은 발달이 준비되고 가능하게 되는 것을 경험한다"(Chace, 1993, p. 353). Loman(1995)에 따르면 "정상 아동일지라도 때때로 발달의 어느 단계에서 퇴행하기도 하는데, 이는 이전 단계로 돌아가 그 단계의 숙련감을 갖기 위함이다"(p. 216). 그러나 무용/동작치료는 자폐스펙트럼장애 아동에게 "발달에 있어 무용/동작치료사의 지지와 조력과 함께 '두 번째 기회'를 경험하는 기회를 제공하고, 향후의 사회적·정서적·인지적 성장을 위한 발달적 토대를 확립한다"(Merna, 2010, p. 117).

이론적 토대 : 조율, 공동적 조절, 확장하는 내성의 범위

Kanner에 의하면 자폐 아동은 "외부에서 오는 어떤 것에도 차단되어 있다"(Erfer, 1995, p. 192). 이는 자폐 아동에게 소통은 참으로 어렵고, 소통의 방법과 관련된 움직임의 중요성이 부각된다는 의미이다. 초기 소통은 공감을 형성하기 위한 조율과 신뢰를 발달시키기 위한 조정의 조심스러운 적용이 포함되는데(Kestenberg, as cited in Loman, 1995, p. 222) 이는 내부로부터 외부의 환경적 자극으로 전환할 수 있게 한다.

미러링, 조율, 공감

전통적 무용/동작치료 기법으로 알려진 미러링 혹은 공감적 반영(Chaiklin & Schmais, 1993)은 치료사가 관계 형성의 과정을 시작하기 위하여 신체 리듬, 움직임 유형, 또는 음성발성을 반영한다. 이 방법은 내담자의 신체와 정서 모두를 조율하는 것이고, 내담자가 타인과 신뢰할 수 있는 치료적 움직임 관계 구조에 대한 인식을 형성하게 하는 것이 목적이다. 이는 사회적 상호작용, 모방, 상호 간의 관계적 연결에 중요한 도전을 갖고 있는 자폐를 갖는 개인에게 특히 중요하다. Hadjikhani(2007)는 "모방 기술 훈련은 단지 자폐증의 모방적 측면만이 아니라 사회적·인지적 측면도 발달하는 데 유용한 방법이 될 수 있다."(p. 160)고 자폐증을 위한 치료 접근을 설명하고 있다. 그러나 Chaiklin과 Schmais에 의하면 다음과 같다.

> 움직임 단계에서 공감과 흉내내기 사이에는 명확한 경계가 있다. 흉내내기는 역
> 동과 미세한 움직임의 구성 안에 존재하는 정서적 요소가 없고 움직임의 외적 형
> 태만을 복제하는 것을 보여준다 … 공감은 모든 비언어적 표현의 본질을 나누는
> 것을 의미하는데 이것은 결과적으로 … 의사소통을 이루어낸다. (p. 86)

치료적 상호작용은 단지 움직임 행위를 모방 혹은 반영하여 돌려주는 것뿐만 아니라 아동의 현재 상태를 보여준다. 이는 "나는 너의 말을 듣고 있고, 너를 이해해, 그러니 괜찮아." 라는 비언어적 메시지를 전달하며 아동의 정서적 상태 또한 조율하는 것이다. 자신에 대한 인식이 더 많이 발달되었을 때, 타인과 환경에 대하여 향상된 인식을 발달시킬 수 있다. 타인에 대한 인식과 반응, 눈맞춤의 향상, 공동적 경험의 참여, 공동의 관심에 연결, 고립의 중단, 사회적 고립의 한 부분인 대인관계의 거리감 감소, 신뢰의 발달 등은 모두 자폐증을 위한 무용/동작치료의 치료 목표이다.

무용이라는 예술을 통해 누군가와 함께 움직이는 과정은 치료사와 자폐증을 갖는 개인의 공감적인 연결이고, 그로 인해 조율의 경험은 시작된다. 조율은 "타인에 대한 운동적이고 정서적인 감각"(Erskine, 1998, p. 236)이다. "서로 상호적 정서를 제공하고 혹은 반응에 공명하는 과정을 통하여 내면에 존재하는 (아동의) 리듬, 정서, 경험을 더 잘 이해하는 것은 두 사람의 연결감에 대한 경험을 만들기 위한 공감 그 이상으로 발전된다"(Erskine, 1998, p. 236). 무용/동작치료에서 조율은 단순히 말로만 소통하는 것이 아니다. 얼굴과 신체의 움직임은 아동의 정서와 욕구가 지각되어 전달되는 신호로서 소통되며, 매우 의미심장하여 타인에게도 영향을 미친다(Devereaux, 2008).

소통을 시작하기 위해서는 반드시 아동의 외적 행동보다는 내적 상태에 대한 리듬적 반영을 심리생리학적으로 조율해야 한다고 Schore(2003)는 주장한다. Schore(2001)에 의하면 이와 같은 정서적 조율은 "의식의 저변에서 일어나는 즉흥적이고 비언어적인 개인 조절 기능의 시시각각적인 표현"이다(p. 14).

Shore(2003)는 또한 조율은 모든 감각을 포함하며, 민감한 조율을 위하여 소리, 목소리 톤, 말하기의 리듬을 보다 더 수용한다고 강조한다. 더 나아가 두 사람 간의 재미있는 놀이적 상호작용 발생에 대한 본질적 역할의 의미는, 놀이 동안 서로 간에 발생하는 흥분의 확장이 있으며, 상호작용에서 짝을 위하여 서로의 존재 속에 다시 집중하고 독립성을 갖게 되는

능력이라고 주장한다.

이러한 조율된 상호작용의 많은 경우는 비언어적 단계에서 발생하기 때문에 무용/동작 치료는 자폐를 갖는 개인에게 결핍된 공감적 경험의 발달을 지지하는 이상적 치료로 개입될 수 있다(Lombardo, Barnes, Wheelwright, & Baron-Cohen, 2007). 보다 많은 신체 형태의 시도, 다양한 움직임 역동의 확장 및 탐색, 동시적 리듬이 강조된 움직임 연결과 같은 관계적 춤과 움직임이 상호작용을 통하여 이루어진다. 본질적으로 이것이 무용/동작치료 과정에서 핵심인 상호작용적 움직임 관계성이다. 앞으로 이 장의 사례들에서 중요한 차이점을 강조할 것이다.

자기 그리고 공동적 조절 : 공동적 영향

두 개인 간의 상호작용적 순환의 중요성은 공동적/상호작용적 조절에 집중하는 부모-신생아 연구에서 많은 분석이 이루어지고 있다(예 : Beebe & Lachmann, 1998; Brazelton, 1982; Stern, 1985; Tornick, 1980, 1998, 2003). 정서에 호소하는 상호작용적 순간에 엄마와 아기는 서로의 내적 · 외적의 세계를 조절하고 전환하는 것을 돕는다(Stern, Hofer, Haft, & Dore, 1985). 아기는 이러한 경험을 느낀다. 아기는 느끼는 동시에 타인의 감정을 감각한다. 동시적이며 비언어적 교환으로 엄마와 아기가 조율되는 나눔의 순간이 나눔이고 **상호작용적/공동적 조절**이다(Stern, 1985). 이러한 나눔의 경험을 통해 아기와 엄마의 초기적 유대 발달이 향상된다. Beebe와 Lachmann(1998)에 의하면 두 사람이 서로 양방향으로 접촉의 흐름을 나누는 경험을 하는 동안 "상대방의 행동은 서로에 의해 접촉되고 영향을 받는다"(p. 485).

이와 같은 신생아 정신건강 관련 문헌은 무용/동작치료사와 자폐를 갖는 개인 간의 상호작용적인 움직임의 상호성과 중요성을 이해하는 데 매우 중요한 부분이다. Fischer와 Chaiklin(1993)은 다음과 같이 논의하였다.

> 참여관찰자의 역할에서 무용치료사는 반드시 자신의 춤이 타인과의 관계성을 갖는 것에 대한 명확한 인식과 책임감을 가져야 한다. 어머니에게 어떠한 것이라도 불안의 긴장이 나타나면 신생아에게 불안이 초래되는 것처럼, 치료사에게 이러한 긴장은 상호작용에 영향을 미친다. 치료사와 내담자의 움직임을 통한 만남은 비록 한 사람은 도와주는 사람이고 다른 사람은 도움이 필요한 사람으로 구별되지만, 두 사람 모두에게 이것은 대화의 한 부분이라고 가정할 수 있다. (p. 139)

이것을 설명하기 위하여 나는 아동과 상호작용에 대한 무용/동작치료사로서의 경험과 내가 받은 영향에 대하여 개인적 경험을 나누고자 한다.

나의 임상이 자폐스펙트럼장애 아동으로 확장되기 시작했을 때, 나는 자폐증이 없는 내
담자들과 무용/동작 과정을 통한 상호작용적 연결성에 아주 익숙해져 있었고, 치료 과정에
서 관계적 만남을 경험했다. 그러나 자폐스펙트럼장애를 가진 내담자와 임상을 하면서, 나
는 이런 순간이 아주 일부분이라는 것을 알았다. 나는 연결의 상호적 순간이 눈맞춤 혹은 자
발적으로 시작되는 몸짓을 통하여 매우 중요하게 이루어진다는 점을 발견했다.

나는 공립학교에서 자폐스펙트럼장애 아동들과 집단 무용/동작치료를 진행하였던 특별
한 시간을 생생히 기억한다. 모든 아동은 언어적 소통이 제한되었고 대체적으로 기능 수준
이 낮았다. 대체로 매우 제한된 눈맞춤을 하였고, 회기의 초점은 아동이 자신의 신체와 만나
고, 신체를 인식하며, 타인과 관계적 연결을 형성하게 지지하는 것이었다. 우리는 팔다리를
스트레칭하며 공간으로 확장하였고, 우리 몸을 둘러싸고 있는 공간을 가로지르며 신체 부
위를 두드리는 웜업 움직임으로 연결되어서 나는 신체 부위를 호명했다. 내가 머리, 귀, 발
가락, 무릎, 팔꿈치, 손가락을 확인하자 아동들은 신체 부위 연결을 발견하기 시작하였다.
Erfer(1995)는 "만지고 움직이는 신체 부위를 호명하는 것은 신체적 행위와 인지 연결을 제
공한다."고 주장하였다(p. 201). 이것이 시작되었을 때, 우리는 자발적으로 몸통을 한쪽 옆
구리를 다른 쪽으로 비틀기 시작하였다. 나는 이 움직임의 발달을 거울처럼 따라 하였고 집
단에게 비틀기 움직임의 확장을 촉진하였다. 이 과정을 끝냈을 때, 나는 자기 자극적이고 반
복적이며 제한적으로 손을 돌리거나 위아래로 뛰는 행동을 자주 보였던 내 왼쪽에 있는 소
녀를 주목하였다. 소녀는 당연히 관계적으로 연결되지 않았고 최소로 소통하고 있었다. 우
리가 모두 몸통 비틀기 움직임을 하고 있었을 때, 나는 내 옆에 있는 소녀를 볼 수 있었다.
우리는 한쪽 옆에서 멀어져서 다른 한쪽 옆으로 향하는 비틀기를 계속하였고 반대로 반복
하였다. 각 방향으로 향하는 비틀기를 하는데 소녀는 활기 있어 보였다. 소녀가 실제로 나를
보고 있다는 것이 명확하였다. 우리는 마치 두 사람이 함께 추는 2인무처럼 연결되었다. 그
순간, 나는 '하이파이브'를 하는 것같이 그녀와 직접적인 신체 접촉 몸짓을 하는 것처럼 내
두 손을 소녀에게 뻗었다. 이런 움직임 제안에 소녀는 여전히 내 눈을 쳐다보며 양쪽 귀까지
벌어지는 미소를 보이며 즉흥적인 하이파이브 만남을 받아들였다. 이후 나는 이 움직임을
확장하여 집단에게 알려주었고, 집단을 '옆 사람에게 안녕이라고 인사하기'로 초대하였다.
소녀는 멀어졌다가 다시 나에게 돌아왔을 때 하이파이브를 하려는 몸짓으로 손을 올렸다.
신체적 접촉으로써 나의 손이 그녀의 손과 만나고 "안녕"이라고 소리 내어 말했다.

이러한 상호관계적 교환이 일어나는 동안 나는 단지 움직임의 힘뿐만 아니라 자폐 아동

과 공동으로 연결된 힘에 대해 나의 체현화된 감각을 인식하였다.

두 사람 사이에 정서적 에너지가 교환될 때, 그들의 내적인 세계는 서로 공명한다. Lewis, Amini, Lannon(2000)은 이러한 현상을 변연계 공명이라고 소개하였다. 변연계 공명은 두 사람이 다른 한 사람의 내적 세계로 변화하는 것을 허용하는 것이다. 성장을 향상시키는 최고의 환경에서 좋은 반응은 반영되고 아동은 유사한 반응을 만들어 대응한다. 이렇게 두 사람이 춤추는 동안 아동과 치료사는 정서의 공동 조절의 상태에 함께한다. 이 과정을 좀 더 복잡하게 해낼 수 있을 때 아동은 치료사에게 덜 의존하고 향후 자기 조절 능력을 발달시킬 수 있다. Lewis와 동료들(2000)은 이와 같은 동시적 교환, 즉 서로 연대하거나 또는 공동 조절하는 두 사람의 연결을 변연계 조절이라고 소개하였다.

무용/동작치료에서 치료사는 "촉매제로서 내담자가 온전히 표현에 이르게 될 때까지 내담자 움직임의 정교함과 확장을 점진적으로 돕는다. 이러한 변화를 위하여 언제나 내담자의 정서적·운동적 반응을 살피며, 내담자의 정서적 움직임과 일치하여 조정한다"(Merna, 2010, p. 111).

치료 과정에서 상호작용적 요소를 강조한 위의 논의를 상기시키는 건강한 발달은 타인과의 관계와 자신과의 관계 형성이 요구되는 상호작용적 순환이라는 것을 확실히 일깨워준다. 이는 모두 본질적이다. 따라서 우리는 표현적이고 소통적인 몸짓의 증가와 확장을 위하여 조심스럽게 움직임 조정을 만드는 치료사에게 단지 자폐스펙트럼장애 아동만이 영향을 미치는 것이 아니라 치료사 또한 모든 내담자에게 집중하는 '내성의 범위(window of tolerance)'를 통해 과대 혹은 과소 각성의 상태를 조율하여 아동을 도울 수 있다고 가정할 수 있다. 이것은 다음에 논의할 것이다.

내성의 범위

Ogden과 동료들(2006)은 트라우마를 경험한 내담자에 관하여 내성의 범위라고 소개된 각성 조절의 이론을 정립하였다(p. 26). Ogden과 동료들은 자폐스펙트럼장애의 아동에 관하여 이 과정의 적용이 의미심장함을 발견하였다. 우리는 모두 '최적의 각성 부분'을 가지고 있고, 이는 신경계가 과대하게 혹은 과소하게 각성되지 않는 상태라고 그들은 말했다. 우리는 최적의 각성 부분에서 내담자를 돕는 일을 한다.

과대 각성일 때 내담자는 사실상 정보를 처리하기에 과도한 각성을 경험하며, 신체 감각을 통해 괴로워진다. 그러나 과소 각성일 때 내담자는 정서와 감각의 결핍

에 의한 다른 종류의 괴로움에 시달린다···. (p. 26)

무용/동작치료사는 상호작용적 조절과 자발적 행동을 표현적 의사소통으로 전환하는 것을 통하여 각성의 두 극단 사이를 넘나드는 자폐 아동의 신경계를 내성의 범위라 불리는(p. 27) 조절을 돕는다.

내담자가 내성의 범위 안에 있을 때 내적 및 외적 환경에서 수집된 정보는 통합될 수 있다. 이는 이전에 입력된 정보를 이해하는 동시에, 감각적 정보의 세례를 지속적으로 진행할 수 있다. (Ogden et al., 2006, p. 27)

무용/동작치료 접근의 중요한 특징은 무용/동작치료사가 소통적 표현으로서 자폐 아동의 반복적이고 억제되며 혹은 자기 자극적 행동을 포함한 움직임 몸짓을 관찰한다는 점이다. 그러므로 무용/동작치료사는 특정한 상동 행동 유형을 멈추게 독려하기보다는 미러링과 공감적 반영의 적용을 통해 이러한 몸짓에 대하여 운동감각적으로 조율하는 것을 초기에 시작할 수 있다. 그런 다음, 이러한 움직임을 더욱 건강하게 상호작용하며 조율된 움직임의 연속에 집중하게 한다. Chace(1993)는 "만약 당신이 자폐를 갖는 개인의 자연스러운 움직임을 다룬다면 그것을 크게 만들고 확대해라. 단, 내담자로부터 움직임의 주도권을 가져와야 한다."고 논하였다(p. 353).

자폐 아동은 원으로 빙글빙글 돌기와 같은 공간의 제한된 양식, 흔들기, 신체 한 부분만을 고집하기(예 : 펄럭거리는 팔 또는 눈앞에서 손가락을 좌우로 짧게 왕복하기)와 같은 의례적이고 반복적이며 상동적 움직임을 특징으로 보이기 때문에(Torrance, 2003; Tortora, 2006), 각성의 세 가지 부분의 관점을 반영한 소통의 신호들로서 이러한 행동을 조사하는 것은 무용/동작치료 개입을 위하여 가치 있는 방법이다. 제한적이고 반복적이며 자기 자극적인 움직임은 자신이 자기 자극에 갇히거나 타인과의 접촉을 피하기 위하여 지속함으로써 외부 환경에서 자폐 아동이 타인과 연결되는 데 장벽이 된다(Duggan, 1978; Parteli, 1995). Parteli는 이러한 전형적인 상동적 움직임은 표현적 소통의 형태이고, 따라서 이와 같은 움직임은 아동과 연결을 형성하는 데 사용하는 것이 가능하며 앞서 언급한 장벽을 천천히 허무는 데 도움이 된다고 제안하였다. 무용/동작치료사는 표현적 춤에서 반복적이고 제한된 움직임 양식을 확장하여 아동의 움직임 레퍼토리를 증가시키는 것에 집중한다. 이는 결과적으로 아동이 환경에서 소통하고 대처하는 데 사용할 수 있는 반응에 대한 폭넓은 다양성을 제공한다. 이것이 일어날 때 아동은 개인적 세계로부터 멀어져서 외부 환경으로 관계의 형식을 허용하는 것을 확장한다.

이것의 예를 나와 함께 주 1회, 45분의 무용/동작치료를 가졌던 여덟 살의 자폐스펙트럼장애 아동인 잭의 사례에서 설명할 것이다. 잭은 자주 환경적 자극에 의해 과대 자극되었고, 자주 이러한 신경계의 과대 각성 활성화에 반응을 보였다. 그의 신체는 전형적으로 빠르게 위아래로 뛰기, 손뼉치기, "아흐흐흐" 소리내기와 같은 자기 자극적이고 반복적인 움직임과 몸짓을 통하여 이런 과대 각성 상태라는 것을 알렸다. 이는 주변 공간을 뛰어다니며 방 안의 다른 사람 혹은 물건과 신체적으로 충돌하는 것을 통해 빠르게 상승되었는데, 많은 경우 잭의 신체적 안전뿐만 아니라 다른 아동과 어른에게도 위험했다.

이러한 움직임의 노출은 잭이 내성의 범위 너머로 움직이고 있었고, 최적의 각성 부분을 벗어났던 것이며, 과대 각성화 상태로 움직이는 중이라는 신호였다. 나는 잭의 몸 상태와 조율하기 위하여 첫째로 그의 움직임을 활용하였고 내 몸을 천천히 느리게 하는 것을 통하여 그의 경험을 공동 조절하였다. 그 결과 움직임 과정에서 우리 두 사람의 비언어적 교환을 통하여 협동적으로 즉흥 춤이 발전되었다. 이 춤은 잭에게 반복적 움직임 양식을 조절하는 것을 도왔고 조절 능력을 활성화하는 권한을 갖게 했다. 내가 조율되고 소통적 움직임 대화로 잭과 연결되자 잭의 자기 자극적 움직임은 스스로 '멈추기'와 '움직이기'의 언어적 명령으로 전환되었다. 잭의 움직임 충동은 온전히 제어하는 것을 허용하는 '얼음땡 춤'으로 발전되었다. 가장 중요한 점은, 초기의 자기 자극적이고 과대 각성된 반복적인 움직임의 연속은 다른 사람과의 연결을 방해하였지만 이후 연결적이고 표현적인 사회적 소통을 위하여 직접적인 수단이 되었다는 것이다.

집단치료에서의 무용/동작치료

무용/동작치료사 Greer-Paglia(2006)의 하버드대학교 연구에서 창의적 무용과 사회적 기능을 탐색하기 위하여 사회적 목표를 가진 전형적 교실 활동인 '서클타임'에 참가한 자폐 아동들의 수집된 데이터를 비교하였다. 연구 결과 창의적 무용은 자폐 아동에게 단지 사회적 개입으로서의 유익함만을 제공한 것이 아니라, 12주라는 비교적 짧은 시간에 언어 가능 자폐스펙트럼장애 아동과 비언어적 자폐스펙트럼장애 아동 간에 사회적 기능의 수행은 서클타임 조건보다 창의적 무용 조건에서 격차가 적었다는 것을 발견했다. Greer-Paglia의 결과는 특히 교육적 체계에서 무용/동작치료 집단 접근이 자폐스펙트럼장애 아동에게 전달하는 분명한 차이점에 관하여 강력하고 지지적인 체계를 제공하였다.

　　집단 무용/동작치료는 전형적으로 웜업에 의해 시작된다. 이것은 단지 신체의 운동적 준비를 위한 기회만이 아니라 치료사에게 내담자의 정서적 욕구를 평가하고 직접적 소통을 구현하며 집단의 통일감과 신뢰감을 형성하는 기회이기도 하다. 웜업 단계는 '시험적 시간(testing period)'(Levy, 2005, p. 25)으로서 내담자들이 서로 편안함을 탐색하는 과정이라고 Marian Chace는 설명하였다. 집단은 종종 원 대형에서 촉진을 통해 시작되어 집단적 소통은 쉽게 일어날 수 있고 치유적 공간 혹은 '안아주는 환경'(Winnicott, 1971)이 발달된다. 이후 주제가 발전되는 동안 움직임 행위는 넓어지고 확장되며 명료하게 되는 단계가 지속된다. 자폐스펙트럼장애 아동에게 이것은 개념을 다루고 주제를 발전시키며 운동적 기술을 연습하여 사회성을 발달하기 위한 시간이다(Erfer, 1995, p. 201). 이 정도의 집단 과정이 진행되는 동안 다함께 친밀하게 움직이고 서로를 향해 다가가는 움직임 단계와 동시적 리듬의 움직임과 연결이 형성된다. 이를 통해 집단을 돕는 중요하게 강조된 움직임이 나타난다. 집단적 리듬의 움직임은 집단에게 유기적 질서에 대한 감각을 제공한다(Levy, 2005). 자폐스펙트럼장애 아동에게 반복과 예상 가능한 움직임 연속은 신뢰의 형성을 도울 수 있고 움직임의 주도권을 증대할 수 있으며 움직임 레퍼토리를 만들 수 있다. 회기를 마칠 때까지 무용/동작치료의 본질적 목표는 신체를 조율하고 움직임 경험을 통합하며 최적의 각성 상태에 머무르는 것을 돕는 것이다. 무용/동작치료는 확장된 움직임 후에 신체가 이완되고 쉬는 것을 허용하는 방법을 만들고 보여준다. Chace는 이 단계를 "내담자가 만족감과 해소감을 갖고 떠나는 것을 허용하는 지지적 마무리"라고 설명하였다(Levy, 2005, p. 26).

　　다음은 자폐스펙트럼장애 아동에 대한 특수교육현장에서 적용되는 집단무용/동작치료에 대한 설명이다. 탐색할 사례는 대략 5~6명의 자폐스펙트럼장애 아동으로 구성된 전형적 집단이었다. 임상 회기는 매주 갖는 집단치료가 시작된 지 이미 여러 달 지났고, 집단 촉진자와 치료적 관계가 이미 형성된 후에 진행되었다. 담임교사와 교실 도우미 또한 집단 과정에 모두 참여하였다. 이들의 참여는 단지 추가적인 행동과 성인의 도움을 제공해줄 뿐만 아니라 아동과 교사의 건강한 사회적 관계를 형성하기 위한 동시적 기회로도 제공되었다. 무용/동작치료에서 아동에게 전달된 구체적 개입은 신체 인식 강조, 정서적 표현의 확장, 타인과의 보다 큰 관계적 연결 구축이었다.

무용/동작치료 집단 : 사례 A

치료실 문을 열면서 아동들은 나에게 바로 미소와 함께 "안녕"이라고 인사하고 안아주기도 한다. 이것은 아동들이 나와 관계하고 인사하며 접촉이 시작되고 있는 것처럼, 나와 아동들의 관계가 형성되고 있다는 것을 알려준다. 내가 음악을 틀었을 때, 아동들은 신이 나서 움직이는데 이것이 곧 무용/동작치료 시간이다. 아동들은 신발을 벗고 춤추며 표현하기 위한 충분히 넓은 공간의 가운데에서 나를 만난다. 나는 모든 아동에게 미소와 함께 인사하고 아동의 안정을 돕기 위해 바닥에 앉아서 시작해야 하는지 혹은 일어나서 시작할 준비가 되었는지 평가한다. 나는 움직임 에너지, 상호적 눈맞춤의 연결, 존재하는 모든 언어도 조사한다. 나는 서 있는 상태에서 시작하는 것으로 그들을 초대하기로 결정하고, 하나의 원 대형을 만든다. 바닥에 자리 표시를 해놓는데, 이는 원 안에서 개인적 공간을 분명히 나타내고 공간적 인식을 만드는 데 시각적 도구로서 제공한다. 나는 아동들에게 신체에 재연결하는 것을 지지하고 어떻게 신체가 움직일 수 있으며 연결될 수 있는지를 확인하는 방법을 돕는 데 움직임 웜업을 통하여 지원한다. 우리는 발가락, 손가락, 무릎, 팔꿈치 등 다른 신체 부위와 인사하고 우리가 어떻게 움직이기를 원하는지 탐색한다. 나는 치료실을 살펴보고 어떻게 각 아동이 다른 신체 부위를 탐색하고 있는지 살펴보며, 차이점에 대하여 인정하고 개인적 움직임 표현은 수용된다는 격려의 메시지를 보낸다. 이 과정은 집단 구성을 돕는 리듬적 음악의 지지와 함께 이루어지며, 이때 통일성이 만들어진다. 집단이 서로에게 조율이 시작되었다고 느끼는 시점이 바로 이 순간이다. 나는 원 주변에 있는 서로에게 눈맞춤하는 것을 격려하며 서로에게 인사하고 간단하게 "안녕"이라고 손을 흔드는 몸짓을 하는 것을 제안한다. 나는 아동들이 자신만의 표현적 방법으로 이 인사의 몸짓을 하는 것에 주목한다. 나는 이것을 개인적 표현에 대한 그들 고유의 기회를 갖는 순간이며, 더 나아가 각 아동의 특정한 도움의 정도를 평가하기 위한 신호로 삼는다. 아동들은 학급 친구들과 교사의 응원을 받으며 원 가운데에서 혼자 춤추는 것을 격려받는다. 나머지 집단원들이 혼자 춤추는 아동이 움직이는 것을 따라 하거나 집단의 연결을 지키기 위하여 박수를 치거나 무릎을 두드리는 것과 같은 리듬적 소리 반주를 추가하는 동안 각 아동은 1명씩 원의 중간으로 들어간다. 우리는 다함께 "조니, 네가 원하는 대로 움직일 수 있어."라고 원 중앙에서 춤추는 사람의 이름을 연호한다. 이 집단에서 아동들은 선택권, 표현성, 창의성을 가질 수 있고 서로에게 어떻게 인사하길 원하는지, 어느 특정한 날에 신체를 어떻게 움직이길 원하는지 결정할 수 있는 자유로운 경험을 한다. 개방적이고 표현적인 시간은 어떤 아동에게는 너무 과할 수 있다는 것을 알고 있기 때문에, 나는 집단의 조직화를 위한 수단으로 목소리를 낮추고 몸을 아래쪽으로 하거나, 낮고 강한 음을 첨가하는 것을 통해 과도 각성된 상태를 조절하도록 주의를 기울인다. 단지 아동의 개인적 움직임뿐만이 아니라 전체로서 집단의 에너지에도 조심스럽게 주의를 기울인다. 높은 강도와 활력 있는 방출에 대한 분투의 광범위한 시간 동안 나는 신체 부위를 톡톡 치기, 원 대형에서 다함께 손잡고 안팎으로 움직이기, 또는 낮은 공간을 탐색하기 위하여 몸을 바닥으로 가져오기와 같은 안정적으로 수용되고 조율된 움직임과 함께 의식적으로 이 시간을 따라간다.

자폐스펙트럼장애와 같이 타인과 관계를 맺는 데 어려움이 있는 아동과의 초기 시작은 어렵다. 다른 방법으로 움직이는 것을 보여주고 움직임 레퍼토리를 확장하며 아동이 발견하는 것을 허용하여 창의성을 격려하는 것 역시 아동에게 선택권이 있다. 시간이 지남에 따라 아동의 표현이 확장되는 것을 주목한다. 아동은 혼자서 춤을 추는 독무에 연결되고 움직임 레퍼토리에서 각각이 어떻게 다른지 관찰할 때 보다 더 창의적이고 즉흥적이며 기뻐한다. 오늘 나는 매튜가 독무를 추는 동안 원 주변을 뛰어다니는 전형적 상동 움직임에 연결되지 않고 즉흥적으로 엉덩이를 좌우로 씰룩씰룩 움직이는 것에 매우 놀랐다. 이것에 대하여 설명하자면, 우리는 매튜의 다른 면을 보게 된 것이다. 매튜는 엉덩이의 움직임을 확장하여 한쪽 다리로 도는 움직임으로 나에게 반응하였다. 매튜의 확장된 움직임의 범위는 신체에 대해 향상된 인식의 반영이라는 것이 확실하다. 그의 확대된 움직임 레퍼토리는 억제되고 반복적 유형에 머무르기보다는 주변 환경에 자신의 존재에 대한 좀 더 많은 가능성을 보여주고 있었다.

회기는 더 나아가 함께 움직이는 것에 연결되어 유대를 형성해주는 강력한 경험, 즉 한 집단이 동시적으로 모두 함께 움직이는 것으로 계속되었다. 함께 타악기 음악과 같은 리듬으로 움직일 때 우리는 연결되고 관계적이며 함께라는 것을 느끼는 게 너무 당연하였다. 우리는 모두 다 함께 동시적 춤에 참여하는 경험에 휩싸였다. Erfer(1995)는 "리듬은 의미 있는 충동의 조직체"라고 언급했다(p. 201). 그 순간 아동의 요구 정도에 따라 회기에 변화를 주었다. 가끔은 확장된 주도권을 갖는 것과 주변 공간을 탐색하며 움직이는 것 혹은 어떤 이미지와 연결되는 것을 지지하기도 했는데, 이것은 서로와 신체에 대해 깊은 연결을 유도할 수 있다. 우리는 우리 몸을 둘러싸고 있는 개인적 공간을 분명히 하는 것을 다룰 수 있었고, '얼음땡 춤'의 표현적 놀이와 함께 충동과 신체 조절을 구현할 수도 있었다. 움직임은 언어, 느낌, 혹은 이미지와 연결될 수도 있다. 오늘 나는 집단에게 원 대형을 바꾸어 기차를 만들기 위해 한 줄에 서도록 초대하였다. 나는 오늘 집단이 하나로 통일되었다고 느꼈지만, 아직 집단에는 개인적 표현에 대한 욕구가 남아 있다는 것을 알고 있었다. 나는 데이비드에게 교실에서 그가 원하는 곳으로 우리를 안내하는 리더가 되도록 격려하였다. 나는 독무가 진행되는 동안 데이비드가 중앙에 있는 아동이 원 대형으로부터 여러 번 멀어지는 것을 보면서 집중을 유지하려고 애쓰는 모습에 주목하였다. 이에 나는 구체적으로 데이비드를 첫 번째 리더로 선택하였다. 그는 이 기회를 얻은 것에 신이 났고 공간을 이리저리 돌아다녔다. 처음에는 원주 방향으로 걷는 것에 머물렀으나 격려를 받으면서 원 대형을 가로지르며 다녔다. 데이비드는 자신이 움직임을 선택하는 것이 집단에게 어떻게 영향을 주는지에 대하여 탐색하는 중이었다. 즉흥적으로 데이비드는 지휘 속도를 올리고 돌아보며 집단이 자신의 의도적인 변화에 어떻게 반응하는지 보았다. 집단은 변화의 속도를 모방하거나 따라가는 것을 통하여 이 조정에 반응하였다. 이것은 데이비드가 자신의 충동에 주도권을 가졌고 집단원들은 집단 전체를 향하여 소통적 움직임에 주파수를 맞추게 되었던 주목할 만한 순간이었다.

교사들은 종종 자문 상담에 교실에서 그들이 진행했던 '반대' 또는 '방향' 또는 '동물 이미지'와 같은 특정한 주제에 관하여 말할 것이다. 아동에게 이와 같은 개념에 대하여 움직이며 학습하는 것은 신체 단계에서 시작하여 인지적 이해를 돕고, 실험적으로 탐색하게 하여 신체적으로 체현되는 훌륭한 기회가 된다. 우리는 크고/작고, 느리고/빠르고, 위/아래, 안에/밖에, 앞으로/뒤로의 '반대'로 움직일 것이다. 이 시간에서 아동은 학습하고 있지만 거의 대부분 아동의 표현은 향상되고 감정에 집중한다.

회기가 끝나갈 때 나는 아동들을 다시 원 대형으로 돌아오게 하기 위하여 크고 감촉이 좋은 원 모양의 스트레치밴드를 꺼내는데, 이는 아동들이 스스로의 감각적 경험과 재연결되는 것을 돕는다. 회기 동안 소도구(스트레치 천, 스카프, 공, 음악)의 사용은 연결적 도구로써 제공한다. 이는 집단 안에서, 즉 내담자로부터 내담자에게, 치료사로부터 내담자에게, 내담자로부터 치료사에게 혹은 내담자로부터 상상과 탐색으로의 교량적 연결을 위하여 위협감을 낮추는 도구로 제공된다. 이러한 도구들은 치료사와 내담자 사이에 접촉의 수단으로 제공하는 것을 돕고, 감정과 생각을 표현하기 위한 방법으로 상상과 탐색을 위한 분출구를 만든다. 연결을 위한 도구는 또한 유용한 평가 도구로 제공된다. 도구는 아동의 흥미를 불러일으키고 움직임을 유도하며 내적 자극의 집중을 전환시킨다(Mendelsohn, 1999).

회기를 마무리하는 동안 나는 더 느리고 부드러운 음악을 사용하여 환경의 음색을 바꾼다. 나는 확장된 움직임에서 신체가 이완되고 안정되는 것을 허용하는 방법을 만들고 보여준다. 감촉이 좋은 원형 스트레치밴드는 정서적으로 안아주는 환경이 형성되도록 분명하게 안는 것을 돕고, 안전한 환경에서 공간의 경계들을 향해서 아동들이 밀어내는 움직임(push)을 허용한다. 아동은 주변 공간의 끝을 탐색하고 원형 밴드 안에서 다른 지점으로 옮기며, 신체를 누르는 과정에서 일부의 위험과 모험을 경험한다. 이러한 탐색 시간은 격려된다. 아동이 감각적 경험에 연결되어 있는 동안 나는 치료적 도구의 유연성을 느끼도록 돕는다. 촉각이 공간에 담겨져 머무는 동안 나는 회기의 끝에서 아동이 착륙을 직접적으로 경험함으로써 그들만의 안정화 방법을 찾는 것을 격려한다. 다함께 우리는 스트레치밴드의 지지를 받으며 뒤로 기대고 집단에 의해 안정되는 것을 느낀다. 회기의 지금 시점에서 나는 경외감을 갖는다. 아동들은 안정되어 보였고 자신과 집단 서로에게 연결되었으며 자신이 수동적으로 이완되는 것을 허용하였다(이와 같은 경험은 교실에서 자주 일어나지 않는다고 교사들은 말한다). 회기의 끝에 교사의 조교들은 회기의 시작부터 끝까지의 변화를 목격한 후 "이건 마치 아동들이 살아난 것 같아요."라고 말했다. 음악과 소도구들을 정리하면서 나 역시 연결적인 에너지에 의해 서로 영향을 받았고 휩싸였다는 것이 상기된다.

논의

1년 동안 매주 무용/동작치료 회기를 진행한 후 교사들은 아동들의 증가된 눈맞춤과 언어 사용 그리고 구체적 신체 부위에 대한 향상된 식별과 인식을 통하여 좀 더 자신과 타인에 대한 인식을 하는 아동의 능력에 대하여 언급하였다. 추가적으로 대근육적 운동 협응이 확장되었고 기어가기, 뛰기, 흔들기, 밀기, 뻗기와 같은 움직임이 반영되었다. 더 나아가 회기는 교실 행동, 과도한 집중과 감정의 분출을 직접적으로 조절하고 과잉 행동과 불안을 줄이는 데 도움이 되었다. 예로, 처음에 눈맞춤, 손잡기, 언어적 지시와 같은 어떠한 종류의 접촉에도 높은 과대 각성이 되었던 아동은 회기에서 '짝과 춤추기'와 스카프와 연결되어 어른들과 함께 움직이는 것을 수행했고, 손을 잡기 위해 다른 사람들에게 향하는 언어적 인사와 몸짓을 하였다. 이것은 무용/동작치료 기간 동안 아동들이 성인 및 친구들과의 신체적·관계적 접촉을 용인하는 능력이 증가했다는 것을 나타낸 것이다.

아동들은 신체 조절의 확장과 향상된 집중을 보였다. 한 예로, '얼음땡 춤'을 탐색하는 동안 아동들은 음악, 북소리 또는 언어적 지시와 같은 외부적 신호에 제한된 인식을 갖기보다 좀 더 쉽게 멈추고 창의적 형태로 얼음을 표현하였다.

추가적으로 향상된 신체와 관계적 인식을 위하여 움직임 과정이 학교의 교육적 역량으로 확장하고 증가되어 사용되었을 때 회기는 인지적 학습의 통합 역시 도왔다(예 : '안/밖', '보다 위에/아주 아래', '바로 위에/바로 밑에'의 추상적 개념은 움직임 과정을 통해 탐색되었고 따라서 아동은 이러한 개념을 체현할 수 있었고 언어화할 수 있었으며 다른 주제에 대해서도 후에 해석할 수 있었다). 몇몇 아동은 신체 부위와 기능 간의 직접적 연결을 좀 더 탐색하였고 이 관계에 대해 실험적으로 탐색하였다. 예로, 회기 마무리 단계에서 심장과 폐 같은 내부 장기들을 식별하였고, 각성을 조율하기 위해 자신 고유의 자연적으로 만들어진 대처 기술에 집중하였다. 고기능 아동들은 특정한 감정 상태의 확인과 탐색 그리고 자신의 감정 상태와 친구들의 감정 상태 차이와 같은 좀 더 추상적인 개념을 탐색하였다. 아동의 반영과 친구들의 체현화된 감정 상태의 미러링은 공감에 대한 향상된 능력으로 보인다. 이것은 자폐증 대상에 있어 매우 중요한 획득이다.

결론

요약하면 무용/동작치료는 치료사와 내담자를 위하여 신체를 통해 움직임 대화에 연결하는 매개체를 제공한다. 이 과정에서 내담자의 움직임 제시는 소통적 표현으로 반영되고 확대되며 관계적 춤으로 집중되어 관찰된다. 최근 뇌 과학 연구와 신생아 연구는 신체를 포함하고 아동의 뇌 발달을 위한 관계적 경험을 지지한다. 조율된 소통은 공동적으로 조절된 움직임 춤을 이끈다. 이는 내담자가 자기 자극적 행동에 연결되지 않고 내성의 범위를 확장하고 현재 순간에 머무는 것을 돕는다. 이것은 집단이나 개인적 상황에서 모두 이루어질 수 있다.

사례 설명에서 논의하였듯이 회기에서 무용/동작치료의 상호작용적 연결의 체현화된 탐색은 자폐스펙트럼장애 아동에게 공감을 위한 능력과 사회적 연결이 향상되는 것을 돕는다. 신뢰하는 치료적 관계의 형성을 통해 아동은 좀 더 자신과 타인에 관한 인식을 발달시키는 능력이 향상되었다. 눈맞춤 및 언어 사용 증가, 구체적 신체 부위의 식별과 인식의 향상은 조율된 경험 속의 표현적 움직임 경험을 통해 생겨난다.

참고문헌

Adler, J. (1968). The study of an autistic child. In the *Annual proceedings of the American Dance Therapy third annual conference* (pp. 43–48). Columbia, MD: ADTA.

American Dance Therapy Association. (ADTA). (2011). *What is dance/movement therapy*. Retrieved on April 26, 2011 from http://www.adta.org/Default.aspx?pageId=378213

American Dance Therapy Association. (ADTA). (n.d.) *Dance/Movement therapy & autism*. Retrieved on April 26, 2011 from http://www.adta.org/Default.aspx?pageId=378243

American Psychiatric Association. (APA). (2000). *Diagnostic and statistical manual of mental disorders* (4th ed., text rev.). Washington, DC: Author.

Autism Speaks. (2010). Autism: What is it? Retrieved August 21, 2010 from http://www.autismspeaks.org/whatisit/index.php

Baudino, L. (2010). Autism spectrum disorder: A case of misdiagnosis. *American Journal of Dance Therapy, 32,* 113–129.

Beebe, B., & Lachmann, F. M. (1998). Co-constructing inner and relational processes. Self and mutual regulation in infant research and adult treatment.

Psychoanalytic Psychology, 15(4), 480–516.

Brazelton, T. B. (1982). Joint regulation of neonate-parent behavior. In E. Tronick (Ed.), *Social interchanges in infancy: Effect, cognition, and communication* (pp. 7–22). Baltimore, MD: University Park Press.

Chace, M. (1993). Audio taped discussion: Body image. In S. Sandel, S. Chaiklin, & A. Lohn (Eds.), *Foundations of dance/movement therapy: The life and work of Marian Chace* (pp. 352–364). Columbia, MD: The Marian Chace Memorial Fund of the American Dance Therapy Association.

Chaiklin, S., & Schmais, C. (1993). The Chace approach to dance therapy. In S. Sandel, S. Chaiklin, & A. Lohn (Eds.), *Foundations of dance/movement therapy: The life and work of Marian Chace* (pp. 75–97). Columbia, MD: The Marian Chace Memorial Fund of the American Dance Therapy Association.

Cole, I. (1982). Movement negotiations with an autistic child. *Arts in Psychotherapy, 9*(1), 49–53.

Devereaux, C. (2008). Untying the knots: Dance/movement therapy with a family exposed to domestic violence. *American Journal of Dance Therapy, 30*(2), 58–70.

Duggan, D. (1978). Goals and methods in dance therapy with severely multiply handicapped children. *American Journal of Dance Therapy, 2*(1), 31–34.

Erfer, T. (1995). Treating autism in public schools. In F. Levy (Ed.), *Dance and other expressive therapies when words are not enough* (pp. 191–211). New York: Routledge.

Erskine, R. (1998). Attunement and involvement: Therapeutic responses to relational needs. *International Journal of Psychotherapy, 3*(3), 235–244.

Fischer, J., & Chaiklin, S. (1993). Meeting in movement: The work of therapist and client. In S. Sandel, S. Chaiklin, & A. Lohn (Eds.), *Foundations of dance/movement therapy: The life and work of Marian Chace* (pp. 136–153). Columbia, MD: The Marian Chace Memorial Fund of the American Dance Therapy Association.

Greenspan, S., & Wieder, S. (1997). Developmental patterns and outcomes in infants and children with disorders in relating and communicating: A chart review of 200 cases of children with Autistic Spectrum Diagnoses. *Journal of Developmental and Learning Disorders, 1*(1), 87–141.

Greenspan, S., & Wieder, S. (1999). A functional developmental approach to autism spectrum disorders. *Journal of the Association for Persons with Severe Handicaps, 24*(3), 147–161.

Greer-Paglia, K. (2006). *Examining the effects of creative dance on social competence in children with autism: A hierarchical linear growth modeling approach.* Unpublished doctoral dissertation, Harvard University, Cambridge, MA.

Hadjikhani, N. (2007). Mirror neuron system and autism. In P. Carlisle (Ed.), *Progress in autism research* (pp. 151–166). New York: Nova Science Publishers.

Jensen, V. K., & Sinclair, L. (2002). Treatment of autism in young children: Behavioral intervention and applied behavior analysis. *Infants & Young Children, 14*(4), 42–52.

Kalish, B. (1968). Body movement therapy for autistic children: A description and discussion of basic concepts. *Proceedings of the American Dance Therapy Association Third Annual Conference,* 49–59.

Kestenberg, J. A., Loman, S., Lewis, P., & Sossin, K. (1999). *The meaning of movement.* Netherlands: Gordon and Breach Publishers.

Koegel, L., Koegel, R., Fredeen, R., & Gengoux, G. (2008). Naturalistic behavioral approaches to treatment. In K. Chawarska, A. Klin, & F. Volkmar (Eds.),

Autism spectrum disorders in infants and toddlers (pp. 207–242). New York: Guilford Press.

Levy, F. (1988). *Dance movement therapy: A healing art.* Reston, VA: American Alliance for Health, Physical Education, Recreation, and Dance.

Levy, F. (2005). *Dance movement therapy: A healing art* (rev. ed.). Reston, VA: American Alliance for Health, Physical Education, Recreation, and Dance.

Levy, S., Mandell, D., Merhar, S., Ittenbach, R., & Pinto-Martin, J. (2003). Use of complementary and alternative medicine among children recently diagnosed with autism spectrum disorder. *Developmental and Behavior Pediatrics, 24*(6), 418–423.

Lewis T., Amini, F., & Lannon, R. (2000). *The general theory of love.* New York: Random House.

Loman, S. (1995). The case of Warren: A KMP approach to autism. In F. Levy, J. Fried, & F. Leventhal (Eds.), *Dance and other expressive art therapies: When words are not enough* (pp. 213–223). New York: Routledge.

Lombardo, M. V., Barnes, J. L., Wheelwright, S. J., & Baron-Cohen, S. (2007). Self-referential cognition and empathy in autism. *PLoS ONE, 2*(9), e883. doi:10.1371/journal.pone.0000883

Luyster, R., Kadlec, M., Carter, A., & Tager-Flusberg, H. (2008). Language assessment and development in toddlers with autism spectrum disorders. *Journal of Autism and Developmental Disorders, 38,* 1426–1438.

Mendelsohn, J. (1999). Dance/movement therapy with hospitalized children. *American Journal of Dance Therapy, 21*(1), 65–80.

Merna, M. (2010). Compiling the evidence for dance/movement therapy with children with autism spectrum disorders: A systematic literature review. Unpublished master's thesis, Drexel University, Philadelphia.

National Institute of Neurological Disorders and Stroke. (NINDS). (2008). Retrieved January 30, 2008 from http://www.ninds.nih.gov/

Ogden, P., Minton, K., & Pain, C. (2006). Window of tolerance: The capacity for modulating arousal. In P. Ogden & K. Pain (Eds.), *Trauma and the body* (pp. 26–40). New York: Norton.

Ortega, J. (2010). Applied behavior analytic intervention for autism in early childhood: Meta-analysis, meta-regression and dose-response meta-analysis of multiple outcomes. *Clinical Psychology Review, 30,* 387–399.

Parteli, L. (1995). Aesthetic listening: Contributions of dance/movement therapy to the psychic understanding of motor stereotypes and distortions in autism and psychosis in childhood and adolescence. *Arts in Psychotherapy, 22*(3), 241–247.

Rothschild, B. (1999). *The body remembers: The psychophysiology of trauma and trauma treatment.* New York: Norton.

Rogers, S., & Vismara, L. (2008). Evidence-based comprehensive treatments for early autism. *Journal of Clinical Child and Adolescent Psychology, 37*(1), 8–38.

Schore, A. N. (2001). Effects of a secure attachment relationship on right brain development, affect regulation, and infant mental health. *Infant Mental Health Journal, 22,* 7–66.

Schore, A. N. (2003). *Affect regulation and the repair of the self.* New York: Norton.

Schreibman, L. (2000). Intensive behavioral/psychoeducational treatments for autism: Research needs and future directions. *Journal of Autism and Developmental Disorders, 30*(5), 373–378.

Siegel, E. (1973). Movement therapy with autistic children. *Psychoanalytic Review, 60*(1), 141–149.

Smith, T. (2008). Empirically supported and unsupported treatments for autism spectrum disorders. *Scientific Review of Mental Health Practice, 6*(1), 3–10.

Smith, T. (1999). Outcome of early intervention for children with autism. *Clinical Psychology: Science and Practice, 6,* 33–49.

Smith, T., Mozingo, D., Mruzek, D., & Zarcone, J. (2007). Applied behavior analysis in the treatment of autism. In E. Hollander & E. Anagnostou (Eds.), *Clinical manual for the treatment of autism* (pp. 153–177). Washington, DC: American Psychiatric Publishing.

Stern, D. (1985). *Interpersonal world of the infant.* New York: Basic Books, Inc.

Stern, D., Hofer, L., Haft, W., & Dore, J. (1985). Affect attunement: The sharing of feeling states between mother and infant by means of inter-modal fluency. In T. Field & N. Fox (Eds.), *Social perception in infants* (pp. 249–268). New York: Ablex Publishing.

Torrance, J. (2003). Autism, aggression and developing a therapeutic contract. *American Journal of Dance Therapy, 25*(2), 97–109.

Tortora, S. (2006). *The dancing dialogue.* Baltimore, MD: Paul H. Brookes Publishing.

Tronick, E. (1980). On the primacy of social skills. In D. B. Sawin, L. O. Walker, & J. H. Penticuff (Eds.), *The exceptional infant: Vol. 4. Psychosocial risks in infant-environmental transactions* (pp. 144–158). New York: Brunner/Mazel.

Tronick, E. (1998). Dyadically expanded states of consciousness and the process of therapeutic change. *Infant Mental Health Journal, 19,* 290–299.

Tronick, E. Z. (2003). Things still to be done on the still-face effect. *Infancy, 4*(4), 475–482.

Winnicott, D. W. (1971). *Playing and reality.* London: Tavistock/Routledge.

찾아보기

| ㄱ |

가리키기, 요구하기, 반응하기 31
가상놀이 105, 107, 286
가상현실게임 33
가상현실 활동 32
가소성 9
가장놀이 28, 276
가장놀이/환상 놀잇감 173
가정 교사 훈련 280
가정놀이 회기 205
가정 및 학교 프로그램 244
가정 상담사 267
가정 상담 프로그램 269
가정 폭력 95
가정 행동치료사 211
가족 244, 252
가족 CAPT 47
가족 놀이 개입 46
가족력 87
가족 삶에 대한 만족도 207
가족 시스템 이론 204
가족/양육적 놀잇감 173
가족의 와해 152
가족치료 203, 204
가족 테라플레이 93, 94, 96, 100
가치의 조건 169
각성 85
각성 수준 45
각성 조절의 이론 350
갈등 해결 129
감각놀이의 촉각 경험 112
감각 문제 48
감각운동 기반의 놀이 84
감각운동의 세계 89
감각운동적 놀이 80

감각운동적 정보처리 255
감각운동 프로파일 265, 266
감각운동 활동 109
감각 자극 91, 92
감각적 경험 356
감각적 매력 221
감각적 어려움 222
감각적 정보 351
감각적 정보처리 능력 255
감각-정동-운동 협응 84
감각 조절 85
감각 통합 257
감각 통합 이상 151
감각 프로파일 86, 266, 281
감정 60, 191
감정에 대한 인정 172
감정의 반영 172
감정적 신호 84
감정 조절 222
강점 137, 251
강화 31, 33
개 매개 놀이치료 41
개방성 225
개별 교수 훈련 31
개별화 교육 프로그램(IEP) 141
개성화 185, 186, 188, 189
개성화 과정 186
개성화 기능 199
개인성 309, 344
개인적 공간 354, 355
개체발생적 본질 24
개 훈련시키기 60
거울 신경 시스템 331
거울 신경의 결함 84
게슈탈트 놀이치료 33

격려 172

결과 지향적 265

결정적 시기 9, 11

결함 21

경직성 175, 228

경청 182

경험 224

계통발생적인 관점 23

고기능 96, 187

고기능 자폐스펙트럼장애 66, 141, 211, 216, 250

고립 57

고위험군 256

고차원적인 추상적 사고 85

고차적 회로와 하위수준 회로 간의 소통 312

공간 349

공간 걷기 291

공감 42, 44, 171, 186, 204, 246, 347, 358

공감과 수용 207

공감 능력 255

공감적 경청 205, 213, 214, 215

공감적 대화 210

공감적 반영 46, 346

공감적 이해 170, 171, 179

공감적 조율 203

공감 표현하기 129

공격성 80

공격적 놀잇감 173

공동의 의사결정 124

공동적/상호작용적 348

공동적 조절 346

공동 주의 29, 85, 104, 124, 228, 256, 289

공동 주의와 공유된 활동 34

공동 주의와 상징적 놀이 256

공동 주의, 참여, 단순 및 복잡한 제스처 31

공동 주의하기 31, 52, 126, 270, 271

공동 참여 272

공동 치료사 46

공룡 227, 230, 231

공명 347, 350

공병 246

공연 294

공유 224, 225

공유된 세계 232, 244

공유된 의미 68, 263

공유된 의미와 상징적 놀이 262

공유된 정서적 경험 245, 246

공유된 주의 92, 247, 254, 263, 275, 333

공존질환 176

공포증 79

과대 각성 350, 352

과소 각성 350

과잉 또는 과소 반응성 85

과잉 행동-공격적 행동 79

과정 지향적 43, 216

과제 지속 134

관계 44, 168, 173, 177

관계 능력 225

관계맺기 152

관계 및 연속된 정서적 상호작용 254

관계성 85, 174

관계의 촉진 172

관계적 개입 167, 183

관계적 의사소통 개입 174

관계적 의사소통장애 174

관계 형성 246

관심사 225

관여 84

관점 수용 교육 31

교감신경계 7

교육적 · 의학적 기록 87

교육 프로그램 243

구성적 놀이 121, 123, 143

구조 78, 81, 89, 90, 99, 130, 228, 229, 238

구조화 81, 203, 205, 228, 332

구조화 기술 215

구조화된 놀이 229

균형감 228, 238

그림교환 의사소통 체계 338

그림 그리기 248

그림으로 말하는 아동 226

근거 기반 테라플레이 86
긍정적 강화 211
긍정적 상호작용 124
긍정적인 인간 관계 72
긍정적 존중 170, 171
기능적 놀이 34, 272
기능적 놀이와 상징적 가장 놀이 27
기능적 발달 수준 262, 265, 266
기능적 언어 246
기능적 의사소통 263
기능적 정서적 과업 246
기능적 · 정서적 · 발달적 능력 244
기능적 · 정서적 평가척도 255, 273
기술의 일반화 192
기술 훈련 절차의 4단계 276
기저선 단계 58
기저의 신경학적인 정보처리 특성 254
길리엄자폐평정척도 85
끌어안기 82

┃ ㄴ ┃
나르키소스 185, 196
낯선 이 152
내러티브 25
내러티브 치료 방법 33
내면화 185
내사 185
내성의 범위 346, 350, 358
내용의 반영 172
내재적 동기 123, 176, 181
내재화 80
내적 상태의 조절 79
내적인 보호 영역 199
내적 작동 모델 80
노래의 가사 333
놀이 21, 41, 142, 167, 168, 238
놀이 기반 개입 280
놀이 발달 243
놀이실 168
놀이주의 22

놀이 주제 204, 206, 226, 237
놀이 촉진자 245
놀이치료 32, 41
놀이치료견 41, 60
놀이치료 도구 108
놀이치료사 167
놀이치료협회 149
놀이 파트너 244, 247
놀이 프로젝트를 위한 가정 상담(PPHC) 255
놀이 활동 목록 276
놀이 회기 205
놀잇감 168, 187, 206
뇌 유래 신경영양인자 9
뇌의 연결성 313
뇌의 좌반구 191
뇌 지도 분화 10
뇌파검사 257
눈맞춤 31, 50, 58, 86, 175, 179, 349, 354
뉴로셉션 6

┃ ㄷ ┃
다거점 연구 340
다면적 평가 182
다운 증후군 아동 51
다학제적 243
달리 분류되지 않은 광범위성
    발달장애(PDD-NOS) 174
담아주는 특성 228
대극 185
대극의 합일 186, 188
대근육적 운동 협응 357
대뇌 우반구 전두엽 80
대뇌피질의 기능적 연결성 330
대본 작성 293
대안 173
대안 제시 172
대인관계 204
대인관계 결함 187
대처 기제 186
대처전략 344

도덕적 추론　121
도우미견　52
도전　78, 81, 82, 90, 99
독립성　82
독무　355
독수리　231
동기　122, 134
동물　41, 42
동물 매개 치료　41, 64
동물의 복지　44
동물의 세계　230
동시성　77, 84, 85
동시적 리듬　348
동인　339
동일시　185, 199
두 번째 기회　346
두정-전두엽 연결　313
둔감화　148
듣기 프로젝트　11
딥스 : 자아를 찾아서　177
따뜻함　183
또래관계　255
또래 괴롭힘　48
또래 놀이자　32
또래 멘토　31, 125
또래 멘토링　125
또래에 대한 동일시　143
또래 중재　143
또래 중재 교정 피드백　132
또래집단　31
또래집단 연극치료　115

| ㄹ |

레고 기반 놀이치료　121
레고 마스터　125, 135
레고 빌더　134
레고 장난감　33
레고 조력자　125
레고 지니어스　135
레고 초보자　125

레고 크리에이터　125, 135
레고 클럽 규칙　132, 137
레고 클럽 집단　125
레고 헬퍼　134
레인맨　148
레지오에밀리아　221
렉싱턴 애완동물 애착 척도　54
로션　91
리듬　347, 355
리듬적 소리 반주　354

| ㅁ |

마법사　231
마사지 치료사　148
마샥 상호작용 평가　81, 83, 88
마음 이론　27, 85, 104, 289, 290, 291
마음 읽기　79
만다라　188, 196, 197
만들기 재료,　173
만성적인 의학적 질병　208
만족감　225
말　231
맥락　27
맥아더아동발달검사　272
먹여주기　82
명료화　229
모델링　31, 33, 34, 58, 204
모래　226, 227
모래놀이　189, 190, 226
모래상자　173, 221, 224, 230, 234
모래상자 세계놀이　221, 222
모방　84, 252
모방과 대 · 소근육 운동　243
모방 기술 훈련　346
목격자　223
목적성　222
목적 있는 행동　248, 254
목표 지향적 행동　85
몰입　24
몸짓　58

무가치감 170
무분별한 접촉 163
무서운 놀잇감 173
무선할당 설계 340
무용/동작치료 344
무의식 185, 187
무조건적인 긍정적 존중 170, 171, 175, 179, 181, 186
문자 그대로의 의미 해석 228
문제해결 31, 63, 72, 121, 228
문제해결 능력 24
문화적 배경 279
문화적 차이 150
물감 173
물리치료 243
물질 남용 95
미국국립연구회의 261
미국무용치료협회 344
미국정신의학회 345
미국질병통제예방센터 145, 261
미러링 346, 358
미러링과 공감적 반영 351
미술 작업 229
미술 재료 223
미술치료사 308
미술치료사자격 309
미술치료 집단 321
미이라 231
미적 거리감 287
민감성 182, 209, 263, 272
민담 24, 196

| ㅂ |

바인랜드적응행동척도 139
반려견 42, 48, 52, 54, 59, 64
반려견 상호작용 척도 54
반려동물 50
반복 122
반복적 놀이 114
반복 측정 과정 270
반사회적 행동 152

반영 172, 176, 291
반영 기능 79
반영적 반응 171
반영적 사고 246
반영적 진술 195
반응성 263, 272
반응성 애착장애 151
반응성 중재 모델 271
반응 억제 85
반항적 행동 48
반향 놀이 107
반향어 174, 289
발달 204
발달력 87, 139
발달 모델 254
발달 수준 247
발달심리학 42
발달의 단계 277
발달의 성장 요소 222
발달적 개념화 278
발달적 · 개인차 · 관계 기반 플로어타임 모델 31, 243
발달적/관계적 놀이치료 접근법 243
발달적 놀이치료(DPT) 33, 145
발달적인 치료 개입 257
발달적 접근 270
발달적 체계 254
발달 프로그램 254
발성 134
발화/발성 86
방어 44
방임 80, 152
방임적 양육 152
배측 미주 부교감신경 6, 8
범주적 174
베일리영유아발달검사 255
변연계 공명 350
변연계 조절 350
변화 가능성 216
병인론 257
보살핌 행동 45

보상 단계 186
보상/종결 186, 198
보완적 접근 344
보호 82
보호된 공간 189
복잡한 187
복잡한 이원적 의사소통(FDL) 262
복종 훈련 62, 64
복측 미주 부교감신경 6, 7
부모 236
부모놀이치료 46, 203
부모 보고 182
부모 상담 182
부모 스트레스 207
부모-신생아 연구 348
부모-아동 놀이 상호작용의 평가 78
부모의 기술 207
부모의 정신과적 질환 95
부모-자녀 간 상호작용 256
부모-자녀 간 유대감 152
부모 참여 110
부모 훈련 매뉴얼 267
부모훈련 모델 271
부모 훈련 프로그램 273
부적응 169
분노 33, 216
분노 폭발 79, 215
분노표출 92
분노 표현 195
분별 319
분석 191
분석과 해석 187
분석적 놀이 187, 200
분석적 놀이치료 187
분석적 처리 191
불균형한 인지적 프로파일 96
불안 33, 48, 187, 227
불안-우울 80
불일치 170
브레인스토밍 293

비계설정 이론 32
비디오 관찰 273
비디오 녹화 206
비디오 피드백 267, 275
비시각 226
비언어적 225
비언어적 교환 352
비언어적 반영 176
비언어적 사회화 340
비언어적 요소 176, 226
비언어적인 의사소통 72
비언어적 표현 347
비위협적인 환경 169
비음악적·기능적 목적 332
비지시성 172
비지시적 CAPT 46
비지시적 놀이치료 46, 60, 168, 177, 208
비지시적 놀이 회기 203, 208
비판단적인 방식 169
비행 152

┃ ㅅ ┃

사건관련전위 257
사고의 기반 246
사람 227
사례 배경 150
사별 80, 152
사전 동의서 149
사전·사후 검사 211
사회기술 훈련 192
사회 불안 80
사회성 문제 79
사회적 관계 이론 345
사회적 기술 72
사회적 놀이 27
사회적 문제해결 129
사회적 상호작용 57, 59, 124
사회적 상호작용 및 의사소통의 손상 50
사회적 소통 352
사회적 유능성 121

사회적 윤활 효과 42, 44, 49, 68
사회적 의사소통 222
사회적 의사소통의 결함 84
사회적 이해 167
사회적인 관여 318
사회적인 상호작용 253
사회적인 의사소통 228
사회적인 참여 254
사회적 자기효능감 124
사회적-정서적 성장 차트 255
사회적 정체성 143
사회적 지지 55
사회적 지지의 부족 207
사회적 촉진자 59
사회적 추론 능력 143
사회적 화용성 225
사회화 310
사회화 영역 141
살아 있는 언어 222
상동적 움직임 351
상동적인 놀이 228
상동증적 행동 174, 289
상동 행동 87
상동 행동 유형 351
상상과 추상적 사고의 세계 32
상상놀이 46, 263, 278
상상력 190
상연 293, 294
상유도 기법 188
상징 186, 187, 194, 222
상징과 심상 190
상징놀이 단계 109
상징의 변환 186
상징 작업 190, 200
상징적 228
상징적 놀이 187
상징적 놀이 배열 194
상징적인 재현 319
상징적 태도 186, 199
상징 표현 185

상호작용 90, 244, 245
상호작용 기술 증진을 위한 음악치료 334
상호작용 유지 92
상호작용적/공동적 조절 348
상호작용적 움직임 관계성 348
상호작용적인 기술의 근간 31
상호작용 패턴 244
상호적 놀이 121, 181
상호적 순간 349
상호적 순환 263
상호적 의사소통 124
상호적인 제스처 245
상호주관적 223
상호 호혜적 상호작용 272
상황과 과제를 가사화한 노래 334
생각의 공유 126
생물학적 프로파일 254
생태학적 질적 접근 53
서번트 증후군 148
서클타임 352
선행 요인 339
섭식 습관 65
성인 주도적 143
성장 요소 229
성취 82
세계에 대한 이해 246
소거(무시) 211
소리 249
소속감 84
소시오드라마 놀이 110, 114, 115
소진 216
소통 347
손인형 230
손인형 극장 173
수면장애 233
수용 170, 181, 183, 204, 221
수용적 태도 222
수용 · 표현 언어 척도 281
수직적인 전통적 과제 분석 124
수평적 과제 분석 124

숙달감 123, 225
순서 90
순서 바꾸기 63
순서 지키기 181
순차적 능력의 결함 250
순환을 닫는 것 276
순환을 여는 것 276
슈퍼비전 단계 268
스토리텔링 25, 224, 228
스트레스 33, 225
스트레치밴드 356
시각적 언어 226, 238
시각-지각적 처리 190
시공간적 정보처리 250
시작, 중간, 끝 98
시험적 시간 353
신경계 351
신경계의 과대 각성 활성화 352
신경과학 345
신경 발달 330
신경발달적으로 전형적인 아동 51
신경 비전형적 30
신경생물학 5
신경 영상학적 연구 257
신경전달물질 86
신경 전형적 26
신경학적 84, 243
신경학적 기능 182
신경학적 의사소통 결함 257
신경학적이고 정보처리적인 차이점 247
신경학적 정보처리 특성 249
신경학적 체계 253
신경학적 특성 253
신뢰 180
신뢰감 81
신생아 345
신조어 289
신체놀이 276
신체 리듬 346
신체 부위 연결 349

신체의 움직임 344
신체적 경계 150
신체적 자기 146
신체적 접촉 146, 163
신체 접촉 몸짓 349
신체화 증상 80
신화 190, 196
신화 만들기 199
실제 시연 61
실행 122
실행 기능 85, 97
심각성 278
심리교육 192
심리교육치료 모델 203
심리교육 프로파일 51
심리상담 지원 244
심리생리학적 347
심리적 용기 189
심리적 접촉 170
심리 탈진 111
심상 221
심상 언어 226

┃ ㅇ ┃

아동 244
아동 가구 173
아동기 자폐증 평정척도(CARS) 281
아동작업치료사 148
아동 주도적 143
아동중심 놀이치료 33, 167
아동중심 놀이 회기 205
아동중심 상상놀이 203, 205
아동중심적 접근법 228
아동중심형 중재 106
아동 행동 207
아버지 이마고 195
아스퍼거장애 151, 174, 177
아스퍼거장애 아동 116
아스퍼거장애 진단 167
아스퍼거장애 청소년 288

아스퍼거 증후군 139, 141, 185, 192, 229, 230
악기연주 333
악몽 230
안구운동 민감소실 및 재처리(EMDR) 233
안녕감 307
안아주기 82
안아주는 환경 79, 353
안와전두엽 피질 80
안전 81, 227
안전감 42
안전 기반 204
안전 기지 80
안전지대 265, 266, 275
안정감 224
안정된 애착 152
안정화 357
알코올 및 물질 남용 152
압박 기계 148
애착 42, 44, 72, 151, 204
애착강화 86
애착관계 77, 87
애착 문제 48, 256
애착장애 80, 216
애착 형성 79
약물치료 95
양육 78, 81, 82, 90, 99
양육스트레스척도 86
양육자 244, 252
양육 행동 42
어질리티 활동 47
어질리티 훈련 66
어휘력 96
언어 84, 121, 221
언어 발달 271
언어 발달의 손상 50
언어장애 80
언어적 능력 250
언어적 반영 176
언어적 반응성 175
언어적 · 비언어적 단서 84

언어적 · 비언어적 의사소통 91, 343
언어적 · 비언어적 제스처 253
언어적인 소통 246
언어 지연 274
언어치료 243, 264, 275
언어화 34, 187, 222
에코 196
에피네프린 86
역동 228
역동적 이해 200
역량 209
역전이 49, 187, 188, 196
역할놀이 31, 92, 107, 205
역할 반환 294
역할의 분배 298
연결 180, 203
연결감 161, 223, 238
연결성 222, 276
연결하기 34
연극 세팅 298
연극 연습 293
연극치료 105, 106, 286
연극치료사 106
연령 278
연속 109
연속선상 174
열린 결말 234
영향력 84
예방 프로그램 205
예측 84
예측 가능성 216
예측하기 91
오리엔테이션 186
오리엔테이션 단계 194
옥시토신 42
온전한 수용 175
온정적 마음 200
완벽주의 227, 228
완전 통합교실 250
외상 45, 152, 216

외상 반응　48
외상후 스트레스장애　66, 151
외현화　80
욕구　137, 315
용　194, 231
우반구　191
우울　33, 48, 79, 227
우호적인 관계　172
운동 · 감각 · 언어적　244
운동감각적　351
운동 계획　85, 243
운동 기술　121
운동 문제　250
운동체계　257
움직임　229
움직임 레퍼토리　353
움직임 에너지　354
움직임 역동　348
움직임 웜업　354
움직임 유형　346
워밍업 활동　285, 287, 293
원 대형　353, 354
원질료　194
원형　185, 186, 187
원형적 심상　200
웜업　353
웜업 움직임　349
웩슬러지능검사(WISC-R)　192
위안　82, 90, 146
위축　79, 80
위탁 가정　79
유관된 상호적인 사회적 교환　263
유관성　271
유관적 상호작용　270
유관적인 반응　79
유관적인 상호적 교환　263
유관적인 호혜적 상호작용　267
유능감　207, 315
유대감　148
유연성　221, 228

유전적 조건　280
유효한 감정적 경험　251
윤리적　95
융통성　216
융학파　185
융학파 놀이치료　185
음성발성　346
음악　223, 229
음악 모방 활동　333
음악 연주　339
음악-정서처리 기제　331
음악치료　329
음악치료 목적 설정　331
음악치료사　329
음악치료 시행　332
음악치료 진단　339
응용언어개입(AVB)　270
응용행동분석(ABA)　31, 192, 270, 343
의도　60, 253
의미　222
의미 유창성　97
의사결정의 촉진　172
의사소통　72, 84, 126, 141, 167, 173, 174, 203,
　　210, 225, 238, 246, 257
의사소통 방식　174
의사소통 보드　217
의사소통의 순환　249, 263
의사소통의 어려움　48
의사소통적 음악성　256
의식화　187
의학적 서비스　264
의학적 질병　216
이마고　186
이미지　225, 238, 309
이야기　225
이야기의 전개　298
이완법　238
이원적 대화　175
이원적 상호작용　263
이원적 의사소통　181, 262, 275

이원적인 문제해결적 의사소통 263
이젤 173
이차적 증상 175
이해 183, 238
인간중심 이론 168, 170
인내심 45
인본주의 204
인지 204
인지행동 놀이치료 33
인형 집 223
일반화 33, 35, 205, 215, 228
일치 170, 171
일치성 179
입양 가정 79

| ㅈ |
자극 82
자기 146, 169
자기 가치감 169
자기감 146, 152, 176, 183, 254
자기 개념 169
자기 소외 199
자기 수용 170
자기 수용적 자극 248
자기 실현 171
자기 이해 35
자기 자극 174, 351
자기 자극적인 행동 246
자기 조절 42, 45, 132, 275, 350
자기 조절과 공유된 주의(FDL) 262
자기존중감 소척 80
자기 주도적 130
자기 주도적 놀이 121
자기책임감 168
자기 처벌적인 주제 317
자기 치유 185
자기-타인 146
자기 통제 231
자기 향상 168
자기효능감 44, 123, 223

자발적 의사소통 254
자신감 81, 207
자아 186
자아-자기 축 199
자유 238
자유의지 24
자율신경계 5
자폐스펙트럼장애 80, 104, 145, 167, 174, 330
자폐스펙트럼장애 아동 51
자폐스펙트럼장애 아동의 형제 208
자폐스펙트럼장애 진단 274
자폐적 놀이 26
자폐적 뇌 312
자폐증진단관찰척도 192
자폐 행동 평정척도(ABC) 54
자필 동의 149
자해 행동 181
작업기억 85
작업치료 243, 264, 275
작업치료 기법 248
잠재적 미래 199
잡기놀이 276
장난감 173
재구조화 229
재생 229
재안무 346
저기능의 자폐스펙트럼장애 99
저항 187
저항감 248
적극적 듣기 129
적대적 반항장애(ODD) 138
적응 169
전반적 발달장애 110, 174
전언어적 단계 345
전연극 놀이 109
전이 186, 187
전이 공간 310
전일성 188
전전두피질 8, 85
전체성 185, 188, 199

전환하는 능력 92

접촉 85, 146, 147, 148, 149, 150, 155, 182

정리정돈 노래 334

정리하기 131

정서 169

정서의 공동 조절의 상태 350

정서적 가용성 55

정서적 경험 224

정서적 공유 29

정서적 사고(FDL) 262, 263

정서적 · 사회적 · 인지적 244

정서적 상호 호혜성 85

정서적 에너지 350

정서적 연령 79

정서적 의도 174

정서적 의미 225

정서적인 만남 247

정서적 자기 146

정서적 접촉 82

정서적 제스처 174

정서적 조율 256

정서적 상호작용 270

정서적 지지 209

정서적 초월성 191

정서적 호혜성 255

정서 조절 48, 207

정신과적 개입 264

정신분석적 놀이치료 33

정신역동 204

정신치료 199

정적 강화 204

정체성 121

제스처 91, 222

제스처의 사용 84

제안서 265

제한된 흥미 영역으로부터의 전환 228

제한 설정 153, 172, 203, 205

제한의 전달 172

조건화된 강화 67

조기 개입 261, 262

조기 집중 행동 개입(EIBI) 270

조력자 125

조립 기술 124

조성 204

조율 77, 79, 84, 172, 204, 346, 347, 354

조율 능력 221

조율된 개입 254

조율된 소통 358

조작적 학습 패러다임 270

조절 77, 81, 84, 90

조절하는 능력 84

조직화 81

조직화 기술 63

존중 238

종결의 경험 287

종결파티 84

좌절 45

좌절감 225

좌절감 조절 231

죄책감 215

주도 172, 244, 247

주도성 247

주도적 행동 272

주의 84

주의 깊은 관찰 228

주의력 48, 272

주의력결핍 과잉행동장애(ADHD) 66, 138, 151

주의력결핍장애 47

주의력과 조절 능력 85

주의전환 84, 85

주장성 81

주제 225

중등도에서 중증 지적장애 246

중심 공간 147

중심축 반응치료 270

중심축 반응 훈련 31

중앙응집 능력 결여 32

중증 자폐 246

중추 주의체계 85

즉흥 355

즉흥 연주 340
즐거움 41
증거 기반 임상 345
증상 181
지각된 기대와 수용 169
지도 경험 95
지시 90
지시적 CAPT 47
지시적/인지행동 46
지역사회 기반/지역 중심의 자폐증 훈련 및
　조기 개입 센터 262
지역사회 기반 프로그램 269
지역사회 훈련 프로그램 267
지지 227
지지적 마무리 353
지켜주는 환경 221
직관 191
직접적 상호작용 77
진단 181
진실한 관심 209
진정 90
진화적인 23
진화적 전달자 23
질문 179
집단 CCPT 182
집단 무용/동작치료 353
집단적 리듬 353
집단치료 46
집단 테라플레이 78, 96
집중적 개입 270
집중적인 발달적 개입 262, 270
짝짜꿍 263

ㅊ

차례 지키기 91
차분함 42
차이 21
차이 대 결함 26, 30
참여 78
참여관찰자 348

참여 설정 90
창의극 290
창의력 254
창의성 190
창의성의 촉진 172
창의적 무용 352
창의적 사고 255
창작 시간 131
창조적인 작업 308
창조적인 잠재력 314
창조적 · 표현적 연극치료 모델 292
책임감 42
철회 48
청각적 분할 주의 97, 98
청각적 · 시공간적 능력 85
청각적 정보처리 능력 250, 251
체계적인 추론 능력 122
체계적 특성 123
체현 356
체현화 358
체현화된 감각 350
체화된 관계적 뇌 6
초기면담 83
초기 발달 254
초기 발달의 유형 344
초기적 유대 발달 348
초월적 기능 185
촉각 356
촉각적 자극 72
촉감 91, 148, 249
촉구와 조절, 모델링 30
촉진 309
최적의 각성 90, 350
최적의 성장 169
최적의 흥분 상태 91
추상적 사고와 상징적인 상호작용 34
출생 및 발달력 87
춤 80, 224
치료견 52, 56, 64
치료 동맹 186

치료 목적 설정 339
치료사 252
치료적 관계 345
치료적 관계 형성 153
치료적 목표 173
치료적 상호작용 347
치료적인 재현 229
치료적 제한 186
치유적 잠재력 189
친밀감 174
친밀한 초기 애착 29
친사회적 행동 42
침묵 182, 194, 222

┃ ㅋ ┃
코르티솔 각성반응 53
코칭 모델 263
콤플렉스 191
클로니딘 87

┃ ㅌ ┃
타나토스 194
타당화 244
타당화 경험 247
타인의 관점 수용 228
타인의 행동 예상 91
탐색 204
탐색적 놀이 213
터널 93
테라플레이 77, 145
테라플레이연구소(TTI) 95
테메노스 189
통일성 354
통제 130
통찰 122
통찰 기반 정신치료 191
통찰 지향적 정신치료 191
통합 228
통합된 놀이집단 32
통합적 243

통행요금 게임 97
퇴행 147, 157, 159
투사 195
트라우마 350
특수교육 264
특수교육현장 353

┃ ㅍ ┃
파괴적 행동 181
파지력 248
판단 179
평가 181
표준화된 진단 도구 339
표현 및 수용 언어 능력 81
표현 언어의 지연 87
표현 의사소통 243
표현적 놀잇감 173
품행장애 48
플로어타임 243, 246, 248
플로어타임 접근 208
피겨 196
피드백 265
피부 146

┃ ㅎ ┃
학대 80, 152
학령전 아동언어척도 272
학습 문제 48
학습 및 발달 장애 79
학습 이론 204
학습 준비도 234
함께 놀이하기 272
함께 조절하기 85
함께 주의하기 272
함께 참여하기 81, 82, 84, 89, 90, 99, 262
합일 185
해마 80
해석 187, 200
핵심 신념 254
핵심 자기 146

핵심적인 결함 254

행동 169

행동 따라가기 172

행동 분석 기법 143

행동 수정 344

행동적 모델 190

행동적 접근 270

행동적 피드백 204

행동주의 204

행동주의적인 치료 148

허용적인 분위기 172

헤드스타트 80

현상학적 경험 168

현상학적 장의 169

현실 23

협동적 게임 31

협동적 활동 181

협력 126

협력적 참여 216

협력하기 126

호혜성 225

호혜적 모방 훈련 31

화석 227

활동 단계 287, 293

훈련 47, 95, 205

훈련 매뉴얼 265

훈련-훈련자 모델 261, 262, 263

훈습 186, 195

훈습 단계 186

흉내내기 347

흔들기 82

┃ 기타 ┃

19개의 명제 168

ACT 172

ACT 프로젝트 291, 292

BDNF 9

DIR® 플로어타임™ 모델 243

DIR 접근 271

DPT 145, 151

Greenspan의 사회적-정서적 성장 차트 281

Hanen 모델 272

Marian Chace 345

MIM 81

PLAY 모델 271

PLAY 상담가 265

PLAY 상담 프로그램 268

PLAY 프로젝트 261

PLAY 프로젝트 DVD 267

PLAY 프로젝트 가정 상담 프로그램 265, 273, 275

PLAY 프로젝트 기술 훈련 단계 263

SCERTS 271, 331

SEMTAP 331

Zero to Three 257

Loretta Gallo-Lopez, MA, LMHC, RPT-S, RDT-BCT

놀이 및 연극 치료사이자 등록 정신건강 상담가로 플로리다 주 탬파에서 개인 클리닉을 운영 중이다. 외상, 상실뿐 아니라 불안, 행동장애 등 다양한 어려움을 가진 아동과 청소년, 가족에게 창의적이고 효과적인 방식으로 개입하는 것에 주력하고 있다. 전문 영역은 자폐스펙트럼장애, 발달장애, 그 외의 특별한 도움을 필요로 하는 아동 및 청소년에 대한 개입이다. *Play Therapy with Adolescents*(Jason Aronson, Inc., 2005)의 공동 편집자로 여러 저서를 통해 자신의 작업에 대해 소개했으며 전국 규모의 학회 강연자로 초청된 바 있다. 2008년 자폐스펙트럼장애와 다른 특별한 도움을 필요로 하는 아동 및 청소년을 위한 연극치료 및 공연 프로그램인 ACT프로젝트를 개발했다.

Lawrence C. Rubin, PhD, LMHC, RPT-S

플로리다 주 마이애미에 위치한 세인트토마스대학교의 상담교육과 교수로 학교에서 정신건강 상담 프로그램을 총괄하고 있으며, 개인 클리닉에서 심리학자, 정신건강 상담가, 놀이치료사로 활동 중이다. 놀이치료학회 플로리다 지부 회장을 역임했으며, 현재는 놀이치료학회의 이사를 맡고 있다. 심리학과 대중문화의 접목이라는 주제를 중심으로 연구하고 논문을 집필하고 있다. 저서로는 *Diagnosis and Treatment Planning Skills for Mental Health Professionals: A Popular Casebook Approach*(Sage, 2011), *Popular Culture in Counseling, Psychotherapy, and Play-Based Intervention*(Springer, 2008), *Using Superheroes in Counseling and Play Therapy*(Springer, 2007), *Psychotropic Drugs and Popular Culture: Medicine, Mental Health, and the Media*(Mcfarland, 2006; 2006년 레이앤팻브라운상을 수상한 베스트셀러 작품집), *Food for Thought: Essays on the Representation of Psychiatric Disorders*(Mcfarland, 2012), *Messages: Self-Help Through Popular Culture*(Cambridge Scholars Press, 2009) 등이 있다.

Sarah Levin Allen, PhD. 드렉셀대학교에서 임상심리학으로 박사를 취득했고, 소아신경심리를 중점적으로 연구했다. 신경심리 평가 및 심리평가와 함께 신경학적 손상, 학습장애, 발달지연을 가진 아동을 위한 인지행동 치료를 중심으로 수련을 받았다. 전문 분야는 신경심리학적·학습적인 권고사항을 사회적인 교실 장면으로 일반화시키는 것이다.

Bonnie Badenoch, PhD. LMFT. 치료사, 슈퍼바이저, 교사, 저자로서 신경과학에서 발견한 것을 예술치료에 통합시키는 데 지난 7년을 헌신하였다. 2008년 오리건 주 포틀랜드에 설립된 비영리단체인 마음·뇌·하트 돌보기(Nurturing the Heart with the Brain in Mind)의 공동설립자이며, 그 이전에는 17년 동안 캘리포니아 주 어바인에 호프앤힐링센터(Center for Hope and Healing)를 설립하고 센터장으로 재직했다. 치료사로서는 외상 생존자 및 주요 애착관계에 상처를 겪은 사람들의 신경학적 토대를 재형성하여 삶의 의미와 회복력을 지원하는 것에 중점을 두고 있다. 지난 20년을 부부 및 가족치료 인턴의 멘토이자 슈퍼바이저로 지내면서 수련생들이 정신적으로 건강할 수 있도록 도움을 주고 동시에 대인관계 신경생물학의 원리를 내면화함으로써 근거 기반 치료를 할 수 있도록 지도해왔다. 전문가와 일반 대중이 대인관계 신경생물학(Interpersonal Neurobiology, IPNB)의 원리를 적용할 수 있도록 돕기 위해 설립된 비영리 단체인 대인관계 신경생물학 국제연합(Global Association for Interpersonal Neurobiology, GAINS)의 창립자 중 한 사람이며, 분기마다 발간되는 저널인 *Connections & Reflections*의 최고 편집자이기도 하다. 현재 포틀랜드주립대학교에서 IPNB 자격 프로그램을 교육하고, 세계 각국을 오가며 사적 영역과 전문 영역 모두에 IPNB 원리를 적용하는 것에 대한 강연을 하고 있다. Daniel J. Siegel, Allan Schore와 함께 연구하면서 뇌에 대한 이해가 인간 관계를 변형시킬 수 있다는 신념이 더욱 강화되었고, 이는 *Being a Brain-Wise Therapist: A Practical Guide to Interpersonal Neurobiology*(Norton IPNB Series, 2008)와 *The Brain-Savvy Therapist's Workbook*(Norton, 2011)의 저서를 발간하는 것으로 이어졌다. 치료사들은 이 책들이 과학과 실제 사이의 간극을 명료함과 연민, 가슴으로 채운다고 평하고 있다.

Nicole Bogdan, MA, LMFT. 15년 동안 발달 지연 아동들을 만나왔다. 테네시 주 내슈빌에서 중증 신체장애를 가진 아동과 자폐스펙트럼장애를 포함한 발달 지연 아동을 돕는 것으로 밴

더빌트대학 피바디캠퍼스에서 처음 수련을 시작했다. 페퍼다인대학교에서 임상심리 석사과정을 밟으면서 사우스캐롤라이나대학교에서 발달 지연 및 자폐 아동에 대한 수련 경력을 쌓았다. Greenspan의 발달적·개인차·관계 기반(DIR) 모델과 같이 관계중심 개입법을 주로 사용하였으며, 이를 가정, 학교, 사회적 환경 등에서 아스퍼거 증후군 및 다양한 정도의 자폐증 아동에게 적용했다. 이러한 치료 방식을 놀이치료 회기와 촉진적 놀이 집단에도 활용하였으며, 말을 하지 못하는 자폐 아동 및 성인을 대상으로 촉진적 의사소통(facilitated communication, FC)을 적용한 경험도 갖고 있다. 수년 동안 타인과 소통하지 못했던 사람들이 자신을 표현할 수 있도록 도움을 주었다. 캘리포니아 주 어바인의 개인클리닉뿐 아니라 미국 정신건강국과 협약을 맺고 위기 아동 및 가족에게 발달 평가와 치료 서비스를 제공하는 롱비치의 비영리 단체에도 재직했다.

Susan Bundy-Myrow, PhD. RPT-S. 개인클리닉에 재직 중인 등록 심리학자이자, 자폐증 상담가, 아동 심리치료 및 놀이치료사의 공인 교수이다(IBECPT-P). 테라플레이협회의 훈련가로, 전 세계의 전문가들에게 테라플레이를 알리는 데 공헌하였으며, 자폐 아동을 위한 대가족 집단 테라플레이 모델을 개발하기도 했다. 2011년 David Myrow와 함께 Ann M. Jernberg 테라플레이상을 공동 수상했다. 뉴욕주립대학교 버팔로캠퍼스에서 임상 부교수로 재직 중이며, 정신과 레지던트에게도 아동 및 놀이 치료 접근법을 가르치고 있다.

Sarah E. Carlson, MA, LPC-인턴. 놀이치료와 학교 상담 전공으로 노스텍사스대학교에서 박사과정을 수료했다. 학교에서 아동과 교사에게 아동 중심 놀이치료를 적용하는 치료에 주력하고 있다.

Cosmin Colţea, MA. 1991년부터 애견과 그 보호자를 훈련했으며, 애견을 교배하고 경연대회나 쇼에 출연시키기도 했다. 2011년 칼턴대학교에서 발달심리학으로 문학 석사를 취득했다. 주로 가족과 반려견의 관계에 관심이 있으며, 박사 과정에서도 이 주제를 지속적으로 연구할 계획을 갖고 있다. 특히 자폐스펙트럼장애 아동과 반려견 간의 상호작용에 관심이 있고, 반려견이 자폐스펙트럼장애 아동의 부모에게 미치는 영향에 대해서도 연구 중에 있다. 현재 반려견 훈련과 연구 경험을 바탕으로 자폐스펙트럼장애 아동 및 가족들의 웰빙을 향상시키는 프로그램을 개발 중에 있다. 자폐스펙트럼장애 아동과 애견 간의 의사소통을 돕는 프로그램을 개발한 공로를 인정받아 2011년 사회혁신상을 수상하기도 했다.

Janet A. Courtney, PhD, LCSW, RPT-S. 부모, 양육자, 아동 간의 보다 의식적이고 연결된 관계를 촉진하기 위해 플로리다 주 팜비치가든스에 설립된 발달놀이 및 애착치료

(Developmental Play & Attachment Therapies)의 디렉터이다. 1998년부터 플로리다 주 마이애미 쇼어스에 소재한 배리대학교의 사회복지대학 겸임교수로 재직하면서 다양한 고급치료과정에 대한 강의를 해왔다. 1998년부터 2008년까지 놀이치료협회 플로리다 지부의 회장과 부회장 등을 역임했다. 현재 플로리다놀이치료학회에서 Viola Brody 위원회장을 맡고 있으며, 플로리다 놀이치료학회 연차학술대회 위원회의 구성원이기도 하다. 또한 국내외에서 발달놀이치료, 미술 놀이치료, 가족 놀이치료, 환경심리, 게슈탈트 치료 등에 대한 강의를 하고 있다. 플로리다에 위치한 다수의 아동치료 기관에 대한 자문과 함께 플로리다 주 자격 취득 과정에 있는 임상가들, 놀이치료학회 놀이치료사 자격 취득 과정의 치료사들에 대한 슈퍼비전을 하고 있다.

Christina Devereaux, PhD, LCAT, LMHC, BC-DMT, NCC. 공인 무용/동작치료사이다. 태아기 및 주산기 심리를 전공으로 임상심리학 박사 학위를 받았으며, 현재 뉴잉글랜드 안티오크대학교에서 조교수로 재직 중으로 무용/동작치료와 상담 프로그램의 임상 수련 디렉터를 맡고 있고, 프랫인스티튜트(Pratt Insitute)의 창조예술치료학과의 겸임교수이기도 하다. 또한 선임 수련가로서 중국의 DMT 훈련 프로그램인 인스파이어(Inspirees)의 개발을 돕고 있다. 주요 연구 주제는 추후에 자폐증 진단을 받은 영아와 모의 초기 상호작용 경험에 집중되어 있다. 심각한 정서 문제와 전반적 발달장애, 신체적 장애를 가진 아동과 학대 및 방임의 피해자, 위기가정, 정신장애 및 공병 진단을 가진 성인 등 다양한 대상에 대한 풍부한 임상 경험을 갖고 있으며, 모자간 건강한 애착 발달 증진을 중점적으로 다루고 있다. 미국 무용치료협회(American Dance Therapy Association, ADTA)의 대변인 및 *American Journal of Dance Therapy*의 편집위원을 맡고 있다. 애착관계의 춤, 자폐증에 대한 무용/동작치료, 외상과 몸, 임상증례 등을 주제로 국내외에서 강연하고 있다. *American Journal of Dance Therapy*와 *Journal of Dance Education*에 기고한 논문이 라디오에서 특집으로 다뤄진 바 있다.

Cathy Goucher, MA, ATR-BC, LCPC. 메릴랜드 주 공인 미술치료사이자 임상전문 상담가이다. 발달장애 및 자폐스펙트럼장애를 가진 청소년 및 초기 성인기 환자들의 치료를 전문으로 한다. 미국에서 가장 역사가 깊은 미술치료 프로그램 중 하나인 조지워싱턴대학교의 미술치료 대학원을 졸업했다. 미술치료사로서 14년 이상의 임상 경력을 갖고 있다. 현재 볼티모어의 세인트엘리자베스스쿨에서 전일제 미술치료사로 재직하면서 자폐스펙트럼장애를 포함한 다양한 장애를 가진 청소년 및 초기 성인기 내담자들과 작업하고 있으며, 자체 기금으로 설립된 정신과병원인 셰퍼드프랫리트리스(Sheppard Pratt Retreat)에서 일일 치료사로 일하고 있다. 가장 최근에는 볼티모어에 메이크스튜디오아트 프로그램(Make Studio Art Program Inc.)이라는 비영리 단체를 공동 설립하여 장애가 있는 성인 예술가들에게 전문적 수준의 작업 공간과 심리사회적 지원, 판매 기회 등을 제공하고 있다.

Eric J. Green, PhD, RPT-S. 노스텍사스대학교 댈러스캠퍼스 상담클리닉 디렉터이자 상담학과 부교수로 재직 중이다. 시간제로 아동 및 가족 심리치료를 병행하고 있다. 노스텍사스 융협회의 일원이며, 여러 학회와 워크숍에서 아동을 대상으로 하는 융학파 놀이치료 연구 및 임상 사례를 활발히 발표하고 있다.

Esther Hess, PhD, PRT-S. 발달 지연, 특히 자폐스펙트럼장애, 아스퍼거 증후군, 달리 분류되지 않은 전반적 발달장애(PDD-NOS)를 가진 아동의 치료와 진단, 평가를 전문으로 하는 발달심리학자이다. 발달적 심리치료, 즉 Greenspan이 창안한 발달적·개인차·관계 기반(DIR) 모델 적용의 전문가이다. 장애를 가진 개인뿐 아니라 가족 전체를 대상으로 접근하며, 전문가들과의 협의를 통해 각 구성원들이 내담자의 발달을 촉진하는 데 기여하도록 한다. DIR/플로어타임™ 자격을 갖고, 플로어타임의 발달적/관계적인 방식을 사용하여 미국 내 부모, 치료사, 임상가들을 훈련하고 있다. 발달 지연 및 조절장애를 가진 아동, 청소년, 초기 성인기 환자에 대한 다학제 치료 기관인 로스앤젤레스의 마음발달센터(Center for the Developing Mind)의 설립자이자 총괄 디렉터이다.

G. W. Krauss, PsyD. 와이드너대학교에서 신경심리학 전공으로 임상심리학 박사를 취득했다. 그 이전에는 알래스카대학교에서 지역사회 심리학을 공부했으며, 인턴과정에서는 아스퍼거 증후군 및 그 밖의 사회적 결함을 가진 아동, 청소년, 초기 성인에 대한 평가와 개인 및 집단 치료 실시했다(Dan 박사의 레고치료). 극심한 정신장애를 가진 환자들, 범죄를 저지른 내담자들, 외상/학대 문제를 가진 내담자 등 다양한 임상 집단에 대한 치료 경험을 갖고 있다.

Daniel B. LeGoff(Dan 박사), PhD. 아동심리학자이자 발달신경심리학자로, 지난 24년간 영아, 아동, 청소년의 신경발달 문제의 치료와 평가를 중점적으로 실시해왔다. 신경심리학적 평가, 기능적 행동 평가, 학교 상담, 인지행동 및 행동학적 치료, 놀이치료, 가족치료를 중심으로 수련했고, 임상 경험을 쌓았다. 사회적 발달의 촉진을 위해 레고를 치료 매개체로 활용한 것으로 유명하다. 레고치료와 관련하여 Simon Baron-Cohen, 케임브리지대학교의 자폐증센터(Autism Research Center), 영국 국립자폐증서비스(National Autism Service)의 Gina Gomez와 공동 연구들을 진행하기도 했다. 최근에는 덴마크 및 영국 레고 회사의 혁신 및 교육부와 협력 중에 있다.

Dee C. Ray, PhD, LPC-S, NCC, RPT-S. 노스텍사스대학교 아동 및 가족 지원센터의 디렉터이자 상담 프로그램의 부교수로 재직 중이다. 놀이치료 분야에서 40편 이상의 논문과 저서를 단독 혹은 공동 작업으로 발표했는데, 이 중 15편은 아동중심 놀이치료의 효과를 검증하기 위한 연구였다. *Advanced Play Therapy: Essential Conditions, Knowledge, and Skills for Child Practice*(Routledge, 2011), *Child-Centered Play Therapy Treatment Manual*(Self Esteem Shop, 2009)의 저자이며, *Child-Centered Play Therapy Research*(Wiley, 2010)의 공동 편집자이다. *International Journal of Play Therapy* 편집자를 역임했다.

Jane Ferris Richardson, LMHC, EdD, ATR-BC. 공인 놀이치료사, 슈퍼바이저, 공인 미술치료사이며, 레슬리대학교 교수로 미술치료 교육자이다. 보스턴대학교에서 교육학 박사를 취득했으며, 이때 *Journal of Education*의 편집을 맡았다. 현재의 연구 주제는 자폐를 가진 아동들에게 놀이를 기반으로 한 표현적인 접근법을 활용하는 것이다. 이는 레지오 에밀리아의 교육과 '100개의 언어'를 활용한 의사소통 및 이해라는 아이디어에서 영감을 받은 것이었다. 개인클리닉을 운영하며 아동 및 가족치료를 실시하고 있으며, 국내외에서 자신의 연구 결과를 발표한 바 있다. 가장 최근에는 남아프리카 케이프타운에 있는 키야리샤타운십(Khyalitsha Township) 유치원 교사들에게 모래상자 세계놀이를 교육했으며, 중국 베이징의 창의적 미술치료사들과 협업하고 있다. 다양한 나라에서 실시되고 있는 놀이 및 미술치료에 대해 많은 관심을 갖고 있다.

Richard Solomon, MD. 미시간대학교의 겸임교수이자, 발달 및 행동 소아과 앤아버센터 의학 과장을 맡고 있다. 소아과 및 특수 아동의 발달 및 행동에 관한 소아과 면허를 소지하고 있으며, 아동 학대와 지역 내 폭력 방지, 소아과적 통증 관리, 자폐 아동에 대한 조기 개입 등에 관심을 두고 있다. 미시간대학교에 재직 중이던 2000년 지역사회 기반의 자폐 아동을 위한 조기 개입 및 훈련 프로그램인 PLAY 프로젝트를 고안했다. PLAY 프로젝트 훈련–훈련자 모델은 부모가 자폐를 가진 어린 자녀에게 집중적인 발달적 개입을 할 수 있도록 가르치는 프로그램이다. 대학을 떠난 후 지난 5년간 PLAY 프로젝트를 전 국가적인 모델로 확장시켰다. 2007년에는 PLAY 프로젝트를 평가한 논문이 상호심사 저널인 *Autism*에 게재되었다. 2009년 프로젝트의 효과성을 검증하기 위해 부활절씰협회(Easter Seals National) 및 미시간주립대학교와 공동으로 진행한 무선할당연구로 국립정신보건기구(NIMH)가 수여하는 상을 받은 바 있다.

Jeffrey M. Sullivan, MS, NCC, LPC. 노스텍사스대학교에서 박사과정을 수료했다. 자폐스펙트럼상의 아동에 대한 아동중심 놀이치료를 적용하고 있으며, 그 효과성에 대한 연구에 집중하고 있다. 현재 고기능 자폐, 아스퍼거장애, 달리 분류되지 않은 전반적인 발달장애(PDD-NOS)를 가진 아동의 부모에게 아동중심 놀이치료 기법을 가르치는 것의 효과성 및 아동중심 놀이치료가 부모-아동 관계에 기여하는 정도에 관한 연구를 진행 중이다.

Lisa Powers Tricomi, MA, RDT-BCT, LCAT. 극단 예술가, 연극치료사 및 교육자로 일하고 있다. 사우스플로리다대학교 예술대학에서 초빙교수로 재직하며 영화 연기를 가르치고 자폐스펙트럼장애로 진단받은 아동과 ACT 작업을 하면서 학생들에게 연극치료를 소개하게 되었다. 2010년 표현치료학회와 NADT학회에서 Gallo-Lopez와 함께 ACT 프로젝트에 대해 강연한 바 있다.

Risë VanFleet, PhD. 펜실베이니아 주 볼링스프링스의 가족관계 향상 및 놀이치료 센터(Family Enhancement & Play Therapy Center)의 대표로, 놀이치료, 가족치료, 동물 놀이치료 영역의 임상가들을 수련감독하고 있다. 등록 심리학자, 공인 놀이치료 슈퍼바이저이며, 35년 이상 반려견 행동 상담을 진행해온 공인된 전문가이다. 놀이치료, 부모 놀이치료, 반려견 매개 치료를 주제로 다양한 글과 책, 매뉴얼 등을 저술했고, 이러한 내용을 담은 여러 편의 DVD를 출간하기도 했다. 수련 프로그램에 대해 세 차례, 전문적 기고에 대해 다섯 차례 수상한 경력을 갖고 있기도 하다. 전 세계적으로 수천 명의 전문가들을 양성했으며, 국제놀이치료사협회(International Collaborative on Play Therapy)의 설립자이자 놀이치료협회장을 역임했다.

Darcy Walworth, PhD, MT-BC. 루이빌대학교 음악치료 프로그램의 디렉터로, 이전에는 플로리다주립대학교에서 학생들을 가르쳤다. 의학 및 초기 아동 환경에서의 음악치료의 효과를 검증하기 위한 연구를 활발히 진행 중이며, 의학적 지원, 자폐 치료, 미숙아들의 발달적 결과에 중점을 두고 있다. 다양한 내담자 집단과 관련된 여러 저서에 자문을 하고, 공동으로 책을 집필해왔다. 지역 및 국내외 학회들에 연구 결과를 발표했고, 현재는 음악치료사협회의 위원장과 *Journal of Music Therapy* 편집 위원을 맡고 있다.

박랑규(대표 역자)

이화여자대학교 심리학 석·박사

아이코리아 아동발달교육연구원장/한양대학교 대학원 아동심리치료학과 겸임교수

한국자폐학회 회장 역임/미국놀이치료학회(APT) 공인놀이치료전문가 슈퍼바이저

윤진영

이화여자대학교 심리학 석·박사

세명대학교 교양과정부 조교수

한국자폐학회 이사/한국발달지원학회 놀이상담 수련감독자

정은주

미국 마이애미대학교 음악치료학 박사, 이화여자대학교 교육학 석사

한양대학교 아트테크놀로지학과 조교수

음악인지지각학회(KSMPC) 이사/미국공인음악치료사(MT-BC)

이은주

일본 도호쿠대학교 의학대학원 신경심리학 석·박사

전 일본 타지리 건강보험진료소 임상심리 주임/우송대학교 초빙교수

국민대학교 강사/아이코리아 아동발달교육연구원 자문위원

김나영

명지대학교 이학 박사, 미국 뉴욕대학교 예술학 석사

서울여자대학교 특수치료전문대학원 표현예술치료학과 무용/동작심리치료학전공 부교수

대한무용동작·심리치료학회 회장/미국 공인 무용·동작치료 전문가(BC-DMT)

박은선

이화여자대학교 심리학 박사, 미국 시카고예술대학 미술치료학 석사

명지대학교 사회교육대학원 예술심리치료학과 주임교수

표현예술심리치료학회 부회장/한국통합치료학회장

정나영

이화여자대학교 심리학 석사, 미국 뉴욕주립대학교 버팔로캠퍼스 심리학사

아이코리아 아동발달교육연구원 연구원/정신보건임상심리사